KB189412

마하반야바라밀다경 5

摩訶般若波羅蜜多經 5

마하반야바라밀다경 5
摩訶般若波羅蜜多經 5

三藏法師 玄奘 漢譯 │ 釋 普雲 國譯

혜안

역자의 말

보운

한 해의 중간인 6월의 중분(中分)을 맞이하였는데, 시간을 앞지르는 뜨거운 열기가 대지에 내려앉으니, 오늘은 맹렬한 여름의 더위를 맞이하였다는 망념(妄念)이 들뜬 사유를 일으키는 시절이다. 현재의 모습들은 한국의 현대사를 거치면서 민족적 갈등과 정치적 혼란을 이용하여 자신들의 이익을 추구하였던 적은 숫자의 대중들에 의하여 국가와 사부대중이 많은 고통을 감내해야 하였고, 개인이 지녔던 인간의 존엄성이 짓밟혔던 아픔을 통하여 중생세간의 청정한 삶을 무너트렸으며, 불합리하고 차별적으로 마음을 변화시키도록 강력하게 요구하였던 특정의 집단이 사견(邪見)에 몰입되어 폭력을 동반하여 행하였던 공업(共業)들이 중생계의 불확실성과 전변성(轉變性)을 되돌려서 사유하게 하였던 시절의 인연이었다.

이와 같은 개인의 이익과 잠재적이고 지속적인 구속이 유행하였던 시간을 거치면서 보수와 진보는 갈등과 충돌을 지속하였으며, 대중의 이익과 가치보다는 개인들의 이익과 가치가 먼저 자리잡게 되었다. 이러한 복합적인 상황들이 유기적으로 결합하여 현대사회의 사상을 관통하였고, 세간의 일부였던 종교도 일정 부분에서 이러한 왜곡된 사상을 강요받았던 현실이었다. 약 40년 전에 재가의 불교학생회에 소속된 학생의 시선으로 바라보았던 불교계와 승가의 문화와 수행의 관점도 많이 변화된 형태를 마주하게 된다. 어린 시절의 시선으로 마주하였던 승가의 고고함과 청정함은 나의 삶에도 많은 감응을 주었고, 그때의 모습들을 아련하게 떠올리면 지금보다는 따스한 인간미가 그리워지는 세월이다.

승가와 재가가 모두 믿음과 공경이 일상화였던 그 시절의 기억을

뒤로 하고, 어느덧 시간을 거스르지 못하여 반백(半白)으로 변한 머리카락을 바라보면서 세월의 무상(無常)을 느끼게 되었지만, 지나왔던 세월을 되돌리더라도 금생(今生)에서 가장 가장 뛰어난 선택은 불가(佛家)에서 사문의 길을 걷는 현재의 모습이리라. 인간이라면 누구라도 곱게 간직하고 있는 하나 이상의 추억은 있을지라도 그것이 현재의 삶을 송두리째 바꾸었던 사례는 많지 않을 것이다.

　그렇지만 지금도 공업의 패러다임에 몰입되어 현재의 승가가 특정한 개념의 교학에 집착하거나, 외도의 학문과 불교학을 접목하려고 하거나, 세부적인 주제의 연구에 몰두하여 종교의 근간인 경전의 번역과 유통을 홀대하는 현실을 바라보면서 세존께서 설하신 다르마에 근심의 그림자를 사유하는 나의 관점은 오류가 있는 것일까?

　삼장의 역경에 발원을 세우고서 지내왔던 시간도 11년의 세월에 이르렀고, 지금까지 역경을 마친 삼장(三藏)도 500권을 넘긴 시점에 서 있으면서 사문으로써 걸어온 수행과정을 돌아보니, 초발심으로 출가했던 시절과는 매우 다른 거리감을 느끼게 된다. 또한 역경에 대하여 처음으로 발원하였던 시간은 3년이었으나 아직도 진행되고 있고 추가로 번역이 필요하다고 인식되는 삼장들은 점차 증가하고 있다.

　이전에 선사의 길을 수행하였던 시절에도, 율사의 길을 수행하였던 시절에도, 논사의 길을 수행하였던 시절에도, 세존의 가르침은 항상 가깝게 자리잡고 있으므로 수행의 길은 짧은 시간에 되돌릴 수 있다고 사유하였던 어리석음이 눈앞에 아른거린다. 지금의 수행에 "만족하는가?"라는 질문에 그 대답이 망설여지고, 때로는 '번역의 오류는 무엇 등인가?'라는 스스로의 문답이 번민을 일으킬지라도, 지금까지 불보살님과 나한님들께 받아왔던 가피에 보답하였던 사문의 행은 매우 적었으리라.

　중생은 세간이라는 삶의 무대에서 작은 시간을 존재하는 연극의 배우들과 같이 공업에 이끌려서 주어진 역할에 충실하려고 노력할지라도, 만족할 수 없는 연기를 보여주다가 금생을 마치는 것으로 생각되고, 승가도 예외는 아닐 것이다. 이러한 까닭으로 깨달음에 이르지 못한 사부대중들

은 여러 생을 거치면서도 또 다른 연극에 떨어지는 것은 아닐까? 공업과
개인 업은 서로 얽혀있어서 많은 시간과 공간을 공유하는데도, 승가의
대중들이 종교의 근간을 삼장의 번역과 논강을 멀리 벗어나서 다른 인과
(因果)를 탓하는 풍토는 삼보를 공경하고 따르는 재가불자의 시선에는
어떻게 투영되겠는가!

　삼장의 번역과 관련된 공업의 한 사례로는 이전에 한역으로 번역된
삼장의 의미가 현재의 번역과는 많은 차이가 있으나, 이러한 관점을
세심하게 살피지 않고 경시(輕視)하였던 측면이 많이 발견된다. 언어는
살아있는 생명과 같아서 끊임없이 변화하는데, 승가와 사문들이 이러한
관점에 노력이 부족하다고 대학생이었던 시절부터 여러 스님들께서 걱정
하시던 모습이 눈에 선명하다. 따라서 역경의 오류와 유통의 부족을
크게 우려하였던 문제가 아직도 그 근처를 벗어나지 못하는 현실이 빠르게
개선되기를 기대하여 본다.

　『마하반야바라밀다경』(대품반야경)의 역경불사에는 많은 신심과 원
력이 담겨있으므로, 번역과 출판을 위하여 동참하신 사부대중들은 현세에
서 스스로의 소원에서 무한한 이익을 얻고, 세간에서 생겨나는 삼재팔난
의 장애를 벗어나기를 발원드리며, 이미 생(生)의 인연을 마치신 영가들께
서는 아미타불의 극락정토에 왕생하시기를 발원드린다. 현재까지의 역경
과 출판을 위하여 항상 후원과 격려를 보내주시는 은사이신 세영 스님과
죽림불교문화연구원의 사부대중들께 감사드리면서, 이 불사에 동참하신
분들께 불보살들의 가호(加護)가 항상 가득하기를 발원하면서 감사의
글을 마친다.

불기 2568년(2024) 6월 중분(中分)의 장야(長夜)에
서봉산 자락의 죽림불교문화연구원에서
사문 보운이 삼가 적다

출판에 도움을 주신 분들

설 안尼	영 호尼	이유진	박혜경	전금란	최영희
정지민	박성동	이수빈	손영덕	오해정	최보준
강수민	강선주	함용재	이승욱	남장규	이순호
황창현	엄해식	고장환靈駕	권오석靈駕		

차 례

초분 初分

일러두기

1. 이 책의 저본(底本)은 고려대장경(高麗大藏經) 1권부터 결집된 『대반야바라밀다경(大般若波羅蜜多經)』이다.

2. 원문은 600권으로 구성되어 있으나 이 책에서는 각 권수를 표시하되 30권을 한 권의 책으로 편집하여 번역하였다.

3. 번역의 정밀함을 기하기 위해 여러 시대와 왕조에서 각각 결집된 여러 한역대장경을 대조하고 비교하며 번역하였다.

4. 원문은 현장 삼장의 번역을 충실하게 따랐으나, 반복되는 용어를 생략하였던 용어에서는 번역자가 생략 이전의 본래의 용어로 통일하여 번역하였다.

5. 원문에 나오는 '필추(苾芻)', '필추니(苾芻尼)' 등의 용어는 음사(音寫)이므로 현재에 사용하는 '비구(比丘)', '비구니(比丘尼)'라고 번역하였다.

6. 원문에서의 이전의 번역과는 다른 용어가 사용되고 있으므로 원문을 존중하여 저본의 용어로 번역하였다.
   예) 보시·지계·인욕·정진·선정·지혜바라밀다 → 보시(布施)·정계(淨戒)·안인(安忍)·정진(精進)·정려(靜慮)·반야바라밀다(般若波羅蜜多), 축생 → 방생(傍生), 아귀→ 귀계(鬼界)

7. 원문에서 사용되고 있으나, 현재의 용어와 많이 다른 경우는 현재 용어로 번역하였고, 생략되거나, 어휘가 변화된 용어도 현재의 용어를 사용하여 번역하였다.
   예) 루(漏) → 번뇌, 악취(惡趣) → 악한 세계, 여래(如來)·응(應)·정등각(正等覺) → 여래·응공·정등각, 수량(壽量) → 수명, 성판(成辦) → 성취

8. 원문에서 사용한 용어 중에 현재와 음가(音價)가 다르게 변형된 사례가 많이 발견된다. 원문의 뜻을 최대한 살려 번역하였으나 현저하게 의미가 달라진 용어의 경우 현재 사용하는 용어로 바꾸어 번역하였다.

   예) 우파색가(鄔波索迦)→ 우바색가, 나유다(那庾多)→ 나유타(那庾多)

9. 앞에서와 같이 동일한 문장이 계속하여 반복되는 경우에는 원문에서 내지(乃至)라는 용어가 사용되고 있는데, 현재의 의미로 해석하여 '······ 나아가 ······' 또는 '나아가'의 형태로 바꾸어 번역하였다.

해제(解題)

1. 성립과 한역

이 경전의 범명(梵名)은 Mahāprajñāpāramitā Sūtra이다. 모두 600권으로 결집되었고, 여러 반야부의 경전들을 집대성하고 있다. 선행연구에서 대략 AD.1~200년경에 성립되었다고 연구되고 있으며, 인도의 쿠샨 왕조 시대에 남인도에서 널리 사용되었다고 추정되고, 뒤에 북인도에서 대중화 되었으며, 산스크리트어로 많은 부분이 남아있다.

본 번역의 저본은 고려대장경에 수록된 『대반야바라밀다경(大般若波羅蜜多經)』으로 당(唐)의 현장(玄奘)이 방주(方州)의 옥화궁사(玉華宮寺)에서 659년 또는 660년에 번역을 시작하여 663년에 번역한 경전이고, 당시까지 번역된 경전과 현장이 새롭게 번역한 경전들을 모두 함께 수록하고 있다.

중국에서 반야경의 유통은 동한(東漢)의 지루가참(支婁迦讖)이 역출(譯出)한 『도행반야경(道行般若經)』10권을 번역하였던 것이 확인할 수 있는 최초의 사례이다. 이후에 삼국시대의 오(吳)나라 지겸(支謙)은 『대명도무극경(大明度無極經)』6권으로 중역(重譯)하여 완성하였으며, 축법호(竺法護)는 『광찬반야바라밀경(光贊般若波羅蜜經)』10권을 번역하였고, 조위(曹魏)의 사문 주사행(朱士行)이 감로(甘露) 5년(260)에 우전국(于闐國)에서

16

이만송대품반야범본(二萬頌大品般若梵本)을 구하여 무라차(無羅叉)와 함께 『방광반야바라밀경(放光般若波羅蜜經)』 20권으로 번역하였으며, 요진(姚秦)의 구마라집(鳩摩羅什)은 홍시(弘始) 6년(404)에 대품이만송(大品二萬頌)의 『마하반야바라밀경(摩訶般若波羅蜜經)』을 중역하였고, 홍시(弘始) 10년(408)에 『마하반야바라밀경(摩訶般若波羅蜜經)』과 『금강반야경(金剛般若經)』 등을 역출(譯出)하였으며, 북위(北魏) 영평(永平) 2년(509)에 보리유지(菩提流支)는 『금강반야경(金剛般若經)』 1권을 역출하였다.

용수보살이 주석한 대지도론에서는 "또 삼장(三藏)에는 올바른 30만의 게송(偈)이 있고, 아울러 960만의 설(說)이 있으나, 마하연은 너무 많아서 무량하고 무한하다. 이와 같아서 「반야바라밀품(般若波羅密品)」에는 2만2천의 게송이 있고, 「대반야품(大般若品)」에는 10만의 게송이 있다."라고 전하고 있고, 세친(世親)이 저술하고 보리유지가 번역한 『금강선론(金剛仙論)』에서는 "8부(八部)의 반야가 있는데, 분별한다면 『대반야경초(大般若經初)』는 10만의 게송이고, 『대품반야경(大品般若經)』은 2만 5천의 게송이며, 『대반야경제삼회(大般若經第三會)』는 1만 8천의 게송이고, 『소품반야경(小品般若經)』은 8천의 게송이며, 『대반야경제오회(大般若經第五會)』는 4천의 게송이고, 『승천왕반야경(勝天王般若經)』은 2천 5백의 게송이며, 『문수반야경(文殊般若經)』은 6백의 게송이고, 『금강경(金剛經)』은 3백의 게송이다."라고 주석하고 있다.

본 경전의 다른 명칭으로는 『대반야경(大般若經)』, 『대품반야경(大品般若經)』, 또는 6백부반야(六百部般若)라고 불린다. 6백권의 390품이고 약 4백6십만의 한자로 결집되어 있으므로 현재 전하는 경장과 율장 및 논장의 가운데에서 가장 방대한 분량이다.

반야경의 한역본을 살펴보면 중복되는 명칭이 경전을 제외하더라도 여러 소경(小經)의 형태로 번역되었던 것을 살펴볼 수 있다. 그 사례를 살펴보면 『방광반야경(放光般若經)』(20卷), 『광찬경(光贊經)』(10卷), 『마하반야바라밀경(摩訶般若波羅蜜經)』(27卷), 『도행반야경(道行般若經)』(10卷), 『대명도경(大明度經)』(6卷), 『마하반야초경(摩訶般若鈔經)』(5卷), 『소품반

야바라밀경(小品般若波羅蜜經)』(10卷), 『불설불모출생삼법장반야바라밀
다경(佛說佛母出生三法藏般若波羅蜜多經)』(25卷), 『불설불모보덕장반야바
라밀경(佛說佛母寶德藏般若波羅蜜經)』(3卷), 『성팔천송반야바라밀다일백
팔명진실원의다라니경(聖八千頌般若波羅蜜多一百八名眞實圓義陀羅尼經)』,
『승천왕반야바라밀경(勝天王般若波羅蜜經)』(7卷), 『문수사리소설마하반
야바라밀경(文殊師利所說摩訶般若波羅蜜經)』(2卷), 『문수사리소설반야바라
밀경(文殊師利所說般若波羅蜜經)』, 『불설유수보살무상청정분위경(佛說濡首
菩薩無上淸淨分衛經)』(2卷), 『금강반야바라밀경(金剛般若波羅密經)』, 『금강
능단반야바라밀경(金剛能斷般若波羅蜜經)』, 『불설능단금강반야바라밀다경
(佛說能斷金剛般若波羅蜜多經)』, 『실상반야바라밀경(實相般若波羅蜜經)』, 『금
강정유가이취반야경(金剛頂瑜伽理趣般若經)』, 『불설변조반야바라밀경(佛
說遍照般若波羅蜜經)』, 『대락금강불공진실삼마야경(大樂金剛不空眞實三麽
耶經)』, 『불설최상근본대락금강불공삼매대교왕경(佛說最上根本大樂金剛
不空三昧大敎王經)』(7卷), 『불설인왕반야바라밀경(佛說仁王般若波羅蜜經)』
(2卷), 『인왕호국반야바라밀다경(仁王護國般若波羅蜜多經)』(2卷), 『불설요
의반야바라밀다경(佛說了義般若波羅蜜多經)』, 『불설오십송성반야바라밀경
(佛說五十頌聖般若波羅蜜經)』, 『불설제석반야바라밀다심경(佛說帝釋般若波
羅蜜多心經)』, 『마하반야바라밀대명주경(摩訶般若波羅蜜大明呪經)』, 『반야
바라밀다심경(般若波羅蜜多心經)』, 『보편지장반야바라밀다심경(普遍智藏般
若波羅蜜多心經)』, 『당범번대자음반야바라밀다심경(唐梵飜對字音般若波羅
蜜多心經)』, 『불설성불모반야바라밀다경(佛說聖佛母般若波羅蜜多經)』, 『불
설성불모소자반야바라밀다경(佛說聖佛母小字般若波羅蜜多經)』, 『불설관
상불모반야바라밀다보살경(佛說觀想佛母般若波羅蜜多菩薩經)』, 『불설개
각자성반야바라밀다경(佛說開覺自性般若波羅蜜多經)』(4卷), 『대승이취육
바라밀다경(大乘理趣六波羅蜜多經)』(10卷) 등의 독립된 경전으로 다양하
게 번역되었다.

2. 설처(說處)와 결집(結集)

　마하반야바라밀다경의 결집은 4처(處) 16회(會)로 구성되어 있는데, 제1회에서 제6회까지와 제15회는 왕사성의 영취산에서, 제7회에서 제9회까지와 제11회에서 제14회까지는 사위성의 기원정사에서, 제10회는 타화자재천 왕궁에서, 제16회는 왕사성의 죽림정사에서 이루어졌으며, 표로 구성한다면 아래와 같다.

九部般若	四處	『大般若經』의 卷數	특기사항(別稱)
上品般若	鷲峰山	初會79品(1~400卷)	十萬頌般若
中品般若		第二會85品(401~478卷)	二萬五千頌般若, 大品般若經
		第三會31品(479~537卷)	一萬八千頌般若
下品般若		第四會29品(538~555卷)	八千頌般若, 小品般若經
		第五會24品(556~565卷)	四千頌般若
天王般若		第六會17品(566~573卷)	勝天王般若經
文殊般若	給孤獨園	第七會(574~575卷, 曼殊室利分)	七百頌般若, 文殊說般若經
那伽室利般若		第八會(576卷, 那伽室利分)	濡首菩薩經
金剛般若		第九會(577卷, 能斷金剛分)	三百頌般若, 金剛經
理趣般若	他化自在天	第十會(578卷, 般若理趣分)	理趣百五十頌, 理趣般若經
六分般若	給孤獨園	第十一會(579卷~583卷, 布施波羅蜜多分)	五波羅蜜多經
		第十二會(584卷~588卷, 戒波羅蜜多分)	
		第十三會(589卷, 安忍波羅蜜多分)	
		第十四會(590卷, 精進波羅蜜多分)	
	鷲峰山	第十五會(591~592卷, 靜慮波羅蜜多分)	
	竹林精舍	第十六會(593~600卷, 般若波羅蜜多分)	善勇猛般若經

　제1회는 범어로는 Śatasāhasrikāprajñāpāramitāsūtra이고, 제1권~제400권의 10만송으로 결집되고 있으며, 79품으로 이루어져 있고, 전체의

3분의 2에 해당하는 분량이다. 현장에 의해 처음으로 번역되었으므로 이역본이 없다.

제2회는 범어로는 Pañcaviṁśatisāhasrikāprajñāpāramitā sūtra이고, 제401권~제478권의 2만5천송(大品般若)으로 결집되고 있으며, 85품으로 이루어져 있고, 제1회와 비교하여 「상제보살품(常啼菩薩品)」과 「법용보살품(法涌菩薩品)」의 두 품이 생략되어 있다. 이역본으로 『방광반야바라밀경(放光般若波羅蜜經)』, 『마하반야바라밀경(摩訶般若波羅蜜經)』, 『광찬경(光讚經)』 등이 있다.

제3회는 범어로는 Aṣṭādaśasāhasrikāprajñāpāramitā sūtra이고, 제479권~제537권의 1만8천송으로 결집되고 있으며, 31품으로 이루어져 있고, 제2회와 같이 「상제보살품」과 「법용보살품」이 생략되어 있다.

제4회는 범어로 Aṣṭasāhasrikāsūtra이고, 제538권~제555권의 8천송(小品般若)으로 결집되고 있으며, 29품으로 이루어져 있다.

제5회는 범어로 Aṣṭasāhasrikāprajñāpāramitā sūtra이고, 제556권~제565권의 8천송(小品般若)으로 결집되고 있으며, 24품으로 이루어져 있다. 반야경은 큰 위력이 있어서 그 자체가 신비한 주문이라고 설하면서 수지하고 독송하는 것을 강조하였다. 이역본으로는 『마하반야초경(摩訶般若鈔經)』, 『도행반야경(道行般若經)』, 『대명도경(大明度經)』, 『마하반야바라밀경(小品般若經)』, 시호 역의 『불모출생삼장반야바라밀다경』, 법현 역의 『불모보덕반야바라밀다경』, 시호 역의 『성팔천송반야바라밀다일백팔명진실원의다라니경』 등이 있다.

제6회는 범어로 Devarājapravaraprajñāpāramitā sūtra이고, 제566권~제573권으로 결집되고 있으며, 17품으로 이루어져 있다. 이역본으로 『승천왕반야바라밀경(勝天王般若波羅蜜經)』이 있다.

제7회는 범어로는 Saptaśatikāprajñāpāramitā sūtra이고, 제574~제575권으로 결집되고 있으며, 7백송이다. 만수실리분(曼殊室利分)이라고도 부르는데, 만수실리는 문수사리를 가리킨다. 이역본으로 『문수사리소설마하반야바라밀경(文殊師利所說摩訶般若波羅蜜經)』, 『문수사리소설반야바라밀경(文殊師利所說般若波羅蜜經)』이 있다.

제8회는 범어로는 Nāgaśrīpariprcchā sūtra이고, 제576권으로 결집되고 있으며, 5백송이다. 이역본으로『불설유수보살무상청정분위경(佛說濡首菩薩無上清淨分衛經)』이 있다.

제9회는 범어로 Vajracchedikāprajñāpāramitā sūtra이고, 제577권으로 결집되고 있으며, 능단금강분(能斷金剛分)이라 한다. 이역본으로 구마라집·보리유지·진제가 각각 번역한『금강반야바라밀경』과 현장이 번역한『능단금강반야바라밀다경』, 의정(義淨)이 번역한『불설능단금강반야바라밀다경』이 있다.

제10회는 1백50송이며, 범어로는 Adhyardhaśatikāprajñāpāramitā sūtra이고, 제578권으로 결집되고 있으며, 1백50송이고, 반야이취분(般若理趣分)이라고 부른다. 이역본으로『실상반야바라밀경(實相般若波羅蜜經)』, 『금강정유가이취반야경(金剛頂瑜伽理趣般若經)』, 『변조반야바라밀경(遍照般若波羅蜜經)』, 『최상근본금강불공삼매대교왕경(最上根本金剛不空三昧大教王經)』 등이 있다.

제11회부터 제15회까지는 범어로는 Pañcapāramitānirdeśa이고 1천8백송이다. 제16회는 범어로 Suvikrāntavikramipariprcchāprajñāpāramitā sūtra이고, 2천1백송이다. 구체적으로 살펴보면, 제11회는 제579권~제583권의 보시바라밀다분이고, 제12회는 제584권~제588권의 정계바라밀다분이며, 제13회는 제589권의 안인바라밀다분이고, 제14회는 제590권의 정진바라밀다분이며, 제15회는 제591권~제592권의 정려바라밀다분이고, 제16회는 제593권~제600권의 반야바라밀다분으로 결집되어 있다.

3. 각 품(品)의 권수와 구성

『마하반야바라밀다경』의 결집은 4처(處) 16회(會)로 구성되어 있으나,

설법(說法)에 따른 분량에서 매우 많은 차이를 보여주고 있다. 이러한 차이는 각 법문의 내용과 대상에 따른 차이를 반영하고 있는데, 표를 통하여 600권에 수록된 각각의 품(品)과 분(分)을 살펴보면 다음과 같다.

법회(法會)	구분(區分)	설법의 분류	수록권수(收錄卷數)	특기사항
初會	緣起品	第1-1~2	1~2권	서문 수록
	學觀品	第2-1~2	3~4권	
	相應品	第3-1~4	4~7권	
	轉生品	第4-1~3	7~9권	
	贊勝德品	第5	10권	
	現舌相品	第6	10권	
	敎誡敎授品	第7-1~26	11~36권	
	勸學品	第8	36권	
	無住品	第9-1~2	36~37권	
	般若行相品	第10-1~4	38~41권	
	譬喩品	第11-1~4	42~45권	
	菩薩品	第12-1~2	45~46권	
	摩訶薩品	第13-1~3	47~49권	
	大乘鎧品	第14-1~3	49~51권	
	辨大乘品	第15-1~6	51~56권	
	贊大乘品	第16-1~6	56~61권	
	隨順品	第17	61권	
	無所得品	第18-1~10	61~70권	
	觀行品	第19-1~5	70~74권	
	無生品	第20-1~2	74~75권	
	淨道品	第21-1~2	75~76권	
	天帝品	第22-1~5	77~81권	
	諸天子品	第23-1~2	81~82권	
	受敎品	第24-1~3	82~83권	
	散花品	第25	84권	
	學般若品	第26-1~5	85~89권	
	求般若品	第27-1~10	89~98권	
	嘆衆德品	第28-1~2	98~99권	
	攝受品	第29-1~5	99~103권	
	校量功德品	第30-1~66	103~169권	
	隨喜迴向品	第31-1~5	169~172권	
	贊般若品	第32-1~10	172~181권	
	謗般若品	第33	181권	

難信解品	第34-1~103	182~284권	
贊清淨品	第35-1~3	285~287권	
着不着相品	第36-1~6	287~292권	
說般若相品	第37-1~5	292~296권	
波羅蜜多品	第38-1~2	296~297권	
難聞功德品	第39-1~6	297~304권	
魔事品	第40-1~2	304~305권	
佛母品	第41-1~4	305~308권	
不思議等品	第42-1~3	308~310권	
辦事品	第43-1~2	310~311권	
眾喩品	第44-1~3	311~313권	
眞善友品	第45-1~4	313~316권	
趣智品	第46-1~3	316~318권	
眞如品	第47-1~7	318~324권	
菩薩住品	第48-1~2	324~325권	
不退轉品	第49-1~3	326~328권	
巧方便品	第50-1~3	328~330권	
願行品	第51-1~2	330~331권	
殑伽天品	第52	331권	
善學品	第53-1~5	331~335권	
斷分別品	第54-1~2	335~336권	
巧便學品	第55-1~5	337~341권	
願喩品	第56-1~2	341~342권	
堅等贊品	第57-1~5	342~346권	
囑累品	第58-1~2	346~347권	
無盡品	第59-1~2	347~348권	
相引攝品	第60-1~2	349~350권	
多問不二品	第61-1~13	350~363권	
實說品	第62-1~3	363~365권	
巧便行品	第63-1~2	365~366권	
遍學道品	第64-1~7	366~372권	
三漸次品	第65-1~2	372~373권	
無相無得品	第66-1~6	373~378권	
無雜法義品	第67-1~2	378~379권	
諸功德相品	第68-1~5	379~383권	
諸法平等品	第69-1~4	383~386권	
不可動品	第70-1~5	386~390권	
成熟有情品	第71-1~4	390~393권	
嚴淨佛土品	第72-1~2	393~394권	
淨土方便品	第73-1~2	394~395권	

	無性自性品	第74-1~2	395~396권	
	勝義瑜伽品	第75-1~2	396~397권	
	無動法性品	第76	397권	
	常啼菩薩品	第77-1~2	398~399권	
	法湧菩薩品	第78-1~2	399~400권	
	結勸品	第79	400권	
二會	緣起品	第1	401권	서문 수록
	歡喜品	第2	402권	
	觀照品	第3-1~4	402~405권	
	無等等品	第4	405권	
	舌根相品	第5	405권	
	善現品	第6-1~3	406~408권	
	入離生品	第7	408권	
	勝軍品	第8-1~2	408~409권	
	行相品	第9-1~2	409~410권	
	幻喩品	第10	410권	
	譬喩品	第11	411권	
	斷諸見品	第12	411권	
	六到彼岸品	第13-1~2	411~412권	
	乘大乘品	第14	412권	
	無縛解品	第15	413권	
	三摩地品	第16-1~2	413~414권	
	念住等品	第17-1~2	414~415권	
	修治地品	第18-1~2	415~416권	
	出住品	第19-1~2	416~417권	
	超勝品	第20-1~2	417~418권	
	無所有品	第21-1~3	418~420권	
	隨順品	第22	420권	
	無邊際品	第23-1~4	420~423권	
	遠離品	第24-1~2	423~424권	
	帝釋品	第25-1~2	425~426권	
	信受品	第26	426권	
	散花品	第27-1~2	426~427권	
	授記品	第28	427권	
	攝受品	第29-1~2	427~428권	
	窣堵波品	第30	428권	
	福生品	第31	429권	
	功德品	第32	429권	
	外道品	第33	429권	
	天來品	第34-1~2	429~430권	

設利羅品	第35	430권	
經文品	第36-1~2	431~432권	
隨喜迴向品	第37-1~2	432~433권	
大師品	第38	434권	
地獄品	第39-1~2	434~435권	
清淨品	第40	436권	
無摽幟品	第41-1~2	436~437권	
不可得品	第42	437권	
東北方品	第43-1~3	438~440권	
魔事品	第44	440권	
不和合品	第45-1~2	440~441권	
佛母品	第46-1~2	441~442권	
示相品	第47-1~2	442~443권	
成辦品	第48	444권	
船等喩品	第49-1~2	444~445권	
初業品	第50-1~2	445~446권	
調伏貪等品	第51	446권	
眞如品	第52-1~3	446~448권	
不退轉品	第53	448권	
轉不退轉品	第54	449권	
甚深義品	第55-1~2	449~450권	
夢行品	第56	451권	
願行品	第57	451권	
殑伽天品	第58	451권	
習近品	第59	452권	
增上慢品	第60-1~3	452~454권	
同學品	第61-1~2	454~455권	
同性品	第62-1~2	455~456권	
無分別品	第63	456권	
堅非堅品	第64-1~2	456~457권	
實語品	第65-1~2	457~458권	
無盡品	第66	458권	
相攝品	第67	459권	
巧便品	第68-1~4	459~463권	
樹喩品	第69	463권	
菩薩行品	第70	464권	
親近品	第71	464권	
遍學品	第72-1~2	464~465권	
漸次品	第73-1~2	465~466권	
無相品	第74-1~2	466~467권	

	無雜品	第75-1~2	467~468권	
	衆德相品	第76-1~4	468~471권	
	善達品	第77-1~3	471~473권	
	實際品	第78-1~2	473~474권	
	無闕品	第79-1~2	474~475권	
	道士品	第80	476권	
	正定品	第81	477권	
	佛法品	第82	477권	
	無事品	第83	478권	
	實說品	第84	478권	
	空性品	第85	478권	
第三會	緣起品	第1	479권	서문 수록
	舍利子品	第2-1~4	479~482권	
	善現品	第3-1~17	482~498권	
	天帝品	第4-1~3	498~500권	
	現窣堵波品	第5-1~3	500~502권	
	稱揚功德品	第6-1~2	502~503권	
	佛設利羅品	第7	503권	
	福聚品	第8-1~2	503~504권	
	隨喜迴向品	第9-1~2	504~505권	
	地獄品	第10-1~2	505~506권	
	嘆淨品	第11-1~2	506~507권	
	贊德品	第12	507권	
	陀羅尼品	第13-1~2	508~509권	
	魔事品	第14	509권	
	現世間品	第15	510권	
	不思議等品	第16	511권	
	譬喩品	第17	511권	
	善友品	第18	512권	
	眞如品	第19-1~2	513~514권	
	不退相品	第20-1~2	514~515권	
	空相品	第21-1~3	515~517권	
	殑伽天品	第22	517권	
	巧便品	第23-1~4	517~520권	
	學時品	第24	520권	
	見不動品	第25-1~2	521~522권	
	方便善巧品	第26-1~4	523~526권	
	慧到彼岸品	第27	527권	
	妙相品	第28-1~5	528~532권	
	施等品	第29-1~4	532~535권	

	佛國品	第30-1~2	535~536권	
	宣化品	第31-1~2	536~537권	
第四會	妙行品	第1-1~2	538~539권	서문 수록
	帝釋品	第2	539권	
	供養窣堵波品	第3-1~3	539~541권	
	稱揚功德品	第4	541권	
	福門品	第5-1~2	541~542권	
	隨喜迴向品	第6-1~2	543~544권	
	地獄品	第7	544권	
	清淨品	第8	545권	
	讚歎品	第9	545권	
	總持品	第10-1~2	545~546권	
	魔事品	第11-1~2	546~547권	
	現世間品	第12	547권	
	不思議等品	第13	547권	
	譬喩品	第14	548권	
	天贊品	第15	548권	
	眞如品	第16-1~2	548~549권	
	不退相品	第17	549권	
	空相品	第18-1~2	549~550권	
	深功德品	第19	550권	
	殑伽天品	第20	550권	
	覺魔事品	第21-1~2	551권	
	善友品	第22-1~2	551~552권	
	天主品	第23	552권	
	無雜無異品	第24	552권	
	迅速品	第25-1~2	552~553권	
	幻喩品	第26	553권	
	堅固品	第27-1~2	553~554권	
	散花品	第28	554권	
	隨順品	第29	555권	
第五會	善現品	第1	556권	서문 수록
	天帝品	第2	556권	
	窣堵波品	第3	557권	
	神呪品	第4	557권	
	設利羅品	第5	558권	
	經典品	第6	558권	
	迴向品	第7	558권	
	地獄品	第8	559권	
	清淨品	第9	559권	

	不思議品	第10-1~2	559~560권	
	魔事品	第11	560권	
	眞如品	第12	560권	
	甚深相品	第13	560~561권	
	船等喩品	第14	561권	
	如來品	第15-1~2	561~562권	
	不退品	第16	562권	
	貪行品	第17-1~2	562~563권	
	姊妹品	第18	563권	
	夢行品	第19	563권	
	勝意樂品	第20	564권	
	修學品	第21	564권	
	根栽品	第22-1~2	564~565권	
	付囑品	第23	565권	
	見不動佛品	第24	565권	
第六會	緣起品	第1	566권	서문 수록
	通達品	第2	566권	
	顯相品	第3	567권	
	法界品	第4-1~2	567~568권	
	念住品	第5	568권	
	法性品	第6	569권	
	平等品	第7	570권	
	現相品	第8	570권	
	無所得品	第9	571권	
	證勸品	第10	571권	
	顯德品	第11	572권	
	現化品	第12	572권	
	陀羅尼品	第13	572권	
	勸誡品	第14-1~2	572~573권	
	二行品	第15	573권	
	讚歎品	第16	573권	
	付囑品	第17	573권	
第七會	曼殊室利分	第1~2	574~575권	서문 수록
第八會	那伽室利分	第1	576권	서문 수록
第九會	能斷金剛分	第1	577권	서문 수록
第十會	般若理趣分	第1	578권	서문 수록
第十一會	施波羅蜜多分	第1~5	579~583권	서문 수록
第十二會	淨戒波羅蜜多分	第1~5	584~588권	서문 수록
第十三會	忍波羅蜜多分	第1	589권	서문 수록
第十四會	精進波羅蜜多分	第1	590권	서문 수록

第十五會	靜慮波羅蜜多分	第1~2	591~592권	서문 수록
第十六會	般若波羅蜜多分	第1~8	593~600권	서문 수록

  따라서 마하반야바라밀다경은 설법의 내용을 따라서 각각 다른 결집의 형태를 보여주고 있으며, 매우 방대하였던 까닭으로 반야계통의 경전인 『소품반야경』, 『금강반야경』, 『반야심경』 등에 비교하여 많이 연구되지 않고 있다. 그러나 『고려대장경』의 처음에 『마하반야바라밀다경』을 배치하고 있는 것은 한국불교에서는 『마하반야바라밀다경』의 사상적인 위치가 매우 중요하였다고 추정할 수 있다.

초분
初分

마하반야바라밀다경 제121권

30. 교량공덕품(校量功悳品)(19)

"세존이시여. 어찌 8해탈은 무이(無二)로써 방편으로 삼고 태어남이 없음으로써 방편으로 삼으며 얻을 수 없음으로써 방편으로 삼고서 일체지지에 회향하면서 무망실법·항주사성을 수습한다고 말합니까?"

"경희(慶喜)여. 8해탈은 8해탈의 자성(自性)이 공하느니라. 왜 그러한가? 8해탈의 자성이 공한 것과 무망실법·항주사성은 함께 무이이고 둘로 나눌 수 없는 까닭이니라."

"세존이시여. 어찌 8승처·9차제정·10변처는 무이로써 방편으로 삼고 태어남이 없음으로써 방편으로 삼으며 얻을 수 없음으로써 방편으로 삼고서 일체지지에 회향하면서 무망실법·항주사성을 수습한다고 말합니까?"

"경희여. 8승처·9차제정·10변처는 8승처·9차제정·10변처의 자성이 공하느니라. 왜 그러한가? 8승처·9차제정·10변처의 자성이 공한 것과 무망실법·항주사성은 함께 무이이고 둘로 나눌 수 없는 까닭이니라. 경희여. 오히려 이러한 까닭으로 '8해탈 등이 무이로써 방편으로 삼고 태어남이 없음으로써 방편으로 삼으며 얻을 수 없음으로써 방편으로 삼고서 일체지지에 회향하면서 무망실법·항주사성을 수습한다.'라고 설하였느니라."

"세존이시여. 어찌 8해탈은 무이로써 방편으로 삼고 태어남이 없음으로써 방편으로 삼으며 얻을 수 없음으로써 방편으로 삼고서 일체지지에 회향하면서 일체지·도상지·일체상지를 수습한다고 말합니까?"

"경희여. 8해탈은 8해탈의 자성이 공하느니라. 왜 그러한가? 8해탈의 자성이 공한 것과 일체지·도상지·일체상지와 함께 무이이고 둘로 나눌 수 없는 까닭이니라."

"세존이시여. 어찌 8승처·9차제정·10변처는 무이로써 방편으로 삼고 태어남이 없음으로써 방편으로 삼으며 얻을 수 없음으로써 방편으로 삼고서 일체지지에 회향하면서 일체지·도상지·일체상지를 수습한다고 말합니까?"

"경희여. 8승처·9차제정·10변처는 8승처·9차제정·10변처의 자성이 공하느니라. 왜 그러한가? 8승처·9차제정·10변처의 자성이 공한 것과 일체지·도상지·일체상지는 함께 무이이고 둘로 나눌 수 없는 까닭이니라. 경희여. 오히려 이러한 까닭으로 '8해탈 등이 무이로써 방편으로 삼고 태어남이 없음으로써 방편으로 삼으며 얻을 수 없음으로써 방편으로 삼고서 일체지지에 회향하면서 일체지·도상지·일체상지를 수습한다.'라고 설하였느니라."

"세존이시여. 어찌 8해탈은 무이로써 방편으로 삼고 태어남이 없음으로써 방편으로 삼으며 얻을 수 없음으로써 방편으로 삼고서 일체지지에 회향하면서 일체의 다라니문·일체의 삼마지문을 수습한다고 말합니까?"

"경희여. 8해탈은 8해탈의 자성이 공하느니라. 왜 그러한가? 8해탈의 자성이 공한 것과 일체의 다라니문·일체의 삼마지문은 함께 무이이고 둘로 나눌 수 없는 까닭이니라."

"세존이시여. 어찌 8승처·9차제정·10변처는 무이로써 방편으로 삼고 태어남이 없음으로써 방편으로 삼으며 얻을 수 없음으로써 방편으로 삼고서 일체지지에 회향하면서 일체의 다라니문·일체의 삼마지문을 수습한다고 말합니까?"

"경희여. 8승처·9차제정·10변처는 8승처·9차제정·10변처의 자성이 공하느니라. 왜 그러한가? 8승처·9차제정·10변처의 자성이 공한 것과 일체의 다라니문·일체의 삼마지문은 함께 무이이고 둘로 나눌 수 없는 까닭이니라. 경희여. 오히려 이러한 까닭으로 '8해탈 등이 무이로써 방편으로 삼고 태어남이 없음으로써 방편으로 삼으며 얻을 수 없음으로써 방편으로 삼고서 일체지지에 회향하면서 일체의 다라니문·일체의 삼마지문을 수습한다.'라고 설하였느니라."

"세존이시여. 어찌 8해탈은 무이로써 방편으로 삼고 태어남이 없음으로써 방편으로 삼으며 얻을 수 없음으로써 방편으로 삼고서 일체지지에 회향하면서 보살마하살의 행을 수습한다고 말합니까?"

"경희여. 8해탈은 8해탈의 자성이 공하느니라. 왜 그러한가? 8해탈의 자성이 공한 것과 보살마하살의 행은 함께 무이이고 둘로 나눌 수 없는 까닭이니라."

"세존이시여. 어찌 8승처·9차제정·10변처는 무이로써 방편으로 삼고 태어남이 없음으로써 방편으로 삼으며 얻을 수 없음으로써 방편으로 삼고서 일체지지에 회향하면서 보살마하살의 행을 수습한다고 말합니까?"

"경희여. 8승처·9차제정·10변처는 8승처·9차제정·10변처의 자성이 공하느니라. 왜 그러한가? 8승처·9차제정·10변처의 자성이 공한 것과 보살마하살의 행은 함께 무이이고 둘로 나눌 수 없는 까닭이니라. 경희여. 오히려 이러한 까닭으로 '8해탈 등이 무이로써 방편으로 삼고 태어남이 없음으로써 방편으로 삼으며 얻을 수 없음으로써 방편으로 삼고서 일체지지에 회향하면서 보살마하살의 행을 수습한다.'라고 설하였느니라."

"세존이시여. 어찌 8해탈은 무이로써 방편으로 삼고 태어남이 없음으로써 방편으로 삼으며 얻을 수 없음으로써 방편으로 삼고서 일체지지에 회향하면서 무상정등보리를 수습한다고 말합니까?"

"경희여. 8해탈은 8해탈의 자성이 공하느니라. 왜 그러한가? 8해탈의 자성이 공한 것과 무상정등보리는 함께 무이이고 둘로 나눌 수 없는 까닭이니라."

"세존이시여. 어찌 8승처·9차제정·10변처는 무이로써 방편으로 삼고 태어남이 없음으로써 방편으로 삼으며 얻을 수 없음으로써 방편으로 삼고서 일체지지에 회향하면서 무상정등보리를 수습한다고 말합니까?"

"경희여. 8승처·9차제정·10변처는 8승처·9차제정·10변처의 자성이 공하느니라. 왜 그러한가? 8승처·9차제정·10변처의 자성이 공한 것과 무상정등보리는 함께 무이이고 둘로 나눌 수 없는 까닭이니라. 경희여. 오히려 이러한 까닭으로 '8해탈 등이 무이로써 방편으로 삼고 태어남이 없음으로써 방편으로 삼으며 얻을 수 없음으로써 방편으로 삼고서 일체지지에 회향하면서 무상정등보리를 수습한다.'라고 설하였느니라."

"세존이시여. 어찌 4념주는 무이로써 방편으로 삼고 태어남이 없음으로써 방편으로 삼으며 얻을 수 없음으로써 방편으로 삼고서 일체지지에 회향하면서 보시·정계·안인·정진·정려·반야바라밀다를 수습한다고 말합니까?"

"경희여. 4념주는 4념주의 자성이 공하느니라. 왜 그러한가? 4념주의 자성이 공한 것과 보시·정계·안인·정진·정려·반야바라밀다는 함께 무이이고 둘로 나눌 수 없는 까닭이니라."

"세존이시여. 어찌 4정단·4신족·5근·5력·7등각지·8성도지는 무이로써 방편으로 삼고 태어남이 없음으로써 방편으로 삼으며 얻을 수 없음으로써 방편으로 삼고서 일체지지에 회향하면서 보시·정계·안인·정진·정려·반야바라밀다를 수습한다고 말합니까?"

"경희여. 4정단·4신족·5근·5력·7등각지·8성도지는 4정단·4신족·5근·5력·7등각지·8성도지의 자성이 공하느니라. 왜 그러한가? 4정단·4신족·5근·5력·7등각지·8성도지의 자성이 공한 것과 보시·정계·안인·정진·정려·반야바라밀다는 함께 무이이고 둘로 나눌 수 없는 까닭이니라. 경희여. 오히려 이러한 까닭으로 '4념주 등이 무이로써 방편으로 삼고 태어남이 없음으로써 방편으로 삼으며 얻을 수 없음으로써 방편으로 삼고서 일체지지에 회향하면서 보시·정계·안인·정진·정려·반야바라밀다를 수습한다.'라고 설하였느니라."

"세존이시여. 어찌 4념주는 무이로써 방편으로 삼고 태어남이 없음으로써 방편으로 삼으며 얻을 수 없음으로써 방편으로 삼고서 일체지지에

회향하면서 내공·외공·내외공·공공·대공·승의공·유위공·무위공·필경
공·무제공·산공·무변이공·본성공·자상공·공상공·일체법공·불가득공·
무성공·자성공·무성자성공에 안주한다고 말합니까?"

"경희여. 4념주는 4념주의 자성이 공하느니라. 왜 그러한가? 4념주의
자성이 공한 것과 내공, 나아가 무성자성공은 함께 무이이고 둘로 나눌
수 없는 까닭이니라."

"세존이시여. 어찌 4정단·4신족·5근·5력·7등각지·8성도지는 무이로
써 방편으로 삼고 태어남이 없음으로써 방편으로 삼으며 얻을 수 없음으로
써 방편으로 삼고서 일체지지에 회향하면서 내공·외공·내외공·공공·대
공·승의공·유위공·무위공·필경공·무제공·산공·무변이공·본성공·자
상공·공상공·일체법공·불가득공·무성공·자성공·무성자성공에 안주한
다고 말합니까?"

"경희여. 4정단·4신족·5근·5력·7등각지·8성도지는 4정단·4신족·5근
·5력·7등각지·8성도지의 자성이 공하느니라. 왜 그러한가? 4정단·4신족
·5근·5력·7등각지·8성도지의 자성이 공한 것과 내공, 나아가 무성자성공
은 함께 무이이고 둘로 나눌 수 없는 까닭이니라. 경희여. 오히려 이러한
까닭으로 '4념주 등이 무이로써 방편으로 삼고 태어남이 없음으로써
방편으로 삼으며 얻을 수 없음으로써 방편으로 삼고서 일체지지에 회향하
면서 내공, 나아가 무성자성공에 안주한다.'라고 설하였느니라."

"세존이시여. 어찌 4념주는 무이로써 방편으로 삼고 태어남이 없음으로
써 방편으로 삼으며 얻을 수 없음으로써 방편으로 삼고서 일체지지에
회향하면서 진여·법계·법성·불허망성·불변이성·평등성·이생성·법정·
법주·실제·허공계·부사의계에 안주한다고 말합니까?"

"경희여. 4념주는 4념주의 자성이 공하느니라. 왜 그러한가? 4념주의
자성이 공한 것과 진여, 나아가 부사의계는 함께 무이이고 둘로 나눌
수 없는 까닭이니라."

"세존이시여. 어찌 4정단·4신족·5근·5력·7등각지·8성도지는 무이로
써 방편으로 삼고 태어남이 없음으로써 방편으로 삼으며 얻을 수 없음으로

써 방편으로 삼고서 일체지지에 회향하면서 진여·법계·법성·불허망성· 불변이성·평등성·이생성·법정·법주·실제·허공계·부사의계에 안주한 다고 말합니까?"

"경희여. 4정단·4신족·5근·5력·7등각지·8성도지는 4정단·4신족·5근 ·5력·7등각지·8성도지의 자성이 공하느니라. 왜 그러한가? 4정단·4신족 ·5근·5력·7등각지·8성도지의 자성이 공한 것과 진여, 나아가 부사의계는 함께 무이이고 둘로 나눌 수 없는 까닭이니라. 경희여. 오히려 이러한 까닭으로 '4념주 등이 무이로써 방편으로 삼고 태어남이 없음으로써 방편으로 삼으며 얻을 수 없음으로써 방편으로 삼고서 일체지지에 회향하 면서 진여, 나아가 부사의계에 안주한다.'라고 설하였느니라."

"세존이시여. 어찌 4념주는 무이로써 방편으로 삼고 태어남이 없음으로 써 방편으로 삼으며 얻을 수 없음으로써 방편으로 삼고서 일체지지에 회향하면서 고·집·멸·도성제에 안주한다고 말합니까?"

"경희여. 4념주는 4념주의 자성이 공하느니라. 왜 그러한가? 4념주의 자성이 공한 것과 고·집·멸·도성제는 함께 무이이고 둘로 나눌 수 없는 까닭이니라."

"세존이시여. 어찌 4정단·4신족·5근·5력·7등각지·8성도지는 무이로 써 방편으로 삼고 태어남이 없음으로써 방편으로 삼으며 얻을 수 없음으로 써 방편으로 삼고서 일체지지에 회향하면서 고·집·멸·도성제에 안주한다 고 말합니까?"

"경희여. 4정단·4신족·5근·5력·7등각지·8성도지는 4정단·4신족·5근 ·5력·7등각지·8성도지의 자성이 공하느니라. 왜 그러한가? 4정단·4신족 ·5근·5력·7등각지·8성도지의 자성이 공한 것과 고·집·멸·도성제는 함께 무이이고 둘로 나눌 수 없는 까닭이니라. 경희여. 오히려 이러한 까닭으로 '4념주 등이 무이로써 방편으로 삼고 태어남이 없음으로써 방편으로 삼으며 얻을 수 없음으로써 방편으로 삼고서 일체지지에 회향하면서 고·집·멸·도성제에 안주한다.'라고 설하였느니라."

"세존이시여. 어찌 4념주는 무이로써 방편으로 삼고 태어남이 없음으로써 방편으로 삼으며 얻을 수 없음으로써 방편으로 삼고서 일체지지에 회향하면서 4정려·4무량·4무색정을 수습한다고 말합니까?"

"경희여. 4념주는 4념주의 자성이 공하느니라. 왜 그러한가? 4념주의 자성의 공한 것과, 4정려·4무량·4무색정은 함께 무이이고 둘로 나눌 수 없는 까닭이니라."

"세존이시여. 4정단·4신족·5근·5력·7등각지·8성도지는 무이로써 방편으로 삼고 태어남이 없음으로써 방편으로 삼으며 얻을 수 없음으로써 방편으로 삼고서 일체지지에 회향하면서 4정려·4무량·4무색정을 수습한다고 말합니까?"

"경희여. 4정단·4신족·5근·5력·7등각지·8성도지는 4정단·4신족·5근·5력·7등각지·8성도지의 자성이 공하느니라. 왜 그러한가? 4정단·4신족·5근·5력·7등각지·8성도지의 자성이 공한 것과 4정려·4무량·4무색정은 함께 무이이고 둘로 나눌 수 없는 까닭이니라. 경희여. 오히려 이러한 까닭으로 '4념주 등이 무이로써 방편으로 삼고 태어남이 없음으로써 방편으로 삼으며 얻을 수 없음으로써 방편으로 삼고서 일체지지에 회향하면서 4정려·4무량·4무색정을 수습한다.'라고 설하였느니라."

"세존이시여. 어찌 4념주는 무이로써 방편으로 삼고 태어남이 없음으로써 방편으로 삼으며 얻을 수 없음으로써 방편으로 삼고서 일체지지에 회향하면서 8해탈·8승처·9차제정·10변처를 수습한다고 말합니까?"

"경희여. 4념주는 4념주의 자성이 공하느니라. 왜 그러한가? 4념주의 자성이 공한 것과 8해탈·8승처·9차제정·10변처는 함께 무이이고 둘로 나눌 수 없는 까닭이니라."

"세존이시여. 어찌 4정단·4신족·5근·5력·7등각지·8성도지는 무이로써 방편으로 삼고 태어남이 없음으로써 방편으로 삼으며 얻을 수 없음으로써 방편으로 삼고서 일체지지에 회향하면서 8해탈·8승처·9차제정·10변처를 수습한다고 말합니까?"

"경희여. 4정단·4신족·5근·5력·7등각지·8성도지는 4정단·4신족·5근·5력·7등각지·8성도지의 자성이 공하느니라. 왜 그러한가? 4정단·4신족

·5근·5력·7등각지·8성도지의 자성이 공한 것과 8해탈·8승처·9차제정·10변처는 함께 무이이고 둘로 나눌 수 없는 까닭이니라. 경희여. 오히려 이러한 까닭으로 '4념주 등이 무이로써 방편으로 삼고 태어남이 없음으로써 방편으로 삼으며 얻을 수 없음으로써 방편으로 삼고서 일체지지에 회향하면서 8해탈·8승처·9차제정·10변처를 수습한다.'라고 설하였느니라."

"세존이시여. 어찌 4념주는 무이로써 방편으로 삼고 태어남이 없음으로써 방편으로 삼으며 얻을 수 없음으로써 방편으로 삼고서 일체지지에 회향하면서 4념주·4정단·4신족·5근·5력·7등각지·8성도지를 수습한다고 말합니까?"

"경희여. 4념주는 4념주의 자성이 공하느니라. 왜 그러한가? 4념주의 자성이 공한 것과 4념주·4정단·4신족·5근·5력·7등각지·8성도지는 함께 무이이고 둘로 나눌 수 없는 까닭이니라."

"세존이시여. 어찌 4정단·4신족·5근·5력·7등각지·8성도지는 무이로써 방편으로 삼고 태어남이 없음으로써 방편으로 삼으며 얻을 수 없음으로써 방편으로 삼고서 일체지지에 회향하면서 4념주·4정단·4신족·5근·5력·7등각지·8성도지를 수습한다고 말합니까?"

"경희여. 4정단·4신족·5근·5력·7등각지·8성도지는 4정단·4신족·5근·5력·7등각지·8성도지의 자성이 공하느니라. 왜 그러한가? 4정단·4신족·5근·5력·7등각지·8성도지의 자성이 공한 것과 4념주·4정단·4신족·5근·5력·7등각지·8성도지는 함께 무이이고 둘로 나눌 수 없는 까닭이니라. 경희여. 오히려 이러한 까닭으로 '4념주 등이 무이로써 방편으로 삼고 태어남이 없음으로써 방편으로 삼으며 얻을 수 없음으로써 방편으로 삼고서 일체지지에 회향하면서 4념주·4정단·4신족·5근·5력·7등각지·8성도지를 수습한다.'라고 설하였느니라."

"세존이시여. 어찌 4념주는 무이로써 방편으로 삼고 태어남이 없음으로써 방편으로 삼으며 얻을 수 없음으로써 방편으로 삼고서 일체지지에 회향하면서 공해탈문·무상해탈문·무원해탈문을 수습한다고 말합니까?"

"경희여. 4념주는 4념주의 자성이 공하느니라. 왜 그러한가? 4념주의 자성이 공한 것과 공해탈문·무상해탈문·무원해탈문은 함께 무이이고 둘로 나눌 수 없는 까닭이니라."

"세존이시여. 어찌 4정단·4신족·5근·5력·7등각지·8성도지는 무이로써 방편으로 삼고 태어남이 없음으로써 방편으로 삼으며 얻을 수 없음으로써 방편으로 삼고서 일체지지에 회향하면서 공해탈문·무상해탈문·무원해탈문을 수습한다고 말합니까?"

"경희여. 4정단·4신족·5근·5력·7등각지·8성도지는 4정단·4신족·5근·5력·7등각지·8성도지의 자성이 공하느니라. 왜 그러한가? 4정단·4신족·5근·5력·7등각지·8성도지의 자성이 공한 것과 공해탈문·무상해탈문·무원해탈문은 함께 무이이고 둘로 나눌 수 없는 까닭이니라. 경희여. 오히려 이러한 까닭으로 '4념주 등이 무이로써 방편으로 삼고 태어남이 없음으로써 방편으로 삼으며 얻을 수 없음으로써 방편으로 삼고서 일체지지에 회향하면서 공해탈문·무상해탈문·무원해탈문을 수습한다.'라고 설하였느니라."

"세존이시여. 어찌 4념주는 무이로써 방편으로 삼고 태어남이 없음으로써 방편으로 삼으며 얻을 수 없음으로써 방편으로 삼고서 일체지지에 회향하면서 5안·6신통을 수습한다고 말합니까?"

"경희여. 4념주는 4념주의 자성이 공하느니라. 왜 그러한가? 4념주의 자성이 공한 것과 5안·6신통은 함께 무이이고 둘로 나눌 수 없는 까닭이니라."

"세존이시여. 어찌 4정단·4신족·5근·5력·7등각지·8성도지는 무이로써 방편으로 삼고 태어남이 없음으로써 방편으로 삼으며 얻을 수 없음으로써 방편으로 삼고서 일체지지에 회향하면서 5안·6신통을 수습한다고 말합니까?"

"경희여. 4정단·4신족·5근·5력·7등각지·8성도지는 4정단·4신족·5근·5력·7등각지·8성도지의 자성이 공하느니라. 왜 그러한가? 4정단·4신족·5근·5력·7등각지·8성도지의 자성이 공한 것과 5안·6신통은 함께 무이이고 둘로 나눌 수 없는 까닭이니라. 경희여. 오히려 이러한 까닭으로 '4념주 등이 무이로써 방편으로 삼고 태어남이 없음으로써 방편으로 삼으며 얻을 수 없음으로써 방편으로 삼고서 일체지지에 회향하면서 5안·6신통을 수습한다.'라고 설하였느니라."

"세존이시여. 어찌 4념주는 무이로써 방편으로 삼고 태어남이 없음으로써 방편으로 삼으며 얻을 수 없음으로써 방편으로 삼고서 일체지지에 회향하면서 여래의 10력·4무소외·4무애해·대자·대비·대희·대사·18불불공법을 수습한다고 말합니까?"

"경희여. 4념주는 4념주의 자성이 공하느니라. 왜 그러한가? 4념주의 자성이 공한 까닭으로써, 여래의 10력·4무소외·4무애해·대자·대비·대희·대사·18불불공법과 함께 무이이고 둘로 나눌 수 없는 까닭이니라."

"세존이시여. 어찌 4정단·4신족·5근·5력·7등각지·8성도지는 무이로써 방편으로 삼고 태어남이 없음으로써 방편으로 삼으며 얻을 수 없음으로써 방편으로 삼고서 일체지지에 회향하면서 여래의 10력·4무소외·4무애해·대자·대비·대희·대사·18불불공법을 수습한다고 말합니까?"

"경희여. 4정단·4신족·5근·5력·7등각지·8성도지는 4정단·4신족·5근·5력·7등각지·8성도지의 자성이 공하느니라. 왜 그러한가? 4정단·4신족·5근·5력·7등각지·8성도지의 자성이 공한 것과 여래의 10력·4무소외·4무애해·대자·대비·대희·대사·18불불공법은 함께 무이이고 둘로 나눌 수 없는 까닭이니라. 경희여. 오히려 이러한 까닭으로 '4념주 등이 무이로써 방편으로 삼고 태어남이 없음으로써 방편으로 삼으며 얻을 수 없음으로써 방편으로 삼고서 일체지지에 회향하면서 여래의 10력·4무소외·4무애해·대자·대비·대희·대사·18불불공법을 수습한다.'라고 설하였느니라."

"세존이시여. 어찌 4념주는 무이로써 방편으로 삼고 태어남이 없음으로써 방편으로 삼으며 얻을 수 없음으로써 방편으로 삼고서 일체지지에 회향하면서 무망실법·항주사성을 수습한다고 말합니까?"

"경희여. 4념주는 4념주의 자성이 공하느니라. 왜 그러한가? 4념주의 자성이 공한 것과 무망실법·항주사성은 함께 무이이고 둘로 나눌 수 없는 까닭이니라."

"세존이시여. 어찌 4정단·4신족·5근·5력·7등각지·8성도지는 무이로써 방편으로 삼고 태어남이 없음으로써 방편으로 삼으며 얻을 수 없음으로써 방편으로 삼고서 일체지지에 회향하면서 무망실법·항주사성을 수습한다고 말합니까?"

"경희여. 4정단·4신족·5근·5력·7등각지·8성도지는 4정단·4신족·5근·5력·7등각지·8성도지의 자성이 공하느니라. 왜 그러한가? 4정단·4신족·5근·5력·7등각지·8성도지의 자성이 공한 것과 무망실법·항주사성은 함께 무이이고 둘로 나눌 수 없는 까닭이니라. 경희여. 오히려 이러한 까닭으로 '4념주 등이 무이로써 방편으로 삼고 태어남이 없음으로써 방편으로 삼으며 얻을 수 없음으로써 방편으로 삼고서 일체지지에 회향하면서 무망실법·항주사성을 수습한다.'라고 설하였느니라."

"세존이시여. 어찌 4념주는 무이로써 방편으로 삼고 태어남이 없음으로써 방편으로 삼으며 얻을 수 없음으로써 방편으로 삼고서 일체지지에 회향하면서 일체지·도상지·일체상지를 수습한다고 말합니까?"

"경희여. 4념주는 4념주의 자성이 공하느니라. 왜 그러한가? 4념주의 자성이 공한 것과 일체지·도상지·일체상지는 함께 무이이고 둘로 나눌 수 없는 까닭이니라."

"세존이시여. 어찌 4정단·4신족·5근·5력·7등각지·8성도지는 무이로써 방편으로 삼고 태어남이 없음으로써 방편으로 삼으며 얻을 수 없음으로써 방편으로 삼고서 일체지지에 회향하면서 일체지·도상지·일체상지를 수습한다고 말합니까?"

"경희여. 4정단·4신족·5근·5력·7등각지·8성도지는 4정단·4신족·5근·5력·7등각지·8성도지의 자성이 공하느니라. 왜 그러한가? 4정단·4신족·5근·5력·7등각지·8성도지의 자성이 공한 것과 일체지·도상지·일체상지는 함께 무이이고 둘로 나눌 수 없는 까닭이니라. 경희여. 오히려 이러한 까닭으로 '4념주 등이 무이로써 방편으로 삼고 태어남이 없음으로써 방편으로 삼으며 얻을 수 없음으로써 방편으로 삼고서 일체지지에 회향하면서 일체지·도상지·일체상지를 수습한다.'라고 설하였느니라."

"세존이시여. 어찌 4념주는 무이로써 방편으로 삼고 태어남이 없음으로써 방편으로 삼으며 얻을 수 없음으로써 방편으로 삼고서 일체지지에 회향하면서 일체의 다라니문·일체의 삼마지문을 수습한다고 말합니까?"

"경희여. 4념주는 4념주의 자성이 공하느니라. 왜 그러한가? 4념주의 자성이 공한 것과 일체의 다라니문·일체의 삼마지문은 함께 무이이고 둘로 나눌 수 없는 까닭이니라."

"세존이시여. 어찌 4정단·4신족·5근·5력·7등각지·8성도지는 무이로써 방편으로 삼고 태어남이 없음으로써 방편으로 삼으며 얻을 수 없음으로써 방편으로 삼고서 일체지지에 회향하면서 일체의 다라니문·일체의 삼마지문을 수습한다고 말합니까?"

"경희여. 4정단·4신족·5근·5력·7등각지·8성도지는 4정단·4신족·5근·5력·7등각지·8성도지의 자성이 공하느니라. 왜 그러한가? 4정단·4신족·5근·5력·7등각지·8성도지의 자성이 공한 것과 일체의 다라니문·일체의 삼마지문은 함께 무이이고 둘로 나눌 수 없는 까닭이니라. 경희여. 오히려 이러한 까닭으로 '4념주 등이 무이로써 방편으로 삼고 태어남이 없음으로써 방편으로 삼으며 얻을 수 없음으로써 방편으로 삼고서 일체지지에 회향하면서 일체의 다라니문·일체의 삼마지문을 수습한다.'라고 설하였느니라."

"세존이시여. 어찌 4념주는 무이로써 방편으로 삼고 태어남이 없음으로써 방편으로 삼으며 얻을 수 없음으로써 방편으로 삼고서 일체지지에 회향하면서 보살마하살의 행을 수습한다고 말합니까?"

"경희여. 4념주는 4념주의 자성이 공하느니라. 왜 그러한가? 4념주의 자성이 공한 것과 보살마하살의 행은 함께 무이이고 둘로 나눌 수 없는 까닭이니라."

"세존이시여. 어찌 4정단·4신족·5근·5력·7등각지·8성도지는 무이로써 방편으로 삼고 태어남이 없음으로써 방편으로 삼으며 얻을 수 없음으로써 방편으로 삼고서 일체지지에 회향하면서 보살마하살의 행을 수습한다고 말합니까?"

"경희여. 4정단·4신족·5근·5력·7등각지·8성도지는 4정단·4신족·5근

·5력·7등각지·8성도지의 자성이 공하느니라. 왜 그러한가? 4정단·4신족·5근·5력·7등각지·8성도지의 자성이 공한 것과 보살마하살의 행은 함께 무이이고 둘로 나눌 수 없는 까닭이니라. 경희여. 오히려 이러한 까닭으로 '4념주 등이 무이로써 방편으로 삼고 태어남이 없음으로써 방편으로 삼으며 얻을 수 없음으로써 방편으로 삼고서 일체지지에 회향하면서 보살마하살의 행을 수습한다.'라고 설하였느니라."

"세존이시여. 어찌 4념주는 무이로써 방편으로 삼고 태어남이 없음으로써 방편으로 삼으며 얻을 수 없음으로써 방편으로 삼고서 일체지지에 회향하면서 무상정등보리를 수습한다고 말합니까?"

"경희여. 4념주는 4념주의 자성이 공하느니라. 왜 그러한가? 4념주의 자성이 공한 것과 무상정등보리는 함께 무이이고 둘로 나눌 수 없는 까닭이니라."

"세존이시여. 어찌 4정단·4신족·5근·5력·7등각지·8성도지는 무이로써 방편으로 삼고 태어남이 없음으로써 방편으로 삼으며 얻을 수 없음으로써 방편으로 삼고서 일체지지에 회향하면서 무상정등보리를 수습한다고 말합니까?"

"경희여. 4정단·4신족·5근·5력·7등각지·8성도지는 4정단·4신족·5근·5력·7등각지·8성도지의 자성이 공하느니라. 왜 그러한가? 4정단·4신족·5근·5력·7등각지·8성도지의 자성이 공한 것과 무상정등보리는 함께 무이이고 둘로 나눌 수 없는 까닭이니라. 경희여. 오히려 이러한 까닭으로 '4념주 등이 무이로써 방편으로 삼고 태어남이 없음으로써 방편으로 삼으며 얻을 수 없음으로써 방편으로 삼고서 일체지지에 회향하면서 무상정등보리를 수습한다.'라고 설하였느니라."

"세존이시여. 어찌 공해탈문은 무이로써 방편으로 삼고 태어남이 없음으로써 방편으로 삼으며 얻을 수 없음으로써 방편으로 삼고서 일체지지에 회향하면서 보시·정계·안인·정진·정려·반야바라밀다를 수습한다고 말합니까?"

 "경희여. 공해탈문은 공해탈문의 자성이 공하느니라. 왜 그러한가? 공해탈문의 자성이 공한 것과 보시·정계·안인·정진·정려·반야바라밀다는 함께 무이이고 둘로 나눌 수 없는 까닭이니라."

 "세존이시여. 어찌 무상·무원해탈문은 무이로써 방편으로 삼고 태어남이 없음으로써 방편으로 삼으며 얻을 수 없음으로써 방편으로 삼고서 일체지지에 회향하면서 보시·정계·안인·정진·정려·반야바라밀다를 수습한다고 말합니까?"

 "경희여. 무상·무원해탈문은 무상·무원해탈문의 자성이 공하느니라. 왜 그러한가? 무상·무원해탈문의 자성이 공한 것과 보시·정계·안인·정진·정려·반야바라밀다는 함께 무이이고 둘로 나눌 수 없는 까닭이니라. 경희여. 오히려 이러한 까닭으로 '공해탈문 등이 무이로써 방편으로 삼고 태어남이 없음으로써 방편으로 삼으며 얻을 수 없음으로써 방편으로 삼고서 일체지지에 회향하면서 보시·정계·안인·정진·정려·반야바라밀다를 수습한다.'라고 설하였느니라."

 "세존이시여. 어찌 공해탈문은 무이로써 방편으로 삼고 태어남이 없음으로써 방편으로 삼으며 얻을 수 없음으로써 방편으로 삼고서 일체지지에 회향하면서 내공·외공·내외공·공공·대공·승의공·유위공·무위공·필경공·무제공·산공·무변이공·본성공·자상공·공상공·일체법공·불가득공·무성공·자성공·무성자성공에 안주한다고 말합니까?"

 "경희여. 공해탈문은 공해탈문의 자성이 공하느니라. 왜 그러한가? 공해탈문의 자성이 공한 것과 내공, 나아가 무성자성공은 함께 무이이고 둘로 나눌 수 없는 까닭이니라."

 "세존이시여. 어찌 무상·무원해탈문은 무이로써 방편으로 삼고 태어남이 없음으로써 방편으로 삼으며 얻을 수 없음으로써 방편으로 삼고서 일체지지에 회향하면서 내공·외공·내외공·공공·대공·승의공·유위공·무위공·필경공·무제공·산공·무변이공·본성공·자상공·공상공·일체법공·불가득공·무성공·자성공·무성자성공에 안주한다고 말합니까?"

 "경희여. 무상·무원해탈문은 무상·무원해탈문의 자성이 공하느니라.

왜 그러한가? 무상·무원해탈문의 자성이 공한 것과 내공, 나아가 무성자
성공은 함께 무이이고 둘로 나눌 수 없는 까닭이니라. 경희여. 오히려
이러한 까닭으로 '공해탈문 등이 무이로써 방편으로 삼고 태어남이 없음으
로써 방편으로 삼으며 얻을 수 없음으로써 방편으로 삼고서 일체지지에
회향하면서 내공, 나아가 무성자성공에 안주한다.'라고 설하였느니라."

"세존이시여. 어찌 공해탈문은 무이로써 방편으로 삼고 태어남이 없음
으로써 방편으로 삼으며 얻을 수 없음으로써 방편으로 삼고서 일체지지에
회향하면서 진여·법계·법성·불허망성·불변이성·평등성·이생성·법정·
법주·실제·허공계·부사의계에 안주한다고 말합니까?"

"경희여. 공해탈문은 공해탈문의 자성이 공하느니라. 왜 그러한가?
공해탈문의 자성이 공한 것과 진여, 나아가 부사의계는 함께 무이이고
둘로 나눌 수 없는 까닭이니라."

"세존이시여. 어찌 무상·무원해탈문은 무이로써 방편으로 삼고 태어남
이 없음으로써 방편으로 삼으며 얻을 수 없음으로써 방편으로 삼고서
일체지지에 회향하면서 진여·법계·법성·불허망성·불변이성·평등성·이
생성·법정·법주·실제·허공계·부사의계에 안주한다고 말합니까?"

"경희여. 무상·무원해탈문은 무상·무원해탈문의 자성이 공하느니라.
왜 그러한가? 무상·무원해탈문의 자성이 공한 것과 진여, 나아가 부사의
계는 함께 무이이고 둘로 나눌 수 없는 까닭이니라. 경희여. 오히려
이러한 까닭으로 '공해탈문 등이 무이로써 방편으로 삼고 태어남이 없음으
로써 방편으로 삼으며 얻을 수 없음으로써 방편으로 삼고서 일체지지에
회향하면서 진여, 나아가 부사의계에 안주한다.'라고 설하였느니라."

"세존이시여. 어찌 공해탈문은 무이로써 방편으로 삼고 태어남이 없음
으로써 방편으로 삼으며 얻을 수 없음으로써 방편으로 삼고서 일체지지에
회향하면서 고·집·멸·도성제에 안주한다고 말합니까?"

"경희여. 공해탈문은 공해탈문의 자성이 공하느니라. 왜 그러한가?
공해탈문의 자성이 공한 것과 고·집·멸·도성제는 함께 무이이고 둘로
나눌 수 없는 까닭이니라."

"세존이시여. 어찌 무상·무원해탈문은 무이로써 방편으로 삼고 태어남이 없음으로써 방편으로 삼으며 얻을 수 없음으로써 방편으로 삼고서 일체지지에 회향하면서 고·집·멸·도성제에 안주한다고 말합니까?"

"경희여. 무상·무원해탈문은 무상·무원해탈문의 자성이 공하느니라. 왜 그러한가? 무상·무원해탈문의 자성이 공한 것과 고·집·멸·도성제는 함께 무이이고 둘로 나눌 수 없는 까닭이니라. 경희여. 오히려 이러한 까닭으로 '공해탈문 등이 무이로써 방편으로 삼고 태어남이 없음으로써 방편으로 삼으며 얻을 수 없음으로써 방편으로 삼고서 일체지지에 회향하면서 고·집·멸·도성제에 안주한다.'라고 설하였느니라."

"세존이시여. 어찌 공해탈문은 무이로써 방편으로 삼고 태어남이 없음으로써 방편으로 삼으며 얻을 수 없음으로써 방편으로 삼고서 일체지지에 회향하면서 4정려·4무량·4무색정을 수습한다고 말합니까?"

"경희여. 공해탈문은 공해탈문의 자성이 공하느니라. 왜 그러한가? 공해탈문의 자성이 공한 것과 4정려·4무량·4무색정은 함께 무이이고 둘로 나눌 수 없는 까닭이니라."

"세존이시여. 무상·무원해탈문은 무이로써 방편으로 삼고 태어남이 없음으로써 방편으로 삼으며 얻을 수 없음으로써 방편으로 삼고서 일체지지에 회향하면서 4정려·4무량·4무색정을 수습한다고 말합니까?"

"경희여. 무상·무원해탈문은 무상·무원해탈문의 자성이 공하느니라. 왜 그러한가? 무상·무원해탈문의 자성이 공한 것과 4정려·4무량·4무색정은 함께 무이이고 둘로 나눌 수 없는 까닭이니라. 경희여. 오히려 이러한 까닭으로 '공해탈문 등이 무이로써 방편으로 삼고 태어남이 없음으로써 방편으로 삼으며 얻을 수 없음으로써 방편으로 삼고서 일체지지에 회향하면서 4정려·4무량·4무색정을 수습한다.'라고 설하였느니라."

"세존이시여. 어찌 공해탈문은 무이로써 방편으로 삼고 태어남이 없음으로써 방편으로 삼으며 얻을 수 없음으로써 방편으로 삼고서 일체지지에 회향하면서 8해탈·8승처·9차제정·10변처를 수습한다고 말합니까?"

"경희여. 공해탈문은 공해탈문의 자성이 공하느니라. 왜 그러한가?

공해탈문의 자성이 공한 것과 8해탈·8승처·9차제정·10변처는 함께 무이
이고 둘로 나눌 수 없는 까닭이니라."

　"세존이시여. 어찌 무상·무원해탈문은 무이로써 방편으로 삼고 태어남
이 없음으로써 방편으로 삼으며 얻을 수 없음으로써 방편으로 삼고서
일체지지에 회향하면서 8해탈·8승처·9차제정·10변처를 수습한다고 말
합니까?"

　"경희여. 무상·무원해탈문은 무상·무원해탈문의 자성이 공하느니라.
왜 그러한가? 무상·무원해탈문의 자성이 공한 것과 8해탈·8승처·9차제
정·10변처는 함께 무이이고 둘로 나눌 수 없는 까닭이니라. 경희여.
오히려 이러한 까닭으로 '공해탈문 등이 무이로써 방편으로 삼고 태어남
이 없음으로써 방편으로 삼으며 얻을 수 없음으로써 방편으로 삼고서 일체지
지에 회향하면서 8해탈·8승처·9차제정·10변처를 수습한다.'라고 설하였
느니라."

　"세존이시여. 어찌 공해탈문은 무이로써 방편으로 삼고 태어남이 없음
으로써 방편으로 삼으며 얻을 수 없음으로써 방편으로 삼고서 일체지지에
회향하면서 4념주·4정단·4신족·5근·5력·7등각지·8성도지를 수습한다
고 말합니까?"

　"경희여. 공해탈문은 공해탈문의 자성이 공하느니라. 왜 그러한가?
공해탈문의 자성이 공한 것과 4념주·4정단·4신족·5근·5력·7등각지·8성
도지는 함께 무이이고 둘로 나눌 수 없는 까닭이니라."

　"세존이시여. 어찌 무상·무원해탈문은 무이로써 방편으로 삼고 태어남
이 없음으로써 방편으로 삼으며 얻을 수 없음으로써 방편으로 삼고서
일체지지에 회향하면서 4념주·4정단·4신족·5근·5력·7등각지·8성도지
를 수습한다고 말합니까?"

　"경희여. 무상·무원해탈문은 무상·무원해탈문의 자성이 공하느니라.
왜 그러한가? 무상·무원해탈문의 자성이 공한 것과 4념주·4정단·4신족·5
근·5력·7등각지·8성도지는 함께 무이이고 둘로 나눌 수 없는 까닭이니라.
경희여. 오히려 이러한 까닭으로 '공해탈문 등이 무이로써 방편으로 삼고

태어남이 없음으로써 방편으로 삼으며 얻을 수 없음으로써 방편으로 삼고서 일체지지에 회향하면서 4념주·4정단·4신족·5근·5력·7등각지·8성도지를 수습한다.'라고 설하였느니라."

"세존이시여. 어찌 공해탈문은 무이로써 방편으로 삼고 태어남이 없음으로써 방편으로 삼으며 얻을 수 없음으로써 방편으로 삼고서 일체지지에 회향하면서 공해탈문·무상해탈문·무원해탈문을 수습한다고 말합니까?"

"경희여. 공해탈문은 공해탈문의 자성이 공하느니라. 왜 그러한가? 공해탈문의 자성이 공한 것과 공해탈문·무상해탈문·무원해탈문은 함께 무이이고 둘로 나눌 수 없는 까닭이니라."

"세존이시여. 어찌 무상·무원해탈문은 무이로써 방편으로 삼고 태어남이 없음으로써 방편으로 삼으며 얻을 수 없음으로써 방편으로 삼고서 일체지지에 회향하면서 공해탈문·무상해탈문·무원해탈문을 수습한다고 말합니까?"

"경희여. 무상·무원해탈문은 무상·무원해탈문의 자성이 공하느니라. 왜 그러한가? 무상·무원해탈문의 자성이 공한 것과 공해탈문·무상해탈문·무원해탈문은 함께 무이이고 둘로 나눌 수 없는 까닭이니라. 경희여. 오히려 이러한 까닭으로 '공해탈문 등이 무이로써 방편으로 삼고 태어남이 없음으로써 방편으로 삼으며 얻을 수 없음으로써 방편으로 삼고서 일체지지에 회향하면서 공해탈문·무상해탈문·무원해탈문을 수습한다.'라고 설하였느니라."

"세존이시여. 어찌 공해탈문은 무이로써 방편으로 삼고 태어남이 없음으로써 방편으로 삼으며 얻을 수 없음으로써 방편으로 삼고서 일체지지에 회향하면서 5안·6신통을 수습한다고 말합니까?"

"경희여. 공해탈문은 공해탈문의 자성이 공하느니라. 왜 그러한가? 공해탈문의 자성이 공한 것과 5안·6신통은 함께 무이이고 둘로 나눌 수 없는 까닭이니라."

"세존이시여. 어찌 무상·무원해탈문은 무이로써 방편으로 삼고 태어남이 없음으로써 방편으로 삼으며 얻을 수 없음으로써 방편으로 삼고서 일체지지에 회향하면서 5안·6신통을 수습한다고 말합니까?"

"경희여. 무상·무원해탈문은 무상·무원해탈문의 자성이 공하느니라. 왜 그러한가? 무상·무원해탈문의 자성이 공한 것과 5안·6신통은 함께 무이이고 둘로 나눌 수 없는 까닭이니라. 경희여. 오히려 이러한 까닭으로 '공해탈문 등이 무이로써 방편으로 삼고 태어남이 없음으로써 방편으로 삼으며 얻을 수 없음으로써 방편으로 삼고서 일체지지에 회향하면서 5안·6신통을 수습한다.'라고 설하였느니라."

"세존이시여. 어찌 공해탈문은 무이로써 방편으로 삼고 태어남이 없음으로써 방편으로 삼으며 얻을 수 없음으로써 방편으로 삼고서 일체지지에 회향하면서 여래의 10력·4무소외·4무애해·대자·대비·대희·대사·18불불공법을 수습한다고 말합니까?"

"경희여. 공해탈문은 공해탈문의 자성이 공하느니라. 왜 그러한가? 공해탈문의 자성이 공한 것과 여래의 10력·4무소외·4무애해·대자·대비·대희·대사·18불불공법은 함께 무이이고 둘로 나눌 수 없는 까닭이니라."

"세존이시여. 어찌 무상·무원해탈문은 무이로써 방편으로 삼고 태어남이 없음으로써 방편으로 삼으며 얻을 수 없음으로써 방편으로 삼고서 일체지지에 회향하면서 여래의 10력·4무소외·4무애해·대자·대비·대희·대사·18불불공법을 수습한다고 말합니까?"

"경희여. 무상·무원해탈문은 무상·무원해탈문의 자성이 공하느니라. 왜 그러한가? 무상·무원해탈문의 자성이 공한 것과 여래의 10력·4무소외·4무애해·대자·대비·대희·대사·18불불공법은 함께 무이이고 둘로 나눌 수 없는 까닭이니라. 경희여. 오히려 이러한 까닭으로 '공해탈문 등이 무이로써 방편으로 삼고 태어남이 없음으로써 방편으로 삼으며 얻을 수 없음으로써 방편으로 삼고서 일체지지에 회향하면서 여래의 10력·4무소외·4무애해·대자·대비·대희·대사·18불불공법을 수습한다.'라고 설하였느니라."

마하반야바라밀다경 제122권

30. 교량공덕품(校量功悳品)(20)

"세존이시여. 어찌 공해탈문은 무이로써 방편으로 삼고 태어남이 없음으로써 방편으로 삼으며 얻을 수 없음으로써 방편으로 삼고서 일체지지에 회향하면서 무망실법·항주사성을 수습한다고 말합니까?"

"경희여. 공해탈문은 공해탈문의 자성이 공하느니라. 왜 그러한가? 공해탈문의 자성이 공한 것과 무망실법·항주사성은 함께 무이이고 둘로 나눌 수 없는 까닭이니라."

"세존이시여. 어찌 무상·무원해탈문은 무이로써 방편으로 삼고 태어남이 없음으로써 방편으로 삼으며 얻을 수 없음으로써 방편으로 삼고서 일체지지에 회향하면서 무망실법·항주사성을 수습한다고 말합니까?"

"경희여. 무상·무원해탈문은 무상·무원해탈문의 자성이 공하느니라. 왜 그러한가? 무상·무원해탈문의 자성이 공한 것과 무망실법·항주사성은 함께 무이이고 둘로 나눌 수 없는 까닭이니라. 경희여. 오히려 이러한 까닭으로 '공해탈문 등이 무이로써 방편으로 삼고 태어남이 없음으로써 방편으로 삼으며 얻을 수 없음으로써 방편으로 삼고서 일체지지에 회향하면서 무망실법·항주사성을 수습한다.'라고 설하였느니라."

"세존이시여. 어찌 공해탈문은 무이로써 방편으로 삼고 태어남이 없음으로써 방편으로 삼으며 얻을 수 없음으로써 방편으로 삼고서 일체지지에 회향하면서 일체지·도상지·일체상지를 수습한다고 말합니까?"

"경희여. 공해탈문은 공해탈문의 자성이 공하느니라. 왜 그러한가?

공해탈문의 자성이 공한 것과 일체지·도상지·일체상지는 함께 무이이고 둘로 나눌 수 없는 까닭이니라."

"세존이시여. 어찌 무상·무원해탈문은 무이로써 방편으로 삼고 태어남이 없음으로써 방편으로 삼으며 얻을 수 없음으로써 방편으로 삼고서 일체지지에 회향하면서 일체지·도상지·일체상지를 수습한다고 말합니까?"

"경희여. 무상·무원해탈문은 무상·무원해탈문의 자성이 공하느니라. 왜 그러한가? 무상·무원해탈문의 자성이 공한 것과 일체지·도상지·일체상지는 함께 무이이고 둘로 나눌 수 없는 까닭이니라. 경희여. 오히려 이러한 까닭으로 '공해탈문 등이 무이로써 방편으로 삼고 태어남이 없음으로써 방편으로 삼으며 얻을 수 없음으로써 방편으로 삼고서 일체지지에 회향하면서 일체지·도상지·일체상지를 수습한다.'라고 설하였느니라."

"세존이시여. 어찌 공해탈문은 무이로써 방편으로 삼고 태어남이 없음으로써 방편으로 삼으며 얻을 수 없음으로써 방편으로 삼고서 일체지지에 회향하면서 일체의 다라니문·일체의 삼마지문을 수습한다고 말합니까?"

"경희여. 공해탈문은 공해탈문의 자성이 공하느니라. 왜 그러한가? 공해탈문의 자성이 공한 것과 일체의 다라니문·일체의 삼마지문은 함께 무이이고 둘로 나눌 수 없는 까닭이니라."

"세존이시여. 어찌 무상·무원해탈문은 무이로써 방편으로 삼고 태어남이 없음으로써 방편으로 삼으며 얻을 수 없음으로써 방편으로 삼고서 일체지지에 회향하면서 일체의 다라니문·일체의 삼마지문을 수습한다고 말합니까?"

"경희여. 무상·무원해탈문은 무상·무원해탈문의 자성이 공하느니라. 왜 그러한가? 무상·무원해탈문의 자성이 공한 것과 일체의 다라니문·일체의 삼마지문은 함께 무이이고 둘로 나눌 수 없는 까닭이니라. 경희여. 오히려 이러한 까닭으로 '공해탈문 등이 무이로써 방편으로 삼고 태어남이 없음으로써 방편으로 삼으며 얻을 수 없음으로써 방편으로 삼고서 일체지지에 회향하면서 일체의 다라니문·일체의 삼마지문을 수습한다.'라고 설하였느니라.”

 “세존이시여. 어찌 공해탈문은 무이로써 방편으로 삼고 태어남이 없음으로써 방편으로 삼으며 얻을 수 없음으로써 방편으로 삼고서 일체지지에 회향하면서 보살마하살의 행을 수습한다고 말합니까?”

 “경희여. 공해탈문은 공해탈문의 자성이 공하느니라. 왜 그러한가? 공해탈문의 자성이 공한 것과 보살마하살의 행은 함께 무이이고 둘로 나눌 수 없는 까닭이니라.”

 “세존이시여. 어찌 무상·무원해탈문은 무이로써 방편으로 삼고 태어남이 없음으로써 방편으로 삼으며 얻을 수 없음으로써 방편으로 삼고서 일체지지에 회향하면서 보살마하살의 행을 수습한다고 말합니까?”

 “경희여. 무상·무원해탈문은 무상·무원해탈문의 자성이 공하느니라. 왜 그러한가? 무상·무원해탈문의 자성이 공한 것과 보살마하살의 행은 함께 무이이고 둘로 나눌 수 없는 까닭이니라. 경희여. 오히려 이러한 까닭으로 ‘공해탈문 등이 무이로써 방편으로 삼고 태어남이 없음으로써 방편으로 삼으며 얻을 수 없음으로써 방편으로 삼고서 일체지지에 회향하면서 보살마하살의 행을 수습한다.’라고 설하였느니라.”

 “세존이시여. 어찌 공해탈문은 무이로써 방편으로 삼고 태어남이 없음으로써 방편으로 삼으며 얻을 수 없음으로써 방편으로 삼고서 일체지지에 회향하면서 무상정등보리를 수습한다고 말합니까?”

 “경희여. 공해탈문은 공해탈문의 자성이 공하느니라. 왜 그러한가? 공해탈문의 자성이 공한 것과 무상정등보리는 함께 무이이고 둘로 나눌 수 없는 까닭이니라.”

 “세존이시여. 어찌 무상·무원해탈문은 무이로써 방편으로 삼고 태어남이 없음으로써 방편으로 삼으며 얻을 수 없음으로써 방편으로 삼고서 일체지지에 회향하면서 무상정등보리를 수습한다고 말합니까?”

 “경희여. 무상·무원해탈문은 무상·무원해탈문의 자성이 공하느니라. 왜 그러한가? 무상·무원해탈문의 자성이 공한 것과 무상정등보리는 함께 무이이고 둘로 나눌 수 없는 까닭이니라. 경희여. 오히려 이러한 까닭으로

'공해탈문 등이 무이로써 방편으로 삼고 태어남이 없음으로써 방편으로 삼으며 얻을 수 없음으로써 방편으로 삼고서 일체지지에 회향하면서 무상정등보리를 수습한다.'라고 설하였느니라."

"세존이시여. 어찌 5안은 무이로써 방편으로 삼고 태어남이 없음으로써 방편으로 삼으며 얻을 수 없음으로써 방편으로 삼고서 일체지지에 회향하면서 보시·정계·안인·정진·정려·반야바라밀다를 수습한다고 말합니까?"

"경희여. 5안은 5안의 자성이 공하느니라. 왜 그러한가? 5안의 자성이 공한 것과 보시·정계·안인·정진·정려·반야바라밀다는 함께 무이이고 둘로 나눌 수 없는 까닭이니라."

"세존이시여. 어찌 6신통은 무이로써 방편으로 삼고 태어남이 없음으로써 방편으로 삼으며 얻을 수 없음으로써 방편으로 삼고서 일체지지에 회향하면서 보시·정계·안인·정진·정려·반야바라밀다를 수습한다고 말합니까?"

"경희여. 6신통은 6신통의 자성이 공하느니라. 왜 그러한가? 6신통의 자성이 공한 것과 보시·정계·안인·정진·정려·반야바라밀다는 함께 무이이고 둘로 나눌 수 없는 까닭이니라. 경희여. 오히려 이러한 까닭으로 '5안 등이 무이로써 방편으로 삼고 태어남이 없음으로써 방편으로 삼으며 얻을 수 없음으로써 방편으로 삼고서 일체지지에 회향하면서 보시·정계·안인·정진·정려·반야바라밀다를 수습한다.'라고 설하였느니라."

"세존이시여. 어찌 5안은 무이로써 방편으로 삼고 태어남이 없음으로써 방편으로 삼으며 얻을 수 없음으로써 방편으로 삼고서 일체지지에 회향하면서　내공·외공·내외공·공공·대공·승의공·유위공·무위공·필경공·무제공·산공·무변이공·본성공·자상공·공상공·일체법공·불가득공·무성공·자성공·무성자성공에 안주한다고 말합니까?"

"경희여. 5안은 5안의 자성이 공하느니라. 왜 그러한가? 5안의 자성이 공한 것과 내공, 나아가 무성자성공과 함께 무이이고 둘로 나눌 수 없는 까닭이니라."

"세존이시여. 어찌 6신통은 무이로써 방편으로 삼고 태어남이 없음으로써 방편으로 삼으며 얻을 수 없음으로써 방편으로 삼고서 일체지지에 회향하면서 내공·외공·내외공·공공·대공·승의공·유위공·무위공·필경공·무제공·산공·무변이공·본성공·자상공·공상공·일체법공·불가득공·무성공·자성공·무성자성공에 안주한다고 말합니까?"

"경희여. 6신통은 6신통의 자성이 공하느니라. 왜 그러한가? 6신통의 자성이 공한 것과 내공, 나아가 무성자성공은 함께 무이이고 둘로 나눌 수 없는 까닭이니라. 경희여. 오히려 이러한 까닭으로 '5안 등이 무이로써 방편으로 삼고 태어남이 없음으로써 방편으로 삼으며 얻을 수 없음으로써 방편으로 삼고서 일체지지에 회향하면서 내공, 나아가 무성자성공에 안주한다.'라고 설하였느니라."

"세존이시여. 어찌 5안은 무이로써 방편으로 삼고 태어남이 없음으로써 방편으로 삼으며 얻을 수 없음으로써 방편으로 삼고서 일체지지에 회향하면서 진여·법계·법성·불허망성·불변이성·평등성·이생성·법정·법주·실제·허공계·부사의계에 안주한다고 말합니까?"

"경희여. 5안은 5안의 자성이 공하느니라. 왜 그러한가? 5안의 자성이 공한 것과 진여, 나아가 부사의계는 함께 무이이고 둘로 나눌 수 없는 까닭이니라."

"세존이시여. 어찌 6신통은 무이로써 방편으로 삼고 태어남이 없음으로써 방편으로 삼으며 얻을 수 없음으로써 방편으로 삼고서 일체지지에 회향하면서 진여·법계·법성·불허망성·불변이성·평등성·이생성·법정·법주·실제·허공계·부사의계에 안주한다고 말합니까?"

"경희여. 6신통은 6신통의 자성이 공하느니라. 왜 그러한가? 6신통의 자성이 공한 것과 진여, 나아가 부사의계는 함께 무이이고 둘로 나눌 수 없는 까닭이니라. 경희여. 오히려 이러한 까닭으로 '5안 등이 무이로써 방편으로 삼고 태어남이 없음으로써 방편으로 삼으며 얻을 수 없음으로써 방편으로 삼고서 일체지지에 회향하면서 진여, 나아가 부사의계에 안주한다.'라고 설하였느니라."

"세존이시여. 어찌 5안은 무이로써 방편으로 삼고 태어남이 없음으로써 방편으로 삼으며 얻을 수 없음으로써 방편으로 삼고서 일체지지에 회향하면서 고·집·멸·도성제에 안주한다고 말합니까?"

"경희여. 5안은 5안의 자성이 공하느니라. 왜 그러한가? 5안의 자성이 공한 것과 고·집·멸·도성제는 함께 무이이고 둘로 나눌 수 없는 까닭이니라."

"세존이시여. 어찌 6신통은 무이로써 방편으로 삼고 태어남이 없음으로써 방편으로 삼으며 얻을 수 없음으로써 방편으로 삼고서 일체지지에 회향하면서 고·집·멸·도성제에 안주한다고 말합니까?"

"경희여. 6신통은 6신통의 자성이 공하느니라. 왜 그러한가? 6신통의 자성이 공한 것과 고·집·멸·도성제는 함께 무이이고 둘로 나눌 수 없는 까닭이니라. 경희여. 오히려 이러한 까닭으로 '5안 등이 무이로써 방편으로 삼고 태어남이 없음으로써 방편으로 삼으며 얻을 수 없음으로써 방편으로 삼고서 일체지지에 회향하면서 고·집·멸·도성제에 안주한다.'라고 설하였느니라."

"세존이시여. 어찌 5안은 무이로써 방편으로 삼고 태어남이 없음으로써 방편으로 삼으며 얻을 수 없음으로써 방편으로 삼고서 일체지지에 회향하면서 4정려·4무량·4무색정을 수습한다고 말합니까?"

"경희여. 5안은 5안의 자성이 공하느니라. 왜 그러한가? 5안의 자성이 공한 것과 4정려·4무량·4무색정은 함께 무이이고 둘로 나눌 수 없는 까닭이니라."

"세존이시여. 6신통은 무이로써 방편으로 삼고 태어남이 없음으로써 방편으로 삼으며 얻을 수 없음으로써 방편으로 삼고서 일체지지에 회향하면서 4정려·4무량·4무색정을 수습한다고 말합니까?"

"경희여. 6신통은 6신통의 자성이 공하느니라. 왜 그러한가? 6신통의 자성이 공한 것과 4정려·4무량·4무색정은 함께 무이이고 둘로 나눌 수 없는 까닭이니라. 경희여. 오히려 이러한 까닭으로 '5안 등이 무이로써 방편으로 삼고 태어남이 없음으로써 방편으로 삼으며 얻을 수 없음으로써 방편으로 삼고서 일체지지에 회향하면서 4정려·4무량·4무색정을 수습한다.'라고 설하였느니라."

"세존이시여. 어찌 5안은 무이로써 방편으로 삼고 태어남이 없음으로써 방편으로 삼으며 얻을 수 없음으로써 방편으로 삼고서 일체지지에 회향하면서 8해탈·8승처·9차제정·10변처를 수습한다고 말합니까?"

"경희여. 5안은 5안의 자성이 공하느니라. 왜 그러한가? 5안의 자성이 공한 것과 8해탈·8승처·9차제정·10변처는 함께 무이이고 둘로 나눌 수 없는 까닭이니라."

"세존이시여. 어찌 6신통은 무이로써 방편으로 삼고 태어남이 없음으로써 방편으로 삼으며 얻을 수 없음으로써 방편으로 삼고서 일체지지에 회향하면서 8해탈·8승처·9차제정·10변처를 수습한다고 말합니까?"

"경희여. 6신통은 6신통의 자성이 공하느니라. 왜 그러한가? 6신통의 자성이 공한 것과 8해탈·8승처·9차제정·10변처는 함께 무이이고 둘로 나눌 수 없는 까닭이니라. 경희여. 오히려 이러한 까닭으로 '5안 등이 무이로써 방편으로 삼고 태어남이 없음으로써 방편으로 삼으며 얻을 수 없음으로써 방편으로 삼고서 일체지지에 회향하면서 8해탈·8승처·9차제정·10변처를 수습한다.'라고 설하였느니라."

"세존이시여. 어찌 5안은 무이로써 방편으로 삼고 태어남이 없음으로써 방편으로 삼으며 얻을 수 없음으로써 방편으로 삼고서 일체지지에 회향하면서 4념주·4정단·4신족·5근·5력·7등각지·8성도지를 수습한다고 말합니까?"

"경희여. 5안은 5안의 자성이 공하느니라. 왜 그러한가? 5안의 자성이 공한 것과 4념주·4정단·4신족·5근·5력·7등각지·8성도지는 함께 무이이고 둘로 나눌 수 없는 까닭이니라."

"세존이시여. 어찌 6신통은 무이로써 방편으로 삼고 태어남이 없음으로써 방편으로 삼으며 얻을 수 없음으로써 방편으로 삼고서 일체지지에 회향하면서 4념주·4정단·4신족·5근·5력·7등각지·8성도지를 수습한다고 말합니까?"

"경희여. 6신통은 6신통의 자성이 공하느니라. 왜 그러한가? 6신통의 자성이 공한 것과 4념주·4정단·4신족·5근·5력·7등각지·8성도지는 함께 무이이고 둘로 나눌 수 없는 까닭이니라. 경희여. 오히려 이러한 까닭으로 '5안 등이 무이로써 방편으로 삼고 태어남이 없음으로써 방편으로 삼으며 얻을 수 없음으로써 방편으로 삼고서 일체지지에 회향하면서 4념주·4정단·4신족·5근·5력·7등각지·8성도지를 수습한다.'라고 설하였느니라."

"세존이시여. 어찌 5안은 무이로써 방편으로 삼고 태어남이 없음으로써 방편으로 삼으며 얻을 수 없음으로써 방편으로 삼고서 일체지지에 회향하면서 공해탈문·무상해탈문·무원해탈문을 수습한다고 말합니까?"

"경희여. 5안은 5안의 자성이 공하느니라. 왜 그러한가? 5안의 자성이 공한 것과 공해탈문·무상해탈문·무원해탈문은 함께 무이이고 둘로 나눌 수 없는 까닭이니라."

"세존이시여. 어찌 6신통은 무이로써 방편으로 삼고 태어남이 없음으로써 방편으로 삼으며 얻을 수 없음으로써 방편으로 삼고서 일체지지에 회향하면서 공해탈문·무상해탈문·무원해탈문을 수습한다고 말합니까?"

"경희여. 6신통은 6신통의 자성이 공하느니라. 왜 그러한가? 6신통의 자성이 공한 것과 공해탈문·무상해탈문·무원해탈문은 함께 무이이고 둘로 나눌 수 없는 까닭이니라. 경희여. 오히려 이러한 까닭으로 '5안 등이 무이로써 방편으로 삼고 태어남이 없음으로써 방편으로 삼으며 얻을 수 없음으로써 방편으로 삼고서 일체지지에 회향하면서 공해탈문·무상해탈문·무원해탈문을 수습한다.'라고 설하였느니라."

"세존이시여. 어찌 5안은 무이로써 방편으로 삼고 태어남이 없음으로써 방편으로 삼으며 얻을 수 없음으로써 방편으로 삼고서 일체지지에 회향하면서 5안·6신통을 수습한다고 말합니까?"

"경희여. 5안은 5안의 자성이 공하느니라. 왜 그러한가? 5안의 자성이 공한 것과 5안·6신통은 함께 무이이고 둘로 나눌 수 없는 까닭이니라."

"세존이시여. 어찌 6신통은 무이로써 방편으로 삼고 태어남이 없음으로써 방편으로 삼으며 얻을 수 없음으로써 방편으로 삼고서 일체지지에 회향하면서 5안·6신통을 수습한다고 말합니까?"

"경희여. 6신통은 6신통의 자성이 공하느니라. 왜 그러한가? 6신통의 자성이 공한 것과 5안·6신통은 함께 무이이고 둘로 나눌 수 없는 까닭이니라. 경희여. 오히려 이러한 까닭으로 '5안 등이 무이로써 방편으로 삼고 태어남이 없음으로써 방편으로 삼으며 얻을 수 없음으로써 방편으로 삼고서 일체지지에 회향하면서 5안·6신통을 수습한다.'라고 설하였느니라."

"세존이시여. 어찌 5안은 무이로써 방편으로 삼고 태어남이 없음으로써 방편으로 삼으며 얻을 수 없음으로써 방편으로 삼고서 일체지지에 회향하면서 여래의 10력·4무소외·4무애해·대자·대비·대희·대사·18불불공법을 수습한다고 말합니까?"

"경희여. 5안은 5안의 자성이 공하느니라. 왜 그러한가? 5안의 자성이 공한 것과 여래의 10력·4무소외·4무애해·대자·대비·대희·대사·18불불공법은 함께 무이이고 둘로 나눌 수 없는 까닭이니라."

"세존이시여. 어찌 6신통은 무이로써 방편으로 삼고 태어남이 없음으로써 방편으로 삼으며 얻을 수 없음으로써 방편으로 삼고서 일체지지에 회향하면서 여래의 10력·4무소외·4무애해·대자·대비·대희·대사·18불불공법을 수습한다고 말합니까?"

"경희여. 6신통은 6신통의 자성이 공하느니라. 왜 그러한가? 6신통의 자성이 공한 것과 여래의 10력·4무소외·4무애해·대자·대비·대희·대사·18불불공법은 함께 무이이고 둘로 나눌 수 없는 까닭이니라. 경희여. 오히려 이러한 까닭으로 '5안 등이 무이로써 방편으로 삼고 태어남이 없음으로써 방편으로 삼으며 얻을 수 없음으로써 방편으로 삼고서 일체지지에 회향하면서 여래의 10력·4무소외·4무애해·대자·대비·대희·대사·18불불공법을 수습한다.'라고 설하였느니라."

"세존이시여. 어찌 5안은 무이로써 방편으로 삼고 태어남이 없음으로써 방편으로 삼으며 얻을 수 없음으로써 방편으로 삼고서 일체지지에 회향하면서 무망실법·항주사성을 수습한다고 말합니까?"

"경희여. 5안은 5안의 자성이 공하느니라. 왜 그러한가? 5안의 자성이 공한 것과 무망실법·항주사성은 함께 무이이고 둘로 나눌 수 없는 까닭이니라."

"세존이시여. 어찌 6신통은 무이로써 방편으로 삼고 태어남이 없음으로써 방편으로 삼으며 얻을 수 없음으로써 방편으로 삼고서 일체지지에 회향하면서 무망실법·항주사성을 수습한다고 말합니까?"

"경희여. 6신통은 6신통의 자성이 공하느니라. 왜 그러한가? 6신통의 자성이 공한 것과 무망실법·항주사성은 함께 무이이고 둘로 나눌 수 없는 까닭이니라. 경희여. 오히려 이러한 까닭으로 '5안 등이 무이로써 방편으로 삼고 태어남이 없음으로써 방편으로 삼으며 얻을 수 없음으로써 방편으로 삼고서 일체지지에 회향하면서 무망실법·항주사성을 수습한다.'라고 설하였느니라."

"세존이시여. 어찌 5안은 무이로써 방편으로 삼고 태어남이 없음으로써 방편으로 삼으며 얻을 수 없음으로써 방편으로 삼고서 일체지지에 회향하면서 일체지·도상지·일체상지를 수습한다고 말합니까?"

"경희여. 5안은 5안의 자성이 공하느니라. 왜 그러한가? 5안의 자성이 공한 것과 일체지·도상지·일체상지는 함께 무이이고 둘로 나눌 수 없는 까닭이니라."

"세존이시여. 어찌 6신통은 무이로써 방편으로 삼고 태어남이 없음으로써 방편으로 삼으며 얻을 수 없음으로써 방편으로 삼고서 일체지지에 회향하면서 일체지·도상지·일체상지를 수습한다고 말합니까?"

"경희여. 6신통은 6신통의 자성이 공하느니라. 왜 그러한가? 6신통의 자성이 공한 것과 일체지·도상지·일체상지는 함께 무이이고 둘로 나눌 수 없는 까닭이니라. 경희여. 오히려 이러한 까닭으로 '5안 등이 무이로써 방편으로 삼고 태어남이 없음으로써 방편으로 삼으며 얻을 수 없음으로써 방편으로 삼고서 일체지지에 회향하면서 일체지·도상지·일체상지를 수습한다.'라고 설하였느니라."

"세존이시여. 어찌 5안은 무이로써 방편으로 삼고 태어남이 없음으로써 방편으로 삼으며 얻을 수 없음으로써 방편으로 삼고서 일체지지에 회향하면서 일체의 다라니문·일체의 삼마지문을 수습한다고 말합니까?"

"경희여. 5안은 5안의 자성이 공하느니라. 왜 그러한가? 5안의 자성이 공한 것과 일체의 다라니문·일체의 삼마지문은 함께 무이이고 둘로 나눌 수 없는 까닭이니라."

"세존이시여. 어찌 6신통은 무이로써 방편으로 삼고 태어남이 없음으로써 방편으로 삼으며 얻을 수 없음으로써 방편으로 삼고서 일체지지에 회향하면서 일체의 다라니문·일체의 삼마지문을 수습한다고 말합니까?"

"경희여. 6신통은 6신통의 자성이 공하느니라. 왜 그러한가? 6신통의 자성이 공한 것과 일체의 다라니문·일체의 삼마지문은 함께 무이이고 둘로 나눌 수 없는 까닭이니라. 경희여. 오히려 이러한 까닭으로 '5안 등이 무이로써 방편으로 삼고 태어남이 없음으로써 방편으로 삼으며 얻을 수 없음으로써 방편으로 삼고서 일체지지에 회향하면서 일체의 다라니문·일체의 삼마지문을 수습한다.'라고 설하였느니라."

"세존이시여. 어찌 5안은 무이로써 방편으로 삼고 태어남이 없음으로써 방편으로 삼으며 얻을 수 없음으로써 방편으로 삼고서 일체지지에 회향하면서 보살마하살의 행을 수습한다고 말합니까?"

"경희여. 5안은 5안의 자성이 공하느니라. 왜 그러한가? 5안의 자성이 공한 것과 보살마하살의 행은 함께 무이이고 둘로 나눌 수 없는 까닭이니라."

"세존이시여. 어찌 6신통은 무이로써 방편으로 삼고 태어남이 없음으로써 방편으로 삼으며 얻을 수 없음으로써 방편으로 삼고서 일체지지에 회향하면서 보살마하살의 행을 수습한다고 말합니까?"

"경희여. 6신통은 6신통의 자성이 공하느니라. 왜 그러한가? 6신통의 자성이 공한 것과 보살마하살의 행은 함께 무이이고 둘로 나눌 수 없는 까닭이니라. 경희여. 오히려 이러한 까닭으로 '5안 등이 무이로써 방편으로 삼고 태어남이 없음으로써 방편으로 삼으며 얻을 수 없음으로써 방편으로 삼고서 일체지지에 회향하면서 보살마하살의 행을 수습한다.'라고 설하였느니라."

"세존이시여. 어찌 5안은 무이로써 방편으로 삼고 태어남이 없음으로써 방편으로 삼으며 얻을 수 없음으로써 방편으로 삼고서 일체지지에 회향하면서 무상정등보리를 수습한다고 말합니까?"

"경희여. 5안은 5안의 자성이 공하느니라. 왜 그러한가? 5안의 자성이 공한 것과 무상정등보리는 함께 무이이고 둘로 나눌 수 없는 까닭이니라."

"세존이시여. 어찌 6신통은 무이로써 방편으로 삼고 태어남이 없음으로써 방편으로 삼으며 얻을 수 없음으로써 방편으로 삼고서 일체지지에 회향하면서 무상정등보리를 수습한다고 말합니까?"

"경희여. 6신통은 6신통의 자성이 공하느니라. 왜 그러한가? 6신통의 자성이 공한 것과 무상정등보리는 함께 무이이고 둘로 나눌 수 없는 까닭이니라. 경희여. 오히려 이러한 까닭으로 '5안 등이 무이로써 방편으로 삼고 태어남이 없음으로써 방편으로 삼으며 얻을 수 없음으로써 방편으로 삼고서 일체지지에 회향하면서 무상정등보리를 수습한다.'라고 설하였느니라."

"세존이시여. 어찌 여래의 10력은 무이로써 방편으로 삼고 태어남이 없음으로써 방편으로 삼으며 얻을 수 없음으로써 방편으로 삼고서 일체지지에 회향하면서 보시·정계·안인·정진·정려·반야바라밀다를 수습한다고 말합니까?"

"경희여. 여래의 10력은 여래의 10력의 자성이 공하느니라. 왜 그러한가? 여래의 10력의 자성이 공한 것과 보시·정계·안인·정진·정려·반야바라밀다는 함께 무이이고 둘로 나눌 수 없는 까닭이니라."

"세존이시여. 어찌 4무소외·4무애해·대자·대비·대희·대사·18불불공법은 무이로써 방편으로 삼고 태어남이 없음으로써 방편으로 삼으며 얻을 수 없음으로써 방편으로 삼고서 일체지지에 회향하면서 보시·정계·안인·정진·정려·반야바라밀다를 수습한다고 말합니까?"

"경희여. 4무소외·4무애해·대자·대비·대희·대사·18불불공법은 4무소외·4무애해·대자·대비·대희·대사·18불불공법의 자성이 공하느니라. 왜 그러한가? 4무소외·4무애해·대자·대비·대희·대사·18불불공법의 자성이 공한 것과 보시·정계·안인·정진·정려·반야바라밀다는 함께 무이이고 둘로 나눌 수 없는 까닭이니라. 경희여. 오히려 이러한 까닭으로 '여래의 10력 등이 무이로써 방편으로 삼고 태어남이 없음으로써 방편으로 삼으며 얻을 수 없음으로써 방편으로 삼고서 일체지지에 회향하면서 보시·정계·안인·정진·정려·반야바라밀다를 수습한다.'라고 설하였느니라."

"세존이시여. 어찌 여래의 10력은 무이로써 방편으로 삼고 태어남이 없음으로써 방편으로 삼으며 얻을 수 없음으로써 방편으로 삼고서 일체지지에 회향하면서 내공·외공·내외공·공공·대공·승의공·유위공·무위공·필경공·무제공·산공·무변이공·본성공·자상공·공상공·일체법공·불가득공·무성공·자성공·무성자성공에 안주한다고 말합니까?"

"경희여. 여래의 10력은 여래의 10력의 자성이 공하느니라. 왜 그러한가? 여래의 10력의 자성이 공한 것과 내공, 나아가 무성자성공은 함께 무이이고 둘로 나눌 수 없는 까닭이니라."

"세존이시여. 어찌 4무소외·4무애해·대자·대비·대희·대사·18불불공법은 무이로써 방편으로 삼고 태어남이 없음으로써 방편으로 삼으며 얻을 수 없음으로써 방편으로 삼고서 일체지지에 회향하면서 내공·외공·내외공·공공·대공·승의공·유위공·무위공·필경공·무제공·산공·무변이공·본성공·자상공·공상공·일체법공·불가득공·무성공·자성공·무성자성공에 안주한다고 말합니까?"

"경희여. 4무소외·4무애해·대자·대비·대희·대사·18불불공법은 4무소외·4무애해·대자·대비·대희·대사·18불불공법의 자성이 공하느니라. 왜 그러한가? 4무소외·4무애해·대자·대비·대희·대사·18불불공법의 자성이 공한 것과 내공, 나아가 무성자성공은 함께 무이이고 둘로 나눌 수 없는 까닭이니라. 경희여. 오히려 이러한 까닭으로 '여래의 10력 등이 무이로써 방편으로 삼고 태어남이 없음으로써 방편으로 삼으며 얻을 수 없음으로써 방편으로 삼고서 일체지지에 회향하면서 내공, 나아가 무성자성공에 안주한다.'라고 설하였느니라."

"세존이시여. 어찌 여래의 10력은 무이로써 방편으로 삼고 태어남이 없음으로써 방편으로 삼으며 얻을 수 없음으로써 방편으로 삼고서 일체지지에 회향하면서 진여·법계·법성·불허망성·불변이성·평등성·이생성·법정·법주·실제·허공계·부사의계에 안주한다고 말합니까?"

"경희여. 여래의 10력은 여래의 10력의 자성이 공하느니라. 왜 그러한가? 여래의 10력의 자성이 공한 것과 진여, 나아가 부사의계는 함께 무이이고 둘로 나눌 수 없는 까닭이니라."

"세존이시여. 어찌 4무소외·4무애해·대자·대비·대희·대사·18불불공법은 무이로써 방편으로 삼고 태어남이 없음으로써 방편으로 삼으며 얻을 수 없음으로써 방편으로 삼고서 일체지지에 회향하면서 진여·법계·법성·불허망성·불변이성·평등성·이생성·법정·법주·실제·허공계·부사의계에 안주한다고 말합니까?"

"경희여. 4무소외·4무애해·대자·대비·대희·대사·18불불공법은 4무소외·4무애해·대자·대비·대희·대사·18불불공법의 자성이 공하느니라. 왜 그러한가? 4무소외·4무애해·대자·대비·대희·대사·18불불공법의 자성이 공한 것과 진여, 나아가 부사의계는 함께 무이이고 둘로 나눌 수 없는 까닭이니라. 경희여. 오히려 이러한 까닭으로 '여래의 10력 등이 무이로써 방편으로 삼고 태어남이 없음으로써 방편으로 삼으며 얻을 수 없음으로써 방편으로 삼고서 일체지지에 회향하면서 진여, 나아가 부사의계에 안주한다.'라고 설하였느니라."

"세존이시여. 어찌 여래의 10력은 무이로써 방편으로 삼고 태어남이 없음으로써 방편으로 삼으며 얻을 수 없음으로써 방편으로 삼고서 일체지지에 회향하면서 고·집·멸·도성제에 안주한다고 말합니까?"

"경희여. 여래의 10력은 여래의 10력의 자성이 공하느니라. 왜 그러한가? 여래의 10력의 자성이 공한 것과 고·집·멸·도성제는 함께 무이이고 둘로 나눌 수 없는 까닭이니라."

"세존이시여. 어찌 4무소외·4무애해·대자·대비·대희·대사·18불불공법은 무이로써 방편으로 삼고 태어남이 없음으로써 방편으로 삼으며 얻을 수 없음으로써 방편으로 삼고서 일체지지에 회향하면서 고·집·멸· 도성제에 안주한다고 말합니까?"

"경희여. 4무소외·4무애해·대자·대비·대희·대사·18불불공법은 4무 소외·4무애해·대자·대비·대희·대사·18불불공법의 자성이 공하느니라. 왜 그러한가? 4무소외·4무애해·대자·대비·대희·대사·18불불공법의 자 성이 공한 것과 고·집·멸·도성제는 함께 무이이고 둘로 나눌 수 없는 까닭이니라. 경희여. 오히려 이러한 까닭으로 '여래의 10력 등이 무이로써 방편으로 삼고 태어남이 없음으로써 방편으로 삼으며 얻을 수 없음으로써 방편으로 삼고서 일체지지에 회향하면서 고·집·멸·도성제에 안주한다.' 라고 설하였느니라."

"세존이시여. 어찌 여래의 10력은 무이로써 방편으로 삼고 태어남이 없음으로써 방편으로 삼으며 얻을 수 없음으로써 방편으로 삼고서 일체지 지에 회향하면서 4정려·4무량·4무색정을 수습한다고 말합니까?"

"경희여. 여래의 10력은 여래의 10력의 자성이 공하느니라. 왜 그러한 가? 여래의 10력의 자성이 공한 것과 4정려·4무량·4무색정은 함께 무이이 고 둘로 나눌 수 없는 까닭이니라."

"세존이시여. 4무소외·4무애해·대자·대비·대희·대사·18불불공법은 무이로써 방편으로 삼고 태어남이 없음으로써 방편으로 삼으며 얻을 수 없음으로써 방편으로 삼고서 일체지지에 회향하면서 4정려·4무량·4 무색정을 수습한다고 말합니까?"

"경희여. 4무소외·4무애해·대자·대비·대희·대사·18불불공법은 4무 소외·4무애해·대자·대비·대희·대사·18불불공법의 자성이 공하느니라. 왜 그러한가? 4무소외·4무애해·대자·대비·대희·대사·18불불공법의 자 성이 공한 것과 4정려·4무량·4무색정은 함께 무이이고 둘로 나눌 수 없는 까닭이니라. 경희여. 오히려 이러한 까닭으로 '여래의 10력 등이 무이로써 방편으로 삼고 태어남이 없음으로써 방편으로 삼으며 얻을 수 없음으로써 방편으로 삼고서 일체지지에 회향하면서 4정려·4무량·4

무색정을 수습한다.'라고 설하였느니라.”

“세존이시여. 어찌 여래의 10력은 무이로써 방편으로 삼고 태어남이 없음으로써 방편으로 삼으며 얻을 수 없음으로써 방편으로 삼고서 일체지지에 회향하면서 8해탈·8승처·9차제정·10변처를 수습한다고 말합니까?”

“경희여. 여래의 10력은 여래의 10력의 자성이 공하느니라. 왜 그러한가? 여래의 10력의 자성이 공한 것과 8해탈·8승처·9차제정·10변처는 함께 무이이고 둘로 나눌 수 없는 까닭이니라.”

“세존이시여. 어찌 4무소외·4무애해·대자·대비·대희·대사·18불불공법은 무이로써 방편으로 삼고 태어남이 없음으로써 방편으로 삼으며 얻을 수 없음으로써 방편으로 삼고서 일체지지에 회향하면서 8해탈·8승처·9차제정·10변처를 수습한다고 말합니까?”

“경희여. 4무소외·4무애해·대자·대비·대희·대사·18불불공법은 4무소외·4무애해·대자·대비·대희·대사·18불불공법의 자성이 공하느니라. 왜 그러한가? 4무소외·4무애해·대자·대비·대희·대사·18불불공법의 자성이 공한 것과 8해탈·8승처·9차제정·10변처는 함께 무이이고 둘로 나눌 수 없는 까닭이니라. 경희여. 오히려 이러한 까닭으로 '4정려 등이 무이로써 방편으로 삼고 태어남이 없음으로써 방편으로 삼으며 얻을 수 없음으로써 방편으로 삼고서 일체지지에 회향하면서 8해탈·8승처·9차제정·10변처를 수습한다.'라고 설하였느니라.”

“세존이시여. 어찌 여래의 10력은 무이로써 방편으로 삼고 태어남이 없음으로써 방편으로 삼으며 얻을 수 없음으로써 방편으로 삼고서 일체지지에 회향하면서 4념주·4정단·4신족·5근·5력·7등각지·8성도지를 수습한다고 말합니까?”

“경희여. 여래의 10력은 여래의 10력의 자성이 공하느니라. 왜 그러한가? 여래의 10력의 자성이 공한 것과 4념주·4정단·4신족·5근·5력·7등각지·8성도지는 함께 무이이고 둘로 나눌 수 없는 까닭이니라.”

“세존이시여. 어찌 4무소외·4무애해·대자·대비·대희·대사·18불불공법은 무이로써 방편으로 삼고 태어남이 없음으로써 방편으로 삼으며 얻을 수 없음으로써 방편으로 삼고서 일체지지에 회향하면서 4념주·4정단·4신족·5근·5력·7등각지·8성도지를 수습한다고 말합니까?”

 “경희여. 4무소외·4무애해·대자·대비·대희·대사·18불불공법은 4무소외·4무애해·대자·대비·대희·대사·18불불공법의 자성이 공하느니라. 왜 그러한가? 4무소외·4무애해·대자·대비·대희·대사·18불불공법의 자성이 공한 것과 4념주·4정단·4신족·5근·5력·7등각지·8성도지는 함께 무이이고 둘로 나눌 수 없는 까닭이니라. 경희여. 오히려 이러한 까닭으로 ‘여래의 10력 등이 무이로써 방편으로 삼고 태어남이 없음으로써 방편으로 삼으며 얻을 수 없음으로써 방편으로 삼고서 일체지지에 회향하면서 4념주·4정단·4신족·5근·5력·7등각지·8성도지를 수습한다.’라고 설하였느니라.”

 “세존이시여. 어찌 여래의 10력은 무이로써 방편으로 삼고 태어남이 없음으로써 방편으로 삼으며 얻을 수 없음으로써 방편으로 삼고서 일체지지에 회향하면서 공해탈문·무상해탈문·무원해탈문을 수습한다고 말합니까?”

 “경희여. 여래의 10력은 여래의 10력의 자성이 공하느니라. 왜 그러한가? 여래의 10력의 자성이 공한 것과 공해탈문·무상해탈문·무원해탈문은 함께 무이이고 둘로 나눌 수 없는 까닭이니라.”

 “세존이시여. 어찌 4무소외·4무애해·대자·대비·대희·대사·18불불공법은 무이로써 방편으로 삼고 태어남이 없음으로써 방편으로 삼으며 얻을 수 없음으로써 방편으로 삼고서 일체지지에 회향하면서 공해탈문·무상해탈문·무원해탈문을 수습한다고 말합니까?”

 “경희여. 4무소외·4무애해·대자·대비·대희·대사·18불불공법은 4무소외·4무애해·대자·대비·대희·대사·18불불공법의 자성이 공하느니라. 왜 그러한가? 4무소외·4무애해·대자·대비·대희·대사·18불불공법의 자성이 공한 것과 공해탈문·무상해탈문·무원해탈문은 함께 무이이고 둘로 나눌 수 없는 까닭이니라. 경희여. 오히려 이러한 까닭으로 ‘여래의 10력 등이 무이로써 방편으로 삼고 태어남이 없음으로써 방편으로 삼으며 얻을 수 없음으로써 방편으로 삼고서 일체지지에 회향하면서 공해탈문·무상해탈문·무원해탈문을 수습한다.'라고 설하였느니라."

"세존이시여. 어찌 여래의 10력은 무이로써 방편으로 삼고 태어남이 없음으로써 방편으로 삼으며 얻을 수 없음으로써 방편으로 삼고서 일체지지에 회향하면서 5안·6신통을 수습한다고 말합니까?"

"경희여. 여래의 10력은 여래의 10력의 자성이 공하느니라. 왜 그러한가? 여래의 10력의 자성이 공한 것과 5안·6신통은 함께 무이이고 둘로 나눌 수 없는 까닭이니라."

"세존이시여. 어찌 4무소외·4무애해·대자·대비·대희·대사·18불불공법은 무이로써 방편으로 삼고 태어남이 없음으로써 방편으로 삼으며 얻을 수 없음으로써 방편으로 삼고서 일체지지에 회향하면서 5안·6신통을 수습한다고 말합니까?"

"경희여. 4무소외·4무애해·대자·대비·대희·대사·18불불공법은 4무소외·4무애해·대자·대비·대희·대사·18불불공법의 자성이 공하느니라. 왜 그러한가? 4무소외·4무애해·대자·대비·대희·대사·18불불공법의 자성이 공한 것과 5안·6신통은 함께 무이이고 둘로 나눌 수 없는 까닭이니라. 경희여. 오히려 이러한 까닭으로 '여래의 10력 등이 무이로써 방편으로 삼고 태어남이 없음으로써 방편으로 삼으며 얻을 수 없음으로써 방편으로 삼고서 일체지지에 회향하면서 5안·6신통을 수습한다.'라고 설하였느니라."

"세존이시여. 어찌 여래의 10력은 무이로써 방편으로 삼고 태어남이 없음으로써 방편으로 삼으며 얻을 수 없음으로써 방편으로 삼고서 일체지지에 회향하면서 여래의 10력·4무소외·4무애해·대자·대비·대희·대사·18불불공법을 수습한다고 말합니까?"

"경희여. 여래의 10력은 여래의 10력의 자성이 공하느니라. 왜 그러한가? 여래의 10력의 자성이 공한 것과 여래의 10력·4무소외·4무애해·대자·대비·대희·대사·18불불공법은 함께 무이이고 둘로 나눌 수 없는 까닭이니라.”

“세존이시여. 어찌 4무소외·4무애해·대자·대비·대희·대사·18불불공법은 무이로써 방편으로 삼고 태어남이 없음으로써 방편으로 삼으며 얻을 수 없음으로써 방편으로 삼고서 일체지지에 회향하면서 여래의 10력·4무소외·4무애해·대자·대비·대희·대사·18불불공법을 수습한다고 말합니까?”

“경희여. 4무소외·4무애해·대자·대비·대희·대사·18불불공법은 4무소외·4무애해·대자·대비·대희·대사·18불불공법의 자성이 공하느니라. 왜 그러한가? 4무소외·4무애해·대자·대비·대희·대사·18불불공법의 자성이 공한 것과 여래의 10력·4무소외·4무애해·대자·대비·대희·대사·18불불공법은 함께 무이이고 둘로 나눌 수 없는 까닭이니라. 경희여. 오히려 이러한 까닭으로 ‘여래의 10력 등이 무이로써 방편으로 삼고 태어남이 없음으로써 방편으로 삼으며 얻을 수 없음으로써 방편으로 삼고서 일체지지에 회향하면서 여래의 10력·4무소외·4무애해·대자·대비·대희·대사·18불불공법을 수습한다.’라고 설하였느니라.”

“세존이시여. 어찌 여래의 10력은 무이로써 방편으로 삼고 태어남이 없음으로써 방편으로 삼으며 얻을 수 없음으로써 방편으로 삼고서 일체지지에 회향하면서 무망실법·항주사성을 수습한다고 말합니까?”

“경희여. 여래의 10력은 여래의 10력의 자성이 공하느니라. 왜 그러한가? 여래의 10력의 자성이 공한 것과 무망실법·항주사성은 함께 무이이고 둘로 나눌 수 없는 까닭이니라.”

“세존이시여. 어찌 4무소외·4무애해·대자·대비·대희·대사·18불불공법은 무이로써 방편으로 삼고 태어남이 없음으로써 방편으로 삼으며 얻을 수 없음으로써 방편으로 삼고서 일체지지에 회향하면서 무망실법·항주사성을 수습한다고 말합니까?”

“경희여. 4무소외·4무애해·대자·대비·대희·대사·18불불공법은 4무소외·4무애해·대자·대비·대희·대사·18불불공법의 자성이 공하느니라. 왜 그러한가? 4무소외·4무애해·대자·대비·대희·대사·18불불공법의 자성이 공한 것과 무망실법·항주사성은 함께 무이이고 둘로 나눌 수 없는 까닭이니라. 경희여. 오히려 이러한 까닭으로 '여래의 10력 등이 무이로써 방편으로 삼고 태어남이 없음으로써 방편으로 삼으며 얻을 수 없음으로써 방편으로 삼고서 일체지지에 회향하면서 무망실법·항주사성을 수습한다.'라고 설하였느니라."

마하반야바라밀다경 제123권

30. 교량공덕품(校量功悳品)(21)

"세존이시여. 어찌 여래의 10력은 무이로써 방편으로 삼고 태어남이 없음으로써 방편으로 삼으며 얻을 수 없음으로써 방편으로 삼고서 일체지지에 회향하면서 일체지·도상지·일체상지를 수습한다고 말합니까?"

"경희여. 여래의 10력은 여래의 10력의 자성이 공하느니라. 왜 그러한가? 여래의 10력의 자성이 공한 것과 일체지·도상지·일체상지는 함께 무이이고 둘로 나눌 수 없는 까닭이니라."

"세존이시여. 어찌 4무소외·4무애해·대자·대비·대희·대사·18불불공법은 무이로써 방편으로 삼고 태어남이 없음으로써 방편으로 삼으며 얻을 수 없음으로써 방편으로 삼고서 일체지지에 회향하면서 일체지·도상지·일체상지를 수습한다고 말합니까?"

"경희여. 4무소외·4무애해·대자·대비·대희·대사·18불불공법은 4무소외·4무애해·대자·대비·대희·대사·18불불공법의 자성이 공하느니라. 왜 그러한가? 4무소외·4무애해·대자·대비·대희·대사·18불불공법의 자성이 공한 것과 일체지·도상지·일체상지는 함께 무이이고 둘로 나눌 수 없는 까닭이니라. 경희여. 오히려 이러한 까닭으로 '여래의 10력 등이 무이로써 방편으로 삼고 태어남이 없음으로써 방편으로 삼으며 얻을 수 없음으로써 방편으로 삼고서 일체지지에 회향하면서 일체지·도상지·일체상지를 수습한다.'라고 설하였느니라."

"세존이시여. 어찌 여래의 10력은 무이로써 방편으로 삼고 태어남이 없음으로써 방편으로 삼으며 얻을 수 없음으로써 방편으로 삼고서 일체지지에 회향하면서 일체의 다라니문·일체의 삼마지문을 수습한다고 말합니까?"

"경희여. 여래의 10력은 여래의 10력의 자성이 공하느니라. 왜 그러한가? 여래의 10력의 자성이 공한 것과 일체의 다라니문·일체의 삼마지문은 함께 무이이고 둘로 나눌 수 없는 까닭이니라."

"세존이시여. 어찌 4무소외·4무애해·대자·대비·대희·대사·18불불공법은 무이로써 방편으로 삼고 태어남이 없음으로써 방편으로 삼으며 얻을 수 없음으로써 방편으로 삼고서 일체지지에 회향하면서 일체의 다라니문·일체의 삼마지문을 수습한다고 말합니까?"

"경희여. 4무소외·4무애해·대자·대비·대희·대사·18불불공법은 4무소외·4무애해·대자·대비·대희·대사·18불불공법의 자성이 공하느니라. 왜 그러한가? 4무소외·4무애해·대자·대비·대희·대사·18불불공법의 자성이 공한 것과 일체의 다라니문·일체의 삼마지문은 함께 무이이고 둘로 나눌 수 없는 까닭이니라. 경희여. 오히려 이러한 까닭으로 '여래의 10력 등이 무이로써 방편으로 삼고 태어남이 없음으로써 방편으로 삼으며 얻을 수 없음으로써 방편으로 삼고서 일체지지에 회향하면서 일체의 다라니문·일체의 삼마지문을 수습한다.'라고 설하였느니라."

"세존이시여. 어찌 여래의 10력은 무이로써 방편으로 삼고 태어남이 없음으로써 방편으로 삼으며 얻을 수 없음으로써 방편으로 삼고서 일체지지에 회향하면서 보살마하살의 행을 수습한다고 말합니까?"

"경희여. 여래의 10력은 여래의 10력의 자성이 공하느니라. 왜 그러한가? 여래의 10력의 자성이 공한 것과 보살마하살의 행은 함께 무이이고 둘로 나눌 수 없는 까닭이니라."

"세존이시여. 어찌 4무소외·4무애해·대자·대비·대희·대사·18불불공법은 무이로써 방편으로 삼고 태어남이 없음으로써 방편으로 삼으며 얻을 수 없음으로써 방편으로 삼고서 일체지지에 회향하면서 보살마하살의 행을 수습한다고 말합니까?"

"경희여. 4무소외·4무애해·대자·대비·대희·대사·18불불공법은 4무
소외·4무애해·대자·대비·대희·대사·18불불공법의 자성이 공하느니라.
왜 그러한가? 4무소외·4무애해·대자·대비·대희·대사·18불불공법의 자
성이 공한 것과 보살마하살의 행은 함께 무이이고 둘로 나눌 수 없는
까닭이니라. 경희여. 오히려 이러한 까닭으로 '여래의 10력 등이 무이로써
방편으로 삼고 태어남이 없음으로써 방편으로 삼으며 얻을 수 없음으로써
방편으로 삼고서 일체지지에 회향하면서 보살마하살의 행을 수습한다.'
라고 설하였느니라."

"세존이시여. 어찌 여래의 10력은 무이로써 방편으로 삼고 태어남이
없음으로써 방편으로 삼으며 얻을 수 없음으로써 방편으로 삼고서 일체지
지에 회향하면서 무상정등보리를 수습한다고 말합니까?"

"경희여. 여래의 10력은 여래의 10력의 자성이 공하느니라. 왜 그러한
가? 여래의 10력의 자성이 공한 것과 무상정등보리는 함께 무이이고
둘로 나눌 수 없는 까닭이니라."

"세존이시여. 어찌 4무소외·4무애해·대자·대비·대희·대사·18불불공
법은 무이로써 방편으로 삼고 태어남이 없음으로써 방편으로 삼으며
얻을 수 없음으로써 방편으로 삼고서 일체지지에 회향하면서 무상정등보
리를 수습한다고 말합니까?"

"경희여. 4무소외·4무애해·대자·대비·대희·대사·18불불공법은 4무
소외·4무애해·대자·대비·대희·대사·18불불공법의 자성이 공하느니라.
왜 그러한가? 4무소외·4무애해·대자·대비·대희·대사·18불불공법의 자
성이 공한 것과 무상정등보리는 함께 무이이고 둘로 나눌 수 없는 까닭이
니라. 경희여. 오히려 이러한 까닭으로 '여래의 10력 등이 무이로써 방편으
로 삼고 태어남이 없음으로써 방편으로 삼으며 얻을 수 없음으로써 방편으
로 삼고서 일체지지에 회향하면서 무상정등보리를 수습한다.'라고 설하
였느니라."

"세존이시여. 어찌 항주사성은 무이로써 방편으로 삼고 태어남이 없음으로써 방편으로 삼으며 얻을 수 없음으로써 방편으로 삼고서 일체지지에 회향하면서 보시·정계·안인·정진·정려·반야바라밀다를 수습한다고 말합니까?"

"경희여. 항주사성은 항주사성의 자성이 공하느니라. 왜 그러한가? 항주사성의 자성이 공한 것과 보시·정계·안인·정진·정려·반야바라밀다는 함께 무이이고 둘로 나눌 수 없는 까닭이니라."

"세존이시여. 어찌 무망실법은 무이로써 방편으로 삼고 태어남이 없음으로써 방편으로 삼으며 얻을 수 없음으로써 방편으로 삼고서 일체지지에 회향하면서 보시·정계·안인·정진·정려·반야바라밀다를 수습한다고 말합니까?"

"경희여. 무망실법은 무망실법의 자성이 공하느니라. 왜 그러한가? 무망실법의 자성이 공한 것과, 보시·정계·안인·정진·정려·반야바라밀다는 함께 무이이고 둘로 나눌 수 없는 까닭이니라. 경희여. 오히려 이러한 까닭으로 '항주사성 등이 무이로써 방편으로 삼고 태어남이 없음으로써 방편으로 삼으며 얻을 수 없음으로써 방편으로 삼고서 일체지지에 회향하면서 보시·정계·안인·정진·정려·반야바라밀다를 수습한다.'라고 설하였느니라."

"세존이시여. 어찌 항주사성은 무이로써 방편으로 삼고 태어남이 없음으로써 방편으로 삼으며 얻을 수 없음으로써 방편으로 삼고서 일체지지에 회향하면서 내공·외공·내외공·공공·대공·승의공·유위공·무위공·필경공·무제공·산공·무변이공·본성공·자상공·공상공·일체법공·불가득공·무성공·자성공·무성자성공에 안주한다고 말합니까?"

"경희여. 항주사성은 항주사성의 자성이 공하느니라. 왜 그러한가? 항주사성의 자성이 공한 것과 내공, 나아가 무성자성공은 함께 무이이고 둘로 나눌 수 없는 까닭이니라."

"세존이시여. 어찌 무망실법은 무이로써 방편으로 삼고 태어남이 없음으로써 방편으로 삼으며 얻을 수 없음으로써 방편으로 삼고서 일체지지에 회향하면서 내공·외공·내외공·공공·대공·승의공·유위공·무위공·필경공·무제공·산공·무변이공·본성공·자상공·공상공·일체법공·불가득공·무성공·자성공·무성자성공에 안주한다고 말합니까?"

"경희여. 무망실법은 무망실법의 자성이 공하느니라. 왜 그러한가? 무망실법의 자성이 공한 것과 내공, 나아가 무성자성공은 함께 무이이고 둘로 나눌 수 없는 까닭이니라. 경희여. 오히려 이러한 까닭으로 '항주사성 등이 무이로써 방편으로 삼고 태어남이 없음으로써 방편으로 삼으며 얻을 수 없음으로써 방편으로 삼고서 일체지지에 회향하면서 내공, 나아가 무성자성공에 안주한다.'라고 설하였느니라."

"세존이시여. 어찌 항주사성은 무이로써 방편으로 삼고 태어남이 없음으로써 방편으로 삼으며 얻을 수 없음으로써 방편으로 삼고서 일체지지에 회향하면서 진여·법계·법성·불허망성·불변이성·평등성·이생성·법정·법주·실제·허공계·부사의계에 안주한다고 말합니까?"

"경희여. 항주사성은 항주사성의 자성이 공하느니라. 왜 그러한가? 항주사성의 자성이 공한 것과 진여, 나아가 부사의계는 함께 무이이고 둘로 나눌 수 없는 까닭이니라."

"세존이시여. 어찌 무망실법은 무이로써 방편으로 삼고 태어남이 없음으로써 방편으로 삼으며 얻을 수 없음으로써 방편으로 삼고서 일체지지에 회향하면서 진여·법계·법성·불허망성·불변이성·평등성·이생성·법정·법주·실제·허공계·부사의계에 안주한다고 말합니까?"

"경희여. 무망실법은 무망실법의 자성이 공하느니라. 왜 그러한가? 무망실법의 자성이 공한 것과 진여, 나아가 부사의계는 함께 무이이고 둘로 나눌 수 없는 까닭이니라. 경희여. 오히려 이러한 까닭으로 '항주사성 등이 무이로써 방편으로 삼고 태어남이 없음으로써 방편으로 삼으며 얻을 수 없음으로써 방편으로 삼고서 일체지지에 회향하면서 진여, 나아가 부사의계에 안주한다.'라고 설하였느니라."

"세존이시여. 어찌 항주사성은 무이로써 방편으로 삼고 태어남이 없음으로써 방편으로 삼으며 얻을 수 없음으로써 방편으로 삼고서 일체지지에 회향하면서 고·집·멸·도성제에 안주한다고 말합니까?"

"경희여. 항주사성은 항주사성의 자성이 공하느니라. 왜 그러한가?
항주사성의 자성이 공한 것과 고·집·멸·도성제는 함께 무이이고 둘로
나눌 수 없는 까닭이니라."

"세존이시여. 어찌 무망실법은 무이로써 방편으로 삼고 태어남이 없음
으로써 방편으로 삼으며 얻을 수 없음으로써 방편으로 삼고서 일체지지에
회향하면서 고·집·멸·도성제에 안주한다고 말합니까?"

"경희여. 무망실법은 무망실법의 자성이 공하느니라. 왜 그러한가?
무망실법의 자성이 공한 것과 고·집·멸·도성제는 함께 무이이고 둘로
나눌 수 없는 까닭이니라. 경희여. 오히려 이러한 까닭으로 '항주사성
등이 무이로써 방편으로 삼고 태어남이 없음으로써 방편으로 삼으며
얻을 수 없음으로써 방편으로 삼고서 일체지지에 회향하면서 고·집·멸·
도성제에 안주한다.'라고 설하였느니라."

"세존이시여. 어찌 항주사성은 무이로써 방편으로 삼고 태어남이 없음
으로써 방편으로 삼으며 얻을 수 없음으로써 방편으로 삼고서 일체지지에
회향하면서 4정려·4무량·4무색정을 수습한다고 말합니까?"

"경희여. 항주사성은 항주사성의 자성이 공하느니라. 왜 그러한가?
항주사성의 자성이 공한 것과 4정려·4무량·4무색정은 함께 무이이고
둘로 나눌 수 없는 까닭이니라."

"세존이시여. 어찌 무망실법은 무이로써 방편으로 삼고 태어남이 없음
으로써 방편으로 삼으며 얻을 수 없음으로써 방편으로 삼고서 일체지지에
회향하면서 4정려·4무량·4무색정을 수습한다고 말합니까?"

"경희여. 무망실법은 무망실법의 자성이 공하느니라. 왜 그러한가?
무망실법의 자성이 공한 것과 4정려·4무량·4무색정은 함께 무이이고
둘로 나눌 수 없는 까닭이니라. 경희여. 오히려 이러한 까닭으로 '항주사성
등이 무이로써 방편으로 삼고 태어남이 없음으로써 방편으로 삼으며
얻을 수 없음으로써 방편으로 삼고서 일체지지에 회향하면서 4정려·4무
량·4무색정을 수습한다.'라고 설하였느니라."

　"세존이시여. 어찌 항주사성은 무이로써 방편으로 삼고 태어남이 없음으로써 방편으로 삼으며 얻을 수 없음으로써 방편으로 삼고서 일체지지에 회향하면서 8해탈·8승처·9차제정·10변처를 수습한다고 말합니까?"

　"경희여. 항주사성은 항주사성의 자성이 공하느니라. 왜 그러한가? 항주사성의 자성이 공한 것과 8해탈·8승처·9차제정·10변처는 함께 무이이고 둘로 나눌 수 없는 까닭이니라."

　"세존이시여. 어찌 무망실법은 무이로써 방편으로 삼고 태어남이 없음으로써 방편으로 삼으며 얻을 수 없음으로써 방편으로 삼고서 일체지지에 회향하면서 8해탈·8승처·9차제정·10변처를 수습한다고 말합니까?"

　"경희여. 무망실법은 무망실법의 자성이 공하느니라. 왜 그러한가? 무망실법의 자성이 공한 것과 8해탈·8승처·9차제정·10변처는 함께 무이이고 둘로 나눌 수 없는 까닭이니라. 경희여. 오히려 이러한 까닭으로 '항주사성 등이 무이로써 방편으로 삼고 태어남이 없음으로써 방편으로 삼으며 얻을 수 없음으로써 방편으로 삼고서 일체지지에 회향하면서 8해탈·8승처·9차제정·10변처를 수습한다.'라고 설하였느니라."

　"세존이시여. 어찌 항주사성은 무이로써 방편으로 삼고 태어남이 없음으로써 방편으로 삼으며 얻을 수 없음으로써 방편으로 삼고서 일체지지에 회향하면서 4념주·4정단·4신족·5근·5력·7등각지·8성도지를 수습한다고 말합니까?"

　"경희여. 항주사성은 항주사성의 자성이 공하느니라. 왜 그러한가? 항주사성의 자성이 공한 것과 4념주·4정단·4신족·5근·5력·7등각지·8성도지는 함께 무이이고 둘로 나눌 수 없는 까닭이니라."

　"세존이시여. 어찌 무망실법은 무이로써 방편으로 삼고 태어남이 없음으로써 방편으로 삼으며 얻을 수 없음으로써 방편으로 삼고서 일체지지에 회향하면서 4념주·4정단·4신족·5근·5력·7등각지·8성도지를 수습한다고 말합니까?"

　"경희여. 무망실법은 무망실법의 자성이 공하느니라. 왜 그러한가? 무망실법의 자성이 공한 것과 4념주·4정단·4신족·5근·5력·7등각지·8성도지는 함께 무이이고 둘로 나눌 수 없는 까닭이니라. 경희여. 오히려 이러한 까닭으로 '항주사성 등이 무이로써 방편으로 삼고 태어남이 없음으로써 방편으로 삼으며 얻을 수 없음으로써 방편으로 삼고서 일체지지에 회향하면서 4념주·4정단·4신족·5근·5력·7등각지·8성도지를 수습한다.' 라고 설하였느니라."

"세존이시여. 어찌 항주사성은 무이로써 방편으로 삼고 태어남이 없음으로써 방편으로 삼으며 얻을 수 없음으로써 방편으로 삼고서 일체지지에 회향하면서 공해탈문·무상해탈문·무원해탈문을 수습한다고 말합니까?"

"경희여. 항주사성은 항주사성의 자성이 공하느니라. 왜 그러한가? 항주사성의 자성이 공한 것과 공해탈문·무상해탈문·무원해탈문은 함께 무이이고 둘로 나눌 수 없는 까닭이니라."

"세존이시여. 어찌 무망실법은 무이로써 방편으로 삼고 태어남이 없음으로써 방편으로 삼으며 얻을 수 없음으로써 방편으로 삼고서 일체지지에 회향하면서 공해탈문·무상해탈문·무원해탈문을 수습한다고 말합니까?"

"경희여. 무망실법은 무망실법의 자성이 공하느니라. 왜 그러한가? 무망실법의 자성이 공한 것과 공해탈문·무상해탈문·무원해탈문은 함께 무이이고 둘로 나눌 수 없는 까닭이니라. 경희여. 오히려 이러한 까닭으로 '항주사성 등이 무이로써 방편으로 삼고 태어남이 없음으로써 방편으로 삼으며 얻을 수 없음으로써 방편으로 삼고서 일체지지에 회향하면서 공해탈문·무상해탈문·무원해탈문을 수습한다.'라고 설하였느니라."

"세존이시여. 어찌 항주사성은 무이로써 방편으로 삼고 태어남이 없음으로써 방편으로 삼으며 얻을 수 없음으로써 방편으로 삼고서 일체지지에 회향하면서 5안·6신통을 수습한다고 말합니까?"

"경희여. 항주사성은 항주사성의 자성이 공하느니라. 왜 그러한가? 항주사성의 자성이 공한 것과 5안·6신통은 함께 무이이고 둘로 나눌 수 없는 까닭이니라."

"세존이시여. 어찌 무망실법은 무이로써 방편으로 삼고 태어남이 없음으로써 방편으로 삼으며 얻을 수 없음으로써 방편으로 삼고서 일체지지에 회향하면서 5안·6신통을 수습한다고 말합니까?"

"경희여. 무망실법은 무망실법의 자성이 공하느니라. 왜 그러한가? 무망실법의 자성이 공한 것과 5안·6신통은 함께 무이이고 둘로 나눌 수 없는 까닭이니라. 경희여. 오히려 이러한 까닭으로 '항주사성 등이 무이로써 방편으로 삼고 태어남이 없음으로써 방편으로 삼으며 얻을 수 없음으로써 방편으로 삼고서 일체지지에 회향하면서 5안·6신통을 수습한다.'라고 설하였느니라."

"세존이시여. 어찌 항주사성은 무이로써 방편으로 삼고 태어남이 없음으로써 방편으로 삼으며 얻을 수 없음으로써 방편으로 삼고서 일체지지에 회향하면서 여래의 10력·4무소외·4무애해·대자·대비·대희·대사·18불불공법을 수습한다고 말합니까?"

"경희여. 항주사성은 항주사성의 자성이 공하느니라. 왜 그러한가? 항주사성의 자성이 공한 것과 여래의 10력·4무소외·4무애해·대자·대비·대희·대사·18불불공법은 함께 무이이고 둘로 나눌 수 없는 까닭이니라."

"세존이시여. 어찌 무망실법은 무이로써 방편으로 삼고 태어남이 없음으로써 방편으로 삼으며 얻을 수 없음으로써 방편으로 삼고서 일체지지에 회향하면서 여래의 10력·4무소외·4무애해·대자·대비·대희·대사·18불불공법을 수습한다고 말합니까?"

"경희여. 무망실법은 무망실법의 자성이 공하느니라. 왜 그러한가? 무망실법의 자성이 공한 것과 여래의 10력·4무소외·4무애해·대자·대비·대희·대사·18불불공법은 함께 무이이고 둘로 나눌 수 없는 까닭이니라. 경희여. 오히려 이러한 까닭으로 '항주사성 등이 무이로써 방편으로 삼고 태어남이 없음으로써 방편으로 삼으며 얻을 수 없음으로써 방편으로 삼고서 일체지지에 회향하면서 여래의 10력·4무소외·4무애해·대자·대비·대희·대사·18불불공법을 수습한다.'라고 설하였느니라."

"세존이시여. 어찌 항주사성은 무이로써 방편으로 삼고 태어남이 없음으로써 방편으로 삼으며 얻을 수 없음으로써 방편으로 삼고서 일체지지에 회향하면서 무망실법·항주사성을 수습한다고 말합니까?"

"경희여. 항주사성은 항주사성의 자성이 공하느니라. 왜 그러한가?
항주사성의 자성이 공한 것과 무망실법·항주사성은 함께 무이이고 둘로
나눌 수 없는 까닭이니라."

"세존이시여. 어찌 무망실법은 무이로써 방편으로 삼고 태어남이 없음
으로써 방편으로 삼으며 얻을 수 없음으로써 방편으로 삼고서 일체지지에
회향하면서 무망실법·항주사성을 수습한다고 말합니까?"

"경희여. 무망실법은 무망실법의 자성이 공하느니라. 왜 그러한가?
무망실법의 자성이 공한 것과 무망실법·항주사성은 함께 무이이고 둘로
나눌 수 없는 까닭이니라. 경희여. 오히려 이러한 까닭으로 '항주사성
등이 무이로써 방편으로 삼고 태어남이 없음으로써 방편으로 삼으며
얻을 수 없음으로써 방편으로 삼고서 일체지지에 회향하면서 무망실법·
항주사성을 수습한다.'라고 설하였느니라."

"세존이시여. 어찌 항주사성은 무이로써 방편으로 삼고 태어남이 없음
으로써 방편으로 삼으며 얻을 수 없음으로써 방편으로 삼고서 일체지지에
회향하면서 일체지·도상지·일체상지를 수습한다고 말합니까?"

"경희여. 항주사성은 항주사성의 자성이 공하느니라. 왜 그러한가?
항주사성의 자성이 공한 것과 일체지·도상지·일체상지는 함께 무이이고
둘로 나눌 수 없는 까닭이니라."

"세존이시여. 어찌 무망실법은 무이로써 방편으로 삼고 태어남이 없음
으로써 방편으로 삼으며 얻을 수 없음으로써 방편으로 삼고서 일체지지에
회향하면서 일체지·도상지·일체상지를 수습한다고 말합니까?"

"경희여. 무망실법은 무망실법의 자성이 공하느니라. 왜 그러한가?
무망실법의 자성이 공한 것과 일체지·도상지·일체상지는 함께 무이이고
둘로 나눌 수 없는 까닭이니라. 경희여. 오히려 이러한 까닭으로 '항주사성
등이 무이로써 방편으로 삼고 태어남이 없음으로써 방편으로 삼으며
얻을 수 없음으로써 방편으로 삼고서 일체지지에 회향하면서 일체지·도
상지·일체상지를 수습한다.'라고 설하였느니라."

"세존이시여. 어찌 항주사성은 무이로써 방편으로 삼고 태어남이 없음

으로써 방편으로 삼으며 얻을 수 없음으로써 방편으로 삼고서 일체지지에 회향하면서 일체의 다라니문·일체의 삼마지문을 수습한다고 말합니까?"

"경희여. 항주사성은 항주사성의 자성이 공하느니라. 왜 그러한가? 항주사성의 자성이 공한 것과 일체의 다라니문·일체의 삼마지문은 함께 무이이고 둘로 나눌 수 없는 까닭이니라."

"세존이시여. 어찌 무망실법은 무이로써 방편으로 삼고 태어남이 없음으로써 방편으로 삼으며 얻을 수 없음으로써 방편으로 삼고서 일체지지에 회향하면서 일체의 다라니문·일체의 삼마지문을 수습한다고 말합니까?"

"경희여. 무망실법은 무망실법의 자성이 공하느니라. 왜 그러한가? 무망실법의 자성이 공한 것과 일체의 다라니문·일체의 삼마지문은 함께 무이이고 둘로 나눌 수 없는 까닭이니라. 경희여. 오히려 이러한 까닭으로 '항주사성 등이 무이로써 방편으로 삼고 태어남이 없음으로써 방편으로 삼으며 얻을 수 없음으로써 방편으로 삼고서 일체지지에 회향하면서 일체의 다라니문·일체의 삼마지문을 수습한다.'라고 설하였느니라."

"세존이시여. 어찌 항주사성은 무이로써 방편으로 삼고 태어남이 없음으로써 방편으로 삼으며 얻을 수 없음으로써 방편으로 삼고서 일체지지에 회향하면서 보살마하살의 행을 수습한다고 말합니까?"

"경희여. 항주사성은 항주사성의 자성이 공하느니라. 왜 그러한가? 항주사성의 자성이 공한 것과 보살마하살의 행은 함께 무이이고 둘로 나눌 수 없는 까닭이니라."

"세존이시여. 어찌 무망실법은 무이로써 방편으로 삼고 태어남이 없음으로써 방편으로 삼으며 얻을 수 없음으로써 방편으로 삼고서 일체지지에 회향하면서 보살마하살의 행을 수습한다고 말합니까?"

"경희여. 무망실법은 무망실법의 자성이 공하느니라. 왜 그러한가? 무망실법의 자성이 공한 것과 보살마하살의 행은 함께 무이이고 둘로 나눌 수 없는 까닭이니라. 경희여. 오히려 이러한 까닭으로 '항주사성 등이 무이로써 방편으로 삼고 태어남이 없음으로써 방편으로 삼으며 얻을 수 없음으로써 방편으로 삼고서 일체지지에 회향하면서 보살마하살의 행을 수습한다.'라고 설하였느니라."

"세존이시여. 어찌 항주사성은 무이로써 방편으로 삼고 태어남이 없음으로써 방편으로 삼으며 얻을 수 없음으로써 방편으로 삼고서 일체지지에 회향하면서 무상정등보리를 수습한다고 말합니까?"

"경희여. 항주사성은 항주사성의 자성이 공하느니라. 왜 그러한가? 항주사성의 자성이 공한 것과 무상정등보리는 함께 무이이고 둘로 나눌 수 없는 까닭이니라."

"세존이시여. 어찌 무망실법은 무이로써 방편으로 삼고 태어남이 없음으로써 방편으로 삼으며 얻을 수 없음으로써 방편으로 삼고서 일체지지에 회향하면서 무상정등보리를 수습한다고 말합니까?"

"경희여. 무망실법은 무망실법의 자성이 공하느니라. 왜 그러한가? 무망실법의 자성이 공한 것과 무상정등보리는 함께 무이이고 둘로 나눌 수 없는 까닭이니라. 경희여. 오히려 이러한 까닭으로 '항주사성 등이 무이로써 방편으로 삼고 태어남이 없음으로써 방편으로 삼으며 얻을 수 없음으로써 방편으로 삼고서 일체지지에 회향하면서 무상정등보리를 수습한다.'라고 설하였느니라."

"세존이시여. 어찌 일체지는 무이로써 방편으로 삼고 태어남이 없음으로써 방편으로 삼으며 얻을 수 없음으로써 방편으로 삼고서 일체지지에 회향하면서 보시·정계·안인·정진·정려·반야바라밀다를 수습한다고 말합니까?"

"경희여. 일체지는 일체지의 자성이 공하느니라. 왜 그러한가? 일체지의 자성이 공한 것과 보시·정계·안인·정진·정려·반야바라밀다는 함께 무이이고 둘로 나눌 수 없는 까닭이니라."

"세존이시여. 어찌 도상지·일체상지는 무이로써 방편으로 삼고 태어남이 없음으로써 방편으로 삼으며 얻을 수 없음으로써 방편으로 삼고서 일체지지에 회향하면서 보시·정계·안인·정진·정려·반야바라밀다를 수습한다고 말합니까?"

"경희여. 도상지·일체상지는 도상지·일체상지의 자성이 공하느니라. 왜 그러한가? 도상지·일체상지의 자성이 공한 것과 보시·정계·안인·정진·정려·반야바라밀다는 함께 무이이고 둘로 나눌 수 없는 까닭이니라. 경희여. 오히려 이러한 까닭으로 '일체지 등이 무이로써 방편으로 삼고 태어남이 없음으로써 방편으로 삼으며 얻을 수 없음으로써 방편으로 삼고서 일체지지에 회향하면서 보시·정계·안인·정진·정려·반야바라밀다를 수습한다.'라고 설하였느니라."

"세존이시여. 어찌 일체지는 무이로써 방편으로 삼고 태어남이 없음으로써 방편으로 삼으며 얻을 수 없음으로써 방편으로 삼고서 일체지지에 회향하면서 내공·외공·내외공·공공·대공·승의공·유위공·무위공·필경공·무제공·산공·무변이공·본성공·자상공·공상공·일체법공·불가득공·무성공·자성공·무성자성공에 안주한다고 말합니까?"

"경희여. 일체지는 일체지의 자성이 공하느니라. 왜 그러한가? 일체지의 자성이 공한 것과 내공, 나아가 무성자성공은 함께 무이이고 둘로 나눌 수 없는 까닭이니라."

"세존이시여. 어찌 도상지·일체상지는 무이로써 방편으로 삼고 태어남이 없음으로써 방편으로 삼으며 얻을 수 없음으로써 방편으로 삼고서 일체지지에 회향하면서 내공·외공·내외공·공공·대공·승의공·유위공·무위공·필경공·무제공·산공·무변이공·본성공·자상공·공상공·일체법공·불가득공·무성공·자성공·무성자성공에 안주한다고 말합니까?"

"경희여. 도상지·일체상지는 도상지·일체상지의 자성이 공하느니라. 왜 그러한가? 도상지·일체상지의 자성이 공한 것과 내공, 나아가 무성자성공은 함께 무이이고 둘로 나눌 수 없는 까닭이니라. 경희여. 오히려 이러한 까닭으로 '일체지 등이 무이로써 방편으로 삼고 태어남이 없음으로써 방편으로 삼으며 얻을 수 없음으로써 방편으로 삼고서 일체지지에 회향하면서 내공, 나아가 무성자성공에 안주한다.'라고 설하였느니라."

"세존이시여. 어찌 일체지는 무이로써 방편으로 삼고 태어남이 없음으로써 방편으로 삼으며 얻을 수 없음으로써 방편으로 삼고서 일체지지에

회향하면서 진여·법계·법성·불허망성·불변이성·평등성·이생성·법정·
법주·실제·허공계·부사의계에 안주한다고 말합니까?"

"경희여. 일체지는 일체지의 자성이 공하느니라. 왜 그러한가? 일체지
의 자성이 공한 것과 진여, 나아가 부사의계는 함께 무이이고 둘로 나눌
수 없는 까닭이니라."

"세존이시여. 어찌 도상지·일체상지는 무이로써 방편으로 삼고 태어남
이 없음으로써 방편으로 삼으며 얻을 수 없음으로써 방편으로 삼고서
일체지지에 회향하면서 진여·법계·법성·불허망성·불변이성·평등성·이
생성·법정·법주·실제·허공계·부사의계에 안주한다고 말합니까?"

"경희여. 도상지·일체상지는 도상지·일체상지의 자성이 공하느니라.
왜 그러한가? 도상지·일체상지의 자성이 공한 것과 진여, 나아가 부사의
계는 함께 무이이고 둘로 나눌 수 없는 까닭이니라. 경희여. 오히려
이러한 까닭으로 '일체지 등이 무이로써 방편으로 삼고 태어남이 없음으로
써 방편으로 삼으며 얻을 수 없음으로써 방편으로 삼고서 일체지지에
회향하면서 진여, 나아가 부사의계에 안주한다.'라고 설하였느니라."

"세존이시여. 어찌 일체지는 무이로써 방편으로 삼고 태어남이 없음으
로써 방편으로 삼으며 얻을 수 없음으로써 방편으로 삼고서 일체지지에
회향하면서 고·집·멸·도성제에 안주한다고 말합니까?"

"경희여. 일체지는 일체지의 자성이 공하느니라. 왜 그러한가? 일체지
의 자성이 공한 것과 고·집·멸·도성제는 함께 무이이고 둘로 나눌 수
없는 까닭이니라."

"세존이시여. 어찌 도상지·일체상지는 무이로써 방편으로 삼고 태어남
이 없음으로써 방편으로 삼으며 얻을 수 없음으로써 방편으로 삼고서
일체지지에 회향하면서 고·집·멸·도성제에 안주한다고 말합니까?"

"경희여. 도상지·일체상지는 도상지·일체상지의 자성이 공하느니라.
왜 그러한가? 도상지·일체상지의 자성이 공한 것과 고·집·멸·도성제는
함께 무이이고 둘로 나눌 수 없는 까닭이니라. 경희여. 오히려 이러한
까닭으로 '일체지 등이 무이로써 방편으로 삼고 태어남이 없음으로써

방편으로 삼으며 얻을 수 없음으로써 방편으로 삼고서 일체지지에 회향하면서 고·집·멸·도성제에 안주한다.'라고 설하였느니라."

"세존이시여. 어찌 일체지는 무이로써 방편으로 삼고 태어남이 없음으로써 방편으로 삼으며 얻을 수 없음으로써 방편으로 삼고서 일체지지에 회향하면서 4정려·4무량·4무색정을 수습한다고 말합니까?"

"경희여. 일체지는 일체지의 자성이 공하느니라. 왜 그러한가? 일체지의 자성이 공한 것과 4정려·4무량·4무색정은 함께 무이이고 둘로 나눌 수 없는 까닭이니라."

"세존이시여. 도상지·일체상지는 무이로써 방편으로 삼고 태어남이 없음으로써 방편으로 삼으며 얻을 수 없음으로써 방편으로 삼고서 일체지지에 회향하면서 4정려·4무량·4무색정을 수습한다고 말합니까?"

"경희여. 도상지·일체상지는 도상지·일체상지의 자성이 공하느니라. 왜 그러한가? 도상지·일체상지의 자성이 공한 것과 4정려·4무량·4무색정은 함께 무이이고 둘로 나눌 수 없는 까닭이니라. 경희여. 오히려 이러한 까닭으로 '일체지 등이 무이로써 방편으로 삼고 태어남이 없음으로써 방편으로 삼으며 얻을 수 없음으로써 방편으로 삼고서 일체지지에 회향하면서 4정려·4무량·4무색정을 수습한다.'라고 설하였느니라."

"세존이시여. 어찌 일체지는 무이로써 방편으로 삼고 태어남이 없음으로써 방편으로 삼으며 얻을 수 없음으로써 방편으로 삼고서 일체지지에 회향하면서 8해탈·8승처·9차제정·10변처를 수습한다고 말합니까?"

"경희여. 일체지는 일체지의 자성이 공하느니라. 왜 그러한가? 일체지의 자성이 공한 것과 8해탈·8승처·9차제정·10변처는 함께 무이이고 둘로 나눌 수 없는 까닭이니라."

"세존이시여. 어찌 도상지·일체상지는 무이로써 방편으로 삼고 태어남이 없음으로써 방편으로 삼으며 얻을 수 없음으로써 방편으로 삼고서 일체지지에 회향하면서 8해탈·8승처·9차제정·10변처를 수습한다고 말합니까?"

"경희여. 도상지·일체상지는 도상지·일체상지의 자성이 공하느니라.

왜 그러한가? 도상지·일체상지의 자성이 공한 것과 8해탈·8승처·9차제정·10변처는 함께 무이이고 둘로 나눌 수 없는 까닭이니라. 경희여. 오히려 이러한 까닭으로 '일체지 등이 무이로써 방편으로 삼고 태어남이 없음으로써 방편으로 삼으며 얻을 수 없음으로써 방편으로 삼고서 일체지지에 회향하면서 8해탈·8승처·9차제정·10변처를 수습한다.'라고 설하였느니라."

"세존이시여. 어찌 일체지는 무이로써 방편으로 삼고 태어남이 없음으로써 방편으로 삼으며 얻을 수 없음으로써 방편으로 삼고서 일체지지에 회향하면서 4념주·4정단·4신족·5근·5력·7등각지·8성도지를 수습한다고 말합니까?"

"경희여. 일체지는 일체지의 자성이 공하느니라. 왜 그러한가? 일체지의 자성이 공한 것과 4념주·4정단·4신족·5근·5력·7등각지·8성도지는 함께 무이이고 둘로 나눌 수 없는 까닭이니라."

"세존이시여. 어찌 도상지·일체상지는 무이로써 방편으로 삼고 태어남이 없음으로써 방편으로 삼으며 얻을 수 없음으로써 방편으로 삼고서 일체지지에 회향하면서 4념주·4정단·4신족·5근·5력·7등각지·8성도지를 수습한다고 말합니까?"

"경희여. 도상지·일체상지는 도상지·일체상지의 자성이 공하느니라. 왜 그러한가? 도상지·일체상지의 자성이 공한 것과 4념주·4정단·4신족·5근·5력·7등각지·8성도지는 함께 무이이고 둘로 나눌 수 없는 까닭이니라. 경희여. 오히려 이러한 까닭으로 '일체지 등이 무이로써 방편으로 삼고 태어남이 없음으로써 방편으로 삼으며 얻을 수 없음으로써 방편으로 삼고서 일체지지에 회향하면서 4념주·4정단·4신족·5근·5력·7등각지·8성도지를 수습한다.'라고 설하였느니라."

"세존이시여. 어찌 일체지는 무이로써 방편으로 삼고 태어남이 없음으로써 방편으로 삼으며 얻을 수 없음으로써 방편으로 삼고서 일체지지에 회향하면서 공해탈문·무상해탈문·무원해탈문을 수습한다고 말합니까?"

"경희여. 일체지는 일체지의 자성이 공하느니라. 왜 그러한가? 일체지의 자성이 공한 것과 공해탈문·무상해탈문·무원해탈문은 함께 무이이고 둘로 나눌 수 없는 까닭이니라."

"세존이시여. 어찌 도상지·일체상지는 무이로써 방편으로 삼고 태어남이 없음으로써 방편으로 삼으며 얻을 수 없음으로써 방편으로 삼고서 일체지지에 회향하면서 공해탈문·무상해탈문·무원해탈문을 수습한다고 말합니까?"

"경희여. 도상지·일체상지는 도상지·일체상지의 자성이 공하느니라. 왜 그러한가? 도상지·일체상지의 자성이 공한 것과 공해탈문·무상해탈문·무원해탈문은 함께 무이이고 둘로 나눌 수 없는 까닭이니라. 경희여. 오히려 이러한 까닭으로 '일체지 등이 무이로써 방편으로 삼고 태어남이 없음으로써 방편으로 삼으며 얻을 수 없음으로써 방편으로 삼고서 일체지지에 회향하면서 공해탈문·무상해탈문·무원해탈문을 수습한다.'라고 설하였느니라."

"세존이시여. 어찌 일체지는 무이로써 방편으로 삼고 태어남이 없음으로써 방편으로 삼으며 얻을 수 없음으로써 방편으로 삼고서 일체지지에 회향하면서 5안·6신통을 수습한다고 말합니까?"

"경희여. 일체지는 일체지의 자성이 공하느니라. 왜 그러한가? 일체지의 자성이 공한 것과 5안·6신통은 함께 무이이고 둘로 나눌 수 없는 까닭이니라."

"세존이시여. 어찌 도상지·일체상지는 무이로써 방편으로 삼고 태어남이 없음으로써 방편으로 삼으며 얻을 수 없음으로써 방편으로 삼고서 일체지지에 회향하면서 5안·6신통을 수습한다고 말합니까?"

"경희여. 도상지·일체상지는 도상지·일체상지의 자성이 공하느니라. 왜 그러한가? 도상지·일체상지의 자성이 공한 것과 5안·6신통은 함께 무이이고 둘로 나눌 수 없는 까닭이니라. 경희여. 오히려 이러한 까닭으로 '일체지 등이 무이로써 방편으로 삼고 태어남이 없음으로써 방편으로 삼으며 얻을 수 없음으로써 방편으로 삼고서 일체지지에 회향하면서 5안·6신통을 수습한다.'라고 설하였느니라."

"세존이시여. 어찌 일체지는 무이로써 방편으로 삼고 태어남이 없음으로써 방편으로 삼으며 얻을 수 없음으로써 방편으로 삼고서 일체지지에 회향하면서 여래의 10력·4무소외·4무애해·대자·대비·대희·대사·18불불공법을 수습한다고 말합니까?"

"경희여. 일체지는 일체지의 자성이 공하느니라. 왜 그러한가? 일체지의 자성이 공한 것과 여래의 10력·4무소외·4무애해·대자·대비·대희·대사·18불불공법은 함께 무이이고 둘로 나눌 수 없는 까닭이니라."

"세존이시여. 어찌 도상지·일체상지는 무이로써 방편으로 삼고 태어남이 없음으로써 방편으로 삼으며 얻을 수 없음으로써 방편으로 삼고서 일체지지에 회향하면서 여래의 10력·4무소외·4무애해·대자·대비·대희·대사·18불불공법을 수습한다고 말합니까?"

"경희여. 도상지·일체상지는 도상지·일체상지의 자성이 공하느니라. 왜 그러한가? 도상지·일체상지의 자성이 공한 것과 여래의 10력·4무소외·4무애해·대자·대비·대희·대사·18불불공법은 함께 무이이고 둘로 나눌 수 없는 까닭이니라. 경희여. 오히려 이러한 까닭으로 '일체지 등이 무이로써 방편으로 삼고 태어남이 없음으로써 방편으로 삼으며 얻을 수 없음으로써 방편으로 삼고서 일체지지에 회향하면서 여래의 10력·4무소외·4무애해·대자·대비·대희·대사·18불불공법을 수습한다.'라고 설하였느니라."

"세존이시여. 어찌 일체지는 무이로써 방편으로 삼고 태어남이 없음으로써 방편으로 삼으며 얻을 수 없음으로써 방편으로 삼고서 일체지지에 회향하면서 무망실법·항주사성을 수습한다고 말합니까?"

"경희여. 일체지는 일체지의 자성이 공하느니라. 왜 그러한가? 일체지의 자성이 공한 것과 무망실법·항주사성은 함께 무이이고 둘로 나눌 수 없는 까닭이니라."

"세존이시여. 어찌 도상지·일체상지는 무이로써 방편으로 삼고 태어남이 없음으로써 방편으로 삼으며 얻을 수 없음으로써 방편으로 삼고서 일체지지에 회향하면서 무망실법·항주사성을 수습한다고 말합니까?"

"경희여. 도상지·일체상지는 도상지·일체상지의 자성이 공하느니라.

왜 그러한가? 도상지·일체상지의 자성이 공한 것과 무망실법·항주사성은 함께 무이이고 둘로 나눌 수 없는 까닭이니라. 경희여. 오히려 이러한 까닭으로 '일체지 등이 무이로써 방편으로 삼고 태어남이 없음으로써 방편으로 삼으며 얻을 수 없음으로써 방편으로 삼고서 일체지지에 회향하면서 무망실법·항주사성을 수습한다.'라고 설하였느니라."

"세존이시여. 어찌 일체지는 무이로써 방편으로 삼고 태어남으로써 방편으로 삼으며 얻을 수 없음으로써 방편으로 삼고서 일체지지에 회향하면서 일체지·도상지·일체상지를 수습한다고 말합니까?"

"경희여. 일체지는 일체지의 자성이 공하느니라. 왜 그러한가? 일체지의 자성이 공한 것과 일체지·도상지·일체상지는 함께 무이이고 둘로 나눌 수 없는 까닭이니라."

"세존이시여. 어찌 도상지·일체상지는 무이로써 방편으로 삼고 태어남이 없음으로써 방편으로 삼으며 얻을 수 없음으로써 방편으로 삼고서 일체지지에 회향하면서 일체지·도상지·일체상지를 수습한다고 말합니까?"

"경희여. 도상지·일체상지는 도상지·일체상지의 자성이 공하느니라. 왜 그러한가? 도상지·일체상지의 자성이 공한 것과 일체지·도상지·일체상지는 함께 무이이고 둘로 나눌 수 없는 까닭이니라. 경희여. 오히려 이러한 까닭으로 '일체지 등이 무이로써 방편으로 삼고 태어남이 없음으로써 방편으로 삼으며 얻을 수 없음으로써 방편으로 삼고서 일체지지에 회향하면서 일체지·도상지·일체상지를 수습한다.'라고 설하였느니라."

"세존이시여. 어찌 일체지는 무이로써 방편으로 삼고 태어남이 없음으로써 방편으로 삼으며 얻을 수 없음으로써 방편으로 삼고서 일체지지에 회향하면서 일체의 다라니문·일체의 삼마지문을 수습한다고 말합니까?"

"경희여. 일체지는 일체지의 자성이 공하느니라. 왜 그러한가? 일체지의 자성이 공한 것과 일체의 다라니문·일체의 삼마지문은 함께 무이이고 둘로 나눌 수 없는 까닭이니라."

"세존이시여. 어찌 도상지·일체상지는 무이로써 방편으로 삼고 태어남이 없음으로써 방편으로 삼으며 얻을 수 없음으로써 방편으로 삼고서 일체지지에 회향하면서 일체의 다라니문·일체의 삼마지문을 수습한다고 말합니까?"

"경희여. 도상지·일체상지는 도상지·일체상지의 자성이 공하느니라. 왜 그러한가? 도상지·일체상지의 자성이 공한 것과 일체의 다라니문·일체의 삼마지문은 함께 무이이고 둘로 나눌 수 없는 까닭이니라. 경희여. 오히려 이러한 까닭으로 '일체지 등이 무이로써 방편으로 삼고 태어남이 없음으로써 방편으로 삼으며 얻을 수 없음으로써 방편으로 삼고서 일체지지에 회향하면서 일체의 다라니문·일체의 삼마지문을 수습한다.'라고 설하였느니라."

"세존이시여. 어찌 일체지는 무이로써 방편으로 삼고 태어남이 없음으로써 방편으로 삼으며 얻을 수 없음으로써 방편으로 삼고서 일체지지에 회향하면서 보살마하살의 행을 수습한다고 말합니까?"

"경희여. 일체지는 일체지의 자성이 공하느니라. 왜 그러한가? 일체지의 자성이 공한 것과 보살마하살의 행은 함께 무이이고 둘로 나눌 수 없는 까닭이니라."

"세존이시여. 어찌 도상지·일체상지는 무이로써 방편으로 삼고 태어남이 없음으로써 방편으로 삼으며 얻을 수 없음으로써 방편으로 삼고서 일체지지에 회향하면서 보살마하살의 행을 수습한다고 말합니까?"

"경희여. 도상지·일체상지는 도상지·일체상지의 자성이 공하느니라. 왜 그러한가? 도상지·일체상지의 자성이 공한 것과 보살마하살의 행은 함께 무이이고 둘로 나눌 수 없는 까닭이니라. 경희여. 오히려 이러한 까닭으로 '일체지 등이 무이로써 방편으로 삼고 태어남이 없음으로써 방편으로 삼으며 얻을 수 없음으로써 방편으로 삼고서 일체지지에 회향하면서 보살마하살의 행을 수습한다.'라고 설하였느니라."

"세존이시여. 어찌 일체지는 무이로써 방편으로 삼고 태어남이 없음으로써 방편으로 삼으며 얻을 수 없음으로써 방편으로 삼고서 일체지지에 회향하면서 무상정등보리를 수습한다고 말합니까?"

　"경희여. 일체지는 일체지의 자성이 공하느니라. 왜 그러한가? 일체지의 자성이 공한 것과 무상정등보리는 함께 무이이고 둘로 나눌 수 없는 까닭이니라."

　"세존이시여. 어찌 도상지·일체상지는 무이로써 방편으로 삼고 태어남이 없음으로써 방편으로 삼으며 얻을 수 없음으로써 방편으로 삼고서 일체지지에 회향하면서 무상정등보리를 수습한다고 말합니까?"

　"경희여. 도상지·일체상지는 도상지·일체상지의 자성이 공하느니라. 왜 그러한가? 도상지·일체상지의 자성이 공한 것과 무상정등보리는 함께 무이이고 둘로 나눌 수 없는 까닭이니라. 경희여. 오히려 이러한 까닭으로 '일체지 등이 무이로써 방편으로 삼고 태어남이 없음으로써 방편으로 삼으며 얻을 수 없음으로써 방편으로 삼고서 일체지지에 회향하면서 무상정등보리를 수습한다.'라고 설하였느니라."

마하반야바라밀다경 제124권

30. 교량공덕품(校量功悳品)(22)

"세존이시여. 어찌 일체의 다라니문은 무이로써 방편으로 삼고 태어남이 없음으로써 방편으로 삼으며 얻을 수 없음으로써 방편으로 삼고서 일체지지에 회향하면서 보시·정계·안인·정진·정려·반야바라밀다를 수습한다고 말합니까?"

"경희여. 일체의 다라니문은 일체의 다라니문의 자성이 공하느니라. 왜 그러한가? 일체의 다라니문의 자성이 공한 것과 보시·정계·안인·정진·정려·반야바라밀다는 함께 무이이고 둘로 나눌 수 없는 까닭이니라."

"세존이시여. 어찌 일체의 삼마지문은 무이로써 방편으로 삼고 태어남이 없음으로써 방편으로 삼으며 얻을 수 없음으로써 방편으로 삼고서 일체지지에 회향하면서 보시·정계·안인·정진·정려·반야바라밀다를 수습한다고 말합니까?"

"경희여. 일체의 삼마지문은 일체의 삼마지문의 자성이 공하느니라. 왜 그러한가? 일체의 삼마지문의 자성이 공한 것과 보시·정계·안인·정진·정려·반야바라밀다는 함께 무이이고 둘로 나눌 수 없는 까닭이니라. 경희여. 오히려 이러한 까닭으로 '일체의 다라니문 등이 무이로써 방편으로 삼고 태어남이 없음으로써 방편으로 삼으며 얻을 수 없음으로써 방편으로 삼고서 일체지지에 회향하면서 보시·정계·안인·정진·정려·반야바라밀다를 수습한다.'라고 설하였느니라."

"세존이시여. 어찌 일체의 다라니문은 무이로써 방편으로 삼고 태어남이 없음으로써 방편으로 삼으며 얻을 수 없음으로써 방편으로 삼고서 일체지지에 회향하면서 내공·외공·내외공·공공·대공·승의공·유위공·무위공·필경공·무제공·산공·무변이공·본성공·자상공·공상공·일체법공·불가득공·무성공·자성공·무성자성공에 안주한다고 말합니까?"

"경희여. 일체의 다라니문은 일체의 다라니문의 자성이 공하느니라. 왜 그러한가? 일체의 다라니문의 자성이 공한 것과 내공, 나아가 무성자성공은 함께 무이이고 둘로 나눌 수 없는 까닭이니라."

"세존이시여. 어찌 일체의 삼마지문은 무이로써 방편으로 삼고 태어남이 없음으로써 방편으로 삼으며 얻을 수 없음으로써 방편으로 삼고서 일체지지에 회향하면서 내공·외공·내외공·공공·대공·승의공·유위공·무위공·필경공·무제공·산공·무변이공·본성공·자상공·공상공·일체법공·불가득공·무성공·자성공·무성자성공에 안주한다고 말합니까?"

"경희여. 일체의 삼마지문은 일체의 삼마지문의 자성이 공하느니라. 왜 그러한가? 일체의 삼마지문의 자성이 공한 것과 내공, 나아가 무성자성공은 함께 무이이고 둘로 나눌 수 없는 까닭이니라. 경희여. 오히려 이러한 까닭으로 '일체의 다라니문 등이 무이로써 방편으로 삼고 태어남이 없음으로써 방편으로 삼으며 얻을 수 없음으로써 방편으로 삼고서 일체지지에 회향하면서 내공, 나아가 무성자성공에 안주한다.'라고 설하였느니라."

"세존이시여. 어찌 일체의 다라니문은 무이로써 방편으로 삼고 태어남이 없음으로써 방편으로 삼으며 얻을 수 없음으로써 방편으로 삼고서 일체지지에 회향하면서 진여·법계·법성·불허망성·불변이성·평등성·이생성·법정·법주·실제·허공계·부사의계에 안주한다고 말합니까?"

"경희여. 일체의 다라니문은 일체의 다라니문의 자성이 공하느니라. 왜 그러한가? 일체의 다라니문의 자성이 공한 것과 진여, 나아가 부사의계는 함께 무이이고 둘로 나눌 수 없는 까닭이니라."

"세존이시여. 어찌 일체의 삼마지문은 무이로써 방편으로 삼고 태어남이 없음으로써 방편으로 삼으며 얻을 수 없음으로써 방편으로 삼고서 일체지지에 회향하면서 진여·법계·법성·불허망성·불변이성·평등성·이생성·법정·법주·실제·허공계·부사의계에 안주한다고 말합니까?"

"경희여. 일체의 삼마지문은 일체의 삼마지문의 자성이 공하느니라. 왜 그러한가? 일체의 삼마지문의 자성이 공한 것과 진여, 나아가 부사의계는 함께 무이이고 둘로 나눌 수 없는 까닭이니라. 경희여. 오히려 이러한 까닭으로 '일체의 다라니문 등이 무이로써 방편으로 삼고 태어남이 없음으로써 방편으로 삼으며 얻을 수 없음으로써 방편으로 삼고서 일체지지에 회향하면서 진여, 나아가 부사의계에 안주한다.'라고 설하였느니라."

"세존이시여. 어찌 일체의 다라니문은 무이로써 방편으로 삼고 태어남이 없음으로써 방편으로 삼으며 얻을 수 없음으로써 방편으로 삼고서 일체지지에 회향하면서 고·집·멸·도성제에 안주한다고 말합니까?"

"경희여. 일체의 다라니문은 일체의 다라니문의 자성이 공하느니라. 왜 그러한가? 일체의 다라니문의 자성이 공한 것과 고·집·멸·도성제는 함께 무이이고 둘로 나눌 수 없는 까닭이니라."

"세존이시여. 어찌 일체의 삼마지문은 무이로써 방편으로 삼고 태어남이 없음으로써 방편으로 삼으며 얻을 수 없음으로써 방편으로 삼고서 일체지지에 회향하면서 고·집·멸·도성제에 안주한다고 말합니까?"

"경희여. 일체의 삼마지문은 일체의 삼마지문의 자성이 공하느니라. 왜 그러한가? 일체의 삼마지문의 자성이 공한 것과 고·집·멸·도성제는 함께 무이이고 둘로 나눌 수 없는 까닭이니라. 경희여. 오히려 이러한 까닭으로 '일체의 다라니문 등이 무이로써 방편으로 삼고 태어남이 없음으로써 방편으로 삼으며 얻을 수 없음으로써 방편으로 삼고서 일체지지에 회향하면서 고·집·멸·도성제에 안주한다.'라고 설하였느니라."

"세존이시여. 어찌 일체의 다라니문은 무이로써 방편으로 삼고 태어남이 없음으로써 방편으로 삼으며 얻을 수 없음으로써 방편으로 삼고서 일체지지에 회향하면서 4정려·4무량·4무색정을 수습한다고 말합니까?"

"경희여. 일체의 다라니문은 일체의 다라니문의 자성이 공하느니라.

왜 그러한가? 일체의 다라니문의 자성이 공한 것과 4정려·4무량·4무색정
은 함께 무이이고 둘로 나눌 수 없는 까닭이니라."

"세존이시여. 일체의 삼마지문은 무이로써 방편으로 삼고 태어남이
없음으로써 방편으로 삼으며 얻을 수 없음으로써 방편으로 삼고서 일체지
지에 회향하면서 4정려·4무량·4무색정을 수습한다고 말합니까?"

"경희여. 일체의 삼마지문은 일체의 삼마지문의 자성이 공하느니라.
왜 그러한가? 일체의 삼마지문의 자성이 공한 것과 4정려·4무량·4무색정
은 함께 무이이고 둘로 나눌 수 없는 까닭이니라. 경희여. 오히려 이러한
까닭으로 '일체의 다라니문 등이 무이로써 방편으로 삼고 태어남이 없음으
로써 방편으로 삼으며 얻을 수 없음으로써 방편으로 삼고서 일체지지에
회향하면서 4정려·4무량·4무색정을 수습한다.'라고 설하였느니라."

"세존이시여. 어찌 일체의 다라니문은 무이로써 방편으로 삼고 태어남
이 없음으로써 방편으로 삼으며 얻을 수 없음으로써 방편으로 삼고서
일체지지에 회향하면서 8해탈·8승처·9차제정·10변처를 수습한다고 말
합니까?"

"경희여. 일체의 다라니문은 일체의 다라니문의 자성이 공하느니라.
왜 그러한가? 일체의 다라니문의 자성이 공한 것과 8해탈·8승처·9차제정
·10변처는 함께 무이이고 둘로 나눌 수 없는 까닭이니라."

"세존이시여. 어찌 일체의 삼마지문은 무이로써 방편으로 삼고 태어남
이 없음으로써 방편으로 삼으며 얻을 수 없음으로써 방편으로 삼고서
일체지지에 회향하면서 8해탈·8승처·9차제정·10변처를 수습한다고 말
합니까?"

"경희여. 일체의 삼마지문은 일체의 삼마지문의 자성이 공하느니라.
왜 그러한가? 일체의 삼마지문의 자성이 공한 것과 8해탈·8승처·9차제정
·10변처는 함께 무이이고 둘로 나눌 수 없는 까닭이니라. 경희여. 오히려
이러한 까닭으로 '일체의 다라니문 등이 무이로써 방편으로 삼고 태어남이
없음으로써 방편으로 삼으며 얻을 수 없음으로써 방편으로 삼고서 일체지
지에 회향하면서 8해탈·8승처·9차제정·10변처를 수습한다.'라고 설하였

느니라.”

“세존이시여. 어찌 일체의 다라니문은 무이로써 방편으로 삼고 태어남이 없음으로써 방편으로 삼으며 얻을 수 없음으로써 방편으로 삼고서 일체지지에 회향하면서 4념주·4정단·4신족·5근·5력·7등각지·8성도지를 수습한다고 말합니까?”

“경희여. 일체의 다라니문은 일체의 다라니문의 자성이 공하느니라. 왜 그러한가? 일체의 다라니문의 자성이 공한 것과 4념주·4정단·4신족·5근·5력·7등각지·8성도지는 함께 무이이고 둘로 나눌 수 없는 까닭이니라.”

“세존이시여. 어찌 일체의 삼마지문은 무이로써 방편으로 삼고 태어남이 없음으로써 방편으로 삼으며 얻을 수 없음으로써 방편으로 삼고서 일체지지에 회향하면서 4념주·4정단·4신족·5근·5력·7등각지·8성도지를 수습한다고 말합니까?”

“경희여. 일체의 삼마지문은 일체의 삼마지문의 자성이 공하느니라. 왜 그러한가? 일체의 삼마지문의 자성이 공한 것과 4념주·4정단·4신족·5근·5력·7등각지·8성도지는 함께 무이이고 둘로 나눌 수 없는 까닭이니라. 경희여. 오히려 이러한 까닭으로 ‘일체의 다라니문 등이 무이로써 방편으로 삼고 태어남이 없음으로써 방편으로 삼으며 얻을 수 없음으로써 방편으로 삼고서 일체지지에 회향하면서 4념주·4정단·4신족·5근·5력·7등각지·8성도지를 수습한다.’라고 설하였느니라.”

“세존이시여. 어찌 일체의 다라니문은 무이로써 방편으로 삼고 태어남이 없음으로써 방편으로 삼으며 얻을 수 없음으로써 방편으로 삼고서 일체지지에 회향하면서 공해탈문·무상해탈문·무원해탈문을 수습한다고 말합니까?”

“경희여. 일체의 다라니문은 일체의 다라니문의 자성이 공하느니라. 왜 그러한가? 일체의 다라니문의 자성이 공한 것과 공해탈문·무상해탈문·무원해탈문은 함께 무이이고 둘로 나눌 수 없는 까닭이니라.”

“세존이시여. 어찌 일체의 삼마지문은 무이로써 방편으로 삼고 태어남이 없음으로써 방편으로 삼으며 얻을 수 없음으로써 방편으로 삼고서 일체지지에 회향하면서 공해탈문·무상해탈문·무원해탈문을 수습한다고 말합니까?"

"경희여. 일체의 삼마지문은 일체의 삼마지문의 자성이 공하느니라. 왜 그러한가? 일체의 삼마지문의 자성이 공한 것과 공해탈문·무상해탈문·무원해탈문은 함께 무이이고 둘로 나눌 수 없는 까닭이니라. 경희여. 오히려 이러한 까닭으로 '일체의 다라니문 등이 무이로써 방편으로 삼고 태어남이 없음으로써 방편으로 삼으며 얻을 수 없음으로써 방편으로 삼고서 일체지지에 회향하면서 공해탈문·무상해탈문·무원해탈문을 수습한다.'라고 설하였느니라."

"세존이시여. 어찌 일체의 다라니문은 무이로써 방편으로 삼고 태어남이 없음으로써 방편으로 삼으며 얻을 수 없음으로써 방편으로 삼고서 일체지지에 회향하면서 5안·6신통을 수습한다고 말합니까?"

"경희여. 일체의 다라니문은 일체의 다라니문의 자성이 공하느니라. 왜 그러한가? 일체의 다라니문의 자성이 공한 것과 5안·6신통은 함께 무이이고 둘로 나눌 수 없는 까닭이니라."

"세존이시여. 어찌 일체의 삼마지문은 무이로써 방편으로 삼고 태어남이 없음으로써 방편으로 삼으며 얻을 수 없음으로써 방편으로 삼고서 일체지지에 회향하면서 5안·6신통을 수습한다고 말합니까?"

"경희여. 일체의 삼마지문은 일체의 삼마지문의 자성이 공하느니라. 왜 그러한가? 일체의 삼마지문의 자성이 공한 것과 5안·6신통은 함께 무이이고 둘로 나눌 수 없는 까닭이니라. 경희여. 오히려 이러한 까닭으로 '일체의 다라니문 등이 무이로써 방편으로 삼고 태어남이 없음으로써 방편으로 삼으며 얻을 수 없음으로써 방편으로 삼고서 일체지지에 회향하면서 5안·6신통을 수습한다.'라고 설하였느니라."

"세존이시여. 어찌 일체의 다라니문은 무이로써 방편으로 삼고 태어남이 없음으로써 방편으로 삼으며 얻을 수 없음으로써 방편으로 삼고서 일체지지에 회향하면서 여래의 10력·4무소외·4무애해·대자·대비·대희·대사·18불불공법을 수습한다고 말합니까?"

　"경희여. 일체의 다라니문은 일체의 다라니문의 자성이 공하느니라. 왜 그러한가? 일체의 다라니문의 자성이 공한 것과 여래의 10력·4무소외· 4무애해·대자·대비·대희·대사·18불불공법은 함께 무이이고 둘로 나눌 수 없는 까닭이니라."

　"세존이시여. 어찌 일체의 삼마지문은 무이로써 방편으로 삼고 태어남이 없음으로써 방편으로 삼으며 얻을 수 없음으로써 방편으로 삼고서 일체지지에 회향하면서 여래의 10력·4무소외·4무애해·대자·대비·대희· 대사·18불불공법을 수습한다고 말합니까?"

　"경희여. 일체의 삼마지문은 일체의 삼마지문의 자성이 공하느니라. 왜 그러한가? 일체의 삼마지문의 자성이 공한 것과 여래의 10력·4무소외· 4무애해·대자·대비·대희·대사·18불불공법은 함께 무이이고 둘로 나눌 수 없는 까닭이니라. 경희여. 오히려 이러한 까닭으로 '일체의 다라니문 등이 무이로써 방편으로 삼고 태어남이 없음으로써 방편으로 삼으며 얻을 수 없음으로써 방편으로 삼고서 일체지지에 회향하면서 여래의 10력·4무소외·4무애해·대자·대비·대희·대사·18불불공법을 수습한다.' 라고 설하였느니라."

　"세존이시여. 어찌 일체의 다라니문은 무이로써 방편으로 삼고 태어남이 없음으로써 방편으로 삼으며 얻을 수 없음으로써 방편으로 삼고서 일체지지에 회향하면서 무망실법·항주사성을 수습한다고 말합니까?"

　"경희여. 일체의 다라니문은 일체의 다라니문의 자성이 공하느니라. 왜 그러한가? 일체의 다라니문의 자성이 공한 것과 무망실법·항주사성은 함께 무이이고 둘로 나눌 수 없는 까닭이니라."

　"세존이시여. 어찌 일체의 삼마지문은 무이로써 방편으로 삼고 태어남이 없음으로써 방편으로 삼으며 얻을 수 없음으로써 방편으로 삼고서 일체지지에 회향하면서 무망실법·항주사성을 수습한다고 말합니까?"

　"경희여. 일체의 삼마지문은 일체의 삼마지문의 자성이 공하느니라. 왜 그러한가? 일체의 삼마지문의 자성이 공한 것과 무망실법·항주사성은 함께 무이이고 둘로 나눌 수 없는 까닭이니라. 경희여. 오히려 이러한 까닭으로 '일체의 다라니문 등이 무이로써 방편으로 삼고 태어남이 없음으로써 방편으로 삼으며 얻을 수 없음으로써 방편으로 삼고서 일체지지에 회향하면서 무망실법·항주사성을 수습한다.'라고 설하였느니라."

"세존이시여. 어찌 일체의 다라니문은 무이로써 방편으로 삼고 태어남이 없음으로써 방편으로 삼으며 얻을 수 없음으로써 방편으로 삼고서 일체지지에 회향하면서 일체지·도상지·일체상지를 수습한다고 말합니까?"

"경희여. 일체의 다라니문은 일체의 다라니문의 자성이 공하느니라. 왜 그러한가? 일체의 다라니문의 자성이 공한 것과 일체지·도상지·일체상지는 함께 무이이고 둘로 나눌 수 없는 까닭이니라."

"세존이시여. 어찌 일체의 삼마지문은 무이로써 방편으로 삼고 태어남이 없음으로써 방편으로 삼으며 얻을 수 없음으로써 방편으로 삼고서 일체지지에 회향하면서 일체지·도상지·일체상지를 수습한다고 말합니까?"

"경희여. 일체의 삼마지문은 일체의 삼마지문의 자성이 공하느니라. 왜 그러한가? 일체의 삼마지문의 자성이 공한 것과 일체지·도상지·일체상지는 함께 무이이고 둘로 나눌 수 없는 까닭이니라. 경희여. 오히려 이러한 까닭으로 '일체의 다라니문 등이 무이로써 방편으로 삼고 태어남이 없음으로써 방편으로 삼으며 얻을 수 없음으로써 방편으로 삼고서 일체지지에 회향하면서 일체지·도상지·일체상지를 수습한다.'라고 설하였느니라."

"세존이시여. 어찌 일체의 다라니문은 무이로써 방편으로 삼고 태어남이 없음으로써 방편으로 삼으며 얻을 수 없음으로써 방편으로 삼고서 일체지지에 회향하면서 일체의 다라니문·일체의 삼마지문을 수습한다고 말합니까?"

"경희여. 일체의 다라니문은 일체의 다라니문의 자성이 공하느니라. 왜 그러한가? 일체의 다라니문의 자성이 공한 것과 일체의 다라니문·일체의 삼마지문은 함께 무이이고 둘로 나눌 수 없는 까닭이니라."

"세존이시여. 어찌 일체의 삼마지문은 무이로써 방편으로 삼고 태어남이 없음으로써 방편으로 삼으며 얻을 수 없음으로써 방편으로 삼고서 일체지지에 회향하면서 일체의 다라니문·일체의 삼마지문을 수습한다고 말합니까?"

"경희여. 일체의 삼마지문은 일체의 삼마지문의 자성이 공하느니라. 왜 그러한가? 일체의 삼마지문의 자성이 공한 것과 일체의 다라니문·일체의 삼마지문은 함께 무이이고 둘로 나눌 수 없는 까닭이니라. 경희여. 오히려 이러한 까닭으로 '일체의 다라니문 등이 무이로써 방편으로 삼고 태어남이 없음으로써 방편으로 삼으며 얻을 수 없음으로써 방편으로 삼고서 일체지지에 회향하면서 일체의 다라니문·일체의 삼마지문을 수습한다.'라고 설하였느니라."

"세존이시여. 어찌 일체의 다라니문은 무이로써 방편으로 삼고 태어남이 없음으로써 방편으로 삼으며 얻을 수 없음으로써 방편으로 삼고서 일체지지에 회향하면서 보살마하살의 행을 수습한다고 말합니까?"

"경희여. 일체의 다라니문은 일체의 다라니문의 자성이 공하느니라. 왜 그러한가? 일체의 다라니문의 자성이 공한 것과 보살마하살의 행은 함께 무이이고 둘로 나눌 수 없는 까닭이니라."

"세존이시여. 어찌 일체의 삼마지문은 무이로써 방편으로 삼고 태어남이 없음으로써 방편으로 삼으며 얻을 수 없음으로써 방편으로 삼고서 일체지지에 회향하면서 보살마하살의 행을 수습한다고 말합니까?"

"경희여. 일체의 삼마지문은 일체의 삼마지문의 자성이 공하느니라. 왜 그러한가? 일체의 삼마지문의 자성이 공한 까닭으로써, 보살마하살의 행과 함께 무이이고 둘로 나눌 수 없는 까닭이니라. 경희여. 오히려 이러한 까닭으로 '일체의 다라니문 등이 무이로써 방편으로 삼고 태어남이 없음으로써 방편으로 삼으며 얻을 수 없음으로써 방편으로 삼고서 일체지지에 회향하면서 보살마하살의 행을 수습한다.'라고 설하였느니라."

"세존이시여. 어찌 일체의 다라니문은 무이로써 방편으로 삼고 태어남이 없음으로써 방편으로 삼으며 얻을 수 없음으로써 방편으로 삼고서 일체지지에 회향하면서 무상정등보리를 수습한다고 말합니까?"

　"경희여. 일체의 다라니문은 일체의 다라니문의 자성이 공하느니라. 왜 그러한가? 일체의 다라니문의 자성이 공한 것과 무상정등보리는 함께 무이이고 둘로 나눌 수 없는 까닭이니라."

　"세존이시여. 어찌 일체의 삼마지문은 무이로써 방편으로 삼고 태어남이 없음으로써 방편으로 삼으며 얻을 수 없음으로써 방편으로 삼고서 일체지지에 회향하면서 무상정등보리를 수습한다고 말합니까?"

　"경희여. 일체의 삼마지문은 일체의 삼마지문의 자성이 공하느니라. 왜 그러한가? 일체의 삼마지문의 자성이 공한 것과 무상정등보리는 함께 무이이고 둘로 나눌 수 없는 까닭이니라. 경희여. 오히려 이러한 까닭으로 일체의 다라니문 등이 무이로써 방편으로 삼고 태어남이 없음으로써 방편으로 삼으며 얻을 수 없음으로써 방편으로 삼고서 일체지지에 회향하면서 무상정등보리를 수습한다.'라고 설하였느니라."

　"세존이시여. 어찌 예류향·예류과는 무이로써 방편으로 삼고 태어남이 없음으로써 방편으로 삼으며 얻을 수 없음으로써 방편으로 삼고서 일체지지에 회향하면서 보시·정계·안인·정진·정려·반야바라밀다를 수습한다고 말합니까?"

　"경희여. 예류향·예류과는 예류향·예류과의 자성이 공하느니라. 왜 그러한가? 예류향·예류과의 자성이 공한 것과 보시·정계·안인·정진·정려·반야바라밀다는 함께 무이이고 둘로 나눌 수 없는 까닭이니라."

　"세존이시여. 어찌 일래향·일래과·불환향·불환과·아라한향·아라한과는 무이로써 방편으로 삼고 태어남이 없음으로써 방편으로 삼으며 얻을 수 없음으로써 방편으로 삼고서 일체지지에 회향하면서 보시·정계·안인·정진·정려·반야바라밀다를 수습한다고 말합니까?"

　"경희여. 일래향, 나아가 아라한과는 일래향, 나아가 아라한과의 자성이 공하느니라. 왜 그러한가? 일래향, 나아가 아라한과의 자성이 공한 것과 보시·정계·안인·정진·정려·반야바라밀다는 함께 무이이고 둘로 나눌 수 없는 까닭이니라. 경희여. 오히려 이러한 까닭으로 '예류향·예류과 등이 무이로써 방편으로 삼고 태어남이 없음으로써 방편으로 삼으며 얻을 수 없음으로써 방편으로 삼고서 일체지지에 회향하면서 보시·정계·안인·정진·정려·반야바라밀다를 수습한다.'라고 설하였느니라."

"세존이시여. 어찌 예류향·예류과는 무이로써 방편으로 삼고 태어남이 없음으로써 방편으로 삼으며 얻을 수 없음으로써 방편으로 삼고서 일체지지에 회향하면서 내공·외공·내외공·공공·대공·승의공·유위공·무위공·필경공·무제공·산공·무변이공·본성공·자상공·공상공·일체법공·불가득공·무성공·자성공·무성자성공에 안주한다고 말합니까?"

"경희여. 예류향·예류과는 예류향·예류과의 자성이 공하느니라. 왜 그러한가? 예류향·예류과의 자성이 공한 것과 내공, 나아가 무성자성공은 함께 무이이고 둘로 나눌 수 없는 까닭이니라."

"세존이시여. 어찌 일래향·일래과·불환향·불환과·아라한향·아라한과는 무이로써 방편으로 삼고 태어남이 없음으로써 방편으로 삼으며 얻을 수 없음으로써 방편으로 삼고서 일체지지에 회향하면서 내공·외공·내외공·공공·대공·승의공·유위공·무위공·필경공·무제공·산공·무변이공·본성공·자상공·공상공·일체법공·불가득공·무성공·자성공·무성자성공에 안주한다고 말합니까?"

"경희여. 일래향, 나아가 아라한과는 일래향, 나아가 아라한과의 자성이 공하느니라. 왜 그러한가? 일래향, 나아가 아라한과의 자성이 공한 것과 내공, 나아가 무성자성공은 함께 무이이고 둘로 나눌 수 없는 까닭이니라. 경희여. 오히려 이러한 까닭으로 '예류향·예류과 등이 무이로써 방편으로 삼고 태어남이 없음으로써 방편으로 삼으며 얻을 수 없음으로써 방편으로 삼고서 일체지지에 회향하면서 내공, 나아가 무성자성공에 안주한다.'라고 설하였느니라."

"세존이시여. 어찌 예류향·예류과는 무이로써 방편으로 삼고 태어남이 없음으로써 방편으로 삼으며 얻을 수 없음으로써 방편으로 삼고서 일체지지에 회향하면서 진여·법계·법성·불허망성·불변이성·평등성·이생성·법정·법주·실제·허공계·부사의계에 안주한다고 말합니까?"

"경희여. 예류향·예류과는 예류향·예류과의 자성이 공하느니라. 왜 그러한가? 예류향·예류과의 자성이 공한 것과 진여, 나아가 부사의계는 함께 무이이고 둘로 나눌 수 없는 까닭이니라."

"세존이시여. 어찌 일래향·일래과·불환향·불환과·아라한향·아라한과는 무이로써 방편으로 삼고 태어남이 없음으로써 방편으로 삼으며 얻을 수 없음으로써 방편으로 삼고서 일체지지에 회향하면서 진여·법계·법성·불허망성·불변이성·평등성·이생성·법정·법주·실제·허공계·부사의계에 안주한다고 말합니까?"

"경희여. 일래향, 나아가 아라한과는 일래향, 나아가 아라한과의 자성이 공하느니라. 왜 그러한가? 일래향, 나아가 아라한과의 자성이 공한 것과 진여, 나아가 부사의계는 함께 무이이고 둘로 나눌 수 없는 까닭이니라. 경희여. 오히려 이러한 까닭으로 '예류향·예류과 등이 무이로써 방편으로 삼고 태어남이 없음으로써 방편으로 삼으며 얻을 수 없음으로써 방편으로 삼고서 일체지지에 회향하면서 진여, 나아가 부사의계에 안주한다.'라고 설하였느니라."

"세존이시여. 어찌 예류향·예류과는 무이로써 방편으로 삼고 태어남이 없음으로써 방편으로 삼으며 얻을 수 없음으로써 방편으로 삼고서 일체지지에 회향하면서 고·집·멸·도성제에 안주한다고 말합니까?"

"경희여. 예류향·예류과는 예류향·예류과의 자성이 공하느니라. 왜 그러한가? 예류향·예류과의 자성이 공한 것과 고·집·멸·도성제는 함께 무이이고 둘로 나눌 수 없는 까닭이니라."

"세존이시여. 어찌 일래향·일래과·불환향·불환과·아라한향·아라한과는 무이로써 방편으로 삼고 태어남이 없음으로써 방편으로 삼으며 얻을 수 없음으로써 방편으로 삼고서 일체지지에 회향하면서 고·집·멸·도성제에 안주한다고 말합니까?"

"경희여. 일래향, 나아가 아라한과는 일래향, 나아가 아라한과의 자성이 공하느니라. 왜 그러한가? 일래향, 나아가 아라한과의 자성이 공한 것과 고·집·멸·도성제는 함께 무이이고 둘로 나눌 수 없는 까닭이니라.

경희여. 오히려 이러한 까닭으로 ‘예류향·예류과 등이 무이로써 방편으로 삼고 태어남이 없음으로써 방편으로 삼으며 얻을 수 없음으로써 방편으로 삼고서 일체지지에 회향하면서 고·집·멸·도성제에 안주한다.’라고 설하였느니라.”

“세존이시여. 어찌 예류향·예류과는 무이로써 방편으로 삼고 태어남이 없음으로써 방편으로 삼으며 얻을 수 없음으로써 방편으로 삼고서 일체지지에 회향하면서 4정려·4무량·4무색정을 수습한다고 말합니까?”

“경희여. 예류향·예류과는 예류향·예류과의 자성이 공하느니라. 왜 그러한가? 예류향·예류과의 자성이 공한 것과 4정려·4무량·4무색정은 함께 무이이고 둘로 나눌 수 없는 까닭이니라.”

“세존이시여. 일래향·일래과·불환향·불환과·아라한향·아라한과는 무이로써 방편으로 삼고 태어남이 없음으로써 방편으로 삼으며 얻을 수 없음으로써 방편으로 삼고서 일체지지에 회향하면서 4정려·4무량·4무색정을 수습한다고 말합니까?”

“경희여. 일래향, 나아가 아라한과는 일래향, 나아가 아라한과의 자성이 공하느니라. 왜 그러한가? 일래향, 나아가 아라한과의 자성이 공한 것과 4정려·4무량·4무색정은 함께 무이이고 둘로 나눌 수 없는 까닭이니라. 경희여. 오히려 이러한 까닭으로 ‘예류향·예류과 등이 무이로써 방편으로 삼고 태어남이 없음으로써 방편으로 삼으며 얻을 수 없음으로써 방편으로 삼고서 일체지지에 회향하면서 4정려·4무량·4무색정을 수습한다.’라고 설하였느니라.”

“세존이시여. 어찌 예류향·예류과는 무이로써 방편으로 삼고 태어남이 없음으로써 방편으로 삼으며 얻을 수 없음으로써 방편으로 삼고서 일체지지에 회향하면서 8해탈·8승처·9차제정·10변처를 수습한다고 말합니까?”

“경희여. 예류향·예류과는 예류향·예류과의 자성이 공하느니라. 왜 그러한가? 예류향·예류과의 자성이 공한 것과 8해탈·8승처·9차제정·10변처는 함께 무이이고 둘로 나눌 수 없는 까닭이니라.”

"세존이시여. 어찌 일래향·일래과·불환향·불환과·아라한향·아라한과는 무이로써 방편으로 삼고 태어남이 없음으로써 방편으로 삼으며 얻을 수 없음으로써 방편으로 삼고서 일체지지에 회향하면서 8해탈·8승처·9차제정·10변처를 수습한다고 말합니까?"

"경희여. 일래향, 나아가 아라한과는 일래향, 나아가 아라한과의 자성이 공하느니라. 왜 그러한가? 일래향, 나아가 아라한과의 자성이 공한 것과 8해탈·8승처·9차제정·10변처는 함께 무이이고 둘로 나눌 수 없는 까닭이니라. 경희여. 오히려 이러한 까닭으로 '예류향·예류과 등이 무이로써 방편으로 삼고 태어남이 없음으로써 방편으로 삼으며 얻을 수 없음으로써 방편으로 삼고서 일체지지에 회향하면서 8해탈·8승처·9차제정·10변처를 수습한다.'라고 설하였느니라."

"세존이시여. 어찌 예류향·예류과는 무이로써 방편으로 삼고 태어남이 없음으로써 방편으로 삼으며 얻을 수 없음으로써 방편으로 삼고서 일체지지에 회향하면서 4념주·4정단·4신족·5근·5력·7등각지·8성도지를 수습한다고 말합니까?"

"경희여. 예류향·예류과는 예류향·예류과의 자성이 공하느니라. 왜 그러한가? 예류향·예류과의 자성이 공한 것과 4념주·4정단·4신족·5근·5력·7등각지·8성도지는 함께 무이이고 둘로 나눌 수 없는 까닭이니라."

"세존이시여. 어찌 일래향·일래과·불환향·불환과·아라한향·아라한과는 무이로써 방편으로 삼고 태어남이 없음으로써 방편으로 삼으며 얻을 수 없음으로써 방편으로 삼고서 일체지지에 회향하면서 4념주·4정단·4신족·5근·5력·7등각지·8성도지를 수습한다고 말합니까?"

"경희여. 일래향, 나아가 아라한과는 일래향, 나아가 아라한과의 자성이 공하느니라. 왜 그러한가? 일래향, 나아가 아라한과의 자성이 공한 것과 4념주·4정단·4신족·5근·5력·7등각지·8성도지는 함께 무이이고 둘로 나눌 수 없는 까닭이니라. 경희여. 오히려 이러한 까닭으로 '예류향·예류과 등이 무이로써 방편으로 삼고 태어남이 없음으로써 방편으로 삼으며 얻을 수 없음으로써 방편으로 삼고서 일체지지에 회향하면서

4념주·4정단·4신족·5근·5력·7등각지·8성도지를 수습한다.'라고 설하였느니라."

"세존이시여. 어찌 예류향·예류과는 무이로써 방편으로 삼고 태어남이 없음으로써 방편으로 삼으며 얻을 수 없음으로써 방편으로 삼고서 일체지지에 회향하면서 공해탈문·무상해탈문·무원해탈문을 수습한다고 말합니까?"

"경희여. 예류향·예류과는 예류향·예류과의 자성이 공하느니라. 왜 그러한가? 예류향·예류과의 자성이 공한 것과 공해탈문·무상해탈문·무원해탈문은 함께 무이이고 둘로 나눌 수 없는 까닭이니라."

"세존이시여. 어찌 일래향·일래과·불환향·불환과·아라한향·아라한과는 무이로써 방편으로 삼고 태어남이 없음으로써 방편으로 삼으며 얻을 수 없음으로써 방편으로 삼고서 일체지지에 회향하면서 공해탈문·무상해탈문·무원해탈문을 수습한다고 말합니까?"

"경희여. 일래향, 나아가 아라한과는 일래향, 나아가 아라한과의 자성이 공하느니라. 왜 그러한가? 일래향, 나아가 아라한과의 자성이 공한 것과 공해탈문·무상해탈문·무원해탈문은 함께 무이이고 둘로 나눌 수 없는 까닭이니라. 경희여. 오히려 이러한 까닭으로 '예류향·예류과 등이 무이로써 방편으로 삼고 태어남이 없음으로써 방편으로 삼으며 얻을 수 없음으로써 방편으로 삼고서 일체지지에 회향하면서 공해탈문·무상해탈문·무원해탈문을 수습한다.'라고 설하였느니라."

"세존이시여. 어찌 예류향·예류과는 무이로써 방편으로 삼고 태어남이 없음으로써 방편으로 삼으며 얻을 수 없음으로써 방편으로 삼고서 일체지지에 회향하면서 5안·6신통을 수습한다고 말합니까?"

"경희여. 예류향·예류과는 예류향·예류과의 자성이 공하느니라. 왜 그러한가? 예류향·예류과의 자성이 공한 것과 5안·6신통은 함께 무이이고 둘로 나눌 수 없는 까닭이니라."

"세존이시여. 어찌 일래향·일래과·불환향·불환과·아라한향·아라한과는 무이로써 방편으로 삼고 태어남이 없음으로써 방편으로 삼으며 얻을 수 없음으로써 방편으로 삼고서 일체지지에 회향하면서 5안·6신통을 수습한다고 말합니까?"

"경희여. 일래향, 나아가 아라한과는 일래향, 나아가 아라한과의 자성이 공하느니라. 왜 그러한가? 일래향, 나아가 아라한과의 자성이 공한 것과 5안·6신통은 함께 무이이고 둘로 나눌 수 없는 까닭이니라. 경희여. 오히려 이러한 까닭으로 '예류향·예류과 등이 무이로써 방편으로 삼고 태어남이 없음으로써 방편으로 삼으며 얻을 수 없음으로써 방편으로 삼고서 일체지지에 회향하면서 5안·6신통을 수습한다.'라고 설하였느니라."

"세존이시여. 어찌 예류향·예류과는 무이로써 방편으로 삼고 태어남이 없음으로써 방편으로 삼으며 얻을 수 없음으로써 방편으로 삼고서 일체지지에 회향하면서 여래의 10력·4무소외·4무애해·대자·대비·대희·대사·18불불공법을 수습한다고 말합니까?"

"경희여. 예류향·예류과는 예류향·예류과의 자성이 공하느니라. 왜 그러한가? 예류향·예류과의 자성이 공한 것과 여래의 10력·4무소외·4무애해·대자·대비·대희·대사·18불불공법은 함께 무이이고 둘로 나눌 수 없는 까닭이니라."

"세존이시여. 어찌 일래향·일래과·불환향·불환과·아라한향·아라한과는 무이로써 방편으로 삼고 태어남이 없음으로써 방편으로 삼으며 얻을 수 없음으로써 방편으로 삼고서 일체지지에 회향하면서 여래의 10력·4무소외·4무애해·대자·대비·대희·대사·18불불공법을 수습한다고 말합니까?"

"경희여. 일래향, 나아가 아라한과는 일래향, 나아가 아라한과의 자성이 공하느니라. 왜 그러한가? 일래향, 나아가 아라한과의 자성이 공한 것과 여래의 10력·4무소외·4무애해·대자·대비·대희·대사·18불불공법은 함께 무이이고 둘로 나눌 수 없는 까닭이니라. 경희여. 오히려 이러한 까닭으로 '예류향·예류과 등이 무이로써 방편으로 삼고 태어남이 없음으로써 방편으로 삼으며 얻을 수 없음으로써 방편으로 삼고서 일체지지에 회향하면서 여래의 10력·4무소외·4무애해·대자·대비·대희·대사·18불불공법을 수습한다.'라고 설하였느니라."

"세존이시여. 어찌 예류향·예류과는 무이로써 방편으로 삼고 태어남이 없음으로써 방편으로 삼으며 얻을 수 없음으로써 방편으로 삼고서 일체지지에 회향하면서 무망실법·항주사성을 수습한다고 말합니까?"

"경희여. 예류향·예류과는 예류향·예류과의 자성이 공하느니라. 왜 그러한가? 예류향·예류과의 자성이 공한 것과 무망실법·항주사성은 함께 무이이고 둘로 나눌 수 없는 까닭이니라."

"세존이시여. 어찌 일래향·일래과·불환향·불환과·아라한향·아라한과는 무이로써 방편으로 삼고 태어남이 없음으로써 방편으로 삼으며 얻을 수 없음으로써 방편으로 삼고서 일체지지에 회향하면서 무망실법·항주사성을 수습한다고 말합니까?"

"경희여. 일래향, 나아가 아라한과는 일래향, 나아가 아라한과의 자성이 공하느니라. 왜 그러한가? 일래향, 나아가 아라한과의 자성이 공한 것과 무망실법·항주사성은 함께 무이이고 둘로 나눌 수 없는 까닭이니라. 경희여. 오히려 이러한 까닭으로 '예류향·예류과 등이 무이로써 방편으로 삼고 태어남이 없음으로써 방편으로 삼으며 얻을 수 없음으로써 방편으로 삼고서 일체지지에 회향하면서 무망실법·항주사성을 수습한다.'라고 설하였느니라."

"세존이시여. 어찌 예류향·예류과는 무이로써 방편으로 삼고 태어남이 없음으로써 방편으로 삼으며 얻을 수 없음으로써 방편으로 삼고서 일체지지에 회향하면서 일체지·도상지·일체상지를 수습한다고 말합니까?"

"경희여. 예류향·예류과는 예류향·예류과의 자성이 공하느니라. 왜 그러한가? 예류향·예류과의 자성이 공한 것과 일체지·도상지·일체상지는 함께 무이이고 둘로 나눌 수 없는 까닭이니라."

"세존이시여. 어찌 일래향·일래과·불환향·불환과·아라한향·아라한과는 무이로써 방편으로 삼고 태어남이 없음으로써 방편으로 삼으며 얻을 수 없음으로써 방편으로 삼고서 일체지지에 회향하면서 일체지·도상지·일체상지를 수습한다고 말합니까?"

　"경희여. 일래향, 나아가 아라한과는 일래향, 나아가 아라한과의 자성이 공하느니라. 왜 그러한가? 일래향, 나아가 아라한과의 자성이 공한 것과 일체지·도상지·일체상지는 함께 무이이고 둘로 나눌 수 없는 까닭이니라. 경희여. 오히려 이러한 까닭으로 '예류향·예류과 등이 무이로써 방편으로 삼고 태어남이 없음으로써 방편으로 삼으며 얻을 수 없음으로써 방편으로 삼고서 일체지지에 회향하면서 일체지·도상지·일체상지를 수습한다.'라고 설하였느니라."

　"세존이시여. 어찌 예류향·예류과는 무이로써 방편으로 삼고 태어남이 없음으로써 방편으로 삼으며 얻을 수 없음으로써 방편으로 삼고서 일체지지에 회향하면서 일체의 다라니문·일체의 삼마지문을 수습한다고 말합니까?"

　"경희여. 예류향·예류과는 예류향·예류과의 자성이 공하느니라. 왜 그러한가? 예류향·예류과의 자성이 공한 것과, 일체의 다라니문·일체의 삼마지문은 함께 무이이고 둘로 나눌 수 없는 까닭이니라."

　"세존이시여. 어찌 일래향·일래과·불환향·불환과·아라한향·아라한과는 무이로써 방편으로 삼고 태어남이 없음으로써 방편으로 삼으며 얻을 수 없음으로써 방편으로 삼고서 일체지지에 회향하면서 일체의 다라니문·일체의 삼마지문을 수습한다고 말합니까?"

　"경희여. 일래향, 나아가 아라한과는 일래향, 나아가 아라한과의 자성이 공하느니라. 왜 그러한가? 일래향, 나아가 아라한과의 자성이 공한 것과 일체의 다라니문·일체의 삼마지문은 함께 무이이고 둘로 나눌 수 없는 까닭이니라. 경희여. 오히려 이러한 까닭으로 '예류향·예류과 등이 무이로써 방편으로 삼고 태어남이 없음으로써 방편으로 삼으며 얻을 수 없음으로써 방편으로 삼고서 일체지지에 회향하면서 일체의 다라니문·일체의 삼마지문을 수습한다.'라고 설하였느니라."

　"세존이시여. 어찌 예류향·예류과는 무이로써 방편으로 삼고 태어남이 없음으로써 방편으로 삼으며 얻을 수 없음으로써 방편으로 삼고서 일체지지에 회향하면서 보살마하살의 행을 수습한다고 말합니까?"

 "경희여. 예류향·예류과는 예류향·예류과의 자성이 공하느니라. 왜 그러한가? 예류향·예류과의 자성이 공한 것과 보살마하살의 행은 함께 무이이고 둘로 나눌 수 없는 까닭이니라."

 "세존이시여. 어찌 일래향·일래과·불환향·불환과·아라한향·아라한과는 무이로써 방편으로 삼고 태어남이 없음으로써 방편으로 삼으며 얻을 수 없음으로써 방편으로 삼고서 일체지지에 회향하면서 보살마하살의 행을 수습한다고 말합니까?"

 "경희여. 일래향, 나아가 아라한과는 일래향, 나아가 아라한과의 자성이 공하느니라. 왜 그러한가? 일래향, 나아가 아라한과의 자성이 공한 것과 보살마하살의 행은 함께 무이이고 둘로 나눌 수 없는 까닭이니라. 경희여. 오히려 이러한 까닭으로 '예류향·예류과 등이 무이로써 방편으로 삼고 태어남이 없음으로써 방편으로 삼으며 얻을 수 없음으로써 방편으로 삼고서 일체지지에 회향하면서 보살마하살의 행을 수습한다.'라고 설하였느니라."

 "세존이시여. 어찌 예류향·예류과는 무이로써 방편으로 삼고 태어남이 없음으로써 방편으로 삼으며 얻을 수 없음으로써 방편으로 삼고서 일체지지에 회향하면서 무상정등보리를 수습한다고 말합니까?"

 "경희여. 예류향·예류과는 예류향·예류과의 자성이 공하느니라. 왜 그러한가? 예류향·예류과의 자성이 공한 것과 무상정등보리는 함께 무이이고 둘로 나눌 수 없는 까닭이니라."

 "세존이시여. 어찌 일래향·일래과·불환향·불환과·아라한향·아라한과는 무이로써 방편으로 삼고 태어남이 없음으로써 방편으로 삼으며 얻을 수 없음으로써 방편으로 삼고서 일체지지에 회향하면서 무상정등보리를 수습한다고 말합니까?"

 "경희여. 일래향, 나아가 아라한과는 일래향, 나아가 아라한과의 자성이 공하느니라. 왜 그러한가? 일래향, 나아가 아라한과의 자성이 공한 것과 무상정등보리는 함께 무이이고 둘로 나눌 수 없는 까닭이니라. 경희여. 오히려 이러한 까닭으로 '예류향·예류과 등이 무이로써 방편으로

삼고 태어남이 없음으로써 방편으로 삼으며 얻을 수 없음으로써 방편으로
삼고서 일체지지에 회향하면서 무상정등보리를 수습한다.'라고 설하였느
니라."

마하반야바라밀다경 제125권

30. 교량공덕품(校量功悳品)(23)

"세존이시여. 어찌 독각의 보리는 무이로써 방편으로 삼고 태어남이 없음으로써 방편으로 삼으며 얻을 수 없음으로써 방편으로 삼고서 일체지지에 회향하면서 보시·정계·안인·정진·정려·반야바라밀다를 수습한다고 말합니까?"

"경희여. 독각의 보리는 독각의 보리의 자성이 공하느니라. 왜 그러한가? 독각의 보리의 자성이 공한 것과 보시·정계·안인·정진·정려·반야바라밀다는 함께 무이이고 둘로 나눌 수 없는 까닭이니라. 경희여. 오히려 이러한 까닭으로 '독각의 보리는 무이로써 방편으로 삼고 태어남이 없음으로써 방편으로 삼으며 얻을 수 없음으로써 방편으로 삼고서 일체지지에 회향하면서 보시·정계·안인·정진·정려·반야바라밀다를 수습한다.'라고 설하였느니라."

"세존이시여. 어찌 독각의 보리는 무이로써 방편으로 삼고 태어남이 없음으로써 방편으로 삼으며 얻을 수 없음으로써 방편으로 삼고서 일체지지에 회향하면서 내공·외공·내외공·공공·대공·승의공·유위공·무위공·필경공·무제공·산공·무변이공·본성공·자상공·공상공·일체법공·불가득공·무성공·자성공·무성자성공에 안주한다고 말합니까?"

"경희여. 독각의 보리는 독각의 보리의 자성이 공하느니라. 왜 그러한가? 독각의 보리의 자성이 공한 것과 내공, 나아가 무성자성공은 함께 무이이고 둘로 나눌 수 없는 까닭이니라. 경희여. 오히려 이러한 까닭으로

'독각의 보리는 무이로써 방편으로 삼고 태어남이 없음으로써 방편으로 삼으며 얻을 수 없음으로써 방편으로 삼고서 일체지지에 회향하면서 내공, 나아가 무성자성공에 안주한다.'라고 설하였느니라."

"세존이시여. 어찌 독각의 보리는 무이로써 방편으로 삼고 태어남이 없음으로써 방편으로 삼으며 얻을 수 없음으로써 방편으로 삼고서 일체지지에 회향하면서 진여·법계·법성·불허망성·불변이성·평등성·이생성·법정·법주·실제·허공계·부사의계에 안주한다고 말합니까?"

"경희여. 독각의 보리는 독각의 보리의 자성이 공하느니라. 왜 그러한가? 독각의 보리의 자성이 공한 것과 진여, 나아가 부사의계는 함께 무이이고 둘로 나눌 수 없는 까닭이니라. 경희여. 오히려 이러한 까닭으로 '독각의 보리는 무이로써 방편으로 삼고 태어남이 없음으로써 방편으로 삼으며 얻을 수 없음으로써 방편으로 삼고서 일체지지에 회향하면서 진여, 나아가 부사의계에 안주한다.'라고 설하였느니라."

"세존이시여. 어찌 독각의 보리는 무이로써 방편으로 삼고 태어남이 없음으로써 방편으로 삼으며 얻을 수 없음으로써 방편으로 삼고서 일체지지에 회향하면서 고·집·멸·도성제에 안주한다고 말합니까?"

"경희여. 독각의 보리는 독각의 보리의 자성이 공하느니라. 왜 그러한가? 독각의 보리의 자성이 공한 것과 고·집·멸·도성제는 함께 무이이고 둘로 나눌 수 없는 까닭이니라. 경희여. 오히려 이러한 까닭으로 '독각의 보리는 무이로써 방편으로 삼고 태어남이 없음으로써 방편으로 삼으며 얻을 수 없음으로써 방편으로 삼고서 일체지지에 회향하면서 고·집·멸·도성제에 안주한다.'라고 설하였느니라."

"세존이시여. 어찌 독각의 보리는 무이로써 방편으로 삼고 태어남이 없음으로써 방편으로 삼으며 얻을 수 없음으로써 방편으로 삼고서 일체지지에 회향하면서 4정려·4무량·4무색정을 수습한다고 말합니까?"

"경희여. 독각의 보리는 독각의 보리의 자성이 공하느니라. 왜 그러한가? 독각의 보리의 자성이 공한 것과 4정려·4무량·4무색정은 함께 무이이고 둘로 나눌 수 없는 까닭이니라. 경희여. 오히려 이러한 까닭으로

'독각의 보리는 무이로써 방편으로 삼고 태어남이 없음으로써 방편으로 삼으며 얻을 수 없음으로써 방편으로 삼고서 일체지지에 회향하면서 4정려·4무량·4무색정을 수습한다.'라고 설하였느니라."

"세존이시여. 어찌 독각의 보리는 무이로써 방편으로 삼고 태어남이 없음으로써 방편으로 삼으며 얻을 수 없음으로써 방편으로 삼고서 일체지지에 회향하면서 8해탈·8승처·9차제정·10변처를 수습한다고 말합니까?"

"경희여. 독각의 보리는 독각의 보리의 자성이 공하느니라. 왜 그러한가? 독각의 보리의 자성이 공한 것과 8해탈·8승처·9차제정·10변처는 함께 무이이고 둘로 나눌 수 없는 까닭이니라. 경희여. 오히려 이러한 까닭으로 '독각의 보리는 무이로써 방편으로 삼고 태어남이 없음으로써 방편으로 삼으며 얻을 수 없음으로써 방편으로 삼고서 일체지지에 회향하면서 8해탈·8승처·9차제정·10변처를 수습한다.'라고 설하였느니라."

"세존이시여. 어찌 독각의 보리는 무이로써 방편으로 삼고 태어남이 없음으로써 방편으로 삼으며 얻을 수 없음으로써 방편으로 삼고서 일체지지에 회향하면서 4념주·4정단·4신족·5근·5력·7등각지·8성도지를 수습한다고 말합니까?"

"경희여. 독각의 보리는 독각의 보리의 자성이 공하느니라. 왜 그러한가? 독각의 보리의 자성이 공한 것과 4념주·4정단·4신족·5근·5력·7등각지·8성도지는 함께 무이이고 둘로 나눌 수 없는 까닭이니라. 경희여. 오히려 이러한 까닭으로 '독각의 보리는 무이로써 방편으로 삼고 태어남이 없음으로써 방편으로 삼으며 얻을 수 없음으로써 방편으로 삼고서 일체지지에 회향하면서 4념주·4정단·4신족·5근·5력·7등각지·8성도지를 수습한다.'라고 설하였느니라."

"세존이시여. 어찌 독각의 보리는 무이로써 방편으로 삼고 태어남이 없음으로써 방편으로 삼으며 얻을 수 없음으로써 방편으로 삼고서 일체지지에 회향하면서 공해탈문·무상해탈문·무원해탈문을 수습한다고 말합니까?"

"경희여. 독각의 보리는 독각의 보리의 자성이 공하느니라. 왜 그러한
가? 독각의 보리의 자성이 공한 것과 공해탈문·무상해탈문·무원해탈문
은 함께 무이이고 둘로 나눌 수 없는 까닭이니라. 경희여. 오히려 이러한
까닭으로 '독각의 보리는 무이로써 방편으로 삼고 태어남이 없음으로써
방편으로 삼으며 얻을 수 없음으로써 방편으로 삼고서 일체지지에 회향하
면서 공해탈문·무상해탈문·무원해탈문을 수습한다.'라고 설하였느니
라."

"세존이시여. 어찌 독각의 보리는 무이로써 방편으로 삼고 태어남이
없음으로써 방편으로 삼으며 얻을 수 없음으로써 방편으로 삼고서 일체지
지에 회향하면서 5안·6신통을 수습한다고 말합니까?"

"경희여. 독각의 보리는 독각의 보리의 자성이 공하느니라. 왜 그러한
가? 독각의 보리의 자성이 공한 것과 5안·6신통은 함께 무이이고 둘로
나눌 수 없는 까닭이니라. 경희여. 오히려 이러한 까닭으로 '독각의 보리는
무이로써 방편으로 삼고 태어남이 없음으로써 방편으로 삼으며 얻을
수 없음으로써 방편으로 삼고서 일체지지에 회향하면서 5안·6신통을
수습한다.'라고 설하였느니라."

"세존이시여. 어찌 독각의 보리는 무이로써 방편으로 삼고 태어남이
없음으로써 방편으로 삼으며 얻을 수 없음으로써 방편으로 삼고서 일체지
지에 회향하면서 여래의 10력·4무소외·4무애해·대자·대비·대희·대사·
18불불공법을 수습한다고 말합니까?"

"경희여. 독각의 보리는 독각의 보리의 자성이 공하느니라. 왜 그러한
가? 독각의 보리의 자성이 공한 것과 여래의 10력·4무소외·4무애해·대자
·대비·대희·대사·18불불공법은 함께 무이이고 둘로 나눌 수 없는 까닭이
니라. 경희여. 오히려 이러한 까닭으로 '독각의 보리는 무이로써 방편으로
삼고 태어남이 없음으로써 방편으로 삼으며 얻을 수 없음으로써 방편으로
삼고서 일체지지에 회향하면서 여래의 10력·4무소외·4무애해·대자·대
비·대희·대사·18불불공법을 수습한다.'라고 설하였느니라."

"세존이시여. 어찌 독각의 보리는 무이로써 방편으로 삼고 태어남이

없음으로써 방편으로 삼으며 얻을 수 없음으로써 방편으로 삼고서 일체지
지에 회향하면서 무망실법·항주사성을 수습한다고 말합니까?"

"경희여. 독각의 보리는 독각의 보리의 자성이 공하느니라. 왜 그러한
가? 독각의 보리의 자성이 공한 것과 무망실법·항주사성은 함께 무이이고
둘로 나눌 수 없는 까닭이니라. 경희여. 오히려 이러한 까닭으로 '독각의
보리는 무이로써 방편으로 삼고 태어남이 없음으로써 방편으로 삼으며
얻을 수 없음으로써 방편으로 삼고서 일체지지에 회향하면서 무망실법·
항주사성을 수습한다.'라고 설하였느니라."

"세존이시여. 어찌 독각의 보리는 무이로써 방편으로 삼고 태어남이
없음으로써 방편으로 삼으며 얻을 수 없음으로써 방편으로 삼고서 일체지
지에 회향하면서 일체지·도상지·일체상지를 수습한다고 말합니까?"

"경희여. 독각의 보리는 독각의 보리의 자성이 공하느니라. 왜 그러한
가? 독각의 보리의 자성이 공한 것과 일체지·도상지·일체상지는 함께
무이이고 둘로 나눌 수 없는 까닭이니라. 경희여. 오히려 이러한 까닭으로
'독각의 보리는 무이로써 방편으로 삼고 태어남이 없음으로써 방편으로
삼으며 얻을 수 없음으로써 방편으로 삼고서 일체지지에 회향하면서
일체지·도상지·일체상지를 수습한다.'라고 설하였느니라."

"세존이시여. 어찌 독각의 보리는 무이로써 방편으로 삼고 태어남이
없음으로써 방편으로 삼으며 얻을 수 없음으로써 방편으로 삼고서 일체지
지에 회향하면서 일체의 다라니문·일체의 삼마지문을 수습한다고 말합
니까?"

"경희여. 독각의 보리는 독각의 보리의 자성이 공하느니라. 왜 그러한
가? 독각의 보리의 자성이 공한 것과 일체의 다라니문·일체의 삼마지문은
함께 무이이고 둘로 나눌 수 없는 까닭이니라. 경희여. 오히려 이러한 까닭으
로 '독각의 보리는 무이로써 방편으로 삼고 태어남이 없음으로써 방편으로
삼으며 얻을 수 없음으로써 방편으로 삼고서 일체지지에 회향하면서
일체의 다라니문·일체의 삼마지문을 수습한다.'라고 설하였느니라."

"세존이시여. 어찌 독각의 보리는 무이로써 방편으로 삼고 태어남이

없음으로써 방편으로 삼으며 얻을 수 없음으로써 방편으로 삼고서 일체지지에 회향하면서 보살마하살의 행을 수습한다고 말합니까?”

“경희여. 독각의 보리는 독각의 보리의 자성이 공하느니라. 왜 그러한가? 독각의 보리의 자성이 공한 것과 보살마하살의 행은 함께 무이이고 둘로 나눌 수 없는 까닭이니라. 경희여. 오히려 이러한 까닭으로 ‘독각의 보리는 무이로써 방편으로 삼고 태어남이 없음으로써 방편으로 삼으며 얻을 수 없음으로써 방편으로 삼고서 일체지지에 회향하면서 보살마하살의 행을 수습한다.’라고 설하였느니라.”

“세존이시여. 어찌 독각의 보리는 무이로써 방편으로 삼고 태어남이 없음으로써 방편으로 삼으며 얻을 수 없음으로써 방편으로 삼고서 일체지지에 회향하면서 무상정등보리를 수습한다고 말합니까?”

“경희여. 독각의 보리는 독각의 보리의 자성이 공하느니라. 왜 그러한가? 독각의 보리의 자성이 공한 것과 무상정등보리는 함께 무이이고 둘로 나눌 수 없는 까닭이니라. 경희여. 오히려 이러한 까닭으로 ‘독각의 보리는 무이로써 방편으로 삼고 태어남이 없음으로써 방편으로 삼으며 얻을 수 없음으로써 방편으로 삼고서 일체지지에 회향하면서 무상정등보리를 수습한다.’라고 설하였느니라.”

“세존이시여. 어찌 보살마하살의 행은 무이로써 방편으로 삼고 태어남이 없음으로써 방편으로 삼으며 얻을 수 없음으로써 방편으로 삼고서 일체지지에 회향하면서 보시·정계·안인·정진·정려·반야바라밀다를 수습한다고 말합니까?”

“경희여. 보살마하살의 행은 보살마하살의 행의 자성이 공하느니라. 왜 그러한가? 보살마하살의 행의 자성이 공한 것과 보시·정계·안인·정진·정려·반야바라밀다는 함께 무이이고 둘로 나눌 수 없는 까닭이니라. 경희여. 오히려 이러한 까닭으로 ‘보살마하살의 행은 무이로써 방편으로 삼고 태어남이 없음으로써 방편으로 삼으며 얻을 수 없음으로써 방편으로 삼고서 일체지지에 회향하면서 보시·정계·안인·정진·정려·반야바라밀다를 수습한다.'라고 설하였느니라."

"세존이시여. 어찌 보살마하살의 행은 무이로써 방편으로 삼고 태어남이 없음으로써 방편으로 삼으며 얻을 수 없음으로써 방편으로 삼고서 일체지지에 회향하면서 내공·외공·내외공·공공·대공·승의공·유위공·무위공·필경공·무제공·산공·무변이공·본성공·자상공·공상공·일체법공·불가득공·무성공·자성공·무성자성공에 안주한다고 말합니까?"

"경희여. 보살마하살의 행은 보살마하살의 행의 자성이 공하느니라. 왜 그러한가? 보살마하살의 행의 자성이 공한 것과 내공, 나아가 무성자성공은 함께 무이이고 둘로 나눌 수 없는 까닭이니라. 경희여. 오히려 이러한 까닭으로 '보살마하살의 행은 무이로써 방편으로 삼고 태어남이 없음으로써 방편으로 삼으며 얻을 수 없음으로써 방편으로 삼고서 일체지지에 회향하면서 내공, 나아가 무성자성공에 안주한다.'라고 설하였느니라."

"세존이시여. 어찌 보살마하살의 행은 무이로써 방편으로 삼고 태어남이 없음으로써 방편으로 삼으며 얻을 수 없음으로써 방편으로 삼고서 일체지지에 회향하면서 진여·법계·법성·불허망성·불변이성·평등성·이생성·법정·법주·실제·허공계·부사의계에 안주한다고 말합니까?"

"경희여. 보살마하살의 행은 보살마하살의 행의 자성이 공하느니라. 왜 그러한가? 보살마하살의 행의 자성이 공한 것과 진여, 나아가 부사의계는 함께 무이이고 둘로 나눌 수 없는 까닭이니라. 경희여. 오히려 이러한 까닭으로 '보살마하살의 행은 무이로써 방편으로 삼고 태어남이 없음으로써 방편으로 삼으며 얻을 수 없음으로써 방편으로 삼고서 일체지지에 회향하면서 진여, 나아가 부사의계에 안주한다.'라고 설하였느니라."

"세존이시여. 어찌 보살마하살의 행은 무이로써 방편으로 삼고 태어남이 없음으로써 방편으로 삼으며 얻을 수 없음으로써 방편으로 삼고서 일체지지에 회향하면서 고·집·멸·도성제에 안주한다고 말합니까?"

"경희여. 보살마하살의 행은 보살마하살의 행의 자성이 공하느니라. 왜 그러한가? 보살마하살의 행의 자성이 공한 것과 고·집·멸·도성제는 함께 무이이고 둘로 나눌 수 없는 까닭이니라. 경희여. 오히려 이러한 까닭으로 '보살마하살의 행은 무이로써 방편으로 삼고 태어남이 없음으로써 방편으로 삼으며 얻을 수 없음으로써 방편으로 삼고서 일체지지에 회향하면서 고·집·멸·도성제에 안주한다.'라고 설하였느니라."

"세존이시여. 어찌 보살마하살의 행은 무이로써 방편으로 삼고 태어남이 없음으로써 방편으로 삼으며 얻을 수 없음으로써 방편으로 삼고서 일체지지에 회향하면서 4정려·4무량·4무색정을 수습한다고 말합니까?"

"경희여. 보살마하살의 행은 보살마하살의 행의 자성이 공하느니라. 왜 그러한가? 보살마하살의 행의 자성이 공한 것과 4정려·4무량·4무색정은 함께 무이이고 둘로 나눌 수 없는 까닭이니라. 경희여. 오히려 이러한 까닭으로 '보살마하살의 행은 무이로써 방편으로 삼고 태어남이 없음으로써 방편으로 삼으며 얻을 수 없음으로써 방편으로 삼고서 일체지지에 회향하면서 4정려·4무량·4무색정을 수습한다.'라고 설하였느니라."

"세존이시여. 어찌 보살마하살의 행은 무이로써 방편으로 삼고 태어남이 없음으로써 방편으로 삼으며 얻을 수 없음으로써 방편으로 삼고서 일체지지에 회향하면서 8해탈·8승처·9차제정·10변처를 수습한다고 말합니까?"

"경희여. 보살마하살의 행은 보살마하살의 행의 자성이 공하느니라. 왜 그러한가? 보살마하살의 행의 자성이 공한 것과 8해탈·8승처·9차제정·10변처는 함께 무이이고 둘로 나눌 수 없는 까닭이니라. 경희여. 오히려 이러한 까닭으로 '보살마하살의 행은 무이로써 방편으로 삼고 태어남이 없음으로써 방편으로 삼으며 얻을 수 없음으로써 방편으로 삼고서 일체지지에 회향하면서 8해탈·8승처·9차제정·10변처를 수습한다.'라고 설하였느니라."

"세존이시여. 어찌 보살마하살의 행은 무이로써 방편으로 삼고 태어남이 없음으로써 방편으로 삼으며 얻을 수 없음으로써 방편으로 삼고서 일체지지에 회향하면서 4념주·4정단·4신족·5근·5력·7등각지·8성도지를 수습한다고 말합니까?"

"경희여. 보살마하살의 행은 보살마하살의 행의 자성이 공하느니라.

왜 그러한가? 보살마하살의 행의 자성이 공한 것과 4념주·4정단·4신족·5근·5력·7등각지·8성도지는 함께 무이이고 둘로 나눌 수 없는 까닭이니라. 경희여. 오히려 이러한 까닭으로 '보살마하살의 행은 무이로써 방편으로 삼고 태어남이 없음으로써 방편으로 삼으며 얻을 수 없음으로써 방편으로 삼고서 일체지지에 회향하면서 4념주·4정단·4신족·5근·5력·7등각지·8성도지를 수습한다.'라고 설하였느니라."

"세존이시여. 어찌 보살마하살의 행은 무이로써 방편으로 삼고 태어남이 없음으로써 방편으로 삼으며 얻을 수 없음으로써 방편으로 삼고서 일체지지에 회향하면서 공해탈문·무상해탈문·무원해탈문을 수습한다고 말합니까?"

"경희여. 보살마하살의 행은 보살마하살의 행의 자성이 공하느니라. 왜 그러한가? 보살마하살의 행의 자성이 공한 것과 공해탈문·무상해탈문·무원해탈문은 함께 무이이고 둘로 나눌 수 없는 까닭이니라. 경희여. 오히려 이러한 까닭으로 '보살마하살의 행은 무이로써 방편으로 삼고 태어남이 없음으로써 방편으로 삼으며 얻을 수 없음으로써 방편으로 삼고서 일체지지에 회향하면서 공해탈문·무상해탈문·무원해탈문을 수습한다.'라고 설하였느니라."

"세존이시여. 어찌 보살마하살의 행은 무이로써 방편으로 삼고 태어남이 없음으로써 방편으로 삼으며 얻을 수 없음으로써 방편으로 삼고서 일체지지에 회향하면서 5안·6신통을 수습한다고 말합니까?"

"경희여. 보살마하살의 행은 보살마하살의 행의 자성이 공하느니라. 왜 그러한가? 보살마하살의 행의 자성이 공한 것과 5안·6신통은 함께 무이이고 둘로 나눌 수 없는 까닭이니라. 경희여. 오히려 이러한 까닭으로 '보살마하살의 행은 무이로써 방편으로 삼고 태어남이 없음으로써 방편으로 삼으며 얻을 수 없음으로써 방편으로 삼고서 일체지지에 회향하면서 5안·6신통을 수습한다.'라고 설하였느니라."

"세존이시여. 어찌 보살마하살의 행은 무이로써 방편으로 삼고 태어남이 없음으로써 방편으로 삼으며 얻을 수 없음으로써 방편으로 삼고서

일체지지에 회향하면서 여래의 10력·4무소외·4무애해·대자·대비·대희·
대사·18불불공법을 수습한다고 말합니까?"

"경희여. 보살마하살의 행은 보살마하살의 행의 자성이 공하느니라.
왜 그러한가? 보살마하살의 행의 자성이 공한 것과 여래의 10력·4무소외·
4무애해·대자·대비·대희·대사·18불불공법은 함께 무이이고 둘로 나눌
수 없는 까닭이니라. 경희여. 오히려 이러한 까닭으로 '보살마하살의
행은 무이로써 방편으로 삼고 태어남이 없음으로써 방편으로 삼으며
얻을 수 없음으로써 방편으로 삼고서 일체지지에 회향하면서 여래의
10력·4무소외·4무애해·대자·대비·대희·대사·18불불공법을 수습한다.'
라고 설하였느니라."

"세존이시여. 어찌 보살마하살의 행은 무이로써 방편으로 삼고 태어남
이 없음으로써 방편으로 삼으며 얻을 수 없음으로써 방편으로 삼고서
일체지지에 회향하면서 무망실법·항주사성을 수습한다고 말합니까?"

"경희여. 보살마하살의 행은 보살마하살의 행의 자성이 공하느니라.
왜 그러한가? 보살마하살의 행의 자성이 공한 것과 무망실법·항주사성은
함께 무이이고 둘로 나눌 수 없는 까닭이니라. 경희여. 오히려 이러한
까닭으로 '보살마하살의 행은 무이로써 방편으로 삼고 태어남이 없음으로
써 방편으로 삼으며 얻을 수 없음으로써 방편으로 삼고서 일체지지에
회향하면서 무망실법·항주사성을 수습한다.'라고 설하였느니라."

"세존이시여. 어찌 보살마하살의 행은 무이로써 방편으로 삼고 태어남
이 없음으로써 방편으로 삼으며 얻을 수 없음으로써 방편으로 삼고서
일체지지에 회향하면서 일체지·도상지·일체상지를 수습한다고 말합니
까?"

"경희여. 보살마하살의 행은 보살마하살의 행의 자성이 공하느니라.
왜 그러한가? 보살마하살의 행의 자성이 공한 것과 일체지·도상지·일체
상지는 함께 무이이고 둘로 나눌 수 없는 까닭이니라. 경희여. 오히려 이러한
까닭으로 '보살마하살의 행은 무이로써 방편으로 삼고 태어남이 없음으로
써 방편으로 삼으며 얻을 수 없음으로써 방편으로 삼고서 일체지지에

회향하면서 일체지·도상지·일체상지를 수습한다.’라고 설하였느니라.”

“세존이시여. 어찌 보살마하살의 행은 무이로써 방편으로 삼고 태어남이 없음으로써 방편으로 삼으며 얻을 수 없음으로써 방편으로 삼고서 일체지지에 회향하면서 일체의 다라니문·일체의 삼마지문을 수습한다고 말합니까?”

“경희여. 보살마하살의 행은 보살마하살의 행의 자성이 공하느니라. 왜 그러한가? 보살마하살의 행의 자성이 공한 것과 일체의 다라니문·일체의 삼마지문은 함께 무이이고 둘로 나눌 수 없는 까닭이니라. 경희여. 오히려 이러한 까닭으로 ‘보살마하살의 행은 무이로써 방편으로 삼고 태어남이 없음으로써 방편으로 삼으며 얻을 수 없음으로써 방편으로 삼고서 일체지지에 회향하면서 일체의 다라니문·일체의 삼마지문을 수습한다.’라고 설하였느니라.”

“세존이시여. 어찌 보살마하살의 행은 무이로써 방편으로 삼고 태어남이 없음으로써 방편으로 삼으며 얻을 수 없음으로써 방편으로 삼고서 일체지지에 회향하면서 보살마하살의 행을 수습한다고 말합니까?”

“경희여. 보살마하살의 행은 보살마하살의 행의 자성이 공하느니라. 왜 그러한가? 보살마하살의 행의 자성이 공한 것과 보살마하살의 행은 함께 무이이고 둘로 나눌 수 없는 까닭이니라. 경희여. 오히려 이러한 까닭으로 ‘보살마하살의 행은 무이로써 방편으로 삼고 태어남이 없음으로써 방편으로 삼으며 얻을 수 없음으로써 방편으로 삼고서 일체지지에 회향하면서 보살마하살의 행을 수습한다.’라고 설하였느니라.”

“세존이시여. 어찌 보살마하살의 행은 무이로써 방편으로 삼고 태어남이 없음으로써 방편으로 삼으며 얻을 수 없음으로써 방편으로 삼고서 일체지지에 회향하면서 무상정등보리를 수습한다고 말합니까?”

“경희여. 보살마하살의 행은 보살마하살의 행의 자성이 공하느니라. 왜 그러한가? 보살마하살의 행의 자성이 공한 것과 무상정등보리는 함께 무이이고 둘로 나눌 수 없는 까닭이니라. 경희여. 오히려 이러한 까닭으로 ‘보살마하살의 행은 무이로써 방편으로 삼고 태어남이 없음으로써 방편으

로 삼으며 얻을 수 없음으로써 방편으로 삼고서 일체지지에 회향하면서
무상정등보리를 수습한다.'라고 설하였느니라."

"세존이시여. 어찌 무상정등보리는 무이로써 방편으로 삼고 태어남이
없음으로써 방편으로 삼으며 얻을 수 없음으로써 방편으로 삼고서 일체지
지에 회향하면서 보시·정계·안인·정진·정려·반야바라밀다를 수습한다
고 말합니까?"
"경희여. 무상정등보리는 무상정등보리의 자성이 공하느니라. 왜 그러
한가? 무상정등보리의 자성이 공한 것과 보시·정계·안인·정진·정려·반
야바라밀다는 함께 무이이고 둘로 나눌 수 없는 까닭이니라. 경희여.
오히려 이러한 까닭으로 '무상정등보리는 무이로써 방편으로 삼고 태어남
이 없음으로써 방편으로 삼으며 얻을 수 없음으로써 방편으로 삼고서
일체지지에 회향하면서 보시·정계·안인·정진·정려·반야바라밀다를 수
습한다.'라고 설하였느니라."
"세존이시여. 어찌 무상정등보리는 무이로써 방편으로 삼고 태어남이
없음으로써 방편으로 삼으며 얻을 수 없음으로써 방편으로 삼고서 일체지
지에 회향하면서 내공·외공·내외공·공공·대공·승의공·유위공·무위공·
필경공·무제공·산공·무변이공·본성공·자상공·공상공·일체법공·불가
득공·무성공·자성공·무성자성공에 안주한다고 말합니까?"
"경희여. 무상정등보리는 무상정등보리의 자성이 공하느니라. 왜 그러
한가? 무상정등보리의 자성이 공한 것과 내공, 나아가 무성자성공은
함께 무이이고 둘로 나눌 수 없는 까닭이니라. 경희여. 오히려 이러한
까닭으로 '무상정등보리는 무이로써 방편으로 삼고 태어남이 없음으로써
방편으로 삼으며 얻을 수 없음으로써 방편으로 삼고서 일체지지에 회향하
면서 내공, 나아가 무성자성공에 안주한다.'라고 설하였느니라."
"세존이시여. 어찌 무상정등보리는 무이로써 방편으로 삼고 태어남이
없음으로써 방편으로 삼으며 얻을 수 없음으로써 방편으로 삼고서 일체지
지에 회향하면서 진여·법계·법성·불허망성·불변이성·평등성·이생성·

법정·법주·실제·허공계·부사의계에 안주한다고 말합니까?"

"경희여. 무상정등보리는 무상정등보리의 자성이 공하느니라. 왜 그러한가? 무상정등보리의 자성이 공한 것과 진여, 나아가 부사의계는 함께 무이이고 둘로 나눌 수 없는 까닭이니라. 경희여. 오히려 이러한 까닭으로 '무상정등보리는 무이로써 방편으로 삼고 태어남이 없음으로써 방편으로 삼으며 얻을 수 없음으로써 방편으로 삼고서 일체지지에 회향하면서 진여, 나아가 부사의계에 안주한다.'라고 설하였느니라."

"세존이시여. 어찌 무상정등보리는 무이로써 방편으로 삼고 태어남이 없음으로써 방편으로 삼으며 얻을 수 없음으로써 방편으로 삼고서 일체지지에 회향하면서 고·집·멸·도성제에 안주한다고 말합니까?"

"경희여. 무상정등보리는 무상정등보리의 자성이 공하느니라. 왜 그러한가? 무상정등보리의 자성이 공한 것과 고·집·멸·도성제는 함께 무이이고 둘로 나눌 수 없는 까닭이니라. 경희여. 오히려 이러한 까닭으로 '무상정등보리는 무이로써 방편으로 삼고 태어남이 없음으로써 방편으로 삼으며 얻을 수 없음으로써 방편으로 삼고서 일체지지에 회향하면서 고·집·멸·도성제에 안주한다.'라고 설하였느니라."

"세존이시여. 어찌 무상정등보리는 무이로써 방편으로 삼고 태어남이 없음으로써 방편으로 삼으며 얻을 수 없음으로써 방편으로 삼고서 일체지지에 회향하면서 4정려·4무량·4무색정을 수습한다고 말합니까?"

"경희여. 무상정등보리는 무상정등보리의 자성이 공하느니라. 왜 그러한가? 무상정등보리의 자성이 공한 것과 4정려·4무량·4무색정은 함께 무이이고 둘로 나눌 수 없는 까닭이니라. 경희여. 오히려 이러한 까닭으로 '무상정등보리는 무이로써 방편으로 삼고 태어남이 없음으로써 방편으로 삼으며 얻을 수 없음으로써 방편으로 삼고서 일체지지에 회향하면서 4정려·4무량·4무색정을 수습한다.'라고 설하였느니라."

"세존이시여. 어찌 무상정등보리는 무이로써 방편으로 삼고 태어남이 없음으로써 방편으로 삼으며 얻을 수 없음으로써 방편으로 삼고서 일체지지에 회향하면서 8해탈·8승처·9차제정·10변처를 수습한다고 말합니까?"

"경희여. 무상정등보리는 무상정등보리의 자성이 공하느니라. 왜 그러한가? 무상정등보리의 자성이 공한 것과, 8해탈·8승처·9차제정·10변처는 함께 무이이고 둘로 나눌 수 없는 까닭이니라. 경희여. 오히려 이러한 까닭으로 '무상정등보리는 무이로써 방편으로 삼고 태어남이 없음으로써 방편으로 삼으며 얻을 수 없음으로써 방편으로 삼고서 일체지지에 회향하면서 8해탈·8승처·9차제정·10변처를 수습한다.'라고 설하였느니라."

"세존이시여. 어찌 무상정등보리는 무이로써 방편으로 삼고 태어남이 없음으로써 방편으로 삼으며 얻을 수 없음으로써 방편으로 삼고서 일체지지에 회향하면서 4념주·4정단·4신족·5근·5력·7등각지·8성도지를 수습한다고 말합니까?"

"경희여. 무상정등보리는 무상정등보리의 자성이 공하느니라. 왜 그러한가? 무상정등보리의 자성이 공한 것과 4념주·4정단·4신족·5근·5력·7등각지·8성도지는 함께 무이이고 둘로 나눌 수 없는 까닭이니라. 경희여. 오히려 이러한 까닭으로 '무상정등보리는 무이로써 방편으로 삼고 태어남이 없음으로써 방편으로 삼으며 얻을 수 없음으로써 방편으로 삼고서 일체지지에 회향하면서 4념주·4정단·4신족·5근·5력·7등각지·8성도지를 수습한다.'라고 설하였느니라."

"세존이시여. 어찌 무상정등보리는 무이로써 방편으로 삼고 태어남이 없음으로써 방편으로 삼으며 얻을 수 없음으로써 방편으로 삼고서 일체지지에 회향하면서 공해탈문·무상해탈문·무원해탈문을 수습한다고 말합니까?"

"경희여. 무상정등보리는 무상정등보리의 자성이 공하느니라. 왜 그러한가? 무상정등보리의 자성이 공한 것과 공해탈문·무상해탈문·무원해탈문은 함께 무이이고 둘로 나눌 수 없는 까닭이니라. 경희여. 오히려 이러한 까닭으로 '무상정등보리는 무이로써 방편으로 삼고 태어남이 없음으로써 방편으로 삼으며 얻을 수 없음으로써 방편으로 삼고서 일체지지에 회향하면서 공해탈문·무상해탈문·무원해탈문을 수습한다.'라고 설하였느니라."

"세존이시여. 어찌 무상정등보리는 무이로써 방편으로 삼고 태어남이 없음으로써 방편으로 삼으며 얻을 수 없음으로써 방편으로 삼고서 일체지지에 회향하면서 5안·6신통을 수습한다고 말합니까?"

"경희여. 무상정등보리는 무상정등보리의 자성이 공하느니라. 왜 그러한가? 무상정등보리의 자성이 공한 것과 5안·6신통은 함께 무이이고 둘로 나눌 수 없는 까닭이니라. 경희여. 오히려 이러한 까닭으로 '무상정등보리는 무이로써 방편으로 삼고 태어남이 없음으로써 방편으로 삼으며 얻을 수 없음으로써 방편으로 삼고서 일체지지에 회향하면서 5안·6신통을 수습한다.'라고 설하였느니라."

"세존이시여. 어찌 무상정등보리는 무이로써 방편으로 삼고 태어남이 없음으로써 방편으로 삼으며 얻을 수 없음으로써 방편으로 삼고서 일체지지에 회향하면서 여래의 10력·4무소외·4무애해·대자·대비·대희·대사·18불불공법을 수습한다고 말합니까?"

"경희여. 무상정등보리는 무상정등보리의 자성이 공하느니라. 왜 그러한가? 무상정등보리의 자성이 공한 것과 여래의 10력·4무소외·4무애해·대자·대비·대희·대사·18불불공법은 함께 무이이고 둘로 나눌 수 없는 까닭이니라. 경희여. 오히려 이러한 까닭으로 '무상정등보리는 무이로써 방편으로 삼고 태어남이 없음으로써 방편으로 삼으며 얻을 수 없음으로써 방편으로 삼고서 일체지지에 회향하면서 여래의 10력·4무소외·4무애해·대자·대비·대희·대사·18불불공법을 수습한다.'라고 설하였느니라."

"세존이시여. 어찌 무상정등보리는 무이로써 방편으로 삼고 태어남이 없음으로써 방편으로 삼으며 얻을 수 없음으로써 방편으로 삼고서 일체지지에 회향하면서 무망실법·항주사성을 수습한다고 말합니까?"

"경희여. 무상정등보리는 무상정등보리의 자성이 공하느니라. 왜 그러한가? 무상정등보리의 자성이 공한 것과 무망실법·항주사성은 함께 무이이고 둘로 나눌 수 없는 까닭이니라. 경희여. 오히려 이러한 까닭으로 '무상정등보리는 무이로써 방편으로 삼고 태어남이 없음으로써 방편으로 삼으며 얻을 수 없음으로써 방편으로 삼고서 일체지지에 회향하면서 무망실법·항주사성을 수습한다.'라고 설하였느니라."

"세존이시여. 어찌 무상정등보리는 무이로써 방편으로 삼고 태어남이 없음으로써 방편으로 삼으며 얻을 수 없음으로써 방편으로 삼고서 일체지지에 회향하면서 일체지·도상지·일체상지를 수습한다고 말합니까?"

"경희여. 무상정등보리는 무상정등보리의 자성이 공하느니라. 왜 그러한가? 무상정등보리의 자성이 공한 것과 일체지·도상지·일체상지는 함께 무이이고 둘로 나눌 수 없는 까닭이니라. 경희여. 오히려 이러한 까닭으로 '무상정등보리는 무이로써 방편으로 삼고 태어남이 없음으로써 방편으로 삼으며 얻을 수 없음으로써 방편으로 삼고서 일체지지에 회향하면서 일체지·도상지·일체상지를 수습한다.'라고 설하였느니라."

"세존이시여. 어찌 무상정등보리는 무이로써 방편으로 삼고 태어남이 없음으로써 방편으로 삼으며 얻을 수 없음으로써 방편으로 삼고서 일체지지에 회향하면서 일체의 다라니문·일체의 삼마지문을 수습한다고 말합니까?"

"경희여. 무상정등보리는 무상정등보리의 자성이 공하느니라. 왜 그러한가? 무상정등보리의 자성이 공한 것과 일체의 다라니문·일체의 삼마지문은 함께 무이이고 둘로 나눌 수 없는 까닭이니라. 경희여. 오히려 이러한 까닭으로 '무상정등보리는 무이로써 방편으로 삼고 태어남이 없음으로써 방편으로 삼으며 얻을 수 없음으로써 방편으로 삼고서 일체지지에 회향하면서 일체의 다라니문·일체의 삼마지문을 수습한다.'라고 설하였느니라."

"세존이시여. 어찌 무상정등보리는 무이로써 방편으로 삼고 태어남이 없음으로써 방편으로 삼으며 얻을 수 없음으로써 방편으로 삼고서 일체지지에 회향하면서 보살마하살의 행을 수습한다고 말합니까?"

"경희여. 무상정등보리는 무상정등보리의 자성이 공하느니라. 왜 그러한가? 무상정등보리의 자성이 공한 것과 보살마하살의 행은 함께 무이이고 둘로 나눌 수 없는 까닭이니라. 경희여. 오히려 이러한 까닭으로

'무상정등보리는 무이로써 방편으로 삼고 태어남이 없음으로써 방편으로 삼으며 얻을 수 없음으로써 방편으로 삼고서 일체지지에 회향하면서 보살마하살의 행을 수습한다.'라고 설하였느니라."

"세존이시여. 어찌 무상정등보리는 무이로써 방편으로 삼고 태어남이 없음으로써 방편으로 삼으며 얻을 수 없음으로써 방편으로 삼고서 일체지지에 회향하면서 무상정등보리를 수습한다고 말합니까?"

"경희여. 무상정등보리는 무상정등보리의 자성이 공하느니라. 왜 그러한가? 무상정등보리의 자성이 공한 것과 무상정등보리는 함께 무이이고 둘로 나눌 수 없는 까닭이니라. 경희여. 오히려 이러한 까닭으로 '무상정등보리는 무이로써 방편으로 삼고 태어남이 없음으로써 방편으로 삼으며 얻을 수 없음으로써 방편으로 삼고서 일체지지에 회향하면서 무상정등보리를 수습한다.'라고 설하였느니라."

"경희여. 오히려 이 반야바라밀다를 까닭으로 능히 일체지지에 회향할 수 있고, 다시 일체지지에 회향하는 이유로 능히 보시·정계·안인·정진·정려·반야 바라밀다를 수습하여 얻으며 구경(究竟)에 이르는 까닭으로 이 반야바라밀다가 그 보시·정계·안인·정진·정려·반야바라밀다에서 존중받고 인도(導)한다고 마땅히 알아야 하느니라. 경희여. 오히려 이 반야바라밀다를 까닭으로 능히 일체지지에 회향할 수 있고, 다시 일체지지에 회향하는 이유로 능히 내공·외공·내외공·공공·대공·승의공·유위공·무위공·필경공·무제공·산공·무변이공·본성공·자상공·공상공·일체법공·불가득공·무성공·자성공·무성자성공을 수습하여 얻으며 구경에 이르는 까닭으로 이 반야바라밀다가 그 내공, 나아가 무성자성공에서 존중받고 인도한다고 마땅히 알아야 하느니라.

경희여. 오히려 이 반야바라밀다를 까닭으로 능히 일체지지에 회향할 수 있고, 다시 일체지지에 회향하는 이유로 능히 진여·법계·법성·불허망성·불변이성·평등성·이생성·법정·법주·실제·허공계·부사의계를 수습하여 얻으며 구경에 이르는 까닭으로 이 반야바라밀다가 그 진여, 나아가 부사의계에서 존중받고 인도한다고 마땅히 알아야 하느니라. 경희여. 오히려 이 반야바라밀다를 까닭으로 능히 일체지지에 회향할 수 있고, 다시 일체지지에 회향하는 이유로 능히 고성제·집성제·멸성제·도성제를 수습하여 얻으며 구경에 이르는 까닭으로 이 반야바라밀다가 그 고·집·멸·도성제에서 존중받고 인도한다고 마땅히 알아야 하느니라.

경희여. 오히려 이 반야바라밀다를 까닭으로 능히 일체지지에 회향할 수 있고, 다시 일체지지에 회향하는 이유로 능히 4정려·4무량·4무색정을 수습하여 얻으며 구경에 이르는 까닭으로 이 반야바라밀다가 그 4정려·4무량·4무색정에서 존중받고 인도한다고 마땅히 알아야 하느니라. 경희여. 오히려 이 반야바라밀다를 까닭으로 능히 일체지지에 회향할 수 있고, 다시 일체지지에 회향하는 이유로 능히 8해탈·8승처·9차제정·10변처를 수습하여 얻으며 구경에 이르는 까닭으로 이 반야바라밀다가 그 8해탈·8승처·9차제정·10변처에서 존중받고 인도한다고 마땅히 알아야 하느니라.

경희여. 오히려 이 반야바라밀다를 까닭으로 능히 일체지지에 회향할 수 있고, 다시 일체지지에 회향하는 이유로 능히 4념주·4정단·4신족·5근·5력·7등각지·8성도지를 수습하여 얻으며 구경에 이르는 까닭으로 이 반야바라밀다가 그 4념주·4정단·4신족·5근·5력·7등각지·8성도지에서 존중받고 인도한다고 마땅히 알아야 하느니라. 경희여. 오히려 이 반야바라밀다를 까닭으로 능히 일체지지에 회향할 수 있고, 다시 일체지지에 회향하는 이유로 능히 공해탈문·무상해탈문·무원해탈문을 수습하여 얻으며 구경에 이르는 까닭으로 이 반야바라밀다가 그 공해탈문·무상해탈문·무원해탈문에서 존중받고 인도한다고 마땅히 알아야 하느니라.

경희여. 오히려 이 반야바라밀다를 까닭으로 능히 일체지지에 회향할 수 있고, 다시 일체지지에 회향하는 이유로 능히 5안·6신통을 수습하여 얻으며 구경에 이르는 까닭으로 이 반야바라밀다가 그 5안·6신통에서 존중받고 인도한다고 마땅히 알아야 하느니라. 경희여. 오히려 이 반야바라밀다를 까닭으로 능히 일체지지에 회향할 수 있고, 다시 일체지지에 회향하는 이유로 능히 여래의 10력·4무소외·4무애해·대자·대비·대희·대사·18불불공법을 수습하여 얻으며 구경에 이르는 까닭으로 이 반야바라밀다가 그 여래의 10력·4무소외·4무애해·대자·대비·대희·대사·18불불공법에서 존중받고 인도한다고 마땅히 알아야 하느니라.

경희여. 오히려 이 반야바라밀다를 까닭으로 능히 일체지지에 회향할 수 있고, 다시 일체지지에 회향하는 이유로 능히 무망실법·항주사성을 수습하여 얻으며 구경에 이르는 까닭으로 이 반야바라밀다가 그 무망실법·항주사성에서 존중받고 인도한다고 마땅히 알아야 하느니라. 경희여. 오히려 이 반야바라밀다를 까닭으로 능히 일체지지에 회향할 수 있고, 다시 일체지지에 회향하는 이유로 능히 일체지·도상지·일체상지를 수습하여 얻으며 구경에 이르는 까닭으로 이 반야바라밀다가 그 일체지·도상지·일체상지에서 존중받고 인도한다고 마땅히 알아야 하느니라.

경희여. 오히려 이 반야바라밀다를 까닭으로 능히 일체지지에 회향할 수 있고, 다시 일체지지에 회향하는 이유로 능히 일체의 다라니문·일체의 삼마지문을 수습하여 얻으며 구경에 이르는 까닭으로 이 반야바라밀다가 그 일체의 다라니문·일체의 삼마지문에서 존중받고 인도한다고 마땅히 알아야 하느니라. 경희여. 오히려 이 반야바라밀다를 까닭으로 능히 일체지지에 회향할 수 있고, 다시 일체지지에 회향하는 이유로 능히 보살마하살의 행을 수습하여 얻으며 구경에 이르는 까닭으로 이 반야바라밀다가 그 보살마하살의 행에서 존중받고 인도한다고 마땅히 알아야 하느니라.

경희여. 오히려 이 반야바라밀다를 까닭으로 능히 일체지지에 회향할 수 있고, 다시 일체지지에 회향하는 이유로 능히 무상정등보리를 수습하여 얻으며 구경에 이르는 까닭으로 이 반야바라밀다가 그 무상정등보리에서 존중받고 인도한다고 마땅히 알아야 하느니라.”

마하반야바라밀다경 제126권

30. 교량공덕품(校量功悳品)(24)

"경희여. 비유한다면 대지(大地)에 종자로써 뿌려진 가운데에서 여러 인연이 화합하면 곧 (종자가) 생장(生長)하는데, 대지가 씨앗에게 생장을 위하여 의지(依止)할 곳을 주거나, 능히 건립(建立)시킨다고 상응하여 알 수 있는 것과 같이, 이와 같아서 반야바라밀다와 일체지지에 회향하는 것도 보시·정계·안인·정진·정려바라밀다에 의지할 곳을 주거나, 능히 건립시켜서 생장시키는 까닭으로, 이 반야바라밀다는 그 보시, 나아가 정려바라밀다보다 존중받고 인도한다고 마땅히 알아야 하느니라. 그러므로 나는 다만 반야바라밀다를 널리 칭찬하느니라.

경희여. 비유한다면 대지에 종자로써 뿌려진 가운데에서 여러 인연이 화합하면 곧 (종자가) 생장하는데, 대지가 씨앗에게 생장을 위하여 의지할 곳을 주거나, 능히 건립시킨다고 상응하여 알 수 있는 것과 같이, 이와 같아서 반야바라밀다와 일체지지에 회향하는 것도 내공·외공·내외공·공공·대공·승의공·유위공·무위공·필경공·무제공·산공·무변이공·본성공·자상공·공상공·일체법공·불가득공·무성공·자성공·무성자성공에 의지할 곳을 주거나, 능히 건립시켜서 생장시키는 까닭으로, 이 반야바라밀다는 그 내공, 나아가 무성자성공보다 존중받고 인도한다고 마땅히 알아야 하느니라. 그러므로 나는 다만 반야바라밀다를 널리 칭찬하느니라.

경희여. 비유한다면 대지에 종자로써 뿌려진 가운데에서 여러 인연이 화합하면 곧 (종자가) 생장하는데, 대지가 씨앗에게 생장을 위하여 의지할 곳을 주거나, 능히 건립시킨다고 상응하여 알 수 있는 것과 같이, 이와 같아서 반야바라밀다와 일체지지에 회향하는 것도 진여·법계·법성·불허망성·불변이성·평등성·이생성·법정·법주·실제·허공계·부사의계에 의지할 곳을 주거나, 능히 건립시켜서 드러내어 나타내는 까닭으로, 이 반야바라밀다는 그 진여, 나아가 부사의계보다 존중받고 인도한다고 마땅히 알아야 하느니라. 그러므로 나는 다만 반야바라밀다를 널리 칭찬하느니라.

경희여. 비유한다면 대지에 종자로써 뿌려진 가운데에서 여러 인연이 화합하면 곧 (종자가) 생장하는데, 대지가 씨앗에게 생장을 위하여 의지할 곳을 주거나, 능히 건립시킨다고 상응하여 알 수 있는 것과 같이, 이와 같아서 반야바라밀다와 일체지지에 회향하는 것도 고성제·집성제·멸성제·도성제에 의지할 곳을 주거나, 능히 건립시켜서 드러내어 나타내는 까닭으로, 이 반야바라밀다는 그 고성제·집성제·멸성제·도성제보다 존중받고 인도한다고 마땅히 알아야 하느니라. 그러므로 나는 다만 반야바라밀다를 널리 칭찬하느니라.

경희여. 비유한다면 대지에 종자로써 뿌려진 가운데에서 여러 인연이 화합하면 곧 (종자가) 생장하는데, 대지가 씨앗에게 생장을 위하여 의지할 곳을 주거나, 능히 건립시킨다고 상응하여 알 수 있는 것과 같이, 이와 같아서 반야바라밀다와 일체지지에 회향하는 것도 4정려·4무량·4무색정에 의지할 곳을 주거나, 능히 건립시켜서 생장시키는 까닭으로, 이 반야바라밀다는 그 4정려·4무량·4무색정보다 존중받고 인도한다고 마땅히 알아야 하느니라. 그러므로 나는 다만 반야바라밀다를 널리 칭찬하느니라.

경희여. 비유한다면 대지에 종자로써 뿌려진 가운데에서 여러 인연이 화합하면 곧 (종자가) 생장하는데, 대지가 씨앗에게 생장을 위하여 의지할 곳을 주거나, 능히 건립시킨다고 상응하여 알 수 있는 것과 같이, 이와 같아서 반야바라밀다와 일체지지에 회향하는 것도 8해탈·8승처·9차제정·10변처에 의지할 곳을 주거나, 능히 건립시켜서 생장시키는 까닭으로, 이 반야바라밀다는 그 8해탈·8승처·9차제정·10변처보다 존중받고 인도한다고 마땅히 알아야 하느니라. 그러므로 나는 다만 반야바라밀다를 널리 칭찬하느니라.

경희여. 비유한다면 대지에 종자로써 뿌려진 가운데에서 여러 인연이 화합하면 곧 (종자가) 생장하는데, 대지가 씨앗에게 생장을 위하여 의지할 곳을 주거나, 능히 건립시킨다고 상응하여 알 수 있는 것과 같이, 이와 같아서 반야바라밀다와 일체지지에 회향하는 것도 4념주·4정단·4신족·5근·5력·7등각지·8성도지에 의지할 곳을 주거나, 능히 건립시켜서 생장시키는 까닭으로, 이 반야바라밀다는 그 4념주·4정단·4신족·5근·5력·7등각지·8성도지보다 존중받고 인도한다고 마땅히 알아야 하느니라. 그러므로 나는 다만 반야바라밀다를 널리 칭찬하느니라.

경희여. 비유한다면 대지에 종자로써 뿌려진 가운데에서 여러 인연이 화합하면 곧 (종자가) 생장하는데, 대지가 씨앗에게 생장을 위하여 의지할 곳을 주거나, 능히 건립시킨다고 상응하여 알 수 있는 것과 같이, 이와 같아서 반야바라밀다와 일체지지에 회향하는 것도 공해탈문·무상해탈문·무원해탈문에 의지할 곳을 주거나, 능히 건립시켜서 생장시키는 까닭으로, 이 반야바라밀다는 그 공해탈문·무상해탈문·무원해탈문보다 존중받고 인도한다고 마땅히 알아야 하느니라. 그러므로 나는 다만 반야바라밀다를 널리 칭찬하느니라.

경희여. 비유한다면 대지에 종자로써 뿌려진 가운데에서 여러 인연이 화합하면 곧 (종자가) 생장하는데, 대지가 씨앗에게 생장을 위하여 의지할 곳을 주거나, 능히 건립시킨다고 상응하여 알 수 있는 것과 같이, 이와 같아서 반야바라밀다와 일체지지에 회향하는 것도 5안·6신통에 의지할 곳을 주거나, 능히 건립시켜서 생장시키는 까닭으로, 이 반야바라밀다는 그 5안·6신통보다 존중받고 인도한다고 마땅히 알아야 하느니라. 그러므로 나는 다만 반야바라밀다를 널리 칭찬하느니라.

경희여. 비유한다면 대지에 종자로써 뿌려진 가운데에서 여러 인연이 화합하면 곧 (종자가) 생장하는데, 대지가 씨앗에게 생장을 위하여 의지할 곳을 주거나, 능히 건립시킨다고 상응하여 알 수 있는 것과 같이, 이와 같아서 반야바라밀다와 일체지지에 회향하는 것도 여래의 10력·4무소외·4무애해·대자·대비·대희·대사·18불불공법에 의지할 곳을 주거나, 능히 건립시켜서 생장시키는 까닭으로, 이 반야바라밀다는 그 여래의 10력·4무소외·4무애해·대자·대비·대희·대사·18불불공법보다 존중받고 인도한다고 마땅히 알아야 하느니라. 그러므로 나는 다만 반야바라밀다를 널리 칭찬하느니라.

경희여. 비유한다면 대지에 종자로써 뿌려진 가운데에서 여러 인연이 화합하면 곧 (종자가) 생장하는데, 대지가 씨앗에게 생장을 위하여 의지할 곳을 주거나, 능히 건립시킨다고 상응하여 알 수 있는 것과 같이, 이와 같아서 반야바라밀다와 일체지지에 회향하는 것도 무망실법·항주사성에 의지할 곳을 주거나, 능히 건립시켜서 생장시키는 까닭으로, 이 반야바라밀다는 그 무망실법·항주사성보다 존중받고 인도한다고 마땅히 알아야 하느니라. 그러므로 나는 다만 반야바라밀다를 널리 칭찬하느니라.

경희여. 비유한다면 대지에 종자로써 뿌려진 가운데에서 여러 인연이 화합하면 곧 (종자가) 생장하는데, 대지가 씨앗에게 생장을 위하여 의지할 곳을 주거나, 능히 건립시킨다고 상응하여 알 수 있는 것과 같이, 이와 같아서 반야바라밀다와 일체지지에 회향하는 것도 일체지·도상지·일체상지에 의지할 곳을 주거나, 능히 건립시켜서 생장시키는 까닭으로, 이 반야바라밀다는 그 일체지·도상지·일체상지보다 존중받고 인도한다고 마땅히 알아야 하느니라. 그러므로 나는 다만 반야바라밀다를 널리 칭찬하느니라.

경희여. 비유한다면 대지에 종자로써 뿌려진 가운데에서 여러 인연이 화합하면 곧 (종자가) 생장하는데, 대지가 씨앗에게 생장을 위하여 의지할 곳을 주거나, 능히 건립시킨다고 상응하여 알 수 있는 것과 같이, 이와 같아서 반야바라밀다와 일체지지에 회향하는 것도 일체의 다라니문·일체의 삼마지문에 의지할 곳을 주거나, 능히 건립시켜서 생장시키는 까닭으로, 이 반야바라밀다는 그 일체의 다라니문·일체의 삼마지문보다 존중받고 인도한다고 마땅히 알아야 하느니라. 그러므로 나는 다만 반야바라밀다를 널리 칭찬하느니라.

경희여. 비유한다면 대지에 종자로써 뿌려진 가운데에서 여러 인연이 화합하면 곧 (종자가) 생장하는데, 대지가 씨앗에게 생장을 위하여 의지할 곳을 주거나, 능히 건립시킨다고 상응하여 알 수 있는 것과 같이, 이와 같아서 반야바라밀다와 일체지지에 회향하는 것도 보살마하살의 행에 의지할 곳을 주거나, 능히 건립시켜서 생장시키는 까닭으로, 이 반야바라밀다는 그 보살마하살의 행보다 존중받고 인도한다고 마땅히 알아야 하느니라. 그러므로 나는 다만 반야바라밀다를 널리 칭찬하느니라.

경희여. 비유한다면 대지에 종자로써 뿌려진 가운데에서 여러 인연이 화합하면 곧 (종자가) 생장하는데, 대지가 씨앗에게 생장을 위하여 의지할 곳을 주거나, 능히 건립시킨다고 상응하여 알 수 있는 것과 같이, 이와 같아서 반야바라밀다와 일체지지에 회향하는 것도 무상정등보리에 의지할 곳을 주거나, 능히 건립시켜서 생장시키는 까닭으로, 이 반야바라밀다는 그 무상정등보리보다 존중받고 인도한다고 마땅히 알아야 하느니라. 그러므로 나는 다만 반야바라밀다를 널리 칭찬하느니라.”

그때 천제석(天帝釋)이 세존께 아뢰어 말하였다.

“세존이시여. 지금 여래·응공·정등각께서 이 반야바라밀다에서 일체의 공덕을 설하셨으나, 모두 설하시지 않으셨습니다. 그 까닭은 무엇인가? 제가 세존을 쫓아서 받았던 반야바라밀다라는 것의 공덕은 깊고 넓으며 크기(量)가 변제(邊際)가 없으므로, 여러 선남자와 선여인 등이 이 반야바라밀다에서 지극한 마음으로 듣고서 수지(受持)하고 독송(讀誦)하며 정근하면서 수학(修學)하고 이치와 같이 사유하며 널리 유정들을 위하여 자세하게 설하고 유포시킨다면, 얻는 공덕도 역시 끝부분이 없으며, 만약 이와 같은 반야바라밀다를 서사(書寫)하여 여러 종류로 장엄하여 꾸미고, 다시 무량(無量)하고 상묘(上妙)한 화만·바르는 향·뿌리는 향·의복·영락·보배·당기·번기·일산·여러 미묘하고 진기한 음악·등불 등의 일체의 소유로 공양하고 공경하며 존중하고 찬탄한다면 얻는 공덕도 역시 변제가 없습니다.

세존이시여. 만약 이 매우 깊은 반야바라밀다에서 지극한 마음으로 듣고서 수지하고 독송하며 정근하면서 수학하고 이치와 같이 사유하며 널리 유정들을 위하여 자세하게 설하고 유포시킨다면, 이것을 이유로 곧 10선업도(十善業道)가 세간(世間)에 출현(出現)합니다. 세존이시여. 만약 이 매우 깊은 반야바라밀다에서 지극한 마음으로 듣고서 수지하고 독송하며 정근하면서 수학하고 이치와 같이 사유하며 널리 유정들을 위하여 자세하게 설하고 유포시킨다면, 이것을 이유로 곧 4정려·4무량·4무색정·5신통이 세간에 출현합니다.

세존이시여. 만약 이 매우 깊은 반야바라밀다에서 지극한 마음으로 듣고서 수지하고 독송하며 정근하면서 수학하고 이치와 같이 사유하며 널리 유정들을 위하여 자세하게 설하고 유포시킨다면, 이것을 이유로 곧 보시·정계·안인 정진·정려·반야바라밀다가 세간에 출현합니다. 세존이시여. 만약 이 매우 깊은 반야바라밀다에서 지극한 마음으로 듣고서 수지하고 독송하며 정근하면서 수학하고 이치와 같이 사유하며 널리 유정들을 위하여 자세하게 설하고 유포시킨다면, 이것을 이유로 곧 내공·외공·내외공·공공·대공·승의공·유위공·무위공·필경공·무제공·산공·무변이공·본성공·자상공·공상공·일체법공·불가득공·무성공·자성공·무성자성공이 세간에 출현합니다.

세존이시여. 만약 이 매우 깊은 반야바라밀다에서 지극한 마음으로 듣고서 수지하고 독송하며 정근하면서 수학하고 이치와 같이 사유하며 널리 유정들을 위하여 자세하게 설하고 유포시킨다면, 이것을 이유로 곧 진여·법계·법성·불허망성·불변이성·평등성·이생성·법정·법주·실제·허공계·부사의계가 세간에 나타납니다. 세존이시여. 만약 이 매우 깊은 반야바라밀다에서 지극한 마음으로 듣고서 수지하고 독송하며 정근하면서 수학하고 이치와 같이 사유하며 널리 유정들을 위하여 자세하게 설하고 유포시킨다면, 이것을 이유로 곧 고성제·집성제·멸성제·도성제가 세간에 출현합니다.

　세존이시여. 만약 이 매우 깊은 반야바라밀다에서 지극한 마음으로 듣고서 수지하고 독송하며 정근하면서 수학하고 이치와 같이 사유하며 널리 유정들을 위하여 자세하게 설하고 유포시킨다면, 이것을 이유로 곧 8해탈·8승처·9차제정·10변처가 세간에 출현합니다. 세존이시여. 만약 이 매우 깊은 반야바라밀다에서 지극한 마음으로 듣고서 수지하고 독송하며 정근하면서 수학하고 이치와 같이 사유하며 널리 유정들을 위하여 자세하게 설하고 유포시킨다면, 이것을 이유로 곧 4념주·4정단·4신족·5근·5력·7등각지·8성도지가 세간에 출현합니다.

　세존이시여. 만약 이 매우 깊은 반야바라밀다에서 지극한 마음으로 듣고서 수지하고 독송하며 정근하면서 수학하고 이치와 같이 사유하며 널리 유정들을 위하여 자세하게 설하고 유포시킨다면, 이것을 이유로 곧 공해탈문·무상해탈문·무원해탈문이 세간에 출현합니다. 세존이시여. 만약 이 매우 깊은 반야바라밀다에서 지극한 마음으로 듣고서 수지하고 독송하며 정근하면서 수학하고 이치와 같이 사유하며 널리 유정들을 위하여 자세하게 설하고 유포시킨다면, 이것을 이유로 곧 5안·6신통이 세간에 출현합니다.

　세존이시여. 만약 이 매우 깊은 반야바라밀다에서 지극한 마음으로 듣고서 수지하고 독송하며 정근하면서 수학하고 이치와 같이 사유하며 널리 유정들을 위하여 자세하게 설하고 유포시킨다면, 이것을 이유로 곧 여래의 10력과 4무소외·4무애해·대자·대비·대희·대사·18불불공법이 세간에 출현합니다. 세존이시여. 만약 이 매우 깊은 반야바라밀다에서 지극한 마음으로 듣고서 수지하고 독송하며 정근하면서 수학하고 이치와 같이 사유하며 널리 유정들을 위하여 자세하게 설하고 유포시킨다면, 이것을 이유로 곧 무망실법·항주사성이 세간에 출현합니다.

　세존이시여. 만약 이 매우 깊은 반야바라밀다에서 지극한 마음으로 듣고서 수지하고 독송하며 정근하면서 수학하고 이치와 같이 사유하며 널리 유정들을 위하여 자세하게 설하고 유포시킨다면, 이것을 이유로 곧 일체지·도상지·일체상지가 세간에 출현합니다. 세존이시여. 만약 이 매우 깊은 반야바라밀다에서 지극한 마음으로 듣고서 수지하고 독송하며 정근하면서 수학하고 이치와 같이 사유하며 널리 유정들을 위하여 자세하게 설하고 유포시킨다면, 이것을 이유로 곧 일체의 다라니문·일체의 삼마지문이 세간에 출현합니다.

세존이시여. 만약 이 매우 깊은 반야바라밀다에서 지극한 마음으로 듣고서 수지하고 독송하며 정근하면서 수학하고 이치와 같이 사유하며 널리 유정들을 위하여 자세하게 설하고 유포시킨다면, 이것을 이유로 곧 찰제리(刹帝利) 대종족(大族)·바라문(婆羅門) 대종족·장자(長者) 대종족·거사(居士) 대종족이 세간에 출현합니다. 세존이시여. 만약 이 매우 깊은 반야바라밀다에서 지극한 마음으로 듣고서 수지하고 독송하며 정근하면서 수학하고 이치와 같이 사유하며 널리 유정들을 위하여 자세하게 설하고 유포시킨다면, 이것을 이유로 곧 4대왕중천·삼십삼천·야마천·도사다천·낙변화천·타화자재천이 세간에 출현합니다.

세존이시여. 만약 이 매우 깊은 반야바라밀다에서 지극한 마음으로 듣고서 수지하고 독송하며 정근하면서 수학하고 이치와 같이 사유하며 널리 유정들을 위하여 자세하게 설하고 유포시킨다면, 이것을 이유로 곧 범중천·범보천·범회천·대범천·광천(光天)·소광천·무량광천·극광정천·정천·소정천·무량정천·변정천·광천(廣天)·소광천·무량광천·광과천이 세간에 출현합니다. 세존이시여. 만약 이 매우 깊은 반야바라밀다에서 지극한 마음으로 듣고서 수지하고 독송하며 정근하면서 수학하고 이치와 같이 사유하며 널리 유정들을 위하여 자세하게 설하고 유포시킨다면, 이것을 이유로 곧 무번천·무열천·선현천·선견천·색구경천이 세간에 출현합니다.

세존이시여. 만약 이 매우 깊은 반야바라밀다에서 지극한 마음으로 듣고서 수지하고 독송하며 정근하면서 수학하고 이치와 같이 사유하며 널리 유정들을 위하여 자세하게 설하고 유포시킨다면, 이것을 이유로 곧 공무변처천·식무변처천·무소유처천·비상비비상처천이 세간에 출현합니다. 세존이시여. 만약 이 매우 깊은 반야바라밀다에서 지극한 마음으로 듣고서 수지하고 독송하며 정근하면서 수학하고 이치와 같이 사유하며 널리 유정들을 위하여 자세하게 설하고 유포시킨다면, 이것을 이유로 곧 예류·일래·불환·아라한과 예류향·예류과·일래향·일래과·불환향·불환과·아라한향·아라한과가 세간에 출현합니다.

세존이시여. 만약 이 매우 깊은 반야바라밀다에서 지극한 마음으로 듣고서 수지하고 독송하며 정근하면서 수학하고 이치와 같이 사유하며 널리 유정들을 위하여 자세하게 설하고 유포시킨다면, 이것을 이유로 곧 독각과·독각의 보리가 세간에 출현합니다. 세존이시여. 만약 이 매우 깊은 반야바라밀다에서 지극한 마음으로 듣고서 수지하고 독송하며 정근하면서 수학하고 이치와 같이 사유하며 널리 유정들을 위하여 자세하게 설하고 유포시킨다면, 이것을 이유로 곧 보살마하살·보살마하살의 행이 세간에 출현합니다.

세존이시여. 만약 이 매우 깊은 반야바라밀다에서 지극한 마음으로 듣고서 수지하고 독송하며 정근하면서 수학하고 이치와 같이 사유하며 널리 유정들을 위하여 자세하게 설하고 유포시킨다면, 이것을 이유로 곧 제여래·응공·정등각과 무상정등보리가 세간에 출현합니다.”

그때 세존께서 천제석에게 알려 말씀하셨다.

“교시가여. 나는 이 매우 깊은 반야바라밀다를 다만 앞에서 말한 것과 같은 공덕만 있다고 말하지 않느니라. 왜 그러한가? 이와 같은 반야바라밀다는 무변(無邊)하고 수승한 공덕을 구족한 까닭이니라.

교시가여. 나는 역시 이 반야바라밀다를 지극한 마음으로 듣고서 수지하고 독송하며 정근하면서 수학하고 이치와 같이 사유하며 널리 유정들을 위하여 널리 설하고 유포시키며, 더불어 능히 서사하여 여러 종류로 장엄하여 꾸미고, 다시 여러 종류의 무량하고 상묘한 화만·바르는 향·뿌리는 향·의복·영락·보배·당기·번기·일산·여러 미묘하고 진기한 음악·등불 등의 일체의 소유로써 공양하고 공경하며 존중하고 찬탄한다면, 여러 선남자와 선여인 등이 다만 앞에서 말한 것과 같은 공덕만 있다고 말하지 않느니라.

왜 그러한가? 교시가여. 만약 선남자와 선여인 등이 일체지지의 마음을 벗어나지 않고 얻을 수 없는 것으로써 방편으로 삼아서 이 반야바라밀다에서 지극한 마음으로 듣고서 수지하고 독송하며 정근하면서 수학하고 이치와 같이 사유하며 널리 유정들을 위하여 널리 설하고 유포시키며, 더불어 능히 서사하여 여러 종류로 장엄하여 꾸미고, 다시 여러 종류의 무량하고 상묘한 화만·바르는 향·뿌리는 향·의복·영락·보배·당기·번기·일산·여러 미묘하고 진기한 음악·등불 등의 일체의 소유로써 공양하고 공경하며 존중하고 찬탄한다면, 이 선남자와 선여인 등은 무량하고 수승한 계온(戒蘊)을 성취할 것이고, 무량하고 수승한 정온(定蘊)을 성취할 것이며, 무량하고 수승한 혜온(慧蘊)을 성취할 것이고, 무량하고 수승한 해탈온(解脫蘊)을 성취할 것이며, 무량하고 수승한 해탈지견온(解脫智見蘊)을 성취할 것이니라.

교시가여. 이 선남자와 선여인 등은 여래(佛)와 같다고 마땅히 알아야 하느니라. 왜 그러한가? 결정(決定)적으로 아뇩다라삼먁삼보리를 향하여 나아가는 까닭이니라. 교시가여. 이 선남자와 선여인 등은 성문지와 독각지를 초월(超過)하느니라. 왜 그러한가? 일체의 성문과 독각의 하열(下劣)한 마음을 해탈(解脫)한 까닭이니라.

교시가여. 일체의 성문과 독각이 성취한 계온·정온·혜온·해탈온·해탈지견온은 이 선남자와 선여인 등이 성취한 계온·정온·혜온·해탈온·해탈지견온의 백분(百分)의 일(一)에도 미치지 못하고 천분(千分)의 일에도 미치지 못하며 백천분(百千分)의 일에도 미치지 못하고 구지분(俱胝分)의 일에도 미치지 못하며 일백 구지분의 일에도 미치지 못하고 일천 구지분의 일에도 미치지 못하며 백천 구지분의 일에도 미치지 못하고 백천 구지·나유다분(那庾多分)의 일에도 미치지 못하며, 수분(數分)·산분(算分)·계분(計分)·유분(喩分), 나아가 오바니살담분(鄔波尼煞曇分)의 일에도 역시 미치지 못하느니라.

왜 그러한가? 교시가여. 이 선남자와 선여인 등은 일체의 성문과 독각의 하열한 심상(心想)을 초월하므로, 일체의 성문승(聲聞乘)과 독각승(獨覺乘)의 법을 결국 칭찬하지 않으며, 일체의 법에서 알지 못하는 것이 없나니 이를테면, 능히 모든 무소유(無所有)를 바르게 아느니라.

교시가여. 만약 선남자와 선여인 등이 일체지지의 마음을 벗어나지 않고 얻을 수 없는 것으로써 방편으로 삼아서 이 반야바라밀다에서 지극한 마음으로 듣고서 수지하고 독송하며 정근하면서 수습하고 이치와 같이 사유하며 널리 유정들을 위하여 널리 설하고 유포시키며, 혹은 다시 능히 서사하여 여러 종류로 장엄하여 꾸미고, 다시 여러 종류의 무량하고 상묘한 화만·바르는 향·뿌리는 향·의복·영락·보배·당기·번기·일산·여러 미묘하고 진기한 음악·등불 등의 일체의 소유로써 공양하고 공경하며 존중하고 찬탄한다면, 이 선남자와 선여인 등에게 나는 현재와 미래의 무량하고 무변하며 수승한 공덕을 얻는다고 설하느니라."

이때 천제석이 다시 세존께 아뢰어 말하였다.

"세존이시여. 만약 선남자와 선여인 등이 일체지지의 마음을 벗어나지 않고 얻을 수 없는 것으로써 방편으로 삼아서 이 반야바라밀다에서 지극한 마음으로 듣고서 수지하고 독송하며 정근하면서 수습하고 이치와 같이 사유하며 널리 유정들을 위하여 널리 설하고 유포시키며, 혹은 다시 능히 서사하여 여러 종류로 장엄하여 꾸미고, 다시 여러 종류의 무량하고 상묘한 화만·바르는 향·뿌리는 향·의복·영락·보배·당기·번기·일산·여러 미묘하고 진기한 음악·등불 등의 일체의 소유로써 공양하고 공경하며 존중하고 찬탄한다면, 저희들의 여러 천인(天人)들은 항상 그들을 따르면서 위호(衛護)하여 일체의 사람이거나, 비인 등이 여러 종류의 악연(惡緣)으로 요란시키거나, 해치지 못하게 하겠습니다."

그때 세존께서 천제석에게 알려 말씀하셨다.

"교시가여. 만약 선남자와 선여인 등이 일체지지의 마음을 벗어나지 않고 얻을 수 없는 것으로써 방편을 이용하여 이 반야바라밀다에서 듣고서 수지하고 독송하는 때에, 무량한 백천의 천자(天子)들이 법을 듣기 위한 까닭으로 모두 와서 집회(集會)하고 환희하며 이와 같은 매우 깊은 반야바라밀다를 공경스럽게 받아들이느니라.

교시가여. 만약 선남자와 선여인 등이 일체지지의 마음을 벗어나지 않고 얻을 수 없는 것으로써 방편을 이용하여 이와 같은 매우 깊은 반야바라밀다에 상응하는 법을 널리 설하는 때에, 무량한 백천의 천자 등이 모두 와서 집회하고 천인의 위력(威力)으로써 법을 설하는 자를 증익(增益)시키고 변재(辯才)를 선양(宣暢)¹⁾하면서 끝이 없게 하느니라.

교시가여. 만약 선남자와 선여인 등이 일체지지의 마음을 벗어나지 않고 얻을 수 없는 것으로써 방편을 이용하여 이와 같은 반야바라밀다를 널리 설하는 때에, 무량한 여러 천자 등이 법을 공경하고 존중하는 까닭으로 모두 와서 집회하고, 천자의 위력으로써 법을 설하는 자의 변재를 막지 않게 하는데, 설사 장애와 액난(厄難)이 있더라도 능히 차단(遮斷)할 수 없느니라.

교시가여. 만약 선남자와 선여인 등이 일체지지의 마음을 벗어나지 않고 얻을 수 없는 것으로써 방편을 이용하여 이 반야바라밀다를 지극한 마음으로 듣고서 수지하고 독송하며 정근하면서 수학하고 이치와 같이 사유하며 널리 유정들을 위하여 널리 설하고 유포시키며, 혹은 다시 능히 서사하여 여러 종류로 장엄하여 꾸미고, 다시 여러 종류의 무량하고 상묘한 화만·바르는 향·뿌리는 향·의복·영락·보배·당기·번기·일산·여러 미묘하고 진기한 음악·등불 등의 일체의 소유로써 공양하고 공경하며 존중하고 찬탄한다면, 이 선남자와 선여인 등은 현재(現在)의 세간에서 마땅히 무변한 공덕과 수승한 이익을 얻을 것이고, 여러 마군(魔軍)과 권속들이 침범하여 어지럽힐 수 없느니라.

다시 다음으로 교시가여. 만약 선남자와 선여인 등이 4부대중의 가운데에서 이와 같이 매우 깊은 반야바라밀다를 널리 설한다면 마음에 놀람과 두려움이 없어지고 일체의 논란(論難)의 처소에서 굴복하지 않느니라. 왜 그러한가? 그들은 이와 같은 매우 깊은 반야바라밀다의 가피(加被)가

---

1) '드러내어 세상에 널리 펼친다.'는 뜻이다.

돕는 까닭이니라.

또한 이 반야바라밀다의 비밀장(秘密藏)의 가운데에는 일체의 법을 널리 분별하여 갖추고 있는 까닭이나니 이를테면, 만약 선법(善法)·불선법(不善法)·무기법(無記法)이거나, 만약 과거의 법·미래의 법·현재의 법이거나, 만약 욕계계법(欲界繫法)·색계계법(色界繫法)·무색계계법(無色界繫法)이거나, 만약 학법(學法)·무학법(無學法)·비학비무학법(非學非無學法)이거나, 만약 견소단법(見所斷法)²⁾·수소단법(修所斷法)³⁾·비소단법(非所斷法)⁴⁾이거나, 만약 세간법·출세간법이거나, 만약 유루법(有漏法)·무루법(無漏法)이거나, 만약 유위법(有爲法)·무위법(無爲法)이거나, 만약 유견법(有見法)·무견법(無見法)이거나, 만약 유색법(有色法)·무색법(無色法)이거나, 만약 공법(共法)·불공법(不共法)⁵⁾이거나, 만약 성문법(聲聞法)이거나, 만약 독각법(獨覺法)이거나, 만약 보살법(菩薩法)이거나, 만약 여래법(如來法)이거나, 여러 이와 같은 무량한 백천의 여러 종류의 법문(法門)들이 모두 이것에 섭수되느니라.

또한 이와 같이 여러 선남자와 선여인 등이 내공에 잘 머무르고, 외공에

---

2) 견소단(見所斷)은 산스크리트어 Brahman darśana-heya의 번역이고, 견도소단(見道所斷), 견단(見斷) 또는 견혹(見惑)이라고도 말한다. 『구사론』의 설일체유부의 교학에 따르면, 무루혜(無漏慧)에 의한 4제(諦)의 관찰인 견도(見道)에 의해 끊어지는 법(法)들을 말하는데, 여기서의 법은 번뇌(煩惱)인 유루법(有漏法)들과 이것들과 상응하여 함께 발생하는 불상응행법(不相應行法)들을 말한다.

3) 수소단(修所斷)은 산스크리트어 bhāvanā-heya의 번역이고, 수도소단(修道所斷), 수단(修斷) 또는 수혹(修惑)이라고 말하는데, 『구사론』의 설일체유부의 교학에 따르면 선정(禪定)을 통한 4제(四諦)를 관찰하고서, 뒤에 오랫동안 불도(佛道)를 수습한다면, 수도(修道)에 의해 끊어지는 법(法)으로, 여기서의 법은 번뇌(煩惱)인 유루법(有漏法)들과 이것들과 상응하여 함께 발생하는 불상응행법(不相應行法)들을 말한다.

4) 비소단(非所斷)은 산스크리트어 aheya의 번역이고, 『구사론』의 설일체유부의 교학에 따르면, 비택멸무위(非擇滅無爲)와 같이 견도(見道)이거나, 수도(修道)의 어느 것에서도 끊어지지 않는 법(法)을 말한다.

5) 세존의 공덕(功德)을 가리키는데, 성자나 범부의 그것과 공통되는 것은 '공법(共法)'이라고 말하고, 불보살(佛菩薩)에게 있는 것을 '불공법(不共法)', '불공불법(不共佛法)'이라고 말한다.

잘 머무르며, 내외공에 잘 머무르고, 공공에 잘 머무르며, 대공에 잘
머무르고, 승의공에 잘 머무르며, 유위공에 잘 머무르고, 무위공에 잘
머무르며, 필경공에 잘 머무르고, 무제공에 잘 머무르며, 산공에 잘 머무르
고, 무변이공에 잘 머무르며, 본성공에 잘 머무르고, 자상공에 잘 머무르며,
공상공에 잘 머무르고, 일체법공에 잘 머무르며, 불가득공에 잘 머무르고,
무성공에 잘 머무르며, 자성공에 잘 머무르고, 무성자성공에 잘 머무르는
까닭으로, 논란을 일으키는 자를 능히 보지 않고, 역시 논란을 당하는
자도 보지 않으며, 역시 설해야 하는 반야바라밀다가 있다는 것도 보지
않느니라. 이러한 까닭으로써 교시가여. 이 선남자 선여인 등은 오히려
이 반야바라밀다의 큰 위신력(威神力)이 호지(護持)하는 까닭으로, 일체의
이학(異學)들의 논란에 굴복하지 않느니라.

다시 다음으로 교시가여. 만약 선남자와 선여인 등이 이 반야바라밀다
를 지극한 마음으로 듣고서 수지하고 독송하며 정근하면서 수학하고
이치와 같이 사유하며 해설하고 서사하며 널리 널리 유포시킨다면, 이 선남자
와 선여인 등은 그 마음이 놀라지도 않고 두렵지도 않으며 겁내지도 않고
마음이 침울하며 감추지도 않고 역시 근심하거나 후회하지도 않느니라.
그 까닭은 무엇인가? 이 선남자와 선여인 등은 놀라거나 두렵거나 겁내거
나 침울하고 감추거나 근심하거나 후회할 것이 있다고 보지 않느니라.

교시가여. 만약 선남자와 선여인 등이 이러한 현재의 무변한 공덕과
수승한 이익을 얻고자 한다면, 마땅히 이와 같이 매우 깊은 반야바라밀다
에서 지극한 마음으로 듣고서 수지하고 독송하며 정근하면서 수학하고
이치와 같이 사유하며 널리 유정들을 위하여 널리 설하고 유포시키며,
혹은 다시 능히 서사하여 여러 종류로 장엄하여 꾸미고, 다시 여러 종류의
무량하고 상묘한 화만·바르는 향·뿌리는 향·의복·영락·보배·당기·번기·
일산·여러 미묘하고 진기한 음악·등불 등의 여러 소유(所有)가 끝나도록
공양하고 공경하며 존중하고 찬탄해야 하느니라.

다시 다음으로 교시가여. 만약 선남자와 선여인 등이 일체지지의 마음
을 벗어나지 않고 얻을 수 없는 것으로써 방편으로 삼고 이 반야바라밀다

에서 지극한 마음으로 듣고서 수지하고 독송하며 정근하면서 수학하고 이치와 같이 사유하며 널리 유정들을 위하여 널리 설하고 유포시키며, 혹은 다시 능히 서사하여 여러 종류로 장엄하여 꾸미고, 다시 여러 종류의 무량하고 상묘한 화만·바르는 향·뿌리는 향·의복·영락·보배·당기·번기·일산·여러 미묘하고 진기한 음악·등불 등의 여러 소유가 끝나도록 공양하고 공경하며 존중하고 찬탄한다면, 이 선남자와 선여인 등은 항상 부모·스승·어른·종친(宗親)·벗·지식(知識)·국왕(國王)·대신(大臣)과 여러 사문·바라문 등에게 사랑과 공경을 받을 것이고, 역시 시방의 무변한 세계의 일체의 여래·응공·정등각·보살마하살·독각·아라한과·불환과·일래과·예류과 등에게 사랑과 호념(愛念)을 받을 것이며, 다시 세간의 여러 천인·마군·범천과 인비인·아소락 등에게 사랑과 옹호를 받을 것이니라.

이 선남자와 선여인 등은 최고로 수승하며 끊어짐이 없는 변재를 성취할 것이고, 이 선남자와 선여인 등은 보시·정계·안인·정진·정려·반야바라밀다의 수행이 항상 끊어지거나 변제가 없으며, 이 선남자와 선여인 등은 내공·외공·내외공·공공·대공·승의공·유위공·무위공·필경공·무제공·산공·무변이공·본성공·자상공·공상공·일체법공·불가득공·무성공·자성공·무성자성공에 안주(安住)가 항상 끊어지거나 변제가 없고, 이 선남자와 선여인 등은 진여·법계·법성·불허망성·불변이성·평등성·이생성·법정·법주·실제·허공계·부사의계에 안주가 항상 끊어지거나 변제가 없으며, 이 선남자와 선여인 등은 고성제·집성제·멸성제·도성제에 안주가 항상 끊어지거나 변제가 없고, 이 선남자와 선여인 등은 4정려·4무량·4무색정의 수행이 항상 끊어지거나 변제가 없으며, 이 선남자와 선여인 등은 8해탈·8승처·9차제정·10변처의 수행이 항상 끊어지거나 변제가 없고, 이 선남자와 선여인 등은 4념주·4정단·4신족·5근·5력·7등각지·8성도지의 수행이 항상 끊어지거나 변제가 없으며, 이 선남자와 선여인 등은 공해탈문·무상해탈문·무원해탈문의 수행이 항상 끊어지거나 변제가 없고, 이 선남자와 선여인 등은 5안·6신통의 수행이 항상 끊어지거나 변제가 없으며, 이 선남자와 선여인 등은 여래의 10력·4무소외·4무애해·

대자·대비·대희·대사·18불불공법의 수행이 항상 끊어지거나 변제가 없
고, 이 선남자와 선여인 등은 무망실법·항주사성의 수행이 항상 끊어지거
나 변제가 없으며, 이 선남자와 선여인 등은 일체지·도상지·일체상지의
수행이 항상 끊어지거나 변제가 없고, 이 선남자와 선여인 등은 일체의
다라니문·일체의 삼마지문의 수행이 항상 끊어지거나 변제가 없으며,
이 선남자와 선여인 등은 유정을 성숙시키고 불토를 청정하게 장엄하면서
항상 끊어지거나 변제가 없고, 이 선남자와 선여인 등은 보살의 수승한
신통을 성취하여 여러 불토에 자재(自在)하고 장애가 없으며, 이 선남자와
선여인 등은 일체의 외도들의 이론(異論)에 항복하지 않으나, 능히 외도들
의 이론을 항복시킬 수 있느니라.

　교시가여. 만약 이 선남자와 선여인 등이 이와 같은 현재와 미래의
끊어지지 않고 변제가 없는 공덕과 수승한 이익을 얻고자 한다면, 이와
같이 매우 깊은 반야바라밀다에서 상응하여 지극한 마음으로 듣고서
수지하고 독송하며 정근하면서 수학하고 이치와 같이 사유하며 널리
유정들을 위하여 널리 설하고 유포시키며, 혹은 다시 능히 서사하여
여러 종류로 장엄하여 꾸미고, 다시 여러 종류의 무량하고 상묘한 화만·바
르는 향·뿌리는 향·의복·영락·보배·당기·번기·일산·여러 미묘하고 진
기한 음악·등불 등의 여러 소유가 끝나도록 공양하고 공경하며 존중하고
찬탄해야 하느니라.

　다시 다음으로 교시가여. 만약 이 선남자와 선여인 등이 이와 같이
매우 깊은 반야바라밀다를 서사하여 여러 종류로 장엄하여 청정한 곳에
안치하고서 공양하고 공경하며 존중하고 찬탄하는 때라면, 이 삼천대천세
계에 소유한 4대왕중천(四大王衆天)·삼십삼천(三十三天)·야마천(夜摩天)·
도사다천(覩史多天)·낙변화천(樂變化天)·타화자재천(他化自在天) 등의 이
미 아뇩다라삼먁삼보리심(阿耨多羅三藐三菩提心)을 일으킨 자들이 항상
이 처소로 와서 이와 같은 반야바라밀다를 예경하고 독송하는 것을 관찰하
고서 공양하고 공경하며 존중하고 찬탄하며, 오른쪽으로 돌면서 예경하고
합장하며 떠나가느니라.

이 삼천대천세계에 소유한 범중천(梵衆天)·범보천(梵輔天)·범회천(梵會天)·대범천(大梵天)·광천(光天)·소광천(少光天)·무량광천(無量光天)·극광정천(極光淨天)·정천(淨天)·소정천(少淨天)·무량정천(無量淨天)·변정천(遍淨天)·광천(廣天)·소광천(少廣天)·무량광천(無量廣天)·광과천(廣果天) 등의 이미 아뇩다라삼먁삼보리심을 일으킨 자들이 항상 이 처소로 와서 이와 같은 반야바라밀다를 예경하고 독송하는 것을 관찰하고서 공양하고 공경하며 존중하고 찬탄하며, 오른쪽으로 돌면서 예경하고 합장하며 떠나가며, 이 삼천대천세계에 소유한 정거천(淨居天)인 이를테면, 무번천(無繁天)·무열천(無熱天)·선현천(善現天)·선견천(善見天)·색구경천(色究竟天) 등도 역시 항상 이 처소로 와서 이와 같은 반야바라밀다를 예경하고 독송하는 것을 관찰하고서 공양하고 공경하며 존중하고 찬탄하며, 오른쪽으로 돌면서 예경하고 합장하며 떠나가느니라.

이때 이 세계의 가운데에서 위덕이 있는 여러 용(龍)·약차(藥叉)·건달박(健達縛)·아소락(阿素洛)·갈로다(揭路茶)·긴나락(緊捺洛)·막호락가(莫呼洛伽)·인비인(人非人) 등도 역시 항상 이 처소로 와서 이와 같은 반야바라밀다를 예경하고 독송하는 것을 관찰하고서 공양하고 공경하며 존중하고 찬탄하며, 오른쪽으로 돌면서 예경하고 합장하며 떠나가느니라.

그때 시방의 무변한 세계에서 소유한 4대왕중천·삼십삼천·야마천·도사다천·낙변화천·타화자재천 등의 이미 아뇩다라삼먁삼보리심을 일으킨 자들이 항상 이 처소로 와서 이와 같은 반야바라밀다를 예경하고 독송하는 것을 관찰하고서 공양하고 공경하며 존중하고 찬탄하며, 오른쪽으로 돌면서 예경하고 합장하며 떠나가고, 시방의 무변한 세계에서 소유한 범중천·범보천·범회천·대범천·광천·소광천·무량광천·극광정천·정천·소정천·무량정천·변정천·광천·소광천·무량광천·광과천 등의 이미 아뇩다라삼먁삼보리심을 일으킨 자들이 항상 이 처소로 와서 이와 같은 반야바라밀다를 예경하고 독송하는 것을 관찰하고서 공양하고 공경하며 존중하고 찬탄하며, 오른쪽으로 돌면서 예경하고 합장하며 떠나가며, 시방의 무변한 세계에서 소유한 정거천인 이를테면, 무번천·무열천·선현천·선견천·색구경천 등의 이미 아뇩다라삼먁삼보리심을 일으킨 자들이 항상 이 처소로 와서 이와 같은 반야바라밀다를 예경하고 독송하는 것을 관찰하고서 공양하고 공경하며 존중하고 찬탄하며, 오른쪽으로 돌면서 예경하고 합장하며 떠나가느니라.

이때 그 세계에 있는 큰 위덕을 지닌 모든 용·약차·건달박·아소락·갈로다·긴나락·막호락가·인비인 등도 항상 이 처소로 와서 이와 같은 반야바라밀다를 예경하고 독송하는 것을 관찰하고서 공양하고 공경하며 존중하고 찬탄하며, 오른쪽으로 돌면서 예경하고 합장하며 떠나가느니라.

교시가여. 이 선남자와 선여인 등은 상응하여 이렇게 생각을 지어야 하느니라.

'지금 이 삼천대천세계와 아울러 나머지 시방의 무변한 세계에 있는 4대왕중천·삼십삼천·야마천·도사다천·낙변화천·타화자재천·범중천·범보천·범회천·대범천·광천·소광천·무량광천·극광정천·정천·소정천·무량정천·변정천·광천·소광천·무량광천·광과천·무번천·무열천·선현천·선견천·색구경천과 더불어 나머지 무량한 큰 위덕이 있는 여러 용·약차·건달박·아소락·갈로다·긴나락·막호락가·인비인 등이 항상 이곳으로 와서 내가 서사한 매우 깊은 반야바라밀다에 예경하고 독송하는 것을 관찰하고서 공양하고 공경하며 존중하고 찬탄하며, 오른쪽으로 돌면서 예경하고 합장하며 떠나가느니라. 이것은 곧 내가 이미 법시(法施)를 베푼 것이니라.'

이렇게 생각하고서 환희하면서 얻게 하는 복덕이 두 배를 다시 증장하느니라.

교시가여. 이 선남자와 선여인 등이 오히려 이 삼천대천세계와 아울러 나머지 시방의 무변한 세계에서 소유한 4대왕중천·삼십삼천·야마천·도사다천·낙변화천·타화자재천·범중천·범보천·범회천·대범천·광천·소광천·무량광천·극광정천·정천·소정천·무량정천·변정천·광천·소광천·무량광천·광과천·무번천·무열천·선현천·선견천·색구경천과 더불어 나머지 무량한 큰 위덕이 있는 여러 용·약차·건달박·아소락·갈로다·긴나락

·막호락가·인비인 등이 항상 이곳에 와서 이르러서 따르면서 옹호하여 일체의 인비인 등에게 번뇌와 피해를 당하지 않으나, 오직 숙세(宿世)에 결정된 악업을 인연하여 현세에 상응하는 이숙(異熟)은 제외하는데, 혹은 무거운 업을 전전하여 현세에 가볍게 받기도 하느니라.

교시가여. 이 선남자와 선여인 등은 오히려 이 반야바라밀다의 큰 위신력으로 이와 같이 현세에서 여러 종류의 공덕과 수승한 이익을 얻는데 이를테면, 여러 천인 등이 이미 무상정등보리를 일으킨 자들이거나, 혹은 불법(佛法)에 의지하여 이미 수승한 이익과 안락한 일을 얻은 자들이 법을 공경하고 존중하는 까닭으로 항상 이곳으로 와서 이르러서 따르면서 옹호하므로 그 세력이 증장하느니라.

그 까닭은 무엇인가? 이 선남자와 선여인 등은 이미 무상정등각(無上正等覺)의 마음을 일으켰고, 항상 여러 유정들을 구제하여 고통을 없애주는 까닭이고, 항상 여러 유정들을 성숙시키는 까닭이며, 항상 여러 유정들을 버리지 않는 까닭이고, 항상 여러 유정들을 이익되고 안락하게 하는 까닭으로, 그 여러 천인 등도 역시 이와 같이 이러한 인연을 이유로 항상 따르면서 옹호하느니라.”

마하반야바라밀다경 제127권

30. 교량공덕품(校量功悳品)(25)

이때 천제석이 다시 세존께 아뢰어 말하였다.

"세존이시여. 이 선남자와 선여인 등이 어찌 이 삼천대천세계와 아울러 나머지 시방의 무변한 세계에서 소유한 4대왕중천·삼십삼천·야마천·도사다천·낙변화천·타화자재천·범중천·범보천·범회천·대범천·광천·소광천·무량광천·극광정천·정천·소정천·무량정천·변정천·광천·소광천·무량광천·광과천·무번천·무열천·선현천·선견천·색구경천 등과 나머지의 무량하고 큰 위덕이 있는 여러 용·약차·건달박·아소락·갈로다·긴나라·마호락가·인비인 등이 처소에 왔고 이르러서 그들이 서사한 매우 깊은 반야바라밀다를 관찰하고서 예경하고 독송하면서 공양하고 공경하며 존중하고 찬탄하며 합장하고 오른쪽으로 돌면서 환희하며 호념(護念)하는 것을 알 수 있다고 말합니까?"

그때 세존께서 천제석에게 알려 말씀하셨다.

"교시가여. 이 선남자와 선여인 등이 이와 같이 매우 깊은 반야바라밀다를 안치한 처소에 미묘한 광명이 있는 것을 보았거나, 혹은 그 처소에서 기이한 향기가 넘치는 것을 맡았거나, 만약 천상세계의 음악을 들었다면, 마땅히 그때 큰 신력(神力)을 지녔고 위덕(威德)이 치성(熾盛)한 여러 천인과 용들이 그 처소로 왔고 이르러서 그들이 서사한 매우 깊은 반야바라밀다를 관찰하고서 예경하고 독송하면서 공양하고 공경하며 존중하고 찬탄하며 합장하고 오른쪽으로 돌면서 환희하며 호념한다고 마땅히 알아야 하느니라.

다시 다음으로 교시가여. 이 선남자와 선여인 등이 청정하고 미묘한 행을 수행하고 그 처소를 깨끗하게 장엄하고 지극한 마음으로 이와 같은 반야바라밀다에 공양한다면, 그때 큰 신력을 지녔고 위덕이 치성한 여러 천인과 용들이 그 처소로 와서 이르며 그들이 서사한 매우 깊은 반야바라밀다를 관찰하고서 예경하고 독송하면서 공양하고 공경하며 존중하고 찬탄하며 합장하고 오른쪽으로 돌면서 환희하며 호념한다고 마땅히 알아야 하느니라.

교시가여. 이와 같이 큰 신력을 지녔고 위덕이 치성한 여러 천인과 용들이 그 처소로 와서 이르렀다면, 이 가운데에서 소유하였던 삿된 귀신과 악귀(惡鬼)들이 놀라고 두려워서 달아나고 감히 머무르는 자가 없나니, 이러한 인연으로 이 선남자와 선여인 등의 마음이 곧 넓고 커져서 수습하는 선업(善業)이 두 배로 다시 증장하여 일체의 하는 일에 장애가 없느니라.

이러한 까닭으로써 교시가여. 만약 이 반야바라밀다가 있는 처소를 따라서 주위에 여러 부정(不淨)한 물건을 없애고, 쓸고 닦으며 바르고 수리하며 향수를 뿌리고 보좌(寶座)를 설치하여 펼치고서 반야바라밀다를 안치하고 향을 피우고 꽃을 뿌리며 휘장(幃)과 일산을 펼쳐서 시설하며, 보배·당기·번기·방울 등을 그 가운데의 중간에 장식하고, 의복(衣服)·영락(纓絡)·금·은·보배그릇 등의 여러 미묘하고 진기(珍奇)한 음악·등불 등과 무량한 여러 가지의 비단으로 그 처소를 장엄해야 하느니라. 만약 이와 같이 반야바라밀다에 공양한다면 곧 무량한 큰 신력을 지녔고 위덕이 치성한 여러 천인과 용들이 함께 그 처소로 와서 이르며 그들이 서사한 매우 깊은 반야바라밀다를 관찰하고서 예경하고 독송하면서 공양하고 공경하며 존중하고 찬탄하며 합장하고 오른쪽으로 돌면서 환희하며 호념한다고 마땅히 알아야 하느니라.

다시 다음으로 교시가여. 이 선남자와 선여인 등이 만약 능히 이와 같은 반야바라밀다에 공양한다면, 몸과 마음의 피로가 없어지며 몸이

안락하고 마음도 안락하며 몸이 가볍고 마음도 가벼우며 몸도 조화로워서
온유하고(調柔) 마음도 조화로워서 온유하며 몸도 안은(安穩)하고 마음도
안은하느니라. 마음을 반야바라밀다에 묶어둔다면 밤에 자고 휴식하는
때에 여러 악몽(惡夢)이 없어지고 다만 선몽(善夢)을 얻는데 이를테면,
여래·응공·정등각의 색신(色身)이 진금색(眞金色)이고 32대장부상(三十
二大丈夫相)과 80수호(八十隨好)를 갖추시고 원만하게 장엄하셨으며, 대광
명(大光明)을 뿜어내시어 일체의 세상을 널리 비추시고, 성문과 보살들에
게 앞뒤로 위요(圍繞)되신 것을 보거나, 스스로가 대중의 가운데에서
세존께서 그들을 위하여 설하시는 보시바라밀다·정계바라밀다·안인바
라밀다·정진바라밀다·정려바라밀다·반야바라밀다에 상응(相應)하는
법을 듣거나, 세존께서 그들을 위하여 설하시는 내공·외공·내외공·공공·
대공·승의공·유위공·무위공·필경공·무제공·산공·무변이공·본성공·
자상공·공상공·일체법공·불가득공·무성공·자성공·무성자성공에 상응
하는 법을 듣거나, 세존께서 그들을 위하여 설하시는 진여·법계·법성·불
허망성·불변이성·평등성·이생성·법정·법주·실제·허공계·부사의계에
상응하는 법을 듣거나, 세존께서 그들을 위하여 설하시는 고성제·집성제·
멸성제·도성제에 상응하는 법을 듣거나, 세존께서 그들을 위하여 설하시
는 4정려·4무량·4무색정에 상응하는 법을 듣거나, 세존께서 그들을 위하
여 설하시는 8해탈·8승처·9차제정·10변처에 상응하는 법을 듣거나, 세존
께서 그들을 위하여 설하시는 4념주·4정단·4신족·5근·5력·7등각지·8성
도지에 상응하는 법을 듣거나, 세존께서 그들을 위하여 설하시는 공해탈
문·무상해탈문·무원해탈문에 상응하는 법을 듣거나, 세존께서 그들을
위하여 설하시는 5안·6신통에 상응하는 법을 듣거나, 세존께서 그들을
위하여 설하시는 여래의 10력·4무소외·4무애해·대자·대비·대희·대사·
18불불공법에 상응하는 법을 듣거나, 세존께서 그들을 위하여 설하시는
무망실법·항주사성에 상응하는 법을 듣거나, 세존께서 그들을 위하여
설하시는 일체지·도상지·일체상지에 상응하는 법을 듣거나, 세존께서
그들을 위하여 설하시는 일체의 다라니문·일체의 삼마지문에 상응하는

법을 듣거나, 세존께서 그들을 위하여 설하시는 일체의 보살마하살의
행에 상응하는 법을 듣거나, 세존께서 그들을 위하여 설하시는 제불의
무상정등보리에 상응하는 법을 듣느니라.

다시 보시바라밀다·정계바라밀다·안인바라밀다·정진바라밀다·정려
바라밀다·반야바라밀다에 상응하는 법의 뜻(義)을 분별하시는 것을 듣거
나, 다시 내공·외공·내외공·공공·대공·승의공·유위공·무위공·필경공·
무제공·산공·무변이공·본성공·자상공·공상공·일체법공·불가득공·무
성공·자성공·무성자성공에 상응하는 법의 뜻을 분별하시는 것을 듣거나,
다시 진여·법계·법성·불허망성·불변이성·평등성·이생성·법정·법주·
실제·허공계·부사의계에 상응하는 법의 뜻을 분별하시는 것을 뜻을 분별
하시는 것을 듣거나, 다시 고성제·집성제·멸성제·도성제에 상응하는
법의 뜻을 분별하시는 것을 듣거나, 다시 4정려·4무량·4무색정에 상응하
는 법의 뜻을 듣거나, 다시 8해탈·8승처·9차제정·10변처에 상응하는
법의 뜻을 분별하시는 것을 듣거나, 다시 4념주·4정단·4신족·5근·5력·7
등각지·8성도지에 상응하는 법의 뜻을 분별하시는 것을 듣거나, 다시
공해탈문·무상해탈문·무원해탈문에 상응하는 법의 뜻을 분별하시는 것
을 듣거나, 다시 5안·6신통에 상응하는 법의 뜻을 분별하시는 것을 듣거나,
다시 여래의 10력·4무소외·4무애해·대자·대비·대희·대사·18불불공법
에 상응하는 법의 뜻을 분별하시는 것을 듣거나, 다시 무망실법·항주사성
에 상응하는 법의 뜻을 분별하시는 것을 듣거나, 다시 일체지·도상지·일체
상지에 상응하는 법의 뜻을 분별하시는 것을 듣거나, 다시 일체의 다라니
문·일체의 삼마지문에 상응하는 법의 뜻을 분별하시는 것을 듣거나,
다시 일체의 보살마하살의 행에 상응하는 법의 뜻을 분별하시는 것을
듣거나, 다시 제불의 무상정등보리에 상응하는 법의 뜻을 분별하시는
것을 듣느니라.

혹은 꿈속에서 크기가 높고 크며 많은 보배로 장엄된 보리수를 보거나,
대보살(大菩薩)이 보리수로 나아가서 결가부좌(結跏趺坐)하고 마군(魔怨)
을 항복시키고 무상정등보리를 증득하고서 미묘한 법륜을 굴려 한량없이

많은 중생을 제도하는 것을 보느니라.

다시 무량한 백천 구지(俱胝)·나유다(那庾多)의 보살마하살들이 함께 모여 여러 종류의 법의 뜻을 논의하는 것을 보는데 이를테면, '이와 같이 상응하여 유정을 성숙시켜야 한다.', '이와 같이 상응하여 불국토를 청정하게 장엄하여야 한다.', '이와 같이 상응하여 마군을 항복시켜야 한다.', '이와 같이 상응하여 보살의 행을 닦아야 한다.', '이와 같이 상응하여 일체지지를 섭수하여 취해야 한다.'는 것이니라.

혹은 다시 꿈속에서 동방(東方)의 무량한 백천 구지·나유타의 여래를 보거나, 역시 음성을 듣는데 이를테면, 어느 세계에서 명호가 누구이신 여래·응공·정등각께서 약간의 백천 구지·나유타의 보살마하살이거나, 약간의 백천 구지·나유타의 성문 제자들에게 공경받고 위요되셨으며 그들을 위하여 설법하시는 것과 남방(南方)·서방(西方)·북방(北方)·사유(四維)와 상·하(上下)의 세계에서도 역시 다시 이와 같은 것을 보느니라.

혹은 다시 꿈속에서 동방의 한량없는 무량한 백천 구지·나유타의 여래께서 반열반(般涅槃)에 들어가시는 것을 보거나, 한 분·한 분의 여래께서 반열반에 들어가신 뒤에 각자의 시주(施主)가 있어서 여래의 설리라(設利羅)[1]에 공양하기 위하여 미묘한 7보로써 각자 무량한 백천 구지·나유타 숫자의 여러 솔도파(窣堵波)[2]를 일으키고, 다시 그 하나·하나의 솔도파에 각자 무량하고 상묘한 화만·바르는 향·뿌리는 향·의복·영락·보배·당기·번기·일산·여러 미묘하고 진기한 음악·등불 등을 무량겁(無量劫)이 지나도록 공양하고 공경하며 존중하고 찬탄하는 것을 보는 것이며, 남방·서방·북방·사유와 상·하의 세계에서도 역시 다시 이와 같은 것을 보느니라.

교시가여. 이 선남자와 선여인 등이 이와 같은 종류의 여러 선몽(善夢)의 상(相)을 본다면, 만약 잠자거나, 만약 깨어 있더라도 몸과 마음이 안락하나니, 여러 천신(天神)들이 그들의 정기(精氣)를 더하여서 그들이 몸이 가볍고 편함을 스스로가 느끼게 하는 것이니라. 이러한 인연을 이유로

---

1) 산스크리트어 śarīra의 음사이고, 사리(舍利)를 가리킨다.
2) 산스크리트어 stūpa의 음사이고, 탑(塔)을 가리킨다.

음식·의약품(醫藥)·의복·와구(臥具)를 많이 탐내지 않아야 네 가지의 공
양물에서 그의 마음이 가벼워지나니, 마치 유가사(瑜伽師)3)들이 수승하고
미묘한 정려(勝妙定)에 들어간다면, 그 정려의 힘을 이유로 몸과 마음이
더욱 윤택해지고, 정려에서 이미 나왔더라도 여러 맛있는 음식에서 그
마음이 가벼운 것과 같이, 역시 이와 같으니라.

왜 그러한가? 교시가여. 이 선남자와 선여인 등은 오히려 이 삼천대천세
계와 아울러 나머지 시방(十方)의 무변한 세계의 일체 여래·응공·정등각·
성문·보살·천인·용·약차·건달박·아소락·갈로다·긴나락·막호락가·인
비인 등의 큰 신력과 수승한 위덕을 갖춘 자들이 자비로 호념하고, 미묘한
정기를 은근하게 몸과 마음에 불어넣어 그 뜻이 용맹하며 몸이 충실하고
왕성하게 하는 까닭이니라.

교시가여. 만약 선남자와 선여인 등이 이와 같은 현세의 공덕을 얻고자
한다면, 일체지지에 상응하는 마음을 일으키고 얻을 수 없는 것으로써
방편으로 삼아서 이 반야바라밀다를 지극한 마음으로 듣고서 수지하고
독송하며 정근하면서 수학하고 이치와 같게 사유하며 해설하고 서사하면
서 널리 유포시켜야 하느니라.

교시가여. 만약 선남자와 선여인 등이 비록 반야바라밀다에서 능히
듣고서 수지하고 독송하며 정근하면서 수학하고 이치와 같게 사유하며
해설하고 서사하면서 널리 유포시킬 수 없더라도, 다만 서사하고 많은
보배로 장엄하여 꾸미고, 다시 여러 종류의 상묘한 화만·바르는 향·뿌리는
향·의복·영락·보배·당기·번기·일산·여러 미묘하고 진기한 음악·등불
등으로써 여러 소유한 것이 없어지도록 공양하고 공경하며 존중하고
찬탄한다면, 역시 앞에서 설한 것과 같은 공덕을 얻을 것이니라. 왜
그러한가? 교시가여. 만약 선남자와 선여인 등은 능히 무량한 여러 중생들
에게 널리 이익과 안락을 주는 까닭이니라.

---

3) 산스크리트어 yogācāra의 음사이고, ‘요가를 행하는 자’라는 뜻으로, 선(禪)을
   수행하는 사문을 가리킨다. 상좌부(上座部)의 한 부파이고, 유식학(唯識學)을 발전
   시켰다.

다시 다음으로 교시가여. 만약 선남자와 선여인 등이 일체지지에 상응하는 마음을 일으키고 얻을 수 없는 것으로써 방편으로 삼아서 이 반야바라밀다를 지극한 마음으로 듣고서 수지하고 독송하며 정근하면서 수학하고 이치와 같게 사유하며 해설하고 서사하면서 널리 유포시키거나, 혹은 서사하고 많은 보배로 장엄하여 꾸미거나, 다시 여러 종류의 상묘한 화만·바르는 향·뿌리는 향·의복·영락·보배·당기·번기·일산·여러 미묘하고 진기한 음악·등불 등으로써 여러 소유한 것이 없어지도록 공양하고 공경하며 존중하고 찬탄한다면, 이 선남자와 선여인 등이 이 인연으로 무량한 복을 얻고 목숨을 마치도록 무량한 종류의 상묘한 음식·의약품·와구·의복 등의 자구(資具)의 인연으로 시방세계의 제여래·응공·정등각과 제자들에게 공양하고 공경하며 존중하고 찬탄하는 것보다 수승할 것이며, 역시 시방의 여래와 제자들이 반열반하신 뒤에 설리라에 공양하기 위하여 미묘한 7보로 높고 넓으며 화려하게 장엄한 솔도파를 일으키고서 다시 무량한 천상의 미묘한 화만·바르는 향·뿌리는 향·의복·영락·보배·당기·번기·일산·여러 미묘하고 진기한 음악·등불 등으로써 그 목숨이 마치도록 공양하고 공경하며 존중하고 찬탄하는 것보다 수승하느니라.

왜 그러한가? 교시가여. 시방의 제불과 제자들이 모두 이와 같은 매우 깊은 반야바라밀다로 인연하여 출생(出生)하였던 까닭이니라."

그때 세존께서 천제석에게 알려 말씀하셨다.

"교시가여. 가사(假使) 이 남섬부주(南贍部洲)에 충만(充滿)한 세존의 설리라를 하나의 부분으로 삼고, 서사하였던 이와 같은 매우 깊은 반야바라밀다를 다시 하나의 부분으로 삼는다면, 이 두 부분의 가운데에서 그대는 어느 것을 취하겠는가?"

이때 천제석이 곧 세존께 아뢰어 말하였다.

"세존이시여. 가사 이 남섬부주에 충만한 세존의 설리라를 하나의 부분으로 삼고, 서사하였던 이와 같은 매우 깊은 반야바라밀다를 다시 하나의 부분으로 삼는다면, 이 두 부분의 가운데에서 저의 뜻은 이와 같은 반야바라밀다를 취하겠습니다. 왜 그러한가? 제가 제불의 설리라 처소에서 믿고 받아들이지 않는 것도 아니고 흔쾌하게 즐거워하며 공양하고 공경하며 존중하고 찬탄하지 않는 것도 아닙니다. 그러나 설리라는 모두 반야바라밀다로 인연하여 출생하는 까닭이고, 이 반야바라밀다의 공덕과 세력의 처소에서 훈습하면서 수습하는 까닭이며, 더욱이 일체 세간의 천인·아소락 등이 무량한 종류의 상묘한 화만·바르는 향·뿌리는 향·의복·영락·보배·당기·번기·일산·여러 미묘하고 진기한 음악·등불 등으로써 여러 소유한 것이 없어지도록 공양하고 공경하며 존중하고 찬탄합니다."

그때 사리자(舍利子)가 천제석에게 알려 말하였다.

"교시가여. 이와 같은 반야바라밀다는 이미 취할 수도 없고 색(色)도 없으며 볼 수(見)도 없고 상대(相對)가 없는 하나의 상(一相)인 이를테면, 무상(無相)인데 그대가 어찌 취한다고 말할 수 있겠습니까? 그 까닭이 무엇인가? 이와 같은 반야바라밀다는 취(取)할 수 없고 버릴(捨) 수 없으며. 늘어남(增)도 없고 줄어듦(減)도 없으며, 모임(聚)도 없고 흩어짐(散)도 없으며, 이익(益)도 없고 손해(損)도 없으며, 염오(染)도 없고 청정함(淨)도 없으며, 이와 같은 반야바라밀다는 제불의 법을 주지(與) 않고 이생(異生)의 법을 버리지 않으며, 보살의 법을 주지 않고 이생의 법을 버리지 않으며, 독각의 법을 주지 않고 이생의 법을 버리지 않으며, 성문의 법을 주지 않고 이생의 법을 버리지 않으며, 무위계(無爲界)를 주지 않고 유위계(有爲界)를 버리지 않습니다.

이와 같은 반야바라밀다는 보시바라밀다를 주지 않고, 정계·안인·정진·정려·반야바라밀다도 주지 않습니다. 이와 같은 반야바라밀다는 내공을 주지 않고, 외공·내외공·공공·대공·승의공·유위공·무위공·필경공·무제공·산공·무변이공·본성공·자상공·공상공·일체법공·불가득공·무성공·자성공·무성자성공도 주지 않습니다. 이와 같은 반야바라밀다는 진여를 주지 않고, 법계·법성·불허망성·불변이성·평등성·이생성·법정·법주·실제·허공계·부사의계도 주지 않습니다. 이와 같은 반야바라밀다는 고성제를 주지 않고, 집·멸·도성제도 주지 않습니다.

이와 같은 반야바라밀다는 4정려를 주지 않고, 4무량·4무색정도 주지 않습니다. 이와 같은 반야바라밀다는 8해탈을 주지 않고, 8승처·9차제정·10변처도 주지 않습니다. 이와 같은 반야바라밀다는 4념주를 주지 않고, 4정단·4신족 5근·5력·7등각지·8성도지도 주지 않습니다. 이와 같은 반야바라밀다는 공해탈문을 주지 않고, 무상·무원해탈문도 주지 않습니다. 이와 같은 반야바라밀다는 5안을 주지 않고, 6신통도 주지 않습니다. 이와 같은 반야바라밀다는 여래의 10력을 주지 않고, 4무소외·4무애해·대자·대비·대희·대사·18불불공법도 주지 않습니다.

이와 같은 반야바라밀다는 무망실법을 주지 않고, 항주사성도 주지 않습니다. 이와 같은 반야바라밀다는 일체지를 주지 않고, 도상지·일체상지도 주지 않습니다. 이와 같은 반야바라밀다는 일체의 다라니문을 주지 않고, 일체의 삼마지문도 주지 않습니다. 이와 같은 반야바라밀다는 예류과를 주지 않고, 일래과·불환과·아라한과도 주지 않습니다. 이와 같은 반야바라밀다는 독각의 보리를 주지 않고, 이와 같은 반야바라밀다는 보살마하살의 행을 주지 않으며, 이와 같은 반야바라밀다는 무상정등보리도 주지 않습니다."

그때 천제석이 사리자에게 알려 말하였다.

"그와 같습니다. 그와 같습니다. 진실로 말씀하신 것과 같습니다. 대덕(大德)이시여. 이와 같은 반야바라밀다는 진실로 취할 수도 없고 색도 없으며 볼 수 없고 상대도 없는 하나의 상인 이를테면, 무상(無相)입니다. 대덕이시여. 이와 같은 반야바라밀다는 취할 수 없고 버릴 수 없으며. 늘어남도 없고 줄어듦도 없으며, 모임도 없고 흩어짐도 없으며, 이익도 없고 손해도 없으며, 염오도 없고 청정함도 없습니다.

대덕이시여. 이와 같은 반야바라밀다는 제불의 법을 주지 않고 이생의 법을 버리지 않으며, 보살의 법을 주지 않고 이생의 법을 버리지 않으며, 독각의 법을 주지 않고 이생의 법을 버리지 않으며, 성문의 법을 주지 않고 이생의 법을 버리지 않으며, 무위계를 주지 않고 유위계를 버리지 않습니다.

대덕이시여. 이와 같은 반야바라밀다는 보시바라밀다를 주지 않고, 정계·안인·정진·정려·반야바라밀다도 주지 않습니다. 대덕이시여. 이와 같은 반야바라밀다는 내공을 주지 않고, 외공·내외공·공공·대공·승의공·유위공·무위공·필경공·무제공·산공·무변이공·본성공·자상공·공상공·일체법공·불가득공·무성공·자성공·무성자성공도 주지 않습니다. 대덕이시여. 이와 같은 반야바라밀다는 진여를 주지 않고, 법계·법성·불허망성·불변이성·평등성·이생성·법정·법주·실제·허공계·부사의계도 주지 않습니다.

대덕이시여. 이와 같은 반야바라밀다는 고성제를 주지 않고, 집·멸·도성제도 주지 않습니다. 대덕이시여. 이와 같은 반야바라밀다는 4정려를 주지 않고, 4무량·4무색정도 주지 않습니다. 대덕이시여. 이와 같은 반야바라밀다는 8해탈을 주지 않고, 8승처·9차제정·10변처도 주지 않습니다. 대덕이시여. 이와 같은 반야바라밀다는 4념주를 주지 않고, 4정단·4신족5근·5력·7등각지·8성도지도 주지 않습니다. 대덕이시여. 이와 같은 반야바라밀다는 공해탈문을 주지 않고, 무상·무원해탈문도 주지 않습니다. 대덕이시여. 이와 같은 반야바라밀다는 5안을 주지 않고, 6신통도 주지 않습니다.

대덕이시여. 이와 같은 반야바라밀다는 여래의 10력을 주지 않고, 4무소외·4무애해·대자·대비·대희·대사·18불불공법도 주지 않습니다. 대덕이시여. 이와 같은 반야바라밀다는 무망실법을 주지 않고, 항주사성도 주지 않습니다. 이와 같은 반야바라밀다는 일체지를 주지 않고, 도상지·일체상지도 주지 않습니다. 대덕이시여. 이와 같은 반야바라밀다는 일체의 다라니문을 주지 않고, 일체의 삼마지문도 주지 않습니다.

대덕이시여. 이와 같은 반야바라밀다는 예류과를 주지 않고, 일래과·불환과·아라한과도 주지 않습니다. 대덕이시여. 이와 같은 반야바라밀다는 독각의 보리를 주지 않습니다. 대덕이시여. 이와 같은 반야바라밀다는 보살마하살의 행을 주지 않습니다. 대덕이시여. 이와 같은 반야바라밀다는 무상정등보리도 주지 않습니다.

대덕이시여. 만약 반야바라밀다에서 능히 이와 같이 안다면 이것은 진실로 매우 깊은 반야바라밀다를 취하는 것이고, 역시 진실로 매우 깊은 반야바라밀다를 수행하는 것입니다. 왜 그러한가? 매우 깊은 반야바라밀다는 두 가지의 행(二行)을 따르지 않고 두 가지의 상(二相)이 없는 까닭이며, 이와 같이 정려·정진·안인·정계·보시바라밀다도 역시 두 가지의 행을 따르지 않고 두 가지의 상(相)이 없는 까닭입니다.”

그때 세존께서 천제석을 칭찬하여 말씀하셨다.

“옳도다. 옳도다. 그대가 말한 것과 같으니라. 매우 깊은 반야바라밀다는 두 가지의 행을 따르지 않느니라. 왜 그러한가? 매우 깊은 반야바라밀다는 두 가지의 상(相)이 없는 까닭이니라. 이와 같이 정려·정진·안인·정계·보시바라밀다도 역시 따르지 않느니라. 왜 그러한가? 이와 같은 정려·정진·안인·정계·보시바라밀다도 역시 두 가지의 상이 없는 까닭이니라.

교시가여. 여러 유정들이 매우 깊은 반야바라밀다에 두 가지의 상(相)이 있게 하고자 하였다면, 곧 진여(眞如)에도 역시 두 가지의 상이 있게 하려는 것이니라. 왜 그러한가? 교시가여. 매우 깊은 반야바라밀다와 진여는 무이(無二)이고 둘로 나눌 수 없는 까닭이니라. 교시가여. 여러 유정들이 정려·정진·안인·정계·보시바라밀다에 두 가지의 상이 있게 하고자 하였다면, 곧 진여에도 역시 두 가지의 상이 있게 하려는 것이니라. 왜 그러한가? 교시가여. 정려·정진·안인·정계·보시바라밀다와 진여는 무이이고 둘로 나눌 수 없는 까닭이니라.

교시가여. 여러 유정들이 매우 깊은 반야바라밀다에 두 가지의 상이 있게 하고자 하였다면, 곧 법계(法界)에도 역시 두 가지의 상이 있게 하려는 것이니라. 왜 그러한가? 교시가여. 매우 깊은 반야바라밀다와 법계는 무이이고 둘로 나눌 수 없는 까닭이니라. 교시가여. 여러 유정들이 정려·정진·안인·정계·보시바라밀다에 두 가지의 상이 있게 하고자 하였다면, 곧 법계에도 역시 두 가지의 상이 있게 하려는 것이니라. 왜 그러한가? 교시가여. 정려·정진·안인·정계·보시바라밀다와 법계는 무이이고 둘로 나눌 수 없는 까닭이니라.

교시가여. 여러 유정들이 매우 깊은 반야바라밀다에 두 가지의 상이 있게 하고자 하였다면, 곧 법성(法性)에도 역시 두 가지의 상이 있게 하려는 것이니라. 왜 그러한가? 교시가여. 매우 깊은 반야바라밀다와 법성은 무이이고 둘로 나눌 수 없는 까닭이니라. 교시가여. 여러 유정들이 정려·정진·안인·정계·보시바라밀다에 두 가지의 상이 있게 하고자 하였다면, 곧 법성에도 역시 두 가지의 상이 있게 하려는 것이니라. 왜 그러한가? 교시가여. 정려·정진·안인·정계·보시바라밀다와 법성은 무이이고 둘로 나눌 수 없는 까닭이니라.

교시가여. 여러 유정들이 매우 깊은 반야바라밀다에 두 가지의 상이 있게 하고자 하였다면, 곧 불허망성(不虛妄性)에도 역시 두 가지의 상이 있게 하려는 것이니라. 왜 그러한가? 교시가여. 매우 깊은 반야바라밀다와 불허망성은 무이이고 둘로 나눌 수 없는 까닭이니라. 교시가여. 여러 유정들이 정려·정진·안인·정계·보시바라밀다에 두 가지의 상이 있게 하고자 하였다면, 곧 불허망성에도 역시 두 가지의 상이 있게 하려는 것이니라. 왜 그러한가? 교시가여. 정려·정진·안인·정계·보시바라밀다와 불허망성은 무이이고 둘로 나눌 수 없는 까닭이니라.

교시가여. 여러 유정들이 매우 깊은 반야바라밀다에 두 가지의 상이 있게 하고자 하였다면, 곧 불변이성(不變異性)에도 역시 두 가지의 상이 있게 하려는 것이니라. 왜 그러한가? 교시가여. 매우 깊은 반야바라밀다와 불변이성은 무이이고 둘로 나눌 수 없는 까닭이니라. 교시가여. 여러 유정들이 정려·정진·안인·정계·보시바라밀다에 두 가지의 상이 있게 하고자 하였다면, 곧 불변이성에도 역시 두 가지의 상이 있게 하려는 것이니라. 왜 그러한가? 교시가여. 정려·정진·안인·정계·보시바라밀다와 불변이성은 둘이 아니고 둘로 나뉘지도 않기 때문이니라.

교시가여. 여러 유정들이 매우 깊은 반야바라밀다에 두 가지의 상이 있게 하고자 하였다면, 곧 평등성(平等性)에도 역시 두 가지의 상이 있게 하려는 것이니라. 왜 그러한가? 교시가여. 매우 깊은 반야바라밀다와 평등성은 무이이고 둘로 나눌 수 없는 까닭이니라. 교시가여. 여러 유정들이 정려·정진·안인·정계·보시바라밀다에 두 가지의 상이 있게 하고자 하였다면, 곧 평등성에도 역시 두 가지의 상이 있게 하려는 것이니라. 왜 그러한가? 교시가여. 정려·정진·안인·정계·보시바라밀다와 평등성은 무이이고 둘로 나눌 수 없는 까닭이니라.

교시가여. 여러 유정들이 매우 깊은 반야바라밀다에 두 가지의 상이 있게 하고자 하였다면, 곧 이생성(離生性)에도 역시 두 가지의 상이 있게 하려는 것이니라. 왜 그러한가? 교시가여. 매우 깊은 반야바라밀다와 이생성은 무이이고 둘로 나눌 수 없는 까닭이니라. 교시가여. 여러 유정들이 정려·정진·안인·정계·보시바라밀다에 두 가지의 상이 있게 하고자 하였다면, 곧 이생성에도 역시 두 가지의 상이 있게 하려는 것이니라. 왜 그러한가? 교시가여. 정려·정진·안인·정계·보시바라밀다와 이생성은 무이이고 둘로 나눌 수 없는 까닭이니라.

교시가여. 여러 유정들이 매우 깊은 반야바라밀다에 두 가지의 상이 있게 하고자 하였다면, 곧 법정(法定)에도 역시 두 가지의 상이 있게 하려는 것이니라. 왜 그러한가? 교시가여. 매우 깊은 반야바라밀다와 법정은 무이이고 둘로 나눌 수 없는 까닭이니라. 교시가여. 여러 유정들이 정려·정진·안인·정계·보시바라밀다에 두 가지의 상이 있게 하고자 하였다면, 곧 법정에도 역시 두 가지의 상이 있게 하려는 것이니라. 왜 그러한가? 교시가여. 정려·정진·안인·정계·보시바라밀다와 법정은 무이이고 둘로 나눌 수 없는 까닭이니라.

교시가여. 여러 유정들이 매우 깊은 반야바라밀다에 두 가지의 상이 있게 하고자 하였다면, 곧 법주(法住)에도 역시 두 가지의 상이 있게 하려는 것이니라. 왜 그러한가? 교시가여. 매우 깊은 반야바라밀다와 법주는 무이이고 둘로 나눌 수 없는 까닭이니라. 교시가여. 여러 유정들이 정려·정진·안인·정계·보시바라밀다에 두 가지의 상이 있게 하고자 하였다면, 곧 법주에도 역시 두 가지의 상이 있게 하려는 것이니라. 왜 그러한가? 교시가여. 정려·정진·안인·정계·보시바라밀다와 법주는 무이이고 둘로 나눌 수 없는 까닭이니라.

교시가여. 여러 유정들이 매우 깊은 반야바라밀다에 두 가지의 상이 있게 하고자 하였다면, 곧 실제(實際)에도 역시 두 가지의 상이 있게 하려는 것이니라. 왜 그러한가? 교시가여. 매우 깊은 반야바라밀다와 실제는 무이이고 둘로 나눌 수 없는 까닭이니라. 교시가여. 여러 유정들이 정려·정진·안인·정계·보시바라밀다에 두 가지의 상이 있게 하고자 하였다면, 곧 실제에도 역시 두 가지의 상이 있게 하려는 것이니라. 왜 그러한가? 교시가여. 정려·정진·안인·정계·보시바라밀다와 실제는 무이이고 둘로 나눌 수 없는 까닭이니라.

교시가여. 여러 유정들이 매우 깊은 반야바라밀다에 두 가지의 상이 있게 하고자 하였다면, 곧 허공계(虛空界)에도 역시 두 가지의 상이 있게 하려는 것이니라. 왜 그러한가? 교시가여. 매우 깊은 반야바라밀다와 허공계는 무이이고 둘로 나눌 수 없는 까닭이니라. 교시가여. 여러 유정들이 정려·정진·안인·정계·보시바라밀다에 두 가지의 상이 있게 하고자 하였다면, 곧 허공계에도 역시 두 가지의 상이 있게 하려는 것이니라. 왜 그러한가? 교시가여. 정려·정진·안인·정계·보시바라밀다와 허공계는 무이이고 둘로 나눌 수 없는 까닭이니라.

교시가여. 여러 유정들이 매우 깊은 반야바라밀다에 두 가지의 상이 있게 하고자 하였다면, 곧 부사의계(不思議界)에도 역시 두 가지의 상이 있게 하려는 것이니라. 왜 그러한가? 교시가여. 매우 깊은 반야바라밀다와 부사의계는 무이이고 둘로 나눌 수 없는 까닭이니라. 교시가여. 모든 유정들이 정려·정진·안인·정계·보시바라밀다에 두 가지의 상이 있게 하고자 하였다면, 곧 부사의계에도 역시 두 가지의 상이 있게 하려는 것이니라. 왜 그러한가? 교시가여. 정려·정진·안인·정계·보시바라밀다와 부사의계는 무이이고 둘로 나눌 수 없는 까닭이니라.”

그때 천제석이 세존께 아뢰어 말하였다.

“세존이시여. 이와 같은 반야바라밀다는 세간의 천상·인간·아소락 등이 모두 상응하여 지성으로 예경하고 오른쪽으로 돌면서 공양하며 공경하고 존중하며 찬탄해야 합니다. 그 까닭은 무엇인가? 일체의 보살마하살들이 모두 이와 같은 매우 깊은 반야바라밀다에 의지하여 정근하고 수학(修學)하여 이미 마땅히 무상정등보리를 얻었고 앞으로 얻을 것이며 현재에 얻었습니다.

세존이시여. 제가 삼십삼천의 선법전(善法殿)의 가운데에 있는 천제석의 자리 위에 낮아서 여러 천상의 대중들을 위하여 정법(正法)을 널리 말하는 때에 무량한 여러 천자(天子)들이 저의 처소로 와서 이르러서 제가 말하는 것을 듣고 공양하고 공경하며 존중하고 찬탄하며 오른쪽으로 돌면서 합장하고 물러가며, 제가 없는 때에도 여러 천자 등은 역시 이 처소로 와서 비록 제가 보이지 않더라도 제가 있는 때와 같이 공경하고 공양하면서 '이 처소는 천제석께서 여러 천자들을 위하여 설법하시는 자리이므로, 우리들은 모두 천주(天主)께서 계시는 것과 같이 공양하고 오른쪽으로 돌고 예배하고 물러가야 합니다.'라고 함께 말합니다.

세존이시여. 이와 같은 반야바라밀다를 만약 서사하고 수지하며 독송하고 널리 유정들을 위하여 자세하게 설하면서 유포시키는 자가 있다면, 이 처소는 항상 이 국토와 아울러 나머지 시방의 무변(無邊)한 세계의 무량(無量)하고 무수(無數)인 천상·용·약차·건달박·아소락·갈로다·긴나락·막호락가·인비인 등이 모두 와서 집회(集會)하고, 설사 설하는 자가 없더라도 법을 공경하고 존중하는 까닭으로, 역시 이 처소에 공양하고 공경하며 존중하고 찬탄하며 예경하고 물러간다고 마땅히 알아야 합니다.

왜 그러한가? 일체의 여래·응공·정등각께서 모두 이와 같은 매우 깊은 반야바라밀다를 인연으로 출생하는 까닭이고, 더불어 보살마하살·독각·성문 및 일체 유정들의 상묘한 안락의 도구가 모두 이와 같은 매우 깊은 반야바라밀다에 의지하여 일어나는 까닭이며, 여래의 설리라도 역시 이와 같은 매우 깊은 반야바라밀다의 공덕을 훈습하여 수행한 공덕으로 공양을 받는 까닭입니다.

세존이시여. 이와 같이 반야바라밀다는 제보살마하살의 행과 (그들이)

증득한 일체지지라는 것에 인(因)이 되고 연(緣)이 되며 의지처가 되면서 능히 이끌어서 일으킵니다. 세존이시여. 오히려 이러한 연(緣)을 까닭으로 '가사(假使) 이 남섬부주에 충만한 여래의 설리라를 한 부분으로써 삼고서 서사하거나, 이와 같은 매우 깊은 반야바라밀다를 다시 한 부분으로 삼고자 하였다면, 이 두 부분의 가운데에서 저의 뜻은 이와 같은 반야바라밀다를 취하겠습니다.'라고 저는 이렇게 말을 지었습니다.

세존이시여. 제가 만약 이 매우 깊은 반야바라밀다를 수지하고 독송하며 바르게 기억하는 때라면 마음이 법에 계합하는 까닭으로, 모두 여러 두려운 모습이 있다고 보지 않습니다. 그 까닭은 무엇인가? 세존이시여. 매우 깊은 반야바라밀다는 모습이 없고(無相), 형태가 없으며(無狀), 말씀이 없고(無言), 설법이 없습니다(無說).

세존이시여. 오히려 이 반야바라밀다는 모습이 없고 형태가 없으며 말씀이 없고 설법이 없습니다. 이러한 까닭으로 정려·정진·안인·정계·보시바라밀다도 역시 모습이 없고 형태가 없으며 말씀이 없고 설법이 없습니다. 세존이시여. 이 반야바라밀다는 모습이 없고 형태가 없으며 말씀이 없고 설법이 없습니다. 이러한 까닭으로 내공·외공·내외공·공공·대공·승의공·유위공·무위공·필경공·무제공·산공·무변이공·본성공·자상공·공상공·일체법공·불가득공·무성공·자성공·무성자성공도 역시 모습이 없고 형태가 없으며 말씀이 없고 설법이 없습니다.

세존이시여. 이 반야바라밀다는 모습이 없고 형태가 없으며 말씀이 없고 설법이 없습니다. 이러한 까닭으로 진여·법계·법성·불허망성·불변이성·평등성·이생성·법정·법주·실제·허공계·부사의계도 역시 모습이 없고 형태가 없으며 말씀이 없고 설법이 없습니다. 세존이시여. 이 반야바라밀다는 모습이 없고 형태가 없으며 말씀이 없고 설법이 없습니다. 이러한 까닭으로 고성제·집성제·멸성제·도성제도 역시 모습이 없고 형태가 없으며 말씀이 없고 설법이 없습니다.

세존이시여. 이 반야바라밀다는 모습이 없고 형태가 없으며 말씀이 없고 설법이 없습니다. 이러한 까닭으로 4정려·4무량·4무색정도 역시 모습이 없고 형태가 없으며 말씀이 없고 설법이 없습니다. 세존이시여. 이 반야바라밀다는 모습이 없고 형태가 없으며 말씀이 없고 설법이 없습니다. 이러한 까닭으로 8해탈·8승처·9차제정·10변처도 역시 모습이 없고 형태가 없으며 말씀이 없고 설법이 없습니다.

세존이시여. 이 반야바라밀다는 모습이 없고 형태가 없으며 말씀이 없고 설법이 없습니다. 이러한 까닭으로 4념주·4정단·4신족·5근·5력·7등각지·8성도지도 역시 모습이 없고 형태가 없으며 말씀이 없고 설법이 없습니다. 세존이시여. 이 반야바라밀다는 모습이 없고 형태가 없으며 말씀이 없고 설법이 없습니다. 이러한 까닭으로 공해탈문·무상해탈문·무원해탈문도 역시 모습이 없고 형태가 없으며 말씀이 없고 설법이 없습니다.

세존이시여. 이 반야바라밀다는 모습이 없고 형태가 없으며 말씀이 없고 설법이 없습니다. 이러한 까닭으로 5안·6신통도 역시 모습이 없고 형태가 없으며 말씀이 없고 설법이 없습니다. 세존이시여. 이 반야바라밀다는 모습이 없고 형태가 없으며 말씀이 없고 설법이 없습니다. 이러한 까닭으로 여래의 10력·4무소외·4무애해·대자·대비·대희·대사·18불불공법도 역시 모습이 없고 형태가 없으며 말씀이 없고 설법이 없습니다.

세존이시여. 이 반야바라밀다는 모습이 없고 형태가 없으며 말씀이 없고 설법이 없습니다. 이러한 까닭으로 무망실법·항주사성도 역시 모습이 없고 형태가 없으며 말씀이 없고 설법이 없습니다. 세존이시여. 이 반야바라밀다는 모습이 없고 형태가 없으며 말씀이 없고 설법이 없습니다. 이러한 까닭으로 일체지·도상지·일체상지도 역시 모습이 없고 형태가 없으며 말씀이 없고 설법이 없습니다.

세존이시여. 이 반야바라밀다는 모습이 없고 형태가 없으며 말씀이 없고 설법이 없습니다. 이러한 까닭으로 일체의 다라니문·일체의 삼마지문도 역시 모습이 없고 형태가 없으며 말씀이 없고 설법이 없습니다. 세존이시여. 이 반야바라밀다는 모습이 없고 형태가 없으며 말씀이 없고 설법이 없습니다. 이러한 까닭으로 보살마하살의 행도 역시 모습이 없고 형태가 없으며 말씀이 없고 설법이 없습니다.

　세존이시여. 이 반야바라밀다는 모습이 없고 형태가 없으며 말씀이 없고 설법이 없습니다. 이러한 까닭으로 제불의 무상정등보리도 역시 모습이 없고 형태가 없으며 말씀이 없고 설법이 없습니다. 세존이시여. 이 반야바라밀다는 모습이 없고 형태가 없으며 말씀이 없고 설법이 없습니다. 이러한 까닭으로 일체법도 역시 모습이 없고 형태가 없으며 말씀이 없고 설법이 없습니다.

　세존이시여. 만약 이 반야바라밀다가 모습이 있고 형태가 있으며 말씀이 있고 설법이 있으며, 모습이 없지 않고 형태가 없지 않으며 말씀이 없지 않고 설법이 없지 않은 것이므로, 여래·응공·정등각께서 일체의 법이 모습이 없고 형태가 없으며 말씀이 없고 설법이 없다고 상응하여 아셨으므로, 무상정등보리를 증득하시고서 여러 유정들을 위하여 일체법(一切法)이 모습이 없고 형태가 없으며 말씀이 없고 설법이 없다고 설하셨습니다.

　세존이시여. 오히려 이 반야바라밀다가 모습이 없고 형태가 없으며 말씀이 없고 설법이 없으므로, 모습이 있지 않고 형태가 있지 않으며 말씀이 있지 않고 설법이 있지 않습니다. 이러한 까닭으로 여래·응공·정등각께서 일체의 법이 모습이 없고 형태가 없으며 말씀이 없고 설법이 없다고 아셨으므로, 무상정등보리를 증득하시고서 여러 유정들을 위하여 일체법이 모습이 없고 형태가 없으며 말씀이 없고 설법이 없다고 설하셨습니다.

　세존이시여. 이러한 까닭으로 반야바라밀다는 일체 세간의 천상·인간·아소락 등에게서 상응하여 받아들이고, 무량한 종류의 상묘한 화만·바르는 향·뿌리는 향·의복·영락·보배·당기·번기·일산·여러 미묘하고 진기한 음악·등불 등으로써 여러 소유한 것이 없어지도록 공양하고 공경하며 존중하고 찬탄합니다.

　세존이시여. 만약 선남자와 선여인 등이 이 반야바라밀다를 지극한 마음으로 듣고서 수지하고 독송하며 정근하면서 수습하고 이치와 같게 사유하며 서사하며 해설하고 널리 유포시키거나, 혹은 다시 서사하여 여러 종류의 보물로 장엄하여 꾸미고서 무량한 종류의 상묘한 화만·바르는 향·뿌리는 향·의복·영락·보배·당기·번기·일산·여러 미묘하고 진기한 음악·등불 등으로써 여러 소유한 것이 없어지도록 공양하고 공경하며 존중하고 찬탄한다면, 이 선남자와 선여인 등은 결정적으로 다시 지옥·방생·귀계(鬼界)·변방의 비천한 달서(達絮)4)와 멸려차(蔑戾車)5)의 가운데에 떨어지지 않고, 성문지와 독각지에 떨어지지 않으며, 반드시 무상정등보리로 나아가고, 항상 제불을 보고 항상 정법을 들으며, 선우(善友)를 버리지 않고, 불국토를 청정하게 장엄하며 유정들을 성숙시키고, 한 불국토에서 다른 한 불국토로 나아가면서 제불·세존과 제보살마하살들에게 공양하고 공경하며 존중하고 찬탄하며, 능히 무량하고 상묘한 화만·바르는 향·뿌리는 향·의복·영락·보배·당기·번기·일산·여러 미묘하고 진기한 음악·등불 등으로써 공양합니다.

세존이시여. 가사 이 삼천대천세계에 충만한 여래의 설리라를 하나의 부분으로 삼고, 서사하였던 이와 같은 매우 깊은 반야바라밀다를 다시 하나의 부분으로 삼는다면, 이 두 부분의 가운데에서 저의 뜻은 이와 같은 반야바라밀다를 취하겠습니다. 왜 그러한가? 일체의 여래·응공·정등각과 삼천대천세계의 여래의 설리라가 모두 반야바라밀다에서 출생하는 까닭입니다.

또한 삼천대천세계에 여래의 설리라는 모두 반야바라밀다의 공덕과 세력을 훈습하여 수행하는 까닭으로 여러 천상·인간·아소락 등의 공양·공경·존중·찬탄을 얻습니다. 오히려 이 인연으로 여러 선남자와 선여인 등이 여래의 설리라에 공양하고 공경하며 존중하고 찬탄하므로, 결정적으

---

4) 산스크리트어 Dasyu의 음사이고, 변방 지역의 하천(下賤)한 종족으로 예절을 모르는 짐승과 같다고 비하하였던 부족을 가리킨다.
5) 산스크리트어 Mleccha의 음사이고, 미리차(彌離車)·밀리차(蜜利車)·멸려차(蔑利車)·비율차(卑栗蹉) 등으로 음사하며, 변지(邊地)·변지인(邊地人)·비천(卑賤)·무도(無道)·하천종(下賤種)·악중악(惡中惡) 등으로 의역한다. 본래는 아리아족들이 그들을 제외하고, 산스크리트어(梵語)를 알지 못하는 다른 종족이나 변방의 사람들을 가리키는 말로서 서인도 혹은 북인도에 사는 종족을 가리킨다.

로 다시 3악취(三惡趣)에 떨어지지 않고, 항상 천상과 인간 세상에 태어나서 여러 쾌락과 부귀를 받으며, 자재(自在)하고 마음을 따라서 소원을 받으며, 3승법(三乘法)을 타고서(乘) 열반으로 나아갑니다.

세존이시여. 만약 여래·응공·정등각을 보았거나, 만약 서사하였던 매우 깊은 반야바라밀다를 보았더라도, 이 두 가지의 공덕은 평등하여 다르지 않습니다. 왜 그러한가? 이와 같은 반야바라밀다는 여러 여래·응공·정등각과 평등하여 무이이고 둘로 나눌 수 없는 까닭입니다.

세존이시여. 만약 여래·응공·정등각께서 3시도(三示導)6)에 머무르면서 여러 유정들을 위하여 정법(正法)인 이를테면, 계경(契經)·응송(應頌)·기별(記別)·풍송(諷誦)·자설(自說)·인연(因緣)·본사(本事)·본생(本生)·방광(方廣)·희법(希法)·비유(譬喩)·논의(論議)를 널리 설하시거나, 만약 선남자와 선여인 등이 이 반야바라밀다에서 수지하고 독송하며 다른 사람을 위하여 설하더라도, 이 두 가지의 공덕은 평등하여 다르지 않습니다. 왜 그러한가? 만약 여래·응공·정등각이거나, 만약 3시도이거나, 만약 널리 설하신 12분교(十二分敎)가 모두 반야바라밀다에 의지하여 출생하는 까닭입니다.

세존이시여. 만약 여래·응공·정등각께서 3시도에 머무르면서 여러 유정들을 위하여 정법인 이를테면, 계경·응송·기별·풍송·자설·인연·본사·본생·방광·희법·비유·논의를 널리 설하시거나, 만약 선남자와 선여인 등이 이 반야바라밀다에서 수지하고 독송하며 다른 사람을 위하여 설하더라도, 이 두 가지의 공덕은 평등하여 다르지 않습니다. 왜 그러한가? 만약 시방세계의 긍가의 모래 수와 같은 일체의 여래·응공·정등각이거나, 만약 3시도이거나, 만약 널리 설하신 12분교가 모두 반야바라밀다에

---

6) 보살이 중생을 고통에서 구제하는 때에 드러내어 보여주는 세 종류의 인도(引導)를 가리킨다. 첫째는 신변시도(神變示導)로써 몸으로 불가사의한 변화를 나타내어 중생을 구제하는 것이고, 둘째는 기설시도(記說示導)로써 고통받고 있는 중생을 항상 잊지 않고 가르침을 설하여 구제하는 것이며, 셋째는 교계시도(敎誡示導)로써 자비심으로 교법을 설하고 훈계하여 중생을 구제하는 것이다.

의지하여 출생하는 까닭입니다.

세존이시여. 만약 선남자와 선여인 등이 무량하고 상묘한 화만·바르는 향·뿌리는 향·의복·영락·보배·당기·번기·일산·여러 미묘하고 진기한 음악·등불 등으로써 여러 소유한 것이 없어지도록 공양하고 공경하며 존중하고 찬탄하거나, 선남자와 선여인 등이 있어서 반야바라밀다를 서사하여서 역시 무량하고 상묘한 화만·바르는 향·뿌리는 향·의복·영락·보배·당기·번기·일산·여러 미묘하고 진기한 음악·등불 등으로써 여러 소유한 것이 없어지도록 공양하고 공경하며 존중하고 찬탄하더라도, 이 두 가지의 공덕은 평등하여 다르지 않습니다. 왜 그러한가? 그 여래·응공·정등각께서는 반야바라밀다에 의지하여 출생하는 까닭입니다."

마하반야바라밀다경 제128권

30. 교량공덕품(校量功悳品)(26)

"세존이시여. 만약 선남자와 선여인 등이 이 반야바라밀다를 지극한 마음으로 듣고서 수지하며 독송하고 정근하면서 수습하며 이치와 같게 사유하고 서사하며 해설하고 널리 유포시킨다면, 이 남자와 선여인 등은 내세(來世)에 지옥·방생·귀계·변방의 비천한 달서와 멸려차의 가운데에 떨어지지 않고, 항상 여러 근(根)을 구족하며 총명하고 단정하며, 성문지와 독각지에 떨어지지 않습니다. 왜 그러한가? 이 선남자 선여인 등은 결정적으로 마땅히 보살마하살의 불퇴지(不退地)에 머무르는 까닭입니다.

세존이시여. 만약 선남자와 선여인 등이 이 반야바라밀다를 지극한 마음으로 듣고서 수지하고 독송하며 정근하면서 수습하고 이치와 같게 사유하며 서사하고 해설하며 널리 유포시키거나, 혹은 다시 서사하여 여러 종류의 보배로 장엄하여 꾸미고서 무량한 종류의 상묘한 화만·바르는 향·뿌리는 향·의복·영락·보배·당기·번기·일산·여러 미묘하고 진기한 음악·등불 등으로써 여러 소유한 것이 없어지도록 공양하고 공경하며 존중하고 찬탄한다면, 이 선남자와 선여인 등은 일체의 퇴전·괴로움·공포·두려움에서 멀리 벗어날 것입니다. 세존이시여. 채무자(負債人)가 채권자가 공포스럽거나 두렵다면 곧 국왕에게 친근하며 받들어 섬기고 국왕의 세력에 의지하여 공포와 두려움에서 벗어나는 것과 같습니다.

세존이시여. 비유한다면 사람이 있어 왕에 의지하고 기대었던 까닭으로, 왕이 섭수하였던 까닭으로 여러 세상 사람들에게 공양받고 공경받으며 존중받고 찬탄받는 것과 같이, 여래의 설리라도 역시 이와 같이 오히려 이 반야바라밀다를 훈습하여 수습하였던 까닭으로 여러 천상·인간·아소락 등에게 공양받고 공경받으며 존중받고 찬탄받습니다. 세존이시여. 일체지지도 역시 반야바라밀다에 의지하여 성취를 얻습니다.

세존이시여. 오히려 이러한 인연을 까닭으로 '가사 이 삼천대천세계에 충만한 여래의 설리라를 한 부분으로써 삼고서 서사하거나, 이와 같은 매우 깊은 반야바라밀다를 다시 한 부분으로 삼고자 하였다면, 이 두 부분의 가운데에서 저의 뜻은 이와 같은 반야바라밀다를 취하겠습니다.' 라고 저는 이렇게 말을 지었습니다. 왜 그러한가? 세존이시여. 이 반야바라밀다를 이유로 여래의 설리라와 세존께서 증득하신 32대장부상(三十二大丈夫相)과 80수호(八十隨好)로 장엄된 색신이 출생하는 까닭입니다.

세존이시여. 오히려 이 반야바라밀다로 보시·정계·안인·정진·정려·반야바라밀다의 원만함과 청정함을 얻는 까닭입니다. 세존이시여. 오히려 이 반야바라밀다로 내공·외공·내외공·공공·대공·승의공·유위공·무위공·필경공·무제공·산공·무변이공·본성공·자상공·공상공·일체법공·불가득공·무성공·자성공·무성자성공의 원만함과 청정함을 얻는 까닭입니다. 세존이시여. 오히려 이 반야바라밀다로 진여·법계·법성·불허망성·불변이성·평등성·이생성·법정·법주·실제·허공계·부사의계의 원만함과 청정함을 얻는 까닭입니다.

세존이시여. 오히려 이 반야바라밀다로 고성제·집성제·멸성제·도성제의 원만함과 청정함을 얻는 까닭입니다. 세존이시여. 오히려 이 반야바라밀다로 4정려·4무량·4무색정의 원만함과 청정함을 얻는 까닭입니다. 세존이시여. 오히려 이 반야바라밀다로 8해탈·8승처·9차제정·10변처의 원만함과 청정함을 얻는 까닭입니다. 세존이시여. 오히려 이 반야바라밀다로 4념주·4정단·4신족·5근·5력·7등각지·8성도지의 원만함과 청정함을 얻는 까닭입니다. 세존이시여. 오히려 이 반야바라밀다로 공해탈문·무상해탈문·무원해탈문의 원만함과 청정함을 얻는 까닭입니다.

세존이시여. 오히려 이 반야바라밀다로 5안·6신통의 원만함과 청정함을 얻는 까닭입니다. 세존이시여. 오히려 이 반야바라밀다로 여래의 10력·4무소외·4무애해·대자·대비·대희·대사·18불불공법의 원만함과 청정함을 얻는 까닭입니다. 세존이시여. 오히려 이 반야바라밀다로 무망실법·항주사성의 원만함과 청정함을 얻는 까닭입니다. 세존이시여. 오히려 이 반야바라밀다로 일체지·도상지·일체상지의 원만함과 청정함을 얻는 까닭입니다. 세존이시여. 오히려 이 반야바라밀다로 일체의 다라니문·일체의 삼마지문의 원만함과 청정함을 얻는 까닭입니다.

세존이시여. 오히려 이 반야바라밀다로 일체의 보살마하살의 행의 원만함과 청정함을 얻는 까닭입니다. 세존이시여. 오히려 이 반야바라밀다로 제불의 무상정등보리의 원만함과 청정함을 얻는 까닭입니다. 세존이시여. 오히려 이 반야바라밀다로 제불의 색신(色身)과 마음이 모두 금강(金剛)보다 무수한 배(倍)를 뛰어넘어서 무너뜨릴 수 없는 까닭입니다.

세존이시여. 오히려 이 반야바라밀다의 위신력을 까닭으로 보시 등의 다섯 가지도 역시 바라밀다라고 이름하는 것을 얻습니다. 왜 그러한가? 만약 반야바라밀다가 없다면 보시 등도 능히 피안(彼岸)에 이를 수 없는 까닭입니다.

세존이시여. 만약 이 삼천대천세계이거나, 혹은 나머지의 세계에서 소유한 왕도(王都)·성읍(城邑)·취락(聚落)의 그 가운데에서 만약 이와 같은 반야바라밀다를 수지하고 독송하며 서사하고 해설하며 공양하고 공경하며 존중하고 찬탄하였다면, 이 처소의 유정들은 오직 상응하여 받는 결정된 악업을 제외하고 일체의 인비인 등에게 번민과 상해를 당하지 않고, 점차 그들의 소원에 따라서 수학하며, 나아가 3승의 열반을 증득할 것입니다. 세존이시여. 이와 같은 반야바라밀다는 큰 위력을 갖추고서 머무르는 처소를 따라서 여러 유정들에게 큰 이익을 짓습니다.

세존이시여. 이와 같은 반야바라밀다는 큰 신령한 작용이 있어서 이 삼천대천세계의 국토에 큰 불사(佛事)를 짓습니다. 세존이시여. 만약 세계의 가운데에 이와 같은 매우 깊은 반야바라밀다가 유행(流行)한다면, 이 처소에 여래께서 출현하셨고 세간의 일체의 중생을 이익되고 안락하게 하신다고 마땅히 알아야 합니다.

세존이시여. 비유한다면 가치를 알 수 없는 큰 보배의 신주(神珠)가 무량한 종류의 수승하고 미묘한 위덕을 갖추었으므로, 주처(住處)인 곳을 따라서 이 신주를 지니고 있다면 인비인(人非人) 등이 결국 괴롭히거나 피해를 주지 못합니다. 설사 남자이거나 혹은 다시 여인이 있어서 귀신의 처소에 붙잡혀서 몸과 마음을 고뇌(苦惱)하였는데, 만약 누가 이 신주를 가지고서 그것을 보여준다면, 신주의 위력(威力)을 이유로 귀신이 곧 달아나고, 여러 열병(熱病)이 있거나, 혹은 풍병(風病)이 있거나, 혹은 담병(痰病)[1]이 있거나, 혹은 열병과 풍병과 담병이 화합하여 병이 되었더라도, 만약 이 신주를 매달아 몸에 지니고 있다면, 이와 같은 여러 병을 없앨 수 없는 것이 없으므로 치유됩니다.

이 신주가 어두운 곳에 있다면 능히 조명(照明)으로 지을 수 있고, 더운 때라면 능히 시원하게 하며, 추운 때라면 능히 따뜻하게 합니다. 지방을 따라서 이 신주가 있다면, 시절(時節)에 조화(調和)로워서 춥지도 않고 덥지도 않습니다. 만약 지방을 따라서 이 신주가 있다면, 뱀·전갈 등의 독충들이 감히 머무르지 못하고, 설사 남자이거나 혹은 다시 여인이 있어서 독(毒)의 가운데에서 심한 고통을 참기 어렵더라도, 만약 누가 이 신주를 가지고서 보게 시켰다면 신주의 위세(威勢)를 까닭으로 독이 곧 소멸됩니다.

만약 여러 유정들이 몸이 연약하여 나병(癩疾)[2]·악창(惡瘡)·종기(腫)·물집(疱)·사시(目眄)[3]·백태(瞖)[4] 등과 눈의 병·귀의 병·코의 병·혀의 병·목의 병·몸의 병에 있더라도 이 신주를 지니고 있으면 여러 병들이 모두 치유됩니다.

---

1) 몸의 분비액(分泌液, 호르몬)이 큰 열(熱)을 받아서 생기는 병(病)을 통틀어 이르는 말이다.
2) 전염성 피부병의 하나인 문둥병을 가리킨다.
3) 눈의 초점이 일치하지 않는 사팔뜨기를 가리킨다.
4) 눈의 검은자 위 안팎에서 시선을 가리는 아롱이거나, 눈병이 나은 뒤에 남겨진 자국을 가리킨다.

만약 여러 연못(池)·늪(沼)·샘물(泉)·우물(井) 등 가운데에서 그 물이 흐리고 더럽혀졌거나, 혹은 고갈되었는데, 신주로써 물에 던지면 곧 물이 차서 넘치고 향기롭고 맑으며 깨끗해져서 8공덕(八功德)[5]을 갖추게 됩니다. 만약 청색(靑)·황색(黃)·적색(赤)·백색(白)·홍색(紅)·자색(紫)·벽색(碧)·녹색(綠) 등의 여러 비단(綺)과 여러 색깔의 옷으로써 이 신주를 감싸서 물속에 던지면 물이 곧 옷과 비단을 따라서 여러 종류의 색깔을 짓습니다. 이와 같은 값을 알 수 없는 보배인 신주의 위덕은 무변하여 모두 말할 수 없습니다.

만약 상자에 담아둔다면 그 그릇도 역시 무변한 위덕을 갖추고 성취하며, 설사 그 상자를 비우더라도 이전에 신주를 담았던 이유로 그 그릇도 오히려 많은 사람들에게 소중하게 사랑받습니다."

이때 구수(具壽) 경희(慶喜)[6]가 천제석에게 물어 말하였다.
"교시가여. 이와 같은 신주는 천상(天上)이 혼자서 지니고 있습니까? 인간들도 가지고 있습니까?"
천제석이 말하였다.
"대덕이시여. 인간의 가운데이거나, 천상에 함께 이 신주가 있습니다. 만약 인간의 가운데에 있다면 모습이 작으면서 무겁고, 만약 천상에 있다면 모습이 크면서 가볍습니다. 또 인간의 가운데에서는 그 모양이 갖추어지지 않았으나, 만약 천상에 있다면 그 모양이 원만합니다. 천상에 있는 것은 위덕이 수승하여 인간세상의 가운데의 신주에 비교한다면 무량한 배(倍)를 초과합니다."
이때 천제석이 다시 세존께 아뢰어 말하였다.

---

5) 물의 여덟 가지의 공덕(功德)을 가리키는데, 첫째는 맑고 깨끗하고, 둘째는 맑고 차가우며, 셋째는 감미롭고, 넷째는 가볍고 부드러우며, 다섯째는 윤택하고, 여섯째는 편안하고 조화로우며, 일곱째는 마셨을 때 배고픔과 목마름 등의 근심이 제거되고, 여덟째는 마시고서 여러 근(根)과 사대(四大)를 기르는 것이다.
6) 아난(阿難)을 가리킨다.

"세존이시여. 매우 깊은 반야바라밀다도 역시 이와 같아서 많은 공덕의 근본이 되어 무량한 악법(惡法)과 불선법(不善法)을 능히 소멸시키고, 있는 처소를 따라서 여러 유정들의 몸과 마음의 고통과 번뇌를 모두 소멸시키며, 인비인이 해치지 못하게 합니다. 세존이시여. 말하였던 것의 가치를 알 수 없는 큰 보배의 신주는 다만 매우 깊은 반야바라밀다에 비유할 수 없고, 역시 여래의 일체지지에도 비유할 수 없습니다. 세존이시여. 이와 같은 반야바라밀다는 무량하고 수승한 공덕을 구족하였고, 역시 능히 세간과 출세간의 무량하고 청정하며 수승한 공덕을 이끌어 일으킵니다.

세존이시여. 매우 깊은 반야바라밀다의 공덕과 한계(分限)는 칭찬하기 어렵습니다. 왜 그러한가? 이와 같은 반야바라밀다의 공덕이 깊고 넓으며 크기가 무변한 까닭입니다. 여래의 설리라는 이 반야바라밀다를 이유로 출생하는 까닭으로, 일체 세간의 천상·인간·아소락 등의 공양·공경·존중·찬탄을 받고서 감당합니다. 세존이시여. 매우 깊은 정려·정진·안인·정계·보시바라밀다의 공덕과 한계는 칭찬하기 어렵습니다. 왜 그러한가? 이와 같은 정려·정진·안인·정계·보시바라밀다의 공덕이 깊고 넓으며 크기가 무변한 까닭입니다. 여래의 설리라는 이 정려·정진·안인·정계·보시바라밀다를 이유로 출생하는 까닭으로, 일체 세간의 천상·인간·아소락 등의 공양·공경·존중·찬탄을 받고서 감당합니다.

세존이시여. 매우 깊은 내공의 공덕과 한계는 칭찬하기 어렵습니다. 왜 그러한가? 이와 같은 내공의 공덕이 깊고 넓으며 크기가 무변한 까닭입니다. 여래의 설리라는 이 내공을 이유로 출생하는 까닭으로, 일체 세간의 천상·인간·아소락 등의 공양·공경·존중·찬탄을 받더라도 감당합니다. 세존이시여. 매우 깊은 외공·내외공·공공·대공·승의공·유위공·무위공·필경공·무제공·산공·무변이공·본성공·자상공·공상공·일체법공·불가득공·무성공·자성공·무성자성공의 공덕과 한계는 칭찬하기 어렵습니다. 왜 그러한가? 이와 같은 외공, 나아가 무성자성공의 공덕이 깊고 넓으며 크기가 무변한 까닭입니다. 여래의 설리라는 이

외공, 나아가 무성자성공을 이유로 출생하는 까닭으로, 일체 세간의 천상·인간·아소락 등의 공양·공경·존중·찬탄을 받더라도 감당합니다.

세존이시여. 매우 깊은 진여의 공덕과 한계는 칭찬하기 어렵습니다. 왜 그러한가? 이와 같은 진여의 공덕이 깊고 넓으며 크기가 무변한 까닭입니다. 여래의 설리라는 이 진여를 이유로 출생하는 까닭으로, 일체 세간의 천상·인간·아소락 등의 공양·공경·존중·찬탄을 받더라도 감당합니다. 세존이시여. 매우 깊은 법계·법성·불허망성·불변이성·평등성·이생성·법정·법주·실제·허공계·부사의계의 공덕과 한계는 칭찬하기 어렵습니다. 왜 그러한가? 이와 같은 법계, 나아가 부사의계의 공덕이 깊고 넓으며 크기가 무변한 까닭입니다. 여래의 설리라는 이 법계, 나아가 부사의계를 이유로 출생하는 까닭으로, 일체 세간의 천상·인간·아소락 등의 공양·공경·존중·찬탄을 받더라도 감당합니다.

세존이시여. 매우 깊은 고성제의 공덕과 한계는 칭찬하기 어렵습니다. 왜 그러한가? 이와 같은 고성제가 깊고 넓으며 크기가 무변한 까닭입니다. 여래의 설리라는 이 고성제를 이유로 출생하는 까닭으로, 일체 세간의 천상·인간·아소락 등의 공양·공경·존중·찬탄을 받더라도 감당합니다. 세존이시여. 매우 깊은 집·멸·도성제의 공덕과 한계는 칭찬하기 어렵습니다. 왜 그러한가? 이와 같은 집·멸·도성제의 공덕이 깊고 넓으며 크기가 무변한 까닭입니다. 여래의 설리라는 이 집·멸·도성제를 이유로 출생하는 까닭으로, 일체 세간의 천상·인간·아소락 등의 공양·공경·존중·찬탄을 받더라도 감당합니다.

세존이시여. 매우 깊은 4정려의 공덕과 한계는 칭찬하기 어렵습니다. 왜 그러한가? 이와 같은 4정려의 공덕이 깊고 넓으며 크기가 무변한 까닭입니다. 여래의 설리라는 이 4정려를 이유로 출생하는 까닭으로, 일체 세간의 천상·인간·아소락 등의 공양·공경·존중·찬탄을 받더라도 감당합니다. 세존이시여. 매우 깊은 4무량·4무색정의 공덕과 한계는 칭찬하기 어렵습니다. 왜 그러한가? 이와 같은 4무량·4무색정의 공덕이 깊고 넓으며 크기가 무변한 까닭입니다. 여래의 설리라는 이 4무량·4무색정을 이유로 출생하는 까닭으로, 일체 세간의 천상·인간·아소락 등의 공양·공경·존중·찬탄을 받더라도 감당합니다.

세존이시여. 매우 깊은 8해탈의 공덕과 한계는 칭찬하기 어렵습니다. 왜 그러한가? 이와 같은 8해탈의 공덕이 깊고 넓으며 크기가 무변한 까닭입니다. 여래의 설리라는 이 8해탈을 이유로 출생하는 까닭으로, 일체 세간의 천상·인간·아소락 등의 공양·공경·존중·찬탄을 받더라도 감당합니다. 세존이시여. 매우 깊은 8승처·9차제정·10변처의 공덕과 한계는 칭찬하기 어렵습니다. 왜 그러한가? 이와 같은 8승처·9차제정·10변처의 공덕이 깊고 넓으며 크기가 무변한 까닭입니다. 여래의 설리라는 이 8승처·9차제정·10변처를 이유로 출생하는 까닭으로, 일체 세간의 천상·인간·아소락 등의 공양·공경·존중·찬탄을 받더라도 감당합니다.

세존이시여. 매우 깊은 4념주의 공덕과 한계는 칭찬하기 어렵습니다. 왜 그러한가? 이와 같은 4념주의 공덕이 깊고 넓으며 크기가 무변한 까닭입니다. 여래의 설리라는 이 4념주를 이유로 출생하는 까닭으로, 일체 세간의 천상·인간·아소락 등의 공양·공경·존중·찬탄을 받더라도 감당합니다. 세존이시여. 매우 깊은 4정단·4신족·5근·5력·7등각지·8성도지의 공덕과 한계는 칭찬하기 어렵습니다. 왜 그러한가? 이와 같은 4정단·4신족·5근·5력·7등각지·8성도지의 공덕이 깊고 넓으며 크기가 무변한 까닭입니다. 여래의 설리라는 이 4정단·4신족·5근·5력·7등각지·8성도지를 이유로 출생하는 까닭으로, 일체 세간의 천상·인간·아소락 등의 공양·공경·존중·찬탄을 받더라도 감당합니다.

세존이시여. 매우 깊은 공해탈문의 공덕과 한계는 칭찬하기 어렵습니다. 왜 그러한가? 이와 같은 공해탈문의 공덕이 깊고 넓으며 크기가 무변한 까닭입니다. 여래의 설리라는 이 공해탈문을 이유로 출생하는 까닭으로, 일체 세간의 천상·인간·아소락 등의 공양·공경·존중·찬탄을 받더라도 감당합니다. 세존이시여. 매우 깊은 무상·무원해탈문의 공덕과 한계는 칭찬하기 어렵습니다. 왜 그러한가? 이와 같은 무상·무원해탈문의 공덕이 깊고 넓으며 크기가 무변한 까닭입니다. 여래의 설리라는 이 무상·무원해탈문을 이유로 출생하는 까닭으로 일체 세간의 천상·인간·아소락 등의 공양·공경·존중·찬탄을 받더라도 감당합니다.

　세존이시여. 매우 깊은 5안의 공덕과 공덕과 한계는 칭찬하기 어렵습니다. 왜 그러한가? 이와 같은 5안의 공덕이 깊고 넓으며 크기가 무변한 까닭입니다. 여래의 설리라는 이 5안을 이유로 출생하는 까닭으로, 일체 세간의 천상·인간·아소락 등의 공양·공경·존중·찬탄을 받더라도 감당합니다. 세존이시여. 매우 깊은 6신통의 공덕과 한계는 칭찬하기 어렵습니다. 왜 그러한가? 이와 같은 6신통의 공덕이 깊고 넓으며 크기가 무변한 까닭입니다. 여래의 설리라는 이 6신통을 이유로 출생하는 까닭으로, 일체 세간의 천상·인간·아소락 등의 공양·공경·존중·찬탄을 받더라도 감당합니다.

　세존이시여. 매우 깊은 여래의 10력의 공덕과 한계는 칭찬하기 어렵습니다. 왜 그러한가? 이와 같은 여래의 10력의 공덕이 깊고 넓으며 크기가 무변한 까닭입니다. 여래의 설리라는 이 여래의 10력을 이유로 출생하는 까닭으로, 일체 세간의 천상·인간·아소락 등의 공양·공경·존중·찬탄을 받더라도 감당합니다. 세존이시여. 매우 깊은 4무소외·4무애해·대자·대비·대희·대사·18불불공법의 공덕과 한계는 칭찬하기 어렵습니다. 왜 그러한가? 이와 같은 4무소외·4무애해·대자·대비·대희·대사·18불불공법의 공덕이 깊고 넓으며 크기갸 무변한 까닭입니다. 여래의 설리라는 이 4무소외·4무애해·대자·대비·대희·대사·18불불공법을 이유로 출생하는 까닭으로, 일체 세간의 천상·인간·아소락 등의 공양·공경·존중·찬탄을 받더라도 감당합니다.

　세존이시여. 매우 깊은 일체의 다라니문의 공덕과 한계는 칭찬하기 어렵습니다. 왜 그러한가? 이와 같은 일체의 다라니문의 공덕이 깊고 넓으며 크기가 무변한 까닭입니다. 여래의 설리라는 이 일체의 다라니문을 이유로 출생하는 까닭으로, 일체 세간의 천상·인간·아소락 등의 공양·공경·존중·찬탄을 받더라도 감당합니다. 세존이시여. 매우 깊은 일체의 삼마지문의 공덕과 한계는 칭찬하기 어렵습니다. 왜 그러한가? 이와 같은 일체의 삼마지문의 공덕이 깊고 넓으며 크기가 무변한 까닭입니다. 여래의 설리라는 이 일체의 삼마지문을 이유로 출생하는 까닭으로, 일체 세간의 천상·인간·아소락 등의 공양·공경·존중·찬탄을 받더라도 감당합니다.

세존이시여. 매우 깊은 일체지의 공덕과 한계는 칭찬하기 어렵습니다. 왜 그러한가? 이와 같은 일체지의 공덕이 깊고 넓으며 크기가 무변한 까닭입니다. 여래의 설리라는 이 일체지를 이유로 출생하는 까닭으로, 일체 세간의 천상·인간·아소락 등의 공양·공경·존중·찬탄을 받더라도 감당합니다. 세존이시여. 매우 깊은 도상지·일체상지의 공덕과 한계는 칭찬하기 어렵습니다. 왜 그러한가? 이와 같은 도상지·일체상지의 공덕이 깊고 넓으며 크기가 무변한 까닭입니다. 여래의 설리라는 이 도상지·일체상지를 이유로 출생하는 까닭으로, 일체 세간의 천상·인간·아소락 등의 공양·공경·존중·찬탄을 받더라도 감당합니다.

세존이시여. 매우 깊은 무망실법의 공덕과 한계는 칭찬하기 어렵습니다. 왜 그러한가? 이와 같은 무망실법의 공덕이 깊고 넓으며 크기가 무변한 까닭입니다. 여래의 설리라는 이 무망실법을 이유로 출생하는 까닭으로, 일체 세간의 천상·인간·아소락 등의 공양·공경·존중·찬탄을 받더라도 감당합니다. 세존이시여. 매우 깊은 항주사성의 공덕과 한계는 칭찬하기 어렵습니다. 왜 그러한가? 이와 같은 항주사성의 공덕이 깊고 넓으며 크기가 무변한 까닭입니다. 여래의 설리라는 이 항주사성을 이유로 출생하는 까닭으로, 일체 세간의 천상·인간·아소락 등의 공양·공경·존중·찬탄을 받더라도 감당합니다.

세존이시여. 매우 깊은 일체의 상속(相續)하는 번뇌의 습기를 영원히 끊는 공덕과 한계는 칭찬하기 어렵습니다. 왜 그러한가? 이와 같은 일체의 상속하는 번뇌의 습기를 영원히 끊는 공덕이 깊고 넓으며 크기가 무변한 까닭입니다. 여래의 설리라는 이 일체의 상속하는 번뇌의 습기를 영원히 끊는 것을 이유로 출생하는 까닭으로, 일체 세간의 천상·인간·아소락 등의 공양·공경·존중·찬탄을 받더라도 감당합니다.”

"다시 다음으로 세존이시여. 여래의 설리라는 지극히 원만하고 매우 깊은 반야바라밀다를 훈습하면서 수행하는 까닭으로, 이 지극히 청정하고 매우 깊은 반야바라밀다가 의지하는 그릇(器)인 까닭으로 일체 세간의 천상·인간·아소락 등의 공양·공경·존중·찬탄을 받더라도 감당합니다. 세존이시여. 여래의 설리라는 지극히 원만한 정려·정진·안인·정계·보시바라밀다가 훈습하면서 수행하는 까닭으로, 이 지극히 청정한 정려·정진·안인·정계·보시바라밀다가 의지하는 그릇인 까닭으로, 일체 세간의 천상·인간·아소락 등의 공양·공경·존중·찬탄을 받더라도 감당합니다.

세존이시여. 여래의 설리라는 지극히 원만한 내공에 안주하여 훈습하면서 수행하는 까닭으로, 이 지극히 청정한 내공에 안주하여 의지하는 그릇인 까닭으로 일체 세간의 천상·인간·아소락 등의 공양·공경·존중·찬탄을 받더라도 감당합니다. 세존이시여. 여래의 설리라는 지극히 원만한 외공·내외공·공공·대공·승의공·유위공·무위공·필경공·무제공·산공·무변이공·본성공·자상공·공상공·일체법공·불가득공·무성공·자성공·무성자성공에 안주하여 훈습하면서 수행하는 까닭으로, 이 지극히 청정한 외공, 나아가 무성자성공에 안주하여 의지하는 그릇인 까닭으로 일체 세간의 천상·인간·아소락 등의 공양·공경·존중·찬탄을 받더라도 감당합니다.

세존이시여. 여래의 설리라는 지극히 원만한 진여에 안주하여 훈습하면서 수행하는 까닭으로, 이 지극히 청정한 진여에 안주하여 의지하는 그릇인 까닭으로 일체 세간의 천상·인간·아소락 등의 공양·공경·존중·찬탄을 받더라도 감당합니다. 세존이시여. 여래의 설리라는 지극히 원만한 법계·법성·불허망성·불변이성·평등성·이생성·법정·법주·실제·허공계·부사의계에 편히 안주하여 훈습하면서 수행하는 까닭으로, 이 지극히 청정한 법계, 나아가 부사의계에 안주하여 의지하는 그릇인 까닭으로 일체 세간의 천상·인간·아소락 등의 공양·공경·존중·찬탄을 받더라도 감당합니다.

세존이시여. 여래의 설리라는 지극히 원만한 고성제에 안주하여 훈습하면서 수행하는 까닭으로, 이 지극히 청정한 고성제에 안주하여 의지하는 그릇인 까닭으로 일체 세간의 천상·인간·아소락 등의 공양·공경·존중·찬탄을 받더라도 감당합니다. 세존이시여. 여래의 설리라는 지극히 원만한 집·멸·도성제에 안주하여 훈습하면서 수행하는 까닭으로, 이 지극히 청정한 집·멸·도성제에 안주하여 의지하는 그릇인 까닭으로 일체 세간의 천상·인간·아소락 등의 공양·공경·존중·찬탄을 받더라도 감당합니다.

세존이시여. 여래의 설리라는 지극히 원만한 4정려가 훈습하면서 수행하는 까닭으로, 이 지극히 청정한 4정려가 의지하는 기물인 까닭으로 일체 세간의 천상·인간·아소락 등의 공양·공경·존중·찬탄을 받더라도 감당합니다. 세존이시여. 여래의 설리라는 지극히 원만한 4무량·4무색정이 훈습하면서 수행하는 까닭으로, 이 지극히 청정한 4무량·4무색정이 의지하는 그릇인 까닭으로 일체 세간의 천상·인간·아소락 등의 공양·공경·존중·찬탄을 받더라도 감당합니다.

세존이시여. 여래의 설리라는 지극히 원만한 8해탈이 훈습하면서 수행하는 까닭으로, 이 지극히 청정한 8해탈이 의지하는 그릇인 까닭으로 일체 세간의 천상·인간·아소락 등의 공양·공경·존중·찬탄을 받더라도 감당합니다. 세존이시여. 여래의 설리라는 지극히 원만한 8승처·9차제정·10변처가 훈습하면서 수행하는 까닭으로, 이 지극히 청정한 8승처·9차제정·10변처가 의지하는 그릇인 까닭으로 일체 세간의 천상·인간·아소락 등의 공양·공경·존중·찬탄을 받더라도 감당합니다.

세존이시여. 여래의 설리라는 지극히 원만한 4념주가 훈습하면서 수행하는 까닭으로, 이 지극히 청정한 4념주가 의지하는 그릇인 까닭으로 일체 세간의 천상·인간·아소락 등의 공양·공경·존중·찬탄을 받더라도 감당합니다. 세존이시여. 여래의 설리라는 지극히 원만한 4정단·4신족·5근·5력·7등각지·8성도지가 훈습하면서 수행하는 까닭으로, 이 지극히 청정한 4정단·4신족·5근·5력·7등각지·8성도지가 의지하는 그릇인 까닭으로 일체 세간의 천상·인간·아소락 등의 공양·공경·존중·찬탄을 받더라도 감당합니다.

세존이시여. 여래의 설리라는 지극히 원만한 공해탈문이 훈습하면서 수행하는 까닭으로, 이 지극히 청정한 공해탈문이 의지하는 그릇인 까닭으로 일체 세간의 천상·인간·아소락 등의 공양·공경·존중·찬탄을 받더라도 감당합니다. 세존이시여. 여래의 설리라는 지극히 원만한 무상·무원해탈문이 훈습하면서 수행하는 까닭으로, 이 지극히 청정한 무상·무원해탈문이 의지하는 그릇인 까닭으로 일체 세간의 천상·인간·아소락 등의 공양·공경·존중·찬탄을 받더라도 감당합니다.

세존이시여. 여래의 설리라는 지극히 원만한 5안이 훈습하면서 수행하는 까닭으로, 이 지극히 청정한 5안이 의지하는 그릇인 까닭으로 일체 세간의 천상·인간·아소락 등의 공양·공경·존중·찬탄을 받더라도 감당합니다. 세존이시여. 여래의 설리라는 지극히 원만한 6신통이 훈습하면서 수행하는 까닭으로, 이 지극히 청정한 6신통이 의지하는 그릇인 까닭으로 일체 세간의 천상·인간·아소락 등의 공양·공경·존중·찬탄을 받더라도 감당합니다.

세존이시여. 여래의 설리라는 지극히 원만한 여래의 10력이 훈습하면서 수행하는 까닭으로, 이 지극히 청정한 여래의 10력이 의지하는 그릇인 까닭으로 일체 세간의 천상·인간·아소락 등의 공양·공경·존중·찬탄을 받더라도 감당합니다. 세존이시여. 여래의 설리라는 지극히 원만한 4무소외·4무애해·대자·대비·대희·대사·18불불공법이 훈습하면서 수행하는 까닭으로, 이 지극히 청정한 4무소외·4무애해·대자·대비·대희·대사·18불불공법이 의지하는 그릇인 까닭으로 일체 세간의 천상·인간·아소락 등의 공양·공경·존중·찬탄을 받더라도 감당합니다.

세존이시여. 여래의 설리라는 지극히 원만한 일체의 다라니문이 훈습하면서 수행하는 까닭으로, 이 지극히 청정한 일체의 다라니문이 의지하는 그릇인 까닭으로 일체 세간의 천상·인간·아소락 등의 공양·공경·존중·찬탄을 받더라도 감당합니다. 세존이시여. 여래의 설리라는 지극히 원만한 일체의 삼마지문이 훈습하면서 수행하는 까닭으로, 이 지극히 청정한 일체의 삼마지문이 의지하는 그릇인 까닭으로 일체 세간의 천상·인간·아소락 등의 공양·공경·존중·찬탄을 받더라도 감당합니다.

세존이시여. 여래의 설리라는 지극히 원만한 일체지가 훈습하면서 수행하는 까닭으로, 이 지극히 청정한 일체지가 의지하는 그릇인 까닭으로 일체 세간의 천상·인간·아소락 등의 공양·공경·존중·찬탄을 받더라도 감당합니다. 세존이시여. 여래의 설리라는 지극히 원만한 도상지·일체상지가 훈습하면서 수행하는 까닭으로, 이 지극히 청정한 도상지·일체상지가 그릇인 까닭으로 일체 세간의 천상·인간·아소락 등의 공양·공경·존중·찬탄을 받더라도 감당합니다.

세존이시여. 여래의 설리라는 지극히 원만한 무망실법이 훈습하면서 수행하는 까닭으로, 이 지극히 청정한 무망실법이 의지하는 그릇인 까닭으로 일체 세간의 천상·인간·아소락 등의 공양·공경·존중·찬탄을 받더라도 감당합니다. 세존이시여. 여래의 설리라는 지극히 원만한 항주사성이 훈습하면서 수행하는 까닭으로, 이 지극히 청정한 항주사성이 의지하는 그릇인 까닭으로 일체 세간의 천상·인간·아소락 등의 공양·공경·존중·찬탄을 받더라도 감당합니다.

세존이시여. 여래의 설리라는 지극히 원만한 일체 상속하는 번뇌의 습기를 영원히 끊는 것이 훈습하면서 수행하는 까닭으로, 이 지극히 청정한 일체의 상속하는 번뇌의 습기를 영원히 끊는 것이 의지하는 그릇인 까닭으로 일체 세간의 천상·인간·아소락 등의 공양·공경·존중·찬탄을 받더라도 감당합니다. 세존이시여. 여래의 설리라는 지극히 원만한 공덕의 진귀한 보배인 바라밀다가 훈습하면서 수행하는 까닭으로, 이 지극히 청정한 공덕의 진귀한 보배인 바라밀다가 의지하는 그릇인 까닭으로 일체 세간의 천상·인간·아소락 등의 공양·공경·존중·찬탄을 받더라도 감당합니다.

세존이시여. 여래의 설리라는 지극히 원만하고 염오가 없고 청정함도 없는 바라밀다가 훈습하면서 수행하는 까닭으로, 이 지극히 청정하고 염오가 없으며 청정함도 없는 바라밀다가 의지하는 그릇인 까닭으로 일체 세간의 천상·인간·아소락 등의 공양·공경·존중·찬탄을 받더라도 감당합니다. 세존이시여. 여래의 설리라는 지극히 원만하고 생겨남이 없고 소멸함도 없는 바라밀다가 훈습하면서 수행하는 까닭으로, 이 지극히 청정하고 생겨남도 없고 소멸함도 없는 바라밀다가 의지하는 그릇인 까닭으로 일체 세간의 천상·인간·아소락 등의 공양·공경·존중·찬탄을 받더라도 감당합니다.

세존이시여. 여래의 설리라는 지극히 원만하고 들어오는 것도 없고 나아가는 것도 없는 바라밀다가 훈습하면서 수행하는 까닭으로, 이 지극히 청정하고 들어오는 것도 없으며 나아가는 것도 없는 바라밀다가 의지하는 그릇인 까닭으로 일체 세간의 천상·인간·아소락 등의 공양·공경·존중·찬탄을 받더라도 감당합니다. 세존이시여. 여래의 설리라는 지극히 원만하고 늘어남도 없고 줄어듦도 없는 바라밀다가 훈습하면서 수행하는 까닭으로, 이 지극히 청정하고 늘어남도 없으며 줄어듦도 없는 바라밀다가 의지하는 그릇인 까닭으로 일체 세간의 천상·인간·아소락 등의 공양·공경·존중·찬탄을 받더라도 감당합니다.

세존이시여. 여래의 설리라는 지극히 원만하고 오는 것도 없고 가는 것도 없는 바라밀다가 훈습하면서 수행하는 까닭으로, 이 지극히 청정하고 오는 것도 없으며 가는 것도 없는 바라밀다가 의지하는 그릇인 까닭으로 일체 세간의 천상·인간·아소락 등의 공양·공경·존중·찬탄을 받더라도 감당합니다. 세존이시여. 여래의 설리라는 지극히 원만하고 움직임도 없고 멈춤도 없는 바라밀다가 훈습하면서 수행하는 까닭으로, 이 지극히 청정하고 움직임도 없으며 멈춤도 없는 바라밀다가 의지하는 그릇인 까닭으로 일체 세간의 천상·인간·아소락 등의 공양·공경·존중·찬탄을 받더라도 감당합니다.

세존이시여. 여래의 설리라는 지극히 원만하고 이것도 없고 저것도 없는 바라밀다가 훈습하면서 수행하는 까닭으로, 이 지극히 청정하고 이것도 없고 저것도 없는 바라밀다가 의지하는 그릇인 까닭으로 일체 세간의 천상·인간·아소락 등의 공양·공경·존중·찬탄을 받더라도 감당합니다. 세존이시여. 여래의 설리라는 지극히 원만하고 제법(諸法)의 진실한 자성(實性)인 바라밀다가 훈습하면서 수행하는 까닭으로, 이 지극히 청정하고 제법의 진실한 자성인 바라밀다가 의지하는 그릇인 까닭으로 일체 세간의 천상·인간·아소락 등의 공양·공경·존중·찬탄을 받더라도 감당합니다."

"다시 다음으로 세존이시여. 삼천대천세계에 여래의 설리라를 가득하게 안치(安置)하고, 가사 시방의 각각 긍가의 모래 수와 같은 제불세계에 충만한 여래의 설리라를 한 부분으로써 삼고서 서사하거나, 이와 같은 매우 깊은 반야바라밀다를 다시 한 부분으로 삼고자 하였다면, 이 두 부분의 가운데에서 저의 뜻은 이와 같은 반야바라밀다를 취하겠습니다. 왜 그러한가? 세존이시여. 일체의 여래·응공·정등각의 여러 설리라는 모두 오히려 이와 같은 매우 깊은 반야바라밀다를 인연하여 출생하는 까닭이고, 일체의 여래·응공·정등각의 여러 설리라는 모두 이와 같은 매우 깊은 반야바라밀다가 훈습하면서 수행하는 까닭이며, 일체의 여래·응공·정등각의 모든 설리라는 일체의 여래·응공·정등각의 여러 설리라는 모두 이와 같은 매우 깊은 반야바라밀다가 의지하는 기물인 까닭으로 일체의 천상·용·약차·건달박·아소락·갈로다·긴나락·막호락가·인비인 등의 공양·공경·존중·찬탄을 받고서 감당합니다.

세존이시여. 만약 선남자와 선여인 등이 여래의 설리라에 공양하고 공경하며 존중하고 찬탄한다면, 이 선남자와 선여인 등은 이 선근(善根)을 이유로 인간과 천상의 가운데에서 부귀와 안락함을 받습니다. 이를테면, 찰제리 대종족·바라문 대종족·장자 대종족·거사 대종족·4대왕중천·삼십삼천·야마천·도사다천·낙변화천·타화자재천에서 부귀와 안락함을 받습니다. 곧 이와 같은 수승한 선근으로 이유로 최후신(最後身)에 이르러 고통의 변제(苦際)를 마칠 것입니다.

세존이시여. 만약 선남자와 선여인 등이 이 반야바라밀다를 지극한 마음으로 듣고서 수지하고 독송하며 서사하고 해설하며 이치와 같게 사유한다면, 오히려 이것으로 반야바라밀다가 곧 원만해지고, 이와 같이 반야바라밀다가 원만하였던 까닭으로 다시 정려바라밀다를 원만함을 얻게 하며, 이와 같이 정려바라밀다가 원만한 까닭으로 다시 정진바라밀다를 원만함을 얻게 하고, 이와 같이 정진바라밀다가 원만한 까닭으로 다시 안인바라밀다를 원만함을 얻게 하며, 이와 같이 안인바라밀다가 원만한 까닭으로 다시 정계바라밀다를 원만함을 얻게 하고, 이와 같이 정계바라밀다가 원만한 까닭으로 다시 보시바라밀다를 원만함을 얻게 합니다.

세존이시여. 오히려 이것으로 다시 내공·외공·내외공·공공·대공·승의공·유위공·무위공·필경공·무제공·산공·무변이공·본성공·자상공·공상공·일체법공·불가득공·무성공·자성공·무성자성공에 안주하여 원만함을 얻게 합니다. 세존이시여. 오히려 이것으로 다시 진여·법계·법성·불허망성·불변이성·평등성·이생성·법정·법주·실제·허공계·부사의계에 안주하여 원만함을 얻게 합니다. 세존이시여. 오히려 이것으로 다시 고성제·집성제·멸성제·도성제에 안주하여 원만함을 얻게 합니다.

세존이시여. 오히려 이것으로 다시 4정려·4무량·4무색정을 수습하여 원만함을 얻게 합니다. 세존이시여. 오히려 이것으로 다시 8해탈·8승처·9차제정·10변처를 수습하여 원만함을 얻게 합니다. 세존이시여. 오히려 이것으로 다시 4념주·4정단·4신족·5근·5력·7등각지·8성도지를 수습하여 원만함을 얻게 합니다. 세존이시여. 오히려 이것으로 다시 공해탈문·무상해탈문·무원해탈문을 수습하여 원만함을 얻게 합니다. 세존이시여. 오히려 이것으로 다시 5안·6신통을 수습하여 원만함을 얻게 합니다.

세존이시여. 오히려 이것으로 다시 여래의 10력·4무소외·4무애해·대자·대비·대희·대사·18불불공법을 수습하여 원만함을 얻게 합니다. 세존이시여. 오히려 이것으로 다시 일체지·도상지·일체상지를 수습하여 원만함을 얻게 합니다. 세존이시여. 오히려 이것으로 무망실법·항주사성을 수습하여 원만함을 얻게 합니다. 세존이시여. 오히려 이것으로 다시 일체의 다라니문·일체의 삼마지문을 수습하여 원만함을 얻게 합니다.

세존이시여. 오히려 이것으로 다시 성문지와 독각지를 뛰어넘어 보살의 정성이생(正性離生)을 증득하여 들어가게 하고, 보살의 정성이생의 계위를 증득하여 들어갔다면, 다시 보살의 수승하고 미묘한 신통을 얻고 이 신통으로 수레를 삼아서 제불의 국토를 유행하면서 한 불국토에서 다른 한 불국토에 이르러 제불·세존께 공양하고 공경하며 존중하고 찬탄하며 정법을 듣고 불국토를 청정하게 장엄합니다.

여러 유정을 성숙시키기 위한 까닭으로 수승한 사유와 서원을 일으켜서 여러 종류의 몸을 받는데, 혹은 큰 전륜왕(轉輪王)을 짓거나, 혹은 작은 전륜왕을 짓거나, 혹은 큰 나라의 왕을 짓거나, 혹은 작은 나라의 왕을 짓거나, 혹은 찰제리 대종족에 태어나거나, 혹은 바라문 대종족에 태어나거나, 혹은 장자 대종족에 태어나거나, 혹은 거사 대종족에 태어나거나, 혹은 천제석이 되거나, 혹은 대범왕(大梵王)이 되거나, 혹은 비사문천(毗沙門天)이 되거나, 혹은 지국천(持國天) 등이 되면서 상응하는 것을 따라서 나타내며 요익(饒益)을 짓고, 점차로 나아가서 무상정등보리를 증득합니다.

이러한 까닭으로 세존이시여. 제가 제불의 설리라의 처소에서 믿고 수지하지 않은 것이 아니고, 기뻐하고 즐거워하지 않은 것도 아니며, 공양하고 공경하며 존중하고 찬탄하지 않는 것도 아닙니다. 그러나 이와 같은 매우 깊은 반야바라밀다에 공양하고 공경하며 존중하고 찬탄하여 얻는 공덕은 그것보다 매우 많습니다. 이러한 인연을 이유로 저는 뜻으로 이와 같은 반야바라밀다를 취하겠습니다.

세존이시여. 만약 선남자와 선여인 등이 이와 같은 반야바라밀다에 공양하고 공경하며 존중하고 찬탄한다면, 곧 일체의 불법이 증장하고, 역시 세간과 출세간의 일체의 부귀와 안락을 섭수하여 자재(自在)하나니, 이와 같다면 이미 여래의 설리라에 공양하고 공경하며 존중하고 찬탄하였던 것입니다."

마하반야바라밀다경 제129권

30. 교량공덕품(校量功惪品)(27)

"다시 다음으로 세존이시여. 만약 선남자와 선여인 등이 시방의 무수(無數)이고 무변(無邊)한 세계에서 현재에 미묘한 법을 설하시는 일체 여래·응공·정등각의 법신(法身)[1]·색신(色身)[2]·지혜신(智慧身)[3] 등을 항상 보고자 한다면, 마땅히 이와 같이 매우 깊은 반야바라밀다에서 공양하고 공경하며 존중하고 찬탄하며, 지극한 마음으로 듣고서 수지하고 독송하며 정근하면서 수학하고 이치와 같게 사유하며 널리 유정들을 위하여 자세하게 설하면서 유포해야 합니다.

세존이시여. 만약 선남자와 선여인 등이 이 불국토의 가운데에서 현재의 여래·응공·정등각의 법신·색신·지혜신 등을 항상 보고자 한다면, 마땅히 이와 같이 매우 깊은 반야바라밀다에서 공양하고 공경하며 존중하고 찬탄하며, 지극한 마음으로 듣고서 수지하고 독송하며 정근하면서 수학하고 이치와 같게 사유하며 널리 유정들을 위하여 자세하게 설하면서 유포해야 합니다.

세존이시여. 만약 선남자와 선여인 등이 시방삼세(十方三世)의 일체

---

1) 산스크리트어 Dharmakāya의 번역이다.
2) 산스크리트어 rūpa-kāya의 번역이나, 본 문장에서는 산스크리트어 Nirmāṇakāya의 번역인 화신(化身)이 타당하다고 생각된다.
3) 산스크리트어 jnānadharmakāya의 번역이나, 본 문장에서는 산스크리트어 Sambhogakāya의 번역인 보신(報身)이 타당하다고 생각된다.

여래·응공·정등각의 법신·색신·지혜신 등을 항상 보고자 한다면, 마땅히 이와 같이 매우 깊은 반야바라밀다에서 공양하고 공경하며 존중하고 찬탄하며, 지극한 마음으로 듣고서 수지하고 독송하며 정근하면서 수학하고 이치와 같게 사유하며 널리 유정들을 위하여 자세하게 설하면서 유포해야 합니다.

세존이시여. 만약 선남자와 선여인 등이 반야바라밀다를 수행하고자 한다면, 제여래·응공·정등각에서 법성(法性)으로써 상응하여 여래의 염법(念法)을 따라서 수행해야 합니다. 세존이시여. 법성에 두 가지가 있으니, 첫째는 유위법성(有爲法性)이고, 둘째는 무위법성(無爲法性)입니다. 무엇을 유위법성이라고 이름하는가? 이를테면, 나(我)를 여실(如實)하게 아는 지혜이거나, 유정(有情)을 여실하게 아는 지혜이거나, 명자(命者)를 여실하게 아는 지혜이거나, 생자(生者)를 여실하게 아는 지혜이거나, 양자(養者)를 여실하게 아는 지혜이거나, 사부(士夫)를 여실하게 아는 지혜이거나, 보특가라(補特伽羅)를 여실하게 아는 지혜이거나, 의생(意生)을 여실하게 아는 지혜이거나, 유동(儒童)을 여실하게 아는 지혜이거나, 작자(作者)를 여실하게 아는 지혜이거나, 수자(受者)를 여실하게 아는 지혜이거나, 지자(知者)를 여실하게 아는 지혜이거나, 견자(見者)를 여실하게 아는 지혜이거나, 만약 색(色)을 여실하게 아는 지혜이거나, 수(受)를 여실하게 아는 지혜이거나, 상(想)을 여실하게 아는 지혜이거나, 행(行)을 여실하게 아는 지혜이거나, 식(識)을 여실하게 아는 지혜이거나, 만약 안처(眼處)를 여실하게 아는 지혜이거나, 이처(耳處)를 여실하게 아는 지혜이거나, 비처(鼻處)를 여실하게 아는 지혜이거나, 설처(舌處)를 여실하게 아는 지혜이거나, 신처(身處)를 여실하게 아는 지혜이거나, 의처(義處)를 여실하게 아는 지혜이거나, 만약 색처(色處)를 여실하게 아는 지혜이거나, 성처(聲處)를 여실하게 아는 지혜이거나, 향처(香處)를 여실하게 아는 지혜이거나, 미처(味處)를 여실하게 아는 지혜이거나, 촉처(觸處)를 여실하게 아는 지혜이거나, 법처(法處)를 여실하게 아는 지혜이거나, 만약 안계(眼界)를 여실하게 아는 지혜이거나, 색계(色界)를 여실하게 아는 지혜이거나, 안식계(眼識界)를 여실하게 아는 지혜이거나, 안촉(眼觸)을 여실하게 아는 지혜이거나, 안촉(眼觸)을 인연으로 생겨나는 여러 수(受)를 여실하게 아는 지혜이거나, 만약 이계(耳界)를 여실하게 아는 지혜이거나, 성계(聲界)를 여실하게 아는 지혜이거나, 이식계(耳識界)를 여실하게 아는 지혜이거나, 이촉(耳觸)을 여실하게 아는 지혜이거나, 이촉(耳觸)을 인연으로 생겨나는 여러 수를 여실하게 아는 지혜이거나, 만약 비계(鼻界)를 여실하게 아는 지혜이거나, 향계(香界)를 여실하게 아는 지혜이거나, 비식계(鼻識界)를 여실하게 아는 지혜이거나, 비촉(鼻觸)을 여실하게 아는 지혜이거나, 비촉(鼻觸)을 인연으로 생겨나는 여러 수를 여실하게 아는 지혜이거나, 만약 설계(舌界)를 여실하게 아는 지혜이거나, 미계(味界)를 여실하게 아는 지혜이거나, 설식계(舌識界)를 여실하게 아는 지혜이거나, 설촉(舌觸)을 여실하게 아는 지혜이거나, 설촉(舌觸)을 인연으로 생겨나는 여러 수를 여실하게 아는 지혜이거나, 만약 신계(身界)를 여실하게 아는 지혜이거나, 촉계(觸界)를 여실하게 아는 지혜이거나, 신식계(身識界)를 여실하게 아는 지혜이거나, 신촉(身觸)을 여실하게 아는 지혜이거나, 신촉(身觸)을 인연으로 생겨나는 여러 수를 여실하게 아는 지혜이거나, 만약 의계(意界)를 여실하게 아는 지혜이거나, 법계(法界)를 여실하게 아는 지혜이거나, 의식계(意識界)를 여실하게 아는 지혜이거나, 의촉(意觸)을 여실하게 아는 지혜이거나, 의촉(意觸)을 인연으로 생겨나는 여러 수를 여실하게 아는 지혜이거나, 만약 지계(地界)를 여실하게 아는 지혜이거나, 수계(水界)를 여실하게 아는 지혜이거나, 화계(火界)를 여실하게 아는 지혜이거나, 풍계(風界)를 여실하게 아는 지혜이거나, 공계(空界)를 여실하게 아는 지혜이거나, 식계(識界)를 여실하게 아는 지혜이거나, 만약 무명(無明)을 여실하게 아는 지혜이거나, 행(行)을 여실하게 아는 지혜이거나, 식(識)을 여실하게 아는 지혜이거나, 명색(名色)을 여실하게 아는 지혜이거나, 육처(六處)를 여실하게 아는 지혜이거나, 촉(觸)을 여실하게 아는 지혜이거나, 수(受)를 여실하게 아는 지혜이거나, 애(愛)를 여실하게 아는 지혜이거나, 취(取)를 여실하게 아는 지혜이거나, 유(有)를 여실하게 아는 지혜이거나, 생(生)을 여실하게 아는 지혜이거나, 노사(老死)의 수탄고우뇌(愁歎苦憂惱)를 여실하게 아는 지혜이거나, 보시바라밀다(布施波羅蜜多)를 여실하게 아는 지혜이거나, 정계바라밀다(淨戒波羅蜜多)를 여실하게 아는 지혜이거나, 안인바라밀다(安忍波羅蜜多)를 여실하게 아는 지혜이거나, 정진바라밀다(精進波羅蜜多)를 여실하게 아는 지혜이거나, 정려바라밀다(精慮波羅蜜多)를 여실하게 아는 지혜이거나, 반야바라밀다(般若波羅蜜多)를 여실하게 아는 지혜이거나, 만약 내공(內空)을 여실하게 아는 지혜이거나, 외공(外空)을 여실하게 아는 지혜이거나, 내외공(內外空)을 여실하게 아는 지혜이거나, 공공(空空)을 여실하게 아는 지혜이거나, 대공(大空)을 여실하게 아는 지혜이거나, 승의공(勝義空)을 여실하게 아는 지혜이거나, 유위공(有爲空)을 여실하게 아는 지혜이거나, 무위공(無爲空)을 여실하게 아는 지혜이거나, 필경공(畢竟空)을 여실하게 아는 지혜이거나, 무제공(無際空)을 여실하게 아는 지혜이거나, 산공(散空)을 여실하게 아는 지혜이거나, 무변이공(無變異空)을 여실하게 아는 지혜이거나, 본성공(本性空)을 여실하게 아는 지혜이거나, 자상공(自相空)을 여실하게 아는 지혜이거나, 공상공(共相空)을 여실하게 아는 지혜이거나, 일체법공(一切法空)을 여실하게 아는 지혜이거나, 불가득공(不可得空)을 여실하게 아는 지혜이거나, 무성공(無性空)을 여실하게 아는 지혜이거나, 자성공(自性空)을 여실하게 아는 지혜이거나, 무성자성공(無性自性空)을 여실하게 아는 지혜이거나, 만약 진여(眞如)를 여실하게 아는 지혜이거나, 법계(法界)를 여실하게 아는 지혜이거나, 법성(法性)을 여실하게 아는 지혜이거나, 불허망성(不虛妄性)을 여실하게 아는 지혜이거나, 불변이성(不變異性)을 여실하게 아는 지혜이거나, 평등성(平等性)을 여실하게 아는 지혜이거나, 이생성(離生性)을 여실하게 아는 지혜이거나, 법정(法定)을 여실하게 아는 지혜이거나, 법주(法住)를 여실하게 아는 지혜이거나, 실제(實際)를 여실하게 아는 지혜이거나, 허공계(虛空界)를 여실하게 아는 지혜이거나, 부사의계(不思議界)를 여실하게 아는 지혜이거나, 만약 고성제(苦聖諦)를 여실하게 아는 지혜이거나, 집성제(集聖諦)를 여실하게 아는

지혜이거나, 멸성제(滅聖諦)를 여실하게 아는 지혜이거나, 도성제(道聖諦)
를 여실하게 아는 지혜이거나, 만약 4정려(四靜慮)를 여실하게 아는 지혜
이거나, 4무량(四無量)을 여실하게 아는 지혜이거나, 4무색정(四無色定)을
여실하게 아는 지혜이거나, 만약 8해탈(八解脫)을 여실하게 아는 지혜이거
나, 8승처(八勝處)를 여실하게 아는 지혜이거나, 9차제정(九次第定)을 여실
하게 아는 지혜이거나, 10변처(十遍處)를 여실하게 아는 지혜이거나, 만약
4념주(四念住)를 여실하게 아는 지혜이거나, 4정단(四正斷)을 여실하게
아는 지혜이거나, 4신족(四神足)을 여실하게 아는 지혜이거나, 5근(五根)
을 여실하게 아는 지혜이거나, 5력(五力)을 여실하게 아는 지혜이거나,
7등각지(七等覺支)를 여실하게 아는 지혜이거나, 8성도지(八聖道支)를 여
실하게 아는 지혜이거나, 만약 공해탈문(空解脫門)을 여실하게 아는 지혜
이거나, 무상해탈문(無相解脫門)을 여실하게 아는 지혜이거나, 무원해탈
문(無願解脫門)을 여실하게 아는 지혜이거나, 만약 5안(五眼)을 여실하게
아는 지혜이거나, 6신통(六神通)을 여실하게 아는 지혜이거나, 만약 여래
(如來)의 10력(十力)을 여실하게 아는 지혜이거나, 4무소외(四無所畏)를
여실하게 아는 지혜이거나, 4무애해(四無礙解)를 여실하게 아는 지혜이거
나, 대자(大慈)를 여실하게 아는 지혜이거나, 대비(大悲)를 여실하게 아는
지혜이거나, 대희(大喜)를 여실하게 아는 지혜이거나, 대사(大捨)를 여실
하게 아는 지혜이거나, 18불불공법(十八佛不共法)을 여실하게 아는 지혜
이거나, 만약 무망실법(無忘失法)을 여실하게 아는 지혜이거나, 항주사성
(恒住捨性)을 여실하게 아는 지혜이거나, 만약 일체지(一切智)를 여실하게
아는 지혜이거나, 도상지(道相智)를 여실하게 아는 지혜이거나, 일체상지
(一切相智)를 여실하게 아는 지혜이거나, 만약 일체의 다라니문(陀羅尼門)
을 여실하게 아는 지혜이거나, 일체의 삼마지문(三摩地門)을 여실하게
아는 지혜이거나, 만약 예류(預流)를 여실하게 아는 지혜이거나, 일래(一
來)를 여실하게 아는 지혜이거나, 불환(不還)을 여실하게 아는 지혜이거나,
아라한(阿羅漢)을 여실하게 아는 지혜이거나, 만약 예류향(預流向)·예류
과(預流果)를 여실하게 아는 지혜이거나, 일래향(一來向)·일래과(一來果)

를 여실하게 아는 지혜이거나, 불환향(不還向)·불환과(不還果)를 여실하게 아는 지혜이거나, 아라한향(阿羅漢向)·아라한과(阿羅漢果)를 여실하게 아는 지혜이거나, 만약 독각을 여실하게 아는 지혜이거나, 독각(獨覺)의 보리(菩提)를 여실하게 아는 지혜이거나, 만약 보살마하살을 여실하게 아는 지혜이거나, 보살마하살(菩薩摩訶薩)의 행(行)을 여실하게 아는 지혜이거나, 만약 삼먁삼불타(三藐三佛陀)를 여실하게 아는 지혜이거나, 아뇩다라삼먁삼보리(阿耨多羅三藐三菩提)를 여실하게 아는 지혜이거나, 만약 선법(善法)을 여실하게 아는 지혜이거나, 불선법(不善法)을 여실하게 아는 지혜이거나, 무기법(無記法)을 여실하게 아는 지혜이거나, 만약 과거의 법을 여실하게 아는 지혜이거나, 미래의 법을 여실하게 아는 지혜이거나, 현재의 법을 여실하게 아는 지혜이거나, 만약 욕계계법(欲界繫法)을 여실하게 아는 지혜이거나, 색계계법(色界繫法)을 여실하게 아는 지혜이거나, 무색계계법(無色界繫法)을 여실하게 아는 지혜이거나, 만약 학법(學法)을 여실하게 아는 지혜이거나, 무학법(無學法)을 여실하게 아는 지혜이거나, 비학비무학법(非學非無學法)을 여실하게 아는 지혜이거나, 만약 견소단법(見所斷法)을 여실하게 아는 지혜이거나, 수소단법(修所斷法)을 여실하게 아는 지혜이거나, 비소단법(非所斷法)을 여실하게 아는 지혜이거나, 만약 유색법(有色法)을 여실하게 아는 지혜이거나, 무색법(無色法)을 여실하게 아는 지혜이거나, 만약 유견법(有見法)을 여실하게 아는 지혜이거나, 무견법(無見法)을 여실하게 아는 지혜이거나, 만약 유대법(有對法)을 여실하게 아는 지혜이거나, 무대법(無對法)을 여실하게 아는 지혜이거나, 만약 유루법(有漏法)을 여실하게 아는 지혜이거나, 무루법(無漏法)을 여실하게 아는 지혜이거나, 만약 유위법(有爲法)을 여실하게 아는 지혜이거나, 무위법(無爲法)을 여실하게 아는 지혜이거나, 만약 유죄법(有罪法)을 여실하게 아는 지혜이거나, 무죄법(無罪法)을 여실하게 아는 지혜이거나, 만약 세간법(世間法)을 여실하게 아는 지혜이거나, 출세간법(出世間法)을 여실하게 아는 지혜이거나, 만약 잡염법(雜染法)을 여실하게 아는 지혜이거나, 청정법(淸淨法)을 여실하게 아는 지혜 등의 여러 이와 같은 모든 무량한 문(門)을 여실하게 아는 지혜를 유위법성이라고 이름합니다.

무엇을 무위법성이라고 이름하는가? 이를테면, 일체법은 생겨남도 없고 소멸도 없으며 머무름도 없고 다름(異)도 없으며 염오도 없고 청정함도 없으며 늘어남도 없고 줄어듦도 없으며 상(相)도 없고 무위(無爲)이며 무성자성(無性自性)입니다.

무엇을 성품이 없는 자성이라고 말하는가? 이를테면, 나의 자성이 없거나, 유정의 자성이 없거나, 명자의 자성이 없거나, 생자의 자성이 없거나, 양자의 자성이 없거나, 사부의 자성이 없거나, 보특가라의 자성이 없거나, 의생의 자성이 없거나, 유동의 자성이 없거나, 작자의 자성이 없거나, 수자의 자성이 없거나, 지자의 자성이 없거나, 견자의 자성이 없거나, 만약 색의 자성이 없거나, 수·상·행·식의 자성이 없거나, 만약 안처의 자성이 없거나, 이·비·설·신·의처의 자성이 없거나, 만약 색처의 자성이 없거나, 성·향·미·촉·법처의 자성이 없거나, 만약 안계의 자성이 없거나, 색계·안식계, …… 나아가 …… 안촉·안촉을 인연으로 생겨난 여러 수의 자성이 없거나, 만약 이계의 자성이 없거나, 성계·이식계, …… 나아가 …… 이촉·이촉을 인연으로 생겨난 여러 수의 자성이 없거나, 만약 비계의 자성이 없거나, 향계·비식계, …… 나아가 …… 비촉·비촉을 인연으로 생겨난 여러 수의 자성이 없거나, 만약 설계의 자성이 없거나, 미계·설식계, …… 나아가 …… 설촉·설촉을 인연으로 생겨난 여러 수의 자성이 없거나, 만약 신계의 자성이 없거나, 촉계·신식계, …… 나아가 …… 신촉·신촉을 인연으로 생겨난 여러 수의 자성이 없거나, 만약 의계의 자성이 없거나, 법계·의식계, …… 나아가 …… 의촉·의촉을 인연으로 생겨난 여러 수의 자성이 없거나, 만약 지계의 자성이 없거나, 수·화·풍·공·식계의 자성이 없거나, 만약 무명의 자성이 없거나, 행·식·명색·육처·촉·수·애·취·유·생·노사의 수탄고우뇌의 자성이 없거나, 보시바라밀다의 자성이 없거나, 정계·안인·정진·정려·반야바라밀다의 자성이 없거나, 만약 내공의 자성이 없거나, 외공·내외공·공공·대공·승의공·유위공·무위공·필경공·무제공·산공·무변이공·본성공·자상공·공상공·일체법공·

불가득공·무성공·자성공·무성자성공의 자성이 없거나, 만약 진여의 자성이 없거나, 법계·법성·불허망성·불변이성·평등성·이생성·법정·법주·실제·허공계·부사의계의 자성이 없거나, 만약 고성제의 자성이 없거나, 집·멸·도성제의 자성이 없거나, 만약 4정려의 자성이 없거나, 4무량·4무색정의 자성이 없거나, 만약 8해탈의 자성이 없거나, 8승처·9차제정·10변처의 자성이 없거나, 만약 4념주의 자성이 없거나, 4정단·4신족·5근·5력·7등각지·8성도지의 자성이 없거나, 만약 공해탈문의 자성이 없거나, 무상해탈문·무원해탈문의 자성이 없거나, 만약 5안의 자성이 없거나, 6신통의 자성이 없거나, 만약 여래의 10력의 자성이 없거나, 4무소외·4무애해·대자·대비·대희·대사·18불불공법의 자성이 없거나, 만약 무망실법의 자성이 없거나, 항주사성의 자성이 없거나, 만약 일체지의 자성이 없거나, 도상지·일체상지의 자성이 없거나, 만약 일체의 다라니문의 자성이 없거나, 일체의 삼마지문의 자성이 없거나, 만약 예류의 자성이 없거나, 일래·불환·아라한의 자성이 없거나, 만약 예류향·예류과의 자성이 없거나, 일래향·일래과·불환향·불환과·아라한향·아라한과의 자성이 없거나, 만약 독각의 자성이 없거나, 독각의 보리의 자성이 없거나, 만약 보살마하살의 자성이 없거나, 보살마하살의 행의 자성이 없거나, 만약 삼먁삼불타의 자성이 없거나, 아뇩다라삼먁삼보리의 자성이 없거나, 만약 선법의 자성이 없거나, 불선법·무기법의 자성이 없거나, 만약 과거의 법의 자성이 없거나, 미래·현재의 법의 자성이 없거나, 만약 욕계계법의 자성이 없거나, 색계계법·무색계계법의 자성이 없거나, 만약 학법의 자성이 없거나, 무학법·비학비무학법의 자성이 없거나, 만약 견소단법의 자성이 없거나, 수소단법·비소단법의 자성이 없거나, 만약 유색법의 자성이 없거나, 무색법의 자성이 없거나, 만약 유견법의 자성이 없거나, 무견법의 자성이 없거나, 만약 유대법의 자성이 없거나, 무대법의 자성이 없거나, 만약 유루법의 자성이 없거나, 무루법의 자성이 없거나, 만약 유위법의 자성이 없거나, 무위법의 자성이 없거나, 만약 유죄법의 자성이 없거나, 무죄법의 자성이 없거나, 만약 세간법의 자성이 없거나, 출세간법의 자성이 없거나,

만약 잡염법의 자성이 없거나, 청정법의 자성이 없는 등의 이와 같은
무량한 문(門)의 자성이 없어 공(空)하고 무소유이며, 상(相)도 없고 형태도
없으며 말도 없고 설명도 없으며 깨달음(覺)도 없고 아는 것도 없으며,
이와 같다면 성품이 없는 자성이라 이름하고, 이와 같은 제법의 성품이
없는 자성을 모두 무위법성이라고 이름합니다."

그때 세존께서 천제석에게 알려 말씀하셨다.
"그와 같으니라. 그와 같으니라. 그대들의 말한 것과 같으니라. 교시가
여. 과거의 여래·응공·정등각께서도 모두 이와 같은 매우 깊은 반야바라
밀다를 인연으로 이미 무상정등보리를 증득하셨고, 미래의 여래·응공·정
등각께서도 모두 이와 같은 매우 깊은 반야바라밀다를 인연으로 마땅히
무상정등보리를 증득하실 것이며, 현재 시방의 무량하고 무수이며 무변한
세계의 일체 여래·응공·정등각께서도 모두 이와 같은 매우 깊은 반야바라
밀다를 인연으로 현재에 무상정등보리를 증득하시느니라.
교시가여. 과거의 여래·응공·정등각의 성문(聲聞) 제자들도 모두 이와
같은 매우 깊은 반야바라밀다를 인연으로 이미 예류과를 증득하셨고
이미 일래·불환·아라한과를 증득하셨으며, 미래의 여래·응공·정등각께
서도 모두 이와 같은 매우 깊은 반야바라밀다를 인연으로 마땅히 예류과를
증득하실 것이고 마땅히 일래·불환·아라한과를 증득하실 것이며, 현재
시방의 무량하고 무수이며 무변한 세계의 일체 여래·응공·정등각께서도
모두 이와 같은 매우 깊은 반야바라밀다를 인연으로 현재에 예류과를
증득하고 현재에 일래·불환·아라한과를 증득하느니라.
교시가여. 과거의 독각(獨覺)들도 역시 이와 같은 매우 깊은 반야바라밀
다를 인연으로 이미 독각의 보리를 증득하셨고, 미래의 독각도 역시
이와 같은 매우 깊은 반야바라밀다를 인연으로 마땅히 독각의 보리를
증득하실 것이며, 현재의 독각도 역시 이와 같은 매우 깊은 반야바라밀다
를 인연으로 현재에 독각의 보리를 증득하시느니라.
왜 그러한가? 교시가여. 이와 같은 반야바라밀다의 비밀장(祕密藏)의

가운데에 3승(三乘)에 상응하는 법을 널리 설하신 까닭이니라. 그러나 이 설하신 것은 얻을 수 없는 것으로써 방편으로 삼는 까닭이고, 자성도 없고 상도 없음을 방편으로 삼는 까닭이며, 생겨남도 없고 소멸도 없음을 방편으로 삼는 까닭이고, 염오도 없고 청정함도 없음을 방편으로 삼는 까닭이며, 시작(造)도 없고 짓는(作) 것도 없음을 방편으로 삼는 까닭이고, 들어옴(入)도 없고 나감(出)도 없음을 방편으로 삼는 까닭이며, 늘어남도 없고 줄어듦도 없음을 방편으로 삼는 까닭이고, 취함(取)도 없고 버림(捨)도 없음을 방편으로 삼는 까닭이니라. 이와 같이 설하신 것은 오히려 세속을 위한 까닭이고, 승의(勝義)4)를 위한 것이 아닌 까닭이니라.

그 까닭은 무엇인가? 이와 같은 반야바라밀다는 반야바라밀다가 아니고, 반야바라밀다가 아닌 것도 아니며, 차안(此岸)5)도 아니고 피안(彼岸)6)도 아니며 중류(中流)도 아니고, 육지(陸)도 아니고 물(水)도 아니며, 높지도 않고 낮지도 않으며, 평등(平等)한 것도 아니고 평등하지 않은 것도 아니며, 유상(有相)도 아니고 무상(無相)도 아니며, 세간도 아니고 출세간도 아니며, 유루(有漏)도 아니고 무루(無漏)도 아니며, 유위(有爲)도 아니고 무위(無爲)도 아니며, 유죄(有罪)도 아니고 무죄(無罪)도 아니며, 색(色)도 아니고 무색(無色)도 아니며, 유견(有見)도 아니고 무견(無見)도 아니며, 상대(相對)가 있는 것도 아니고 상대가 없는 것도 아니며, 선(善)도 아니고 불선(不善)도 아니며, 유기(有記)도 아니고 무기(無記)도 아니며, 과거도 아니고 미래도 아니고 현재도 아니며, 욕계계법도 아니고 색계계법도 아니며 무색계계법도 아니고, 학(學)도 아니며 무학(無學)도 아니고 비학비무학법(非學非無學法)도 아니며, 견소단법(見所斷法)도 아니고 수소단법(修所斷法)도 아니며 비소단법(非所斷法)도 아니고, 유(有)도 아니며 공(空)도 아니고, 경계(境)도 아니며 지혜도 아니니라.

교시가여. 이와 같은 반야바라밀다는 제불의 법을 주지 않고 보살의

---

4) 산스크리트어 paramārtha의 번역이고, 궁극적인 이치를 가리킨다.
5) 생사(生死)를 윤회하는 고통(苦痛)이 있는 이 세상(世上)을 가리킨다.
6) 열반의 세계를 가리킨다.

법을 주지 않으며 독각의 법을 주지 않고 예류의 법을 주지 않으며 일래의 법을 주지 않고 불환의 법을 주지 않으며 아라한의 법을 주지 않고 이생(異生)의 법을 버리지 않느니라."

그때 천제석이 다시 세존께 아뢰어 말하였다.

"세존이시여. 이와 같은 반야바라밀다는 대바라밀다(大波羅蜜多)이고 무상바라밀다(無上波羅蜜多)이며 무등등바라밀다(無等等波羅蜜多)입니다. 세존이시여. 보살마하살이 이와 같이 매우 깊은 반야바라밀다를 수행한다면, 비록 일체 유정의 심행(心行)의 경계와 차별(差別)을 알았더라도 나(我)를 얻지 않고, 유정(有情)·명자(命者)·생자(生者)·양자(養者)·사부(士夫)·삭취취자(數取趣者)·의생(意生)·유동(儒童)·작자(作者)·수자(受者)·지자(知者)·견자(見者)를 얻지 않으며, 이 보살마하살은 역시 색을 얻지 않고 수·상·행·식을 얻지 않으며, 이 보살마하살은 역시 안처를 얻지 않고 이·비·설·신·의처를 얻지 않으며, 이 보살마하살은 역시 색처를 얻지 않고 성·향·미·촉·법처를 얻지 않으며, 이 보살마하살은 역시 안계를 얻지 않고 색계·안식계, 나아가 안촉·안촉을 인연으로 생겨난 여러 수를 얻지 않으며, 이 보살마하살은 역시 이계를 얻지 않고 성계·이식계, 나아가 이촉·이촉을 인연으로 생겨난 여러 수를 얻지 않으며, 이 보살마하살은 역시 비계를 얻지 않고 향계·비식계, 나아가 비촉·비촉을 인연으로 생겨난 여러 수를 얻지 않으며, 이 보살마하살은 역시 설계를 얻지 않고 미계·설식계, 나아가 설촉·설촉을 인연으로 생겨난 여러 수를 얻지 않으며, 이 보살마하살은 역시 신계를 얻지 않고 촉계·신식계, 나아가 신촉·신촉을 인연으로 생겨난 여러 수를 얻지 않으며, 이 보살마하살은 역시 의계를 얻지 않고 법계·의식계, 나아가 의촉·의촉을 인연으로 생겨나는 여러 수를 얻지 않습니다.

이 보살마하살은 역시 지계를 얻지 않고 수·화·풍·공·식계를 얻지 않으며, 이 보살마하살은 역시 무명을 얻지 않고 행·식·명색·육처·촉·수·애·취·유·생·노사의 수탄고우뇌를 얻지 않으며, 이 보살마하살은 역시 보시바라밀다를 얻지 않고 정계·안인·정진·정려·반야바라밀다를 얻지 않으며, 이 보살마하살은 역시 내공을 얻지 않고 외공·내외공·공공·대공·승의공·유위공·무위공·필경공·무제공·산공·무변이공·본성공·자상공·공상공·일체법공·불가득공·무성공·자성공·무성자성공을 얻지 않으며, 이 보살마하살은 또한 진여를 얻지 않고 법계·법성·불허망성·불변이성·평등성·이생성·법정·법주·실제·허공계·부사의계를 얻지 않으며, 이 보살마하살은 역시 고성제를 얻지 않고 집·멸·도성제를 얻지 않으며, 이 보살마하살은 역시 4정려를 얻지 않고 4무량·4무색정을 얻지 않으며, 이 보살마하살은 역시 8해탈을 얻지 않고 8승처·9차제정·10변처를 얻지 않습니다.

이 보살마하살은 역시 4념주를 얻지 않고 4정단·4신족·5근·5력·7등각지·8성도지를 얻지 않으며, 이 보살마하살은 역시 공해탈문을 얻지 않고 무상·무원해탈문을 얻지 않으며, 이 보살마하살은 역시 5안을 얻지 않고 6신통을 얻지 않으며, 이 보살마하살은 역시 여래의 10력을 얻지 않고 4무소외·4무애해·대자·대비·대희·대사·18불불공법을 얻지 않으며, 이 보살마하살은 역시 무망실법을 얻지 않고 항주사성을 얻지 않으며, 이 보살마하살은 역시 일체지를 얻지 않고 도상지·일체상지를 얻지 않으며, 이 보살마하살은 역시 일체의 다라니문을 얻지 않고 일체의 삼마지문을 얻지 않으며, 이 보살마하살은 역시 예류를 얻지 않고 일래·불환·아라한을 얻지 않으며, 이 보살마하살은 역시 예류향·예류과를 얻지 않고 일래향·일래과·불환향·불환과·아라한향·아라한과를 얻지 않으며, 이 보살마하살은 역시 독각을 얻지 않고 독각의 깨달음을 얻지 않으며, 이 보살마하살은 역시 보살마하살을 얻지 않고 보살마하살의 법을 얻지 않으며, 이 보살마하살은 역시 삼먁삼불타를 얻지 않고 삼먁삼불타의 법을 얻지 않습니다.

왜 그러한가? 이 반야바라밀다는 얻을 것이 있는 인연으로 현전(現前)하지 않는 까닭입니다. 그 까닭은 무엇인가? 매우 깊은 반야바라밀다는 모두 자성이 없고 역시 얻을 수 없으며, 얻을 것(能得)과 얻어지는 것(所得)의 두 가지의 의지처(二依處)의 자성과 상이 모두 공하여 얻을 수 없는 까닭입니다."

그때 세존께서 천제석에게 알려 말씀하셨다.

"그와 같으니라. 그와 같으니라. 그대들의 말한 것과 같으니라. 왜 그러한가? 교시가여. 보살마하살은 얻을 수 없는 것으로써 방편으로 삼아서 장야(長夜)에 매우 깊은 반야바라밀다를 수행하였어도, 오히려 보리(菩提)와 살타(薩埵)를 증득하지 못하였는데, 하물며 보살마하살을 증득하겠는가? 이 보살마하살을 이미 증득하지 못하였는데, 어찌 보살마하살의 법을 증득하겠고, 보살과 보살의 법도 얻지 못하였는데, 하물며 제불과 제불의 법을 증득하겠는가?"

이때 천제석이 다시 세존께 아뢰어 말하였다.

"세존이시여. 보살마하살은 다만 반야바라밀다를 행하여야 합니까? 역시 나머지의 다섯 가지의 바라밀다도 행하여야 합니까?"

세존께서 말씀하셨다.

"교시가여. 보살마하살은 얻을 수 없는 것으로써 방편으로 삼아서 6바라밀다를 함께 행하여야 하느니라. 보시바라밀다를 행하는 때에 보시하는 자도 얻지 못하고 받는 자도 얻지 못하며 보시하는 것과 보시하는 물건도 얻지 못하며, 정계바라밀다를 행하는 때에 정계(淨戒)를 얻지 못하고 악한 계율(惡戒)을 얻지 못하며 청정한 계율을 수지하는 자도 얻지 못하고, 안인바라밀다를 행하는 때에 안인(安忍)을 얻지 못하고 분노하며 성냄을 얻지 못하고 안인을 행하는 자도 얻지 못하며, 정진바라밀다를 행하는 때에 정진을 얻지 못하고 게으름을 얻지 못하며 정진을 행하는 자도 얻지 못하고, 정려바라밀다를 행하는 때에 정려를 얻지 못하고 산란(散亂)을 얻지 못하며 정려를 행하는 자도 얻지 못하고, 반야바라밀다를 행하는 때에 반야를 얻지 못하고 악한 지혜(惡慧)를 얻지 못하며 반야를 행하는 자도 얻지 못하느니라.

다시 다음으로 교시가여. 보살마하살은 매우 깊은 반야바라밀다를 존중하고 인도(引導)로 삼아서 일체의 바라밀다가 곧 원만하도록 수습해야 하느니라. 이 보살마하살이 보시바라밀다를 행하는 때에 매우 깊은 반야바라밀다를 존중하고 인도로 삼는다면 수행하는 보시바라밀다가 집착이 없는 것이므로 곧 원만함을 얻고, 이 보살마하살이 정계바라밀다를 행하는 때에 매우 깊은 반야바라밀다를 존중하고 인도로 삼는다면 수행하는 정계바라밀다가 집착이 없는 것이므로 곧 원만함을 얻으며, 이 보살마하살이 안인바라밀다를 행하는 때에 매우 깊은 반야바라밀다를 존중하고 인도로 삼는다면 수행하는 안인바라밀다가 집착이 없는 것이므로 곧 원만함을 얻고, 이 보살마하살이 정진바라밀다를 행하는 때에 매우 깊은 반야바라밀다를 존중하고 인도로 삼는다면 수행하는 정진바라밀다가 집착이 없는 것이므로 곧 원만함을 얻으며, 이 보살마하살이 정려바라밀다를 행하는 때에 매우 깊은 반야바라밀다를 존중하고 인도로 삼는다면 수행하는 정려바라밀다가 집착이 없는 것이므로 곧 원만함을 얻고, 이 보살마하살이 반야바라밀다를 행하는 때에 매우 깊은 반야바라밀다를 존중하고 인도로 삼는다면 수행하는 반야바라밀다가 집착하는 것 없어서 곧 원만하게 되느니라.

다시 다음으로 교시가여. 이 보살마하살은 일체법에서 얻을 수 없는 것으로써 방편으로 삼아서 반야바라밀다를 수습하는 까닭으로 집착이 없어서 수습하는 것이 빠른 원만함을 얻게 하느니라. 이 보살마하살이 색에서 얻을 수 없는 것으로써 방편으로 삼아서 반야바라밀다를 수습하고, 수·상·행·식에서 얻을 수 없는 것으로써 방편으로 삼아서 반야바라밀다를 수습한다면, 오히려 이 인연으로 집착하는 것이 없으므로 수습하는 것이 빠른 원만함을 얻게 하느니라.

이 보살마하살이 안처에서 얻을 수 없는 것으로써 방편으로 삼아서 반야바라밀다를 수습하고, 이·비·설·신·의처에서 얻을 수 없는 것으로써 방편으로 삼아서 반야바라밀다를 수습한다면, 오히려 이 인연으로 집착하는 것이 없으므로 수습하는 것이 빠른 원만함을 얻게 하느니라. 이 보살마하살이 색처에서 얻을 수 없는 것으로써 방편으로 삼아서 반야바라밀다를 수습하고, 성·향·미·촉·법처에서 얻을 수 없는 것으로써 방편으로 삼아서 반야바라밀다를 수습한다면, 오히려 이 인연으로 집착하는 것이 없으므로 수습하는 것이 빠른 원만함을 얻게 하느니라.

　이 보살마하살이 안계에서 얻을 수 없는 것으로써 방편으로 삼아서 반야바라밀다를 수습하고, 색계·안식계, 나아가 안촉·안촉을 인연으로 생겨난 여러 수에서 얻을 수 없는 것으로써 방편으로 삼아서 반야바라밀다를 수습한다면, 오히려 이 인연으로 집착하는 것이 없으므로 수습하는 것이 빠른 원만함을 얻게 하느니라. 이 보살마하살이 이계에서 얻을 수 없는 것으로써 방편으로 삼아서 반야바라밀다를 수습하고, 성계·이식계, 나아가 이촉·이촉을 인연으로 생겨난 여러 수에서 얻을 수 없는 것으로써 방편으로 삼아서 반야바라밀다를 수습한다면, 오히려 이 인연으로 집착하는 것이 없으므로 수습하는 것이 빠른 원만함을 얻게 하느니라.

　이 보살마하살이 비계에서 얻을 수 없는 것으로써 방편으로 삼아서 반야바라밀다를 수습하고, 향계·비식계, 나아가 비촉·비촉을 인연으로 생겨난 여러 수에서 얻을 수 없는 것으로써 방편으로 삼아서 반야바라밀다를 수습한다면, 오히려 이 인연으로 집착하는 것이 없으므로 수습하는 것이 빠른 원만함을 얻게 하느니라. 이 보살마하살이 설계에서 얻을 수 없는 것으로써 방편으로 삼아서 반야바라밀다를 수습하고, 미계·설식계, 나아가 설촉·설촉을 인연으로 생겨난 여러 수에서 얻을 수 없는 것으로써 방편으로 삼아서 반야바라밀다를 수습한다면, 오히려 이 인연으로 집착하는 것이 없으므로 수습하는 것이 빠른 원만함을 얻게 하느니라.

　이 보살마하살이 신계에서 얻을 수 없는 것으로써 방편으로 삼아서 반야바라밀다를 수습하고, 촉계·신식계, 나아가 신촉·신촉을 인연으로 생겨난 여러 수에서 얻을 수 없는 것으로써 방편으로 삼아서 반야바라밀다를 수습한다면, 오히려 이 인연으로 집착하는 것이 없으므로 수습하는 것이 빠른 원만함을 얻게 하느니라. 이 보살마하살이 의계에서 얻을 수 없는 것으로써 방편으로 삼아서 반야바라밀다를 수습하고, 법계·의식계, 나아가 의촉·의촉을 인연으로 생겨난 여러 수에서 얻을 수 없는 것으로써 방편으로 삼아서 반야바라밀다를 수습한다면, 오히려 이 인연으로 집착하는 것이 없으므로 수습하는 것이 빠른 원만함을 얻게 하느니라.

이 보살마하살이 지계에서 얻을 수 없는 것으로써 방편으로 삼아서 반야바라밀다를 수습하고, 수·화·풍·공·식계에서 얻을 수 없는 것으로써 방편으로 삼아서 반야바라밀다를 수습한다면, 오히려 이 인연으로 집착하는 것이 없으므로 수습하는 것이 빠른 원만함을 얻게 하느니라. 이 보살마하살이 무명에서 얻을 수 없는 것으로써 방편으로 삼아서 반야바라밀다를 수습하고, 행·식·명색·육처·촉·수·애·취·유·생·노사의 수탄고우뇌에서 얻을 수 없는 것으로써 방편으로 삼아서 반야바라밀다를 수습한다면, 오히려 이 인연으로 집착하는 것이 없으므로 수습하는 것이 빠른 원만함을 얻게 하느니라.

이 보살마하살이 내공에서 얻을 수 없는 것으로써 방편으로 삼아서 반야바라밀다를 수습하고, 외공·내외공·공공·대공·승의공·유위공·무위공·필경공·무제공·산공·무변이공·본성공·자상공·공상공·일체법공·불가득공·무성공·자성공·무성자성공에서 얻을 수 없는 것으로써 방편으로 삼아서 반야바라밀다를 수습한다면, 오히려 이 인연으로 집착하는 것이 없으므로 수습하는 것이 빠른 원만함을 얻게 하느니라. 이 보살마하살이 진여에서 얻을 수 없는 것으로써 방편으로 삼아서 반야바라밀다를 수습하고, 법계·법성·불허망성·불변이성·평등성·이생성·법정·법주·실제·허공계·부사의계에서 얻을 수 없는 것으로써 방편으로 삼아서 반야바라밀다를 수습한다면, 오히려 이 인연으로 집착하는 것이 없으므로 수습하는 것이 빠른 원만함을 얻게 하느니라.

이 보살마하살이 고성제에서 얻을 수 없는 것으로써 방편으로 삼아서 반야바라밀다를 수습하고, 집·멸·도성제에서 얻을 수 없는 것으로써 방편으로 삼아서 반야바라밀다를 수습한다면, 오히려 이 인연으로 집착하는 것이 없으므로 수습하는 것이 빠른 원만함을 얻게 하느니라. 이 보살마하살이 보시바라밀다에서 얻을 수 없는 것으로써 방편으로 삼아서 반야바라밀다를 수습하고, 정계·안인·정진·정려·반야바라밀다에서 얻을 수 없는 것으로써 방편으로 삼아서 반야바라밀다를 수습한다면, 오히려 이 인연으로 집착하는 것이 없으므로 수습하는 것이 빠른 원만함을 얻게 하느니라.

　이 보살마하살이 4정려에서 얻을 수 없는 것으로써 방편으로 삼아서 반야바라밀다를 수습하고, 4무량·4무색정에서 얻을 수 없는 것으로써 방편으로 삼아서 반야바라밀다를 수습한다면, 오히려 이 인연으로 집착하는 것이 없으므로 수습하는 것이 빠른 원만함을 얻게 하느니라. 이 보살마하살이 8해탈에서 얻을 수 없는 것으로써 방편으로 삼아서 반야바라밀다를 수습하고, 8승처·9차제정·10변처에서 얻을 수 없는 것으로써 방편으로 삼아서 반야바라밀다를 수습한다면, 오히려 이 인연으로 집착하는 것이 없으므로 수습하는 것이 빠른 원만함을 얻게 하느니라.

　이 보살마하살이 4념주에서 얻을 수 없는 것으로써 방편으로 삼아서 반야바라밀다를 수습하고, 4정단·4신족·5근·5력·7등각지·8성도지에서 얻을 수 없는 것으로써 방편으로 삼아서 반야바라밀다를 수습한다면, 오히려 이 인연으로 집착하는 것이 없으므로 수습하는 것이 빠른 원만함을 얻게 하느니라. 이 보살마하살이 공해탈문에서 얻을 수 없는 것으로써 방편으로 삼아서 반야바라밀다를 수습하고, 무상·무원해탈문에서 얻을 수 없는 것으로써 방편으로 삼아서 반야바라밀다를 수습한다면, 오히려 이 인연으로 집착하는 것이 없으므로 수습하는 것이 빠른 원만함을 얻게 하느니라.

　이 보살마하살이 5안에서 얻을 수 없는 것으로써 방편으로 삼아서 반야바라밀다를 수습하고, 6신통에서 얻을 수 없는 것으로써 방편으로 삼아서 반야바라밀다를 수습한다면, 오히려 이 인연으로 집착하는 것이 없으므로 수습하는 것이 빠른 원만함을 얻게 하느니라. 이 보살마하살이 여래의 10력에서 얻을 수 없는 것으로써 방편으로 삼아서 반야바라밀다를 수습하고, 4무소외·4무애해·대자·대비·대희·대사·18불불공법에서 얻을 수 없는 것으로써 방편으로 삼아서 반야바라밀다를 수습한다면, 오히려 이 인연으로 집착하는 것이 없으므로 수습하는 것이 빠른 원만함을 얻게 하느니라.

　이 보살마하살이 무망실법에서 얻을 수 없는 것으로써 방편으로 삼아서 반야바라밀다를 수습하고, 항주사성에서 얻을 수 없는 것으로써 방편으로 삼아서 반야바라밀다를 수습한다면, 오히려 이 인연으로 집착하는 것이 없으므로 수습하는 것이 빠른 원만함을 얻게 하느니라. 이 보살마하살이 일체지에서 얻을 수 없는 것으로써 방편으로 삼아서 반야바라밀다를 수습하고, 도상지·일체상지에서 얻을 수 없는 것으로써 방편으로 삼아서 반야바라밀다를 수습한다면, 오히려 이 인연으로 집착하는 것이 없으므로 수습하는 것이 빠른 원만함을 얻게 하느니라.

이 보살마하살이 일체의 다라니문에서 얻을 수 없는 것으로써 방편으로 삼아서 반야바라밀다를 수습하고, 일체의 삼마지문에서 얻을 수 없는 것으로써 방편으로 삼아서 반야바라밀다를 수습한다면, 오히려 이 인연으로 집착하는 것이 없으므로 수습하는 것이 빠른 원만함을 얻게 하느니라. 이 보살마하살이 예류에서 얻을 수 없는 것으로써 방편으로 삼아서 반야바라밀다를 수습하고, 일래·불환·아라한에서 얻을 수 없는 것으로써 방편으로 삼아서 반야바라밀다를 수습한다면, 오히려 이 인연으로 집착하는 것이 없으므로 수습하는 것이 빠른 원만함을 얻게 하느니라.

이 보살마하살이 예류향·예류과에서 얻을 수 없는 것으로써 방편으로 삼아서 반야바라밀다를 수습하고, 일래향·일래과·불환향·불환과·아라한향·아라한과에서 얻을 수 없는 것으로써 방편으로 삼아서 반야바라밀다를 수습한다면, 오히려 이 인연으로 집착하는 것이 없으므로 수습하는 것이 빠른 원만함을 얻게 하느니라. 이 보살마하살이 독각에서 얻을 수 없는 것으로써 방편으로 삼아서 반야바라밀다를 수습하고, 독각의 보리에서 얻을 수 없는 것으로써 방편으로 삼아서 반야바라밀다를 수습한다면, 오히려 이 인연으로 집착하는 것이 없으므로 수습하는 것이 빠른 원만함을 얻게 하느니라.

이 보살마하살이 보살마하살에서 얻을 수 없는 것으로써 방편으로 삼아서 반야바라밀다를 수습하고, 보살마하살의 행에서 얻을 수 없는 것으로써 방편으로 삼아서 반야바라밀다를 수습한다면, 오히려 이 인연으로 집착하는 것이 없으므로 수습하는 것이 빠른 원만함을 얻게 하느니라.

이 보살마하살이 삼먁삼불타에서 얻을 수 없는 것으로써 방편으로 삼아서 반야바라밀다를 수습하고, 무상정등보리에서 얻을 수 없는 것으로써 방편으로 삼아서 반야바라밀다를 수습한다면, 오히려 이 인연으로 집착하는 것이 없으므로 수습하는 것이 빠른 원만함을 얻게 하느니라.

교시가여. 남섬부주가 소유한 여러 나무의 가지·줄기·꽃·잎·열매가 비록 여러 종류의 모양과 색깔로 같지 않더라도 그것들의 그림자는 모두 차별이 없는 것과 같이, 이와 같은 보시·정계·안인·정진·정려·반야바라밀다가 비록 각각 다름이 있더라도 반야바라밀다가 모두 섭수하여 일체지지에 회향하는 이유로, 얻을 수 없는 것을 방편으로 삼는 까닭으로 역시 차별이 없느니라."

그때 천제석이 세존께 아뢰어 말하였다.

"세존이시여. 이와 같은 반야바라밀다는 광대(廣大)하고 수승(殊勝)한 공덕을 성취하고, 이와 같은 반야바라밀다는 일체의 수승한 공덕을 성취하며, 이와 같은 반야바라밀다는 무량하고 수승한 공덕을 성취하고, 이와 같은 반야바라밀다는 원만하고 수승한 공덕을 성취하며, 이와 같은 반야바라밀다는 무변하고 수승한 공덕을 성취하고, 이와 같은 반야바라밀다는 상대가 없는 수승한 공덕을 성취하며, 이와 같은 반야바라밀다는 끝이 없는(無盡) 수승한 공덕을 성취하고, 이와 같은 반야바라밀다는 한계(分限)가 없는 수승한 공덕을 성취하며, 이와 같은 반야바라밀다는 무등등(無等等)의 수승한 공덕을 성취하고, 이와 같은 반야바라밀다는 뜻을 사유하기 어려운(難思議) 수승한 공덕을 성취하며, 이와 같은 반야바라밀다는 설할 수 없는(不可說) 수승한 공덕을 성취합니다.

세존이시여. 만약 선남자와 선여인 등이 이와 같이 매우 깊은 반야바라밀다를 다시 서사하여 여러 종류의 보물로 장엄하여 꾸미고서 무량한 종류의 상묘한 화만·바르는 향·뿌리는 향·의복·영락·보배·당기·번기·일산·여러 미묘하고 진기한 음악·등불 등으로써 여러 소유한 것이 없어지도록 공양하고 공경하며 존중하고 찬탄하며 이 경전의 설법에 의지하여 여실하게 사유하였거나, 선남자와 선여인 등이 있어서 이와 같이 매우

깊은 반야바라밀다를 서사하여 다른 사람에게 보시하여 수지하고 널리
유포시키게 하였다면, 이 두 가지의 복취(福聚)는 어느 것이 많습니까?"

세존께서 말씀하셨다.

"교시가여. 내가 도리어 그대에게 묻겠나니, 그대의 뜻을 따라서 대답하
라. 만약 선남자와 선여인 등이 다른 사람에게 청하여 여래의 설리라를
얻고서 보배 상자로써 담아서 높고 수승한 처소에 안치하고, 다시 무량한
종류의 상묘한 화만·바르는 향·뿌리는 향·의복·영락·보배·당기·번기·
일산·여러 미묘하고 진기한 음악·등불 등으로써 여러 소유한 것이 없어지
도록 공양하고 공경하며 존중하고 찬탄하거나, 선남자와 선여인 등이
있어서 다른 사람에게 청하여 여래의 설리라를 얻고서 다른 사람에게
겨자씨와 같이 나누어주면서 그들이 공경스럽게 받아서 여법(如法)하게
안치하게 하였고, 다시 무량한 종류의 상묘한 화만·바르는 향·뿌리는
향·의복·영락·보배·당기·번기·일산·여러 미묘하고 진기한 음악·등불
등으로써 여러 소유한 것이 없어지도록 공양하고 공경하며 존중하고
찬탄하였다면, 그대의 뜻은 어떠한가? 이와 같은 앞뒤의 두 종류의 복취는
어느 것이 많겠는가?"

천제석이 말하였다.

"세존이시여. 제가 세존께서 설하신 법의 뜻을 이해하는 것과 같다면,
만약 선남자와 선여인 등이 다른 사람에게 청하여 여래의 설리라를 얻고서
보배 상자로써 담아서 높고 수승한 처소에 안치하고, 다시 무량한 종류의
상묘한 화만·바르는 향·뿌리는 향·의복·영락·보배·당기·번기·일산·여
러 미묘하고 진기한 음악·등불 등으로써 여러 소유한 것이 없어지도록
공양하고 공경하며 존중하고 찬탄하거나, 선남자와 선여인 등이 있어서
다른 사람에게 청하여 여래의 설리라를 얻고서 다른 사람에게 겨자씨와
같이 나누어주면서 그들이 공경스럽게 받아서 여법하게 안치하게 하였고,
다시 무량한 종류의 상묘한 화만·바르는 향·뿌리는 향·의복·영락·보배·
당기·번기·일산·여러 미묘하고 진기한 음악·등불 등으로써 여러 소유한
것이 없어지도록 공양하고 공경하며 존중하고 찬탄하도록 하였다면,

앞뒤의 두 종류의 복취는 뒤의 것이 많습니다.

왜 그러한가? 일체의 여래·응공·정등각께서는 본래 대비(大悲)로써 유정들을 관찰하시고, 제불의 설리라에 상응하여 귀의(歸依)하고 공경하고 공양하면서 득도(得度)[7]할 자를 금강유삼마지(金剛喩三摩地)의 힘으로써 금강신(金剛身)[8]을 부수어 겨자씨와 같게 하시며, 다시 매우 넓은 대비와 신력(神力)으로 이와 같은 여래의 설리라를 가지(加持)[9]하시니, 여래께서 반열반(般涅槃)[10]하신 뒤에 한 알의 겨자 양과 같게 얻고서 여러 종류로 공양하였다면 그 복이 무변하여 천상과 인간의 가운데에서 여러 미묘한 안락을 받고, 나아가 최후에 괴로움의 끝자락(苦際)을 없애도록 하십니다. 그러므로 다른 사람에게 보시하는 자의 복이 많습니다."

---

7) 산스크리트어 pāramitā의 번역이고, 생사(生死)를 초월하여 열반에 이르는 것이다.
8) 법신(法身)을 가리키는데, 금강이 견고하여 파괴할 수 없는 것과 같다는 뜻이다.
9) 산스크리트어 adhiṣṭhāna의 번역이고, '가피(加被)', '가호(加護)', '호념(護念)' 등으로 번역한다. 불·보살이 대자대비로 중생을 보살피고, 중생은 불·보살의 가르침을 신심으로 따르면서 감응하는 것이다.
10) 산스크리트어 paranirvāṇa의 번역이고, '적멸(寂滅)', '이계(離繫)', '해탈(解脫)', '원적(圓寂)' 등의 뜻이 있다.

마하반야바라밀다경 제130권

30. 교량공덕품(校量功惪品)(28)

그때 세존께서 천제석을 칭찬하셨다.

"옳도다. 옳도다. 그대가 말한 것과 같으니라. 교시가여. 만약 선남자와 선여인 등이 이와 같은 매우 깊은 반야바라밀다를 다시 서사하여 여러 종류의 보물로 장엄하여 꾸미고서 무량한 종류의 상묘한 화만·바르는 향·뿌리는 향·의복·영락·보배·당기·번기·일산·여러 미묘하고 진기한 음악·등불 등으로써 여러 소유한 것이 없어지도록 공양하고 공경하며 존중하고 찬탄하며 이 경전의 설법에 의지하여 여실하게 사유하였더라도, 선남자와 선여인 등이 있어서 이와 같은 매우 깊은 반야바라밀다를 서사하여 다른 사람에게 보시하여 수지하고 널리 유포시키게 하였다면, 이 두 가지의 복취는 뒤의 것이 많으니라. 왜 그러한가? 오히려 다른 사람에게 보시하는 것은 능히 무량하고 무변한 유정들에게 법의 희열(法喜)을 얻게 하는 까닭이니라.

다시 다음으로 교시가여. 만약 선남자와 선여인 등이 능히 반야바라밀다에서 설하신 의취(義趣)[1]와 같이 널리 유정들을 위하여 분별하고 해설하여 바른 이해를 얻게 시켰다면, 이 선남자와 선여인 등이 얻는 복취는 다시 다른 사람에게 이 경전을 보시하는 공덕보다 백천 배나 수승하느니라. 교시가여. 이 법사(法師)를 공경한다면 마땅히 세존과 같이 공경해야

---

1) 가르침의 근본적인 의미를 뜻한다.

하고, 역시 존귀한 범행자(梵行者)를 받들어 섬기는 것과 같아야 하느니라.

왜 그러한가? 교시가여. 반야바라밀다는 여래·응공·정등각으로 나아가는(卽) 것이라고 알아야 하고, 여래·응공·정등각은 반야바라밀다로 나아가는 것이라고 알아야 하며, 반야바라밀다는 여래·응공·정등각과 다르지 않다고 알아야 하고, 여래·응공·정등각은 반야바라밀다와 다르지 않다고 알아야 하느니라. 왜 그러한가? 교시가여. 과거·미래·현재의 제불께서도 모두 반야바라밀다에 의지하여 정근하면서 수학하셨으므로 무상정등보리를 증득하셨느니라.

교시가여. 존귀한 범행자는 곧 불퇴전지(不退轉地)에 머무르는 보살마하살이라고 마땅히 알아야 하고, 이 보살마하살도 역시 반야바라밀다에 의지하여 정근하면서 수학하여 무상정등보리를 증득한다고 마땅히 알아야 하느니라. 교시가여. 성문(聲聞)의 종성(種姓)인 보특가라(補特伽羅)[2] 도 역시 이와 같은 매우 깊은 반야바라밀다에 의지하여 정근하면서 수학하여 예류·일래·불환·아라한과를 증득하는 것이고, 독각(獨覺)의 종성인 보특가라도 역시 이와 같은 매우 깊은 반야바라밀다에 의지하여 정근하면서 수학하여 점차 독각의 보리를 증득하는 것이며, 보살(菩薩)의 종성(種姓)인 여러 성문지(聲聞地)와 독각지(獨覺地)를 초월하여 보살의 정성이생(正性離生)을 증득하여 들어가고, 다시 점차로 수행하여 무상정등보리를 증득하느니라.

이러한 까닭으로써 교시가여. 만약 선남자와 선여인 등이 무량한 종류의 상묘한 화만·바르는 향·뿌리는 향·의복·영락·보배·당기·번기·일산·여러 미묘하고 진기한 음악·등불 등으로써 여러 소유한 것이 없어지도록 현재의 여래·응공·정등각께 공양하고 공경하며 존중하고 찬탄하고자 한다면, 마땅히 이와 같은 매우 깊은 반야바라밀다를 서사하여 무량한 종류의 상묘한 화만·바르는 향·뿌리는 향·의복·영락·보배·당기·번기·일산·여러 미묘하고 진기한 음악·등불 등으로써 여러 소유한 것이 없어지

---

2) 산스크리트어 pudgala의 음사이고, 구역(舊譯)에서는 '사람(人)', '중생(衆生)' 등으로 번역하며, 신역(新譯)에서는 '삭취취(數取趣)'라고 번역한다.

도록 공양하고 공경하며 존중하고 찬탄해야 하느니라. 교시가여. 나는 이러한 뜻(義)을 관찰하여 처음으로 무상정등보리를 증득하였던 때에 이러한 사유를 지었느니라.

'나는 무엇을 의지하여 머물러야 하는가? 누가 나의 공양·공경·존중·찬탄을 받고서 감당할 것인가?'

이렇게 생각을 짓는 때에 일체 세간의 만약 천상이거나, 만약 마계이거나, 만약 범천이거나, 만약 사문이거나, 만약 바라문과 인비인의 가운데에서 나와 동등한 자를 모두 보지 못하였는데, 하물며 나보다 수승한 자가 있었겠는가? 다시 스스로가 사유를 하였느니라.

'나는 이 법에 의지하여 이미 무상정등보리를 증득하였다. 이 법은 미묘하고 매우 깊고 적정(寂靜)하다. 나는 마땅히 도리어 이 법에 의지하여 머물면서 공양하고 공경하며 존중하고 찬탄해야겠다. 무엇을 이 법이라고 말하는가? 이를테면 반야바라밀다이다.'

교시가여. 나는 이미 성불(成佛)하였으나, 오히려 이와 같은 매우 깊은 반야바라밀다에 존중하고 의지하면서 머무르며 공양하고 공경하며 존중하고 찬탄하는데, 하물며 선남자와 선여인 등이 무상정등보리를 구하려고 하였는데, 이러한 매우 깊은 반야바라밀다에 지극한 마음으로 귀의하여 정근하면서 수학하며 무량한 종류의 상묘한 화만·바르는 향·뿌리는 향·의복·영락·보배·당기·번기·일산·여러 미묘하고 진기한 음악·등불 등으로써 여러 소유한 것이 없어지도록 공양하고 공경하며 존중하고 찬탄해야 하지 않겠는가?

교시가여. 만약 선남자와 선여인 등이 성문승이나 혹은 독각승을 구한다면, 역시 이 매우 깊은 반야바라밀다에 지극한 마음으로 귀의하여 정근하면서 수학하며 무량한 종류의 상묘한 화만·바르는 향·뿌리는 향·의복·영락·보배·당기·번기·일산·여러 미묘하고 진기한 음악·등불 등으로써 여러 소유한 것이 없어지도록 공양하고 공경하며 존중하고 찬탄해야 하느니라. 왜 그러한가? 교시가여. 이와 같은 반야바라밀다는 능히 보살마하살들을 출생시키고, 이 보살마하살들을 따라서 제여래·응공·정등각

이 출생하며, 제여래·응공·정등각을 의지하여 성문과 독각이 출생하는
까닭이니라.

　이런 까닭으로 교시가여. 만약 대승을 구하거나 독각승을 구하거나
성문승을 구한다면 여러 선남자와 선여인 등은 모두 이 매우 깊은 반야바
라밀다에 상응하여 지극한 마음으로 귀의하여 정근하면서 수학하며 무량
한 종류의 상묘한 화만·바르는 향·뿌리는 향·의복·영락·보배·당기·번기
·일산·여러 미묘하고 진기한 음악·등불 등으로써 여러 소유한 것이 없어
지도록 공양하고 공경하며 존중하고 찬탄해야 하느니라. 그 까닭은 무엇
인가? 성문을 구하는 자는 이 반야바라밀다를 정근하면서 수학하여 구경
에 아라한과를 증득하고, 독각을 구하는 자는 이 반야바라밀다를 정근하
면서 수학하여 구경에 독각의 보리를 증득하며, 대승을 구하는 자는
이 반야바라밀다를 정근하면서 수학하여 구경에 아뇩다라삼먁삼보리를
증득하느니라.”

　그때 세존께서 천제석에게 알려 말씀하셨다.

　“교시가여. 만약 선남자와 선여인 등이 남섬부주(南贍部洲)의 여러
유정의 부류들을 교화(敎化)하여 모두 10선업도(十善業道)를 수학하게
시켰다면, 그대는 뜻은 어떠한가? 이 선남자와 선여인 등은 이 인연을
이유로 많은 복취를 얻겠는가?”

　천제석이 말하였다.

　“매우 많습니다. 세존이시여. 매우 많습니다. 선서시여.”

　세존께서 교시가에게 말씀하셨다.

　“교시가여. 만약 선남자와 선여인 등이 이와 같이 매우 깊은 반야바라밀
다를 서사하여 다른 사람에게 보시하여 독송하게 하거나, 만약 전전(展轉)
하면서 서사하여 널리 유포시킨다면, 이 선남자와 선여인 등이 얻는
복취는 앞보다 매우 많으니라. 왜 그러한가? 교시가여. 이와 같은 반야바
라밀다의 비밀장(秘密藏)의 가운데에 일체의 무루법(無漏法)을 널리 설하
셨으므로, 성문의 종성인 보특가라는 이 법을 수학하여 빠르게 성문의

정성이생(正性離生)에 들어가서 예류과를 증득하고 일래과를 증득하며 불환과를 증득하고 아라한과를 증득하며, 독각의 종성인 보특가라는 이 법을 수학하여 빠르게 독각의 정성이생에 들어가서 독각의 보리를 점차로 증득하며, 보살의 종성인 보특가라는 이 법을 수학하여 빠르게 보살의 정성이생에 들어가서 제보살의 행을 점차로 수행하여 무상정등보리를 증득하느니라.

교시가여. 이와 같은 반야바라밀다의 비밀장의 가운데에 널리 설하신 일체의 무루법은 이를테면, 보시바라밀다·정계바라밀다·안인바라밀다·정진바라밀다·정려바라밀다·반야바라밀다, 내공·외공·내외공·공공·대공·승의공·유위공·무위공·필경공·무제공·산공·무변이공·본성공·자상공·공상공·일체법공·불가득공·무성공·자성공·무성자성공, 진여·법계·법성·불허망성·불변이성·평등성·이생성·법정·법주·실제·허공계·부사의계, 고성제·집성제·멸성제·도성제, 무루(無漏)·4정려·4무량·4무색정, 8해탈·8승처·9차제정·10변처, 4념주·4정단·4신족·5근·5력·7등각지·8성도지, 공해탈문·무상해탈문·무원해탈문, 5안·6신통, 여래의 10력·4무소외·4무애해·대자·대비·대희·대사·18불불공법, 무망실법·항주사성, 일체지·도상지·일체상지, 일체의 다라니문·일체의 삼마지문 등과 나머지의 무량하고 무변한 불법(佛法)이나니, 모두 이 가운데에서 설하였던 것인 일체의 무루법이니라.

교시가여. 만약 선남자와 선여인 등이 한 유정을 교화하여 예류과에 머물게 하였다면, 얻는 복취는 하나의 남섬부주에서 여러 유정의 부류들을 교화하여 모두 10선업도를 수학하게 하여 얻는 복취보다 오히려 수승하느니라. 왜 그러한가? 교시가여. 여러 유정들은 10선업도를 수행하더라도 지옥(地獄)·방생(傍生)·귀취(鬼趣)[3]를 벗어나지 못하지만, 만약 여러 유정들이 예류과에 머무른다면 곧 3악취(三惡趣)를 영원히 벗어나는 까닭이니라. 하물며 교화하여 일래·불환·아라한과에 머무르게 시켰다면 얻는

---

3) 귀도(鬼道)의 다른 말이고, 아귀(餓鬼)를 가리킨다.

복취는 그것보다 수승하지 않겠는가?

교시가여. 만약 선남자와 선여인 등이 남섬부주의 여러 유정들을 교화하여 모두를 예류·일래·불환·아라한과에 머무르게 시켰다면 얻는 복취는 사람이 있었고 한 유정을 교화하여 그를 독각의 보리에 안주시키는 복취보다도 못하느니라. 왜 그러한가? 교시가여. 독각의 보리가 소유한 공덕은 예류 등보다 백천 배(倍)가 수승한 까닭이니라. 교시가여. 만약 선남자와 선여인 등이 남섬부주의 여러 유정들을 교화하여 모두를 독각의 보리에 머무르게 시켰다면 얻는 복취는 사람이 있었고 한 유정을 교화하여 그를 무상정등보리로 나아가게 시키는 복취보다도 못하느니라. 왜 그러한가? 교시가여. 만약 유정을 교화하여 무상정등보리로 나아가게 시켰다면 곧 세간에 불안(佛眼)이 끊어지지 않게 시키느니라.

그 까닭은 무엇인가? 오히려 보살마하살이 있는 까닭으로 곧 예류·일래·불환·아라한과·독각의 보리가 있고, 오히려 보살마하살이 있는 까닭으로 곧 여래·응공·정등각이 있어서 무상정등보리를 증득하며, 오히려 보살마하살이 있는 까닭으로 곧 불보(佛寶)·법보(法寶)·승보(僧寶)가 있어서 일체 세간이 귀의하고 공양하느니라. 이러한 까닭으로써 교시가여. 일체 세간의 천상이거나, 만약 마계이거나, 만약 범천이거나, 만약 사문이거나, 만약 바라문과 아소락·인비인 등이 상응하여 무량한 종류의 상묘한 화만·바르는 향·뿌리는 향·의복·영락·보배·당기·번기·일산·여러 미묘하고 진기한 음악·등불 등으로써 여러 소유한 것이 없어지도록 공양하고 공경하며 존중하고 찬탄하느니라.

교시가여. 이러한 이유로 만약 선남자와 선여인 등이 이와 같은 매우 깊은 반야바라밀다를 서사하여 다른 사람에게 보시하여 독송하게 하거나 만약 전전하여 서사하고 널리 유포시키게 하였다면, 얻는 복덕은 앞에서 얻은 복취보다 수승하여 무량하고 무변하느니라. 왜 그러한가? 이와 같은 반야바라밀다의 비밀장의 가운데에는 일체의 세간과 출세간의 수승한 선법(善法)을 널리 설하신 까닭이니라.

오히려 이 반야바라밀다의 비밀장의 가운데에서 설하셨던 법을 까닭으로 세간에 곧 찰제리 대종족·바라문 대종족·장자 대종족·거사 대종족 등을 시설(施設)하여 얻을 수 있고, 오히려 이 반야바라밀다의 비밀장의 가운데에서 설하셨던 법을 까닭으로 세간에 4대왕중천·삼십삼천·야마천·도사다천·낙변화천·타화자재천 등을 시설하여 얻을 수 있으며, 오히려 이 반야바라밀다의 비밀장의 가운데에서 설하셨던 법을 까닭으로 세간에 곧 범중천·범보천·범회천·대범천 등을 시설하여 얻을 수 있고, 오히려 이 반야바라밀다의 비밀장의 가운데에서 설하셨던 법을 까닭으로 세간에 곧 광천(光天)·소광천·무량광천·극광정천 등을 시설하여 얻을 수 있으며, 오히려 이 반야바라밀다의 비밀장의 가운데에서 설하셨던 법을 까닭으로 세간에 곧 정천·소정천·무량정천·변정천 등을 시설하여 얻을 수 있고, 오히려 이 반야바라밀다의 비밀장의 가운데에서 설하셨던 법을 까닭으로 세간에 곧 광천(廣天)·소광천·무량광천·광과천 등을 시설하여 얻을 수 있으며, 오히려 이 반야바라밀다의 비밀장의 가운데에서 설하셨던 법을 까닭으로 세간에 곧 무번천·무열천·선현천·선견천·색구경천 등을 시설하여 얻을 수 있고, 오히려 이 반야바라밀다의 비밀장의 가운데에서 설하셨던 법을 까닭으로 세간에 곧 공무변처천·식무변처천·무소유처천·비상비비상처천 등을 시설하여 얻을 수 있느니라.

오히려 이 반야바라밀다의 비밀장의 가운데에서 설하셨던 법을 까닭으로 세간에 곧 보시바라밀다·정계바라밀다·안인바라밀다·정진바라밀다·정려바라밀다·반야바라밀다 등을 시설하여 얻을 수 있고, 오히려 이 반야바라밀다의 비밀장의 가운데에서 설하셨던 법을 까닭으로 세간에 곧   내공·외공·내외공·공공·대공·승의공·유위공·무위공·필경공·무제공·산공·무변이공·본성공·자상공·공상공·일체법공·불가득공·무성공·자성공·무성자성공 등을 시설하여 얻을 수 있으며, 오히려 이 반야바라밀다의 비밀장의 가운데에서 설하셨던 법을 까닭으로 세간에 곧 진여·법계·법성·불허망성·불변이성·평등성·이생성·법정·법주·실제·허공계·부사의계 등을 시설하여 얻을 수 있고, 오히려 이 반야바라밀다의 비밀장의 가운데에서 설하셨던 법을 까닭으로 세간에 곧 고성제·집성제·멸성제·도성제 등을 시설하여 얻을 수 있으며, 오히려 이 반야바라밀다의 비밀장의 가운데에서 설하셨던 법을 까닭으로 세간에 곧 4정려·4무량·4무색정 등을 시설하여 얻을 수 있고, 오히려 이 반야바라밀다의 비밀장의 가운데에서 설하셨던 법을 까닭으로 세간에 곧 8해탈·8승처·9차제정·10변처 등을 시설하여 얻을 수 있느니라.

오히려 이 반야바라밀다의 비밀장의 가운데에서 설하셨던 법을 까닭으로 세간에 곧 4정단·4신족·5근·5력·7등각지·8성도지 등을 시설하여 얻을 수 있고, 오히려 이 반야바라밀다의 비밀장의 가운데에서 설하셨던 법을 까닭으로 세간에 곧 공해탈문·무상해탈문·무원해탈문 등을 시설하여 얻을 수 있으며, 오히려 이 반야바라밀다의 비밀장의 가운데에서 설하셨던 법을 까닭으로 세간에 곧 5안·6신통 등을 시설하여 얻을 수 있고, 오히려 이 반야바라밀다의 비밀장의 가운데에서 설하셨던 법을 까닭으로 세간에 곧 여래의 10력·4무소외·4무애해·대자·대비·대희·대사·18불불공법 등을 시설하여 얻을 수 있으며, 오히려 이 반야바라밀다의 비밀장의 가운데에서 설하셨던 법을 까닭으로 곧 무망실법·항주사성 등을 시설하여 얻을 수 있고, 오히려 이 반야바라밀다의 비밀장의 가운데에서 설하셨던 법을 까닭으로 세간에 곧 일체지·도상지·일체상지 등을 시설하여 얻을 수 있으며, 오히려 이 반야바라밀다의 비밀장의 가운데에서 설하셨던 법을 까닭으로 세간에 곧 일체의 다라니문·일체의 삼마지문 등을 시설하여 얻을 수 있느니라.

오히려 이 반야바라밀다의 비밀장의 가운데에서 설하셨던 법을 까닭으로 세간에 곧 예류·일래·불환·아라한과 예류향·예류과·일래향·일래과·불환향·불환과·아라한향·아라한과 등을 시설하여 얻을 수 있고, 오히려 이 반야바라밀다의 비밀장의 가운데에서 설하셨던 법을 까닭으로 세간에 곧 독각과 독각의 보리를 시설하여 얻을 수 있으며, 오히려 이 반야바라밀다의 비밀장의 가운데에서 설하셨던 법을 까닭으로 세간에 곧 일체의 보살마하살과 일체의 보살마하살의 행 등을 시설하여 얻을 수 있고, 오히려 이 반야바라밀다의 비밀장의 가운데에서 설하셨던 법을 까닭으로 세간에 일체의 여래·응공·정등각과 제불의 무상정등보리를 시설하여 얻을 수 있느니라.

다시 다음으로 교시가여. 남섬부주의 여러 유정의 부류들은 제쳐두고, 만약 선남자와 선여인 등이 남섬부주와 동승신주(東勝身洲)의 여러 유정의 부류들은 교화하여 모두 10선업도를 수학하게 시켰다면, 그대의 뜻은 어떠한가? 이 선남자와 선여인 등이 이러한 인연을 이유로 얻는 복취는 많겠는가?"

천제석이 말하였다.

"매우 많습니다. 세존이시여. 매우 많습니다. 선서시여."

세존께서 교시가에게 말씀하셨다.

"교시가여. 만약 선남자와 선여인 등이 이와 같이 매우 깊은 반야바라밀다를 서사하여 다른 사람에게 보시하여 독송하게 하거나, 만약 전전하면서 서사하여 널리 유포시킨다면, 이 선남자와 선여인 등이 얻는 복취는 앞보다 매우 많으니라. 왜 그러한가? 교시가여. 이와 같은 반야바라밀다의 비밀장의 가운데에 일체의 무루법을 널리 설하셨으므로, 성문의 종성인 보특가라는 이 법을 수학하여 빠르게 성문의 정성이생에 들어가서 예류과를 증득하고 일래과를 증득하며 불환과를 증득하고 아라한과를 증득하며, 독각의 종성인 보특가라는 이 법을 수학하여 빠르게 독각의 정성이생에 들어가서 독각의 보리를 점차로 증득하며, 보살의 종성인 보특가라는 이 법을 수학하여 빠르게 보살의 정성이생에 들어가서 제보살의 행을 점차로 수행하여 무상정등보리를 증득하느니라.

교시가여. 이와 같은 반야바라밀다의 비밀장의 가운데에 널리 설하신 일체의 무루법은 이를테면, 보시바라밀다·정계바라밀다·안인바라밀다·정진바라밀다·정려바라밀다·반야바라밀다, 내공·외공·내외공·공공·대공·승의공·유위공·무위공·필경공·무제공·산공·무변이공·본성공·자상공·공상공·일체법공·불가득공·무성공·자성공·무성자성공, 진여·법계·법성·불허망성·불변이성·평등성·이생성·법정·법주·실제·허공계·부

사의계, 고성제·집성제·멸성제·도성제, 무루·4정려·4무량·4무색정, 8해
탈·8승처·9차제정·10변처, 4념주·4정단·4신족·5근·5력·7등각지·8성도지,
공해탈문·무상해탈문·무원해탈문, 5안·6신통, 여래의 10력·4무소외·4
무애해·대자·대비·대희·대사·18불공법, 무망실법·항주사성, 일체지·
도상지·일체상지, 일체의 다라니문·일체의 삼마지문 등과 나머지의 무량
하고 무변한 불법이나니, 모두 이 가운데에서 설하였던 것인 일체의
무루법이니라.

　교시가여. 만약 선남자와 선여인 등이 한 유정을 교화하여 예류과에
머물게 하였다면, 얻는 복취는 남섬부주와 동승신주에서 여러 유정의
부류들을 교화하여 모두 10선업도를 수학하게 하여 얻는 복취보다 오히려
수승하느니라. 왜 그러한가? 교시가여. 여러 유정들은 10선업도를 수행하
더라도 지옥·방생·귀취를 벗어나지 못하지만, 만약 여러 유정들이 예류과
에 머무른다면 곧 3악취를 영원히 벗어나는 까닭이니라. 하물며 교화하여
일래·불환·아라한과에 머무르게 시켰다면 얻는 복취는 그것보다 수승하
지 않겠는가?

　교시가여. 만약 선남자와 선여인 등이 남섬부주와 동승신주의 여러
유정들을 교화하여 모두를 예류·일래·불환·아라한과에 머무르게 시켰다
면 얻는 복취는 사람이 있었고 한 유정을 교화하여 그를 독각의 보리에
안주시키는 복취보다도 못하느니라. 왜 그러한가? 교시가여. 독각의
보리가 소유한 공덕은 예류 등보다 백천 배가 수승한 까닭이니라. 교시가
여. 만약 선남자와 선여인 등이 남섬부주의 여러 유정들을 교화하여
모두를 독각의 보리에 머무르게 시켰다면 얻는 복취는 사람이 있었고
한 유정을 교화하여 그를 무상정등보리로 나아가게 시키는 복취보다도
못하느니라. 왜 그러한가? 교시가여. 만약 유정을 교화하여 무상정등보리
로 나아가게 시켰다면 곧 세간에 불안이 끊어지지 않게 시키느니라.

　그 까닭은 무엇인가? 오히려 보살마하살이 있는 까닭으로 곧 예류·일래
·불환·아라한과·독각의 보리가 있고, 오히려 보살마하살이 있는 까닭으
로 곧 여래·응공·정등각이 있어서 무상정등보리를 증득하며, 오히려

보살마하살이 있는 까닭으로 곧 불보·법보·승보가 있어서 일체 세간이 귀의하고 공양하느니라. 이러한 까닭으로써 교시가여. 일체 세간의 천상이거나, 만약 마계이거나, 만약 범천이거나, 만약 사문이거나, 만약 바라문과 아소락·인비인 등이 상응하여 무량한 종류의 상묘한 화만·바르는 향·뿌리는 향·의복·영락·보배·당기·번기·일산·여러 미묘하고 진기한 음악·등불 등으로써 여러 소유한 것이 없어지도록 공양하고 공경하며 존중하고 찬탄하느니라.

교시가여. 이러한 이유로 만약 선남자와 선여인 등이 이와 같은 매우 깊은 반야바라밀다를 서사하여 다른 사람에게 보시하여 독송하게 하거나 만약 전전하여 서사하고 널리 유포시키게 하였다면, 얻는 복덕은 앞에서 얻은 복취보다 수승하여 무량하고 무변하느니라. 왜 그러한가? 이와 같은 반야바라밀다의 비밀장의 가운데에는 일체의 세간과 출세간의 수승한 선법을 널리 설하신 까닭이니라.

오히려 이 반야바라밀다의 비밀장의 가운데에서 설하셨던 법을 까닭으로 세간에 곧 찰제리 대종족·바라문 대종족·장자 대종족·거사 대종족 등을 시설하여 얻을 수 있고, 오히려 이 반야바라밀다의 비밀장의 가운데에서 설하셨던 법을 까닭으로 세간에 4대왕중천·삼십삼천·야마천·도사다천·낙변화천·타화자재천 등을 시설하여 얻을 수 있으며, 오히려 이 반야바라밀다의 비밀장의 가운데에서 설하셨던 법을 까닭으로 세간에 곧 범중천·범보천·범회천·대범천 등을 시설하여 얻을 수 있고, 오히려 이 반야바라밀다의 비밀장의 가운데에서 설하셨던 법을 까닭으로 세간에 곧 광천·소광천·무량광천·극광정천 등을 시설하여 얻을 수 있으며, 오히려 이 반야바라밀다의 비밀장의 가운데에서 설하셨던 법을 까닭으로 세간에 곧 정천·소정천·무량정천·변정천 등을 시설하여 얻을 수 있고, 오히려 이 반야바라밀다의 비밀장의 가운데에서 설하셨던 법을 까닭으로 세간에 곧 광천·소광천·무량광천·광과천 등을 시설하여 얻을 수 있으며, 오히려 이 반야바라밀다의 비밀장의 가운데에서 설하셨던 법을 까닭으로 세간에 곧 무번천·무열천·선현천·선견천·색구경천 등을 시설하여 얻을 수 있고, 오히려 이 반야바라밀다의 비밀장의 가운데에서 설하셨던 법을 까닭으로 세간에 곧 공무변처천·식무변처천·무소유처천·비상비비상처천 등을 시설하여 얻을 수 있느니라.

오히려 이 반야바라밀다의 비밀장의 가운데에서 설하셨던 법을 까닭으로 세간에 곧 보시바라밀다·정계바라밀다·안인바라밀다·정진바라밀다·정려바라밀다·반야바라밀다 등을 시설하여 얻을 수 있고, 오히려 이 반야바라밀다의 비밀장의 가운데에서 설하셨던 법을 까닭으로 세간에 곧 내공·외공·내외공·공공·대공·승의공·유위공·무위공·필경공·무제공·산공·무변이공·본성공·자상공·공상공·일체법공·불가득공·무성공·자성공·무성자성공 등을 시설하여 얻을 수 있으며, 오히려 이 반야바라밀다의 비밀장의 가운데에서 설하셨던 법을 까닭으로 세간에 곧 진여·법계·법성·불허망성·불변이성·평등성·이생성·법정·법주·실제·허공계·부사의계 등을 시설하여 얻을 수 있고, 오히려 이 반야바라밀다의 비밀장의 가운데에서 설하셨던 법을 까닭으로 세간에 곧 고성제·집성제·멸성제·도성제 등을 시설하여 얻을 수 있으며, 오히려 이 반야바라밀다의 비밀장의 가운데에서 설하셨던 법을 까닭으로 세간에 곧 4정려·4무량·4무색정 등을 시설하여 얻을 수 있고, 오히려 이 반야바라밀다의 비밀장의 가운데에서 설하셨던 법을 까닭으로 세간에 곧 8해탈·8승처·9차제정·10변처 등을 시설하여 얻을 수 있느니라.

오히려 이 반야바라밀다의 비밀장의 가운데에서 설하셨던 법을 까닭으로 세간에 곧 4정단·4신족·5근·5력·7등각지·8성도지 등을 시설하여 얻을 수 있고, 오히려 이 반야바라밀다의 비밀장의 가운데에서 설하셨던 법을 까닭으로 세간에 곧 공해탈문·무상해탈문·무원해탈문 등을 시설하여 얻을 수 있으며, 오히려 이 반야바라밀다의 비밀장의 가운데에서 설하셨던 법을 까닭으로 세간에 곧 5안·6신통 등을 시설하여 얻을 수 있고, 오히려 이 반야바라밀다의 비밀장의 가운데에서 설하셨던 법을 까닭으로 세간에 곧 여래의 10력·4무소외·4무애해·대자·대비·대희·대사·18불불공법 등을 시설하여 얻을 수 있으며, 오히려 이 반야바라밀다의 비밀장의 가운데에서 설하셨던 법을 까닭으로 곧 무망실법·항주사성 등을 시설하여 얻을 수 있고, 오히려 이 반야바라밀다의 비밀장의 가운데에서 설하셨던 법을 까닭으로 세간에 곧 일체지·도상지·일체상지 등을 시설하여 얻을 수 있으며, 오히려 이 반야바라밀다의 비밀장의 가운데에서 설하셨던 법을 까닭으로 세간에 곧 일체의 다라니문·일체의 삼마지문 등을 시설하여 얻을 수 있느니라.

오히려 이 반야바라밀다의 비밀장의 가운데에서 설하셨던 법을 까닭으로 세간에 곧 예류·일래·불환·아라한과 예류향·예류과·일래향·일래과·불환향·불환과·아라한향·아라한과 등을 시설하여 얻을 수 있고, 오히려 이 반야바라밀다의 비밀장의 가운데에서 설하셨던 법을 까닭으로 세간에 곧 독각과 독각의 보리를 시설하여 얻을 수 있으며, 오히려 이 반야바라밀다의 비밀장의 가운데에서 설하셨던 법을 까닭으로 세간에 곧 일체의 보살마하살과 일체의 보살마하살의 행 등을 시설하여 얻을 수 있고, 오히려 이 반야바라밀다의 비밀장의 가운데에서 설하셨던 법을 까닭으로 세간에 일체의 여래·응공·정등각과 제불의 무상정등보리를 시설하여 얻을 수 있느니라.

다시 다음으로 교시가여. 남섬부주의 여러 유정의 부류들은 제쳐두고, 만약 선남자와 선여인 등이 남섬부주와 동승신주·서우화주(西牛貨洲)의 여러 유정의 부류들은 교화하여 모두 10선업도를 수학하게 시켰다면, 그대의 뜻은 어떠한가? 이 선남자와 선여인 등이 이러한 인연을 이유로 얻는 복취는 많겠는가?”

천제석이 말하였다.

“매우 많습니다. 세존이시여. 매우 많습니다. 선서시여.”

세존께서 교시가에게 말씀하셨다.

“교시가여. 만약 선남자와 선여인 등이 이와 같이 매우 깊은 반야바라밀다를 서사하여 다른 사람에게 보시하여 독송하게 하거나, 만약 전전하면서 서사하여 널리 유포시킨다면, 이 선남자와 선여인 등이 얻는 복취는

앞보다 매우 많으니라. 왜 그러한가? 교시가여. 이와 같은 반야바라밀다
의 비밀장의 가운데에 일체의 무루법을 널리 설하셨으므로, 성문의 종성
인 보특가라는 이 법을 수학하여 빠르게 성문의 정성이생에 들어가서
예류과를 증득하고 일래과를 증득하며 불환과를 증득하고 아라한과를
증득하며, 독각의 종성인 보특가라는 이 법을 수학하여 빠르게 독각의
정성이생에 들어가서 독각의 보리를 점차로 증득하며, 보살의 종성인
보특가라는 이 법을 수학하여 빠르게 보살의 정성이생에 들어가서 제보살
의 행을 점차로 수행하여 무상정등보리를 증득하느니라.

교시가여. 이와 같은 반야바라밀다의 비밀장의 가운데에 널리 설하신
일체의 무루법은 이를테면, 보시바라밀다·정계바라밀다·안인바라밀다·
정진바라밀다·정려바라밀다·반야바라밀다,　내공·외공·내외공·공공·
대공·승의공·유위공·무위공·필경공·무제공·산공·무변이공·본성공·
자상공·공상공·일체법공·불가득공·무성공·자성공·무성자성공,　진여·
법계·법성·불허망성·불변이성·평등성·이생성·법정·법주·실제·허공
계·부사의계, 고성제·집성제·멸성제·도성제, 무루·4정려·4무량·4무색
정, 8해탈·8승처·9차제정·10변처, 4념주·4정단·4신족·5근·5력·7등각지
·8성도지, 공해탈문·무상해탈문·무원해탈문, 5안·6신통, 여래의 10력·4
무소외·4무애해·대자·대비·대희·대사·18불불공법,　무망실법·항주사
성, 일체지·도상지·일체상지, 일체의 다라니문·일체의 삼마지문 등과
나머지의 무량하고 무변한 불법이나니, 모두 이 가운데에서 설하였던
것인 일체의 무루법이니라.

교시가여. 만약 선남자와 선여인 등이 한 유정을 교화하여 예류과에
머물게 하였다면, 얻는 복취는 하나의 남섬부주에서 여러 유정의 부류들
을 교화하여 모두 10선업도를 수학하게 하여 얻는 복취보다 오히려 수승하
느니라. 왜 그러한가? 교시가여. 여러 유정들은 10선업도를 수행하더라도
지옥·방생·귀취를 벗어나지 못하지만, 만약 여러 유정들이 예류과에
머무른다면 곧 3악취를 영원히 벗어나는 까닭이니라. 하물며 교화하여
일래·불환·아라한과에 머무르게 시켰다면 얻는 복취는 그것보다 수승하

지 않겠는가?

교시가여. 만약 선남자와 선여인 등이 남섬부주와 동승신주·서우화주의 여러 유정들을 교화하여 모두를 예류·일래·불환·아라한과에 머무르게 시켰다면 얻는 복취는 사람이 있었고 한 유정을 교화하여 그를 독각의 보리에 안주시키는 복취보다도 못하느니라. 왜 그러한가? 교시가여. 독각의 보리가 소유한 공덕은 예류 등보다 백천 배가 수승한 까닭이니라. 교시가여. 만약 선남자와 선여인 등이 남섬부주와 동승신주·서우화주의 여러 유정들을 교화하여 모두를 독각의 보리에 머무르게 시켰다면 얻는 복취는 사람이 있었고 한 유정을 교화하여 그를 무상정등보리로 나아가게 시키는 복취보다도 못하느니라. 왜 그러한가? 교시가여. 만약 유정을 교화하여 무상정등보리로 나아가게 시켰다면 곧 세간에 불안이 끊어지지 않게 시키느니라.

그 까닭은 무엇인가? 오히려 보살마하살이 있는 까닭으로 곧 예류·일래·불환·아라한과·독각의 보리가 있고, 오히려 보살마하살이 있는 까닭으로 곧 여래·응공·정등각이 있어서 무상정등보리를 증득하며, 오히려 보살마하살이 있는 까닭으로 곧 불보·법보·승보가 있어서 일체 세간이 귀의하고 공양하느니라. 이러한 까닭으로써 교시가여. 일체 세간의 천상이거나, 만약 마계이거나, 만약 범천이거나, 만약 사문이거나, 만약 바라문과 아소락·인비인 등이 상응하여 무량한 종류의 상묘한 화만·바르는 향·뿌리는 향·의복·영락·보배·당기·번기·일산·여러 미묘하고 진기한 음악·등불 등으로써 여러 소유한 것이 없어지도록 공양하고 공경하며 존중하고 찬탄하느니라.

교시가여. 이러한 이유로 만약 선남자와 선여인 등이 이와 같은 매우 깊은 반야바라밀다를 서사하여 다른 사람에게 보시하여 독송하게 하거나 만약 전전하여 서사하고 널리 유포시키게 하였다면, 얻는 복덕은 앞에서 얻은 복취보다 수승하여 무량하고 무변하느니라. 왜 그러한가? 이와 같은 반야바라밀다의 비밀장의 가운데에는 일체의 세간과 출세간의 수승한 선법을 널리 설하신 까닭이니라.

오히려 이 반야바라밀다의 비밀장의 가운데에서 설하셨던 법을 까닭으로 세간에 곧 찰제리 대종족·바라문 대종족·장자 대종족·거사 대종족 등을 시설하여 얻을 수 있고, 오히려 이 반야바라밀다의 비밀장의 가운데에서 설하셨던 법을 까닭으로 세간에 4대왕중천·삼십삼천·야마천·도사다천·낙변화천·타화자재천 등을 시설하여 얻을 수 있으며, 오히려 이 반야바라밀다의 비밀장의 가운데에서 설하셨던 법을 까닭으로 세간에 곧 범중천·범보천·범회천·대범천 등을 시설하여 얻을 수 있고, 오히려 이 반야바라밀다의 비밀장의 가운데에서 설하셨던 법을 까닭으로 세간에 곧 광천·소광천·무량광천·극광정천 등을 시설하여 얻을 수 있으며, 오히려 이 반야바라밀다의 비밀장의 가운데에서 설하셨던 법을 까닭으로 세간에 곧 정천·소정천·무량정천·변정천 등을 시설하여 얻을 수 있고, 오히려 이 반야바라밀다의 비밀장의 가운데에서 설하셨던 법을 까닭으로 세간에 곧 광천·소광천·무량광천·광과천 등을 시설하여 얻을 수 있으며, 오히려 이 반야바라밀다의 비밀장의 가운데에서 설하셨던 법을 까닭으로 세간에 곧 무번천·무열천·선현천·선견천·색구경천 등을 시설하여 얻을 수 있고, 오히려 이 반야바라밀다의 비밀장의 가운데에서 설하셨던 법을 까닭으로 세간에 곧 공무변처천·식무변처천·무소유처천·비상비비상처천 등을 시설하여 얻을 수 있느니라.

오히려 이 반야바라밀다의 비밀장의 가운데에서 설하셨던 법을 까닭으로 세간에 곧 보시바라밀다·정계바라밀다·안인바라밀다·정진바라밀다·정려바라밀다·반야바라밀다 등을 시설하여 얻을 수 있고, 오히려 이 반야바라밀다의 비밀장의 가운데에서 설하셨던 법을 까닭으로 세간에 곧 내공·외공·내외공·공공·대공·승의공·유위공·무위공·필경공·무제공·산공·무변이공·본성공·자상공·공상공·일체법공·불가득공·무성공·자성공·무성자성공 등을 시설하여 얻을 수 있으며, 오히려 이 반야바라밀다의 비밀장의 가운데에서 설하셨던 법을 까닭으로 세간에 곧 진여·법계·법성·불허망성·불변이성·평등성·이생성·법정·법주·실제·허공계·부사의계 등을 시설하여 얻을 수 있고, 오히려 이 반야바라밀다의 비밀장의 가운데에서 설하셨던 법을 까닭으로 세간에 곧 고성제·집성제·멸성제·도성제 등을 시설하여 얻을 수 있으며, 오히려 이 반야바라밀다의 비밀장의 가운데에서 설하셨던 법을 까닭으로 세간에 곧 4정려·4무량·4무색정 등을 시설하여 얻을 수 있고, 오히려 이 반야바라밀다의 비밀장의 가운데에서 설하셨던 법을 까닭으로 세간에 곧 8해탈·8승처·9차제정·10변처 등을 시설하여 얻을 수 있느니라.

오히려 이 반야바라밀다의 비밀장의 가운데에서 설하셨던 법을 까닭으로 세간에 곧 4념주·4정단·4신족·5근·5력·7등각지·8성도지 등을 시설하여 얻을 수 있고, 오히려 이 반야바라밀다의 비밀장의 가운데에서 설하셨던 법을 까닭으로 세간에 곧 공해탈문·무상해탈문·무원해탈문 등을 시설하여 얻을 수 있으며, 오히려 이 반야바라밀다의 비밀장의 가운데에서 설하셨던 법을 까닭으로 세간에 곧 5안·6신통 등을 시설하여 얻을 수 있고, 오히려 이 반야바라밀다의 비밀장의 가운데에서 설하셨던 법을 까닭으로 세간에 곧 여래의 10력·4무소외·4무애해·대자·대비·대희·대사·18불불공법 등을 시설하여 얻을 수 있으며, 오히려 이 반야바라밀다의 비밀장의 가운데에서 설하셨던 법을 까닭으로 곧 무망실법·항주사성 등을 시설하여 얻을 수 있고, 오히려 이 반야바라밀다의 비밀장의 가운데에서 설하셨던 법을 까닭으로 세간에 곧 일체지·도상지·일체상지 등을 시설하여 얻을 수 있으며, 오히려 이 반야바라밀다의 비밀장의 가운데에서 설하셨던 법을 까닭으로 세간에 곧 일체의 다라니문·일체의 삼마지문 등을 시설하여 얻을 수 있느니라.

오히려 이 반야바라밀다의 비밀장의 가운데에서 설하셨던 법을 까닭으로 세간에 곧 예류·일래·불환·아라한과 예류향·예류과·일래향·일래과·불환향·불환과·아라한향·아라한과 등을 시설하여 얻을 수 있고, 오히려 이 반야바라밀다의 비밀장의 가운데에서 설하셨던 법을 까닭으로 세간에 곧 독각과 독각의 보리를 시설하여 얻을 수 있으며, 오히려 이 반야바라밀다의 비밀장의 가운데에서 설하셨던 법을 까닭으로 세간에 곧 일체의 보살마하살과 일체의 보살마하살의 행 등을 시설하여 얻을 수 있고,

오히려 이 반야바라밀다의 비밀장의 가운데에서 설하셨던 법을 까닭으로 세간에 일체의 여래·응공·정등각과 제불의 무상정등보리를 시설하여 얻을 수 있느니라."

마하반야바라밀다경 제131권

30. 교량공덕품(校量功悳品)(29)

"다시 다음으로 교시가여. 남섬부주·동승신주·서우화주의 여러 유정의 부류들은 제쳐두고, 만약 선남자와 선여인 등이 남섬부주·동승신주·서우화주·북구로주(北俱盧洲)의 여러 유정의 부류들은 교화하여 모두 10선업도를 수학하게 시켰다면, 그대의 뜻은 어떠한가? 이 선남자와 선여인 등이 이러한 인연을 이유로 얻는 복취는 많겠는가?"

천제석이 말하였다.

"매우 많습니다. 세존이시여. 매우 많습니다. 선서시여."

세존께서 교시가에게 말씀하셨다.

"교시가여. 만약 선남자와 선여인 등이 이와 같이 매우 깊은 반야바라밀다를 서사하여 다른 사람에게 보시하여 독송하게 하거나, 만약 전전하면서 서사하여 널리 유포시킨다면, 이 선남자와 선여인 등이 얻는 복취는 앞보다 매우 많으니라. 왜 그러한가? 교시가여. 이와 같은 반야바라밀다의 비밀장의 가운데에 일체의 무루법을 널리 설하셨으므로, 성문의 종성인 보특가라는 이 법을 수학하여 빠르게 성문의 정성이생에 들어가서 예류과를 증득하고 일래과를 증득하며 불환과를 증득하고 아라한과를 증득하며, 독각의 종성인 보특가라는 이 법을 수학하여 빠르게 독각의 정성이생에 들어가서 독각의 보리를 점차로 증득하며, 보살의 종성인 보특가라는 이 법을 수학하여 빠르게 보살의 정성이생에 들어가서 제보살의 행을 점차로 수행하여 무상정등보리를 증득하느니라.

　교시가여. 이와 같은 반야바라밀다의 비밀장의 가운데에 널리 설하신 일체의 무루법은 이를테면, 보시바라밀다·정계바라밀다·안인바라밀다·정진바라밀다·정려바라밀다·반야바라밀다, 내공·외공·내외공·공공·대공·승의공·유위공·무위공·필경공·무제공·산공·무변이공·본성공·자상공·공상공·일체법공·불가득공·무성공·자성공·무성자성공, 진여·법계·법성·불허망성·불변이성·평등성·이생성·법정·법주·실제·허공계·부사의계, 고성제·집성제·멸성제·도성제, 무루·4정려·4무량·4무색정, 8해탈·8승처·9차제정·10변처, 4념주·4정단·4신족·5근·5력·7등각지·8성도지, 공해탈문·무상해탈문·무원해탈문, 5안·6신통, 여래의 10력·4무소외·4무애해·대자·대비·대희·대사·18불불공법, 무망실법·항주사성, 일체지·도상지·일체상지, 일체의 다라니문·일체의 삼마지문 등과 나머지의 무량하고 무변한 불법이나니, 모두 이 가운데에서 설하였던 것인 일체의 무루법이니라.

　교시가여. 만약 선남자와 선여인 등이 한 유정을 교화하여 예류과에 머물게 하였다면, 얻는 복취는 남섬부주·동승신주·서우화주·북구로주에서 여러 유정의 부류들을 교화하여 모두 10선업도를 수학하게 하여 얻는 복취보다 오히려 수승하느니라. 왜 그러한가? 교시가여. 여러 유정들은 10선업도를 수행하더라도 지옥·방생·귀취를 벗어나지 못하지만, 만약 여러 유정들이 예류과에 머무른다면 곧 3악취를 영원히 벗어나는 까닭이니라. 하물며 교화하여 일래·불환·아라한과에 머무르게 시켰다면 얻는 복취는 그것보다 수승하지 않겠는가?

　교시가여. 만약 선남자와 선여인 등이 남섬부주·동승신주·서우화주·북구로주의 여러 유정들을 교화하여 모두를 예류·일래·불환·아라한과에 머무르게 시켰다면 얻는 복취는 사람이 있었고 한 유정을 교화하여 그를 독각의 보리에 안주시키는 복취보다도 못하느니라. 왜 그러한가? 교시가여. 독각의 보리가 소유한 공덕은 예류 등보다 백천 배가 수승한 까닭이니라. 교시가여. 만약 선남자와 선여인 등이 남섬부주의 여러 유정들을 교화하여 모두를 독각의 보리에 머무르게 시켰다면 얻는 복취는 사람이 있었고 한 유정을 교화하여 그를 무상정등보리로 나아가게 시키는 복취보다도 못하느니라. 왜 그러한가? 교시가여. 만약 유정을 교화하여 무상정등보리로 나아가게 시켰다면 곧 세간에 불안이 끊어지지 않게 시키느니라.

그 까닭은 무엇인가? 오히려 보살마하살이 있는 까닭으로 곧 예류·일래·불환·아라한과·독각의 보리가 있고, 오히려 보살마하살이 있는 까닭으로 곧 여래·응공·정등각이 있어서 무상정등보리를 증득하며, 오히려 보살마하살이 있는 까닭으로 곧 불보·법보·승보가 있어서 일체 세간이 귀의하고 공양하느니라. 이러한 까닭으로써 교시가여. 일체 세간의 천상이거나, 만약 마계이거나, 만약 범천이거나, 만약 사문이거나, 만약 바라문과 아소락·인비인 등이 상응하여 무량한 종류의 상묘한 화만·바르는 향·뿌리는 향·의복·영락·보배·당기·번기·일산·여러 미묘하고 진기한 음악·등불 등으로써 여러 소유한 것이 없어지도록 공양하고 공경하며 존중하고 찬탄하느니라.

교시가여. 이러한 이유로 만약 선남자와 선여인 등이 이와 같은 매우 깊은 반야바라밀다를 서사하여 다른 사람에게 보시하여 독송하게 하거나 만약 전전하여 서사하고 널리 유포시키게 하였다면, 얻는 복덕은 앞에서 얻은 복취보다 수승하여 무량하고 무변하느니라. 왜 그러한가? 이와 같은 반야바라밀다의 비밀장의 가운데에는 일체의 세간과 출세간의 수승한 선법을 널리 설하신 까닭이니라.

오히려 이 반야바라밀다의 비밀장의 가운데에서 설하셨던 법을 까닭으로 세간에 곧 찰제리 대종족·바라문 대종족·장자 대종족·거사 대종족 등을 시설하여 얻을 수 있고, 오히려 이 반야바라밀다의 비밀장의 가운데에서 설하셨던 법을 까닭으로 세간에 4대왕중천·삼십삼천·야마천·도사다천·낙변화천·타화자재천 등을 시설하여 얻을 수 있으며, 오히려 이 반야바라밀다의 비밀장의 가운데에서 설하셨던 법을 까닭으로 세간에 곧 범중천·범보천·범회천·대범천 등을 시설하여 얻을 수 있고, 오히려 이 반야바라밀다의 비밀장의 가운데에서 설하셨던 법을 까닭으로 세간에 곧 광천·소광천·무량광천·극광정천 등을 시설하여 얻을 수 있으며, 오히

려 이 반야바라밀다의 비밀장의 가운데에서 설하셨던 법을 까닭으로
세간에 곧 정천·소정천·무량정천·변정천 등을 시설하여 얻을 수 있고,
오히려 이 반야바라밀다의 비밀장의 가운데에서 설하셨던 법을 까닭으로
세간에 곧 광천·소광천·무량광천·광과천 등을 시설하여 얻을 수 있으며,
오히려 이 반야바라밀다의 비밀장의 가운데에서 설하셨던 법을 까닭으로
세간에 곧 무번천·무열천·선현천·선견천·색구경천 등을 시설하여 얻을
수 있고, 오히려 이 반야바라밀다의 비밀장의 가운데에서 설하셨던 법을
까닭으로 세간에 곧 공무변처천·식무변처천·무소유처천·비상비비상처
천 등을 시설하여 얻을 수 있느니라.

 오히려 이 반야바라밀다의 비밀장의 가운데에서 설하셨던 법을 까닭으
로 세간에 곧 보시바라밀다·정계바라밀다·안인바라밀다·정진바라밀다
·정려바라밀다·반야바라밀다 등을 시설하여 얻을 수 있고, 오히려 이
반야바라밀다의 비밀장의 가운데에서 설하셨던 법을 까닭으로 세간에
곧 내공·외공·내외공·공공·대공·승의공·유위공·무위공·필경공·무제
공·산공·무변이공·본성공·자상공·공상공·일체법공·불가득공·무성공·
자성공·무성자성공 등을 시설하여 얻을 수 있으며, 오히려 이 반야바라밀
다의 비밀장의 가운데에서 설하셨던 법을 까닭으로 세간에 곧 진여·법계·
법성·불허망성·불변이성·평등성·이생성·법정·법주·실제·허공계·부
사의계 등을 시설하여 얻을 수 있고, 오히려 이 반야바라밀다의 비밀장의
가운데에서 설하셨던 법을 까닭으로 세간에 곧 고성제·집성제·멸성제·도
성제 등을 시설하여 얻을 수 있으며, 오히려 이 반야바라밀다의 비밀장의
가운데에서 설하셨던 법을 까닭으로 세간에 곧 4정려·4무량·4무색정
등을 시설하여 얻을 수 있고, 오히려 이 반야바라밀다의 비밀장의 가운데
에서 설하셨던 법을 까닭으로 세간에 곧 8해탈·8승처·9차제정·10변처
등을 시설하여 얻을 수 있느니라.

 오히려 이 반야바라밀다의 비밀장의 가운데에서 설하셨던 법을 까닭으
로 세간에 곧 4념주·4정단·4신족·5근·5력·7등각지·8성도지 등을 시설하
여 얻을 수 있고, 오히려 이 반야바라밀다의 비밀장의 가운데에서 설하셨

던 법을 까닭으로 세간에 곧 공해탈문·무상해탈문·무원해탈문 등을 시설하여 얻을 수 있으며, 오히려 이 반야바라밀다의 비밀장의 가운데에서 설하셨던 법을 까닭으로 세간에 곧 5안·6신통 등을 시설하여 얻을 수 있고, 오히려 이 반야바라밀다의 비밀장의 가운데에서 설하셨던 법을 까닭으로 세간에 곧 여래의 10력·4무소외·4무애해·대자·대비·대희·대사·18불불공법 등을 시설하여 얻을 수 있으며, 오히려 이 반야바라밀다의 비밀장의 가운데에서 설하셨던 법을 까닭으로 곧 무망실법·항주사성 등을 시설하여 얻을 수 있고, 오히려 이 반야바라밀다의 비밀장의 가운데에서 설하셨던 법을 까닭으로 세간에 곧 일체지·도상지·일체상지 등을 시설하여 얻을 수 있으며, 오히려 이 반야바라밀다의 비밀장의 가운데에서 설하셨던 법을 까닭으로 세간에 곧 일체의 다라니문·일체의 삼마지문 등을 시설하여 얻을 수 있느니라.

오히려 이 반야바라밀다의 비밀장의 가운데에서 설하셨던 법을 까닭으로 세간에 곧 예류·일래·불환·아라한과 예류향·예류과·일래향·일래과·불환향·불환과·아라한향·아라한과 등을 시설하여 얻을 수 있고, 오히려 이 반야바라밀다의 비밀장의 가운데에서 설하셨던 법을 까닭으로 세간에 곧 독각과 독각의 보리를 시설하여 얻을 수 있으며, 오히려 이 반야바라밀다의 비밀장의 가운데에서 설하셨던 법을 까닭으로 세간에 곧 일체의 보살마하살과 일체의 보살마하살의 행 등을 시설하여 얻을 수 있고, 오히려 이 반야바라밀다의 비밀장의 가운데에서 설하셨던 법을 까닭으로 세간에 일체의 여래·응공·정등각과 제불의 무상정등보리를 시설하여 얻을 수 있느니라.”

“다시 다음으로 교시가여. 4대주(四大洲)의 여러 유정의 부류들은 제쳐두고, 만약 선남자와 선여인 등이 소천세계(小千界)의 여러 유정의 부류들은 교화하여 모두 10선업도를 수학하게 시켰다면, 그대의 뜻은 어떠한가? 이 선남자와 선여인 등이 이러한 인연을 이유로 얻는 복취는 많겠는가?”
천제석이 말하였다.

"매우 많습니다. 세존이시여. 매우 많습니다. 선서시여."

세존께서 교시가에게 말씀하셨다.

"교시가여. 만약 선남자와 선여인 등이 이와 같이 매우 깊은 반야바라밀다를 서사하여 다른 사람에게 보시하여 독송하게 하거나, 만약 전전하면서 서사하여 널리 유포시킨다면, 이 선남자와 선여인 등이 얻는 복취는 앞보다 매우 많으니라. 왜 그러한가? 교시가여. 이와 같은 반야바라밀다의 비밀장의 가운데에 일체의 무루법을 널리 설하셨으므로, 성문의 종성인 보특가라는 이 법을 수학하여 빠르게 성문의 정성이생에 들어가서 예류과를 증득하고 일래과를 증득하며 불환과를 증득하고 아라한과를 증득하며, 독각의 종성인 보특가라는 이 법을 수학하여 빠르게 독각의 정성이생에 들어가서 독각의 보리를 점차로 증득하며, 보살의 종성인 보특가라는 이 법을 수학하여 빠르게 보살의 정성이생에 들어가서 제보살의 행을 점차로 수행하여 무상정등보리를 증득하느니라.

교시가여. 이와 같은 반야바라밀다의 비밀장의 가운데에 널리 설하신 일체의 무루법은 이를테면, 보시바라밀다·정계바라밀다·안인바라밀다·정진바라밀다·정려바라밀다·반야바라밀다, 내공·외공·내외공·공공·대공·승의공·유위공·무위공·필경공·무제공·산공·무변이공·본성공·자상공·공상공·일체법공·불가득공·무성공·자성공·무성자성공, 진여·법계·법성·불허망성·불변이성·평등성·이생성·법정·법주·실제·허공계·부사의계, 고성제·집성제·멸성제·도성제, 무루·4정려·4무량·4무색정, 8해탈·8승처·9차제정·10변처, 4념주·4정단·4신족·5근·5력·7등각지·8성도지, 공해탈문·무상해탈문·무원해탈문, 5안·6신통, 여래의 10력·4무소외·4무애해·대자·대비·대희·대사·18불불공법, 무망실법·항주사성, 일체지·도상지·일체상지, 일체의 다라니문·일체의 삼마지문 등과 나머지의 무량하고 무변한 불법이나니, 모두 이 가운데에서 설하였던 것인 일체의 무루법이니라.

교시가여. 만약 선남자와 선여인 등이 한 유정을 교화하여 예류과에 머물게 하였다면, 얻는 복취는 하나의 남섬부주에서 여러 유정의 부류들을 교화하여 모두 10선업도를 수학하게 하여 얻는 복취보다 오히려 수승하느니라. 왜 그러한가? 교시가여. 여러 유정들은 10선업도를 수행하더라도 지옥·방생·귀취를 벗어나지 못하지만, 만약 여러 유정들이 예류과에 머무른다면 곧 3악취를 영원히 벗어나는 까닭이니라. 하물며 교화하여 일래·불환·아라한과에 머무르게 시켰다면 얻는 복취는 그것보다 수승하지 않겠는가?

교시가여. 만약 선남자와 선여인 등이 소천세계의 여러 유정들을 교화하여 모두를 예류·일래·불환·아라한과에 머무르게 시켰다면 얻는 복취는 사람이 있었고 한 유정을 교화하여 그를 독각의 보리에 안주시키는 복취보다도 못하느니라. 왜 그러한가? 교시가여. 독각의 보리가 소유한 공덕은 예류 등보다 백천 배가 수승한 까닭이니라. 교시가여. 만약 선남자와 선여인 등이 소천세계의 여러 유정들을 교화하여 모두를 독각의 보리에 머무르게 시켰다면 얻는 복취는 사람이 있었고 한 유정을 교화하여 그를 무상정등보리로 나아가게 시키는 복취보다도 못하느니라. 왜 그러한가? 교시가여. 만약 유정을 교화하여 무상정등보리로 나아가게 시켰다면 곧 세간에 불안이 끊어지지 않게 시키느니라.

그 까닭은 무엇인가? 오히려 보살마하살이 있는 까닭으로 곧 예류·일래·불환·아라한과·독각의 보리가 있고, 오히려 보살마하살이 있는 까닭으로 곧 여래·응공·정등각이 있어서 무상정등보리를 증득하며, 오히려 보살마하살이 있는 까닭으로 곧 불보·법보·승보가 있어서 일체 세간이 귀의하고 공양하느니라. 이러한 까닭으로써 교시가여. 일체 세간의 천상이거나, 만약 마계이거나, 만약 범천이거나, 만약 사문이거나, 만약 바라문과 아소락·인비인 등이 상응하여 무량한 종류의 상묘한 화만·바르는 향·뿌리는 향·의복·영락·보배·당기·번기·일산·여러 미묘하고 진기한 음악·등불 등으로써 여러 소유한 것이 없어지도록 공양하고 공경하며 존중하고 찬탄하느니라.

교시가여. 이러한 이유로 만약 선남자와 선여인 등이 이와 같은 매우 깊은 반야바라밀다를 서사하여 다른 사람에게 보시하여 독송하게 하거나 만약 전전하여 서사하고 널리 유포시키게 하였다면, 얻는 복덕은 앞에서 얻은 복취보다 수승하여 무량하고 무변하느니라. 왜 그러한가? 이와 같은 반야바라밀다의 비밀장의 가운데에는 일체의 세간과 출세간의 수승한 선법을 널리 설하신 까닭이니라.

오히려 이 반야바라밀다의 비밀장의 가운데에서 설하셨던 법을 까닭으로 세간에 곧 찰제리 대종족·바라문 대종족·장자 대종족·거사 대종족 등을 시설하여 얻을 수 있고, 오히려 이 반야바라밀다의 비밀장의 가운데에서 설하셨던 법을 까닭으로 세간에 4대왕중천·삼십삼천·야마천·도사다천·낙변화천·타화자재천 등을 시설하여 얻을 수 있으며, 오히려 이 반야바라밀다의 비밀장의 가운데에서 설하셨던 법을 까닭으로 세간에 곧 범중천·범보천·범회천·대범천 등을 시설하여 얻을 수 있고, 오히려 이 반야바라밀다의 비밀장의 가운데에서 설하셨던 법을 까닭으로 세간에 곧 광천·소광천·무량광천·극광정천 등을 시설하여 얻을 수 있으며, 오히려 이 반야바라밀다의 비밀장의 가운데에서 설하셨던 법을 까닭으로 세간에 곧 정천·소정천·무량정천·변정천 등을 시설하여 얻을 수 있고, 오히려 이 반야바라밀다의 비밀장의 가운데에서 설하셨던 법을 까닭으로 세간에 곧 광천·소광천·무량광천·광과천 등을 시설하여 얻을 수 있으며, 오히려 이 반야바라밀다의 비밀장의 가운데에서 설하셨던 법을 까닭으로 세간에 곧 무번천·무열천·선현천·선견천·색구경천 등을 시설하여 얻을 수 있고, 오히려 이 반야바라밀다의 비밀장의 가운데에서 설하셨던 법을 까닭으로 세간에 곧 공무변처천·식무변처천·무소유처천·비상비비상처천 등을 시설하여 얻을 수 있느니라.

오히려 이 반야바라밀다의 비밀장의 가운데에서 설하셨던 법을 까닭으로 세간에 곧 보시바라밀다·정계바라밀다·안인바라밀다·정진바라밀다·정려바라밀다·반야바라밀다 등을 시설하여 얻을 수 있고, 오히려 이 반야바라밀다의 비밀장의 가운데에서 설하셨던 법을 까닭으로 세간에 곧 내공·외공·내외공·공공·대공·승의공·유위공·무위공·필경공·무제공·산공·무변이공·본성공·자상공·공상공·일체법공·불가득공·무성공·

자성공·무성자성공 등을 시설하여 얻을 수 있으며, 오히려 이 반야바라밀
다의 비밀장의 가운데에서 설하셨던 법을 까닭으로 세간에 곧 진여·법계·
법성·불허망성·불변이성·평등성·이생성·법정·법주·실제·허공계·부
사의계 등을 시설하여 얻을 수 있고, 오히려 이 반야바라밀다의 비밀장의
가운데에서 설하셨던 법을 까닭으로 세간에 곧 고성제·집성제·멸성제·도
성제 등을 시설하여 얻을 수 있으며, 오히려 이 반야바라밀다의 비밀장의
가운데에서 설하셨던 법을 까닭으로 세간에 곧 4정려·4무량·4무색정
등을 시설하여 얻을 수 있고, 오히려 이 반야바라밀다의 비밀장의 가운데
에서 설하셨던 법을 까닭으로 세간에 곧 8해탈·8승처·9차제정·10변처
등을 시설하여 얻을 수 있느니라.

　오히려 이 반야바라밀다의 비밀장의 가운데에서 설하셨던 법을 까닭으
로 세간에 곧 4념주·4정단·4신족·5근·5력·7등각지·8성도지 등을 시설하
여 얻을 수 있고, 오히려 이 반야바라밀다의 비밀장의 가운데에서 설하셨
던 법을 까닭으로 세간에 곧 공해탈문·무상해탈문·무원해탈문 등을 시설
하여 얻을 수 있으며, 오히려 이 반야바라밀다의 비밀장의 가운데에서
설하셨던 법을 까닭으로 세간에 곧 5안·6신통 등을 시설하여 얻을 수
있고, 오히려 이 반야바라밀다의 비밀장의 가운데에서 설하셨던 법을
까닭으로 세간에 곧 여래의 10력·4무소외·4무애해·대자·대비·대희·대
사·18불불공법 등을 시설하여 얻을 수 있으며, 오히려 이 반야바라밀다의
비밀장의 가운데에서 설하셨던 법을 까닭으로 곧 무망실법·항주사성
등을 시설하여 얻을 수 있고, 오히려 이 반야바라밀다의 비밀장의 가운데
에서 설하셨던 법을 까닭으로 세간에 곧 일체지·도상지·일체상지 등을
시설하여 얻을 수 있으며, 오히려 이 반야바라밀다의 비밀장의 가운데에
서 설하셨던 법을 까닭으로 세간에 곧 일체의 다라니문·일체의 삼마지문
등을 시설하여 얻을 수 있느니라.

　오히려 이 반야바라밀다의 비밀장의 가운데에서 설하셨던 법을 까닭으
로 세간에 곧 예류·일래·불환·아라한과 예류향·예류과·일래향·일래과·
불환향·불환과·아라한향·아라한과 등을 시설하여 얻을 수 있고, 오히려

이 반야바라밀다의 비밀장의 가운데에서 설하셨던 법을 까닭으로 세간에 곧 독각과 독각의 보리를 시설하여 얻을 수 있으며, 오히려 이 반야바라밀다의 비밀장의 가운데에서 설하셨던 법을 까닭으로 세간에 곧 일체의 보살마하살과 일체의 보살마하살의 행 등을 시설하여 얻을 수 있고, 오히려 이 반야바라밀다의 비밀장의 가운데에서 설하셨던 법을 까닭으로 세간에 일체의 여래·응공·정등각과 제불의 무상정등보리를 시설하여 얻을 수 있느니라.”

  “다시 다음으로 교시가여. 소천세계의 여러 유정의 부류들은 제쳐두고, 만약 선남자와 선여인 등이 중천세계(中千界)의 여러 유정의 부류들은 교화하여 모두 10선업도를 수학하게 시켰다면, 그대의 뜻은 어떠한가? 이 선남자와 선여인 등이 이러한 인연을 이유로 얻는 복취는 많겠는가?”
  천제석이 말하였다.
  “매우 많습니다. 세존이시여. 매우 많습니다. 선서시여.”
  세존께서 교시가에게 말씀하셨다.
  “교시가여. 만약 선남자와 선여인 등이 이와 같이 매우 깊은 반야바라밀다를 서사하여 다른 사람에게 보시하여 독송하게 하거나, 만약 전전하면서 서사하여 널리 유포시킨다면, 이 선남자와 선여인 등이 얻는 복취는 앞보다 매우 많으니라. 왜 그러한가? 교시가여. 이와 같은 반야바라밀다의 비밀장의 가운데에 일체의 무루법을 널리 설하셨으므로, 성문의 종성인 보특가라는 이 법을 수학하여 빠르게 성문의 정성이생에 들어가서 예류과를 증득하고 일래과를 증득하며 불환과를 증득하고 아라한과를 증득하며, 독각의 종성인 보특가라는 이 법을 수학하여 빠르게 독각의 정성이생에 들어가서 독각의 보리를 점차로 증득하며, 보살의 종성인 보특가라는 이 법을 수학하여 빠르게 보살의 정성이생에 들어가서 제보살의 행을 점차로 수행하여 무상정등보리를 증득하느니라.
  교시가여. 이와 같은 반야바라밀다의 비밀장의 가운데에 널리 설하신 일체의 무루법은 이를테면, 보시바라밀다·정계바라밀다·안인바라밀다·

정진바라밀다·정려바라밀다·반야바라밀다, 내공·외공·내외공·공공·대공
·승의공·유위공·무위공·필경공·무제공·산공·무변이공·본성공·자상
공·공상공·일체법공·불가득공·무성공·자성공·무성자성공, 진여·법계·
법성·불허망성·불변이성·평등성·이생성·법정·법주·실제·허공계·부
사의계, 고성제·집성제·멸성제·도성제, 무루·4정려·4무량·4무색정, 8해
탈·8승처·9차제정·10변처, 4념주·4정단·4신족·5근·5력·7등각지·8성도지,
공해탈문·무상해탈문·무원해탈문, 5안·6신통, 여래의 10력·4무소외·4
무애해·대자·대비·대희·대사·18불불공법, 무망실법·항주사성, 일체지·
도상지·일체상지, 일체의 다라니문·일체의 삼마지문 등과 나머지의 무량
하고 무변한 불법이나니, 모두 이 가운데에서 설하였던 것인 일체의
무루법이니라.

　교시가여. 만약 선남자와 선여인 등이 한 유정을 교화하여 예류과에
머물게 하였다면, 얻는 복취는 중천세계에서 여러 유정의 부류들을 교화
하여 모두 10선업도를 수학하게 하여 얻는 복취보다 오히려 수승하느니
라. 왜 그러한가? 교시가여. 여러 유정들은 10선업도를 수행하더라도
지옥·방생·귀취를 벗어나지 못하지만, 만약 여러 유정들이 예류과에
머무른다면 곧 3악취를 영원히 벗어나는 까닭이니라. 하물며 교화하여
일래·불환·아라한과에 머무르게 시켰다면 얻는 복취는 그것보다 수승하
지 않겠는가?

　교시가여. 만약 선남자와 선여인 등이 중천세계의 여러 유정들을 교화
하여 모두를 예류·일래·불환·아라한과에 머무르게 시켰다면 얻는 복취는
사람이 있었고 한 유정을 교화하여 그를 독각의 보리에 안주시키는 복취보
다도 못하느니라. 왜 그러한가? 교시가여. 독각의 보리가 소유한 공덕은
예류 등보다 백천 배가 수승한 까닭이니라. 교시가여. 만약 선남자와
선여인 등이 남섬부주의 여러 유정들을 교화하여 모두를 독각의 보리에
머무르게 시켰다면 얻는 복취는 사람이 있었고 한 유정을 교화하여 그를
무상정등보리로 나아가게 시키는 복취보다도 못하느니라. 왜 그러한가?
교시가여. 만약 유정을 교화하여 무상정등보리로 나아가게 시켰다면

곧 세간에 불안이 끊어지지 않게 시키느니라.

그 까닭은 무엇인가? 오히려 보살마하살이 있는 까닭으로 곧 예류·일래·불환·아라한과·독각의 보리가 있고, 오히려 보살마하살이 있는 까닭으로 곧 여래·응공·정등각이 있어서 무상정등보리를 증득하며, 오히려 보살마하살이 있는 까닭으로 곧 불보·법보·승보가 있어서 일체 세간이 귀의하고 공양하느니라. 이러한 까닭으로써 교시가여. 일체 세간의 천상이거나, 만약 마계이거나, 만약 범천이거나, 만약 사문이거나, 만약 바라문과 아소락·인비인 등이 상응하여 무량한 종류의 상묘한 화만·바르는 향·뿌리는 향·의복·영락·보배·당기·번기·일산·여러 미묘하고 진기한 음악·등불 등으로써 여러 소유한 것이 없어지도록 공양하고 공경하며 존중하고 찬탄하느니라.

교시가여. 이러한 이유로 만약 선남자와 선여인 등이 이와 같은 매우 깊은 반야바라밀다를 서사하여 다른 사람에게 보시하여 독송하게 하거나 만약 전전하여 서사하고 널리 유포시키게 하였다면, 얻는 복덕은 앞에서 얻은 복취보다 수승하여 무량하고 무변하느니라. 왜 그러한가? 이와 같은 반야바라밀다의 비밀장의 가운데에는 일체의 세간과 출세간의 수승한 선법을 널리 설하신 까닭이니라.

오히려 이 반야바라밀다의 비밀장의 가운데에서 설하셨던 법을 까닭으로 세간에 곧 찰제리 대종족·바라문 대종족·장자 대종족·거사 대종족 등을 시설하여 얻을 수 있고, 오히려 이 반야바라밀다의 비밀장의 가운데에서 설하셨던 법을 까닭으로 세간에 4대왕중천·삼십삼천·야마천·도사다천·낙변화천·타화자재천 등을 시설하여 얻을 수 있으며, 오히려 이 반야바라밀다의 비밀장의 가운데에서 설하셨던 법을 까닭으로 세간에 곧 범중천·범보천·범회천·대범천 등을 시설하여 얻을 수 있고, 오히려 이 반야바라밀다의 비밀장의 가운데에서 설하셨던 법을 까닭으로 세간에 곧 광천·소광천·무량광천·극광정천 등을 시설하여 얻을 수 있으며, 오히려 이 반야바라밀다의 비밀장의 가운데에서 설하셨던 법을 까닭으로 세간에 곧 정천·소정천·무량정천·변정천 등을 시설하여 얻을 수 있고,

오히려 이 반야바라밀다의 비밀장의 가운데에서 설하셨던 법을 까닭으로 세간에 곧 광천·소광천·무량광천·광과천 등을 시설하여 얻을 수 있으며, 오히려 이 반야바라밀다의 비밀장의 가운데에서 설하셨던 법을 까닭으로 세간에 곧 무번천·무열천·선현천·선견천·색구경천 등을 시설하여 얻을 수 있고, 오히려 이 반야바라밀다의 비밀장의 가운데에서 설하셨던 법을 까닭으로 세간에 곧 공무변처천·식무변처천·무소유처천·비상비비상처천 등을 시설하여 얻을 수 있느니라.

오히려 이 반야바라밀다의 비밀장의 가운데에서 설하셨던 법을 까닭으로 세간에 곧 보시바라밀다·정계바라밀다·안인바라밀다·정진바라밀다·정려바라밀다·반야바라밀다 등을 시설하여 얻을 수 있고, 오히려 이 반야바라밀다의 비밀장의 가운데에서 설하셨던 법을 까닭으로 세간에 곧 내공·외공·내외공·공공·대공·승의공·유위공·무위공·필경공·무제공·산공·무변이공·본성공·자상공·공상공·일체법공·불가득공·무성공·자성공·무성자성공 등을 시설하여 얻을 수 있으며, 오히려 이 반야바라밀다의 비밀장의 가운데에서 설하셨던 법을 까닭으로 세간에 곧 진여·법계·법성·불허망성·불변이성·평등성·이생성·법정·법주·실제·허공계·부사의계 등을 시설하여 얻을 수 있고, 오히려 이 반야바라밀다의 비밀장의 가운데에서 설하셨던 법을 까닭으로 세간에 곧 고성제·집성제·멸성제·도성제 등을 시설하여 얻을 수 있으며, 오히려 이 반야바라밀다의 비밀장의 가운데에서 설하셨던 법을 까닭으로 세간에 곧 4정려·4무량·4무색정 등을 시설하여 얻을 수 있고, 오히려 이 반야바라밀다의 비밀장의 가운데에서 설하셨던 법을 까닭으로 세간에 곧 8해탈·8승처·9차제정·10변처 등을 시설하여 얻을 수 있느니라.

오히려 이 반야바라밀다의 비밀장의 가운데에서 설하셨던 법을 까닭으로 세간에 곧 4념주·4정단·4신족·5근·5력·7등각지·8성도지 등을 시설하여 얻을 수 있고, 오히려 이 반야바라밀다의 비밀장의 가운데에서 설하셨던 법을 까닭으로 세간에 곧 공해탈문·무상해탈문·무원해탈문 등을 시설하여 얻을 수 있으며, 오히려 이 반야바라밀다의 비밀장의 가운데에서 설하셨던 법을 까닭으로 세간에 곧 5안·6신통 등을 시설하여 얻을 수 있고, 오히려 이 반야바라밀다의 비밀장의 가운데에서 설하셨던 법을 까닭으로 세간에 곧 여래의 10력·4무소외·4무애해·대자·대비·대희·대사·18불불공법 등을 시설하여 얻을 수 있으며, 오히려 이 반야바라밀다의 비밀장의 가운데에서 설하셨던 법을 까닭으로 곧 무망실법·항주사성 등을 시설하여 얻을 수 있고, 오히려 이 반야바라밀다의 비밀장의 가운데에서 설하셨던 법을 까닭으로 세간에 곧 일체지·도상지·일체상지 등을 시설하여 얻을 수 있으며, 오히려 이 반야바라밀다의 비밀장의 가운데에서 설하셨던 법을 까닭으로 세간에 곧 일체의 다라니문·일체의 삼마지문 등을 시설하여 얻을 수 있느니라.

오히려 이 반야바라밀다의 비밀장의 가운데에서 설하셨던 법을 까닭으로 세간에 곧 예류·일래·불환·아라한과 예류향·예류과·일래향·일래과·불환향·불환과·아라한향·아라한과 등을 시설하여 얻을 수 있고, 오히려 이 반야바라밀다의 비밀장의 가운데에서 설하셨던 법을 까닭으로 세간에 곧 독각과 독각의 보리를 시설하여 얻을 수 있으며, 오히려 이 반야바라밀다의 비밀장의 가운데에서 설하셨던 법을 까닭으로 세간에 곧 일체의 보살마하살과 일체의 보살마하살의 행 등을 시설하여 얻을 수 있고, 오히려 이 반야바라밀다의 비밀장의 가운데에서 설하셨던 법을 까닭으로 세간에 일체의 여래·응공·정등각과 제불의 무상정등보리를 시설하여 얻을 수 있느니라."

"다시 다음으로 교시가여. 중천세계의 여러 유정의 부류들은 제쳐두고, 만약 선남자와 선여인 등이 삼천대천세계(三千大千世界)의 여러 유정의 부류들은 교화하여 모두 10선업도를 수학하게 시켰다면, 그대의 뜻은 어떠한가? 이 선남자와 선여인 등이 이러한 인연을 이유로 얻는 복취는 많겠는가?"

천제석이 말하였다.

"매우 많습니다. 세존이시여. 매우 많습니다. 선서시여."

세존께서 교시가에게 말씀하셨다.

"교시가여. 만약 선남자와 선여인 등이 이와 같이 매우 깊은 반야바라밀다를 서사하여 다른 사람에게 보시하여 독송하게 하거나, 만약 전전하면서 서사하여 널리 유포시킨다면, 이 선남자와 선여인 등이 얻는 복취는 앞보다 매우 많으니라. 왜 그러한가? 교시가여. 이와 같은 반야바라밀다의 비밀장의 가운데에 일체의 무루법을 널리 설하셨으므로, 성문의 종성인 보특가라는 이 법을 수학하여 빠르게 성문의 정성이생에 들어가서 예류과를 증득하고 일래과를 증득하며 불환과를 증득하고 아라한과를 증득하며, 독각의 종성인 보특가라는 이 법을 수학하여 빠르게 독각의 정성이생에 들어가서 독각의 보리를 점차로 증득하며, 보살의 종성인 보특가라는 이 법을 수학하여 빠르게 보살의 정성이생에 들어가서 제보살의 행을 점차로 수행하여 무상정등보리를 증득하느니라.

교시가여. 이와 같은 반야바라밀다의 비밀장의 가운데에 널리 설하신 일체의 무루법은 이를테면, 보시바라밀다·정계바라밀다·안인바라밀다·정진바라밀다·정려바라밀다·반야바라밀다, 내공·외공·내외공·공공·대공·승의공·유위공·무위공·필경공·무제공·산공·무변이공·본성공·자상공·공상공·일체법공·불가득공·무성공·자성공·무성자성공, 진여·법계·법성·불허망성·불변이성·평등성·이생성·법정·법주·실제·허공계·부사의계, 고성제·집성제·멸성제·도성제, 무루·4정려·4무량·4무색정, 8해탈·8승처·9차제정·10변처, 4념주·4정단·4신족·5근·5력·7등각지·8성도지, 공해탈문·무상해탈문·무원해탈문, 5안·6신통, 여래의 10력·4무소외·4무애해·대자·대비·대희·대사·18불불공법, 무망실법·항주사성, 일체지·도상지·일체상지, 일체의 다라니문·일체의 삼마지문 등과 나머지의 무량하고 무변한 불법이나니, 모두 이 가운데에서 설하였던 것인 일체의 무루법이니라.

교시가여. 만약 선남자와 선여인 등이 한 유정을 교화하여 예류과에 머물게 하였다면, 얻는 복취는 하나의 남섬부주에서 여러 유정의 부류들을 교화하여 모두 10선업도를 수학하게 하여 얻는 복취보다 오히려 수승하느니라. 왜 그러한가? 교시가여. 여러 유정들은 10선업도를 수행하더라도 지옥·방생·귀취를 벗어나지 못하지만, 만약 여러 유정들이 예류과에 머무른다면 곧 3악취를 영원히 벗어나는 까닭이니라. 하물며 교화하여 일래·불환·아라한과에 머무르게 시켰다면 얻는 복취는 그것보다 수승하지 않겠는가?"

마하반야바라밀다경 제132권

30. 교량공덕품(校量功悳品)(30)

　"교시가여. 만약 선남자와 선여인 등이 삼천대천세계의 여러 유정들을 교화하여 모두를 예류·일래·불환·아라한과에 머무르게 시켰다면 얻는 복취는 사람이 있었고 한 유정을 교화하여 그를 독각의 보리에 안주시키는 복취보다도 못하느니라. 왜 그러한가? 교시가여. 독각의 보리가 소유한 공덕은 예류 등보다 백천 배가 수승한 까닭이니라. 교시가여. 만약 선남자와 선여인 등이 삼천대천세계의 여러 유정들을 교화하여 모두를 독각의 보리에 머무르게 시켰다면 얻는 복취는 사람이 있었고 한 유정을 교화하여 그를 무상정등보리로 나아가게 시키는 복취보다도 못하느니라. 왜 그러한가? 교시가여. 만약 유정을 교화하여 무상정등보리로 나아가게 시켰다면 곧 세간에 불안이 끊어지지 않게 시키느니라.

　그 까닭은 무엇인가? 오히려 보살마하살이 있는 까닭으로 곧 예류·일래·불환·아라한과·독각의 보리가 있고, 오히려 보살마하살이 있는 까닭으로 곧 여래·응공·정등각이 있어서 무상정등보리를 증득하며, 오히려 보살마하살이 있는 까닭으로 곧 불보·법보·승보가 있어서 일체 세간이 귀의하고 공양하느니라. 이러한 까닭으로써 교시가여. 일체 세간의 천상이거나, 만약 마계이거나, 만약 범천이거나, 만약 사문이거나, 만약 바라문과 아소락·인비인 등이 상응하여 무량한 종류의 상묘한 화만·바르는 향·뿌리는 향·의복·영락·보배·당기·번기·일산·여러 미묘하고 진기한 음악·등불 등으로써 여러 소유한 것이 없어지도록 공양하고 공경하며 존중하고 찬탄하느니라.

교시가여. 이러한 이유로 만약 선남자와 선여인 등이 이와 같은 매우 깊은 반야바라밀다를 서사하여 다른 사람에게 보시하여 독송하게 하거나 만약 전전하여 서사하고 널리 유포시키게 하였다면, 얻는 복덕은 앞에서 얻은 복취보다 수승하여 무량하고 무변하느니라. 왜 그러한가? 이와 같은 반야바라밀다의 비밀장의 가운데에는 일체의 세간과 출세간의 수승한 선법을 널리 설하신 까닭이니라.

오히려 이 반야바라밀다의 비밀장의 가운데에서 설하셨던 법을 까닭으로 세간에 곧 찰제리 대종족·바라문 대종족·장자 대종족·거사 대종족 등을 시설하여 얻을 수 있고, 오히려 이 반야바라밀다의 비밀장의 가운데에서 설하셨던 법을 까닭으로 세간에 4대왕중천·삼십삼천·야마천·도사다천·낙변화천·타화자재천 등을 시설하여 얻을 수 있으며, 오히려 이 반야바라밀다의 비밀장의 가운데에서 설하셨던 법을 까닭으로 세간에 곧 범중천·범보천·범회천·대범천 등을 시설하여 얻을 수 있고, 오히려 이 반야바라밀다의 비밀장의 가운데에서 설하셨던 법을 까닭으로 세간에 곧 광천·소광천·무량광천·극광정천 등을 시설하여 얻을 수 있으며, 오히려 이 반야바라밀다의 비밀장의 가운데에서 설하셨던 법을 까닭으로 세간에 곧 정천·소정천·무량정천·변정천 등을 시설하여 얻을 수 있고, 오히려 이 반야바라밀다의 비밀장의 가운데에서 설하셨던 법을 까닭으로 세간에 곧 광천·소광천·무량광천·광과천 등을 시설하여 얻을 수 있으며, 오히려 이 반야바라밀다의 비밀장의 가운데에서 설하셨던 법을 까닭으로 세간에 곧 무번천·무열천·선현천·선견천·색구경천 등을 시설하여 얻을 수 있고, 오히려 이 반야바라밀다의 비밀장의 가운데에서 설하셨던 법을 까닭으로 세간에 곧 공무변처천·식무변처천·무소유처천·비상비비상처천 등을 시설하여 얻을 수 있느니라.

오히려 이 반야바라밀다의 비밀장의 가운데에서 설하셨던 법을 까닭으로 세간에 곧 보시바라밀다·정계바라밀다·안인바라밀다·정진바라밀다·정려바라밀다·반야바라밀다 등을 시설하여 얻을 수 있고, 오히려 이 반야바라밀다의 비밀장의 가운데에서 설하셨던 법을 까닭으로 세간에 곧 　내공·외공·내외공·공공·대공·승의공·유위공·무위공·필경공·무제공·산공·무변이공·본성공·자상공·공상공·일체법공·불가득공·무성공·자성공·무성자성공 등을 시설하여 얻을 수 있으며, 오히려 이 반야바라밀다의 비밀장의 가운데에서 설하셨던 법을 까닭으로 세간에 곧 진여·법계·법성·불허망성·불변이성·평등성·이생성·법정·법주·실제·허공계·부사의계 등을 시설하여 얻을 수 있고, 오히려 이 반야바라밀다의 비밀장의 가운데에서 설하셨던 법을 까닭으로 세간에 곧 고성제·집성제·멸성제·도성제 등을 시설하여 얻을 수 있으며, 오히려 이 반야바라밀다의 비밀장의 가운데에서 설하셨던 법을 까닭으로 세간에 곧 4정려·4무량·4무색정 등을 시설하여 얻을 수 있고, 오히려 이 반야바라밀다의 비밀장의 가운데에서 설하셨던 법을 까닭으로 세간에 곧 8해탈·8승처·9차제정·10변처 등을 시설하여 얻을 수 있느니라.

오히려 이 반야바라밀다의 비밀장의 가운데에서 설하셨던 법을 까닭으로 세간에 곧 4념주·4정단·4신족·5근·5력·7등각지·8성도지 등을 시설하여 얻을 수 있고, 오히려 이 반야바라밀다의 비밀장의 가운데에서 설하셨던 법을 까닭으로 세간에 곧 공해탈문·무상해탈문·무원해탈문 등을 시설하여 얻을 수 있으며, 오히려 이 반야바라밀다의 비밀장의 가운데에서 설하셨던 법을 까닭으로 세간에 곧 5안·6신통 등을 시설하여 얻을 수 있고, 오히려 이 반야바라밀다의 비밀장의 가운데에서 설하셨던 법을 까닭으로 세간에 곧 여래의 10력·4무소외·4무애해·대자·대비·대희·대사·18불불공법 등을 시설하여 얻을 수 있으며, 오히려 이 반야바라밀다의 비밀장의 가운데에서 설하셨던 법을 까닭으로 곧 무망실법·항주사성 등을 시설하여 얻을 수 있고, 오히려 이 반야바라밀다의 비밀장의 가운데에서 설하셨던 법을 까닭으로 세간에 곧 일체지·도상지·일체상지 등을 시설하여 얻을 수 있으며, 오히려 이 반야바라밀다의 비밀장의 가운데에서 설하셨던 법을 까닭으로 세간에 곧 일체의 다라니문·일체의 삼마지문 등을 시설하여 얻을 수 있느니라.

오히려 이 반야바라밀다의 비밀장의 가운데에서 설하셨던 법을 까닭으로 세간에 곧 예류·일래·불환·아라한과 예류향·예류과·일래향·일래과·불환향·불환과·아라한향·아라한과 등을 시설하여 얻을 수 있고, 오히려 이 반야바라밀다의 비밀장의 가운데에서 설하셨던 법을 까닭으로 세간에 곧 독각과 독각의 보리를 시설하여 얻을 수 있으며, 오히려 이 반야바라밀다의 비밀장의 가운데에서 설하셨던 법을 까닭으로 세간에 곧 일체의 보살마하살과 일체의 보살마하살의 행 등을 시설하여 얻을 수 있고, 오히려 이 반야바라밀다의 비밀장의 가운데에서 설하셨던 법을 까닭으로 세간에 일체의 여래·응공·정등각과 제불의 무상정등보리를 시설하여 얻을 수 있느니라.”

“다시 다음으로 교시가여. 삼천대천세계의 여러 유정의 부류들은 제쳐두고, 만약 선남자와 선여인 등이 시방의 각각 긍가의 모래 등과 같은 세계의 여러 유정의 부류들은 교화하여 모두 10선업도를 수학하게 시켰다면, 그대의 뜻은 어떠한가? 이 선남자와 선여인 등이 이러한 인연을 이유로 얻는 복취는 많겠는가?”

천제석이 말하였다.

“매우 많습니다. 세존이시여. 매우 많습니다. 선서시여.”

세존께서 교시가에게 말씀하셨다.

“교시가여. 만약 선남자와 선여인 등이 이와 같이 매우 깊은 반야바라밀다를 서사하여 다른 사람에게 보시하여 독송하게 하거나, 만약 전전하면서 서사하여 널리 유포시킨다면, 이 선남자와 선여인 등이 얻는 복취는 앞보다 매우 많으니라. 왜 그러한가? 교시가여. 이와 같은 반야바라밀다의 비밀장의 가운데에 일체의 무루법을 널리 설하셨으므로, 성문의 종성인 보특가라는 이 법을 수학하여 빠르게 성문의 정성이생에 들어가서 예류과를 증득하고 일래과를 증득하며 불환과를 증득하고 아라한과를 증득하며, 독각의 종성인 보특가라는 이 법을 수학하여 빠르게 독각의 정성이생에 들어가서 독각의 보리를 점차로 증득하며, 보살의 종성인 보특가라는 이 법을 수학하여 빠르게 보살의 정성이생에 들어가서 제보살의 행을 점차로 수행하여 무상정등보리를 증득하느니라.

교시가여. 이와 같은 반야바라밀다의 비밀장의 가운데에 널리 설하신 일체의 무루법은 이를테면, 보시바라밀다·정계바라밀다·안인바라밀다·정진바라밀다·정려바라밀다·반야바라밀다, 내공·외공·내외공·공공·대공·승의공·유위공·무위공·필경공·무제공·산공·무변이공·본성공·자상공·공상공·일체법공·불가득공·무성공·자성공·무성자성공, 진여·법계·법성·불허망성·불변이성·평등성·이생성·법정·법주·실제·허공계·부사의계, 고성제·집성제·멸성제·도성제, 무루·4정려·4무량·4무색정, 8해탈·8승처·9차제정·10변처, 4념주·4정단·4신족·5근·5력·7등각지·8성도지, 공해탈문·무상해탈문·무원해탈문, 5안·6신통, 여래의 10력·4무소외·4무애해·대자·대비·대희·대사·18불불공법, 무망실법·항주사성, 일체지·도상지·일체상지, 일체의 다라니문·일체의 삼마지문 등과 나머지의 무량하고 무변한 불법이나니, 모두 이 가운데에서 설하였던 것인 일체의 무루법이니라.

교시가여. 만약 선남자와 선여인 등이 한 유정을 교화하여 예류과에 머물게 하였다면, 얻는 복취는 시방의 각각 긍가의 모래 등과 같은 세계에서 여러 유정의 부류들을 교화하여 모두 10선업도를 수학하게 하여 얻는 복취보다 오히려 수승하느니라. 왜 그러한가? 교시가여. 여러 유정들은 10선업도를 수행하더라도 지옥·방생·귀취를 벗어나지 못하지만, 만약 여러 유정들이 예류과에 머무른다면 곧 3악취를 영원히 벗어나는 까닭이니라. 하물며 교화하여 일래·불환·아라한과에 머무르게 시켰다면 얻는 복취는 그것보다 수승하지 않겠는가?

교시가여. 만약 선남자와 선여인 등이 시방의 각각 긍가의 모래 등과 같은 세계의 여러 유정들을 교화하여 모두를 예류·일래·불환·아라한과에 머무르게 시켰다면 얻는 복취는 사람이 있었고 한 유정을 교화하여 그를 독각의 보리에 안주시키는 복취보다도 못하느니라. 왜 그러한가? 교시가여. 독각의 보리가 소유한 공덕은 예류 등보다 백천 배가 수승한 까닭이니

라. 교시가여. 만약 선남자와 선여인 등이 남섬부주의 여러 유정들을 교화하여 모두를 독각의 보리에 머무르게 시켰다면 얻는 복취는 사람이 있었고 한 유정을 교화하여 그를 무상정등보리로 나아가게 시키는 복취보다도 못하느니라. 왜 그러한가? 교시가여. 만약 유정을 교화하여 무상정등보리로 나아가게 시켰다면 곧 세간에 불안이 끊어지지 않게 시키느니라.

그 까닭은 무엇인가? 오히려 보살마하살이 있는 까닭으로 곧 예류·일래·불환·아라한과·독각의 보리가 있고, 오히려 보살마하살이 있는 까닭으로 곧 여래·응공·정등각이 있어서 무상정등보리를 증득하며, 오히려 보살마하살이 있는 까닭으로 곧 불보·법보·승보가 있어서 일체 세간이 귀의하고 공양하느니라. 이러한 까닭으로써 교시가여. 일체 세간의 천상이거나, 만약 마계이거나, 만약 범천이거나, 만약 사문이거나, 만약 바라문과 아소락·인비인 등이 상응하여 무량한 종류의 상묘한 화만·바르는 향·뿌리는 향·의복·영락·보배·당기·번기·일산·여러 미묘하고 진기한 음악·등불 등으로써 여러 소유한 것이 없어지도록 공양하고 공경하며 존중하고 찬탄하느니라.

교시가여. 이러한 이유로 만약 선남자와 선여인 등이 이와 같은 매우 깊은 반야바라밀다를 서사하여 다른 사람에게 보시하여 독송하게 하거나 만약 전전하여 서사하고 널리 유포시키게 하였다면, 얻는 복덕은 앞에서 얻은 복취보다 수승하여 무량하고 무변하느니라. 왜 그러한가? 이와 같은 반야바라밀다의 비밀장의 가운데에는 일체의 세간과 출세간의 수승한 선법을 널리 설하신 까닭이니라.

오히려 이 반야바라밀다의 비밀장의 가운데에서 설하셨던 법을 까닭으로 세간에 곧 찰제리 대종족·바라문 대종족·장자 대종족·거사 대종족 등을 시설하여 얻을 수 있고, 오히려 이 반야바라밀다의 비밀장의 가운데에서 설하셨던 법을 까닭으로 세간에 4대왕중천·삼십삼천·야마천·도사다천·낙변화천·타화자재천 등을 시설하여 얻을 수 있으며, 오히려 이 반야바라밀다의 비밀장의 가운데에서 설하셨던 법을 까닭으로 세간에 곧 범중천·범보천·범회천·대범천 등을 시설하여 얻을 수 있고, 오히려 이 반야바라밀다의 비밀장의 가운데에서 설하셨던 법을 까닭으로 세간에 곧 광천·소광천·무량광천·극광정천 등을 시설하여 얻을 수 있으며, 오히려 이 반야바라밀다의 비밀장의 가운데에서 설하셨던 법을 까닭으로 세간에 곧 정천·소정천·무량정천·변정천 등을 시설하여 얻을 수 있고, 오히려 이 반야바라밀다의 비밀장의 가운데에서 설하셨던 법을 까닭으로 세간에 곧 광천·소광천·무량광천·광과천 등을 시설하여 얻을 수 있으며, 오히려 이 반야바라밀다의 비밀장의 가운데에서 설하셨던 법을 까닭으로 세간에 곧 무번천·무열천·선현천·선견천·색구경천 등을 시설하여 얻을 수 있고, 오히려 이 반야바라밀다의 비밀장의 가운데에서 설하셨던 법을 까닭으로 세간에 곧 공무변처천·식무변처천·무소유처천·비상비비상처천 등을 시설하여 얻을 수 있느니라.

오히려 이 반야바라밀다의 비밀장의 가운데에서 설하셨던 법을 까닭으로 세간에 곧 보시바라밀다·정계바라밀다·안인바라밀다·정진바라밀다·정려바라밀다·반야바라밀다 등을 시설하여 얻을 수 있고, 오히려 이 반야바라밀다의 비밀장의 가운데에서 설하셨던 법을 까닭으로 세간에 곧 내공·외공·내외공·공공·대공·승의공·유위공·무위공·필경공·무제공·산공·무변이공·본성공·자상공·공상공·일체법공·불가득공·무성공·자성공·무성자성공 등을 시설하여 얻을 수 있으며, 오히려 이 반야바라밀다의 비밀장의 가운데에서 설하셨던 법을 까닭으로 세간에 곧 진여·법계·법성·불허망성·불변이성·평등성·이생성·법정·법주·실제·허공계·부사의계 등을 시설하여 얻을 수 있고, 오히려 이 반야바라밀다의 비밀장의 가운데에서 설하셨던 법을 까닭으로 세간에 곧 고성제·집성제·멸성제·도성제 등을 시설하여 얻을 수 있으며, 오히려 이 반야바라밀다의 비밀장의 가운데에서 설하셨던 법을 까닭으로 세간에 곧 4정려·4무량·4무색정 등을 시설하여 얻을 수 있고, 오히려 이 반야바라밀다의 비밀장의 가운데에서 설하셨던 법을 까닭으로 세간에 곧 8해탈·8승처·9차제정·10변처 등을 시설하여 얻을 수 있느니라.

오히려 이 반야바라밀다의 비밀장의 가운데에서 설하셨던 법을 까닭으

로 세간에 곧 4념주·4정단·4신족·5근·5력·7등각지·8성도지 등을 시설하
여 얻을 수 있고, 오히려 이 반야바라밀다의 비밀장의 가운데에서 설하셨
던 법을 까닭으로 세간에 곧 공해탈문·무상해탈문·무원해탈문 등을 시설
하여 얻을 수 있으며, 오히려 이 반야바라밀다의 비밀장의 가운데에서
설하셨던 법을 까닭으로 세간에 곧 5안·6신통 등을 시설하여 얻을 수
있고, 오히려 이 반야바라밀다의 비밀장의 가운데에서 설하셨던 법을
까닭으로 세간에 곧 여래의 10력·4무소외·4무애해·대자·대비·대희·대
사·18불불공법 등을 시설하여 얻을 수 있으며, 오히려 이 반야바라밀다의
비밀장의 가운데에서 설하셨던 법을 까닭으로 곧 무망실법·항주사성
등을 시설하여 얻을 수 있고, 오히려 이 반야바라밀다의 비밀장의 가운데
에서 설하셨던 법을 까닭으로 세간에 곧 일체지·도상지·일체상지 등을
시설하여 얻을 수 있으며, 오히려 이 반야바라밀다의 비밀장의 가운데에
서 설하셨던 법을 까닭으로 세간에 곧 일체의 다라니문·일체의 삼마지문
등을 시설하여 얻을 수 있느니라.

　오히려 이 반야바라밀다의 비밀장의 가운데에서 설하셨던 법을 까닭으
로 세간에 곧 예류·일래·불환·아라한과 예류향·예류과·일래향·일래과·
불환향·불환과·아라한향·아라한과 등을 시설하여 얻을 수 있고, 오히려
이 반야바라밀다의 비밀장의 가운데에서 설하셨던 법을 까닭으로 세간에
곧 독각과 독각의 보리를 시설하여 얻을 수 있으며, 오히려 이 반야바라밀
다의 비밀장의 가운데에서 설하셨던 법을 까닭으로 세간에 곧 일체의
보살마하살과 일체의 보살마하살의 행 등을 시설하여 얻을 수 있고,
오히려 이 반야바라밀다의 비밀장의 가운데에서 설하셨던 법을 까닭으로
세간에 일체의 여래·응공·정등각과 제불의 무상정등보리를 시설하여
얻을 수 있느니라.”

　“다시 다음으로 교시가여. 시방의 각각 궁가의 모래 등과 같은 세계의
여러 유정의 부류들은 제쳐두고, 만약 선남자와 선여인 등이 시방의
일체 세계의의 여러 유정의 부류들은 교화하여 모두 10선업도를 수학하게

시켰다면, 그대의 뜻은 어떠한가? 이 선남자와 선여인 등이 이러한 인연을 이유로 얻는 복취는 많겠는가?"

천제석이 말하였다.

"매우 많습니다. 세존이시여. 매우 많습니다, 선서시여."

세존께서 교시가에게 말씀하셨다.

"교시가여. 만약 선남자와 선여인 등이 이와 같이 매우 깊은 반야바라밀다를 서사하여 다른 사람에게 보시하여 독송하게 하거나, 만약 전전하면서 서사하여 널리 유포시킨다면, 이 선남자와 선여인 등이 얻는 복취는 앞보다 매우 많으니라. 왜 그러한가? 교시가여. 이와 같은 반야바라밀다의 비밀장의 가운데에 일체의 무루법을 널리 설하셨으므로, 성문의 종성인 보특가라는 이 법을 수학하여 빠르게 성문의 정성이생에 들어가서 예류과를 증득하고 일래과를 증득하며 불환과를 증득하고 아라한과를 증득하며, 독각의 종성인 보특가라는 이 법을 수학하여 빠르게 독각의 정성이생에 들어가서 독각의 보리를 점차로 증득하며, 보살의 종성인 보특가라는 이 법을 수학하여 빠르게 보살의 정성이생에 들어가서 제보살의 행을 점차로 수행하여 무상정등보리를 증득하느니라.

교시가여. 이와 같은 반야바라밀다의 비밀장의 가운데에 널리 설하신 일체의 무루법은 이를테면, 보시바라밀다·정계바라밀다·안인바라밀다·정진바라밀다·정려바라밀다·반야바라밀다, 내공·외공·내외공·공공·대공·승의공·유위공·무위공·필경공·무제공·산공·무변이공·본성공·자상공·공상공·일체법공·불가득공·무성공·자성공·무성자성공, 진여·법계·법성·불허망성·불변이성·평등성·이생성·법정·법주·실제·허공계·부사의계, 고성제·집성제·멸성제·도성제, 무루·4정려·4무량·4무색정, 8해탈·8승처·9차제정·10변처, 4념주·4정단·4신족·5근·5력·7등각지·8성도지, 공해탈문·무상해탈문·무원해탈문, 5안·6신통, 여래의 10력·4무소외·4무애해·대자·대비·대희·대사·18불불공법, 무망실법·항주사성, 일체지·도상지·일체상지, 일체의 다라니문·일체의 삼마지문 등과 나머지의 무량하고 무변한 불법이나니, 모두 이 가운데에서 설하였던 것인 일체의 무루법이니라.

교시가여. 만약 선남자와 선여인 등이 한 유정을 교화하여 예류과에 머물게 하였다면, 얻는 복취는 하나의 남섬부주에서 여러 유정의 부류들을 교화하여 모두 10선업도를 수학하게 하여 얻는 복취보다 오히려 수승하느니라. 왜 그러한가? 교시가여. 여러 유정들은 10선업도를 수행하더라도 지옥·방생·귀취를 벗어나지 못하지만, 만약 여러 유정들이 예류과에 머무른다면 곧 3악취를 영원히 벗어나는 까닭이니라. 하물며 교화하여 일래·불환·아라한과에 머무르게 시켰다면 얻는 복취는 그것보다 수승하지 않겠는가?

교시가여. 만약 선남자와 선여인 등이 시방의 일체 세계의 여러 유정들을 교화하여 모두를 예류·일래·불환·아라한과에 머무르게 시켰다면 얻는 복취는 사람이 있었고 한 유정을 교화하여 그를 독각의 보리에 안주시키는 복취보다도 못하느니라. 왜 그러한가? 교시가여. 독각의 보리가 소유한 공덕은 예류 등보다 백천 배가 수승한 까닭이니라. 교시가여. 만약 선남자와 선여인 등이 시방의 일체 세계의 여러 유정들을 교화하여 모두를 독각의 보리에 머무르게 시켰다면 얻는 복취는 사람이 있었고 한 유정을 교화하여 그를 무상정등보리로 나아가게 시키는 복취보다도 못하느니라. 왜 그러한가? 교시가여. 만약 유정을 교화하여 무상정등보리로 나아가게 시켰다면 곧 세간에 불안이 끊어지지 않게 시키느니라.

그 까닭은 무엇인가? 오히려 보살마하살이 있는 까닭으로 곧 예류·일래·불환·아라한과 독각의 보리가 있고, 오히려 보살마하살이 있는 까닭으로 곧 여래·응공·정등각이 있어서 무상정등보리를 증득하며, 오히려 보살마하살이 있는 까닭으로 곧 불보·법보·승보가 있어서 일체 세간이 귀의하고 공양하느니라. 이러한 까닭으로써 교시가여. 일체 세간의 천상이거나, 만약 마계이거나, 만약 범천이거나, 만약 사문이거나, 만약 바라문과 아소락·인비인 등이 상응하여 무량한 종류의 상묘한 화만·바르는 향·뿌리는 향·의복·영락·보배·당기·번기·일산·여러 미묘하고 진기한 음악·등불 등으로써 여러 소유한 것이 없어지도록 공양하고 공경하며 존중하고 찬탄하느니라.

교시가여. 이러한 이유로 만약 선남자와 선여인 등이 이와 같은 매우 깊은 반야바라밀다를 서사하여 다른 사람에게 보시하여 독송하게 하거나 만약 전전하여 서사하고 널리 유포시키게 하였다면, 얻는 복덕은 앞에서 얻은 복취보다 수승하여 무량하고 무변하느니라. 왜 그러한가? 이와 같은 반야바라밀다의 비밀장의 가운데에는 일체의 세간과 출세간의 수승한 선법을 널리 설하신 까닭이니라.

오히려 이 반야바라밀다의 비밀장의 가운데에서 설하셨던 법을 까닭으로 세간에 곧 찰제리 대종족·바라문 대종족·장자 대종족·거사 대종족 등을 시설하여 얻을 수 있고, 오히려 이 반야바라밀다의 비밀장의 가운데에서 설하셨던 법을 까닭으로 세간에 4대왕중천·삼십삼천·야마천·도사다천·낙변화천·타화자재천 등을 시설하여 얻을 수 있으며, 오히려 이 반야바라밀다의 비밀장의 가운데에서 설하셨던 법을 까닭으로 세간에 곧 범중천·범보천·범회천·대범천 등을 시설하여 얻을 수 있고, 오히려 이 반야바라밀다의 비밀장의 가운데에서 설하셨던 법을 까닭으로 세간에 곧 광천·소광천·무량광천·극광정천 등을 시설하여 얻을 수 있으며, 오히려 이 반야바라밀다의 비밀장의 가운데에서 설하셨던 법을 까닭으로 세간에 곧 정천·소정천·무량정천·변정천 등을 시설하여 얻을 수 있고, 오히려 이 반야바라밀다의 비밀장의 가운데에서 설하셨던 법을 까닭으로 세간에 곧 광천·소광천·무량광천·광과천 등을 시설하여 얻을 수 있으며, 오히려 이 반야바라밀다의 비밀장의 가운데에서 설하셨던 법을 까닭으로 세간에 곧 무번천·무열천·선현천·선견천·색구경천 등을 시설하여 얻을 수 있고, 오히려 이 반야바라밀다의 비밀장의 가운데에서 설하셨던 법을 까닭으로 세간에 곧 공무변처천·식무변처천·무소유처천·비상비비상처천 등을 시설하여 얻을 수 있느니라.

오히려 이 반야바라밀다의 비밀장의 가운데에서 설하셨던 법을 까닭으로 세간에 곧 보시바라밀다·정계바라밀다·안인바라밀다·정진바라밀다·정려바라밀다·반야바라밀다 등을 시설하여 얻을 수 있고, 오히려 이 반야바라밀다의 비밀장의 가운데에서 설하셨던 법을 까닭으로 세간에 곧 내공·외공·내외공·공공·대공·승의공·유위공·무위공·필경공·무제공·산공·무변이공·본성공·자상공·공상공·일체법공·불가득공·무성공·자성공·무성자성공 등을 시설하여 얻을 수 있으며, 오히려 이 반야바라밀다의 비밀장의 가운데에서 설하셨던 법을 까닭으로 세간에 곧 진여·법계·법성·불허망성·불변이성·평등성·이생성·법정·법주·실제·허공계·부사의계 등을 시설하여 얻을 수 있고, 오히려 이 반야바라밀다의 비밀장의 가운데에서 설하셨던 법을 까닭으로 세간에 곧 고성제·집성제·멸성제·도성제 등을 시설하여 얻을 수 있으며, 오히려 이 반야바라밀다의 비밀장의 가운데에서 설하셨던 법을 까닭으로 세간에 곧 4정려·4무량·4무색정 등을 시설하여 얻을 수 있고, 오히려 이 반야바라밀다의 비밀장의 가운데에서 설하셨던 법을 까닭으로 세간에 곧 8해탈·8승처·9차제정·10변처 등을 시설하여 얻을 수 있느니라.

오히려 이 반야바라밀다의 비밀장의 가운데에서 설하셨던 법을 까닭으로 세간에 곧 4념주·4정단·4신족·5근·5력·7등각지·8성도지 등을 시설하여 얻을 수 있고, 오히려 이 반야바라밀다의 비밀장의 가운데에서 설하셨던 법을 까닭으로 세간에 곧 공해탈문·무상해탈문·무원해탈문 등을 시설하여 얻을 수 있으며, 오히려 이 반야바라밀다의 비밀장의 가운데에서 설하셨던 법을 까닭으로 세간에 곧 5안·6신통 등을 시설하여 얻을 수 있고, 오히려 이 반야바라밀다의 비밀장의 가운데에서 설하셨던 법을 까닭으로 세간에 곧 여래의 10력·4무소외·4무애해·대자·대비·대희·대사·18불불공법 등을 시설하여 얻을 수 있으며, 오히려 이 반야바라밀다의 비밀장의 가운데에서 설하셨던 법을 까닭으로 곧 무망실법·항주사성 등을 시설하여 얻을 수 있고, 오히려 이 반야바라밀다의 비밀장의 가운데에서 설하셨던 법을 까닭으로 세간에 곧 일체지·도상지·일체상지 등을 시설하여 얻을 수 있으며, 오히려 이 반야바라밀다의 비밀장의 가운데에서 설하셨던 법을 까닭으로 세간에 곧 일체의 다라니문·일체의 삼마지문 등을 시설하여 얻을 수 있느니라.

　오히려 이 반야바라밀다의 비밀장의 가운데에서 설하셨던 법을 까닭으로 세간에 곧 예류·일래·불환·아라한과 예류향·예류과·일래향·일래과·불환향·불환과·아라한향·아라한과 등을 시설하여 얻을 수 있고, 오히려 이 반야바라밀다의 비밀장의 가운데에서 설하셨던 법을 까닭으로 세간에 곧 독각과 독각의 보리를 시설하여 얻을 수 있으며, 오히려 이 반야바라밀다의 비밀장의 가운데에서 설하셨던 법을 까닭으로 세간에 곧 일체의 보살마하살과 일체의 보살마하살의 행 등을 시설하여 얻을 수 있고, 오히려 이 반야바라밀다의 비밀장의 가운데에서 설하셨던 법을 까닭으로 세간에 일체의 여래·응공·정등각과 제불의 무상정등보리를 시설하여 얻을 수 있느니라.”

　“다시 다음으로 교시가여. 만약 선남자와 선여인 등이 남섬부주의 여러 유정의 부류들은 교화하여 모두 4정려·4무량·4무색정·5신통을 수학하게 시켰다면, 그대의 뜻은 어떠한가? 이 선남자와 선여인 등이 이러한 인연을 이유로 얻는 복취는 많겠는가?”
　천제석이 말하였다.
　“매우 많습니다. 세존이시여. 매우 많습니다. 선서시여.”
　세존께서 교시가에게 말씀하셨다.
　“교시가여. 만약 선남자와 선여인 등이 이와 같이 매우 깊은 반야바라밀다를 서사하여 다른 사람에게 보시하여 독송하게 하거나, 만약 전전하면서 서사하여 널리 유포시킨다면, 이 선남자와 선여인 등이 얻는 복취는 앞보다 매우 많으니라. 왜 그러한가? 교시가여. 이와 같은 반야바라밀다의 비밀장의 가운데에 일체의 무루법을 널리 설하셨으므로, 성문의 종성인 보특가라는 이 법을 수학하여 빠르게 성문의 정성이생에 들어가서 예류과를 증득하고 일래과를 증득하며 불환과를 증득하고 아라한과를 증득하며, 독각의 종성인 보특가라는 이 법을 수학하여 빠르게 독각의 정성이생에 들어가서 독각의 보리를 점차로 증득하며, 보살의 종성인 보특가라는 이 법을 수학하여 빠르게 보살의 정성이생에 들어가서 제보살의 행을 점차로 수행하여 무상정등보리를 증득하느니라.

교시가여. 이와 같은 반야바라밀다의 비밀장의 가운데에 널리 설하신 일체의 무루법은 이를테면, 보시바라밀다·정계바라밀다·안인바라밀다·정진바라밀다·정려바라밀다·반야바라밀다, 내공·외공·내외공·공공·대공·승의공·유위공·무위공·필경공·무제공·산공·무변이공·본성공·자상공·공상공·일체법공·불가득공·무성공·자성공·무성자성공, 진여·법계·법성·불허망성·불변이성·평등성·이생성·법정·법주·실제·허공계·부사의계, 고성제·집성제·멸성제·도성제, 무루·4정려·4무량·4무색정, 8해탈·8승처·9차제정·10변처, 4념주·4정단·4신족·5근·5력·7등각지·8성도지, 공해탈문·무상해탈문·무원해탈문, 5안·6신통, 여래의 10력·4무소외·4무애해·대자·대비·대희·대사·18불불공법, 무망실법·항주사성, 일체지·도상지·일체상지, 일체의 다라니문·일체의 삼마지문 등과 나머지의 무량하고 무변한 불법이나니, 모두 이 가운데에서 설하였던 것인 일체의 무루법이니라.

교시가여. 만약 선남자와 선여인 등이 한 유정을 교화하여 예류과에 머물게 하였다면, 얻는 복취는 하나의 남섬부주에서 여러 유정의 부류들을 교화하여 모두 10선업도를 수학하게 하여 얻는 복취보다 오히려 수승하느니라. 왜 그러한가? 교시가여. 여러 유정들은 10선업도를 수행하더라도 지옥·방생·귀취를 벗어나지 못하지만, 만약 여러 유정들이 예류과에 머무른다면 곧 3악취를 영원히 벗어나는 까닭이니라. 하물며 교화하여 일래·불환·아라한과에 머무르게 시켰다면 얻는 복취는 그것보다 수승하지 않겠는가?

교시가여. 만약 선남자와 선여인 등이 남섬부주의 여러 유정들을 교화하여 모두를 예류·일래·불환·아라한과에 머무르게 시켰다면 얻는 복취는 사람이 있었고 한 유정을 교화하여 그를 독각의 보리에 안주시키는 복취보다도 못하느니라. 왜 그러한가? 교시가여. 독각의 보리가 소유한 공덕은 예류 등보다 백천 배가 수승한 까닭이니라. 교시가여. 만약 선남자와 선여인 등이 남섬부주의 여러 유정들을 교화하여 모두를 독각의 보리에

머무르게 시켰다면 얻는 복취는 사람이 있었고 한 유정을 교화하여 그를
무상정등보리로 나아가게 시키는 복취보다도 못하느니라. 왜 그러한가?
교시가여. 만약 유정을 교화하여 무상정등보리로 나아가게 시켰다면
곧 세간에 불안이 끊어지지 않게 시키느니라.

그 까닭은 무엇인가? 오히려 보살마하살이 있는 까닭으로 곧 예류·일래
·불환·아라한과·독각의 보리가 있고, 오히려 보살마하살이 있는 까닭으
로 곧 여래·응공·정등각이 있어서 무상정등보리를 증득하며, 오히려
보살마하살이 있는 까닭으로 곧 불보·법보·승보가 있어서 일체 세간이
귀의하고 공양하느니라. 이러한 까닭으로써 교시가여. 일체 세간의 천상
이거나, 만약 마계이거나, 만약 범천이거나, 만약 사문이거나, 만약 바라문
과 아소락·인비인 등이 상응하여 무량한 종류의 상묘한 화만·바르는
향·뿌리는 향·의복·영락·보배·당기·번기·일산·여러 미묘하고 진기한
음악·등불 등으로써 여러 소유한 것이 없어지도록 공양하고 공경하며
존중하고 찬탄하느니라.

교시가여. 이러한 이유로 만약 선남자와 선여인 등이 이와 같은 매우
깊은 반야바라밀다를 서사하여 다른 사람에게 보시하여 독송하게 하거나
만약 전전하여 서사하고 널리 유포시키게 하였다면, 얻는 복덕은 앞에서
얻은 복취보다 수승하여 무량하고 무변하느니라. 왜 그러한가? 이와
같은 반야바라밀다의 비밀장의 가운데에는 일체의 세간과 출세간의 수승
한 선법을 널리 설하신 까닭이니라.

오히려 이 반야바라밀다의 비밀장의 가운데에서 설하셨던 법을 까닭으
로 세간에 곧 찰제리 대종족·바라문 대종족·장자 대종족·거사 대종족
등을 시설하여 얻을 수 있고, 오히려 이 반야바라밀다의 비밀장의 가운데
에서 설하셨던 법을 까닭으로 세간에 4대왕중천·삼십삼천·야마천·도사
다천·낙변화천·타화자재천 등을 시설하여 얻을 수 있으며, 오히려 이
반야바라밀다의 비밀장의 가운데에서 설하셨던 법을 까닭으로 세간에
곧 범중천·범보천·범회천·대범천 등을 시설하여 얻을 수 있고, 오히려
이 반야바라밀다의 비밀장의 가운데에서 설하셨던 법을 까닭으로 세간에

곧 광천·소광천·무량광천·극광정천 등을 시설하여 얻을 수 있으며, 오히려 이 반야바라밀다의 비밀장의 가운데에서 설하셨던 법을 까닭으로 세간에 곧 정천·소정천·무량정천·변정천 등을 시설하여 얻을 수 있고, 오히려 이 반야바라밀다의 비밀장의 가운데에서 설하셨던 법을 까닭으로 세간에 곧 광천·소광천·무량광천·광과천 등을 시설하여 얻을 수 있으며, 오히려 이 반야바라밀다의 비밀장의 가운데에서 설하셨던 법을 까닭으로 세간에 곧 무번천·무열천·선현천·선견천·색구경천 등을 시설하여 얻을 수 있고, 오히려 이 반야바라밀다의 비밀장의 가운데에서 설하셨던 법을 까닭으로 세간에 곧 공무변처천·식무변처천·무소유처천·비상비비상처천 등을 시설하여 얻을 수 있느니라.

오히려 이 반야바라밀다의 비밀장의 가운데에서 설하셨던 법을 까닭으로 세간에 곧 보시바라밀다·정계바라밀다·안인바라밀다·정진바라밀다·정려바라밀다·반야바라밀다 등을 시설하여 얻을 수 있고, 오히려 이 반야바라밀다의 비밀장의 가운데에서 설하셨던 법을 까닭으로 세간에 곧 내공·외공·내외공·공공·대공·승의공·유위공·무위공·필경공·무제공·산공·무변이공·본성공·자상공·공상공·일체법공·불가득공·무성공·자성공·무성자성공 등을 시설하여 얻을 수 있으며, 오히려 이 반야바라밀다의 비밀장의 가운데에서 설하셨던 법을 까닭으로 세간에 곧 진여·법계·법성·불허망성·불변이성·평등성·이생성·법정·법주·실제·허공계·부사의계 등을 시설하여 얻을 수 있고, 오히려 이 반야바라밀다의 비밀장의 가운데에서 설하셨던 법을 까닭으로 세간에 곧 고성제·집성제·멸성제·도성제 등을 시설하여 얻을 수 있으며, 오히려 이 반야바라밀다의 비밀장의 가운데에서 설하셨던 법을 까닭으로 세간에 곧 4정려·4무량·4무색정 등을 시설하여 얻을 수 있고, 오히려 이 반야바라밀다의 비밀장의 가운데에서 설하셨던 법을 까닭으로 세간에 곧 8해탈·8승처·9차제정·10변처 등을 시설하여 얻을 수 있느니라.

오히려 이 반야바라밀다의 비밀장의 가운데에서 설하셨던 법을 까닭으로 세간에 곧 4념주·4정단·4신족·5근·5력·7등각지·8성도지 등을 시설하여 얻을 수 있고, 오히려 이 반야바라밀다의 비밀장의 가운데에서 설하셨던 법을 까닭으로 세간에 곧 공해탈문·무상해탈문·무원해탈문 등을 시설하여 얻을 수 있으며, 오히려 이 반야바라밀다의 비밀장의 가운데에서 설하셨던 법을 까닭으로 세간에 곧 5안·6신통 등을 시설하여 얻을 수 있고, 오히려 이 반야바라밀다의 비밀장의 가운데에서 설하셨던 법을 까닭으로 세간에 곧 여래의 10력·4무소외·4무애해·대자·대비·대희·대사·18불불공법 등을 시설하여 얻을 수 있으며, 오히려 이 반야바라밀다의 비밀장의 가운데에서 설하셨던 법을 까닭으로 곧 무망실법·항주사성 등을 시설하여 얻을 수 있고, 오히려 이 반야바라밀다의 비밀장의 가운데에서 설하셨던 법을 까닭으로 세간에 곧 일체지·도상지·일체상지 등을 시설하여 얻을 수 있으며, 오히려 이 반야바라밀다의 비밀장의 가운데에서 설하셨던 법을 까닭으로 세간에 곧 일체의 다라니문·일체의 삼마지문 등을 시설하여 얻을 수 있느니라.

오히려 이 반야바라밀다의 비밀장의 가운데에서 설하셨던 법을 까닭으로 세간에 곧 예류·일래·불환·아라한과 예류향·예류과·일래향·일래과·불환향·불환과·아라한향·아라한과 등을 시설하여 얻을 수 있고, 오히려 이 반야바라밀다의 비밀장의 가운데에서 설하셨던 법을 까닭으로 세간에 곧 독각과 독각의 보리를 시설하여 얻을 수 있으며, 오히려 이 반야바라밀다의 비밀장의 가운데에서 설하셨던 법을 까닭으로 세간에 곧 일체의 보살마하살과 일체의 보살마하살의 행 등을 시설하여 얻을 수 있고, 오히려 이 반야바라밀다의 비밀장의 가운데에서 설하셨던 법을 까닭으로 세간에 일체의 여래·응공·정등각과 제불의 무상정등보리를 시설하여 얻을 수 있느니라."

마하반야바라밀다경 제133권

30. 교량공덕품(校量功悳品)(31)

"다시 다음으로 교시가여. 남섬부주의 여러 유정의 부류들은 제쳐두고서, 만약 선남자와 선여인 등이 남섬부주와 동승신주의 여러 유정의 부류들은 교화하여 모두 4정려·4무량·4무색정·5신통을 수학하게 시켰다면, 그대의 뜻은 어떠한가? 이 선남자와 선여인 등이 이러한 인연을 이유로 얻는 복취는 많겠는가?"

천제석이 말하였다.

"매우 많습니다. 세존이시여. 매우 많습니다. 선서시여."

세존께서 교시가에게 말씀하셨다.

"교시가여. 만약 선남자와 선여인 등이 이와 같이 매우 깊은 반야바라밀다를 서사하여 다른 사람에게 보시하여 독송하게 하거나, 만약 전전하면서 서사하여 널리 유포시킨다면, 이 선남자와 선여인 등이 얻는 복취는 앞보다 매우 많으니라. 왜 그러한가? 교시가여. 이와 같은 반야바라밀다의 비밀장의 가운데에 일체의 무루법을 널리 설하셨으므로, 성문의 종성인 보특가라는 이 법을 수학하여 빠르게 성문의 정성이생에 들어가서 예류과를 증득하고 일래과를 증득하며 불환과를 증득하고 아라한과를 증득하며, 독각의 종성인 보특가라는 이 법을 수학하여 빠르게 독각의 정성이생에 들어가서 독각의 보리를 점차로 증득하며, 보살의 종성인 보특가라는 이 법을 수학하여 빠르게 보살의 정성이생에 들어가서 제보살의 행을 점차로 수행하여 무상정등보리를 증득하느니라.

교시가여. 이와 같은 반야바라밀다의 비밀장의 가운데에 널리 설하신 일체의 무루법은 이를테면, 보시바라밀다·정계바라밀다·안인바라밀다· 정진바라밀다·정려바라밀다·반야바라밀다, 내공·외공·내외공·공공· 대공·승의공·유위공·무위공·필경공·무제공·산공·무변이공·본성공· 자상공·공상공·일체법공·불가득공·무성공·자성공·무성자성공, 진여· 법계·법성·불허망성·불변이성·평등성·이생성·법정·법주·실제·허공 계·부사의계, 고성제·집성제·멸성제·도성제, 무루·4정려·4무량·4무색 정, 8해탈·8승처·9차제정·10변처, 4념주·4정단·4신족·5근·5력·7등각지 ·8성도지, 공해탈문·무상해탈문·무원해탈문, 5안·6신통, 여래의 10력·4 무소외·4무애해·대자·대비·대희·대사·18불불공법, 무망실법·항주사성, 일체지·도상지·일체상지, 일체의 다라니문·일체의 삼마지문 등과 나머 지의 무량하고 무변한 불법이나니, 모두 이 가운데에서 설하였던 것인 일체의 무루법이니라.

교시가여. 만약 선남자와 선여인 등이 한 유정을 교화하여 예류과에 머물게 하였다면, 얻는 복취는 남섬부주와 동승신주에서 여러 유정의 부류들을 교화하여 모두 10선업도를 수학하게 하여 얻는 복취보다 오히려 수승하느니라. 왜 그러한가? 교시가여. 여러 유정들은 10선업도를 수행하 더라도 지옥·방생·귀취를 벗어나지 못하지만, 만약 여러 유정들이 예류과 에 머무른다면 곧 3악취를 영원히 벗어나는 까닭이니라. 하물며 교화하여 일래·불환·아라한과에 머무르게 시켰다면 얻는 복취는 그것보다 수승하 지 않겠는가?

교시가여. 만약 선남자와 선여인 등이 남섬부주와 동승신주의 여러 유정들을 교화하여 모두를 예류·일래·불환·아라한과에 머무르게 시켰다 면 얻는 복취는 사람이 있었고 한 유정을 교화하여 그를 독각의 보리에 안주시키는 복취보다도 못하느니라. 왜 그러한가? 교시가여. 독각의 보리가 소유한 공덕은 예류 등보다 백천 배가 수승한 까닭이니라. 교시가 여. 만약 선남자와 선여인 등이 남섬부주의 여러 유정들을 교화하여 모두를 독각의 보리에 머무르게 시켰다면 얻는 복취는 사람이 있었고 한 유정을 교화하여 그를 무상정등보리로 나아가게 시키는 복취보다도 못하느니라. 왜 그러한가? 교시가여. 만약 유정을 교화하여 무상정등보리로 나아가게 시켰다면 곧 세간에 불안이 끊어지지 않게 시키느니라.

그 까닭은 무엇인가? 오히려 보살마하살이 있는 까닭으로 곧 예류·일래·불환·아라한과·독각의 보리가 있고, 오히려 보살마하살이 있는 까닭으로 곧 여래·응공·정등각이 있어서 무상정등보리를 증득하며, 오히려 보살마하살이 있는 까닭으로 곧 불보·법보·승보가 있어서 일체 세간이 귀의하고 공양하느니라. 이러한 까닭으로써 교시가여. 일체 세간의 천상이거나, 만약 마계이거나, 만약 범천이거나, 만약 사문이거나, 만약 바라문과 아소락·인비인 등이 상응하여 무량한 종류의 상묘한 화만·바르는 향·뿌리는 향·의복·영락·보배·당기·번기·일산·여러 미묘하고 진기한 음악·등불 등으로써 여러 소유한 것이 없어지도록 공양하고 공경하며 존중하고 찬탄하느니라.

교시가여. 이러한 이유로 만약 선남자와 선여인 등이 이와 같은 매우 깊은 반야바라밀다를 서사하여 다른 사람에게 보시하여 독송하게 하거나 만약 전전하여 서사하고 널리 유포시키게 하였다면, 얻는 복덕은 앞에서 얻은 복취보다 수승하여 무량하고 무변하느니라. 왜 그러한가? 이와 같은 반야바라밀다의 비밀장의 가운데에는 일체의 세간과 출세간의 수승한 선법을 널리 설하신 까닭이니라.

오히려 이 반야바라밀다의 비밀장의 가운데에서 설하셨던 법을 까닭으로 세간에 곧 찰제리 대종족·바라문 대종족·장자 대종족·거사 대종족 등을 시설하여 얻을 수 있고, 오히려 이 반야바라밀다의 비밀장의 가운데에서 설하셨던 법을 까닭으로 세간에 4대왕중천·삼십삼천·야마천·도사다천·낙변화천·타화자재천 등을 시설하여 얻을 수 있으며, 오히려 이 반야바라밀다의 비밀장의 가운데에서 설하셨던 법을 까닭으로 세간에 곧 범중천·범보천·범회천·대범천 등을 시설하여 얻을 수 있고, 오히려 이 반야바라밀다의 비밀장의 가운데에서 설하셨던 법을 까닭으로 세간에 곧 광천·소광천·무량광천·극광정천 등을 시설하여 얻을 수 있으며, 오히

려 이 반야바라밀다의 비밀장의 가운데에서 설하셨던 법을 까닭으로 세간에 곧 정천·소정천·무량정천·변정천 등을 시설하여 얻을 수 있고, 오히려 이 반야바라밀다의 비밀장의 가운데에서 설하셨던 법을 까닭으로 세간에 곧 광천·소광천·무량광천·광과천 등을 시설하여 얻을 수 있으며, 오히려 이 반야바라밀다의 비밀장의 가운데에서 설하셨던 법을 까닭으로 세간에 곧 무번천·무열천·선현천·선견천·색구경천 등을 시설하여 얻을 수 있고, 오히려 이 반야바라밀다의 비밀장의 가운데에서 설하셨던 법을 까닭으로 세간에 곧 공무변처천·식무변처천·무소유처천·비상비비상처천 등을 시설하여 얻을 수 있느니라.

오히려 이 반야바라밀다의 비밀장의 가운데에서 설하셨던 법을 까닭으로 세간에 곧 보시바라밀다·정계바라밀다·안인바라밀다·정진바라밀다·정려바라밀다·반야바라밀다 등을 시설하여 얻을 수 있고, 오히려 이 반야바라밀다의 비밀장의 가운데에서 설하셨던 법을 까닭으로 세간에 곧 내공·외공·내외공·공공·대공·승의공·유위공·무위공·필경공·무제공·산공·무변이공·본성공·자상공·공상공·일체법공·불가득공·무성공·자성공·무성자성공 등을 시설하여 얻을 수 있으며, 오히려 이 반야바라밀다의 비밀장의 가운데에서 설하셨던 법을 까닭으로 세간에 곧 진여·법계·법성·불허망성·불변이성·평등성·이생성·법정·법주·실제·허공계·부사의계 등을 시설하여 얻을 수 있고, 오히려 이 반야바라밀다의 비밀장의 가운데에서 설하셨던 법을 까닭으로 세간에 곧 고성제·집성제·멸성제·도성제 등을 시설하여 얻을 수 있으며, 오히려 이 반야바라밀다의 비밀장의 가운데에서 설하셨던 법을 까닭으로 세간에 곧 4정려·4무량·4무색정 등을 시설하여 얻을 수 있고, 오히려 이 반야바라밀다의 비밀장의 가운데에서 설하셨던 법을 까닭으로 세간에 곧 8해탈·8승처·9차제정·10변처 등을 시설하여 얻을 수 있느니라.

오히려 이 반야바라밀다의 비밀장의 가운데에서 설하셨던 법을 까닭으로 세간에 곧 4념주·4정단·4신족·5근·5력·7등각지·8성도지 등을 시설하여 얻을 수 있고, 오히려 이 반야바라밀다의 비밀장의 가운데에서 설하셨

던 법을 까닭으로 세간에 곧 공해탈문·무상해탈문·무원해탈문 등을 시설하여 얻을 수 있으며, 오히려 이 반야바라밀다의 비밀장의 가운데에서 설하셨던 법을 까닭으로 세간에 곧 5안·6신통 등을 시설하여 얻을 수 있고, 오히려 이 반야바라밀다의 비밀장의 가운데에서 설하셨던 법을 까닭으로 세간에 곧 여래의 10력·4무소외·4무애해·대자·대비·대희·대사·18불불공법 등을 시설하여 얻을 수 있으며, 오히려 이 반야바라밀다의 비밀장의 가운데에서 설하셨던 법을 까닭으로 곧 무망실법·항주사성 등을 시설하여 얻을 수 있고, 오히려 이 반야바라밀다의 비밀장의 가운데에서 설하셨던 법을 까닭으로 세간에 곧 일체지·도상지·일체상지 등을 시설하여 얻을 수 있으며, 오히려 이 반야바라밀다의 비밀장의 가운데에서 설하셨던 법을 까닭으로 세간에 곧 일체의 다라니문·일체의 삼마지문 등을 시설하여 얻을 수 있느니라.

　　오히려 이 반야바라밀다의 비밀장의 가운데에서 설하셨던 법을 까닭으로 세간에 곧 예류·일래·불환·아라한과 예류향·예류과·일래향·일래과·불환향·불환과·아라한향·아라한과 등을 시설하여 얻을 수 있고, 오히려 이 반야바라밀다의 비밀장의 가운데에서 설하셨던 법을 까닭으로 세간에 곧 독각과 독각의 보리를 시설하여 얻을 수 있으며, 오히려 이 반야바라밀다의 비밀장의 가운데에서 설하셨던 법을 까닭으로 세간에 곧 일체의 보살마하살과 일체의 보살마하살의 행 등을 시설하여 얻을 수 있고, 오히려 이 반야바라밀다의 비밀장의 가운데에서 설하셨던 법을 까닭으로 세간에 일체의 여래·응공·정등각과 제불의 무상정등보리를 시설하여 얻을 수 있느니라.”

　　“다시 다음으로 교시가여. 남섬부주와 동승신주의 여러 유정의 부류들은 제쳐두고서, 만약 선남자와 선여인 등이 남섬부주·동승신주·서우화주의 여러 유정의 부류들은 교화하여 모두 4정려·4무량·4무색정·5신통을 수학하게 시켰다면, 그대의 뜻은 어떠한가? 이 선남자와 선여인 등이 이러한 인연을 이유로 얻는 복취는 많겠는가?”

천제석이 말하였다.

"매우 많습니다. 세존이시여. 매우 많습니다. 선서시여."

세존께서 교시가에게 말씀하셨다.

"교시가여. 만약 선남자와 선여인 등이 이와 같이 매우 깊은 반야바라밀다를 서사하여 다른 사람에게 보시하여 독송하게 하거나, 만약 전전하면서 서사하여 널리 유포시킨다면, 이 선남자와 선여인 등이 얻는 복취는 앞보다 매우 많으니라. 왜 그러한가? 교시가여. 이와 같은 반야바라밀다의 비밀장의 가운데에 일체의 무루법을 널리 설하셨으므로, 성문의 종성인 보특가라는 이 법을 수학하여 빠르게 성문의 정성이생에 들어가서 예류과를 증득하고 일래과를 증득하며 불환과를 증득하고 아라한과를 증득하며, 독각의 종성인 보특가라는 이 법을 수학하여 빠르게 독각의 정성이생에 들어가서 독각의 보리를 점차로 증득하며, 보살의 종성인 보특가라는 이 법을 수학하여 빠르게 보살의 정성이생에 들어가서 제보살의 행을 점차로 수행하여 무상정등보리를 증득하느니라.

교시가여. 이와 같은 반야바라밀다의 비밀장의 가운데에 널리 설하신 일체의 무루법은 이를테면, 보시바라밀다·정계바라밀다·안인바라밀다·정진바라밀다·정려바라밀다·반야바라밀다, 내공·외공·내외공·공공·대공·승의공·유위공·무위공·필경공·무제공·산공·무변이공·본성공·자상공·공상공·일체법공·불가득공·무성공·자성공·무성자성공, 진여·법계·법성·불허망성·불변이성·평등성·이생성·법정·법주·실제·허공계·부사의계, 고성제·집성제·멸성제·도성제, 무루·4정려·4무량·4무색정, 8해탈·8승처·9차제정·10변처, 4념주·4정단·4신족·5근·5력·7등각지·8성도지, 공해탈문·무상해탈문·무원해탈문, 5안·6신통, 여래의 10력·4무소외·4무애해·대자·대비·대희·대사·18불불공법, 무망실법·항주사성, 일체지·도상지·일체상지, 일체의 다라니문·일체의 삼마지문 등과 나머지의 무량하고 무변한 불법이나니, 모두 이 가운데에서 설하였던 것인 일체의 무루법이니라.

교시가여. 만약 선남자와 선여인 등이 한 유정을 교화하여 예류과에

머물게 하였다면, 얻는 복취는 남섬부주·동승신주·서우화주에서 여러 유정의 부류들을 교화하여 모두 10선업도를 수학하게 하여 얻는 복취보다 오히려 수승하느니라. 왜 그러한가? 교시가여. 여러 유정들은 10선업도를 수행하더라도 지옥·방생·귀취를 벗어나지 못하지만, 만약 여러 유정들이 예류과에 머무른다면 곧 3악취를 영원히 벗어나는 까닭이니라. 하물며 교화하여 일래·불환·아라한과에 머무르게 시켰다면 얻는 복취는 그것보다 수승하지 않겠는가?

교시가여. 만약 선남자와 선여인 등이 남섬부주·동승신주·서우화주의 여러 유정들을 교화하여 모두를 예류·일래·불환·아라한과에 머무르게 시켰다면 얻는 복취는 사람이 있었고 한 유정을 교화하여 그를 독각의 보리에 안주시키는 복취보다도 못하느니라. 왜 그러한가? 교시가여. 독각의 보리가 소유한 공덕은 예류 등보다 백천 배가 수승한 까닭이니라. 교시가여. 만약 선남자와 선여인 등이 남섬부주의 여러 유정들을 교화하여 모두를 독각의 보리에 머무르게 시켰다면 얻는 복취는 사람이 있었고 한 유정을 교화하여 그를 무상정등보리로 나아가게 시키는 복취보다도 못하느니라. 왜 그러한가? 교시가여. 만약 유정을 교화하여 무상정등보리로 나아가게 시켰다면 곧 세간에 불안이 끊어지지 않게 시키느니라.

그 까닭은 무엇인가? 오히려 보살마하살이 있는 까닭으로 곧 예류·일래·불환·아라한과·독각의 보리가 있고, 오히려 보살마하살이 있는 까닭으로 곧 여래·응공·정등각이 있어서 무상정등보리를 증득하며, 오히려 보살마하살이 있는 까닭으로 곧 불보·법보·승보가 있어서 일체 세간이 귀의하고 공양하느니라. 이러한 까닭으로써 교시가여. 일체 세간의 천상이거나, 만약 마계이거나, 만약 범천이거나, 만약 사문이거나, 만약 바라문과 아소락·인비인 등이 상응하여 무량한 종류의 상묘한 화만·바르는 향·뿌리는 향·의복·영락·보배·당기·번기·일산·여러 미묘하고 진기한 음악·등불 등으로써 여러 소유한 것이 없어지도록 공양하고 공경하며 존중하고 찬탄하느니라.

교시가여. 이러한 이유로 만약 선남자와 선여인 등이 이와 같은 매우 깊은 반야바라밀다를 서사하여 다른 사람에게 보시하여 독송하게 하거나 만약 전전하여 서사하고 널리 유포시키게 하였다면, 얻는 복덕은 앞에서 얻은 복취보다 수승하여 무량하고 무변하느니라. 왜 그러한가? 이와 같은 반야바라밀다의 비밀장의 가운데에는 일체의 세간과 출세간의 수승한 선법을 널리 설하신 까닭이니라.

오히려 이 반야바라밀다의 비밀장의 가운데에서 설하셨던 법을 까닭으로 세간에 곧 찰제리 대종족·바라문 대종족·장자 대종족·거사 대종족 등을 시설하여 얻을 수 있고, 오히려 이 반야바라밀다의 비밀장의 가운데에서 설하셨던 법을 까닭으로 세간에 4대왕중천·삼십삼천·야마천·도사다천·낙변화천·타화자재천 등을 시설하여 얻을 수 있으며, 오히려 이 반야바라밀다의 비밀장의 가운데에서 설하셨던 법을 까닭으로 세간에 곧 범중천·범보천·범회천·대범천 등을 시설하여 얻을 수 있고, 오히려 이 반야바라밀다의 비밀장의 가운데에서 설하셨던 법을 까닭으로 세간에 곧 광천·소광천·무량광천·극광정천 등을 시설하여 얻을 수 있으며, 오히려 이 반야바라밀다의 비밀장의 가운데에서 설하셨던 법을 까닭으로 세간에 곧 정천·소정천·무량정천·변정천 등을 시설하여 얻을 수 있고, 오히려 이 반야바라밀다의 비밀장의 가운데에서 설하셨던 법을 까닭으로 세간에 곧 광천·소광천·무량광천·광과천 등을 시설하여 얻을 수 있으며, 오히려 이 반야바라밀다의 비밀장의 가운데에서 설하셨던 법을 까닭으로 세간에 곧 무번천·무열천·선현천·선견천·색구경천 등을 시설하여 얻을 수 있고, 오히려 이 반야바라밀다의 비밀장의 가운데에서 설하셨던 법을 까닭으로 세간에 곧 공무변처천·식무변처천·무소유처천·비상비비상처천 등을 시설하여 얻을 수 있느니라.

오히려 이 반야바라밀다의 비밀장의 가운데에서 설하셨던 법을 까닭으로 세간에 곧 보시바라밀다·정계바라밀다·안인바라밀다·정진바라밀다·정려바라밀다·반야바라밀다 등을 시설하여 얻을 수 있고, 오히려 이 반야바라밀다의 비밀장의 가운데에서 설하셨던 법을 까닭으로 세간에 곧 내공·외공·내외공·공공·대공·승의공·유위공·무위공·필경공·무제

공·산공·무변이공·본성공·자상공·공상공·일체법공·불가득공·무성공·
자성공·무성자성공 등을 시설하여 얻을 수 있으며, 오히려 이 반야바라밀
다의 비밀장의 가운데에서 설하셨던 법을 까닭으로 세간에 곧 진여·법계·
법성·불허망성·불변이성·평등성·이생성·법정·법주·실제·허공계·부
사의계 등을 시설하여 얻을 수 있고, 오히려 이 반야바라밀다의 비밀장의
가운데에서 설하셨던 법을 까닭으로 세간에 곧 고성제·집성제·멸성제·도
성제 등을 시설하여 얻을 수 있으며, 오히려 이 반야바라밀다의 비밀장의
가운데에서 설하셨던 법을 까닭으로 세간에 곧 4정려·4무량·4무색정
등을 시설하여 얻을 수 있고, 오히려 이 반야바라밀다의 비밀장의 가운데
에서 설하셨던 법을 까닭으로 세간에 곧 8해탈·8승처·9차제정·10변처
등을 시설하여 얻을 수 있느니라.

오히려 이 반야바라밀다의 비밀장의 가운데에서 설하셨던 법을 까닭으
로 세간에 곧 4념주·4정단·4신족·5근·5력·7등각지·8성도지 등을 시설하
여 얻을 수 있고, 오히려 이 반야바라밀다의 비밀장의 가운데에서 설하셨
던 법을 까닭으로 세간에 곧 공해탈문·무상해탈문·무원해탈문 등을 시설
하여 얻을 수 있으며, 오히려 이 반야바라밀다의 비밀장의 가운데에서
설하셨던 법을 까닭으로 세간에 곧 5안·6신통 등을 시설하여 얻을 수
있고, 오히려 이 반야바라밀다의 비밀장의 가운데에서 설하셨던 법을
까닭으로 세간에 곧 여래의 10력·4무소외·4무애해·대자·대비·대희·대
사·18불불공법 등을 시설하여 얻을 수 있으며, 오히려 이 반야바라밀다의
비밀장의 가운데에서 설하셨던 법을 까닭으로 곧 무망실법·항주사성
등을 시설하여 얻을 수 있고, 오히려 이 반야바라밀다의 비밀장의 가운데
에서 설하셨던 법을 까닭으로 세간에 곧 일체지·도상지·일체상지 등을
시설하여 얻을 수 있으며, 오히려 이 반야바라밀다의 비밀장의 가운데에
서 설하셨던 법을 까닭으로 세간에 곧 일체의 다라니문·일체의 삼마지문
등을 시설하여 얻을 수 있느니라.

오히려 이 반야바라밀다의 비밀장의 가운데에서 설하셨던 법을 까닭으
로 세간에 곧 예류·일래·불환·아라한과 예류향·예류과·일래향·일래과·

불환향·불환과·아라한향·아라한과 등을 시설하여 얻을 수 있고, 오히려
이 반야바라밀다의 비밀장의 가운데에서 설하셨던 법을 까닭으로 세간에
곧 독각과 독각의 보리를 시설하여 얻을 수 있으며, 오히려 이 반야바라밀
다의 비밀장의 가운데에서 설하셨던 법을 까닭으로 세간에 곧 일체의
보살마하살과 일체의 보살마하살의 행 등을 시설하여 얻을 수 있고,
오히려 이 반야바라밀다의 비밀장의 가운데에서 설하셨던 법을 까닭으로
세간에 일체의 여래·응공·정등각과 제불의 무상정등보리를 시설하여
얻을 수 있느니라.”

　“다시 다음으로 교시가여. 남섬부주·동승신주·서우화주의 여러 유정
의 부류들은 제쳐두고서, 만약 선남자와 선여인 등이 남섬부주·동승신주·
서우화주·북구로주의 여러 유정의 부류들은 교화하여 모두 4정려·4무량·
4무색정·5신통을 수학하게 시켰다면, 그대의 뜻은 어떠한가? 이 선남자와
선여인 등이 이러한 인연을 이유로 얻는 복취는 많겠는가?”
　천제석이 말하였다.
　“매우 많습니다. 세존이시여. 매우 많습니다. 선서시여.”
　세존께서 교시가에게 말씀하셨다.
　“교시가여. 만약 선남자와 선여인 등이 이와 같이 매우 깊은 반야바라밀
다를 서사하여 다른 사람에게 보시하여 독송하게 하거나, 만약 전전하면
서 서사하여 널리 유포시킨다면, 이 선남자와 선여인 등이 얻는 복취는
앞보다 매우 많으니라. 왜 그러한가? 교시가여. 이와 같은 반야바라밀다
의 비밀장의 가운데에 일체의 무루법을 널리 설하셨으므로, 성문의 종성
인 보특가라는 이 법을 수학하여 빠르게 성문의 정성이생에 들어가서
예류과를 증득하고 일래과를 증득하며 불환과를 증득하고 아라한과를
증득하며, 독각의 종성인 보특가라는 이 법을 수학하여 빠르게 독각의
정성이생에 들어가서 독각의 보리를 점차로 증득하며, 보살의 종성인
보특가라는 이 법을 수학하여 빠르게 보살의 정성이생에 들어가서 제보살
의 행을 점차로 수행하여 무상정등보리를 증득하느니라.

교시가여. 이와 같은 반야바라밀다의 비밀장의 가운데에 널리 설하신 일체의 무루법은 이를테면, 보시바라밀다·정계바라밀다·안인바라밀다·정진바라밀다·정려바라밀다·반야바라밀다, 내공·외공·내외공·공공·대공·승의공·유위공·무위공·필경공·무제공·산공·무변이공·본성공·자상공·공상공·일체법공·불가득공·무성공·자성공·무성자성공, 진여·법계·법성·불허망성·불변이성·평등성·이생성·법정·법주·실제·허공계·부사의계, 고성제·집성제·멸성제·도성제, 무루·4정려·4무량·4무색정, 8해탈·8승처·9차제정·10변처, 4념주·4정단·4신족·5근·5력·7등각지·8성도지, 공해탈문·무상해탈문·무원해탈문, 5안·6신통, 여래의 10력·4무소외·4무애해·대자·대비·대희·대사·18불불공법, 무망실법·항주사성, 일체지·도상지·일체상지, 일체의 다라니문·일체의 삼마지문 등과 나머지의 무량하고 무변한 불법이나니, 모두 이 가운데에서 설하였던 것인 일체의 무루법이니라.

교시가여. 만약 선남자와 선여인 등이 한 유정을 교화하여 예류과에 머물게 하였다면, 얻는 복취는 하나의 남섬부주·동승신주·서우화주·북구로주에서 여러 유정의 부류들을 교화하여 모두 10선업도를 수학하게 하여 얻는 복취보다 오히려 수승하느니라. 왜 그러한가? 교시가여. 여러 유정들은 10선업도를 수행하더라도 지옥·방생·귀취를 벗어나지 못하지만, 만약 여러 유정들이 예류과에 머무른다면 곧 3악취를 영원히 벗어나는 까닭이니라. 하물며 교화하여 일래·불환·아라한과에 머무르게 시켰다면 얻는 복취는 그것보다 수승하지 않겠는가?

교시가여. 만약 선남자와 선여인 등이 남섬부주·동승신주·서우화주·북구로주의 여러 유정들을 교화하여 모두를 예류·일래·불환·아라한과에 머무르게 시켰다면 얻는 복취는 사람이 있었고 한 유정을 교화하여 그를 독각의 보리에 안주시키는 복취보다도 못하느니라. 왜 그러한가? 교시가여. 독각의 보리가 소유한 공덕은 예류 등보다 백천 배가 수승한 까닭이니라. 교시가여. 만약 선남자와 선여인 등이 남섬부주·동승신주·서우화주·북구로주의 여러 유정들을 교화하여 모두를 독각의 보리에 머무르게

시켰다면 얻는 복취는 사람이 있었고 한 유정을 교화하여 그를 무상정등보
리로 나아가게 시키는 복취보다도 못하느니라. 왜 그러한가? 교시가여.
만약 유정을 교화하여 무상정등보리로 나아가게 시켰다면 곧 세간에
불안이 끊어지지 않게 시키느니라.

그 까닭은 무엇인가? 오히려 보살마하살이 있는 까닭으로 곧 예류·일래
·불환·아라한과 독각의 보리가 있고, 오히려 보살마하살이 있는 까닭으
로 곧 여래·응공·정등각이 있어서 무상정등보리를 증득하며, 오히려
보살마하살이 있는 까닭으로 곧 불보·법보·승보가 있어서 일체 세간이
귀의하고 공양하느니라. 이러한 까닭으로써 교시가여. 일체 세간의 천상
이거나, 만약 마계이거나, 만약 범천이거나, 만약 사문이거나, 만약 바라문
과 아소락·인비인 등이 상응하여 무량한 종류의 상묘한 화만·바르는
향·뿌리는 향·의복·영락·보배·당기·번기·일산·여러 미묘하고 진기한
음악·등불 등으로써 여러 소유한 것이 없어지도록 공양하고 공경하며
존중하고 찬탄하느니라.

교시가여. 이러한 이유로 만약 선남자와 선여인 등이 이와 같은 매우
깊은 반야바라밀다를 서사하여 다른 사람에게 보시하여 독송하게 하거나
만약 전전하여 서사하고 널리 유포시키게 하였다면, 얻는 복덕은 앞에서
얻은 복취보다 수승하여 무량하고 무변하느니라. 왜 그러한가? 이와
같은 반야바라밀다의 비밀장의 가운데에는 일체의 세간과 출세간의 수승
한 선법을 널리 설하신 까닭이니라.

오히려 이 반야바라밀다의 비밀장의 가운데에서 설하셨던 법을 까닭으
로 세간에 곧 찰제리 대종족·바라문 대종족·장자 대종족·거사 대종족
등을 시설하여 얻을 수 있고, 오히려 이 반야바라밀다의 비밀장의 가운데
에서 설하셨던 법을 까닭으로 세간에 4대왕중천·삼십삼천·야마천·도사
다천·낙변화천·타화자재천 등을 시설하여 얻을 수 있으며, 오히려 이
반야바라밀다의 비밀장의 가운데에서 설하셨던 법을 까닭으로 세간에
곧 범중천·범보천·범회천·대범천 등을 시설하여 얻을 수 있고, 오히려
이 반야바라밀다의 비밀장의 가운데에서 설하셨던 법을 까닭으로 세간에

곧 광천·소광천·무량광천·극광정천 등을 시설하여 얻을 수 있으며, 오히
려 이 반야바라밀다의 비밀장의 가운데에서 설하셨던 법을 까닭으로
세간에 곧 정천·소정천·무량정천·변정천 등을 시설하여 얻을 수 있고,
오히려 이 반야바라밀다의 비밀장의 가운데에서 설하셨던 법을 까닭으로
세간에 곧 광천·소광천·무량광천·광과천 등을 시설하여 얻을 수 있으며,
오히려 이 반야바라밀다의 비밀장의 가운데에서 설하셨던 법을 까닭으로
세간에 곧 무번천·무열천·선현천·선견천·색구경천 등을 시설하여 얻을
수 있고, 오히려 이 반야바라밀다의 비밀장의 가운데에서 설하셨던 법을
까닭으로 세간에 곧 공무변처천·식무변처천·무소유처천·비상비비상처
천 등을 시설하여 얻을 수 있느니라.

오히려 이 반야바라밀다의 비밀장의 가운데에서 설하셨던 법을 까닭으
로 세간에 곧 보시바라밀다·정계바라밀다·안인바라밀다·정진바라밀다
·정려바라밀다·반야바라밀다 등을 시설하여 얻을 수 있고, 오히려 이
반야바라밀다의 비밀장의 가운데에서 설하셨던 법을 까닭으로 세간에
곧 내공·외공·내외공·공공·대공·승의공·유위공·무위공·필경공·무제
공·산공·무변이공·본성공·자상공·공상공·일체법공·불가득공·무성공·
자성공·무성자성공 등을 시설하여 얻을 수 있으며, 오히려 이 반야바라밀
다의 비밀장의 가운데에서 설하셨던 법을 까닭으로 세간에 곧 진여·법계·
법성·불허망성·불변이성·평등성·이생성·법정·법주·실제·허공계·부
사의계 등을 시설하여 얻을 수 있고, 오히려 이 반야바라밀다의 비밀장의
가운데에서 설하셨던 법을 까닭으로 세간에 곧 고성제·집성제·멸성제·도
성제 등을 시설하여 얻을 수 있으며, 오히려 이 반야바라밀다의 비밀장의
가운데에서 설하셨던 법을 까닭으로 세간에 곧 4정려·4무량·4무색정
등을 시설하여 얻을 수 있고, 오히려 이 반야바라밀다의 비밀장의 가운데
에서 설하셨던 법을 까닭으로 세간에 곧 8해탈·8승처·9차제정·10변처
등을 시설하여 얻을 수 있느니라.

오히려 이 반야바라밀다의 비밀장의 가운데에서 설하셨던 법을 까닭으
로 세간에 곧 4념주·4정단·4신족·5근·5력·7등각지·8성도지 등을 시설하

여 얻을 수 있고, 오히려 이 반야바라밀다의 비밀장의 가운데에서 설하셨던 법을 까닭으로 세간에 곧 공해탈문·무상해탈문·무원해탈문 등을 시설하여 얻을 수 있으며, 오히려 이 반야바라밀다의 비밀장의 가운데에서 설하셨던 법을 까닭으로 세간에 곧 5안·6신통 등을 시설하여 얻을 수 있고, 오히려 이 반야바라밀다의 비밀장의 가운데에서 설하셨던 법을 까닭으로 세간에 곧 여래의 10력·4무소외·4무애해·대자·대비·대희·대사·18불불공법 등을 시설하여 얻을 수 있으며, 오히려 이 반야바라밀다의 비밀장의 가운데에서 설하셨던 법을 까닭으로 곧 무망실법·항주사성 등을 시설하여 얻을 수 있고, 오히려 이 반야바라밀다의 비밀장의 가운데에서 설하셨던 법을 까닭으로 세간에 곧 일체지·도상지·일체상지 등을 시설하여 얻을 수 있으며, 오히려 이 반야바라밀다의 비밀장의 가운데에서 설하셨던 법을 까닭으로 세간에 곧 일체의 다라니문·일체의 삼마지문 등을 시설하여 얻을 수 있느니라.

오히려 이 반야바라밀다의 비밀장의 가운데에서 설하셨던 법을 까닭으로 세간에 곧 예류·일래·불환·아라한과 예류향·예류과·일래향·일래과·불환향·불환과·아라한향·아라한과 등을 시설하여 얻을 수 있고, 오히려 이 반야바라밀다의 비밀장의 가운데에서 설하셨던 법을 까닭으로 세간에 곧 독각과 독각의 보리를 시설하여 얻을 수 있으며, 오히려 이 반야바라밀다의 비밀장의 가운데에서 설하셨던 법을 까닭으로 세간에 곧 일체의 보살마하살과 일체의 보살마하살의 행 등을 시설하여 얻을 수 있고, 오히려 이 반야바라밀다의 비밀장의 가운데에서 설하셨던 법을 까닭으로 세간에 일체의 여래·응공·정등각과 제불의 무상정등보리를 시설하여 얻을 수 있느니라."

마하반야바라밀다경 제134권

30. 교량공덕품(校量功悳品)(32)

"다시 다음으로 교시가여. 4대주의 여러 유정의 부류들은 제쳐두고서, 만약 선남자와 선여인 등이 소천세계의 여러 유정의 부류들은 교화하여 모두 4정려·4무량·4무색정·5신통을 수학하게 시켰다면, 그대의 뜻은 어떠한가? 이 선남자와 선여인 등이 이러한 인연을 이유로 얻는 복취는 많겠는가?"

천제석이 말하였다.

"매우 많습니다. 세존이시여. 매우 많습니다. 선서시여."

세존께서 교시가에게 말씀하셨다.

"교시가여. 만약 선남자와 선여인 등이 이와 같이 매우 깊은 반야바라밀다를 서사하여 다른 사람에게 보시하여 독송하게 하거나, 만약 전전하면서 서사하여 널리 유포시킨다면, 이 선남자와 선여인 등이 얻는 복취는 앞보다 매우 많으니라. 왜 그러한가? 교시가여. 이와 같은 반야바라밀다의 비밀장의 가운데에 일체의 무루법을 널리 설하셨으므로, 성문의 종성인 보특가라는 이 법을 수학하여 빠르게 성문의 정성이생에 들어가서 예류과를 증득하고 일래과를 증득하며 불환과를 증득하고 아라한과를 증득하며, 독각의 종성인 보특가라는 이 법을 수학하여 빠르게 독각의 정성이생에 들어가서 독각의 보리를 점차로 증득하며, 보살의 종성인 보특가라는 이 법을 수학하여 빠르게 보살의 정성이생에 들어가서 제보살의 행을 점차로 수행하여 무상정등보리를 증득하느니라.

　교시가여. 이와 같은 반야바라밀다의 비밀장의 가운데에 널리 설하신 일체의 무루법은 이를테면, 보시바라밀다·정계바라밀다·안인바라밀다·정진바라밀다·정려바라밀다·반야바라밀다, 내공·외공·내외공·공공·대공·승의공·유위공·무위공·필경공·무제공·산공·무변이공·본성공·자상공·공상공·일체법공·불가득공·무성공·자성공·무성자성공, 진여·법계·법성·불허망성·불변이성·평등성·이생성·법정·법주·실제·허공계·부사의계, 고성제·집성제·멸성제·도성제, 무루·4정려·4무량·4무색정, 8해탈·8승처·9차제정·10변처, 4념주·4정단·4신족·5근·5력·7등각지·8성도지, 공해탈문·무상해탈문·무원해탈문, 5안·6신통, 여래의 10력·4무소외·4무애해·대자·대비·대희·대사·18불불공법, 무망실법·항주사성, 일체지·도상지·일체상지, 일체의 다라니문·일체의 삼마지문 등과 나머지의 무량하고 무변한 불법이나니, 모두 이 가운데에서 설하였던 것인 일체의 무루법이니라.

　교시가여. 만약 선남자와 선여인 등이 한 유정을 교화하여 예류과에 머물게 하였다면, 얻는 복취는 하나의 남섬부주에서 여러 유정의 부류들을 교화하여 모두 10선업도를 수학하게 하여 얻는 복취보다 오히려 수승하느니라. 왜 그러한가? 교시가여. 여러 유정들은 10선업도를 수행하더라도 지옥·방생·귀취를 벗어나지 못하지만, 만약 여러 유정들이 예류과에 머무른다면 곧 3악취를 영원히 벗어나는 까닭이니라. 하물며 교화하여 일래·불환·아라한과에 머무르게 시켰다면 얻는 복취는 그것보다 수승하지 않겠는가?

　교시가여. 만약 선남자와 선여인 등이 소천세계의 여러 유정들을 교화하여 모두를 예류·일래·불환·아라한과에 머무르게 시켰다면 얻는 복취는 사람이 있었고 한 유정을 교화하여 그를 독각의 보리에 안주시키는 복취보다도 못하느니라. 왜 그러한가? 교시가여. 독각의 보리가 소유한 공덕은 예류 등보다 백천 배가 수승한 까닭이니라. 교시가여. 만약 선남자와 선여인 등이 소천세계의 여러 유정들을 교화하여 모두를 독각의 보리에 머무르게 시켰다면 얻는 복취는 사람이 있었고 한 유정을 교화하여 그를 무상정등보리로 나아가게 시키는 복취보다도 못하느니라. 왜 그러한가? 교시가여. 만약 유정을 교화하여 무상정등보리로 나아가게 시켰다면 곧 세간에 불안이 끊어지지 않게 시키느니라.

그 까닭은 무엇인가? 오히려 보살마하살이 있는 까닭으로 곧 예류·일래·불환·아라한과·독각의 보리가 있고, 오히려 보살마하살이 있는 까닭으로 곧 여래·응공·정등각이 있어서 무상정등보리를 증득하며, 오히려 보살마하살이 있는 까닭으로 곧 불보·법보·승보가 있어서 일체 세간이 귀의하고 공양하느니라. 이러한 까닭으로써 교시가여. 일체 세간의 천상이거나, 만약 마계이거나, 만약 범천이거나, 만약 사문이거나, 만약 바라문과 아소락·인비인 등이 상응하여 무량한 종류의 상묘한 화만·바르는 향·뿌리는 향·의복·영락·보배·당기·번기·일산·여러 미묘하고 진기한 음악·등불 등으로써 여러 소유한 것이 없어지도록 공양하고 공경하며 존중하고 찬탄하느니라.

교시가여. 이러한 이유로 만약 선남자와 선여인 등이 이와 같은 매우 깊은 반야바라밀다를 서사하여 다른 사람에게 보시하여 독송하게 하거나 만약 전전하여 서사하고 널리 유포시키게 하였다면, 얻는 복덕은 앞에서 얻은 복취보다 수승하여 무량하고 무변하느니라. 왜 그러한가? 이와 같은 반야바라밀다의 비밀장의 가운데에는 일체의 세간과 출세간의 수승한 선법을 널리 설하신 까닭이니라.

오히려 이 반야바라밀다의 비밀장의 가운데에서 설하셨던 법을 까닭으로 세간에 곧 찰제리 대종족·바라문 대종족·장자 대종족·거사 대종족 등을 시설하여 얻을 수 있고, 오히려 이 반야바라밀다의 비밀장의 가운데에서 설하셨던 법을 까닭으로 세간에 4대왕중천·삼십삼천·야마천·도사다천·낙변화천·타화자재천 등을 시설하여 얻을 수 있으며, 오히려 이 반야바라밀다의 비밀장의 가운데에서 설하셨던 법을 까닭으로 세간에 곧 범중천·범보천·범회천·대범천 등을 시설하여 얻을 수 있고, 오히려 이 반야바라밀다의 비밀장의 가운데에서 설하셨던 법을 까닭으로 세간에 곧 광천·소광천·무량광천·극광정천 등을 시설하여 얻을 수 있으며, 오히

려 이 반야바라밀다의 비밀장의 가운데에서 설하셨던 법을 까닭으로 세간에 곧 정천·소정천·무량정천·변정천 등을 시설하여 얻을 수 있고, 오히려 이 반야바라밀다의 비밀장의 가운데에서 설하셨던 법을 까닭으로 세간에 곧 광천·소광천·무량광천·광과천 등을 시설하여 얻을 수 있으며, 오히려 이 반야바라밀다의 비밀장의 가운데에서 설하셨던 법을 까닭으로 세간에 곧 무번천·무열천·선현천·선견천·색구경천 등을 시설하여 얻을 수 있고, 오히려 이 반야바라밀다의 비밀장의 가운데에서 설하셨던 법을 까닭으로 세간에 곧 공무변처천·식무변처천·무소유처천·비상비비상처 천 등을 시설하여 얻을 수 있느니라.

오히려 이 반야바라밀다의 비밀장의 가운데에서 설하셨던 법을 까닭으로 세간에 곧 보시바라밀다·정계바라밀다·안인바라밀다·정진바라밀다·정려바라밀다·반야바라밀다 등을 시설하여 얻을 수 있고, 오히려 이 반야바라밀다의 비밀장의 가운데에서 설하셨던 법을 까닭으로 세간에 곧 내공·외공·내외공·공공·대공·승의공·유위공·무위공·필경공·무제 공·산공·무변이공·본성공·자상공·공상공·일체법공·불가득공·무성공·자성공·무성자성공 등을 시설하여 얻을 수 있으며, 오히려 이 반야바라밀다의 비밀장의 가운데에서 설하셨던 법을 까닭으로 세간에 곧 진여·법계·법성·불허망성·불변이성·평등성·이생성·법정·법주·실제·허공계·부사의계 등을 시설하여 얻을 수 있고, 오히려 이 반야바라밀다의 비밀장의 가운데에서 설하셨던 법을 까닭으로 세간에 곧 고성제·집성제·멸성제·도성제 등을 시설하여 얻을 수 있으며, 오히려 이 반야바라밀다의 비밀장의 가운데에서 설하셨던 법을 까닭으로 세간에 곧 4정려·4무량·4무색정 등을 시설하여 얻을 수 있고, 오히려 이 반야바라밀다의 비밀장의 가운데에서 설하셨던 법을 까닭으로 세간에 곧 8해탈·8승처·9차제정·10변처 등을 시설하여 얻을 수 있느니라.

오히려 이 반야바라밀다의 비밀장의 가운데에서 설하셨던 법을 까닭으로 세간에 곧 4념주·4정단·4신족·5근·5력·7등각지·8성도지 등을 시설하여 얻을 수 있고, 오히려 이 반야바라밀다의 비밀장의 가운데에서 설하셨

던 법을 까닭으로 세간에 곧 공해탈문·무상해탈문·무원해탈문 등을 시설하여 얻을 수 있으며, 오히려 이 반야바라밀다의 비밀장의 가운데에서 설하셨던 법을 까닭으로 세간에 곧 5안·6신통 등을 시설하여 얻을 수 있고, 오히려 이 반야바라밀다의 비밀장의 가운데에서 설하셨던 법을 까닭으로 세간에 곧 여래의 10력·4무소외·4무애해·대자·대비·대희·대사·18불불공법 등을 시설하여 얻을 수 있으며, 오히려 이 반야바라밀다의 비밀장의 가운데에서 설하셨던 법을 까닭으로 곧 무망실법·항주사성 등을 시설하여 얻을 수 있고, 오히려 이 반야바라밀다의 비밀장의 가운데에서 설하셨던 법을 까닭으로 세간에 곧 일체지·도상지·일체상지 등을 시설하여 얻을 수 있으며, 오히려 이 반야바라밀다의 비밀장의 가운데에서 설하셨던 법을 까닭으로 세간에 곧 일체의 다라니문·일체의 삼마지문 등을 시설하여 얻을 수 있느니라.

오히려 이 반야바라밀다의 비밀장의 가운데에서 설하셨던 법을 까닭으로 세간에 곧 예류·일래·불환·아라한과 예류향·예류과·일래향·일래과·불환향·불환과·아라한향·아라한과 등을 시설하여 얻을 수 있고, 오히려 이 반야바라밀다의 비밀장의 가운데에서 설하셨던 법을 까닭으로 세간에 곧 독각과 독각의 보리를 시설하여 얻을 수 있으며, 오히려 이 반야바라밀다의 비밀장의 가운데에서 설하셨던 법을 까닭으로 세간에 곧 일체의 보살마하살과 일체의 보살마하살의 행 등을 시설하여 얻을 수 있고, 오히려 이 반야바라밀다의 비밀장의 가운데에서 설하셨던 법을 까닭으로 세간에 일체의 여래·응공·정등각과 제불의 무상정등보리를 시설하여 얻을 수 있느니라.”

“다시 다음으로 교시가여. 소천세계의 여러 유정의 부류들은 제쳐두고서, 만약 선남자와 선여인 등이 중천세계의 여러 유정의 부류들은 교화하여 모두 4정려·4무량·4무색정·5신통을 수학하게 시켰다면, 그대의 뜻은 어떠한가? 이 선남자와 선여인 등이 이러한 인연을 이유로 얻는 복취는 많겠는가?”

천제석이 말하였다.

"매우 많습니다. 세존이시여. 매우 많습니다. 선서시여."

세존께서 교시가에게 말씀하셨다.

"교시가여. 만약 선남자와 선여인 등이 이와 같이 매우 깊은 반야바라밀 다를 서사하여 다른 사람에게 보시하여 독송하게 하거나, 만약 전전하면 서 서사하여 널리 유포시킨다면, 이 선남자와 선여인 등이 얻는 복취는 앞보다 매우 많으니라. 왜 그러한가? 교시가여. 이와 같은 반야바라밀다 의 비밀장의 가운데에 일체의 무루법을 널리 설하셨으므로, 성문의 종성 인 보특가라는 이 법을 수학하여 빠르게 성문의 정성이생에 들어가서 예류과를 증득하고 일래과를 증득하며 불환과를 증득하고 아라한과를 증득하며, 독각의 종성인 보특가라는 이 법을 수학하여 빠르게 독각의 정성이생에 들어가서 독각의 보리를 점차로 증득하며, 보살의 종성인 보특가라는 이 법을 수학하여 빠르게 보살의 정성이생에 들어가서 제보살 의 행을 점차로 수행하여 무상정등보리를 증득하느니라.

교시가여. 이와 같은 반야바라밀다의 비밀장의 가운데에 널리 설하신 일체의 무루법은 이를테면, 보시바라밀다·정계바라밀다·안인바라밀다· 정진바라밀다·정려바라밀다·반야바라밀다, 내공·외공·내외공·공공· 대공·승의공·유위공·무위공·필경공·무제공·산공·무변이공·본성공· 자상공·공상공·일체법공·불가득공·무성공·자성공·무성자성공, 진여· 법계·법성·불허망성·불변이성·평등성·이생성·법정·법주·실제·허공 계·부사의계, 고성제·집성제·멸성제·도성제, 무루·4정려·4무량·4무색 정, 8해탈·8승처·9차제정·10변처, 4념주·4정단·4신족·5근·5력·7등각지 ·8성도지, 공해탈문·무상해탈문·무원해탈문, 5안·6신통, 여래의 10력·4 무소외·4무애해·대자·대비·대희·대사·18불불공법, 무망실법·항주사성, 일체지·도상지·일체상지, 일체의 다라니문·일체의 삼마지문 등과 나머 지의 무량하고 무변한 불법이나니, 모두 이 가운데에서 설하였던 것인 일체의 무루법이니라.

교시가여. 만약 선남자와 선여인 등이 한 유정을 교화하여 예류과에

머물게 하였다면, 얻는 복취는 하나의 남섬부주에서 여러 유정의 부류들을 교화하여 모두 10선업도를 수학하게 하여 얻는 복취보다 오히려 수승하느니라. 왜 그러한가? 교시가여. 여러 유정들은 10선업도를 수행하더라도 지옥·방생·귀취를 벗어나지 못하지만, 만약 여러 유정들이 예류과에 머무른다면 곧 3악취를 영원히 벗어나는 까닭이니라. 하물며 교화하여 일래·불환·아라한과에 머무르게 시켰다면 얻는 복취는 그것보다 수승하지 않겠는가?

교시가여. 만약 선남자와 선여인 등이 중천세계의 여러 유정들을 교화하여 모두를 예류·일래·불환·아라한과에 머무르게 시켰다면 얻는 복취는 사람이 있었고 한 유정을 교화하여 그를 독각의 보리에 안주시키는 복취보다도 못하느니라. 왜 그러한가? 교시가여. 독각의 보리가 소유한 공덕은 예류 등보다 백천 배가 수승한 까닭이니라. 교시가여. 만약 선남자와 선여인 등이 중천세계의 여러 유정들을 교화하여 모두를 독각의 보리에 머무르게 시켰다면 얻는 복취는 사람이 있었고 한 유정을 교화하여 그를 무상정등보리로 나아가게 시키는 복취보다도 못하느니라. 왜 그러한가? 교시가여. 만약 유정을 교화하여 무상정등보리로 나아가게 시켰다면 곧 세간에 불안이 끊어지지 않게 시키느니라.

그 까닭은 무엇인가? 오히려 보살마하살이 있는 까닭으로 곧 예류·일래·불환·아라한과·독각의 보리가 있고, 오히려 보살마하살이 있는 까닭으로 곧 여래·응공·정등각이 있어서 무상정등보리를 증득하며, 오히려 보살마하살이 있는 까닭으로 곧 불보·법보·승보가 있어서 일체 세간이 귀의하고 공양하느니라. 이러한 까닭으로써 교시가여. 일체 세간의 천상이거나, 만약 마계이거나, 만약 범천이거나, 만약 사문이거나, 만약 바라문과 아소락·인비인 등이 상응하여 무량한 종류의 상묘한 화만·바르는 향·뿌리는 향·의복·영락·보배·당기·번기·일산·여러 미묘하고 진기한 음악·등불 등으로써 여러 소유한 것이 없어지도록 공양하고 공경하며 존중하고 찬탄하느니라.

교시가여. 이러한 이유로 만약 선남자와 선여인 등이 이와 같은 매우 깊은 반야바라밀다를 서사하여 다른 사람에게 보시하여 독송하게 하거나 만약 전전하여 서사하고 널리 유포시키게 하였다면, 얻는 복덕은 앞에서 얻은 복취보다 수승하여 무량하고 무변하느니라. 왜 그러한가? 이와 같은 반야바라밀다의 비밀장의 가운데에는 일체의 세간과 출세간의 수승한 선법을 널리 설하신 까닭이니라.

오히려 이 반야바라밀다의 비밀장의 가운데에서 설하셨던 법을 까닭으로 세간에 곧 찰제리 대종족·바라문 대종족·장자 대종족·거사 대종족 등을 시설하여 얻을 수 있고, 오히려 이 반야바라밀다의 비밀장의 가운데에서 설하셨던 법을 까닭으로 세간에 4대왕중천·삼십삼천·야마천·도사다천·낙변화천·타화자재천 등을 시설하여 얻을 수 있으며, 오히려 이 반야바라밀다의 비밀장의 가운데에서 설하셨던 법을 까닭으로 세간에 곧 범중천·범보천·범회천·대범천 등을 시설하여 얻을 수 있고, 오히려 이 반야바라밀다의 비밀장의 가운데에서 설하셨던 법을 까닭으로 세간에 곧 광천·소광천·무량광천·극광정천 등을 시설하여 얻을 수 있으며, 오히려 이 반야바라밀다의 비밀장의 가운데에서 설하셨던 법을 까닭으로 세간에 곧 정천·소정천·무량정천·변정천 등을 시설하여 얻을 수 있고, 오히려 이 반야바라밀다의 비밀장의 가운데에서 설하셨던 법을 까닭으로 세간에 곧 광천·소광천·무량광천·광과천 등을 시설하여 얻을 수 있으며, 오히려 이 반야바라밀다의 비밀장의 가운데에서 설하셨던 법을 까닭으로 세간에 곧 무번천·무열천·선현천·선견천·색구경천 등을 시설하여 얻을 수 있고, 오히려 이 반야바라밀다의 비밀장의 가운데에서 설하셨던 법을 까닭으로 세간에 곧 공무변처천·식무변처천·무소유처천·비상비비상처천 등을 시설하여 얻을 수 있느니라.

오히려 이 반야바라밀다의 비밀장의 가운데에서 설하셨던 법을 까닭으로 세간에 곧 보시바라밀다·정계바라밀다·안인바라밀다·정진바라밀다·정려바라밀다·반야바라밀다 등을 시설하여 얻을 수 있고, 오히려 이 반야바라밀다의 비밀장의 가운데에서 설하셨던 법을 까닭으로 세간에 곧 내공·외공·내외공·공공·대공·승의공·유위공·무위공·필경공·무제공·산공·무변이공·본성공·자상공·공상공·일체법공·불가득공·무성공·자성공·무성자성공 등을 시설하여 얻을 수 있으며, 오히려 이 반야바라밀다의 비밀장의 가운데에서 설하셨던 법을 까닭으로 세간에 곧 진여·법계·법성·불허망성·불변이성·평등성·이생성·법정·법주·실제·허공계·부사의계 등을 시설하여 얻을 수 있고, 오히려 이 반야바라밀다의 비밀장의 가운데에서 설하셨던 법을 까닭으로 세간에 곧 고성제·집성제·멸성제·도성제 등을 시설하여 얻을 수 있으며, 오히려 이 반야바라밀다의 비밀장의 가운데에서 설하셨던 법을 까닭으로 세간에 곧 4정려·4무량·4무색정 등을 시설하여 얻을 수 있고, 오히려 이 반야바라밀다의 비밀장의 가운데에서 설하셨던 법을 까닭으로 세간에 곧 8해탈·8승처·9차제정·10변처 등을 시설하여 얻을 수 있느니라.

오히려 이 반야바라밀다의 비밀장의 가운데에서 설하셨던 법을 까닭으로 세간에 곧 4념주·4정단·4신족·5근·5력·7등각지·8성도지 등을 시설하여 얻을 수 있고, 오히려 이 반야바라밀다의 비밀장의 가운데에서 설하셨던 법을 까닭으로 세간에 곧 공해탈문·무상해탈문·무원해탈문 등을 시설하여 얻을 수 있으며, 오히려 이 반야바라밀다의 비밀장의 가운데에서 설하셨던 법을 까닭으로 세간에 곧 5안·6신통 등을 시설하여 얻을 수 있고, 오히려 이 반야바라밀다의 비밀장의 가운데에서 설하셨던 법을 까닭으로 세간에 곧 여래의 10력·4무소외·4무애해·대자·대비·대희·대사·18불불공법 등을 시설하여 얻을 수 있으며, 오히려 이 반야바라밀다의 비밀장의 가운데에서 설하셨던 법을 까닭으로 곧 무망실법·항주사성 등을 시설하여 얻을 수 있고, 오히려 이 반야바라밀다의 비밀장의 가운데에서 설하셨던 법을 까닭으로 세간에 곧 일체지·도상지·일체상지 등을 시설하여 얻을 수 있으며, 오히려 이 반야바라밀다의 비밀장의 가운데에서 설하셨던 법을 까닭으로 세간에 곧 일체의 다라니문·일체의 삼마지문 등을 시설하여 얻을 수 있느니라.

오히려 이 반야바라밀다의 비밀장의 가운데에서 설하셨던 법을 까닭으로 세간에 곧 예류·일래·불환·아라한과 예류향·예류과·일래향·일래과·

불환향·불환과·아라한향·아라한과 등을 시설하여 얻을 수 있고, 오히려 이 반야바라밀다의 비밀장의 가운데에서 설하셨던 법을 까닭으로 세간에 곧 독각과 독각의 보리를 시설하여 얻을 수 있으며, 오히려 이 반야바라밀다의 비밀장의 가운데에서 설하셨던 법을 까닭으로 세간에 곧 일체의 보살마하살과 일체의 보살마하살의 행 등을 시설하여 얻을 수 있고, 오히려 이 반야바라밀다의 비밀장의 가운데에서 설하셨던 법을 까닭으로 세간에 일체의 여래·응공·정등각과 제불의 무상정등보리를 시설하여 얻을 수 있느니라."

"다시 다음으로 교시가여. 중천세계의 여러 유정의 부류들은 제쳐두고서, 만약 선남자와 선여인 등이 삼천대천세계의 여러 유정의 부류들은 교화하여 모두 4정려·4무량·4무색정·5신통을 수학하게 시켰다면, 그대의 뜻은 어떠한가? 이 선남자와 선여인 등이 이러한 인연을 이유로 얻는 복취는 많겠는가?"

천제석이 말하였다.

"매우 많습니다. 세존이시여. 매우 많습니다. 선서시여."

세존께서 교시가에게 말씀하셨다.

"교시가여. 만약 선남자와 선여인 등이 이와 같이 매우 깊은 반야바라밀다를 서사하여 다른 사람에게 보시하여 독송하게 하거나, 만약 전전하면서 서사하여 널리 유포시킨다면, 이 선남자와 선여인 등이 얻는 복취는 앞보다 매우 많으니라. 왜 그러한가? 교시가여. 이와 같은 반야바라밀다의 비밀장의 가운데에 일체의 무루법을 널리 설하셨으므로, 성문의 종성인 보특가라는 이 법을 수학하여 빠르게 성문의 정성이생에 들어가서 예류과를 증득하고 일래과를 증득하며 불환과를 증득하고 아라한과를 증득하며, 독각의 종성인 보특가라는 이 법을 수학하여 빠르게 독각의 정성이생에 들어가서 독각의 보리를 점차로 증득하며, 보살의 종성인 보특가라는 이 법을 수학하여 빠르게 보살의 정성이생에 들어가서 제보살의 행을 점차로 수행하여 무상정등보리를 증득하느니라.

교시가여. 이와 같은 반야바라밀다의 비밀장의 가운데에 널리 설하신 일체의 무루법은 이를테면, 보시바라밀다·정계바라밀다·안인바라밀다·정진바라밀다·정려바라밀다·반야바라밀다, 내공·외공·내외공·공공·대공·승의공·유위공·무위공·필경공·무제공·산공·무변이공·본성공·자상공·공상공·일체법공·불가득공·무성공·자성공·무성자성공, 진여·법계·법성·불허망성·불변이성·평등성·이생성·법정·법주·실제·허공계·부사의계, 고성제·집성제·멸성제·도성제, 무루·4정려·4무량·4무색정, 8해탈·8승처·9차제정·10변처, 4념주·4정단·4신족·5근·5력·7등각지·8성도지, 공해탈문·무상해탈문·무원해탈문, 5안·6신통, 여래의 10력·4무소외·4무애해·대자·대비·대희·대사·18불불공법, 무망실법·항주사성, 일체지·도상지·일체상지, 일체의 다라니문·일체의 삼마지문 등과 나머지의 무량하고 무변한 불법이나니, 모두 이 가운데에서 설하였던 것인 일체의 무루법이니라.

교시가여. 만약 선남자와 선여인 등이 한 유정을 교화하여 예류과에 머물게 하였다면, 얻는 복취는 하나의 남섬부주에서 여러 유정의 부류들을 교화하여 모두 10선업도를 수학하게 하여 얻는 복취보다 오히려 수승하느니라. 왜 그러한가? 교시가여. 여러 유정들은 10선업도를 수행하더라도 지옥·방생·귀취를 벗어나지 못하지만, 만약 여러 유정들이 예류과에 머무른다면 곧 3악취를 영원히 벗어나는 까닭이니라. 하물며 교화하여 일래·불환·아라한과에 머무르게 시켰다면 얻는 복취는 그것보다 수승하지 않겠는가?

교시가여. 만약 선남자와 선여인 등이 삼천대천세계의 여러 유정들을 교화하여 모두를 예류·일래·불환·아라한과에 머무르게 시켰다면 얻는 복취는 사람이 있었고 한 유정을 교화하여 그를 독각의 보리에 안주시키는 복취보다도 못하느니라. 왜 그러한가? 교시가여. 독각의 보리가 소유한 공덕은 예류 등보다 백천 배가 수승한 까닭이니라. 교시가여. 만약 선남자와 선여인 등이 삼천대천세계의 여러 유정들을 교화하여 모두를 독각의 보리에 머무르게 시켰다면 얻는 복취는 사람이 있었고 한 유정을 교화하여 그를 무상정등보리로 나아가게 시키는 복취보다도 못하느니라. 왜 그러한가? 교시가여. 만약 유정을 교화하여 무상정등보리로 나아가게 시켰다면 곧 세간에 불안이 끊어지지 않게 시키느니라.

그 까닭은 무엇인가? 오히려 보살마하살이 있는 까닭으로 곧 예류·일래·불환·아라한과·독각의 보리가 있고, 오히려 보살마하살이 있는 까닭으로 곧 여래·응공·정등각이 있어서 무상정등보리를 증득하며, 오히려 보살마하살이 있는 까닭으로 곧 불보·법보·승보가 있어서 일체 세간이 귀의하고 공양하느니라. 이러한 까닭으로써 교시가여. 일체 세간의 천상이거나, 만약 마계이거나, 만약 범천이거나, 만약 사문이거나, 만약 바라문과 아소락·인비인 등이 상응하여 무량한 종류의 상묘한 화만·바르는 향·뿌리는 향·의복·영락·보배·당기·번기·일산·여러 미묘하고 진기한 음악·등불 등으로써 여러 소유한 것이 없어지도록 공양하고 공경하며 존중하고 찬탄하느니라.

교시가여. 이러한 이유로 만약 선남자와 선여인 등이 이와 같은 매우 깊은 반야바라밀다를 서사하여 다른 사람에게 보시하여 독송하게 하거나 만약 전전하여 서사하고 널리 유포시키게 하였다면, 얻는 복덕은 앞에서 얻은 복취보다 수승하여 무량하고 무변하느니라. 왜 그러한가? 이와 같은 반야바라밀다의 비밀장의 가운데에는 일체의 세간과 출세간의 수승한 선법을 널리 설하신 까닭이니라.

오히려 이 반야바라밀다의 비밀장의 가운데에서 설하셨던 법을 까닭으로 세간에 곧 찰제리 대종족·바라문 대종족·장자 대종족·거사 대종족 등을 시설하여 얻을 수 있고, 오히려 이 반야바라밀다의 비밀장의 가운데에서 설하셨던 법을 까닭으로 세간에 4대왕중천·삼십삼천·야마천·도사다천·낙변화천·타화자재천 등을 시설하여 얻을 수 있으며, 오히려 이 반야바라밀다의 비밀장의 가운데에서 설하셨던 법을 까닭으로 세간에 곧 범중천·범보천·범회천·대범천 등을 시설하여 얻을 수 있고, 오히려 이 반야바라밀다의 비밀장의 가운데에서 설하셨던 법을 까닭으로 세간에 곧 광천·소광천·무량광천·극광정천 등을 시설하여 얻을 수 있으며, 오히

려 이 반야바라밀다의 비밀장의 가운데에서 설하셨던 법을 까닭으로
세간에 곧 정천·소정천·무량정천·변정천 등을 시설하여 얻을 수 있고,
오히려 이 반야바라밀다의 비밀장의 가운데에서 설하셨던 법을 까닭으로
세간에 곧 광천·소광천·무량광천·광과천 등을 시설하여 얻을 수 있으며,
오히려 이 반야바라밀다의 비밀장의 가운데에서 설하셨던 법을 까닭으로
세간에 곧 무번천·무열천·선현천·선견천·색구경천 등을 시설하여 얻을
수 있고, 오히려 이 반야바라밀다의 비밀장의 가운데에서 설하셨던 법을
까닭으로 세간에 곧 공무변처천·식무변처천·무소유처천·비상비비상처
천 등을 시설하여 얻을 수 있느니라.

오히려 이 반야바라밀다의 비밀장의 가운데에서 설하셨던 법을 까닭으
로 세간에 곧 보시바라밀다·정계바라밀다·안인바라밀다·정진바라밀다
·정려바라밀다·반야바라밀다 등을 시설하여 얻을 수 있고, 오히려 이
반야바라밀다의 비밀장의 가운데에서 설하셨던 법을 까닭으로 세간에
곧 내공·외공·내외공·공공·대공·승의공·유위공·무위공·필경공·무제
공·산공·무변이공·본성공·자상공·공상공·일체법공·불가득공·무성공·
자성공·무성자성공 등을 시설하여 얻을 수 있으며, 오히려 이 반야바라밀
다의 비밀장의 가운데에서 설하셨던 법을 까닭으로 세간에 곧 진여·법계·
법성·불허망성·불변이성·평등성·이생성·법정·법주·실제·허공계·부
사의계 등을 시설하여 얻을 수 있고, 오히려 이 반야바라밀다의 비밀장의
가운데에서 설하셨던 법을 까닭으로 세간에 곧 고성제·집성제·멸성제·도
성제 등을 시설하여 얻을 수 있으며, 오히려 이 반야바라밀다의 비밀장의
가운데에서 설하셨던 법을 까닭으로 세간에 곧 4정려·4무량·4무색정
등을 시설하여 얻을 수 있고, 오히려 이 반야바라밀다의 비밀장의 가운데
에서 설하셨던 법을 까닭으로 세간에 곧 8해탈·8승처·9차제정·10변처
등을 시설하여 얻을 수 있느니라.

오히려 이 반야바라밀다의 비밀장의 가운데에서 설하셨던 법을 까닭으
로 세간에 곧 4념주·4정단·4신족·5근·5력·7등각지·8성도지 등을 시설하
여 얻을 수 있고, 오히려 이 반야바라밀다의 비밀장의 가운데에서 설하셨

던 법을 까닭으로 세간에 곧 공해탈문·무상해탈문·무원해탈문 등을 시설
하여 얻을 수 있으며, 오히려 이 반야바라밀다의 비밀장의 가운데에서
설하셨던 법을 까닭으로 세간에 곧 5안·6신통 등을 시설하여 얻을 수
있고, 오히려 이 반야바라밀다의 비밀장의 가운데에서 설하셨던 법을
까닭으로 세간에 곧 여래의 10력·4무소외·4무애해·대자·대비·대희·대
사·18불불공법 등을 시설하여 얻을 수 있으며, 오히려 이 반야바라밀다의
비밀장의 가운데에서 설하셨던 법을 까닭으로 곧 무망실법·항주사성
등을 시설하여 얻을 수 있고, 오히려 이 반야바라밀다의 비밀장의 가운데
에서 설하셨던 법을 까닭으로 세간에 곧 일체지·도상지·일체상지 등을
시설하여 얻을 수 있으며, 오히려 이 반야바라밀다의 비밀장의 가운데에
서 설하셨던 법을 까닭으로 세간에 곧 일체의 다라니문·일체의 삼마지문
등을 시설하여 얻을 수 있느니라.

　　오히려 이 반야바라밀다의 비밀장의 가운데에서 설하셨던 법을 까닭으
로 세간에 곧 예류·일래·불환·아라한과 예류향·예류과·일래향·일래과·
불환향·불환과·아라한향·아라한과 등을 시설하여 얻을 수 있고, 오히려
이 반야바라밀다의 비밀장의 가운데에서 설하셨던 법을 까닭으로 세간에
곧 독각과 독각의 보리를 시설하여 얻을 수 있으며, 오히려 이 반야바라밀
다의 비밀장의 가운데에서 설하셨던 법을 까닭으로 세간에 곧 일체의
보살마하살과 일체의 보살마하살의 행 등을 시설하여 얻을 수 있고,
오히려 이 반야바라밀다의 비밀장의 가운데에서 설하셨던 법을 까닭으로
세간에 일체의 여래·응공·정등각과 제불의 무상정등보리를 시설하여
얻을 수 있느니라."

　　"다시 다음으로 교시가여. 삼천대천세계의 여러 유정의 부류들은 제쳐
두고서, 만약 선남자와 선여인 등이 시방의 각각 긍가의 모래 등과 같은
세계의 여러 유정의 부류들은 교화하여 모두 4정려·4무량·4무색정·5신통
을 수학하게 시켰다면, 그대의 뜻은 어떠한가? 이 선남자와 선여인 등이
이러한 인연을 이유로 얻는 복취는 많겠는가?"

천제석이 말하였다.

"매우 많습니다. 세존이시여. 매우 많습니다. 선서시여."

세존께서 교시가에게 말씀하셨다.

"교시가여. 만약 선남자와 선여인 등이 이와 같이 매우 깊은 반야바라밀다를 서사하여 다른 사람에게 보시하여 독송하게 하거나, 만약 전전하면서 서사하여 널리 유포시킨다면, 이 선남자와 선여인 등이 얻는 복취는 앞보다 매우 많으니라. 왜 그러한가? 교시가여. 이와 같은 반야바라밀다의 비밀장의 가운데에 일체의 무루법을 널리 설하셨으므로, 성문의 종성인 보특가라는 이 법을 수학하여 빠르게 성문의 정성이생에 들어가서 예류과를 증득하고 일래과를 증득하며 불환과를 증득하고 아라한과를 증득하며, 독각의 종성인 보특가라는 이 법을 수학하여 빠르게 독각의 정성이생에 들어가서 독각의 보리를 점차로 증득하며, 보살의 종성인 보특가라는 이 법을 수학하여 빠르게 보살의 정성이생에 들어가서 제보살의 행을 점차로 수행하여 무상정등보리를 증득하느니라.

교시가여. 이와 같은 반야바라밀다의 비밀장의 가운데에 널리 설하신 일체의 무루법은 이를테면, 보시바라밀다·정계바라밀다·안인바라밀다·정진바라밀다·정려바라밀다·반야바라밀다, 내공·외공·내외공·공공·대공·승의공·유위공·무위공·필경공·무제공·산공·무변이공·본성공·자상공·공상공·일체법공·불가득공·무성공·자성공·무성자성공, 진여·법계·법성·불허망성·불변이성·평등성·이생성·법정·법주·실제·허공계·부사의계, 고성제·집성제·멸성제·도성제, 무루·4정려·4무량·4무색정, 8해탈·8승처·9차제정·10변처, 4념주·4정단·4신족·5근·5력·7등각지·8성도지, 공해탈문·무상해탈문·무원해탈문, 5안·6신통, 여래의 10력·4무소외·4무애해·대자·대비·대희·대사·18불불공법, 무망실법·항주사성, 일체지·도상지·일체상지, 일체의 다라니문·일체의 삼마지문 등과 나머지의 무량하고 무변한 불법이나니, 모두 이 가운데에서 설하였던 것인 일체의 무루법이니라.

교시가여. 만약 선남자와 선여인 등이 한 유정을 교화하여 예류과에

머물게 하였다면, 얻는 복취는 하나의 남섬부주에서 여러 유정의 부류들을 교화하여 모두 10선업도를 수학하게 하여 얻는 복취보다 오히려 수승하느니라. 왜 그러한가? 교시가여. 여러 유정들은 10선업도를 수행하더라도 지옥·방생·귀취를 벗어나지 못하지만, 만약 여러 유정들이 예류과에 머무른다면 곧 3악취를 영원히 벗어나는 까닭이니라. 하물며 교화하여 일래·불환·아라한과에 머무르게 시켰다면 얻는 복취는 그것보다 수승하지 않겠는가?

교시가여. 만약 선남자와 선여인 등이 시방의 각각 긍가의 모래 등과 같은 세계의 여러 유정들을 교화하여 모두를 예류·일래·불환·아라한과에 머무르게 시켰다면 얻는 복취는 사람이 있었고 한 유정을 교화하여 그를 독각의 보리에 안주시키는 복취보다도 못하느니라. 왜 그러한가? 교시가여. 독각의 보리가 소유한 공덕은 예류 등보다 백천 배가 수승한 까닭이니라."

마하반야바라밀다경 제135권

30. 교량공덕품(校量功悳品)(33)

"교시가여. 만약 선남자와 선여인 등이 시방의 각각 긍가의 모래 등과 같은 세계의 여러 유정들을 교화하여 모두를 독각의 보리에 머무르게 시켰다면 얻는 복취는 사람이 있었고 한 유정을 교화하여 그를 무상정등보리로 나아가게 시키는 복취보다도 못하느니라. 왜 그러한가? 교시가여. 만약 유정을 교화하여 무상정등보리로 나아가게 시켰다면 곧 세간에 불안이 끊어지지 않게 시키느니라.

그 까닭은 무엇인가? 오히려 보살마하살이 있는 까닭으로 곧 예류·일래·불환·아라한과·독각의 보리가 있고, 오히려 보살마하살이 있는 까닭으로 곧 여래·응공·정등각이 있어서 무상정등보리를 증득하며, 오히려 보살마하살이 있는 까닭으로 곧 불보·법보·승보가 있어서 일체 세간이 귀의하고 공양하느니라. 이러한 까닭으로써 교시가여. 일체 세간의 천상이거나, 만약 마계이거나, 만약 범천이거나, 만약 사문이거나, 만약 바라문과 아소락·인비인 등이 상응하여 무량한 종류의 상묘한 화만·바르는 향·뿌리는 향·의복·영락·보배·당기·번기·일산·여러 미묘하고 진기한 음악·등불 등으로써 여러 소유한 것이 없어지도록 공양하고 공경하며 존중하고 찬탄하느니라.

교시가여. 이러한 이유로 만약 선남자와 선여인 등이 이와 같은 매우 깊은 반야바라밀다를 서사하여 다른 사람에게 보시하여 독송하게 하거나 만약 전전하여 서사하고 널리 유포시키게 하였다면, 얻는 복덕은 앞에서 얻은 복취보다 수승하여 무량하고 무변하느니라. 왜 그러한가? 이와 같은 반야바라밀다의 비밀장의 가운데에는 일체의 세간과 출세간의 수승한 선법을 널리 설하신 까닭이니라.

　오히려 이 반야바라밀다의 비밀장의 가운데에서 설하셨던 법을 까닭으로 세간에 곧 찰제리 대종족·바라문 대종족·장자 대종족·거사 대종족 등을 시설하여 얻을 수 있고, 오히려 이 반야바라밀다의 비밀장의 가운데에서 설하셨던 법을 까닭으로 세간에 4대왕중천·삼십삼천·야마천·도사다천·낙변화천·타화자재천 등을 시설하여 얻을 수 있으며, 오히려 이 반야바라밀다의 비밀장의 가운데에서 설하셨던 법을 까닭으로 세간에 곧 범중천·범보천·범회천·대범천 등을 시설하여 얻을 수 있고, 오히려 이 반야바라밀다의 비밀장의 가운데에서 설하셨던 법을 까닭으로 세간에 곧 광천·소광천·무량광천·극광정천 등을 시설하여 얻을 수 있으며, 오히려 이 반야바라밀다의 비밀장의 가운데에서 설하셨던 법을 까닭으로 세간에 곧 정천·소정천·무량정천·변정천 등을 시설하여 얻을 수 있고, 오히려 이 반야바라밀다의 비밀장의 가운데에서 설하셨던 법을 까닭으로 세간에 곧 광천·소광천·무량광천·광과천 등을 시설하여 얻을 수 있으며, 오히려 이 반야바라밀다의 비밀장의 가운데에서 설하셨던 법을 까닭으로 세간에 곧 무번천·무열천·선현천·선견천·색구경천 등을 시설하여 얻을 수 있고, 오히려 이 반야바라밀다의 비밀장의 가운데에서 설하셨던 법을 까닭으로 세간에 곧 공무변처천·식무변처천·무소유처천·비상비비상처천 등을 시설하여 얻을 수 있느니라.

　오히려 이 반야바라밀다의 비밀장의 가운데에서 설하셨던 법을 까닭으로 세간에 곧 보시바라밀다·정계바라밀다·안인바라밀다·정진바라밀다·정려바라밀다·반야바라밀다 등을 시설하여 얻을 수 있고, 오히려 이 반야바라밀다의 비밀장의 가운데에서 설하셨던 법을 까닭으로 세간에 곧 내공·외공·내외공·공공·대공·승의공·유위공·무위공·필경공·무제공·산공·무변이공·본성공·자상공·공상공·일체법공·불가득공·무성공·자성공·무성자성공 등을 시설하여 얻을 수 있으며, 오히려 이 반야바라밀

다의 비밀장의 가운데에서 설하셨던 법을 까닭으로 세간에 곧 진여·법계·
법성·불허망성·불변이성·평등성·이생성·법정·법주·실제·허공계·부
사의계 등을 시설하여 얻을 수 있고, 오히려 이 반야바라밀다의 비밀장의
가운데에서 설하셨던 법을 까닭으로 세간에 곧 고성제·집성제·멸성제·도
성제 등을 시설하여 얻을 수 있으며, 오히려 이 반야바라밀다의 비밀장의
가운데에서 설하셨던 법을 까닭으로 세간에 곧 4정려·4무량·4무색정
등을 시설하여 얻을 수 있고, 오히려 이 반야바라밀다의 비밀장의 가운데
에서 설하셨던 법을 까닭으로 세간에 곧 8해탈·8승처·9차제정·10변처
등을 시설하여 얻을 수 있느니라.

　오히려 이 반야바라밀다의 비밀장의 가운데에서 설하셨던 법을 까닭으
로 세간에 곧 4념주·4정단·4신족·5근·5력·7등각지·8성도지 등을 시설하
여 얻을 수 있고, 오히려 이 반야바라밀다의 비밀장의 가운데에서 설하셨
던 법을 까닭으로 세간에 곧 공해탈문·무상해탈문·무원해탈문 등을 시설
하여 얻을 수 있으며, 오히려 이 반야바라밀다의 비밀장의 가운데에서
설하셨던 법을 까닭으로 세간에 곧 5안·6신통 등을 시설하여 얻을 수
있고, 오히려 이 반야바라밀다의 비밀장의 가운데에서 설하셨던 법을
까닭으로 세간에 곧 여래의 10력·4무소외·4무애해·대자·대비·대희·대
사·18불불공법 등을 시설하여 얻을 수 있으며, 오히려 이 반야바라밀다의
비밀장의 가운데에서 설하셨던 법을 까닭으로 곧 무망실법·항주사성
등을 시설하여 얻을 수 있고, 오히려 이 반야바라밀다의 비밀장의 가운데
에서 설하셨던 법을 까닭으로 세간에 곧 일체지·도상지·일체상지 등을
시설하여 얻을 수 있으며, 오히려 이 반야바라밀다의 비밀장의 가운데에
서 설하셨던 법을 까닭으로 세간에 곧 일체의 다라니문·일체의 삼마지문
등을 시설하여 얻을 수 있느니라.

　오히려 이 반야바라밀다의 비밀장의 가운데에서 설하셨던 법을 까닭으
로 세간에 곧 예류·일래·불환·아라한과 예류향·예류과·일래향·일래과·
불환향·불환과·아라한향·아라한과 등을 시설하여 얻을 수 있고, 오히려
이 반야바라밀다의 비밀장의 가운데에서 설하셨던 법을 까닭으로 세간에

곧 독각과 독각의 보리를 시설하여 얻을 수 있으며, 오히려 이 반야바라밀다의 비밀장의 가운데에서 설하셨던 법을 까닭으로 세간에 곧 일체의 보살마하살과 일체의 보살마하살의 행 등을 시설하여 얻을 수 있고, 오히려 이 반야바라밀다의 비밀장의 가운데에서 설하셨던 법을 까닭으로 세간에 일체의 여래·응공·정등각과 제불의 무상정등보리를 시설하여 얻을 수 있느니라."

"다시 다음으로 교시가여. 시방의 각각 긍가의 모래 등과 같은 세계의 여러 유정의 부류들은 제쳐두고서, 만약 선남자와 선여인 등이 시방의 일체 세계의 여러 유정의 부류들은 교화하여 모두 4정려·4무량·4무색정·5신통을 수학하게 시켰다면, 그대의 뜻은 어떠한가? 이 선남자와 선여인 등이 이러한 인연을 이유로 얻는 복취는 많겠는가?"

천제석이 말하였다.

"매우 많습니다. 세존이시여. 매우 많습니다. 선서시여."

세존께서 교시가에게 말씀하셨다.

"교시가여. 만약 선남자와 선여인 등이 이와 같이 매우 깊은 반야바라밀다를 서사하여 다른 사람에게 보시하여 독송하게 하거나, 만약 전전하면서 서사하여 널리 유포시킨다면, 이 선남자와 선여인 등이 얻는 복취는 앞보다 매우 많으니라. 왜 그러한가? 교시가여. 이와 같은 반야바라밀다의 비밀장의 가운데에 일체의 무루법을 널리 설하셨으므로, 성문의 종성인 보특가라는 이 법을 수학하여 빠르게 성문의 정성이생에 들어가서 예류과를 증득하고 일래과를 증득하며 불환과를 증득하고 아라한과를 증득하며, 독각의 종성인 보특가라는 이 법을 수학하여 빠르게 독각의 정성이생에 들어가서 독각의 보리를 점차로 증득하며, 보살의 종성인 보특가라는 이 법을 수학하여 빠르게 보살의 정성이생에 들어가서 제보살의 행을 점차로 수행하여 무상정등보리를 증득하느니라.

교시가여. 이와 같은 반야바라밀다의 비밀장의 가운데에 널리 설하신 일체의 무루법은 이를테면, 보시바라밀다·정계바라밀다·안인바라밀다·

정진바라밀다·정려바라밀다·반야바라밀다, 내공·외공·내외공·공공·대공·승의공·유위공·무위공·필경공·무제공·산공·무변이공·본성공·자상공·공상공·일체법공·불가득공·무성공·자성공·무성자성공, 진여·법계·법성·불허망성·불변이성·평등성·이생성·법정·법주·실제·허공계·부사의계, 고성제·집성제·멸성제·도성제, 무루·4정려·4무량·4무색정, 8해탈·8승처·9차제정·10변처, 4념주·4정단·4신족·5근·5력·7등각지·8성도지, 공해탈문·무상해탈문·무원해탈문, 5안·6신통, 여래의 10력·4무소외·4무애해·대자·대비·대희·대사·18불불공법, 무망실법·항주사성, 일체지·도상지·일체상지, 일체의 다라니문·일체의 삼마지문 등과 나머지의 무량하고 무변한 불법이나니, 모두 이 가운데에서 설하였던 것인 일체의 무루법이니라.

　교시가여. 만약 선남자와 선여인 등이 한 유정을 교화하여 예류과에 머물게 하였다면, 얻는 복취는 시방의 일체 세계에서 여러 유정의 부류들을 교화하여 모두 10선업도를 수학하게 하여 얻는 복취보다 오히려 수승하느니라. 왜 그러한가? 교시가여. 여러 유정들은 10선업도를 수행하더라도 지옥·방생·귀취를 벗어나지 못하지만, 만약 여러 유정들이 예류과에 머무른다면 곧 3악취를 영원히 벗어나는 까닭이니라. 하물며 교화하여 일래·불환·아라한과에 머무르게 시켰다면 얻는 복취는 그것보다 수승하지 않겠는가?

　교시가여. 만약 선남자와 선여인 등이 시방의 일체 세계의 여러 유정들을 교화하여 모두를 예류·일래·불환·아라한과에 머무르게 시켰다면 얻는 복취는 사람이 있었고 한 유정을 교화하여 그를 독각의 보리에 안주시키는 복취보다도 못하느니라. 왜 그러한가? 교시가여. 독각의 보리가 소유한 공덕은 예류 등보다 백천 배가 수승한 까닭이니라.

　교시가여. 만약 선남자와 선여인 등이 시방의 각각 긍가의 모래 등과 같은 세계의 여러 유정들을 교화하여 모두를 독각의 보리에 머무르게 시켰다면 얻는 복취는 사람이 있었고 한 유정을 교화하여 그를 무상정등보리로 나아가게 시키는 복취보다도 못하느니라. 왜 그러한가? 교시가여.

만약 유정을 교화하여 무상정등보리로 나아가게 시켰다면 곧 세간에 불안이 끊어지지 않게 시키느니라.

그 까닭은 무엇인가? 오히려 보살마하살이 있는 까닭으로 곧 예류·일래·불환·아라한과·독각의 보리가 있고, 오히려 보살마하살이 있는 까닭으로 곧 여래·응공·정등각이 있어서 무상정등보리를 증득하며, 오히려 보살마하살이 있는 까닭으로 곧 불보·법보·승보가 있어서 일체 세간이 귀의하고 공양하느니라. 이러한 까닭으로써 교시가여. 일체 세간의 천상이거나, 만약 마계이거나, 만약 범천이거나, 만약 사문이거나, 만약 바라문과 아소락·인비인 등이 상응하여 무량한 종류의 상묘한 화만·바르는 향·뿌리는 향·의복·영락·보배·당기·번기·일산·여러 미묘하고 진기한 음악·등불 등으로써 여러 소유한 것이 없어지도록 공양하고 공경하며 존중하고 찬탄하느니라.

교시가여. 이러한 이유로 만약 선남자와 선여인 등이 이와 같은 매우 깊은 반야바라밀다를 서사하여 다른 사람에게 보시하여 독송하게 하거나 만약 전전하여 서사하고 널리 유포시키게 하였다면, 얻는 복덕은 앞에서 얻은 복취보다 수승하여 무량하고 무변하느니라. 왜 그러한가? 이와 같은 반야바라밀다의 비밀장의 가운데에는 일체의 세간과 출세간의 수승한 선법을 널리 설하신 까닭이니라.

오히려 이 반야바라밀다의 비밀장의 가운데에서 설하셨던 법을 까닭으로 세간에 곧 찰제리 대종족·바라문 대종족·장자 대종족·거사 대종족 등을 시설하여 얻을 수 있고, 오히려 이 반야바라밀다의 비밀장의 가운데에서 설하셨던 법을 까닭으로 세간에 4대왕중천·삼십삼천·야마천·도사다천·낙변화천·타화자재천 등을 시설하여 얻을 수 있으며, 오히려 이 반야바라밀다의 비밀장의 가운데에서 설하셨던 법을 까닭으로 세간에 곧 범중천·범보천·범회천·대범천 등을 시설하여 얻을 수 있고, 오히려 이 반야바라밀다의 비밀장의 가운데에서 설하셨던 법을 까닭으로 세간에 곧 광천·소광천·무량광천·극광정천 등을 시설하여 얻을 수 있으며, 오히려 이 반야바라밀다의 비밀장의 가운데에서 설하셨던 법을 까닭으로 세간에 곧 정천·소정천·무량정천·변정천 등을 시설하여 얻을 수 있고, 오히려 이 반야바라밀다의 비밀장의 가운데에서 설하셨던 법을 까닭으로 세간에 곧 광천·소광천·무량광천·광과천 등을 시설하여 얻을 수 있으며, 오히려 이 반야바라밀다의 비밀장의 가운데에서 설하셨던 법을 까닭으로 세간에 곧 무번천·무열천·선현천·선견천·색구경천 등을 시설하여 얻을 수 있고, 오히려 이 반야바라밀다의 비밀장의 가운데에서 설하셨던 법을 까닭으로 세간에 곧 공무변처천·식무변처천·무소유처천·비상비비상처천 등을 시설하여 얻을 수 있느니라.

오히려 이 반야바라밀다의 비밀장의 가운데에서 설하셨던 법을 까닭으로 세간에 곧 보시바라밀다·정계바라밀다·안인바라밀다·정진바라밀다·정려바라밀다·반야바라밀다 등을 시설하여 얻을 수 있고, 오히려 이 반야바라밀다의 비밀장의 가운데에서 설하셨던 법을 까닭으로 세간에 곧 내공·외공·내외공·공공·대공·승의공·유위공·무위공·필경공·무제공·산공·무변이공·본성공·자상공·공상공·일체법공·불가득공·무성공·자성공·무성자성공 등을 시설하여 얻을 수 있으며, 오히려 이 반야바라밀다의 비밀장의 가운데에서 설하셨던 법을 까닭으로 세간에 곧 진여·법계·법성·불허망성·불변이성·평등성·이생성·법정·법주·실제·허공계·부사의계 등을 시설하여 얻을 수 있고, 오히려 이 반야바라밀다의 비밀장의 가운데에서 설하셨던 법을 까닭으로 세간에 곧 고성제·집성제·멸성제·도성제 등을 시설하여 얻을 수 있으며, 오히려 이 반야바라밀다의 비밀장의 가운데에서 설하셨던 법을 까닭으로 세간에 곧 4정려·4무량·4무색정 등을 시설하여 얻을 수 있고, 오히려 이 반야바라밀다의 비밀장의 가운데에서 설하셨던 법을 까닭으로 세간에 곧 8해탈·8승처·9차제정·10변처 등을 시설하여 얻을 수 있느니라.

오히려 이 반야바라밀다의 비밀장의 가운데에서 설하셨던 법을 까닭으로 세간에 곧 4념주·4정단·4신족·5근·5력·7등각지·8성도지 등을 시설하여 얻을 수 있고, 오히려 이 반야바라밀다의 비밀장의 가운데에서 설하셨던 법을 까닭으로 세간에 곧 공해탈문·무상해탈문·무원해탈문 등을 시설하여 얻을 수 있으며, 오히려 이 반야바라밀다의 비밀장의 가운데에서 설하셨던 법을 까닭으로 세간에 곧 5안·6신통 등을 시설하여 얻을 수 있고, 오히려 이 반야바라밀다의 비밀장의 가운데에서 설하셨던 법을 까닭으로 세간에 곧 여래의 10력·4무소외·4무애해·대자·대비·대희·대사·18불불공법 등을 시설하여 얻을 수 있으며, 오히려 이 반야바라밀다의 비밀장의 가운데에서 설하셨던 법을 까닭으로 곧 무망실법·항주사성 등을 시설하여 얻을 수 있고, 오히려 이 반야바라밀다의 비밀장의 가운데에서 설하셨던 법을 까닭으로 세간에 곧 일체지·도상지·일체상지 등을 시설하여 얻을 수 있으며, 오히려 이 반야바라밀다의 비밀장의 가운데에서 설하셨던 법을 까닭으로 세간에 곧 일체의 다라니문·일체의 삼마지문 등을 시설하여 얻을 수 있느니라.

오히려 이 반야바라밀다의 비밀장의 가운데에서 설하셨던 법을 까닭으로 세간에 곧 예류·일래·불환·아라한과 예류향·예류과·일래향·일래과·불환향·불환과·아라한향·아라한과 등을 시설하여 얻을 수 있고, 오히려 이 반야바라밀다의 비밀장의 가운데에서 설하셨던 법을 까닭으로 세간에 곧 독각과 독각의 보리를 시설하여 얻을 수 있으며, 오히려 이 반야바라밀다의 비밀장의 가운데에서 설하셨던 법을 까닭으로 세간에 곧 일체의 보살마하살과 일체의 보살마하살의 행 등을 시설하여 얻을 수 있고, 오히려 이 반야바라밀다의 비밀장의 가운데에서 설하셨던 법을 까닭으로 세간에 일체의 여래·응공·정등각과 제불의 무상정등보리를 시설하여 얻을 수 있느니라."

"다시 다음으로 교시가여. 만약 선남자와 선여인 등이 이 반야바라밀다에서 수지하고 독송하며 이치와 같이 사유한다면, 이 선남자와 선여인 등이 얻는 복취는 한 남섬부주의 여러 유정의 부류들을 교화하여 모두 10선업도·4정려·4무량·4무색정·5신통에 안주(安住)하게 시키는 것보다 수승하느니라. 교시가여. 이 선남자와 선여인 등이 얻는 복취는 역시 남섬부주와 동승신주의 여러 유정의 부류들을 교화하여 모두 10선업도·4

정려·4무량·4무색정·5신통에 안주하게 시키는 것보다 수승하느니라.
교시가여. 이 선남자와 선여인 등이 얻는 복취는 역시 남섬부주·동승신주
·서우화주의 여러 유정의 부류들을 교화하여 모두 10선업도·4정려·4무량
·4무색정·5신통에 안주하게 시키는 것보다 수승하느니라.

   교시가여. 이 선남자와 선여인 등이 얻는 복취는 역시 4대주의 여러
유정의 부류들을 교화하여 모두 10선업도·4정려·4무량·4무색정·5신통
에 안주하게 시키는 것보다 수승하느니라. 교시가여. 이 선남자와 선여인
등이 얻는 복취는 역시 소천세계의 여러 유정의 부류들을 교화하여 모두
10선업도·4정려·4무량·4무색정·5신통에 안주하게 시키는 것보다 수승
하느니라. 교시가여. 이 선남자와 선여인 등이 얻는 복취는 역시 중천세계
의 여러 유정의 부류들을 교화하여 모두 10선업도·4정려·4무량·4무색정·
5신통에 안주하게 시키는 것보다 수승하느니라.

   교시가여. 이 선남자와 선여인 등이 얻는 복취는 역시 삼천대천세계의
여러 유정의 부류들을 교화하여 모두 10선업도·4정려·4무량·4무색정·5
신통에 안주하게 시키는 것보다 수승하느니라. 교시가여. 이 선남자와
선여인 등이 얻는 복취는 역시 시방의 각각 긍가의 모래 등과 같은 세계의
여러 유정의 부류들을 교화하여 모두 10선업도·4정려·4무량·4무색정·5
신통에 안주하게 시키는 것보다 수승하느니라. 교시가여. 이 선남자와
선여인 등이 얻는 복취는 역시 시방의 일체 세계의 여러 유정의 부류들을
교화하여 모두 10선업도·4정려·4무량·4무색정·5신통에 안주하게 시키
는 것보다 수승하느니라.

   교시가여. 이 가운데서 이치와 같게 사유한다는 것은 이를테면, 둘이
아니고 둘이 아닌 것도 아닌 행(非二非不二行)으로써 이 반야바라밀다에서
깨달아서 수지하고 독송하며 이치와 같게 사유하는 것이고, 다시 둘이
아니고 둘이 아닌 것도 아닌 행으로써 정려·정진·안인·정계·보시바라밀
다를 깨달아서 수지하고 독송하며 이치와 같게 사유하는 것이다. 교시가
여. 다시 둘이 아니고 둘이 아닌 것도 아닌 행으로써 내공을 깨달아서
이치와 같게 사유하는 것이고, 다시 둘이 아니고 둘이 아닌 것도 아닌

행으로써 외공·내외공·공공·대공·승의공·유위공·무위공·필경공·무제공·산공·무변이공·본성공·자상공·공상공·일체법공·불가득공·무성공·자성공·무성자성공을 깨달아서 이치와 같게 사유하는 것이다.

교시가여. 다시 둘이 아니고 둘이 아닌 것도 아닌 행으로써 진여를 깨달아서 이치와 같게 사유하는 것이고, 다시 둘이 아니고 둘이 아닌 것도 아닌 행으로써 법계·법성·불허망성·불변이성·평등성·이생성·법정·법주·실제·허공계·부사의계를 깨달아서 이치와 같게 사유하는 것이다. 교시가여. 다시 둘이 아니고 둘이 아닌 것도 아닌 행으로써 고성제를 깨달아서 이치와 같게 사유하는 것이고, 다시 둘이 아니고 둘이 아닌 것도 아닌 행으로써 집·멸·도성제를 깨달아서 이치와 같게 사유하는 것이다. 교시가여. 다시 둘이 아니고 둘이 아닌 것도 아닌 행으로써 4정려를 깨달아서 이치와 같게 사유하는 것이고, 다시 둘이 아니고 둘이 아닌 것도 아닌 행으로써 4무량·4무색정을 깨달아서 이치와 같게 사유하는 것이다.

교시가여. 다시 둘이 아니고 둘이 아닌 것도 아닌 행으로써 8해탈을 깨달아서 이치와 같게 사유하는 것이고, 다시 둘이 아니고 둘이 아닌 것도 아닌 행으로써 8승처·9차제정·10변처를 깨달아서 이치와 같게 사유하는 것이다. 교시가여. 다시 둘이 아니고 둘이 아닌 것도 아닌 행으로써 4념주를 깨달아서 이치와 같게 사유하는 것이고, 다시 둘이 아니고 둘이 아닌 것도 아닌 행으로써 4정단·4신족·5근·5력·7등각지·8성도지를 깨달아서 이치와 같게 사유하는 것이다. 교시가여. 다시 둘이 아니고 둘이 아닌 것도 아닌 행으로써 공해탈문을 깨달아서 이치와 같게 사유하는 것이고, 다시 둘이 아니고 둘이 아닌 것도 아닌 행으로써 무상·무원해탈문을 깨달아서 이치와 같게 사유하는 것이다.

교시가여. 다시 둘이 아니고 둘이 아닌 것도 아닌 행으로써 5안을 깨달아서 이치와 같게 사유하는 것이고, 다시 둘이 아니고 둘이 아닌 것도 아닌 행으로써 6신통을 깨달아서 이치와 같게 사유하는 것이다. 교시가여. 다시 둘이 아니고 둘이 아닌 것도 아닌 행으로써 여래의 10력을 깨달아서 이치와 같게 사유하는 것이고, 다시 둘이 아니고 둘이 아닌 것도 아닌 행으로써 4무소외·4무애해·대자·대비·대희·대사·18불불공법을 깨달아서 이치와 같게 사유하는 것이다. 교시가여. 다시 둘이 아니고 둘이 아닌 것도 아닌 행으로써 무망실법을 깨달아서 이치와 같게 사유하는 것이고, 다시 둘이 아니고 둘이 아닌 것도 아닌 행으로써 항주사성을 깨달아서 이치와 같게 사유하는 것이다.

교시가여. 다시 둘이 아니고 둘이 아닌 것도 아닌 행으로써 일체지를 깨달아서 이치와 같게 사유하는 것이고, 다시 둘이 아니고 둘이 아닌 것도 아닌 행으로써 도상지·일체상지를 깨달아서 이치와 같게 사유하는 것이다. 교시가여. 다시 둘이 아니고 둘이 아닌 것도 아닌 행으로써 일체의 다라니문을 깨달아서 이치와 같게 사유하는 것이고, 다시 둘이 아니고 둘이 아닌 것도 아닌 행으로써 일체의 삼마지문을 깨달아서 이치와 같게 사유하는 것이다. 교시가여. 다시 둘이 아니고 둘이 아닌 것도 아닌 행으로써 보살마하살의 행을 깨달아서 이치와 같게 사유하는 것이다. 교시가여. 다시 둘이 아니고 둘이 아닌 것도 아닌 행으로써 위없는 바르고 평등한 깨달음을 깨달아서 이치와 같게 사유하는 것이다.

다시 다음으로 교시가여. 만약 선남자와 선여인 등이 이 반야바라밀다에서 무량한 문으로써 널리 다른 사람을 위하여 설하면서 의취(義趣)를 널리 열어서 보여주고 설명하며 드러내고 명료하게 해석하고 분별하여 그들에게 쉽게 이해시켰다면, 얻는 것의 복취는 스스로가 이와 같은 반야바라밀다를 수지하고 만약 독송하거나 이치와 같이 사유하여 얻는 공덕보다 수승하느니라.

교시가여. 말하였던 것의 반야바라밀다의 의취라는 것은 이를테면, 이 반야바라밀다는 둘이 아니고 둘이 아닌 것도 아니며, 상(相)이 있지 않고 상이 없지도 않으며, 들어가지 않고 나오지도 않으며, 증장하지 않고 감소하지도 않으며, 염오가 아니고 청정하지도 않으며, 생겨나지 않고 소멸하지도 않으며, 취하지 않고 버리지도 않으며, 집착하지 않고 집착이 아니지도 않으며, 머무르지 않고 머무르지 않지도 않으며, 진실하지 않고 진실하지 않지도 않으며, 상응하지 않고 상응하지 않지도 않으며,

화합하지 않고 화합하지 않지도 않으며, 인연이 아니고 인연이 아니지도 않으며, 법이 아니고 법이 아니지도 않으며, 진여가 아니고 진여가 아니지도 않으며, 실제(實際)[1]가 아니고 실제가 아니지도 않나니, 이와 같은 의취는 무량한 문이 있느니라.

교시가여. 만약 선남자와 선여인 등이 다른 사람에게 이와 같은 반야바라밀다의 매우 깊은 의취를 널리 가르치고 쉽게 이해시켰다면, 얻는 것의 복취는 스스로가 이와 같은 반야바라밀다를 수지하고 만약 독송하거나 이치와 같이 사유하여 얻는 공덕의 무량한 배수(倍數)보다 수승하느니라.

다시 다음으로 교시가여. 만약 선남자와 선여인 등이 스스로가 반야바라밀다를 수지하고 만약 독송하거나 이치와 같이 사유하고서 무량한 문으로써 널리 다른 사람을 위하여 설하면서 의취를 널리 열어서 보여주고 설명하며 드러내고 명료하게 해석하고 분별하여 그들에게 쉽게 이해시켰다면, 얻는 것의 복취는 앞의 복취보다 무량하고 무변하느니라.”

그때 천제석이 세존께 아뢰어 말하였다.

“세존이시여. 여러 선남자와 선여인 등이 상응하는 여러 종류의 교묘(巧妙)한 문장과 뜻으로써 이와 같은 반야바라밀다를 널리 설하며 열어 보여주어야 합니다.”

세존께서 말씀하셨다.

“교시가여. 그와 같으니라. 그대가 말한 것과 같으니라. 여러 선남자와 선여인 등은 상응하는 여러 종류의 교묘한 문장과 뜻으로써 이와 같은 반야바라밀다를 널리 설하며 열어서 보여주어야 하느니라. 교시가여. 만약 선남자와 선여인 등이 여러 종류의 교묘한 문장과 뜻으로써 이와 같은 반야바라밀다를 널리 설하며 열어서 보여준다면, 이 선남자와 선여인 등은 무량하고 무변하며 불가사의한 큰 공덕취(功德聚)를 성취하느니라.

교시가여. 만약 선남자와 선여인 등이 그 목숨을 마치도록 무량한

---

1) 산스크리트어 bhūta-koti의 번역이고, ‘궁극적인 깨달음의 경지’를 뜻한다.

종류의 상묘한 화만·바르는 향·뿌리는 향·의복·영락·보배·당기·번기·
일산·여러 미묘하고 진기한 음악·등불 등으로써 여러 소유한 청정한
악기(樂具)가 없어지도록 시방의 무량하고 무수인 세계의 일체 여래·응공
·정등각께 공양하고 공경하며 존중하고 찬탄하였으며, 선남자와 선여인
등이 있어서 스스로가 반야바라밀다를 수지하고 독송하며 이치와 같이
사유하고서 다시 여러 종류의 무량한 문으로써 널리 다른 사람을 위하여
설하면서 의취를 널리 열어서 보여주고 설명하며 드러내고 명료하게
해석하고 분별하여 그들에게 쉽게 이해시켰다면, 이 선남자와 선여인
등이 얻는 것의 복취는 앞의 복취보다 많으니라.

왜 그러한가? 교시가여. 과거·미래·현재의 일체의 여래·응공·정등각
께서는 모두 반야바라밀다를 수학하여 이미 무상정등보리(無上正等菩提)
를 증득하셨고, 마땅히 무상정등보리를 증득하실 것이며, 지금 무상정등
보리를 증득하시느니라.

다시 다음으로 교시가여. 만약 선남자와 선여인 등이 무량하고 무수이
며 무변한 대겁(大劫)을 얻을 수 있는 것으로써 방편으로 삼아서 보시바라
밀다를 수행하고, 무량하고 무수이며 무변한 대겁을 얻을 수 있는 것으로
써 방편으로 삼아서 정계바라밀다를 수행하며, 무량하고 무수이며 무변한
대겁을 얻을 수 있는 것으로써 방편으로 삼아서 안인바라밀다를 수행하고,
무량하고 무수이며 무변한 대겁을 얻을 수 있는 것으로써 방편으로 삼아서
정진바라밀다를 수행하며, 무량하고 무수이며 무변한 대겁을 얻을 수
있는 것으로써 방편으로 삼아서 정려바라밀다를 수행하고, 무량하고
무수이며 무변한 대겁을 얻을 수 있는 것으로써 방편으로 삼아서 반야바라
밀다를 수행하며, 선남자와 선여인 등이 있어서 이 반야바라밀다에 얻을
수 없는 것으로써 방편으로 삼아서 수지하고 독송하며 이치와 같이 사유하
고서 다시 여러 종류의 무량한 문으로써 수유(須臾)[2]를 지내면서 다른
사람을 위하여 분별하고 설하면서, 의취를 널리 열어서 보여주고 설명하

---

2) 지극히 짧은 시간을 가리키는데,『아비달마구사론(阿毗達磨俱舍論)』에서는 30납
　박(臘縛)이 1수유(須臾)이고, 이 30수유를 1주야라고 말하고 있다.

며 드러내고 명료하게 해석하고 분별하여 그들에게 쉽게 이해시켰다면, 이 선남자와 선여인 등이 얻는 것의 복취는 앞의 복취보다 매우 많으니라.

교시가여. 이 가운데에서 말하는 얻을 수 있는 것은 이를테면, 선남자와 선여인 등이 보시바라밀다를 수행하는 때에 '나는 능히 은혜롭게 보시하고, 그는 받는 자이며, 이것은 보시의 인과이고, 더불어 보시하는 물건이다.'라고 이와 같이 생각을 지었다면, 그가 보시를 행하는 때에 보시에 머무르는 보시라고 이름하고, 보시바라밀다라고 이름하지 않나니, 얻을 수 있는 것으로써 방편을 삼는 까닭이니라. 만약 선남자와 선여인 등이 정계를 수행하는 때에 '나는 능히 그것을 보호하기 위하여 지계하고, 이것은 지계의 인과이며 더불어 지계이다.'라고 이와 같이 생각을 지었다면, 그가 정계하는 때에 머무르는 정계라고 이름하고, 정계바라밀다라고 이름하지 않나니, 얻을 수 있는 것으로써 방편을 삼는 까닭이니라.

만약 선남자와 선여인 등이 안인을 수행하는 때에 '나는 능히 그것을 보호하기 위하여 안인하고, 이것은 안인의 인과이며 안인의 자성이다.'라고 이와 같이 생각을 지었다면, 그가 안인을 수행하는 때에 머무르는 안인이라고 이름하고, 안인바라밀다라고 이름하지 않나니, 얻을 수 있는 것으로써 방편을 삼는 까닭이니라. 만약 선남자와 선여인 등이 정진을 수행하는 때에 '나는 능히 그것을 보호하기 위하여 정진하고, 이것은 정진의 인과이며 정진의 자성이다.'라고 이와 같이 생각을 지었다면, 그가 정진하는 때에 머무르는 정진이라고 이름하고, 정진바라밀다라고 이름하지 않나니, 얻을 수 있는 것으로써 방편을 삼는 까닭이니라.

만약 선남자와 선여인 등이 정려를 수행하는 때에 '나는 능히 정려를 수행하고, 그것은 정려의 경계이며, 이것은 정려의 인과이고 정려의 자성이다.'라고 이와 같이 생각을 지었다면, 그가 선정을 수행하는 때에 머무르는 정려라고 이름하고, 정려바라밀다라고 이름하지 않나니, 얻을 수 있는 것으로써 방편을 삼는 까닭이니라. 만약 선남자와 선여인 등이 반야를 수행하는 때에 '나는 능히 지혜를 수행하고, 그것은 지혜의 경계이며, 이것은 지혜의 인과이고 지혜의 자성이다.'라고 이와 같이 생각을 지었다

면, 그가 지혜를 수행하는 때에 머무르는 반야라고 이름하고, 반야바라밀
다라고 이름하지 않나니, 얻을 수 있는 것으로써 방편을 삼는 까닭이니라.
　교시가여. 이 선남자와 선여인 등은 얻을 수 있는 것으로써 방편으로
삼는 까닭으로 보시·정계·안인·정진·정려·반야바라밀다가 능히 원만해
질 수 없느니라."

　그때 천제석이 세존께 아뢰어 말하였다.
　"세존이시여. 무엇을 보살마하살이 능히 보시·정계·안인·정진·정려·
반야바라밀다를 원만하게 한다고 말합니까?"
　세존께서 말씀하셨다.
　"교시가여. 만약 보살마하살이 보시를 수행하는 때에 보시하는 자·보시
받는 자·보시의 인과·보시하는 물건을 얻지 못한다면, 얻을 수 없는
것으로써 방편으로 삼는 까닭으로 능히 보시바라밀다를 원만하게 하느니
라. 만약 보살마하살이 정계를 수행하는 때에 지계자(持者)·지계를 보호
하는 것·지계의 인과·지계라는 것을 얻지 못한다면, 얻을 수 없는 것으로
써 방편으로 삼는 까닭으로 능히 정계바라밀다를 원만하게 하느니라.
만약 보살마하살이 안인을 수행하는 때에 능히 안인하는 자·보호받는
것·안인의 인과·안인의 자성을 얻지 못한다면, 얻을 수 없는 것으로써
방편으로 삼는 까닭으로 능히 안인바라밀다를 원만하게 하느니라.
　만약 보살마하살이 정진을 수행하는 때에 정진하는 자·정진하는 것·정
진의 인과·정진의 자성을 얻지 못한다면, 얻을 수 없는 것으로써 방편으로
삼는 까닭으로 능히 정진바라밀다를 원만하게 하느니라. 만약 보살마하
살이 정려를 수행하는 때에 정려하는 자·정려의 경계·정려의 인과·정려
의 자성을 얻지 못한다면, 얻을 수 없는 것으로써 방편으로 삼는 까닭으로
능히 정려바라밀다를 원만하게 하느니라. 만약 보살마하살이 반야를
수행하는 때에 지혜로운 자·지혜의 경계·지혜의 인과·반야의 자성을
얻지 못한다면, 얻을 수 없는 것으로써 방편으로 삼는 까닭으로 능히
반야바라밀다를 원만하게 하느니라.

교시가여. 여러 선남자와 선여인 등은 상응하여 이와 같이 얻을 수 없는 것으로써, 더불어 지혜와 여러 종류의 교묘한 글과 뜻으로써 반야바라밀다를 널리 설해야 하고, 상응하여 이와 같이 얻을 수 없는 것으로써, 더불어 지혜와 여러 종류의 교묘한 글과 뜻으로써 정려바라밀다를 널리 설해야 하며, 상응하여 이와 같이 얻을 수 없는 것으로써, 더불어 지혜와 여러 종류의 교묘한 글과 뜻으로써 정진바라밀다를 널리 설해야 하고, 상응하여 이와 같이 얻을 수 없는 것으로써, 더불어 지혜와 여러 종류의 교묘한 글과 뜻으로써 안인바라밀다를 널리 설해야 하며, 상응하여 이와 같이 얻을 수 없는 것으로써, 더불어 지혜와 여러 종류의 교묘한 글과 뜻으로써 정계바라밀다를 널리 설해야 하고, 상응하여 이와 같이 얻을 수 없는 것으로써, 더불어 지혜와 여러 종류의 교묘한 글과 뜻으로써 보시바라밀다를 널리 설해야 하느니라.

왜 그러한가? 교시가여. 마땅히 내세(來世)에 선남자와 선여인 등이 있어서 다른 사람들을 위하여 비슷한 상(相)의 반야바라밀다를 널리 설한다면, 처음으로 무상정등보리심을 일으킨 자는 그가 설하는 비슷한 상의 반야바라밀다를 듣고서 마음이 곧 미혹되어 중도(中道)에서 어긋나고 퇴전하여 잃느니라(退失). 이러한 까닭으로 상응하여 얻을 수 없는 것으로써, 더불어 지혜와 여러 종류의 교묘한 글과 뜻으로써 무상정등보리의 마음을 일으킨 자를 위하여 반야바라밀다를 널리 설해야 하느니라.

교시가여. 마땅히 내세에 선남자와 선여인 등이 있어서 다른 사람들을 위하여 비슷한 상의 정려바라밀다를 널리 설한다면, 처음으로 무상정등보리심을 일으킨 자는 그가 설하는 비슷한 상의 정려바라밀다를 듣고서 마음이 곧 미혹되어 중도에서 어긋나고 퇴전하여 잃느니라. 이러한 까닭으로 상응하여 얻을 수 없는 것으로써, 더불어 지혜와 여러 종류의 교묘한 글과 뜻으로써 무상정등보리심을 일으킨 자를 위하여 정려바라밀다를 널리 설해야 하느니라.

교시가여. 마땅히 내세에 선남자와 선여인 등이 있어서 다른 사람들을 위하여 비슷한 상의 정진바라밀다를 널리 설한다면, 처음으로 무상정등보리심을 일으킨 자는 그가 설하는 비슷한 상의 정진바라밀다를 듣고서 마음이 곧 미혹되어 중도에서 어긋나고 퇴전하여 잃느니라. 이러한 까닭으로 상응하여 얻을 수 없는 것으로써, 더불어 지혜와 여러 종류의 교묘한 글과 뜻으로써 무상정등보리심을 일으킨 자를 위하여 정진바라밀다를 널리 설해야 하느니라.

교시가여. 마땅히 내세에 선남자와 선여인 등이 있어서 다른 사람들을 위하여 비슷한 상의 안인바라밀다를 널리 설한다면, 처음으로 무상정등보리심을 일으킨 자는 그가 설하는 비슷한 상의 안인바라밀다를 듣고서 마음이 곧 미혹되어 중도에서 어긋나고 퇴전하여 잃느니라. 이러한 까닭으로 상응하여 얻을 수 없는 것으로써, 더불어 지혜와 여러 종류의 교묘한 글과 뜻으로써 무상정등보리심을 일으킨 자를 위하여 안인바라밀다를 널리 설해야 하느니라.

교시가여. 마땅히 내세에 선남자와 선여인 등이 있어서 다른 사람들을 위하여 비슷한 상의 정계바라밀다를 널리 설한다면, 처음으로 무상정등보리심을 일으킨 자는 그가 설하는 비슷한 상의 정계바라밀다를 듣고서 마음이 곧 미혹되어 중도에서 어긋나고 퇴전하여 잃느니라. 이러한 까닭으로 상응하여 얻을 수 없는 것으로써, 더불어 지혜와 여러 종류의 교묘한 글과 뜻으로써 무상정등보리심을 일으킨 자를 위하여 정계바라밀다를 널리 설해야 하느니라.

교시가여. 마땅히 내세에 선남자와 선여인 등이 있어서 다른 사람들을 위하여 비슷한 상의 보시바라밀다를 널리 설한다면, 처음으로 무상정등보리심을 일으킨 자는 그가 설하는 비슷한 상의 보시바라밀다를 듣고서 마음이 곧 미혹되어 중도에서 어긋나고 퇴전하여 잃느니라. 이러한 까닭으로 상응하여 얻을 수 없는 것으로써, 더불어 지혜와 여러 종류의 교묘한 글과 뜻으로써 무상정등보리심을 일으킨 자를 위하여 보시바라밀다를 널리 설해야 하느니라."

마하반야바라밀다경 제136권

30. 교량공덕품(校量功惪品)(34)

그때 천제석이 세존께 아뢰어 말하였다.

"세존이시여. 무엇을 비슷한 상의 반야·정려·정진·안인·정계·보시바라밀다를 설한다고 이름합니까?"

세존께서 말씀하셨다.

"교시가여. 만약 선남자와 선여인 등이 얻을 수 있는 것으로 반야·정려·정진·안인·정계·보시바라밀다를 설하였고, 이와 같다면 비슷한 상의 반야·정려·정진·안인·정계·보시바라밀다를 설한다고 이름하느니라."

그때 천제석이 다시 세존께 아뢰어 말하였다.

"세존이시여. 무엇을 여러 선남자와 선여인 등이 얻을 수 있는 것으로 반야·정려·정진·안인·정계·보시바라밀다를 설한다고 이름합니까?"

세존께서 말씀하셨다.

"교시가여. 선남자와 선여인 등이 있어서 무상정등보리심을 일으킨 자를 위하여 색(色)이 만약 항상(常)하거나 만약 무상(無常)하다고 설하거나, 수(受)·상(想)·행(行)·식(識)이 만약 항상하거나 만약 무상하다고 설하거나, 색이 만약 즐겁거나 만약 괴롭다고 설하거나, 수·상·행·식이 만약 즐겁거나 만약 괴롭다고 설하거나, 색이 만약 나(我)이거나 만약 무아(無我)라고 설하거나, 수·상·행·식이 만약 나이거나 만약 무아라고 설하거나, 색이 만약 청정(淨)하거나 만약 부정(不淨)하다고 설하거나, 수·상·행·식이 만약 청정하거나 만약 부정하다고 설해야 한다. 만약 이와 같은 법 등에 의지하여 반야를 수행한다면, 이것은 반야바라밀다를 행하는 것이다.

다시 이것의 말을 짓는다면 반야를 행하는 자는 색이 만약 항상하거나 만약 무상하다고 상응하여 구하거나, 수·상·행·식이 만약 항상하거나 만약 무상하다고 상응하여 구하거나, 색이 만약 즐겁거나 만약 괴롭다고 상응하여 구하거나, 수·상·행·식이 만약 즐겁거나 만약 괴롭다고 상응하여 구하거나, 색이 만약 나이거나 만약 무아라고 상응하여 구하거나, 수·상·행·식이 만약 나이거나 만약 무아라고 상응하여 구하거나, 색이 만약 청정하거나 만약 부정하다고 상응하여 구하거나, 수·상·행·식이 만약 청정하거나 만약 부정하다고 상응하여 구해야 한다. 만약 이러한 법 등을 능히 구하면서 반야를 수행한다면 이것은 반야바라밀다를 행하는 것이다.

교시가여. 만약 선남자와 선여인 등이 이와 같이 색이 만약 항상하거나 만약 무상하다고 구하거나, 수·상·행·식이 만약 항상하거나 만약 무상하다고 구하거나, 색이 만약 즐겁거나 만약 괴롭다고 구하거나, 수·상·행·식이 만약 즐겁거나 만약 괴롭다고 구하거나, 색이 만약 나이거나 만약 무아라고 구하거나, 수·상·행·식이 만약 나이거나 만약 무아라고 구하거나, 색이 만약 청정하거나 만약 부정하다고 구하거나, 수·상·행·식이 만약 청정하거나 만약 부정하다고 구하면서 이러한 법들에 의지하여 반야를 행하는 자라면, 나는 얻을 수 있고 비슷한 상의 반야바라밀다를 행하는 것이라고 이름하느니라. 교시가여. 앞에서 말한 것과 같다면, 모두가 얻을 수 있고 비슷한 상의 반야바라밀다를 설한다고 마땅히 알아야 하느니라.

다시 다음으로 교시가여. 선남자와 선여인 등이 있어서 무상정등보리심을 일으킨 자를 위하여 안처(眼處)가 만약 항상하거나 만약 무상하다고 설하거나, 이(耳)·비(鼻)·설(舌)·신(身)·의처(意處)가 만약 항상하거나 만약 무상하다고 설하거나, 안처가 만약 즐겁거나 만약 괴롭다고 설하거나, 이·비·설·신·의처가 만약 즐겁거나 만약 괴롭다고 설하거나, 안처가 만약 나이거나 만약 무아라고 설하거나, 이·비·설·신·의처가 만약 나이거나 만약 무아라고 설하거나, 안처가 만약 청정하거나 만약 부정하다고 설하거나, 이·비·설·신·의처가 만약 청정하거나 만약 부정하다고 설해야 한다. 만약 이와 같은 법 등에 의지하여 반야를 수행한다면, 이것은 반야바라밀다를 행하는 것이다.

다시 이것의 말을 짓는다면 반야를 행하는 자는 안처가 만약 항상하거나 만약 무상하다고 상응하여 구하거나, 이·비·설·신·의처가 만약 항상하거나 만약 무상하다고 상응하여 구하거나, 안처가 만약 즐겁거나 만약 괴롭다고 상응하여 구하거나, 이·비·설·신·의처가 만약 즐겁거나 만약 괴롭다고 상응하여 구하거나, 안처가 만약 나이거나 만약 무아라고 상응하여 구하거나, 이·비·설·신·의처가 만약 나이거나 만약 무아라고 상응하여 구하거나, 안처가 만약 청정하거나 만약 부정하다고 상응하여 구하거나, 이·비·설·신·의처가 만약 청정하거나 만약 부정하다고 상응하여 구해야 한다. 만약 이러한 법 등을 능히 구하면서 반야를 수행한다면 이것은 반야바라밀다를 행하는 것이다.

교시가여. 만약 선남자와 선여인 등이 이와 같이 안처가 만약 항상하거나 만약 무상하다고 구하거나, 이·비·설·신·의처가 만약 항상하거나 만약 무상하다고 구하거나, 안처가 만약 즐겁거나 만약 괴롭다고 구하거나, 이·비·설·신·의처가 만약 즐겁거나 만약 괴롭다고 구하거나, 안처가 만약 나이거나 만약 무아라고 구하거나, 이·비·설·신·의처가 만약 나이거나 만약 무아라고 구하거나, 안처가 만약 청정하거나 만약 부정하다고 구하거나, 이·비·설·신·의처가 만약 청정하거나 만약 부정하다고 구하면서 이러한 법들에 의지하여 반야를 행하는 자라면, 나는 얻을 수 있고 비슷한 상의 반야바라밀다를 행하는 것이라고 이름하느니라. 교시가여. 앞에서 말한 것과 같다면, 모두가 얻을 수 있고 비슷한 상의 반야바라밀다를 설한다고 마땅히 알아야 하느니라.

다시 다음으로 교시가여. 선남자와 선여인 등이 있어서 무상정등보리심을 일으킨 자를 위하여 색처(色處)가 만약 항상하거나 만약 무상하다고 설하거나, 성(聲)·향(香)·미(味)·촉(觸)·법처(法處)가 만약 항상하거나 만약 무상하다고 설하거나, 색처가 만약 즐겁거나 만약 괴롭다고 설하거나, 성·향·미·촉·법처가 만약 즐겁거나 만약 괴롭다고 설하거나, 색처가 만약 나이거나 만약 무아라고 설하거나, 이·비·설·신·의처가 만약 나이거나 만약 무아라고 설하거나, 색처가 만약 청정하거나 만약 부정하다고 설하거나, 성·향·미·촉·법처가 만약 청정하거나 만약 부정하다고 설해야 한다. 만약 이와 같은 법 등에 의지하여 반야를 수행한다면, 이것은 반야바라밀다를 행하는 것이다.

다시 이것의 말을 짓는다면 반야를 행하는 자는 색처가 만약 항상하거나 만약 무상하다고 상응하여 구하거나, 성·향·미·촉·법처가 만약 항상하거나 만약 무상하다고 상응하여 구하거나, 색처가 만약 즐겁거나 만약 괴롭다고 상응하여 구하거나, 성·향·미·촉·법처가 만약 즐겁거나 만약 괴롭다고 상응하여 구하거나, 색처가 만약 나이거나 만약 무아라고 상응하여 구하거나, 성·향·미·촉·법처가 만약 나이거나 만약 무아라고 상응하여 구하거나, 색처가 만약 청정하거나 만약 부정하다고 상응하여 구하거나, 성·향·미·촉·법처가 만약 청정하거나 만약 부정하다고 상응하여 구해야 한다. 만약 이러한 법 등을 능히 구하면서 반야를 수행한다면 이것은 반야바라밀다를 행하는 것이다.

교시가여. 만약 선남자와 선여인 등이 이와 같이 색처가 만약 항상하거나 만약 무상하다고 구하거나, 성·향·미·촉·법처가 만약 항상하거나 만약 무상하다고 구하거나, 색처가 만약 즐겁거나 만약 괴롭다고 구하거나, 성·향·미·촉·법처가 만약 즐겁거나 만약 괴롭다고 구하거나, 색처가 만약 나이거나 만약 무아라고 구하거나, 성·향·미·촉·법처가 만약 나이거나 만약 무아라고 구하거나, 색처가 만약 청정하거나 만약 부정하다고 구하거나, 성·향·미·촉·법처가 만약 청정하거나 만약 부정하다고 구하면서 이러한 법들에 의지하여 반야를 행하는 자라면, 나는 얻을 수 있고 비슷한 상의 반야바라밀다를 행하는 것이라고 이름하느니라. 교시가여. 앞에서 말한 것과 같다면, 모두가 얻을 수 있고 비슷한 상의 반야바라밀다를 설한다고 마땅히 알아야 하느니라.

다시 다음으로 교시가여. 선남자와 선여인 등이 있어서 무상정등보리심을 일으킨 자를 위하여 안계(眼界)가 만약 항상하거나 만약 무상하다고 설하거나, 색계(色界)·안식계(眼識界), …… 나아가 …… 안촉(眼觸)·안촉을 인연으로 생겨나는 여러 수(受)가 만약 항상하거나 만약 무상하다고 설하거나, 안계가 만약 즐겁거나 만약 괴롭다고 설하거나, 색계·안식계, 나아가 안촉·안촉을 인연으로 생겨난 여러 수가 만약 즐겁거나 만약 괴롭다고 설하거나, 안계가 만약 나이거나 만약 무아라고 설하거나, 색계·안식계, 나아가 안촉·안촉을 인연으로 생겨난 여러 수가 만약 나이거나 만약 무아라고 설하거나, 안계가 만약 청정하거나 만약 부정하다고 설하거나, 색계·안식계, 나아가 안촉·안촉을 인연으로 생겨난 여러 수가 만약 청정하거나 만약 부정하다고 설해야 한다. 만약 이와 같은 법 등에 의지하여 반야를 수행한다면, 이것은 반야바라밀다를 행하는 것이다.

다시 이것의 말을 짓는다면 반야를 행하는 자는 안계가 만약 항상하거나 만약 무상하다고 상응하여 구하거나, 색계·안식계, 나아가 안촉·안촉을 인연으로 생겨난 여러 수가 만약 항상하거나 만약 무상하다고 상응하여 구하거나, 안계가 만약 즐겁거나 만약 괴롭다고 상응하여 구하거나, 색계·안식계, 나아가 안촉·안촉을 인연으로 생겨난 여러 수가 만약 즐겁거나 만약 괴롭다고 상응하여 구하거나, 안계가 만약 나이거나 만약 무아라고 상응하여 구하거나, 색계·안식계, 나아가 안촉·안촉을 인연으로 생겨난 여러 수가 만약 나이거나 만약 무아라고 상응하여 구하거나, 안계가 만약 청정하거나 만약 부정하다고 상응하여 구하거나, 색계·안식계, 나아가 안촉·안촉을 인연으로 생겨난 여러 수가 만약 청정하거나 만약 부정하다고 상응하여 구해야 한다. 만약 이러한 법 등을 능히 구하면서 반야를 수행한다면 이것은 반야바라밀다를 행하는 것이다.

교시가여. 만약 선남자와 선여인 등이 이와 같이 안계가 만약 항상하거나 만약 무상하다고 구하거나, 색계·안식계, 나아가 안촉·안촉을 인연으로 생겨난 여러 수가 만약 항상하거나 만약 무상하다고 구하거나, 안계가 만약 즐겁거나 만약 괴롭다고 구하거나, 색계·안식계, 나아가 안촉·안촉을 인연으로 생겨난 여러 수가 만약 즐겁거나 만약 괴롭다고 구하거나, 안계가 만약 나이거나 만약 무아라고 구하거나, 색계·안식계, 나아가 안촉·안촉을 인연으로 생겨난 여러 수가 만약 나이거나 만약 무아라고 구하거나, 안계가 만약 청정하거나 만약 부정하다고 구하거나, 색계·안식계, 나아가 안촉·안촉을 인연으로 생겨난 여러 수가 만약 청정하거나 만약 부정하다고 구하면서 이러한 법들에 의지하여 반야를 행하는 자라면, 나는 얻을 수 있고 비슷한 상의 반야바라밀다를 행하는 것이라고 이름하느니라. 교시가여. 앞에서 말한 것과 같다면, 모두가 얻을 수 있고 비슷한 상의 반야바라밀다를 설한다고 마땅히 알아야 하느니라.

다시 다음으로 교시가여. 선남자와 선여인 등이 있어서 무상정등보리심을 일으킨 자를 위하여 이계(耳界)가 만약 항상하거나 만약 무상하다고 설하거나, 성계(聲界)·이식계(耳識界), …… 나아가 …… 이촉(耳觸)·이촉을 인연으로 생겨나는 여러 수가 만약 항상하거나 만약 무상하다고 설하거나, 이계가 만약 즐겁거나 만약 괴롭다고 설하거나, 성계·이식계, 나아가 이촉·이촉을 인연으로 생겨난 여러 수가 만약 즐겁거나 만약 괴롭다고 설하거나, 이계가 만약 나이거나 만약 무아라고 설하거나, 성계·이식계, 나아가 이촉·이촉을 인연으로 생겨난 여러 수가 만약 나이거나 만약 무아라고 설하거나, 이계가 만약 청정하거나 만약 부정하다고 설하거나, 성계·이식계, 나아가 이촉·이촉을 인연으로 생겨난 여러 수가 만약 청정하거나 만약 부정하다고 설해야 한다. 만약 이와 같은 법 등에 의지하여 반야를 수행한다면, 이것은 반야바라밀다를 행하는 것이다.

다시 이것의 말을 짓는다면 반야를 행하는 자는 이계가 만약 항상하거나 만약 무상하다고 상응하여 구하거나, 성계·이식계, 나아가 이촉·이촉을 인연으로 생겨난 여러 수가 만약 항상하거나 만약 무상하다고 상응하여 구하거나, 이계가 만약 즐겁거나 만약 괴롭다고 상응하여 구하거나, 성계·이식계, 나아가 이촉·이촉을 인연으로 생겨난 여러 수가 만약 즐겁거나 만약 괴롭다고 상응하여 구하거나, 이계가 만약 나이거나 만약 무아라고 상응하여 구하거나, 성계·이식계, 나아가 이촉·이촉을 인연으로 생겨난

여러 수가 만약 나이거나 만약 무아라고 상응하여 구하거나, 이계가
만약 청정하거나 만약 부정하다고 상응하여 구하거나, 성계·이식계, 나아
가 이촉·이촉을 인연으로 생겨난 여러 수가 만약 청정하거나 만약 부정하
다고 상응하여 구해야 한다. 만약 이러한 법 등을 능히 구하면서 반야를
수행한다면 이것은 반야바라밀다를 행하는 것이다.

　교시가여. 만약 선남자와 선여인 등이 이와 같이 이계가 만약 항상하거
나 만약 무상하다고 구하거나, 성계·이식계, 나아가 이촉·이촉을 인연으
로 생겨난 여러 수가 만약 항상하거나 만약 무상하다고 구하거나, 이계가
만약 즐겁거나 만약 괴롭다고 구하거나, 성계·이식계, 나아가 이촉·이촉
을 인연으로 생겨난 여러 수가 만약 즐겁거나 만약 괴롭다고 구하거나,
이계가 만약 나이거나 만약 무아라고 구하거나, 성계·이식계, 나아가
이촉·이촉을 인연으로 생겨난 여러 수가 만약 나이거나 만약 무아라고
구하거나, 이계가 만약 청정하거나 만약 부정하다고 구하거나, 성계·이식
계, 나아가 이촉·이촉을 인연으로 생겨난 여러 수가 만약 청정하거나
만약 부정하다고 구하면서 이러한 법들에 의지하여 반야를 행하는 자라면,
나는 얻을 수 있고 비슷한 상의 반야바라밀다를 행하는 것이라고 이름하느
니라. 교시가여. 앞에서 말한 것과 같다면, 모두가 얻을 수 있고 비슷한
상의 반야바라밀다를 설한다고 마땅히 알아야 하느니라.

　다시 다음으로 교시가여. 선남자와 선여인 등이 있어서 무상정등보리
심을 일으킨 자를 위하여 비계(鼻界)가 만약 항상하거나 만약 무상하다고
설하거나, 향계(香界)·비식계(鼻識界), …… 나아가 …… 비촉(鼻觸)·비촉
을 인연으로 생겨나는 여러 수가 만약 항상하거나 만약 무상하다고 설하거
나, 비계가 만약 즐겁거나 만약 괴롭다고 설하거나, 향계·비식계, 나아가
비촉·비촉을 인연으로 생겨난 여러 수가 만약 즐겁거나 만약 괴롭다고
설하거나, 비계가 만약 나이거나 만약 무아라고 설하거나, 향계·비식계,
나아가 비촉·비촉을 인연으로 생겨난 여러 수가 만약 나이거나 만약
무아라고 설하거나, 비계가 만약 청정하거나 만약 부정하다고 설하거나,
향계·비식계, 나아가 비촉·비촉을 인연으로 생겨난 여러 수가 만약 청정하

거나 만약 부정하다고 설해야 한다. 만약 이와 같은 법 등에 의지하여 반야를 수행한다면, 이것은 반야바라밀다를 행하는 것이다.

다시 이것의 말을 짓는다면 반야를 행하는 자는 비계가 만약 항상하거나 만약 무상하다고 상응하여 구하거나, 향계·비식계, 나아가 비촉·비촉을 인연으로 생겨난 여러 수가 만약 항상하거나 만약 무상하다고 상응하여 구하거나, 비계가 만약 즐겁거나 만약 괴롭다고 상응하여 구하거나, 향계·비식계, 나아가 비촉·비촉을 인연으로 생겨난 여러 수가 만약 즐겁거나 만약 괴롭다고 상응하여 구하거나, 비계가 만약 나이거나 만약 무아라고 상응하여 구하거나, 향계·비식계, 나아가 비촉·비촉을 인연으로 생겨난 여러 수가 만약 나이거나 만약 무아라고 상응하여 구하거나, 비계가 만약 청정하거나 만약 부정하다고 상응하여 구하거나, 향계·비식계, 나아가 비촉·비촉을 인연으로 생겨난 여러 수가 만약 청정하거나 만약 부정하다고 상응하여 구해야 한다. 만약 이러한 법 등을 능히 구하면서 반야를 수행한다면 이것은 반야바라밀다를 행하는 것이다.

교시가여. 만약 선남자와 선여인 등이 이와 같이 비계가 만약 항상하거나 만약 무상하다고 구하거나, 향계·비식계, 나아가 비촉·비촉을 인연으로 생겨난 여러 수가 만약 항상하거나 만약 무상하다고 구하거나, 비계가 만약 즐겁거나 만약 괴롭다고 구하거나, 향계·비식계, 나아가 비촉·비촉을 인연으로 생겨난 여러 수가 만약 즐겁거나 만약 괴롭다고 구하거나, 비계가 만약 나이거나 만약 무아라고 구하거나, 향계·비식계, 나아가 비촉·비촉을 인연으로 생겨난 여러 수가 만약 나이거나 만약 무아라고 구하거나, 비계가 만약 청정하거나 만약 부정하다고 구하거나, 향계·비식계, 나아가 비촉·비촉을 인연으로 생겨난 여러 수가 만약 청정하거나 만약 부정하다고 구하면서 이러한 법들에 의지하여 반야를 행하는 자라면, 나는 얻을 수 있고 비슷한 상의 반야바라밀다를 행하는 것이라고 이름하느니라. 교시가여. 앞에서 말한 것과 같다면, 모두가 얻을 수 있고 비슷한 상의 반야바라밀다를 설한다고 마땅히 알아야 하느니라.

다시 다음으로 교시가여. 선남자와 선여인 등이 있어서 무상정등보리

심을 일으킨 자를 위하여 설계(舌界)가 만약 항상하거나 만약 무상하다고
설하거나, 미계(味界)·설식계(舌識界), …… 나아가 …… 설촉(舌觸)·설촉
을 인연으로 생겨나는 여러 수가 만약 항상하거나 만약 무상하다고 설하거
나, 설계가 만약 즐겁거나 만약 괴롭다고 설하거나, 미계·설식계, 나아가
설촉·설촉을 인연으로 생겨난 여러 수가 만약 즐겁거나 만약 괴롭다고
설하거나, 설계가 만약 나이거나 만약 무아라고 설하거나, 미계·설식계,
나아가 설촉·설촉을 인연으로 생겨난 여러 수가 만약 나이거나 만약
무아라고 설하거나, 설계가 만약 청정하거나 만약 부정하다고 설하거나,
미계·설식계, 나아가 설촉·설촉을 인연으로 생겨난 여러 수가 만약 청정하
거나 만약 부정하다고 설해야 한다. 만약 이와 같은 법 등에 의지하여
반야를 수행한다면, 이것은 반야바라밀다를 행하는 것이다.

　다시 이것의 말을 짓는다면 반야를 행하는 자는 설계가 만약 항상하거나
만약 무상하다고 상응하여 구하거나, 미계·설식계, 나아가 설촉·설촉을
인연으로 생겨난 여러 수가 만약 항상하거나 만약 무상하다고 상응하여
구하거나, 설계가 만약 즐겁거나 만약 괴롭다고 상응하여 구하거나, 미계·
설식계, 나아가 설촉·설촉을 인연으로 생겨난 여러 수가 만약 즐겁거나
만약 괴롭다고 상응하여 구하거나, 설계가 만약 나이거나 만약 무아라고
상응하여 구하거나, 미계·설식계, 나아가 설촉·설촉을 인연으로 생겨난
여러 수가 만약 나이거나 만약 무아라고 상응하여 구하거나, 설계가
만약 청정하거나 만약 부정하다고 상응하여 구하거나, 미계·설식계, 나아
가 설촉·설촉을 인연으로 생겨난 여러 수가 만약 청정하거나 만약 부정하
다고 상응하여 구해야 한다. 만약 이러한 법 등을 능히 구하면서 반야를
수행한다면 이것은 반야바라밀다를 행하는 것이다.

　교시가여. 만약 선남자와 선여인 등이 이와 같이 설계가 만약 항상하거
나 만약 무상하다고 구하거나, 미계·설식계, 나아가 설촉·설촉을 인연으
로 생겨난 여러 수가 만약 항상하거나 만약 무상하다고 구하거나, 설계가
만약 즐겁거나 만약 괴롭다고 구하거나, 미계·설식계, 나아가 설촉·설촉
을 인연으로 생겨난 여러 수가 만약 즐겁거나 만약 괴롭다고 구하거나,

설계가 만약 나이거나 만약 무아라고 구하거나, 미계·설식계, 나아가 설촉·설촉을 인연으로 생겨난 여러 수가 만약 나이거나 만약 무아라고 구하거나, 설계가 만약 청정하거나 만약 부정하다고 구하거나, 미계·설식계, 나아가 설촉·설촉을 인연으로 생겨난 여러 수가 만약 청정하거나 만약 부정하다고 구하면서 이러한 법들에 의지하여 반야를 행하는 자라면, 나는 얻을 수 있고 비슷한 상의 반야바라밀다를 행하는 것이라고 이름하느니라. 교시가여. 앞에서 말한 것과 같다면, 모두가 얻을 수 있고 비슷한 상의 반야바라밀다를 설한다고 마땅히 알아야 하느니라.

다시 다음으로 교시가여. 선남자와 선여인 등이 있어서 무상정등보리심을 일으킨 자를 위하여 신계(身界)가 만약 항상하거나 만약 무상하다고 설하거나, 촉계(觸界)·신식계(身識界), …… 나아가 …… 신촉(身觸)·신촉을 인연으로 생겨나는 여러 수가 만약 항상하거나 만약 무상하다고 설하거나, 신계가 만약 즐겁거나 만약 괴롭다고 설하거나, 촉계·신식계, 나아가 신촉·신촉을 인연으로 생겨난 여러 수가 만약 즐겁거나 만약 괴롭다고 설하거나, 신계가 만약 나이거나 만약 무아라고 설하거나, 촉계·신식계, 나아가 신촉·신촉을 인연으로 생겨난 여러 수가 만약 나이거나 만약 무아라고 설하거나, 신계가 만약 청정하거나 만약 부정하다고 설하거나, 촉계·신식계, 나아가 신촉·신촉을 인연으로 생겨난 여러 수가 만약 청정하거나 만약 부정하다고 설해야 한다. 만약 이와 같은 법 등에 의지하여 반야를 수행한다면, 이것은 반야바라밀다를 행하는 것이다.

다시 이것의 말을 짓는다면 반야를 행하는 자는 신계가 만약 항상하거나 만약 무상하다고 상응하여 구하거나, 촉계·신식계, 나아가 신촉·신촉을 인연으로 생겨난 여러 수가 만약 항상하거나 만약 무상하다고 상응하여 구하거나, 신계가 만약 즐겁거나 만약 괴롭다고 상응하여 구하거나, 촉계·신식계, 나아가 신촉·신촉을 인연으로 생겨난 여러 수가 만약 즐겁거나 만약 괴롭다고 상응하여 구하거나, 신계가 만약 나이거나 만약 무아라고 상응하여 구하거나, 촉계·신식계, 나아가 신촉·신촉을 인연으로 생겨난 여러 수가 만약 나이거나 만약 무아라고 상응하여 구하거나, 신계가

만약 청정하거나 만약 부정하다고 상응하여 구하거나, 촉계·신식계, 나아
가 신촉·신촉을 인연으로 생겨난 여러 수가 만약 청정하거나 만약 부정하
다고 상응하여 구해야 한다. 만약 이러한 법 등을 능히 구하면서 반야를
수행한다면 이것은 반야바라밀다를 행하는 것이다.

교시가여. 만약 선남자와 선여인 등이 이와 같이 신계가 만약 항상하거
나 만약 무상하다고 구하거나, 촉계·신식계, 나아가 신촉·신촉을 인연으
로 생겨난 여러 수가 만약 항상하거나 만약 무상하다고 구하거나, 신계가
만약 즐겁거나 만약 괴롭다고 구하거나, 촉계·신식계, 나아가 신촉·신촉
을 인연으로 생겨난 여러 수가 만약 즐겁거나 만약 괴롭다고 구하거나,
신계가 만약 나이거나 만약 무아라고 구하거나, 촉계·신식계, 나아가
신촉·신촉을 인연으로 생겨난 여러 수가 만약 나이거나 만약 무아라고
구하거나, 신계가 만약 청정하거나 만약 부정하다고 구하거나, 촉계·신식
계, 나아가 신촉·신촉을 인연으로 생겨난 여러 수가 만약 청정하거나
만약 부정하다고 구하면서 이러한 법들에 의지하여 반야를 행하는 자라면,
나는 얻을 수 있고 비슷한 상의 반야바라밀다를 행하는 것이라고 이름하느
니라. 교시가여. 앞에서 말한 것과 같다면, 모두가 얻을 수 있고 비슷한
상의 반야바라밀다를 설한다고 마땅히 알아야 하느니라.

다시 다음으로 교시가여. 선남자와 선여인 등이 있어서 무상정등보리
심을 일으킨 자를 위하여 의계(意界)가 만약 항상하거나 만약 무상하다고
설하거나, 법계(法界)·의식계(意識界), …… 나아가 …… 의촉(意觸)·의촉
을 인연으로 생겨나는 여러 수가 만약 항상하거나 만약 무상하다고 설하거
나, 의계가 만약 즐겁거나 만약 괴롭다고 설하거나, 법계·의식계, 나아가
의촉·의촉을 인연으로 생겨난 여러 수가 만약 즐겁거나 만약 괴롭다고
설하거나, 의계가 만약 나이거나 만약 무아라고 설하거나, 법계·의식계,
나아가 의촉·의촉을 인연으로 생겨난 여러 수가 만약 나이거나 만약
무아라고 설하거나, 의계가 만약 청정하거나 만약 부정하다고 설하거나,
법계·의식계, 나아가 의촉·의촉을 인연으로 생겨난 여러 수가 만약 청정하
거나 만약 부정하다고 설해야 한다. 만약 이와 같은 법 등에 의지하여

반야를 수행한다면, 이것은 반야바라밀다를 행하는 것이다.

다시 이것의 말을 짓는다면 반야를 행하는 자는 의계가 만약 항상하거나 만약 무상하다고 상응하여 구하거나, 법계·의식계, 나아가 의촉·의촉을 인연으로 생겨난 여러 수가 만약 항상하거나 만약 무상하다고 상응하여 구하거나, 의계가 만약 즐겁거나 만약 괴롭다고 상응하여 구하거나, 법계·의식계, 나아가 의촉·의촉을 인연으로 생겨난 여러 수가 만약 즐겁거나 만약 괴롭다고 상응하여 구하거나, 의계가 만약 나이거나 만약 무아라고 상응하여 구하거나, 법계·의식계, 나아가 의촉·의촉을 인연으로 생겨난 여러 수가 만약 나이거나 만약 무아라고 상응하여 구하거나, 의계가 만약 청정하거나 만약 부정하다고 상응하여 구하거나, 법계·의식계, 나아가 의촉·의촉을 인연으로 생겨난 여러 수가 만약 청정하거나 만약 부정하다고 상응하여 구해야 한다. 만약 이러한 법 등을 능히 구하면서 반야를 수행한다면 이것은 반야바라밀다를 행하는 것이다.

교시가여. 만약 선남자와 선여인 등이 이와 같이 의계가 만약 항상하거나 만약 무상하다고 구하거나, 법계·의식계, 나아가 의촉·의촉을 인연으로 생겨난 여러 수가 만약 항상하거나 만약 무상하다고 구하거나, 의계가 만약 즐겁거나 만약 괴롭다고 구하거나, 법계·의식계, 나아가 의촉·의촉을 인연으로 생겨난 여러 수가 만약 즐겁거나 만약 괴롭다고 구하거나, 의계가 만약 나이거나 만약 무아라고 구하거나, 법계·의식계, 나아가 의촉·의촉을 인연으로 생겨난 여러 수가 만약 나이거나 만약 무아라고 구하거나, 의계가 만약 청정하거나 만약 부정하다고 구하거나, 법계·의식계, 나아가 의촉·의촉을 인연으로 생겨난 여러 수가 만약 청정하거나 만약 부정하다고 구하면서 이러한 법들에 의지하여 반야를 행하는 자라면, 나는 얻을 수 있고 비슷한 상의 반야바라밀다를 행하는 것이라고 이름하느니라. 교시가여. 앞에서 말한 것과 같다면, 모두가 얻을 수 있고 비슷한 상의 반야바라밀다를 설한다고 마땅히 알아야 하느니라.

다시 다음으로 교시가여. 선남자와 선여인 등이 있어서 무상정등보리심을 일으킨 자를 위하여 지계(地界)가 만약 항상하거나 만약 무상하다고 설하거나, 수(水)·화(火)·풍(風)·공(空)·식계(識界)가 만약 항상하거나 만약 무상하다고 설하거나, 지계가 만약 즐겁거나 만약 괴롭다고 설하거나, 수·화·풍·공·식계가 만약 즐겁거나 만약 괴롭다고 설하거나, 지계가 만약 나이거나 만약 무아라고 설하거나, 수·화·풍·공·식계가 만약 나이거나 만약 무아라고 설하거나, 지계가 만약 청정하거나 만약 부정하다고 설하거나, 수·화·풍·공·식계가 만약 청정하거나 만약 부정하다고 설해야 한다. 만약 이와 같은 법 등에 의지하여 반야를 수행한다면, 이것은 반야바라밀다를 행하는 것이다.

다시 이것의 말을 짓는다면 반야를 행하는 자는 지계가 만약 항상하거나 만약 무상하다고 상응하여 구하거나, 수·화·풍·공·식계가 만약 항상하거나 만약 무상하다고 상응하여 구하거나, 지계가 만약 즐겁거나 만약 괴롭다고 상응하여 구하거나, 수·화·풍·공·식계가 만약 즐겁거나 만약 괴롭다고 상응하여 구하거나, 지계가 만약 나이거나 만약 무아라고 상응하여 구하거나, 수·화·풍·공·식계가 만약 나이거나 만약 무아라고 상응하여 구하거나, 지계가 만약 청정하거나 만약 부정하다고 상응하여 구하거나, 수·화·풍·공·식계가 만약 청정하거나 만약 부정하다고 상응하여 구해야 한다. 만약 이러한 법 등을 능히 구하면서 반야를 수행한다면 이것은 반야바라밀다를 행하는 것이다.

교시가여. 만약 선남자와 선여인 등이 이와 같이 지계가 만약 항상하거나 만약 무상하다고 구하거나, 수·화·풍·공·식계가 만약 항상하거나 만약 무상하다고 구하거나, 지계가 만약 즐겁거나 만약 괴롭다고 구하거나, 수·화·풍·공·식계가 만약 즐겁거나 만약 괴롭다고 구하거나, 지계가 만약 나이거나 만약 무아라고 구하거나, 수·화·풍·공·식계가 만약 나이거나 만약 무아라고 구하거나, 지계가 만약 청정하거나 만약 부정하다고 구하거나, 수·화·풍·공·식계가 만약 청정하거나 만약 부정하다고 구하면서 이러한 법들에 의지하여 반야를 행하는 자라면, 나는 얻을 수 있고 비슷한 상의 반야바라밀다를 행하는 것이라고 이름하느니라. 교시가여. 앞에서 말한 것과 같다면, 모두가 얻을 수 있고 비슷한 상의 반야바라밀다를 설한다고 마땅히 알아야 하느니라.

다시 다음으로 교시가여. 선남자와 선여인 등이 있어서 무상정등보리심을 일으킨 자를 위하여 무명(無明)이 만약 항상하거나 만약 무상하다고 설하거나, 행(行)·식(識)·명색(名色)·육처(六處)·촉(觸)·수(受)·애(愛)·취(取)·유(有)·생(生)·노사(老死)의 수탄고우뇌(愁歎苦憂惱)가 만약 항상하거나 만약 무상하다고 설하거나, 무명이 만약 즐겁거나 만약 괴롭다고 설하거나, 행·식·명색·육처·촉·수·애·취·유·생·노사의 수탄고우뇌가 만약 즐겁거나 만약 괴롭다고 설하거나, 무명이 만약 나이거나 만약 무아라고 설하거나, 행·식·명색·육처·촉·수·애·취·유·생·노사의 수탄고우뇌가 만약 나이거나 만약 무아라고 설하거나, 무명이 만약 청정하거나 만약 부정하다고 설하거나, 행·식·명색·육처·촉·수·애·취·유·생·노사의 수탄고우뇌가 만약 청정하거나 만약 부정하다고 설해야 한다. 만약 이와 같은 법 등에 의지하여 반야를 수행한다면, 이것은 반야바라밀다를 행하는 것이다.

다시 이것의 말을 짓는다면 반야를 행하는 자는 무명이 만약 항상하거나 만약 무상하다고 상응하여 구하거나, 행, 나아가 노사의 수탄고우뇌가 만약 항상하거나 만약 무상하다고 상응하여 구하거나, 무명이 만약 즐겁거나 만약 괴롭다고 상응하여 구하거나, 행, 나아가 노사의 수탄고우뇌가 만약 즐겁거나 만약 괴롭다고 상응하여 구하거나, 무명이 만약 나이거나 만약 무아라고 상응하여 구하거나, 행, 나아가 노사의 수탄고우뇌가 만약 나이거나 만약 무아라고 상응하여 구하거나, 무명이 만약 청정하거나 만약 부정하다고 상응하여 구하거나, 행, 나아가 노사의 수탄고우뇌가 만약 청정하거나 만약 부정하다고 상응하여 구해야 한다. 만약 이러한 법 등을 능히 구하면서 반야를 수행한다면 이것은 반야바라밀다를 행하는 것이다.

교시가여. 만약 선남자와 선여인 등이 이와 같이 무명이 만약 항상하거나 만약 무상하다고 구하거나, 행, 나아가 노사의 수탄고우뇌가 만약 항상하거나 만약 무상하다고 구하거나, 무명이 만약 즐겁거나 만약 괴롭다고 구하거나, 행, 나아가 노사의 수탄고우뇌가 만약 즐겁거나 만약 괴롭다고 구하거나, 무명이 만약 나이거나 만약 무아라고 구하거나, 행, 나아가 노사의 수탄고우뇌가 만약 나이거나 만약 무아라고 구하거나, 무명이 만약 청정하거나 만약 부정하다고 구하거나, 행, 나아가 노사의 수탄고우뇌가 만약 청정하거나 만약 부정하다고 구하면서 이러한 법들에 의지하여 반야를 행하는 자라면, 나는 얻을 수 있고 비슷한 상의 반야바라밀다를 행하는 것이라고 이름하느니라. 교시가여. 앞에서 말한 것과 같다면, 모두가 얻을 수 있고 비슷한 상의 반야바라밀다를 설한다고 마땅히 알아야 하느니라.

다시 다음으로 교시가여. 선남자와 선여인 등이 있어서 무상정등보리심을 일으킨 자를 위하여 보시바라밀다(布施波羅蜜多)가 만약 항상하거나 만약 무상하다고 설하거나, 정계(淨戒)·안인(安忍)·정진(精進)·정려(靜慮)·반야바라밀다(般若波羅蜜多)가 만약 항상하거나 만약 무상하다고 설하거나, 보시바라밀다가 만약 즐겁거나 만약 괴롭다고 설하거나, 정계·안인·정진·정려·반야바라밀다가 만약 즐겁거나 만약 괴롭다고 설하거나, 보시바라밀다가 만약 나이거나 만약 무아라고 설하거나, 정계·안인·정진·정려·반야바라밀다가 만약 나이거나 만약 무아라고 설하거나, 보시바라밀다가 만약 청정하거나 만약 부정하다고 설하거나, 정계·안인·정진·정려·반야바라밀다가 만약 청정하거나 만약 부정하다고 설해야 한다. 만약 이와 같은 법 등에 의지하여 반야를 수행한다면, 이것은 반야바라밀다를 행하는 것이다.

다시 이것의 말을 짓는다면 반야를 행하는 자는 보시바라밀다가 만약 항상하거나 만약 무상하다고 상응하여 구하거나, 정계, 나아가 반야바라밀다가 만약 항상하거나 만약 무상하다고 상응하여 구하거나, 보시바라밀다가 만약 즐겁거나 만약 괴롭다고 상응하여 구하거나, 정계, 나아가 반야바라밀다가 만약 즐겁거나 만약 괴롭다고 상응하여 구하거나, 보시바라밀다가 만약 나이거나 만약 무아라고 상응하여 구하거나, 정계, 나아가 반야바라밀다가 만약 나이거나 만약 무아라고 상응하여 구하거나, 보시바라밀다가 만약 청정하거나 만약 부정하다고 상응하여 구하거나, 정계, 나아가 반야바라밀다가 만약 청정하거나 만약 부정하다고 상응하여 구해야 한다. 만약 이러한 법 등을 능히 구하면서 반야를 수행한다면 이것은 반야바라밀다를 행하는 것이다.

교시가여. 만약 선남자와 선여인 등이 이와 같이 보시바라밀다가 만약 항상하거나 만약 무상하다고 구하거나, 정계, 나아가 반야바라밀다가 만약 항상하거나 만약 무상하다고 구하거나, 보시바라밀다가 만약 즐겁거나 만약 괴롭다고 구하거나, 정계, 나아가 반야바라밀다가 만약 즐겁거나 만약 괴롭다고 구하거나, 보시바라밀다가 만약 나이거나 만약 무아라고 구하거나, 정계, 나아가 반야바라밀다가 만약 나이거나 만약 무아라고 구하거나, 보시바라밀다가 만약 청정하거나 만약 부정하다고 구하거나, 정계, 나아가 반야바라밀다가 만약 청정하거나 만약 부정하다고 구하면서 이러한 법들에 의지하여 반야를 행하는 자라면, 나는 얻을 수 있고 비슷한 상의 반야바라밀다를 행하는 것이라고 이름하느니라. 교시가여. 앞에서 말한 것과 같다면, 모두가 얻을 수 있고 비슷한 상의 반야바라밀다를 설한다고 마땅히 알아야 하느니라.

다시 다음으로 교시가여. 선남자와 선여인 등이 있어서 무상정등보리심을 일으킨 자를 위하여 내공(內空)이 만약 항상하거나 만약 무상하다고 설하거나, 외공(外空)·내외공(內外空)·공공(空空)·대공(大空)·승의공(勝義空)·유위공(有爲空)·무위공(無爲空)·필경공(畢竟空)·무제공(無際空)·산공(散空)·무변이공(無變異空)·본성공(本性空)·자상공(自相空)·공상공(共相空)·일체법공(一切法空)·불가득공(不可得空)·무성공(無性空)·자성공(自性空)·무성자성공(無性自性空)이 만약 항상하거나 만약 무상하다고 설하거나, 내공이 만약 즐겁거나 만약 괴롭다고 설하거나, 외공·내외공·공공·대공·승의공·유위공·무위공·필경공·무제공·산공·무변이공·본성공·자상공·공상공·일체법공·불가득공·무성공·자성공·무성자성공이 만약 즐겁거나 만약 괴롭다고 설하거나, 내공이 만약 나이거나 만약 무아라고 설하거나, 외공·내외공·공공·대공·승의공·유위공·무위공·필

경공·무제공·산공·무변이공·본성공·자상공·공상공·일체법공·불가득
공·무성공·자성공·무성자성공이 만약 나이거나 만약 무아라고 설하거
나, 내공이 만약 청정하거나 만약 부정하다고 설하거나, 외공·내외공·공
공·대공·승의공·유위공·무위공·필경공·무제공·산공·무변이공·본성
공·자상공·공상공·일체법공·불가득공·무성공·자성공·무성자성공이
만약 청정하거나 만약 부정하다고 설해야 한다. 만약 이와 같은 법 등에
의지하여 반야를 수행한다면, 이것은 반야바라밀다를 행하는 것이다.
　다시 이것의 말을 짓는다면 반야를 행하는 자는 내공이 만약 항상하거나
만약 무상하다고 상응하여 구하거나, 외공, 나아가 무성자성공이 만약
항상하거나 만약 무상하다고 상응하여 구하거나, 내공이 만약 즐겁거나
만약 괴롭다고 상응하여 구하거나, 외공, 나아가 무성자성공이 만약 즐겁
거나 만약 괴롭다고 상응하여 구하거나, 내공이 만약 나이거나 만약
무아라고 상응하여 구하거나, 외공, 나아가 무성자성공이 만약 나이거나
만약 무아라고 상응하여 구하거나, 내공이 만약 청정하거나 만약 부정하
다고 상응하여 구하거나, 외공, 나아가 무성자성공이 만약 청정하거나
만약 부정하다고 상응하여 구해야 한다. 만약 이러한 법 등을 능히 구하면
서 반야를 수행한다면 이것은 반야바라밀다를 행하는 것이다.
　교시가여. 만약 선남자와 선여인 등이 이와 같이 내공이 만약 항상하거
나 만약 무상하다고 구하거나, 외공, 나아가 무성자성공이 만약 항상하거
나 만약 무상하다고 구하거나, 내공이 만약 즐겁거나 만약 괴롭다고
구하거나, 외공, 나아가 무성자성공이 만약 즐겁거나 만약 괴롭다고 구하
거나, 내공이 만약 나이거나 만약 무아라고 구하거나, 외공, 나아가 무성자
성공이 만약 나이거나 만약 무아라고 구하거나, 내공이 만약 청정하거나
만약 부정하다고 구하거나, 외공, 나아가 무성자성공이 만약 청정하거나
만약 부정하다고 구하면서 이러한 법들에 의지하여 반야를 행하는 자라면,
나는 얻을 수 있고 비슷한 상의 반야바라밀다를 행하는 것이라고 이름하느
니라. 교시가여. 앞에서 말한 것과 같다면, 모두가 얻을 수 있고 비슷한
상의 반야바라밀다를 설한다고 마땅히 알아야 하느니라.

다시 다음으로 교시가여. 선남자와 선여인 등이 있어서 무상정등보리심을 일으킨 자를 위하여 진여(眞如)가 만약 항상하거나 만약 무상하다고 설하거나, 법계(法界)·법성(法性)·불허망성(不虛妄性)·불변이성(不變異性)·평등성(平等性)·이생성(離生性)·법정(法定)·법주(法住)·실제(實際)·허공계(虛空界)·부사의계(不思議界)가 만약 항상하거나 만약 무상하다고 설하거나, 진여가 만약 즐겁거나 만약 괴롭다고 설하거나, 법계·법성·불허망성·불변이성·평등성·이생성·법정·법주·실제·허공계·부사의계가 만약 즐겁거나 만약 괴롭다고 설하거나, 진여가 만약 나이거나 만약 무아라고 설하거나, 법계·법성·불허망성·불변이성·평등성·이생성·법정·법주·실제·허공계·부사의계가 만약 나이거나 만약 무아라고 설하거나, 진여가 만약 청정하거나 만약 부정하다고 설하거나, 법계·법성·불허망성·불변이성·평등성·이생성·법정·법주·실제·허공계·부사의계가 만약 청정하거나 만약 부정하다고 설해야 한다. 만약 이와 같은 법 등에 의지하여 반야를 수행한다면, 이것은 반야바라밀다를 행하는 것이다.

다시 이것의 말을 짓는다면 반야를 행하는 자는 진여가 만약 항상하거나 만약 무상하다고 상응하여 구하거나, 법계, 나아가 부사의계가 만약 항상하거나 만약 무상하다고 상응하여 구하거나, 진여가 만약 즐겁거나 만약 괴롭다고 상응하여 구하거나, 법계, 나아가 부사의계가 만약 즐겁거나 만약 괴롭다고 상응하여 구하거나, 진여가 만약 나이거나 만약 무아라고 상응하여 구하거나, 법계, 나아가 부사의계가 만약 나이거나 만약 무아라고 상응하여 구하거나, 진여가 만약 청정하거나 만약 부정하다고 상응하여 구하거나, 법계, 나아가 부사의계가 만약 청정하거나 만약 부정하다고 상응하여 구해야 한다. 만약 이러한 법 등을 능히 구하면서 반야를 수행한다면 이것은 반야바라밀다를 행하는 것이다.

교시가여. 만약 선남자와 선여인 등이 이와 같이 진여가 만약 항상하거나 만약 무상하다고 구하거나, 법계, 나아가 부사의계가 만약 항상하거나 만약 무상하다고 구하거나, 진여가 만약 즐겁거나 만약 괴롭다고 구하거나, 법계, 나아가 부사의계가 만약 즐겁거나 만약 괴롭다고 구하거나,

진여가 만약 나이거나 만약 무아라고 구하거나, 법계, 나아가 부사의계가 만약 나이거나 만약 무아라고 구하거나, 진여가 만약 청정하거나 만약 부정하다고 구하거나, 법계, 나아가 부사의계가 만약 청정하거나 만약 부정하다고 구하면서 이러한 법들에 의지하여 반야를 행하는 자라면, 나는 얻을 수 있고 비슷한 상의 반야바라밀다를 행하는 것이라고 이름하느니라. 교시가여. 앞에서 말한 것과 같다면, 모두가 얻을 수 있고 비슷한 상의 반야바라밀다를 설한다고 마땅히 알아야 하느니라.

다시 다음으로 교시가여. 선남자와 선여인 등이 있어서 무상정등보리심을 일으킨 자를 위하여 고성제(苦聖諦)가 만약 항상하거나 만약 무상하다고 설하거나, 집(集)·멸(滅)·도성제(道聖諦)가 만약 항상하거나 만약 무상하다고 설하거나, 고성제가 만약 즐겁거나 만약 괴롭다고 설하거나, 집·멸·도성제가 만약 즐겁거나 만약 괴롭다고 설하거나, 고성제가 만약 나이거나 만약 무아라고 설하거나, 집·멸·도성제가 만약 나이거나 만약 무아라고 설하거나, 고성제가 만약 청정하거나 만약 부정하다고 설하거나, 집·멸·도성제가 만약 청정하거나 만약 부정하다고 설해야 한다. 만약 이와 같은 법 등에 의지하여 반야를 수행한다면, 이것은 반야바라밀다를 행하는 것이다.

다시 이것의 말을 짓는다면 반야를 행하는 자는 고성제가 만약 항상하거나 만약 무상하다고 상응하여 구하거나, 집·멸·도성제가 만약 항상하거나 만약 무상하다고 상응하여 구하거나, 고성제가 만약 즐겁거나 만약 괴롭다고 상응하여 구하거나, 집·멸·도성제가 만약 즐겁거나 만약 괴롭다고 상응하여 구하거나, 고성제가 만약 나이거나 만약 무아라고 상응하여 구하거나, 집·멸·도성제가 만약 나이거나 만약 무아라고 상응하여 구하거나, 고성제가 만약 청정하거나 만약 부정하다고 상응하여 구하거나, 집·멸·도성제가 만약 청정하거나 만약 부정하다고 상응하여 구해야 한다. 만약 이러한 법 등을 능히 구하면서 반야를 수행한다면 이것은 반야바라밀다를 행하는 것이다.

교시가여. 만약 선남자와 선여인 등이 이와 같이 고성제가 만약 항상하거나 만약 무상하다고 구하거나, 집·멸·도성제가 만약 항상하거나 만약 무상하다고 구하거나, 고성제가 만약 즐겁거나 만약 괴롭다고 구하거나, 집·멸·도성제가 만약 즐겁거나 만약 괴롭다고 구하거나, 고성제가 만약 나이거나 만약 무아라고 구하거나, 집·멸·도성제가 만약 나이거나 만약 무아라고 구하거나, 고성제가 만약 청정하거나 만약 부정하다고 구하거나, 집·멸·도성제가 만약 청정하거나 만약 부정하다고 구하면서 이러한 법들에 의지하여 반야를 행하는 자라면, 나는 얻을 수 있고 비슷한 상의 반야바라밀다를 행하는 것이라고 이름하느니라. 교시가여. 앞에서 말한 것과 같다면, 모두가 얻을 수 있고 비슷한 상의 반야바라밀다를 설한다고 마땅히 알아야 하느니라.

다시 다음으로 교시가여. 선남자와 선여인 등이 있어서 무상정등보리심을 일으킨 자를 위하여 4정려(四靜慮)가 만약 항상하거나 만약 무상하다고 설하거나, 4무량(四無量)·4무색정(四無色定)이 만약 항상하거나 만약 무상하다고 설하거나, 4정려가 만약 즐겁거나 만약 괴롭다고 설하거나, 4무량·4무색정이 만약 즐겁거나 만약 괴롭다고 설하거나, 4정려가 만약 나이거나 만약 무아라고 설하거나, 4무량·4무색정이 만약 나이거나 만약 무아라고 설하거나, 4정려가 만약 청정하거나 만약 부정하다고 설하거나, 4무량·4무색정이 만약 청정하거나 만약 부정하다고 설해야 한다. 만약 이와 같은 법 등에 의지하여 반야를 수행한다면, 이것은 반야바라밀다를 행하는 것이다.

다시 이것의 말을 짓는다면 반야를 행하는 자는 4정려가 만약 항상하거나 만약 무상하다고 상응하여 구하거나, 4무량·4무색정이 만약 항상하거나 만약 무상하다고 상응하여 구하거나, 4정려가 만약 즐겁거나 만약 괴롭다고 상응하여 구하거나, 4무량·4무색정이 만약 즐겁거나 만약 괴롭다고 상응하여 구하거나, 4정려가 만약 나이거나 만약 무아라고 상응하여 구하거나, 4무량·4무색정이 만약 나이거나 만약 무아라고 상응하여 구하거나, 4정려가 만약 청정하거나 만약 부정하다고 상응하여 구하거나, 4무량·4무색정이 만약 청정하거나 만약 부정하다고 상응하여 구해야 한다. 만약 이러한 법 등을 능히 구하면서 반야를 수행한다면 이것은 반야바라밀다를 행하는 것이다.

교시가여. 만약 선남자와 선여인 등이 이와 같이 4정려가 만약 항상하거나 만약 무상하다고 구하거나, 4무량·4무색정이 만약 항상하거나 만약 무상하다고 구하거나, 4정려가 만약 즐겁거나 만약 괴롭다고 구하거나, 4무량·4무색정이 만약 즐겁거나 만약 괴롭다고 구하거나, 4정려가 만약 나이거나 만약 무아라고 구하거나, 4무량·4무색정이 만약 나이거나 만약 무아라고 구하거나, 4정려가 만약 청정하거나 만약 부정하다고 구하거나, 4무량·4무색정이 만약 청정하거나 만약 부정하다고 구하면서 이러한 법들에 의지하여 반야를 행하는 자라면, 나는 얻을 수 있고 비슷한 상의 반야바라밀다를 행하는 것이라고 이름하느니라. 교시가여. 앞에서 말한 것과 같다면, 모두가 얻을 수 있고 비슷한 상의 반야바라밀다를 설한다고 마땅히 알아야 하느니라."

마하반야바라밀다경 제137권

30. 교량공덕품(校量功悳品)(35)

"다시 다음으로 교시가여. 선남자와 선여인 등이 있어서 무상정등보리
심을 일으킨 자를 위하여 8해탈(八解脫)이 만약 항상하거나 만약 무상하다
고 설하거나, 8승처(八勝處)·9차제정(九次第定)·10변처(十遍處)가 만약 항
상하거나 만약 무상하다고 설하거나, 8해탈이 만약 즐겁거나 만약 괴롭다
고 설하거나, 8승처·9차제정·10변처가 만약 즐겁거나 만약 괴롭다고
설하거나, 8해탈이 만약 나이거나 만약 무아라고 설하거나, 8승처·9차제
정·10변처가 만약 나이거나 만약 무아라고 설하거나, 8해탈이 만약 청정
하거나 만약 부정하다고 설하거나, 8승처·9차제정·10변처가 만약 청정하
거나 만약 부정하다고 설해야 한다. 만약 이와 같은 법 등에 의지하여
반야를 수행한다면, 이것은 반야바라밀다를 행하는 것이다.
　다시 이것의 말을 짓는다면 반야를 행하는 자는 8해탈이 만약 항상하거
나 만약 무상하다고 상응하여 구하거나, 8승처·9차제정·10변처가 만약
항상하거나 만약 무상하다고 상응하여 구하거나, 8해탈이 만약 즐겁거나
만약 괴롭다고 상응하여 구하거나, 8승처·9차제정·10변처가 만약 즐겁거
나 만약 괴롭다고 상응하여 구하거나, 8해탈이 만약 나이거나 만약 무아라
고 상응하여 구하거나, 8승처·9차제정·10변처가 만약 나이거나 만약
무아라고 상응하여 구하거나, 8해탈이 만약 청정하거나 만약 부정하다고
상응하여 구하거나, 8승처·9차제정·10변처가 만약 청정하거나 만약 부정
하다고 상응하여 구해야 한다. 만약 이러한 법 등을 능히 구하면서 반야를

수행한다면 이것은 반야바라밀다를 행하는 것이다.

교시가여. 만약 선남자와 선여인 등이 이와 같이 8해탈이 만약 항상하거나 만약 무상하다고 구하거나, 8승처·9차제정·10변처가 만약 항상하거나 만약 무상하다고 구하거나, 8해탈이 만약 즐겁거나 만약 괴롭다고 구하거나, 8승처·9차제정·10변처가 만약 즐겁거나 만약 괴롭다고 구하거나, 8해탈이 만약 나이거나 만약 무아라고 구하거나, 8승처·9차제정·10변처가 만약 나이거나 만약 무아라고 구하거나, 8해탈이 만약 청정하거나 만약 부정하다고 구하거나, 8승처·9차제정·10변처가 만약 청정하거나 만약 부정하다고 구하면서 이러한 법들에 의지하여 반야를 행하는 자라면, 나는 얻을 수 있고 비슷한 상의 반야바라밀다를 행하는 것이라고 이름하느니라. 교시가여. 앞에서 말한 것과 같다면, 모두가 얻을 수 있고 비슷한 상의 반야바라밀다를 설한다고 마땅히 알아야 하느니라.

다시 다음으로 교시가여. 선남자와 선여인 등이 있어서 무상정등보리심을 일으킨 자를 위하여 4념주(四念住)가 만약 항상하거나 만약 무상하다고 설하거나, 4정단(四正斷)·4신족(四神足)·5근(五根)·5력(五力)·7등각지(七等覺支)·8성도지(八聖道支)가 만약 항상하거나 만약 무상하다고 설하거나, 4념주가 만약 즐겁거나 만약 괴롭다고 설하거나, 4정단·4신족·5근·5력·7등각지·8성도지가 만약 즐겁거나 만약 괴롭다고 설하거나, 4념주가 만약 나이거나 만약 무아라고 설하거나, 4정단·4신족·5근·5력·7등각지·8성도지가 만약 나이거나 만약 무아라고 설하거나, 4념주가 만약 청정하거나 만약 부정하다고 설하거나, 4정단·4신족·5근·5력·7등각지·8성도지가 만약 청정하거나 만약 부정하다고 설해야 한다. 만약 이와 같은 법 등에 의지하여 반야를 수행한다면, 이것은 반야바라밀다를 행하는 것이다.

다시 이것의 말을 짓는다면 반야를 행하는 자는 4념주가 만약 항상하거나 만약 무상하다고 상응하여 구하거나, 4정단, 나아가 8성도지가 만약 항상하거나 만약 무상하다고 상응하여 구하거나, 4념주가 만약 즐겁거나 만약 괴롭다고 상응하여 구하거나, 4정단, 나아가 8성도지가 만약 즐겁거나 만약 괴롭다고 상응하여 구하거나, 4념주가 만약 나이거나 만약 무아라고 상응하여 구하거나, 4정단, 나아가 8성도지가 만약 나이거나 만약 무아라고 상응하여 구하거나, 4념주가 만약 청정하거나 만약 부정하다고 상응하여 구하거나, 4정단, 나아가 8성도지가 만약 청정하거나 만약 부정하다고 상응하여 구해야 한다. 만약 이러한 법 등을 능히 구하면서 반야를 수행한다면 이것은 반야바라밀다를 행하는 것이다.

교시가여. 만약 선남자와 선여인 등이 이와 같이 4념주가 만약 항상하거나 만약 무상하다고 구하거나, 4정단, 나아가 8성도지가 만약 항상하거나 만약 무상하다고 구하거나, 4념주가 만약 즐겁거나 만약 괴롭다고 구하거나, 4정단, 나아가 8성도지가 만약 즐겁거나 만약 괴롭다고 구하거나, 4념주가 만약 나이거나 만약 무아라고 구하거나, 4정단, 나아가 8성도지가 만약 나이거나 만약 무아라고 구하거나, 4념주가 만약 청정하거나 만약 부정하다고 구하거나, 4정단, 나아가 8성도지가 만약 청정하거나 만약 부정하다고 구하면서 이러한 법들에 의지하여 반야를 행하는 자라면, 나는 얻을 수 있고 비슷한 상의 반야바라밀다를 행하는 것이라고 이름하느니라. 교시가여. 앞에서 말한 것과 같다면, 모두가 얻을 수 있고 비슷한 상의 반야바라밀다를 설한다고 마땅히 알아야 하느니라.

다시 다음으로 교시가여. 선남자와 선여인 등이 있어서 무상정등보리심을 일으킨 자를 위하여 공해탈문(空解脫門)이 만약 항상하거나 만약 무상하다고 설하거나, 무상(無相)·무원해탈문(無願解脫門)이 만약 항상하거나 만약 무상하다고 설하거나, 공해탈문이 만약 즐겁거나 만약 괴롭다고 설하거나, 무상·무원해탈문이 만약 즐겁거나 만약 괴롭다고 설하거나, 공해탈문이 만약 나이거나 만약 무아라고 설하거나, 무상·무원해탈문이 만약 나이거나 만약 무아라고 설하거나, 공해탈문이 만약 청정하거나 만약 부정하다고 설하거나, 무상·무원해탈문이 만약 청정하거나 만약 부정하다고 설해야 한다. 만약 이와 같은 법 등에 의지하여 반야를 수행한다면, 이것은 반야바라밀다를 행하는 것이다.

다시 이것의 말을 짓는다면 반야를 행하는 자는 공해탈문이 만약 항상하거나 만약 무상하다고 상응하여 구하거나, 무상·무원해탈문이

만약 항상하거나 만약 무상하다고 상응하여 구하거나, 공해탈문이 만약
즐겁거나 만약 괴롭다고 상응하여 구하거나, 무상·무원해탈문이 만약
즐겁거나 만약 괴롭다고 상응하여 구하거나, 공해탈문이 만약 나이거나
만약 무아라고 상응하여 구하거나, 무상·무원해탈문이 만약 나이거나
만약 무아라고 상응하여 구하거나, 공해탈문이 만약 청정하거나 만약
부정하다고 상응하여 구하거나, 무상·무원해탈문이 만약 청정하거나
만약 부정하다고 상응하여 구해야 한다. 만약 이러한 법 등을 능히 구하면
서 반야를 수행한다면 이것은 반야바라밀다를 행하는 것이다.

교시가여. 만약 선남자와 선여인 등이 이와 같이 공해탈문이 만약
항상하거나 만약 무상하다고 구하거나, 무상·무원해탈문이 만약 항상하
거나 만약 무상하다고 구하거나, 공해탈문이 만약 즐겁거나 만약 괴롭다
고 구하거나, 무상·무원해탈문이 만약 즐겁거나 만약 괴롭다고 구하거나,
공해탈문이 만약 나이거나 만약 무아라고 구하거나, 무상·무원해탈문이
만약 나이거나 만약 무아라고 구하거나, 공해탈문이 만약 청정하거나
만약 부정하다고 구하거나, 무상·무원해탈문이 만약 청정하거나 만약
부정하다고 구하면서 이러한 법들에 의지하여 반야를 행하는 자라면,
나는 얻을 수 있고 비슷한 상의 반야바라밀다를 행하는 것이라고 이름하느
니라. 교시가여. 앞에서 말한 것과 같다면, 모두가 얻을 수 있고 비슷한
상의 반야바라밀다를 설한다고 마땅히 알아야 하느니라.

다시 다음으로 교시가여. 선남자와 선여인 등이 있어서 무상정등보리
심을 일으킨 자를 위하여 5안(五眼)이 만약 항상하거나 만약 무상하다고
설하거나, 6신통(六神通)이 만약 항상하거나 만약 무상하다고 설하거나,
5안이 만약 즐겁거나 만약 괴롭다고 설하거나, 6신통이 만약 즐겁거나
만약 괴롭다고 설하거나, 5안이 만약 나이거나 만약 무아라고 설하거나,
6신통이 만약 나이거나 만약 무아라고 설하거나, 5안이 만약 청정하거나
만약 부정하다고 설하거나, 6신통이 만약 청정하거나 만약 부정하다고
설해야 한다. 만약 이와 같은 법 등에 의지하여 반야를 수행한다면,
이것은 반야바라밀다를 행하는 것이다.

다시 이것의 말을 짓는다면 반야를 행하는 자는 5안이 만약 항상하거나 만약 무상하다고 상응하여 구하거나, 6신통이 만약 항상하거나 만약 무상하다고 상응하여 구하거나, 5안이 만약 즐겁거나 만약 괴롭다고 상응하여 구하거나, 6신통이 만약 즐겁거나 만약 괴롭다고 상응하여 구하거나, 5안이 만약 나이거나 만약 무아라고 상응하여 구하거나, 6신통이 만약 나이거나 만약 무아라고 상응하여 구하거나, 5안이 만약 청정하거나 만약 부정하다고 상응하여 구하거나, 6신통이 만약 청정하거나 만약 부정하다고 상응하여 구해야 한다. 만약 이러한 법 등을 능히 구하면서 반야를 수행한다면 이것은 반야바라밀다를 행하는 것이다.

교시가여. 만약 선남자와 선여인 등이 이와 같이 5안이 만약 항상하거나 만약 무상하다고 구하거나, 6신통이 만약 항상하거나 만약 무상하다고 구하거나, 5안이 만약 즐겁거나 만약 괴롭다고 구하거나, 6신통이 만약 즐겁거나 만약 괴롭다고 구하거나, 5안이 만약 나이거나 만약 무아라고 구하거나, 6신통이 만약 나이거나 만약 무아라고 구하거나, 5안이 만약 청정하거나 만약 부정하다고 구하거나, 6신통이 만약 청정하거나 만약 부정하다고 구하면서 이러한 법들에 의지하여 반야를 행하는 자라면, 나는 얻을 수 있고 비슷한 상의 반야바라밀다를 행하는 것이라고 이름하느니라. 교시가여. 앞에서 말한 것과 같다면, 모두가 얻을 수 있고 비슷한 상의 반야바라밀다를 설한다고 마땅히 알아야 하느니라.

다시 다음으로 교시가여. 선남자와 선여인 등이 있어서 무상정등보리심을 일으킨 자를 위하여 여래(佛)의 10력(十力)이 만약 항상하거나 만약 무상하다고 설하거나, 4무소외(四無所畏)·4무애해(四無礙解)·대자(大慈)·대비(大悲)·대희(大喜)·대사(大捨)·18불불공법(十八佛不共法)이 만약 항상하거나 만약 무상하다고 설하거나, 여래의 10력이 만약 즐겁거나 만약 괴롭다고 설하거나, 4무소외·4무애해·대자·대비·대희·대사·18불불공법이 만약 즐겁거나 만약 괴롭다고 설하거나, 여래의 10력이 만약 나이거나 만약 무아라고 설하거나, 4무소외·4무애해·대자·대비·대희·대사·18불불공법이 만약 나이거나 만약 무아라고 설하거나, 여래의 10력이 만약 청정하거나 만약 부정하다고 설하거나, 4무소외·4무애해·대자·대비·대희·대사·18불불공법이 만약 청정하거나 만약 부정하다고 설해야 한다. 만약 이와 같은 법 등에 의지하여 반야를 수행한다면, 이것은 반야바라밀다를 행하는 것이다.

다시 이것의 말을 짓는다면 반야를 행하는 자는 여래의 10력이 만약 항상하거나 만약 무상하다고 상응하여 구하거나, 4무소외, 나아가 18불불공법이 만약 항상하거나 만약 무상하다고 상응하여 구하거나, 여래의 10력이 만약 즐겁거나 만약 괴롭다고 상응하여 구하거나, 4무소외, 나아가 18불불공법이 만약 즐겁거나 만약 괴롭다고 상응하여 구하거나, 여래의 10력이 만약 나이거나 만약 무아라고 상응하여 구하거나, 4무소외, 나아가 18불불공법이 만약 나이거나 만약 무아라고 상응하여 구하거나, 여래의 10력이 만약 청정하거나 만약 부정하다고 상응하여 구하거나, 4무소외, 나아가 18불불공법이 만약 청정하거나 만약 부정하다고 상응하여 구해야 한다. 만약 이러한 법 등을 능히 구하면서 반야를 수행한다면 이것은 반야바라밀다를 행하는 것이다.

교시가여. 만약 선남자와 선여인 등이 이와 같이 여래의 10력이 만약 항상하거나 만약 무상하다고 구하거나, 4무소외, 나아가 18불불공법이 만약 항상하거나 만약 무상하다고 구하거나, 여래의 10력이 만약 즐겁거나 만약 괴롭다고 구하거나, 4무소외, 나아가 18불불공법이 만약 즐겁거나 만약 괴롭다고 구하거나, 여래의 10력이 만약 나이거나 만약 무아라고 구하거나, 4무소외, 나아가 18불불공법이 만약 나이거나 만약 무아라고 구하거나, 여래의 10력이 만약 청정하거나 만약 부정하다고 구하거나, 4무소외, 나아가 18불불공법이 만약 청정하거나 만약 부정하다고 구하면서 이러한 법들에 의지하여 반야를 행하는 자라면, 나는 얻을 수 있고 비슷한 상의 반야바라밀다를 행하는 것이라고 이름하느니라. 교시가여. 앞에서 말한 것과 같다면, 모두가 얻을 수 있고 비슷한 상의 반야바라밀다를 설한다고 마땅히 알아야 하느니라.

다시 다음으로 교시가여. 선남자와 선여인 등이 있어서 무상정등보리

심을 일으킨 자를 위하여 무망실법(無忘失法)이 만약 항상하거나 만약
무상하다고 설하거나, 항주사성(恒住捨性)이 만약 항상하거나 만약 무상
하다고 설하거나, 무망실법이 만약 즐겁거나 만약 괴롭다고 설하거나,
항주사성이 만약 즐겁거나 만약 괴롭다고 설하거나, 무망실법이 만약
나이거나 만약 무아라고 설하거나, 항주사성이 만약 나이거나 만약 무아
라고 설하거나, 무망실법이 만약 청정하거나 만약 부정하다고 설하거나,
항주사성이 만약 청정하거나 만약 부정하다고 설해야 한다. 만약 이와
같은 법 등에 의지하여 반야를 수행한다면, 이것은 반야바라밀다를 행하
는 것이다.

　다시 이것의 말을 짓는다면 반야를 행하는 자는 무망실법이 만약
항상하거나 만약 무상하다고 상응하여 구하거나, 항주사성이 만약 항상하
거나 만약 무상하다고 상응하여 구하거나, 무망실법이 만약 즐겁거나
만약 괴롭다고 상응하여 구하거나, 항주사성이 만약 즐겁거나 만약 괴롭
다고 상응하여 구하거나, 무망실법이 만약 나이거나 만약 무아라고 상응
하여 구하거나, 항주사성이 만약 나이거나 만약 무아라고 상응하여 구하
거나, 무망실법이 만약 청정하거나 만약 부정하다고 상응하여 구하거나,
항주사성이 만약 청정하거나 만약 부정하다고 상응하여 구해야 한다.
만약 이러한 법 등을 능히 구하면서 반야를 수행한다면 이것은 반야바라밀
다를 행하는 것이다.

　교시가여. 만약 선남자와 선여인 등이 이와 같이 무망실법이 만약
항상하거나 만약 무상하다고 구하거나, 항주사성이 만약 항상하거나
만약 무상하다고 구하거나, 무망실법이 만약 즐겁거나 만약 괴롭다고
구하거나, 항주사성이 만약 즐겁거나 만약 괴롭다고 구하거나, 무망실법
이 만약 나이거나 만약 무아라고 구하거나, 항주사성이 만약 나이거나
만약 무아라고 구하거나, 무망실법이 만약 청정하거나 만약 부정하다고
구하거나, 항주사성이 만약 청정하거나 만약 부정하다고 구하면서 이러한
법들에 의지하여 반야를 행하는 자라면, 나는 얻을 수 있고 비슷한 상의
반야바라밀다를 행하는 것이라고 이름하느니라. 교시가여. 앞에서 말한

것과 같다면, 모두가 얻을 수 있고 비슷한 상의 반야바라밀다를 설한다고 마땅히 알아야 하느니라.

다시 다음으로 교시가여. 선남자와 선여인 등이 있어서 무상정등보리심을 일으킨 자를 위하여 일체지(一切智)가 만약 항상하거나 만약 무상하다고 설하거나, 도상지(道相智)·일체상지(一切相智)가 만약 항상하거나 만약 무상하다고 설하거나, 일체지가 만약 즐겁거나 만약 괴롭다고 설하거나, 도상지·일체상지가 만약 즐겁거나 만약 괴롭다고 설하거나, 일체지가 만약 나이거나 만약 무아라고 설하거나, 도상지·일체상지가 만약 나이거나 만약 무아라고 설하거나, 일체지가 만약 청정하거나 만약 부정하다고 설하거나, 도상지·일체상지가 만약 청정하거나 만약 부정하다고 설해야 한다. 만약 이와 같은 법 등에 의지하여 반야를 수행한다면, 이것은 반야바라밀다를 행하는 것이다.

다시 이것의 말을 짓는다면 반야를 행하는 자는 일체지가 만약 항상하거나 만약 무상하다고 상응하여 구하거나, 도상지·일체상지가 만약 항상하거나 만약 무상하다고 상응하여 구하거나, 일체지가 만약 즐겁거나 만약 괴롭다고 상응하여 구하거나, 도상지·일체상지가 만약 즐겁거나 만약 괴롭다고 상응하여 구하거나, 일체지가 만약 나이거나 만약 무아라고 상응하여 구하거나, 도상지·일체상지가 만약 나이거나 만약 무아라고 상응하여 구하거나, 일체지가 만약 청정하거나 만약 부정하다고 상응하여 구하거나, 도상지·일체상지가 만약 청정하거나 만약 부정하다고 상응하여 구해야 한다. 만약 이러한 법 등을 능히 구하면서 반야를 수행한다면 이것은 반야바라밀다를 행하는 것이다.

교시가여. 만약 선남자와 선여인 등이 이와 같이 일체지가 만약 항상하거나 만약 무상하다고 구하거나, 도상지·일체상지가 만약 항상하거나 만약 무상하다고 구하거나, 일체지가 만약 즐겁거나 만약 괴롭다고 구하거나, 도상지·일체상지가 만약 즐겁거나 만약 괴롭다고 구하거나, 일체지가 만약 나이거나 만약 무아라고 구하거나, 도상지·일체상지가 만약 나이거나 만약 무아라고 구하거나, 일체지가 만약 청정하거나 만약 부정하다고 구하거나, 도상지·일체상지가 만약 청정하거나 만약 부정하다고 구하면서 이러한 법들에 의지하여 반야를 행하는 자라면, 나는 얻을 수 있고 비슷한 상의 반야바라밀다를 행하는 것이라고 이름하느니라. 교시가여. 앞에서 말한 것과 같다면, 모두가 얻을 수 있고 비슷한 상의 반야바라밀다를 설한다고 마땅히 알아야 하느니라.

　다시 다음으로 교시가여. 선남자와 선여인 등이 있어서 무상정등보리심을 일으킨 자를 위하여 일체의 다라니문(陀羅尼門)이 만약 항상하거나 만약 무상하다고 설하거나, 일체의 삼마지문(三摩地門)이 만약 항상하거나 만약 무상하다고 설하거나, 일체의 다라니문이 만약 즐겁거나 만약 괴롭다고 설하거나, 일체의 삼마지문이 만약 즐겁거나 만약 괴롭다고 설하거나, 일체의 다라니문이 만약 나이거나 만약 무아라고 설하거나, 일체의 삼마지문이 만약 나이거나 만약 무아라고 설하거나, 일체의 다라니문이 만약 청정하거나 만약 부정하다고 설하거나, 일체의 삼마지문이 만약 청정하거나 만약 부정하다고 설해야 한다. 만약 이와 같은 법 등에 의지하여 반야를 수행한다면, 이것은 반야바라밀다를 행하는 것이다.

　다시 이것의 말을 짓는다면 반야를 행하는 자는 일체의 다라니문이 만약 항상하거나 만약 무상하다고 상응하여 구하거나, 일체의 삼마지문이 만약 항상하거나 만약 무상하다고 상응하여 구하거나, 일체의 다라니문이 만약 즐겁거나 만약 괴롭다고 상응하여 구하거나, 일체의 삼마지문이 만약 즐겁거나 만약 괴롭다고 상응하여 구하거나, 일체의 다라니문이 만약 나이거나 만약 무아라고 상응하여 구하거나, 일체의 삼마지문이 만약 나이거나 만약 무아라고 상응하여 구하거나, 일체의 다라니문이 만약 청정하거나 만약 부정하다고 상응하여 구하거나, 일체의 삼마지문이 만약 청정하거나 만약 부정하다고 상응하여 구해야 한다. 만약 이러한 법 등을 능히 구하면서 반야를 수행한다면 이것은 반야바라밀다를 행하는 것이다.

　교시가여. 만약 선남자와 선여인 등이 이와 같이 일체의 다라니문이 만약 항상하거나 만약 무상하다고 구하거나, 일체의 삼마지문이 만약

항상하거나 만약 무상하다고 구하거나, 일체의 다라니문이 만약 즐겁거나
만약 괴롭다고 구하거나, 일체의 삼마지문이 만약 즐겁거나 만약 괴롭다
고 구하거나, 일체의 다라니문이 만약 나이거나 만약 무아라고 구하거나,
일체의 삼마지문이 만약 나이거나 만약 무아라고 구하거나, 일체의 다라
니문이 만약 청정하거나 만약 부정하다고 구하거나, 일체의 삼마지문이
만약 청정하거나 만약 부정하다고 구하면서 이러한 법들에 의지하여
반야를 행하는 자라면, 나는 얻을 수 있고 비슷한 상의 반야바라밀다를
행하는 것이라고 이름하느니라. 교시가여. 앞에서 말한 것과 같다면,
모두가 얻을 수 있고 비슷한 상의 반야바라밀다를 설한다고 마땅히 알아야
하느니라.

다시 다음으로 교시가여. 선남자와 선여인 등이 있어서 무상정등보리
심을 일으킨 자를 위하여 예류향(預流向)·예류과(預流果)가 만약 항상하거
나 만약 무상하다고 설하거나, 일래향(一來向)·일래과(一來果)·불환향(不
還向)·불환과(不還果)·아라한향(阿羅漢向)·아라한과(阿羅漢果)가 만약 항
상하거나 만약 무상하다고 설하거나, 예류향·예류과가 만약 즐겁거나
만약 괴롭다고 설하거나, 일래향·일래과·불환향·불환과·아라한향·아라
한과가 만약 즐겁거나 만약 괴롭다고 설하거나, 예류향·예류과가 만약
나이거나 만약 무아라고 설하거나, 일래향·일래과·불환향·불환과·아라
한향·아라한과가 만약 나이거나 만약 무아라고 설하거나, 예류향·예류과
가 만약 청정하거나 만약 부정하다고 설하거나, 일래향·일래과·불환향·
불환과·아라한향·아라한과가 만약 청정하거나 만약 부정하다고 설해야
한다. 만약 이와 같은 법 등에 의지하여 반야를 수행한다면, 이것은
반야바라밀다를 행하는 것이다.

다시 이것의 말을 짓는다면 반야를 행하는 자는 예류향·예류과가 만약
항상하거나 만약 무상하다고 상응하여 구하거나, 일래향·일래과·불환향
·불환과·아라한향·아라한과가 만약 항상하거나 만약 무상하다고 상응하
여 구하거나, 예류향·예류과가 만약 즐겁거나 만약 괴롭다고 상응하여
구하거나, 일래향·일래과·불환향·불환과·아라한향·아라한과가 만약 즐

겁거나 만약 괴롭다고 상응하여 구하거나, 예류향·예류과가 만약 나이거나 만약 무아라고 상응하여 구하거나, 일래향·일래과·불환향·불환과·아라한향·아라한과가 만약 나이거나 만약 무아라고 상응하여 구하거나, 예류향·예류과가 만약 청정하거나 만약 부정하다고 상응하여 구하거나, 일래향·일래과·불환향·불환과·아라한향·아라한과가 만약 청정하거나 만약 부정하다고 상응하여 구해야 한다. 만약 이러한 법 등을 능히 구하면서 반야를 수행한다면 이것은 반야바라밀다를 행하는 것이다.

교시가여. 만약 선남자와 선여인 등이 이와 같이 예류향·예류과가 만약 항상하거나 만약 무상하다고 구하거나, 일래향·일래과·불환향·불환과·아라한향·아라한과가 만약 항상하거나 만약 무상하다고 구하거나, 예류향·예류과가 만약 즐겁거나 만약 괴롭다고 구하거나, 일래향·일래과·불환향·불환과·아라한향·아라한과가 만약 즐겁거나 만약 괴롭다고 구하거나, 예류향·예류과가 만약 나이거나 만약 무아라고 구하거나, 일래향·일래과·불환향·불환과·아라한향·아라한과가 만약 나이거나 만약 무아라고 구하거나, 예류향·예류과가 만약 청정하거나 만약 부정하다고 구하거나, 일래향·일래과·불환향·불환과·아라한향·아라한과가 만약 청정하거나 만약 부정하다고 구하면서 이러한 법들에 의지하여 반야를 행하는 자라면, 나는 얻을 수 있고 비슷한 상의 반야바라밀다를 행하는 것이라고 이름하느니라. 교시가여. 앞에서 말한 것과 같다면, 모두가 얻을 수 있고 비슷한 상의 반야바라밀다를 설한다고 마땅히 알아야 하느니라.

다시 다음으로 교시가여. 선남자와 선여인 등이 있어서 무상정등보리심을 일으킨 자를 위하여 독각(獨覺)의 보리(菩提)가 만약 항상하거나 만약 무상하다고 설하거나, 독각의 보리가 만약 즐겁거나 만약 괴롭다고 설하거나, 독각의 보리가 만약 나이거나 만약 무아라고 설하거나, 독각의 보리가 만약 청정하거나 만약 부정하다고 설해야 한다. 만약 이와 같은 법 등에 의지하여 반야를 수행한다면, 이것은 반야바라밀다를 행하는 것이다.

다시 이것의 말을 짓는다면 반야를 행하는 자는 독각의 보리가 만약 항상하거나 만약 무상하다고 상응하여 구하거나, 독각의 보리가 만약 즐겁거나 만약 괴롭다고 상응하여 구하거나, 독각의 보리가 만약 나이거나 만약 무아라고 상응하여 구하거나, 독각의 보리가 만약 청정하거나 만약 부정하다고 상응하여 구해야 한다. 만약 이러한 법 등을 능히 구하면서 반야를 수행한다면 이것은 반야바라밀다를 행하는 것이다.

교시가여. 만약 선남자와 선여인 등이 이와 같이 독각의 보리가 만약 항상하거나 만약 무상하다고 구하거나, 독각의 보리가 만약 즐겁거나 만약 괴롭다고 구하거나, 독각의 보리가 만약 나이거나 만약 무아라고 구하거나, 독각의 보리가 만약 청정하거나 만약 부정하다고 구하면서 이러한 법들에 의지하여 반야를 행하는 자라면, 나는 얻을 수 있고 비슷한 상의 반야바라밀다를 행하는 것이라고 이름하느니라. 교시가여. 앞에서 말한 것과 같다면, 모두가 얻을 수 있고 비슷한 상의 반야바라밀다를 설한다고 마땅히 알아야 하느니라.

다시 다음으로 교시가여. 선남자와 선여인 등이 있어서 무상정등보리심을 일으킨 자를 위하여 일체의 보살마하살(菩薩摩訶薩)의 행(行)이 만약 항상하거나 만약 무상하다고 설하거나, 일체의 보살마하살의 행이 만약 즐겁거나 만약 괴롭다고 설하거나, 일체의 보살마하살의 행이 만약 나이거나 만약 무아라고 설하거나, 일체의 보살마하살의 행이 만약 청정하거나 만약 부정하다고 설해야 한다. 만약 이와 같은 법 등에 의지하여 반야를 수행한다면, 이것은 반야바라밀다를 행하는 것이다.

다시 이것의 말을 짓는다면 반야를 행하는 자는 일체의 보살마하살의 행이 만약 항상하거나 만약 무상하다고 상응하여 구하거나, 일체의 보살마하살의 행이 만약 즐겁거나 만약 괴롭다고 상응하여 구하거나, 일체의 보살마하살의 행이 만약 나이거나 만약 무아라고 상응하여 구하거나, 일체의 보살마하살의 행이 만약 청정하거나 만약 부정하다고 상응하여 구해야 한다. 만약 이러한 법 등을 능히 구하면서 반야를 수행하고 있다면 이것은 반야바라밀다를 행하는 것이다.

교시가여. 만약 선남자와 선여인 등이 이와 같이 일체의 보살마하살의 행이 만약 항상하거나 만약 무상하다고 구하거나, 일체의 보살마하살의 행이 만약 즐겁거나 만약 괴롭다고 구하거나, 일체의 보살마하살의 행이 만약 나이거나 만약 무아라고 구하거나, 일체의 보살마하살의 행이 만약 청정하거나 만약 부정하다고 구하면서 이러한 법들에 의지하여 반야를 행하는 자라면, 나는 얻을 수 있고 비슷한 상의 반야바라밀다를 행하는 것이라고 이름하느니라. 교시가여. 앞에서 말한 것과 같다면, 모두가 얻을 수 있고 비슷한 상의 반야바라밀다를 설한다고 마땅히 알아야 하느니라.

다시 다음으로 교시가여. 선남자와 선여인 등이 있어서 무상정등보리심을 일으킨 자를 위하여 제불의 무상정등보리(無上正等菩提)가 만약 항상하거나 만약 무상하다고 설하거나, 제불의 무상정등보리가 만약 즐겁거나 만약 괴롭다고 설하거나, 제불의 무상정등보리가 만약 나이거나 만약 무아라고 설하거나, 제불의 무상정등보리가 만약 청정하거나 만약 부정하다고 설해야 한다. 만약 이와 같은 법 등에 의지하여 반야를 수행한다면, 이것은 반야바라밀다를 행하는 것이다.

다시 이것의 말을 짓는다면 반야를 행하는 자는 제불의 무상정등보리가 만약 항상하거나 만약 무상하다고 상응하여 구하거나, 제불의 무상정등보리가 만약 즐겁거나 만약 괴롭다고 상응하여 구하거나, 제불의 무상정등보리가 만약 나이거나 만약 무아라고 상응하여 구하거나, 제불의 무상정등보리가 만약 청정하거나 만약 부정하다고 상응하여 구해야 한다. 만약 이러한 법 등을 능히 구하면서 반야를 수행하고 있다면 이것은 반야바라밀다를 행하는 것이다.

교시가여. 만약 선남자와 선여인 등이 이와 같이 제불의 무상정등보리가 만약 항상하거나 만약 무상하다고 구하거나, 제불의 무상정등보리가 만약 즐겁거나 만약 괴롭다고 구하거나, 제불의 무상정등보리가 만약 나이거나 만약 무아라고 구하거나, 제불의 무상정등보리가 만약 청정하거나 만약 부정하다고 구하면서 이러한 법들에 의지하여 반야를 행하는 자라면, 나는 얻을 수 있고 비슷한 상의 반야바라밀다를 행하는 것이라고 이름하느니라. 교시가여. 앞에서 말한 것과 같다면, 모두가 얻을 수 있고 비슷한 상의 반야바라밀다를 설한다고 마땅히 알아야 하느니라."

그때 천제석이 다시 세존께 아뢰어 말하였다.

"세존이시여. 무엇을 선남자와 선여인 등이 얻을 수 있는 것으로 정려바라밀다를 설한다면 비슷한 상의 정려바라밀다를 설한다고 이름합니까?"

세존께서 말씀하셨다.

"교시가여. 선남자와 선여인 등이 있어서 무상정등보리심을 일으킨 자를 위하여 색이 만약 항상하거나 만약 무상하다고 설하거나, 수·상·행·식이 만약 항상하거나 만약 무상하다고 설하거나, 색이 만약 즐겁거나 만약 괴롭다고 설하거나, 수·상·행·식이 만약 즐겁거나 만약 괴롭다고 설하거나, 색이 만약 나이거나 만약 무아라고 설하거나, 수·상·행·식이 만약 나이거나 만약 무아라고 설하거나, 색이 만약 청정하거나 만약 부정하다고 설하거나, 수·상·행·식이 만약 청정하거나 만약 부정하다고 설해야 한다. 만약 이와 같은 법 등에 의지하여 정려를 수행한다면, 이것은 정려바라밀다를 행하는 것이다.

다시 이것의 말을 짓는다면 정려를 행하는 자는 색이 만약 항상하거나 만약 무상하다고 상응하여 구하거나, 수·상·행·식이 만약 항상하거나 만약 무상하다고 상응하여 구하거나, 색이 만약 즐겁거나 만약 괴롭다고 상응하여 구하거나, 수·상·행·식이 만약 즐겁거나 만약 괴롭다고 상응하여 구하거나, 색이 만약 나이거나 만약 무아라고 상응하여 구하거나, 수·상·행·식이 만약 나이거나 만약 무아라고 상응하여 구하거나, 색이 만약 청정하거나 만약 부정하다고 상응하여 구하거나, 수·상·행·식이 만약 청정하거나 만약 부정하다고 상응하여 구해야 한다. 만약 이러한 법 등을 능히 구하면서 정려를 수행한다면 이것은 정려바라밀다를 행하는 것이다.

교시가여. 만약 선남자와 선여인 등이 이와 같이 색이 만약 항상하거나 만약 무상하다고 구하거나, 수·상·행·식이 만약 항상하거나 만약 무상하다고 구하거나, 색이 만약 즐겁거나 만약 괴롭다고 구하거나, 수·상·행·식

이 만약 즐겁거나 만약 괴롭다고 구하거나, 색이 만약 나이거나 만약
무아라고 구하거나, 수·상·행·식이 만약 나이거나 만약 무아라고 구하거
나, 색이 만약 청정하거나 만약 부정하다고 구하거나, 수·상·행·식이
만약 청정하거나 만약 부정하다고 구하면서 이러한 법들에 의지하여
정려를 행하는 자라면, 나는 얻을 수 있고 비슷한 상의 정려바라밀다를
행하는 것이라고 이름하느니라. 교시가여. 앞에서 말한 것과 같다면,
모두가 얻을 수 있고 비슷한 상의 정려바라밀다를 설한다고 마땅히 알아야
하느니라.

다시 다음으로 교시가여. 선남자와 선여인 등이 있어서 무상정등보리
심을 일으킨 자를 위하여 안처가 만약 항상하거나 만약 무상하다고 설하거
나, 이·비·설·신·의처가 만약 항상하거나 만약 무상하다고 설하거나,
안처가 만약 즐겁거나 만약 괴롭다고 설하거나, 이·비·설·신·의처가
만약 즐겁거나 만약 괴롭다고 설하거나, 안처가 만약 나이거나 만약
무아라고 설하거나, 이·비·설·신·의처가 만약 나이거나 만약 무아라고
설하거나, 안처가 만약 청정하거나 만약 부정하다고 설하거나, 이·비·설·
신·의처가 만약 청정하거나 만약 부정하다고 설해야 한다. 만약 이와
같은 법 등에 의지하여 정려를 수행한다면, 이것은 정려바라밀다를 행하
는 것이다.

다시 이것의 말을 짓는다면 정려를 행하는 자는 안처가 만약 항상하거나
만약 무상하다고 상응하여 구하거나, 이·비·설·신·의처가 만약 항상하거
나 만약 무상하다고 상응하여 구하거나, 안처가 만약 즐겁거나 만약
괴롭다고 상응하여 구하거나, 이·비·설·신·의처가 만약 즐겁거나 만약
괴롭다고 상응하여 구하거나, 안처가 만약 나이거나 만약 무아라고 상응
하여 구하거나, 이·비·설·신·의처가 만약 나이거나 만약 무아라고 상응하
여 구하거나, 안처가 만약 청정하거나 만약 부정하다고 상응하여 구하거
나, 이·비·설·신·의처가 만약 청정하거나 만약 부정하다고 상응하여
구해야 한다. 만약 이러한 법 등을 능히 구하면서 정려를 수행한다면
이것은 정려바라밀다를 행하는 것이다.

　　교시가여. 만약 선남자와 선여인 등이 이와 같이 안처가 만약 항상하거나 만약 무상하다고 구하거나, 이·비·설·신·의처가 만약 항상하거나 만약 무상하다고 구하거나, 안처가 만약 즐겁거나 만약 괴롭다고 구하거나, 이·비·설·신·의처가 만약 즐겁거나 만약 괴롭다고 구하거나, 안처가 만약 나이거나 만약 무아라고 구하거나, 이·비·설·신·의처가 만약 나이거나 만약 무아라고 구하거나, 안처가 만약 청정하거나 만약 부정하다고 구하거나, 이·비·설·신·의처가 만약 청정하거나 만약 부정하다고 구하면서 이러한 법들에 의지하여 정려를 행하는 자라면, 나는 얻을 수 있고 비슷한 상의 정려바라밀다를 행하는 것이라고 이름하느니라. 교시가여. 앞에서 말한 것과 같다면, 모두가 얻을 수 있고 비슷한 상의 정려바라밀다를 설한다고 마땅히 알아야 하느니라.

　　다시 다음으로 교시가여. 선남자와 선여인 등이 있어서 무상정등보리심을 일으킨 자를 위하여 색처가 만약 항상하거나 만약 무상하다고 설하거나, 성·향·미·촉·법처가 만약 항상하거나 만약 무상하다고 설하거나, 색처가 만약 즐겁거나 만약 괴롭다고 설하거나, 성·향·미·촉·법처가 만약 즐겁거나 만약 괴롭다고 설하거나, 색처가 만약 나이거나 만약 무아라고 설하거나, 이·비·설·신·의처가 만약 나이거나 만약 무아라고 설하거나, 색처가 만약 청정하거나 만약 부정하다고 설하거나, 성·향·미·촉·법처가 만약 청정하거나 만약 부정하다고 설해야 한다. 만약 이와 같은 법 등에 의지하여 정려를 수행한다면, 이것은 정려바라밀다를 행하는 것이다.

　　다시 이것의 말을 짓는다면 정려를 행하는 자는 색처가 만약 항상하거나 만약 무상하다고 상응하여 구하거나, 성·향·미·촉·법처가 만약 항상하거나 만약 무상하다고 상응하여 구하거나, 색처가 만약 즐겁거나 만약 괴롭다고 상응하여 구하거나, 성·향·미·촉·법처가 만약 즐겁거나 만약 괴롭다고 상응하여 구하거나, 색처가 만약 나이거나 만약 무아라고 상응하여 구하거나, 성·향·미·촉·법처가 만약 나이거나 만약 무아라고 상응하여 구하거나, 색처가 만약 청정하거나 만약 부정하다고 상응하여 구하거나, 성·향·미·촉·법처가 만약 청정하거나 만약 부정하다고 상응하여 구해야 한다. 만약 이러한 법 등을 능히 구하면서 정려를 수행한다면 이것은 정려바라밀다를 행하는 것이다.

교시가여. 만약 선남자와 선여인 등이 이와 같이 색처가 만약 항상하거나 만약 무상하다고 구하거나, 성·향·미·촉·법처가 만약 항상하거나 만약 무상하다고 구하거나, 색처가 만약 즐겁거나 만약 괴롭다고 구하거나, 성·향·미·촉·법처가 만약 즐겁거나 만약 괴롭다고 구하거나, 색처가 만약 나이거나 만약 무아라고 구하거나, 성·향·미·촉·법처가 만약 나이거나 만약 무아라고 구하거나, 색처가 만약 청정하거나 만약 부정하다고 구하거나, 성·향·미·촉·법처가 만약 청정하거나 만약 부정하다고 구하면서 이러한 법들에 의지하여 정려를 행하는 자라면, 나는 얻을 수 있고 비슷한 상의 정려바라밀다를 행하는 것이라고 이름하느니라. 교시가여. 앞에서 말한 것과 같다면, 모두가 얻을 수 있고 비슷한 상의 정려바라밀다를 설한다고 마땅히 알아야 하느니라.

다시 다음으로 교시가여. 선남자와 선여인 등이 있어서 무상정등보리심을 일으킨 자를 위하여 안계가 만약 항상하거나 만약 무상하다고 설하거나, 색계·안식계, 나아가 안촉·안촉을 인연으로 생겨나는 여러 수가 만약 항상하거나 만약 무상하다고 설하거나, 안계가 만약 즐겁거나 만약 괴롭다고 설하거나, 색계·안식계, 나아가 안촉·안촉을 인연으로 생겨난 여러 수가 만약 즐겁거나 만약 괴롭다고 설하거나, 안계가 만약 나이거나 만약 무아라고 설하거나, 색계·안식계, 나아가 안촉·안촉을 인연으로 생겨난 여러 수가 만약 나이거나 만약 무아라고 설하거나, 안계가 만약 청정하거나 만약 부정하다고 설하거나, 색계·안식계, 나아가 안촉·안촉을 인연으로 생겨난 여러 수가 만약 청정하거나 만약 부정하다고 설해야 한다. 만약 이와 같은 법 등에 의지하여 정려를 수행한다면, 이것은 정려바라밀다를 행하는 것이다.

다시 이것의 말을 짓는다면 정려를 행하는 자는 안계가 만약 항상하거나 만약 무상하다고 상응하여 구하거나, 색계·안식계, 나아가 안촉·안촉을 인연으로 생겨난 여러 수가 만약 항상하거나 만약 무상하다고 상응하여 구하거나, 안계가 만약 즐겁거나 만약 괴롭다고 상응하여 구하거나, 색계·안식계, 나아가 안촉·안촉을 인연으로 생겨난 여러 수가 만약 즐겁거나 만약 괴롭다고 상응하여 구하거나, 안계가 만약 나이거나 만약 무아라고 상응하여 구하거나, 색계·안식계, 나아가 안촉·안촉을 인연으로 생겨난 여러 수가 만약 나이거나 만약 무아라고 상응하여 구하거나, 안계가 만약 청정하거나 만약 부정하다고 상응하여 구하거나, 색계·안식계, 나아가 안촉·안촉을 인연으로 생겨난 여러 수가 만약 청정하거나 만약 부정하다고 상응하여 구해야 한다. 만약 이러한 법 등을 능히 구하면서 정려를 수행한다면 이것은 정려바라밀다를 행하는 것이다.

교시가여. 만약 선남자와 선여인 등이 이와 같이 안계가 만약 항상하거나 만약 무상하다고 구하거나, 색계·안식계, 나아가 안촉·안촉을 인연으로 생겨난 여러 수가 만약 항상하거나 만약 무상하다고 구하거나, 안계가 만약 즐겁거나 만약 괴롭다고 구하거나, 색계·안식계, 나아가 안촉·안촉을 인연으로 생겨난 여러 수가 만약 즐겁거나 만약 괴롭다고 구하거나, 안계가 만약 나이거나 만약 무아라고 구하거나, 색계·안식계, 나아가 안촉·안촉을 인연으로 생겨난 여러 수가 만약 나이거나 만약 무아라고 구하거나, 안계가 만약 청정하거나 만약 부정하다고 구하거나, 색계·안식계, 나아가 안촉·안촉을 인연으로 생겨난 여러 수가 만약 청정하거나 만약 부정하다고 구하면서 이러한 법들에 의지하여 정려를 행하는 자라면, 나는 얻을 수 있고 비슷한 상의 정려바라밀다를 행하는 것이라고 이름하느니라. 교시가여. 앞에서 말한 것과 같다면, 모두가 얻을 수 있고 비슷한 상의 정려바라밀다를 설한다고 마땅히 알아야 하느니라.

다시 다음으로 교시가여. 선남자와 선여인 등이 있어서 무상정등보리심을 일으킨 자를 위하여 이계가 만약 항상하거나 만약 무상하다고 설하거나, 성계·이식계, 나아가 이촉·이촉을 인연으로 생겨나는 여러 수가 만약 항상하거나 만약 무상하다고 설하거나, 이계가 만약 즐겁거나 만약 괴롭다고 설하거나, 성계·이식계, 나아가 이촉·이촉을 인연으로 생겨난 여러

수가 만약 즐겁거나 만약 괴롭다고 설하거나, 이계가 만약 나이거나
만약 무아라고 설하거나, 성계·이식계, 나아가 이촉·이촉을 인연으로
생겨난 여러 수가 만약 나이거나 만약 무아라고 설하거나, 이계가 만약
청정하거나 만약 부정하다고 설하거나, 성계·이식계, 나아가 이촉·이촉
을 인연으로 생겨난 여러 수가 만약 청정하거나 만약 부정하다고 설해야
한다. 만약 이와 같은 법 등에 의지하여 정려를 수행한다면, 이것은
정려바라밀다를 행하는 것이다.

　다시 이것의 말을 짓는다면 정려를 행하는 자는 이계가 만약 항상하거나
만약 무상하다고 상응하여 구하거나, 성계·이식계, 나아가 이촉·이촉을
인연으로 생겨난 여러 수가 만약 항상하거나 만약 무상하다고 상응하여
구하거나, 이계가 만약 즐겁거나 만약 괴롭다고 상응하여 구하거나, 성계·
이식계, 나아가 이촉·이촉을 인연으로 생겨난 여러 수가 만약 즐겁거나
만약 괴롭다고 상응하여 구하거나, 이계가 만약 나이거나 만약 무아라고
상응하여 구하거나, 성계·이식계, 나아가 이촉·이촉을 인연으로 생겨난
여러 수가 만약 나이거나 만약 무아라고 상응하여 구하거나, 이계가
만약 청정하거나 만약 부정하다고 상응하여 구하거나, 성계·이식계, 나아
가 이촉·이촉을 인연으로 생겨난 여러 수가 만약 청정하거나 만약 부정하
다고 상응하여 구해야 한다. 만약 이러한 법 등을 능히 구하면서 정려를
수행한다면 이것은 정려바라밀다를 행하는 것이다.

　교시가여. 만약 선남자와 선여인 등이 이와 같이 이계가 만약 항상하거
나 만약 무상하다고 구하거나, 성계·이식계, 나아가 이촉·이촉을 인연으
로 생겨난 여러 수가 만약 항상하거나 만약 무상하다고 구하거나, 이계가
만약 즐겁거나 만약 괴롭다고 구하거나, 성계·이식계, 나아가 이촉·이촉
을 인연으로 생겨난 여러 수가 만약 즐겁거나 만약 괴롭다고 구하거나,
이계가 만약 나이거나 만약 무아라고 구하거나, 성계·이식계, 나아가
이촉·이촉을 인연으로 생겨난 여러 수가 만약 나이거나 만약 무아라고
구하거나, 이계가 만약 청정하거나 만약 부정하다고 구하거나, 성계·이식
계, 나아가 이촉·이촉을 인연으로 생겨난 여러 수가 만약 청정하거나

만약 부정하다고 구하면서 이러한 법들에 의지하여 정려를 행하는 자라면, 나는 얻을 수 있고 비슷한 상의 정려바라밀다를 행하는 것이라고 이름하느니라. 교시가여. 앞에서 말한 것과 같다면, 모두가 얻을 수 있고 비슷한 상의 정려바라밀다를 설한다고 마땅히 알아야 하느니라.

다시 다음으로 교시가여. 선남자와 선여인 등이 있어서 무상정등보리심을 일으킨 자를 위하여 비계가 만약 항상하거나 만약 무상하다고 설하거나, 향계·비식계, 나아가 비촉·비촉을 인연으로 생겨나는 여러 수가 만약 항상하거나 만약 무상하다고 설하거나, 비계가 만약 즐겁거나 만약 괴롭다고 설하거나, 향계·비식계, 나아가 비촉·비촉을 인연으로 생겨난 여러 수가 만약 즐겁거나 만약 괴롭다고 설하거나, 비계가 만약 나이거나 만약 무아라고 설하거나, 향계·비식계, 나아가 비촉·비촉을 인연으로 생겨난 여러 수가 만약 나이거나 만약 무아라고 설하거나, 비계가 만약 청정하거나 만약 부정하다고 설하거나, 향계·비식계, 나아가 비촉·비촉을 인연으로 생겨난 여러 수가 만약 청정하거나 만약 부정하다고 설해야 한다. 만약 이와 같은 법 등에 의지하여 정려를 수행한다면, 이것은 정려바라밀다를 행하는 것이다.

다시 이것의 말을 짓는다면 정려를 행하는 자는 비계가 만약 항상하거나 만약 무상하다고 상응하여 구하거나, 향계·비식계, 나아가 비촉·비촉을 인연으로 생겨난 여러 수가 만약 항상하거나 만약 무상하다고 상응하여 구하거나, 비계가 만약 즐겁거나 만약 괴롭다고 상응하여 구하거나, 향계·비식계, 나아가 비촉·비촉을 인연으로 생겨난 여러 수가 만약 즐겁거나 만약 괴롭다고 상응하여 구하거나, 비계가 만약 나이거나 만약 무아라고 상응하여 구하거나, 향계·비식계, 나아가 비촉·비촉을 인연으로 생겨난 여러 수가 만약 나이거나 만약 무아라고 상응하여 구하거나, 비계가 만약 청정하거나 만약 부정하다고 상응하여 구하거나, 향계·비식계, 나아가 비촉·비촉을 인연으로 생겨난 여러 수가 만약 청정하거나 만약 부정하다고 상응하여 구해야 한다. 만약 이러한 법 등을 능히 구하면서 정려를 수행한다면 이것은 정려바라밀다를 행하는 것이다.

　교시가여. 만약 선남자와 선여인 등이 이와 같이 비계가 만약 항상하거나 만약 무상하다고 구하거나, 향계·비식계, 나아가 비촉·비촉을 인연으로 생겨난 여러 수가 만약 항상하거나 만약 무상하다고 구하거나, 비계가 만약 즐겁거나 만약 괴롭다고 구하거나, 향계·비식계, 나아가 비촉·비촉을 인연으로 생겨난 여러 수가 만약 즐겁거나 만약 괴롭다고 구하거나, 비계가 만약 나이거나 만약 무아라고 구하거나, 향계·비식계, 나아가 비촉·비촉을 인연으로 생겨난 여러 수가 만약 나이거나 만약 무아라고 구하거나, 비계가 만약 청정하거나 만약 부정하다고 구하거나, 향계·비식계, 나아가 비촉·비촉을 인연으로 생겨난 여러 수가 만약 청정하거나 만약 부정하다고 구하면서 이러한 법들에 의지하여 정려를 행하는 자라면, 나는 얻을 수 있고 비슷한 상의 정려바라밀다를 행하는 것이라고 이름하느니라. 교시가여. 앞에서 말한 것과 같다면, 모두가 얻을 수 있고 비슷한 상의 정려바라밀다를 설한다고 마땅히 알아야 하느니라."

마하반야바라밀다경 제138권

30. 교량공덕품(校量功悳品)(36)

"다시 다음으로 교시가여. 선남자와 선여인 등이 있어서 무상정등보리심을 일으킨 자를 위하여 설계가 만약 항상하거나 만약 무상하다고 설하거나, 미계·설식계, 나아가 설촉·설촉을 인연으로 생겨나는 여러 수가 만약 항상하거나 만약 무상하다고 설하거나, 설계가 만약 즐겁거나 만약 괴롭다고 설하거나, 미계·설식계, 나아가 설촉·설촉을 인연으로 생겨난 여러 수가 만약 즐겁거나 만약 괴롭다고 설하거나, 설계가 만약 나이거나 만약 무아라고 설하거나, 미계·설식계, 나아가 설촉·설촉을 인연으로 생겨난 여러 수가 만약 나이거나 만약 무아라고 설하거나, 설계가 만약 청정하거나 만약 부정하다고 설하거나, 미계·설식계, 나아가 설촉·설촉을 인연으로 생겨난 여러 수가 만약 청정하거나 만약 부정하다고 설해야 한다. 만약 이와 같은 법 등에 의지하여 정려를 수행한다면, 이것은 정려바라밀다를 행하는 것이다.

다시 이것의 말을 짓는다면 정려를 행하는 자는 설계가 만약 항상하거나 만약 무상하다고 상응하여 구하거나, 미계·설식계, 나아가 설촉·설촉을 인연으로 생겨난 여러 수가 만약 항상하거나 만약 무상하다고 상응하여 구하거나, 설계가 만약 즐겁거나 만약 괴롭다고 상응하여 구하거나, 미계·설식계, 나아가 설촉·설촉을 인연으로 생겨난 여러 수가 만약 즐겁거나 만약 괴롭다고 상응하여 구하거나, 설계가 만약 나이거나 만약 무아라고 상응하여 구하거나, 미계·설식계, 나아가 설촉·설촉을 인연으로 생겨난 여러 수가 만약 나이거나 만약 무아라고 상응하여 구하거나, 설계가 만약 청정하거나 만약 부정하다고 상응하여 구하거나, 미계·설식계, 나아가 설촉·설촉을 인연으로 생겨난 여러 수가 만약 청정하거나 만약 부정하다고 상응하여 구해야 한다. 만약 이러한 법 등을 능히 구하면서 정려를 수행한다면 이것은 정려바라밀다를 행하는 것이다.

교시가여. 만약 선남자와 선여인 등이 이와 같이 설계가 만약 항상하거나 만약 무상하다고 구하거나, 미계·설식계, 나아가 설촉·설촉을 인연으로 생겨난 여러 수가 만약 항상하거나 만약 무상하다고 구하거나, 설계가 만약 즐겁거나 만약 괴롭다고 구하거나, 미계·설식계, 나아가 설촉·설촉을 인연으로 생겨난 여러 수가 만약 즐겁거나 만약 괴롭다고 구하거나, 설계가 만약 나이거나 만약 무아라고 구하거나, 미계·설식계, 나아가 설촉·설촉을 인연으로 생겨난 여러 수가 만약 나이거나 만약 무아라고 구하거나, 설계가 만약 청정하거나 만약 부정하다고 구하거나, 미계·설식계, 나아가 설촉·설촉을 인연으로 생겨난 여러 수가 만약 청정하거나 만약 부정하다고 구하면서 이러한 법들에 의지하여 정려를 행하는 자라면, 나는 얻을 수 있고 비슷한 상의 정려바라밀다를 행하는 것이라고 이름하느니라. 교시가여. 앞에서 말한 것과 같다면, 모두가 얻을 수 있고 비슷한 상의 정려바라밀다를 설한다고 마땅히 알아야 하느니라.

다시 다음으로 교시가여. 선남자와 선여인 등이 있어서 무상정등보리심을 일으킨 자를 위하여 신계가 만약 항상하거나 만약 무상하다고 설하거나, 촉계·신식계, 나아가 신촉·신촉을 인연으로 생겨나는 여러 수가 만약 항상하거나 만약 무상하다고 설하거나, 신계가 만약 즐겁거나 만약 괴롭다고 설하거나, 촉계·신식계, 나아가 신촉·신촉을 인연으로 생겨난 여러 수가 만약 즐겁거나 만약 괴롭다고 설하거나, 신계가 만약 나이거나 만약 무아라고 설하거나, 촉계·신식계, 나아가 신촉·신촉을 인연으로 생겨난 여러 수가 만약 나이거나 만약 무아라고 설하거나, 신계가 만약 청정하거나 만약 부정하다고 설하거나, 촉계·신식계, 나아가 신촉·신촉을 인연으로 생겨난 여러 수가 만약 청정하거나 만약 부정하다고 설해야 한다. 만약 이와 같은 법 등에 의지하여 정려를 수행한다면, 이것은 정려바라밀다를 행하는 것이다.

다시 이것의 말을 짓는다면 정려를 행하는 자는 신계가 만약 항상하거나 만약 무상하다고 상응하여 구하거나, 촉계·신식계, 나아가 신촉·신촉을 인연으로 생겨난 여러 수가 만약 항상하거나 만약 무상하다고 상응하여 구하거나, 신계가 만약 즐겁거나 만약 괴롭다고 상응하여 구하거나, 촉계·신식계, 나아가 신촉·신촉을 인연으로 생겨난 여러 수가 만약 즐겁거나 만약 괴롭다고 상응하여 구하거나, 신계가 만약 나이거나 만약 무아라고 상응하여 구하거나, 촉계·신식계, 나아가 신촉·신촉을 인연으로 생겨난 여러 수가 만약 나이거나 만약 무아라고 상응하여 구하거나, 신계가 만약 청정하거나 만약 부정하다고 상응하여 구하거나, 촉계·신식계, 나아가 신촉·신촉을 인연으로 생겨난 여러 수가 만약 청정하거나 만약 부정하다고 상응하여 구해야 한다. 만약 이러한 법 등을 능히 구하면서 정려를 수행한다면 이것은 정려바라밀다를 행하는 것이다.

교시가여. 만약 선남자와 선여인 등이 이와 같이 신계가 만약 항상하거나 만약 무상하다고 구하거나, 촉계·신식계, 나아가 신촉·신촉을 인연으로 생겨난 여러 수가 만약 항상하거나 만약 무상하다고 구하거나, 신계가 만약 즐겁거나 만약 괴롭다고 구하거나, 촉계·신식계, 나아가 신촉·신촉을 인연으로 생겨난 여러 수가 만약 즐겁거나 만약 괴롭다고 구하거나, 신계가 만약 나이거나 만약 무아라고 구하거나, 촉계·신식계, 나아가 신촉·신촉을 인연으로 생겨난 여러 수가 만약 나이거나 만약 무아라고 구하거나, 신계가 만약 청정하거나 만약 부정하다고 구하거나, 촉계·신식계, 나아가 신촉·신촉을 인연으로 생겨난 여러 수가 만약 청정하거나 만약 부정하다고 구하면서 이러한 법들에 의지하여 정려를 행하는 자라면, 나는 얻을 수 있고 비슷한 상의 정려바라밀다를 행하는 것이라고 이름하느니라. 교시가여. 앞에서 말한 것과 같다면, 모두가 얻을 수 있고 비슷한 상의 정려바라밀다를 설한다고 마땅히 알아야 하느니라.

다시 다음으로 교시가여. 선남자와 선여인 등이 있어서 무상정등보리

심을 일으킨 자를 위하여 의계가 만약 항상하거나 만약 무상하다고 설하거나, 법계·의식계, 나아가 의촉·의촉을 인연으로 생겨나는 여러 수가 만약 항상하거나 만약 무상하다고 설하거나, 의계가 만약 즐겁거나 만약 괴롭다고 설하거나, 법계·의식계, 나아가 의촉·의촉을 인연으로 생겨난 여러 수가 만약 즐겁거나 만약 괴롭다고 설하거나, 의계가 만약 나이거나 만약 무아라고 설하거나, 법계·의식계, 나아가 의촉·의촉을 인연으로 생겨난 여러 수가 만약 나이거나 만약 무아라고 설하거나, 의계가 만약 청정하거나 만약 부정하다고 설하거나, 법계·의식계, 나아가 의촉·의촉을 인연으로 생겨난 여러 수가 만약 청정하거나 만약 부정하다고 설해야 한다. 만약 이와 같은 법 등에 의지하여 정려를 수행한다면, 이것은 정려바라밀다를 행하는 것이다.

다시 이것의 말을 짓는다면 정려를 행하는 자는 의계가 만약 항상하거나 만약 무상하다고 상응하여 구하거나, 법계·의식계, 나아가 의촉·의촉을 인연으로 생겨난 여러 수가 만약 항상하거나 만약 무상하다고 상응하여 구하거나, 의계가 만약 즐겁거나 만약 괴롭다고 상응하여 구하거나, 법계· 의식계, 나아가 의촉·의촉을 인연으로 생겨난 여러 수가 만약 즐겁거나 만약 괴롭다고 상응하여 구하거나, 의계가 만약 나이거나 만약 무아라고 상응하여 구하거나, 법계·의식계, 나아가 의촉·의촉을 인연으로 생겨난 여러 수가 만약 나이거나 만약 무아라고 상응하여 구하거나, 의계가 만약 청정하거나 만약 부정하다고 상응하여 구하거나, 법계·의식계, 나아가 의촉·의촉을 인연으로 생겨난 여러 수가 만약 청정하거나 만약 부정하다고 상응하여 구해야 한다. 만약 이러한 법 등을 능히 구하면서 정려를 수행한다면 이것은 정려바라밀다를 행하는 것이다.

교시가여. 만약 선남자와 선여인 등이 이와 같이 의계가 만약 항상하거나 만약 무상하다고 구하거나, 법계·의식계, 나아가 의촉·의촉을 인연으로 생겨난 여러 수가 만약 항상하거나 만약 무상하다고 구하거나, 의계가 만약 즐겁거나 만약 괴롭다고 구하거나, 법계·의식계, 나아가 의촉·의촉을 인연으로 생겨난 여러 수가 만약 즐겁거나 만약 괴롭다고 구하거나,

의계가 만약 나이거나 만약 무아라고 구하거나, 법계·의식계, 나아가 의촉·의촉을 인연으로 생겨난 여러 수가 만약 나이거나 만약 무아라고 구하거나, 의계가 만약 청정하거나 만약 부정하다고 구하거나, 법계·의식계, 나아가 의촉·의촉을 인연으로 생겨난 여러 수가 만약 청정하거나 만약 부정하다고 구하면서 이러한 법들에 의지하여 정려를 행하는 자라면, 나는 얻을 수 있고 비슷한 상의 정려바라밀다를 행하는 것이라고 이름하느니라. 교시가여. 앞에서 말한 것과 같다면, 모두가 얻을 수 있고 비슷한 상의 정려바라밀다를 설한다고 마땅히 알아야 하느니라.

다시 다음으로 교시가여. 선남자와 선여인 등이 있어서 무상정등보리심을 일으킨 자를 위하여 지계가 만약 항상하거나 만약 무상하다고 설하거나, 수·화·풍·공·식계가 만약 항상하거나 만약 무상하다고 설하거나, 지계가 만약 즐겁거나 만약 괴롭다고 설하거나, 수·화·풍·공·식계가 만약 즐겁거나 만약 괴롭다고 설하거나, 지계가 만약 나이거나 만약 무아라고 설하거나, 수·화·풍·공·식계가 만약 나이거나 만약 무아라고 설하거나, 지계가 만약 청정하거나 만약 부정하다고 설하거나, 수·화·풍·공·식계가 만약 청정하거나 만약 부정하다고 설해야 한다. 만약 이와 같은 법 등에 의지하여 정려를 수행한다면, 이것은 정려바라밀다를 행하는 것이다.

다시 이것의 말을 짓는다면 정려를 행하는 자는 지계가 만약 항상하거나 만약 무상하다고 상응하여 구하거나, 수·화·풍·공·식계가 만약 항상하거나 만약 무상하다고 상응하여 구하거나, 지계가 만약 즐겁거나 만약 괴롭다고 상응하여 구하거나, 수·화·풍·공·식계가 만약 즐겁거나 만약 괴롭다고 상응하여 구하거나, 지계가 만약 나이거나 만약 무아라고 상응하여 구하거나, 수·화·풍·공·식계가 만약 나이거나 만약 무아라고 상응하여 구하거나, 지계가 만약 청정하거나 만약 부정하다고 상응하여 구하거나, 수·화·풍·공·식계가 만약 청정하거나 만약 부정하다고 상응하여 구해야 한다. 만약 이러한 법 등을 능히 구하면서 정려를 수행한다면 이것은 정려바라밀다를 행하는 것이다.

교시가여. 만약 선남자와 선여인 등이 이와 같이 지계가 만약 항상하거나 만약 무상하다고 구하거나, 수·화·풍·공·식계가 만약 항상하거나 만약 무상하다고 구하거나, 지계가 만약 즐겁거나 만약 괴롭다고 구하거나, 수·화·풍·공·식계가 만약 즐겁거나 만약 괴롭다고 구하거나, 지계가 만약 나이거나 만약 무아라고 구하거나, 수·화·풍·공·식계가 만약 나이거나 만약 무아라고 구하거나, 지계가 만약 청정하거나 만약 부정하다고 구하거나, 수·화·풍·공·식계가 만약 청정하거나 만약 부정하다고 구하면서 이러한 법들에 의지하여 정려를 행하는 자라면, 나는 얻을 수 있고 비슷한 상의 정려바라밀다를 행하는 것이라고 이름하느니라. 교시가여. 앞에서 말한 것과 같다면, 모두가 얻을 수 있고 비슷한 상의 정려바라밀다를 설한다고 마땅히 알아야 하느니라.

다시 다음으로 교시가여. 선남자와 선여인 등이 있어서 무상정등보리심을 일으킨 자를 위하여 무명이 만약 항상하거나 만약 무상하다고 설하거나, 행·식·명색·육처·촉·수·애·취·유·생·노사의 수탄고우뇌가 만약 항상하거나 만약 무상하다고 설하거나, 무명이 만약 즐겁거나 만약 괴롭다고 설하거나, 행·식·명색·육처·촉·수·애·취·유·생·노사의 수탄고우뇌가 만약 즐겁거나 만약 괴롭다고 설하거나, 무명이 만약 나이거나 만약 무아라고 설하거나, 행·식·명색·육처·촉·수·애·취·유·생·노사의 수탄고우뇌가 만약 나이거나 만약 무아라고 설하거나, 무명이 만약 청정하거나 만약 부정하다고 설하거나, 행·식·명색·육처·촉·수·애·취·유·생·노사의 수탄고우뇌가 만약 청정하거나 만약 부정하다고 설해야 한다. 만약 이와 같은 법 등에 의지하여 정려를 수행한다면, 이것은 정려바라밀다를 행하는 것이다.

다시 이것의 말을 짓는다면 정려를 행하는 자는 무명이 만약 항상하거나 만약 무상하다고 상응하여 구하거나, 행, 나아가 노사의 수탄고우뇌가 만약 항상하거나 만약 무상하다고 상응하여 구하거나, 무명이 만약 즐겁거나 만약 괴롭다고 상응하여 구하거나, 행, 나아가 노사의 수탄고우뇌가 만약 즐겁거나 만약 괴롭다고 상응하여 구하거나, 무명이 만약 나이거나 만약 무아라고 상응하여 구하거나, 행, 나아가 노사의 수탄고우뇌가 만약 나이거나 만약 무아라고 상응하여 구하거나, 무명이 만약 청정하거나 만약 부정하다고 상응하여 구하거나, 행, 나아가 노사의 수탄고우뇌가 만약 청정하거나 만약 부정하다고 상응하여 구해야 한다. 만약 이러한 법 등을 능히 구하면서 정려를 수행한다면 이것은 정려바라밀다를 행하는 것이다.

교시가여. 만약 선남자와 선여인 등이 이와 같이 무명이 만약 항상하거나 만약 무상하다고 구하거나, 행, 나아가 노사의 수탄고우뇌가 만약 항상하거나 만약 무상하다고 구하거나, 무명이 만약 즐겁거나 만약 괴롭다고 구하거나, 행, 나아가 노사의 수탄고우뇌가 만약 즐겁거나 만약 괴롭다고 구하거나, 무명이 만약 나이거나 만약 무아라고 구하거나, 행, 나아가 노사의 수탄고우뇌가 만약 나이거나 만약 무아라고 구하거나, 무명이 만약 청정하거나 만약 부정하다고 구하거나, 행, 나아가 노사의 수탄고우뇌가 만약 청정하거나 만약 부정하다고 구하면서 이러한 법들에 의지하여 정려를 행하는 자라면, 나는 얻을 수 있고 비슷한 상의 정려바라밀다를 행하는 것이라고 이름하느니라. 교시가여. 앞에서 말한 것과 같다면, 모두가 얻을 수 있고 비슷한 상의 정려바라밀다를 설한다고 마땅히 알아야 하느니라.

다시 다음으로 교시가여. 선남자와 선여인 등이 있어서 무상정등보리심을 일으킨 자를 위하여 보시바라밀다가 만약 항상하거나 만약 무상하다고 설하거나, 정계·안인·정진·정려·반야바라밀다가 만약 항상하거나 만약 무상하다고 설하거나, 보시바라밀다가 만약 즐겁거나 만약 괴롭다고 설하거나, 정계·안인·정진·정려·반야바라밀다가 만약 즐겁거나 만약 괴롭다고 설하거나, 보시바라밀다가 만약 나이거나 만약 무아라고 설하거나, 정계·안인·정진·정려·반야바라밀다가 만약 나이거나 만약 무아라고 설하거나, 보시바라밀다가 만약 청정하거나 만약 부정하다고 설하거나, 정계·안인·정진·정려·반야바라밀다가 만약 청정하거나 만약 부정하다고 설해야 한다. 만약 이와 같은 법 등에 의지하여 정려를 수행한다면,

이것은 정려바라밀다를 행하는 것이다.

다시 이것의 말을 짓는다면 정려를 행하는 자는 보시바라밀다가 만약 항상하거나 만약 무상하다고 상응하여 구하거나, 정계, 나아가 반야바라밀다가 만약 항상하거나 만약 무상하다고 상응하여 구하거나, 보시바라밀다가 만약 즐겁거나 만약 괴롭다고 상응하여 구하거나, 정계, 나아가 반야바라밀다가 만약 즐겁거나 만약 괴롭다고 상응하여 구하거나, 보시바라밀다가 만약 나이거나 만약 무아라고 상응하여 구하거나, 정계, 나아가 반야바라밀다가 만약 나이거나 만약 무아라고 상응하여 구하거나, 보시바라밀다가 만약 청정하거나 만약 부정하다고 상응하여 구하거나, 정계, 나아가 반야바라밀다가 만약 청정하거나 만약 부정하다고 상응하여 구해야 한다. 만약 이러한 법 등을 능히 구하면서 정려를 수행한다면 이것은 정려바라밀다를 행하는 것이다.

교시가여. 만약 선남자와 선여인 등이 이와 같이 보시바라밀다가 만약 항상하거나 만약 무상하다고 구하거나, 정계, 나아가 반야바라밀다가 만약 항상하거나 만약 무상하다고 구하거나, 보시바라밀다가 만약 즐겁거나 만약 괴롭다고 구하거나, 정계, 나아가 반야바라밀다가 만약 즐겁거나 만약 괴롭다고 구하거나, 보시바라밀다가 만약 나이거나 만약 무아라고 구하거나, 정계, 나아가 반야바라밀다가 만약 나이거나 만약 무아라고 구하거나, 보시바라밀다가 만약 청정하거나 만약 부정하다고 구하거나, 정계, 나아가 반야바라밀다가 만약 청정하거나 만약 부정하다고 구하면서 이러한 법들에 의지하여 정려를 행하는 자라면, 나는 얻을 수 있고 비슷한 상의 정려바라밀다를 행하는 것이라고 이름하느니라. 교시가여. 앞에서 말한 것과 같다면, 모두가 얻을 수 있고 비슷한 상의 정려바라밀다를 설한다고 마땅히 알아야 하느니라.

다시 다음으로 교시가여. 선남자와 선여인 등이 있어서 무상정등보리심을 일으킨 자를 위하여 내공이 만약 항상하거나 만약 무상하다고 설하거나, 외공·내외공·공공·대공·승의공·유위공·무위공·필경공·무제공·산공·무변이공·본성공·자상공·공상공·일체법공·불가득공·무성공·자성공·무성자성공이 만약 항상하거나 만약 무상하다고 설하거나, 내공이 만약 즐겁거나 만약 괴롭다고 설하거나, 외공·내외공·공공·대공·승의공·유위공·무위공·필경공·무제공·산공·무변이공·본성공·자상공·공상공·일체법공·불가득공·무성공·자성공·무성자성공이 만약 즐겁거나 만약 괴롭다고 설하거나, 내공이 만약 나이거나 만약 무아라고 설하거나, 외공·내외공·공공·대공·승의공·유위공·무위공·필경공·무제공·산공·무변이공·본성공·자상공·공상공·일체법공·불가득공·무성공·자성공·무성자성공이 만약 나이거나 만약 무아라고 설하거나, 내공이 만약 청정하거나 만약 부정하다고 설하거나, 외공·내외공·공공·대공·승의공·유위공·무위공·필경공·무제공·산공·무변이공·본성공·자상공·공상공·일체법공·불가득공·무성공·자성공·무성자성공이 만약 청정하거나 만약 부정하다고 설해야 한다. 만약 이와 같은 법 등에 의지하여 정려를 수행한다면, 이것은 정려바라밀다를 행하는 것이다.

　다시 이것의 말을 짓는다면 정려를 행하는 자는 내공이 만약 항상하거나 만약 무상하다고 상응하여 구하거나, 외공, 나아가 무성자성공이 만약 항상하거나 만약 무상하다고 상응하여 구하거나, 내공이 만약 즐겁거나 만약 괴롭다고 상응하여 구하거나, 외공, 나아가 무성자성공이 만약 즐겁거나 만약 괴롭다고 상응하여 구하거나, 내공이 만약 나이거나 만약 무아라고 상응하여 구하거나, 외공, 나아가 무성자성공이 만약 나이거나 만약 무아라고 상응하여 구하거나, 내공이 만약 청정하거나 만약 부정하다고 상응하여 구하거나, 외공, 나아가 무성자성공이 만약 청정하거나 만약 부정하다고 상응하여 구해야 한다. 만약 이러한 법 등을 능히 구하면서 정려를 수행한다면 이것은 정려바라밀다를 행하는 것이다.

　교시가여. 만약 선남자와 선여인 등이 이와 같이 내공이 만약 항상하거나 만약 무상하다고 구하거나, 외공, 나아가 무성자성공이 만약 항상하거나 만약 무상하다고 구하거나, 내공이 만약 즐겁거나 만약 괴롭다고 구하거나, 외공, 나아가 무성자성공이 만약 즐겁거나 만약 괴롭다고 구하거나, 내공이 만약 나이거나 만약 무아라고 구하거나, 외공, 나아가 무성자성공이 만약 나이거나 만약 무아라고 구하거나, 내공이 만약 청정하거나 만약 부정하다고 구하거나, 외공, 나아가 무성자성공이 만약 청정하거나 만약 부정하다고 구하면서 이러한 법들에 의지하여 정려를 행하는 자라면, 나는 얻을 수 있고 비슷한 상의 정려바라밀다를 행하는 것이라고 이름하느니라. 교시가여. 앞에서 말한 것과 같다면, 모두가 얻을 수 있고 비슷한 상의 정려바라밀다를 설한다고 마땅히 알아야 하느니라.

다시 다음으로 교시가여. 선남자와 선여인 등이 있어서 무상정등보리심을 일으킨 자를 위하여 진여가 만약 항상하거나 만약 무상하다고 설하거나, 법계·법성·불허망성·불변이성·평등성·이생성·법정·법주·실제·허공계·부사의계가 만약 항상하거나 만약 무상하다고 설하거나, 진여가 만약 즐겁거나 만약 괴롭다고 설하거나, 법계·법성·불허망성·불변이성·평등성·이생성·법정·법주·실제·허공계·부사의계가 만약 즐겁거나 만약 괴롭다고 설하거나, 진여가 만약 나이거나 만약 무아라고 설하거나, 법계·법성·불허망성·불변이성·평등성·이생성·법정·법주·실제·허공계·부사의계가 만약 나이거나 만약 무아라고 설하거나, 진여가 만약 청정하거나 만약 부정하다고 설하거나, 법계·법성·불허망성·불변이성·평등성·이생성·법정·법주·실제·허공계·부사의계가 만약 청정하거나 만약 부정하다고 설해야 한다. 만약 이와 같은 법 등에 의지하여 정려를 수행한다면, 이것은 정려바라밀다를 행하는 것이다.

다시 이것의 말을 짓는다면 정려를 행하는 자는 진여가 만약 항상하거나 만약 무상하다고 상응하여 구하거나, 법계, 나아가 부사의계가 만약 항상하거나 만약 무상하다고 상응하여 구하거나, 진여가 만약 즐겁거나 만약 괴롭다고 상응하여 구하거나, 법계, 나아가 부사의계가 만약 즐겁거나 만약 괴롭다고 상응하여 구하거나, 진여가 만약 나이거나 만약 무아라고 상응하여 구하거나, 법계, 나아가 부사의계가 만약 나이거나 만약 무아라고 상응하여 구하거나, 진여가 만약 청정하거나 만약 부정하다고 상응하여 구하거나, 법계, 나아가 부사의계가 만약 청정하거나 만약 부정하다고 상응하여 구해야 한다. 만약 이러한 법 등을 능히 구하면서 정려를 수행한다면 이것은 정려바라밀다를 행하는 것이다.

　교시가여. 만약 선남자와 선여인 등이 이와 같이 진여가 만약 항상하거나 만약 무상하다고 구하거나, 법계, 나아가 부사의계가 만약 항상하거나 만약 무상하다고 구하거나, 진여가 만약 즐겁거나 만약 괴롭다고 구하거나, 법계, 나아가 부사의계가 만약 즐겁거나 만약 괴롭다고 구하거나, 진여가 만약 나이거나 만약 무아라고 구하거나, 법계, 나아가 부사의계가 만약 나이거나 만약 무아라고 구하거나, 진여가 만약 청정하거나 만약 부정하다고 구하거나, 법계, 나아가 부사의계가 만약 청정하거나 만약 부정하다고 구하면서 이러한 법들에 의지하여 정려를 행하는 자라면, 나는 얻을 수 있고 비슷한 상의 정려바라밀다를 행하는 것이라고 이름하느니라. 교시가여. 앞에서 말한 것과 같다면, 모두가 얻을 수 있고 비슷한 상의 정려바라밀다를 설한다고 마땅히 알아야 하느니라.

　다시 다음으로 교시가여. 선남자와 선여인 등이 있어서 무상정등보리심을 일으킨 자를 위하여 고성제가 만약 항상하거나 만약 무상하다고 설하거나, 집·멸·도성제가 만약 항상하거나 만약 무상하다고 설하거나, 고성제가 만약 즐겁거나 만약 괴롭다고 설하거나, 집·멸·도성제가 만약 즐겁거나 만약 괴롭다고 설하거나, 고성제가 만약 나이거나 만약 무아라고 설하거나, 집·멸·도성제가 만약 나이거나 만약 무아라고 설하거나, 고성제가 만약 청정하거나 만약 부정하다고 설하거나, 집·멸·도성제가 만약 청정하거나 만약 부정하다고 설해야 한다. 만약 이와 같은 법 등에 의지하여 정려를 수행한다면, 이것은 정려바라밀다를 행하는 것이다.

　다시 이것의 말을 짓는다면 정려를 행하는 자는 고성제가 만약 항상하거나 만약 무상하다고 상응하여 구하거나, 집·멸·도성제가 만약 항상하거나 만약 무상하다고 상응하여 구하거나, 고성제가 만약 즐겁거나 만약 괴롭다고 상응하여 구하거나, 집·멸·도성제가 만약 즐겁거나 만약 괴롭다고 상응하여 구하거나, 고성제가 만약 나이거나 만약 무아라고 상응하여 구하거나, 집·멸·도성제가 만약 나이거나 만약 무아라고 상응하여 구하거나, 고성제가 만약 청정하거나 만약 부정하다고 상응하여 구하거나, 집·멸

·도성제가 만약 청정하거나 만약 부정하다고 상응하여 구해야 한다. 만약 이러한 법 등을 능히 구하면서 정려를 수행한다면 이것은 정려바라밀다를 행하는 것이다.

교시가여. 만약 선남자와 선여인 등이 이와 같이 고성제가 만약 항상하거나 만약 무상하다고 구하거나, 집·멸·도성제가 만약 항상하거나 만약 무상하다고 구하거나, 고성제가 만약 즐겁거나 만약 괴롭다고 구하거나, 집·멸·도성제가 만약 즐겁거나 만약 괴롭다고 구하거나, 고성제가 만약 나이거나 만약 무아라고 구하거나, 집·멸·도성제가 만약 나이거나 만약 무아라고 구하거나, 고성제가 만약 청정하거나 만약 부정하다고 구하거나, 집·멸·도성제가 만약 청정하거나 만약 부정하다고 구하면서 이러한 법들에 의지하여 정려를 행하는 자라면, 나는 얻을 수 있고 비슷한 상의 정려바라밀다를 행하는 것이라고 이름하느니라. 교시가여. 앞에서 말한 것과 같다면, 모두가 얻을 수 있고 비슷한 상의 정려바라밀다를 설한다고 마땅히 알아야 하느니라.

다시 다음으로 교시가여. 선남자와 선여인 등이 있어서 무상정등보리심을 일으킨 자를 위하여 4정려가 만약 항상하거나 만약 무상하다고 설하거나, 4무량·4무색정이 만약 항상하거나 만약 무상하다고 설하거나, 4정려가 만약 즐겁거나 만약 괴롭다고 설하거나, 4무량·4무색정이 만약 즐겁거나 만약 괴롭다고 설하거나, 4정려가 만약 나이거나 만약 무아라고 설하거나, 4무량·4무색정이 만약 나이거나 만약 무아라고 설하거나, 4정려가 만약 청정하거나 만약 부정하다고 설하거나, 4무량·4무색정이 만약 청정하거나 만약 부정하다고 설해야 한다. 만약 이와 같은 법 등에 의지하여 정려를 수행한다면, 이것은 정려바라밀다를 행하는 것이다.

다시 이것의 말을 짓는다면 정려를 행하는 자는 4정려가 만약 항상하거나 만약 무상하다고 상응하여 구하거나, 4무량·4무색정이 만약 항상하거나 만약 무상하다고 상응하여 구하거나, 4정려가 만약 즐겁거나 만약 괴롭다고 상응하여 구하거나, 4무량·4무색정이 만약 즐겁거나 만약 괴롭다고 상응하여 구하거나, 4정려가 만약 나이거나 만약 무아라고 상응하여 구하거나, 4무량·4무색정이 만약 나이거나 만약 무아라고 상응하여 구하거나, 4정려가 만약 청정하거나 만약 부정하다고 상응하여 구하거나, 4무량·4무색정이 만약 청정하거나 만약 부정하다고 상응하여 구해야 한다. 만약 이러한 법 등을 능히 구하면서 정려를 수행한다면 이것은 정려바라밀다를 행하는 것이다.

교시가여. 만약 선남자와 선여인 등이 이와 같이 4정려가 만약 항상하거나 만약 무상하다고 구하거나, 4무량·4무색정이 만약 항상하거나 만약 무상하다고 구하거나, 4정려가 만약 즐겁거나 만약 괴롭다고 구하거나, 4무량·4무색정이 만약 즐겁거나 만약 괴롭다고 구하거나, 4정려가 만약 나이거나 만약 무아라고 구하거나, 4무량·4무색정이 만약 나이거나 만약 무아라고 구하거나, 4정려가 만약 청정하거나 만약 부정하다고 구하거나, 4무량·4무색정이 만약 청정하거나 만약 부정하다고 구하면서 이러한 법들에 의지하여 정려를 행하는 자라면, 나는 얻을 수 있고 비슷한 상의 정려바라밀다를 행하는 것이라고 이름하느니라. 교시가여. 앞에서 말한 것과 같다면, 모두가 얻을 수 있고 비슷한 상의 정려바라밀다를 설한다고 마땅히 알아야 하느니라.

다시 다음으로 교시가여. 선남자와 선여인 등이 있어서 무상정등보리심을 일으킨 자를 위하여 8해탈이 만약 항상하거나 만약 무상하다고 설하거나, 8승처·9차제정·10변처가 만약 항상하거나 만약 무상하다고 설하거나, 8해탈이 만약 즐겁거나 만약 괴롭다고 설하거나, 8승처·9차제정·10변처가 만약 즐겁거나 만약 괴롭다고 설하거나, 8해탈이 만약 나이거나 만약 무아라고 설하거나, 8승처·9차제정·10변처가 만약 나이거나 만약 무아라고 설하거나, 8해탈이 만약 청정하거나 만약 부정하다고 설하거나, 8승처·9차제정·10변처가 만약 청정하거나 만약 부정하다고 설해야 한다. 만약 이와 같은 법 등에 의지하여 정려를 수행한다면, 이것은 정려바라밀다를 행하는 것이다.

다시 이것의 말을 짓는다면 정려를 행하는 자는 8해탈이 만약 항상하거나 만약 무상하다고 상응하여 구하거나, 8승처·9차제정·10변처가 만약 항상하거나 만약 무상하다고 상응하여 구하거나, 8해탈이 만약 즐겁거나 만약 괴롭다고 상응하여 구하거나, 8승처·9차제정·10변처가 만약 즐겁거나 만약 괴롭다고 상응하여 구하거나, 8해탈이 만약 나이거나 만약 무아라고 상응하여 구하거나, 8승처·9차제정·10변처가 만약 나이거나 만약 무아라고 상응하여 구하거나, 8해탈이 만약 청정하거나 만약 부정하다고 상응하여 구하거나, 8승처·9차제정·10변처가 만약 청정하거나 만약 부정하다고 상응하여 구해야 한다. 만약 이러한 법 등을 능히 구하면서 정려를 수행한다면 이것은 정려바라밀다를 행하는 것이다.

교시가여. 만약 선남자와 선여인 등이 이와 같이 8해탈이 만약 항상하거나 만약 무상하다고 구하거나, 8승처·9차제정·10변처가 만약 항상하거나 만약 무상하다고 구하거나, 8해탈이 만약 즐겁거나 만약 괴롭다고 구하거나, 8승처·9차제정·10변처가 만약 즐겁거나 만약 괴롭다고 구하거나, 8해탈이 만약 나이거나 만약 무아라고 구하거나, 8승처·9차제정·10변처가 만약 나이거나 만약 무아라고 구하거나, 8해탈이 만약 청정하거나 만약 부정하다고 구하거나, 8승처·9차제정·10변처가 만약 청정하거나 만약 부정하다고 구하면서 이러한 법들에 의지하여 정려를 행하는 자라면, 나는 얻을 수 있고 비슷한 상의 정려바라밀다를 행하는 것이라고 이름하느니라. 교시가여. 앞에서 말한 것과 같다면, 모두가 얻을 수 있고 비슷한 상의 정려바라밀다를 설한다고 마땅히 알아야 하느니라.

다시 다음으로 교시가여. 선남자와 선여인 등이 있어서 무상정등보리심을 일으킨 자를 위하여 4념주가 만약 항상하거나 만약 무상하다고 설하거나, 4정단·4신족·5근·5력·7등각지·8성도지가 만약 항상하거나 만약 무상하다고 설하거나, 4념주가 만약 즐겁거나 만약 괴롭다고 설하거나, 4정단·4신족·5근·5력·7등각지·8성도지가 만약 즐겁거나 만약 괴롭다고 설하거나, 4념주가 만약 나이거나 만약 무아라고 설하거나, 4정단·4신족·5근·5력·7등각지·8성도지가 만약 나이거나 만약 무아라고 설하거나, 4념주가 만약 청정하거나 만약 부정하다고 설하거나, 4정단·4신족·5근·5력·7등각지·8성도지가 만약 청정하거나 만약 부정하다고 설해야 한다. 만약 이와 같은 법 등에 의지하여 정려를 수행한다면, 이것은 정려바라밀다를 행하는 것이다.

다시 이것의 말을 짓는다면 정려를 행하는 자는 4념주가 만약 항상하거나 만약 무상하다고 상응하여 구하거나, 4정단, 나아가 8성도지가 만약 항상하거나 만약 무상하다고 상응하여 구하거나, 4념주가 만약 즐겁거나 만약 괴롭다고 상응하여 구하거나, 4정단, 나아가 8성도지가 만약 즐겁거나 만약 괴롭다고 상응하여 구하거나, 4념주가 만약 나이거나 만약 무아라고 상응하여 구하거나, 4정단, 나아가 8성도지가 만약 나이거나 만약 무아라고 상응하여 구하거나, 4념주가 만약 청정하거나 만약 부정하다고 상응하여 구하거나, 4정단, 나아가 8성도지가 만약 청정하거나 만약 부정하다고 상응하여 구해야 한다. 만약 이러한 법 등을 능히 구하면서 정려를 수행한다면 이것은 정려바라밀다를 행하는 것이다.

교시가여. 만약 선남자와 선여인 등이 이와 같이 4념주가 만약 항상하거나 만약 무상하다고 구하거나, 4정단, 나아가 8성도지가 만약 항상하거나 만약 무상하다고 구하거나, 4념주가 만약 즐겁거나 만약 괴롭다고 구하거나, 4정단, 나아가 8성도지가 만약 즐겁거나 만약 괴롭다고 구하거나, 4념주가 만약 나이거나 만약 무아라고 구하거나, 4정단, 나아가 8성도지가 만약 나이거나 만약 무아라고 구하거나, 4념주가 만약 청정하거나 만약 부정하다고 구하거나, 4정단, 나아가 8성도지가 만약 청정하거나 만약 부정하다고 구하면서 이러한 법들에 의지하여 정려를 행하는 자라면, 나는 얻을 수 있고 비슷한 상의 정려바라밀다를 행하는 것이라고 이름하느니라. 교시가여. 앞에서 말한 것과 같다면, 모두가 얻을 수 있고 비슷한 상의 정려바라밀다를 설한다고 마땅히 알아야 하느니라.

다시 다음으로 교시가여. 선남자와 선여인 등이 있어서 무상정등보리심을 일으킨 자를 위하여 공해탈문이 만약 항상하거나 만약 무상하다고 설하거나, 무상·무원해탈문이 만약 항상하거나 만약 무상하다고 설하거나, 공해탈문이 만약 즐겁거나 만약 괴롭다고 설하거나, 무상·무원해탈문이 만약 즐겁거나 만약 괴롭다고 설하거나, 공해탈문이 만약 나이거나 만약 무아라고 설하거나, 무상·무원해탈문이 만약 나이거나 만약 무아라고 설하거나, 공해탈문이 만약 청정하거나 만약 부정하다고 설하거나, 무상·무원해탈문이 만약 청정하거나 만약 부정하다고 설해야 한다. 만약 이와 같은 법 등에 의지하여 정려를 수행한다면, 이것은 정려바라밀다를 행하는 것이다.

다시 이것의 말을 짓는다면 정려를 행하는 자는 공해탈문이 만약 항상하거나 만약 무상하다고 상응하여 구하거나, 무상·무원해탈문이 만약 항상하거나 만약 무상하다고 상응하여 구하거나, 공해탈문이 만약 즐겁거나 만약 괴롭다고 상응하여 구하거나, 무상·무원해탈문이 만약 즐겁거나 만약 괴롭다고 상응하여 구하거나, 공해탈문이 만약 나이거나 만약 무아라고 상응하여 구하거나, 무상·무원해탈문이 만약 나이거나 만약 무아라고 상응하여 구하거나, 공해탈문이 만약 청정하거나 만약 부정하다고 상응하여 구하거나, 무상·무원해탈문이 만약 청정하거나 만약 부정하다고 상응하여 구해야 한다. 만약 이러한 법 등을 능히 구하면서 정려를 수행한다면 이것은 정려바라밀다를 행하는 것이다.

교시가여. 만약 선남자와 선여인 등이 이와 같이 공해탈문이 만약 항상하거나 만약 무상하다고 구하거나, 무상·무원해탈문이 만약 항상하거나 만약 무상하다고 구하거나, 공해탈문이 만약 즐겁거나 만약 괴롭다고 구하거나, 무상·무원해탈문이 만약 즐겁거나 만약 괴롭다고 구하거나, 공해탈문이 만약 나이거나 만약 무아라고 구하거나, 무상·무원해탈문이 만약 나이거나 만약 무아라고 구하거나, 공해탈문이 만약 청정하거나 만약 부정하다고 구하거나, 무상·무원해탈문이 만약 청정하거나 만약 부정하다고 구하면서 이러한 법들에 의지하여 정려를 행하는 자라면, 나는 얻을 수 있고 비슷한 상의 정려바라밀다를 행하는 것이라고 이름하느니라. 교시가여. 앞에서 말한 것과 같다면, 모두가 얻을 수 있고 비슷한 상의 정려바라밀다를 설한다고 마땅히 알아야 하느니라.

다시 다음으로 교시가여. 선남자와 선여인 등이 있어서 무상정등보리심을 일으킨 자를 위하여 5안이 만약 항상하거나 만약 무상하다고 설하거나, 6신통이 만약 항상하거나 만약 무상하다고 설하거나, 5안이 만약 즐겁거나 만약 괴롭다고 설하거나, 6신통이 만약 즐겁거나 만약 괴롭다고 설하거나, 5안이 만약 나이거나 만약 무아라고 설하거나, 6신통이 만약 나이거나 만약 무아라고 설하거나, 5안이 만약 청정하거나 만약 부정하다고 설하거나, 6신통이 만약 청정하거나 만약 부정하다고 설해야 한다. 만약 이와 같은 법 등에 의지하여 정려를 수행한다면, 이것은 정려바라밀다를 행하는 것이다.

다시 이것의 말을 짓는다면 정려를 행하는 자는 5안이 만약 항상하거나 만약 무상하다고 상응하여 구하거나, 6신통이 만약 항상하거나 만약 무상하다고 상응하여 구하거나, 5안이 만약 즐겁거나 만약 괴롭다고 상응하여 구하거나, 6신통이 만약 즐겁거나 만약 괴롭다고 상응하여 구하거나, 5안이 만약 나이거나 만약 무아라고 상응하여 구하거나, 6신통이 만약 나이거나 만약 무아라고 상응하여 구하거나, 5안이 만약 청정하거나 만약 부정하다고 상응하여 구하거나, 6신통이 만약 청정하거나 만약 부정하다고 상응하여 구해야 한다. 만약 이러한 법 등을 능히 구하면서 정려를 수행한다면 이것은 정려바라밀다를 행하는 것이다.

교시가여. 만약 선남자와 선여인 등이 이와 같이 5안이 만약 항상하거나 만약 무상하다고 구하거나, 6신통이 만약 항상하거나 만약 무상하다고 구하거나, 5안이 만약 즐겁거나 만약 괴롭다고 구하거나, 6신통이 만약 즐겁거나 만약 괴롭다고 구하거나, 5안이 만약 나이거나 만약 무아라고 구하거나, 6신통이 만약 나이거나 만약 무아라고 구하거나, 5안이 만약 청정하거나 만약 부정하다고 구하거나, 6신통이 만약 청정하거나 만약 부정하다고 구하면서 이러한 법들에 의지하여 정려를 행하는 자라면, 나는 얻을 수 있고 비슷한 상의 정려바라밀다를 행하는 것이라고 이름하느니라. 교시가여. 앞에서 말한 것과 같다면, 모두가 얻을 수 있고 비슷한 상의 정려바라밀다를 설한다고 마땅히 알아야 하느니라.

다시 다음으로 교시가여. 선남자와 선여인 등이 있어서 무상정등보리심을 일으킨 자를 위하여 여래의 10력이 만약 항상하거나 만약 무상하다고 설하거나, 4무소외·4무애해·대자·대비·대희·대사·18불불공법이 만약 항상하거나 만약 무상하다고 설하거나, 여래의 10력이 만약 즐겁거나 만약 괴롭다고 설하거나, 4무소외·4무애해·대자·대비·대희·대사·18불불공법이 만약 즐겁거나 만약 괴롭다고 설하거나, 여래의 10력이 만약 나이거나 만약 무아라고 설하거나, 4무소외·4무애해·대자·대비·대희·대사·18불불공법이 만약 나이거나 만약 무아라고 설하거나, 여래의 10력이 만약 청정하거나 만약 부정하다고 설하거나, 4무소외·4무애해·대자·대비·대희·대사·18불불공법이 만약 청정하거나 만약 부정하다고 설해야 한다. 만약 이와 같은 법 등에 의지하여 정려를 수행한다면, 이것은 정려바라밀다를 행하는 것이다.

다시 이것의 말을 짓는다면 정려를 행하는 자는 여래의 10력이 만약 항상하거나 만약 무상하다고 상응하여 구하거나, 4무소외, 나아가 18불불공법이 만약 항상하거나 만약 무상하다고 상응하여 구하거나, 여래의 10력이 만약 즐겁거나 만약 괴롭다고 상응하여 구하거나, 4무소외, 나아가 18불불공법이 만약 즐겁거나 만약 괴롭다고 상응하여 구하거나, 여래의 10력이 만약 나이거나 만약 무아라고 상응하여 구하거나, 4무소외, 나아가 18불불공법이 만약 나이거나 만약 무아라고 상응하여 구하거나, 여래의 10력이 만약 청정하거나 만약 부정하다고 상응하여 구하거나, 4무소외, 나아가 18불불공법이 만약 청정하거나 만약 부정하다고 상응하여 구해야 한다. 만약 이러한 법 등을 능히 구하면서 정려를 수행한다면 이것은 정려바라밀다를 행하는 것이다.

교시가여. 만약 선남자와 선여인 등이 이와 같이 여래의 10력이 만약 항상하거나 만약 무상하다고 구하거나, 4무소외, 나아가 18불불공법이 만약 항상하거나 만약 무상하다고 구하거나, 여래의 10력이 만약 즐겁거나 만약 괴롭다고 구하거나, 4무소외, 나아가 18불불공법이 만약 즐겁거나 만약 괴롭다고 구하거나, 여래의 10력이 만약 나이거나 만약 무아라고 구하거나, 4무소외, 나아가 18불불공법이 만약 나이거나 만약 무아라고 구하거나, 여래의 10력이 만약 청정하거나 만약 부정하다고 구하거나,

4무소외, 나아가 18불불공법이 만약 청정하거나 만약 부정하다고 구하면서 이러한 법들에 의지하여 정려를 행하는 자라면, 나는 얻을 수 있고 비슷한 상의 정려바라밀다를 행하는 것이라고 이름하느니라. 교시가여. 앞에서 말한 것과 같다면, 모두가 얻을 수 있고 비슷한 상의 정려바라밀다를 설한다고 마땅히 알아야 하느니라.

다시 다음으로 교시가여. 선남자와 선여인 등이 있어서 무상정등보리심을 일으킨 자를 위하여 무망실법이 만약 항상하거나 만약 무상하다고 설하거나, 항주사성이 만약 항상하거나 만약 무상하다고 설하거나, 무망실법이 만약 즐겁거나 만약 괴롭다고 설하거나, 항주사성이 만약 즐겁거나 만약 괴롭다고 설하거나, 무망실법이 만약 나이거나 만약 무아라고 설하거나, 항주사성이 만약 나이거나 만약 무아라고 설하거나, 무망실법이 만약 청정하거나 만약 부정하다고 설하거나, 항주사성이 만약 청정하거나 만약 부정하다고 설해야 한다. 만약 이와 같은 법 등에 의지하여 정려를 수행한다면, 이것은 정려바라밀다를 행하는 것이다.

다시 이것의 말을 짓는다면 정려를 행하는 자는 무망실법이 만약 항상하거나 만약 무상하다고 상응하여 구하거나, 항주사성이 만약 항상하거나 만약 무상하다고 상응하여 구하거나, 무망실법이 만약 즐겁거나 만약 괴롭다고 상응하여 구하거나, 항주사성이 만약 즐겁거나 만약 괴롭다고 상응하여 구하거나, 무망실법이 만약 나이거나 만약 무아라고 상응하여 구하거나, 항주사성이 만약 나이거나 만약 무아라고 상응하여 구하거나, 무망실법이 만약 청정하거나 만약 부정하다고 상응하여 구하거나, 항주사성이 만약 청정하거나 만약 부정하다고 상응하여 구해야 한다. 만약 이러한 법 등을 능히 구하면서 정려를 수행한다면 이것은 정려바라밀다를 행하는 것이다.

교시가여. 만약 선남자와 선여인 등이 이와 같이 무망실법이 만약 항상하거나 만약 무상하다고 구하거나, 항주사성이 만약 항상하거나 만약 무상하다고 구하거나, 무망실법이 만약 즐겁거나 만약 괴롭다고 구하거나, 항주사성이 만약 즐겁거나 만약 괴롭다고 구하거나, 무망실법이 만약 나이거나 만약 무아라고 구하거나, 항주사성이 만약 나이거나 만약 무아라고 구하거나, 무망실법이 만약 청정하거나 만약 부정하다고 구하거나, 항주사성이 만약 청정하거나 만약 부정하다고 구하면서 이러한 법들에 의지하여 정려를 행하는 자라면, 나는 얻을 수 있고 비슷한 상의 정려바라밀다를 행하는 것이라고 이름하느니라. 교시가여. 앞에서 말한 것과 같다면, 모두가 얻을 수 있고 비슷한 상의 정려바라밀다를 설한다고 마땅히 알아야 하느니라."

마하반야바라밀다경 제139권

30. 교량공덕품(校量功惠品)(37)

　"다시 다음으로 교시가여. 선남자와 선여인 등이 있어서 무상정등보리심을 일으킨 자를 위하여 일체지가 만약 항상하거나 만약 무상하다고 설하거나, 도상지·일체상지가 만약 항상하거나 만약 무상하다고 설하거나, 일체지가 만약 즐겁거나 만약 괴롭다고 설하거나, 도상지·일체상지가 만약 즐겁거나 만약 괴롭다고 설하거나, 일체지가 만약 나이거나 만약 무아라고 설하거나, 도상지·일체상지가 만약 나이거나 만약 무아라고 설하거나, 일체지가 만약 청정하거나 만약 부정하다고 설하거나, 도상지·일체상지가 만약 청정하거나 만약 부정하다고 설해야 한다. 만약 이와 같은 법 등에 의지하여 정려를 수행한다면, 이것은 정려바라밀다를 행하는 것이다.

　다시 이것의 말을 짓는다면 정려를 행하는 자는 일체지가 만약 항상하거나 만약 무상하다고 상응하여 구하거나, 도상지·일체상지가 만약 항상하거나 만약 무상하다고 상응하여 구하거나, 일체지가 만약 즐겁거나 만약 괴롭다고 상응하여 구하거나, 도상지·일체상지가 만약 즐겁거나 만약 괴롭다고 상응하여 구하거나, 일체지가 만약 나이거나 만약 무아라고 상응하여 구하거나, 도상지·일체상지가 만약 나이거나 만약 무아라고 상응하여 구하거나, 일체지가 만약 청정하거나 만약 부정하다고 상응하여 구하거나, 도상지·일체상지가 만약 청정하거나 만약 부정하다고 상응하여 구해야 한다. 만약 이러한 법 등을 능히 구하면서 정려를 수행한다면 이것은 정려바라밀다를 행하는 것이다.

교시가여. 만약 선남자와 선여인 등이 이와 같이 일체지가 만약 항상하거나 만약 무상하다고 구하거나, 도상지·일체상지가 만약 항상하거나 만약 무상하다고 구하거나, 일체지가 만약 즐겁거나 만약 괴롭다고 구하거나, 도상지·일체상지가 만약 즐겁거나 만약 괴롭다고 구하거나, 일체지가 만약 나이거나 만약 무아라고 구하거나, 도상지·일체상지가 만약 나이거나 만약 무아라고 구하거나, 일체지가 만약 청정하거나 만약 부정하다고 구하거나, 도상지·일체상지가 만약 청정하거나 만약 부정하다고 구하면서 이러한 법들에 의지하여 정려를 행하는 자라면, 나는 얻을 수 있고 비슷한 상의 정려바라밀다를 행하는 것이라고 이름하느니라. 교시가여. 앞에서 말한 것과 같다면, 모두가 얻을 수 있고 비슷한 상의 정려바라밀다를 설한다고 마땅히 알아야 하느니라.

다시 다음으로 교시가여. 선남자와 선여인 등이 있어서 무상정등보리심을 일으킨 자를 위하여 일체의 다라니문이 만약 항상하거나 만약 무상하다고 설하거나, 일체의 삼마지문이 만약 항상하거나 만약 무상하다고 설하거나, 일체의 다라니문이 만약 즐겁거나 만약 괴롭다고 설하거나, 일체의 삼마지문이 만약 즐겁거나 만약 괴롭다고 설하거나, 일체의 다라니문이 만약 나이거나 만약 무아라고 설하거나, 일체의 삼마지문이 만약 나이거나 만약 무아라고 설하거나, 일체의 다라니문이 만약 청정하거나 만약 부정하다고 설하거나, 일체의 삼마지문이 만약 청정하거나 만약 부정하다고 설해야 한다. 만약 이와 같은 법 등에 의지하여 정려를 수행한다면, 이것은 정려바라밀다를 행하는 것이다.

다시 이것의 말을 짓는다면 정려를 행하는 자는 일체의 다라니문이 만약 항상하거나 만약 무상하다고 상응하여 구하거나, 일체의 삼마지문이 만약 항상하거나 만약 무상하다고 상응하여 구하거나, 일체의 다라니문이 만약 즐겁거나 만약 괴롭다고 상응하여 구하거나, 일체의 삼마지문이 만약 즐겁거나 만약 괴롭다고 상응하여 구하거나, 일체의 다라니문이 만약 나이거나 만약 무아라고 상응하여 구하거나, 일체의 삼마지문이 만약 나이거나 만약 무아라고 상응하여 구하거나, 일체의 다라니문이 만약 청정하거나 만약 부정하다고 상응하여 구하거나, 일체의 삼마지문이 만약 청정하거나 만약 부정하다고 상응하여 구해야 한다. 만약 이러한 법 등을 능히 구하면서 정려를 수행한다면 이것은 정려바라밀다를 행하는 것이다.

교시가여. 만약 선남자와 선여인 등이 이와 같이 일체의 다라니문이 만약 항상하거나 만약 무상하다고 구하거나, 일체의 삼마지문이 만약 항상하거나 만약 무상하다고 구하거나, 일체의 다라니문이 만약 즐겁거나 만약 괴롭다고 구하거나, 일체의 삼마지문이 만약 즐겁거나 만약 괴롭다고 구하거나, 일체의 다라니문이 만약 나이거나 만약 무아라고 구하거나, 일체의 삼마지문이 만약 나이거나 만약 무아라고 구하거나, 일체의 다라니문이 만약 청정하거나 만약 부정하다고 구하거나, 일체의 삼마지문이 만약 청정하거나 만약 부정하다고 구하면서 이러한 법들에 의지하여 정려를 행하는 자라면, 나는 얻을 수 있고 비슷한 상의 정려바라밀다를 행하는 것이라고 이름하느니라. 교시가여. 앞에서 말한 것과 같다면, 모두가 얻을 수 있고 비슷한 상의 정려바라밀다를 설한다고 마땅히 알아야 하느니라.

다시 다음으로 교시가여. 선남자와 선여인 등이 있어서 무상정등보리심을 일으킨 자를 위하여 예류향·예류과가 만약 항상하거나 만약 무상하다고 설하거나, 일래향·일래과·불환향·불환과·아라한향·아라한과가 만약 항상하거나 만약 무상하다고 설하거나, 예류향·예류과가 만약 즐겁거나 만약 괴롭다고 설하거나, 일래향·일래과·불환향·불환과·아라한향·아라한과가 만약 즐겁거나 만약 괴롭다고 설하거나, 예류향·예류과가 만약 나이거나 만약 무아라고 설하거나, 일래향·일래과·불환향·불환과·아라한향·아라한과가 만약 나이거나 만약 무아라고 설하거나, 예류향·예류과가 만약 청정하거나 만약 부정하다고 설하거나, 일래향·일래과·불환향·불환과·아라한향·아라한과가 만약 청정하거나 만약 부정하다고 설해야 한다. 만약 이와 같은 법 등에 의지하여 정려를 수행한다면, 이것은 정려바라밀다를 행하는 것이다.

다시 이것의 말을 짓는다면 정려를 행하는 자는 예류향·예류과가 만약 항상하거나 만약 무상하다고 상응하여 구하거나, 일래향·일래과·불환향·불환과·아라한향·아라한과가 만약 항상하거나 만약 무상하다고 상응하여 구하거나, 예류향·예류과가 만약 즐겁거나 만약 괴롭다고 상응하여 구하거나, 일래향·일래과·불환향·불환과·아라한향·아라한과가 만약 즐겁거나 만약 괴롭다고 상응하여 구하거나, 예류향·예류과가 만약 나이거나 만약 무아라고 상응하여 구하거나, 일래향·일래과·불환향·불환과·아라한향·아라한과가 만약 나이거나 만약 무아라고 상응하여 구하거나, 예류향·예류과가 만약 청정하거나 만약 부정하다고 상응하여 구하거나, 일래향·일래과·불환향·불환과·아라한향·아라한과가 만약 청정하거나 만약 부정하다고 상응하여 구해야 한다. 만약 이러한 법 등을 능히 구하면서 정려를 수행한다면 이것은 정려바라밀다를 행하는 것이다.

교시가여. 만약 선남자와 선여인 등이 이와 같이 예류향·예류과가 만약 항상하거나 만약 무상하다고 구하거나, 일래향·일래과·불환향·불환과·아라한향·아라한과가 만약 항상하거나 만약 무상하다고 구하거나, 예류향·예류과가 만약 즐겁거나 만약 괴롭다고 구하거나, 일래향·일래과·불환향·불환과·아라한향·아라한과가 만약 즐겁거나 만약 괴롭다고 구하거나, 예류향·예류과가 만약 나이거나 만약 무아라고 구하거나, 일래향·일래과·불환향·불환과·아라한향·아라한과가 만약 나이거나 만약 무아라고 구하거나, 예류향·예류과가 만약 청정하거나 만약 부정하다고 구하거나, 일래향·일래과·불환향·불환과·아라한향·아라한과가 만약 청정하거나 만약 부정하다고 구하면서 이러한 법들에 의지하여 정려를 행하는 자라면, 나는 얻을 수 있고 비슷한 상의 정려바라밀다를 행하는 것이라고 이름하느니라. 교시가여. 앞에서 말한 것과 같다면, 모두가 얻을 수 있고 비슷한 상의 정려바라밀다를 설한다고 마땅히 알아야 하느니라.

다시 다음으로 교시가여. 선남자와 선여인 등이 있어서 무상정등보리심을 일으킨 자를 위하여 독각의 보리가 만약 항상하거나 만약 무상하다고 설하거나, 독각의 보리가 만약 즐겁거나 만약 괴롭다고 설하거나, 독각의 보리가 만약 나이거나 만약 무아라고 설하거나, 독각의 보리가 만약 청정하거나 만약 부정하다고 설해야 한다. 만약 이와 같은 법 등에 의지하여 정려를 수행한다면, 이것은 정려바라밀다를 행하는 것이다.

다시 이것의 말을 짓는다면 정려를 행하는 자는 독각의 보리가 만약 항상하거나 만약 무상하다고 상응하여 구하거나, 독각의 보리가 만약 즐겁거나 만약 괴롭다고 상응하여 구하거나, 독각의 보리가 만약 나이거나 만약 무아라고 상응하여 구하거나, 독각의 보리가 만약 청정하거나 만약 부정하다고 상응하여 구해야 한다. 만약 이러한 법 등을 능히 구하면서 정려를 수행한다면 이것은 정려바라밀다를 행하는 것이다.

교시가여. 만약 선남자와 선여인 등이 이와 같이 독각의 보리가 만약 항상하거나 만약 무상하다고 구하거나, 독각의 보리가 만약 즐겁거나 만약 괴롭다고 구하거나, 독각의 보리가 만약 나이거나 만약 무아라고 구하거나, 독각의 보리가 만약 청정하거나 만약 부정하다고 구하면서 이러한 법들에 의지하여 정려를 행하는 자라면, 나는 얻을 수 있고 비슷한 상의 정려바라밀다를 행하는 것이라고 이름하느니라. 교시가여. 앞에서 말한 것과 같다면, 모두가 얻을 수 있고 비슷한 상의 정려바라밀다를 설한다고 마땅히 알아야 하느니라.

다시 다음으로 교시가여. 선남자와 선여인 등이 있어서 무상정등보리심을 일으킨 자를 위하여 일체의 보살마하살의 행이 만약 항상하거나 만약 무상하다고 설하거나, 일체의 보살마하살의 행이 만약 즐겁거나 만약 괴롭다고 설하거나, 일체의 보살마하살의 행이 만약 나이거나 만약 무아라고 설하거나, 일체의 보살마하살의 행이 만약 청정하거나 만약 부정하다고 설해야 한다. 만약 이와 같은 법 등에 의지하여 정려를 수행한다면, 이것은 정려바라밀다를 행하는 것이다.

다시 이것의 말을 짓는다면 정려를 행하는 자는 일체의 보살마하살의 행이 만약 항상하거나 만약 무상하다고 상응하여 구하거나, 일체의 보살마하살의 행이 만약 즐겁거나 만약 괴롭다고 상응하여 구하거나, 일체의 보살마하살의 행이 만약 나이거나 만약 무아라고 상응하여 구하거나, 일체의 보살마하살의 행이 만약 청정하거나 만약 부정하다고 상응하여 구해야 한다. 만약 이러한 법 등을 능히 구하면서 정려를 수행하고 있다면 이것은 정려바라밀다를 행하는 것이다.

교시가여. 만약 선남자와 선여인 등이 이와 같이 일체의 보살마하살의 행이 만약 항상하거나 만약 무상하다고 구하거나, 일체의 보살마하살의 행이 만약 즐겁거나 만약 괴롭다고 구하거나, 일체의 보살마하살의 행이 만약 나이거나 만약 무아라고 구하거나, 일체의 보살마하살의 행이 만약 청정하거나 만약 부정하다고 구하면서 이러한 법들에 의지하여 정려를 행하는 자라면, 나는 얻을 수 있고 비슷한 상의 정려바라밀다를 행하는 것이라고 이름하느니라. 교시가여. 앞에서 말한 것과 같다면, 모두가 얻을 수 있고 비슷한 상의 정려바라밀다를 설한다고 마땅히 알아야 하느니라.

다시 다음으로 교시가여. 선남자와 선여인 등이 있어서 제불의 무상정등보리심을 일으킨 자를 위하여 제불의 무상정등보리가 만약 항상하거나 만약 무상하다고 설하거나, 제불의 무상정등보리가 만약 즐겁거나 만약 괴롭다고 설하거나, 제불의 무상정등보리가 만약 나이거나 만약 무아라고 설하거나, 제불의 무상정등보리가 만약 청정하거나 만약 부정하다고 설해야 한다. 만약 이와 같은 법 등에 의지하여 정려를 수행한다면, 이것은 정려바라밀다를 행하는 것이다.

다시 이것의 말을 짓는다면 정려를 행하는 자는 제불의 무상정등보리가 만약 항상하거나 만약 무상하다고 상응하여 구하거나, 제불의 무상정등보리가 만약 즐겁거나 만약 괴롭다고 상응하여 구하거나, 제불의 무상정등보리가 만약 나이거나 만약 무아라고 상응하여 구하거나, 제불의 무상정등보리가 만약 청정하거나 만약 부정하다고 상응하여 구해야 한다. 만약 이러한 법 등을 능히 구하면서 정려를 수행하고 있다면 이것은 정려바라밀다를 행하는 것이다.

교시가여. 만약 선남자와 선여인 등이 이와 같이 제불의 무상정등보리가 만약 항상하거나 만약 무상하다고 구하거나, 제불의 무상정등보리가 만약 즐겁거나 만약 괴롭다고 구하거나, 제불의 무상정등보리가 만약 나이거나 만약 무아라고 구하거나, 제불의 무상정등보리가 만약 청정하거나 만약 부정하다고 구하면서 이러한 법들에 의지하여 정려를 행하는 자라면, 나는 얻을 수 있고 비슷한 상의 정려바라밀다를 행하는 것이라고 이름하느니라. 교시가여. 앞에서 말한 것과 같다면, 모두가 얻을 수 있고 비슷한 상의 정려바라밀다를 설한다고 마땅히 알아야 하느니라."

그때 천제석이 다시 세존께 아뢰어 말하였다.

"세존이시여. 무엇을 선남자와 선여인 등이 얻을 수 있는 것으로 정진바라밀다를 설한다면, 비슷한 상의 정진바라밀다를 설한다고 이름합니까?"

세존께서 말씀하셨다.

"교시가여. 선남자와 선여인 등이 있어서 무상정등보리심을 일으킨 자를 위하여 색이 만약 항상하거나 만약 무상하다고 설하거나, 수·상·행·식이 만약 항상하거나 만약 무상하다고 설하거나, 색이 만약 즐겁거나 만약 괴롭다고 설하거나, 수·상·행·식이 만약 즐겁거나 만약 괴롭다고 설하거나, 색이 만약 나이거나 만약 무아라고 설하거나, 수·상·행·식이 만약 나이거나 만약 무아라고 설하거나, 색이 만약 청정하거나 만약 부정하다고 설하거나, 수·상·행·식이 만약 청정하거나 만약 부정하다고 설해야 한다. 만약 이와 같은 법 등에 의지하여 정진을 수행한다면, 이것은 정진바라밀다를 행하는 것이다.

다시 이것의 말을 짓는다면 정진을 행하는 자는 색이 만약 항상하거나 만약 무상하다고 상응하여 구하거나, 수·상·행·식이 만약 항상하거나 만약 무상하다고 상응하여 구하거나, 색이 만약 즐겁거나 만약 괴롭다고 상응하여 구하거나, 수·상·행·식이 만약 즐겁거나 만약 괴롭다고 상응하여 구하거나, 색이 만약 나이거나 만약 무아라고 상응하여 구하거나, 수·상·행·식이 만약 나이거나 만약 무아라고 상응하여 구하거나, 색이 만약 청정하거나 만약 부정하다고 상응하여 구하거나, 수·상·행·식이 만약 청정하거나 만약 부정하다고 상응하여 구해야 한다. 만약 이러한 법 등을 능히 구하면서 정진을 수행한다면 이것은 정진바라밀다를 행하는 것이다.

교시가여. 만약 선남자와 선여인 등이 이와 같이 색이 만약 항상하거나 만약 무상하다고 구하거나, 수·상·행·식이 만약 항상하거나 만약 무상하다고 구하거나, 색이 만약 즐겁거나 만약 괴롭다고 구하거나, 수·상·행·식이 만약 즐겁거나 만약 괴롭다고 구하거나, 색이 만약 나이거나 만약 무아라고 구하거나, 수·상·행·식이 만약 나이거나 만약 무아라고 구하거나, 색이 만약 청정하거나 만약 부정하다고 구하거나, 수·상·행·식이 만약 청정하거나 만약 부정하다고 구하면서 이러한 법들에 의지하여 정진을 행하는 자라면, 나는 얻을 수 있고 비슷한 상의 정진바라밀다를 행하는 것이라고 이름하느니라. 교시가여. 앞에서 말한 것과 같다면, 모두가 얻을 수 있고 비슷한 상의 정진바라밀다를 설한다고 마땅히 알아야 하느니라.

다시 다음으로 교시가여. 선남자와 선여인 등이 있어서 무상정등보리심을 일으킨 자를 위하여 안처가 만약 항상하거나 만약 무상하다고 설하거나, 이·비·설·신·의처가 만약 항상하거나 만약 무상하다고 설하거나, 안처가 만약 즐겁거나 만약 괴롭다고 설하거나, 이·비·설·신·의처가 만약 즐겁거나 만약 괴롭다고 설하거나, 안처가 만약 나이거나 만약 무아라고 설하거나, 이·비·설·신·의처가 만약 나이거나 만약 무아라고 설하거나, 안처가 만약 청정하거나 만약 부정하다고 설하거나, 이·비·설·신·의처가 만약 청정하거나 만약 부정하다고 설해야 한다. 만약 이와 같은 법 등에 의지하여 정진을 수행한다면, 이것은 정진바라밀다를 행하는 것이다.

다시 이것의 말을 짓는다면 정진을 행하는 자는 안처가 만약 항상하거나 만약 무상하다고 상응하여 구하거나, 이·비·설·신·의처가 만약 항상하거나 만약 무상하다고 상응하여 구하거나, 안처가 만약 즐겁거나 만약 괴롭다고 상응하여 구하거나, 이·비·설·신·의처가 만약 즐겁거나 만약 괴롭다고 상응하여 구하거나, 안처가 만약 나이거나 만약 무아라고 상응하여 구하거나, 이·비·설·신·의처가 만약 나이거나 만약 무아라고 상응하여 구하거나, 안처가 만약 청정하거나 만약 부정하다고 상응하여 구하거나, 이·비·설·신·의처가 만약 청정하거나 만약 부정하다고 상응하여 구해야 한다. 만약 이러한 법 등을 능히 구하면서 정진을 수행한다면 이것은 정진바라밀다를 행하는 것이다.

교시가여. 만약 선남자와 선여인 등이 이와 같이 안처가 만약 항상하거나 만약 무상하다고 구하거나, 이·비·설·신·의처가 만약 항상하거나 만약 무상하다고 구하거나, 안처가 만약 즐겁거나 만약 괴롭다고 구하거나, 이·비·설·신·의처가 만약 즐겁거나 만약 괴롭다고 구하거나, 안처가 만약 나이거나 만약 무아라고 구하거나, 이·비·설·신·의처가 만약 나이거나 만약 무아라고 구하거나, 안처가 만약 청정하거나 만약 부정하다고 구하거나, 이·비·설·신·의처가 만약 청정하거나 만약 부정하다고 구하면서 이러한 법들에 의지하여 정진을 행하는 자라면, 나는 얻을 수 있고 비슷한 상의 정진바라밀다를 행하는 것이라고 이름하느니라. 교시가여. 앞에서 말한 것과 같다면, 모두가 얻을 수 있고 비슷한 상의 정진바라밀다를 설한다고 마땅히 알아야 하느니라.

다시 다음으로 교시가여. 선남자와 선여인 등이 있어서 무상정등보리심을 일으킨 자를 위하여 색처가 만약 항상하거나 만약 무상하다고 설하거나, 성·향·미·촉·법처가 만약 항상하거나 만약 무상하다고 설하거나, 색처가 만약 즐겁거나 만약 괴롭다고 설하거나, 성·향·미·촉·법처가 만약 즐겁거나 만약 괴롭다고 설하거나, 색처가 만약 나이거나 만약 무아라고 설하거나, 이·비·설·신·의처가 만약 나이거나 만약 무아라고 설하거나, 색처가 만약 청정하거나 만약 부정하다고 설하거나, 성·향·미·촉·법처가 만약 청정하거나 만약 부정하다고 설해야 한다. 만약 이와 같은 법 등에 의지하여 정진을 수행한다면, 이것은 정진바라밀다를 행하는 것이다.

다시 이것의 말을 짓는다면 정진을 행하는 자는 색처가 만약 항상하거나 만약 무상하다고 상응하여 구하거나, 성·향·미·촉·법처가 만약 항상하거나 만약 무상하다고 상응하여 구하거나, 색처가 만약 즐겁거나 만약 괴롭다고 상응하여 구하거나, 성·향·미·촉·법처가 만약 즐겁거나 만약 괴롭다고 상응하여 구하거나, 색처가 만약 나이거나 만약 무아라고 상응하여 구하거나, 성·향·미·촉·법처가 만약 나이거나 만약 무아라고 상응하여 구하거나, 색처가 만약 청정하거나 만약 부정하다고 상응하여 구하거나, 성·향·미·촉·법처가 만약 청정하거나 만약 부정하다고 상응하여 구해야 한다. 만약 이러한 법 등을 능히 구하면서 정진을 수행한다면 이것은 정진바라밀다를 행하는 것이다.

교시가여. 만약 선남자와 선여인 등이 이와 같이 색처가 만약 항상하거나 만약 무상하다고 구하거나, 성·향·미·촉·법처가 만약 항상하거나 만약 무상하다고 구하거나, 색처가 만약 즐겁거나 만약 괴롭다고 구하거나, 성·향·미·촉·법처가 만약 즐겁거나 만약 괴롭다고 구하거나, 색처가 만약 나이거나 만약 무아라고 구하거나, 성·향·미·촉·법처가 만약 나이거나 만약 무아라고 구하거나, 색처가 만약 청정하거나 만약 부정하다고 구하거나, 성·향·미·촉·법처가 만약 청정하거나 만약 부정하다고 구하면서 이러한 법들에 의지하여 정진을 행하는 자라면, 나는 얻을 수 있고 비슷한 상의 정진바라밀다를 행하는 것이라고 이름하느니라. 교시가여. 앞에서 말한 것과 같다면, 모두가 얻을 수 있고 비슷한 상의 정진바라밀다를 설한다고 마땅히 알아야 하느니라.

다시 다음으로 교시가여. 선남자와 선여인 등이 있어서 무상정등보리심을 일으킨 자를 위하여 안계가 만약 항상하거나 만약 무상하다고 설하거나, 색계·안식계, 나아가 안촉·안촉을 인연으로 생겨나는 여러 수가 만약 항상하거나 만약 무상하다고 설하거나, 안계가 만약 즐겁거나 만약 괴롭다고 설하거나, 색계·안식계, 나아가 안촉·안촉을 인연으로 생겨난 여러 수가 만약 즐겁거나 만약 괴롭다고 설하거나, 안계가 만약 나이거나 만약 무아라고 설하거나, 색계·안식계, 나아가 안촉·안촉을 인연으로 생겨난 여러 수가 만약 나이거나 만약 무아라고 설하거나, 안계가 만약 청정하거나 만약 부정하다고 설하거나, 색계·안식계, 나아가 안촉·안촉을 인연으로 생겨난 여러 수가 만약 청정하거나 만약 부정하다고 설해야 한다. 만약 이와 같은 법 등에 의지하여 정진을 수행한다면, 이것은 정진바라밀다를 행하는 것이다.

다시 이것의 말을 짓는다면 정진을 행하는 자는 안계가 만약 항상하거나 만약 무상하다고 상응하여 구하거나, 색계·안식계, 나아가 안촉·안촉을 인연으로 생겨난 여러 수가 만약 항상하거나 만약 무상하다고 상응하여 구하거나, 안계가 만약 즐겁거나 만약 괴롭다고 상응하여 구하거나, 색계· 안식계, 나아가 안촉·안촉을 인연으로 생겨난 여러 수가 만약 즐겁거나 만약 괴롭다고 상응하여 구하거나, 안계가 만약 나이거나 만약 무아라고 상응하여 구하거나, 색계·안식계, 나아가 안촉·안촉을 인연으로 생겨난 여러 수가 만약 나이거나 만약 무아라고 상응하여 구하거나, 안계가 만약 청정하거나 만약 부정하다고 상응하여 구하거나, 색계·안식계, 나아 가 안촉·안촉을 인연으로 생겨난 여러 수가 만약 청정하거나 만약 부정하 다고 상응하여 구해야 한다. 만약 이러한 법 등을 능히 구하면서 정진을 수행한다면 이것은 정진바라밀다를 행하는 것이다.

교시가여. 만약 선남자와 선여인 등이 이와 같이 안계가 만약 항상하거 나 만약 무상하다고 구하거나, 색계·안식계, 나아가 안촉·안촉을 인연으 로 생겨난 여러 수가 만약 항상하거나 만약 무상하다고 구하거나, 안계가 만약 즐겁거나 만약 괴롭다고 구하거나, 색계·안식계, 나아가 안촉·안촉 을 인연으로 생겨난 여러 수가 만약 즐겁거나 만약 괴롭다고 구하거나, 안계가 만약 나이거나 만약 무아라고 구하거나, 색계·안식계, 나아가 안촉·안촉을 인연으로 생겨난 여러 수가 만약 나이거나 만약 무아라고 구하거나, 안계가 만약 청정하거나 만약 부정하다고 구하거나, 색계·안식 계, 나아가 안촉·안촉을 인연으로 생겨난 여러 수가 만약 청정하거나 만약 부정하다고 구하면서 이러한 법들에 의지하여 정진을 행하는 자라면, 나는 얻을 수 있고 비슷한 상의 정진바라밀다를 행하는 것이라고 이름하느 니라. 교시가여. 앞에서 말한 것과 같다면, 모두가 얻을 수 있고 비슷한 상의 정진바라밀다를 설한다고 마땅히 알아야 하느니라.

　　다시 다음으로 교시가여. 선남자와 선여인 등이 있어서 무상정등보리심을 일으킨 자를 위하여 이계가 만약 항상하거나 만약 무상하다고 설하거나, 성계·이식계, 나아가 이촉·이촉을 인연으로 생겨나는 여러 수가 만약 항상하거나 만약 무상하다고 설하거나, 이계가 만약 즐겁거나 만약 괴롭다고 설하거나, 성계·이식계, 나아가 이촉·이촉을 인연으로 생겨난 여러 수가 만약 즐겁거나 만약 괴롭다고 설하거나, 이계가 만약 나이거나 만약 무아라고 설하거나, 성계·이식계, 나아가 이촉·이촉을 인연으로 생겨난 여러 수가 만약 나이거나 만약 무아라고 설하거나, 이계가 만약 청정하거나 만약 부정하다고 설하거나, 성계·이식계, 나아가 이촉·이촉을 인연으로 생겨난 여러 수가 만약 청정하거나 만약 부정하다고 설해야 한다. 만약 이와 같은 법 등에 의지하여 정진을 수행한다면, 이것은 정진바라밀다를 행하는 것이다.

　　다시 이것의 말을 짓는다면 정진을 행하는 자는 이계가 만약 항상하거나 만약 무상하다고 상응하여 구하거나, 성계·이식계, 나아가 이촉·이촉을 인연으로 생겨난 여러 수가 만약 항상하거나 만약 무상하다고 상응하여 구하거나, 이계가 만약 즐겁거나 만약 괴롭다고 상응하여 구하거나, 성계·이식계, 나아가 이촉·이촉을 인연으로 생겨난 여러 수가 만약 즐겁거나 만약 괴롭다고 상응하여 구하거나, 이계가 만약 나이거나 만약 무아라고 상응하여 구하거나, 성계·이식계, 나아가 이촉·이촉을 인연으로 생겨난 여러 수가 만약 나이거나 만약 무아라고 상응하여 구하거나, 이계가 만약 청정하거나 만약 부정하다고 상응하여 구하거나, 성계·이식계, 나아가 이촉·이촉을 인연으로 생겨난 여러 수가 만약 청정하거나 만약 부정하다고 상응하여 구해야 한다. 만약 이러한 법 등을 능히 구하면서 정진을 수행한다면 이것은 정진바라밀다를 행하는 것이다.

　　교시가여. 만약 선남자와 선여인 등이 이와 같이 이계가 만약 항상하거나 만약 무상하다고 구하거나, 성계·이식계, 나아가 이촉·이촉을 인연으로 생겨난 여러 수가 만약 항상하거나 만약 무상하다고 구하거나, 이계가 만약 즐겁거나 만약 괴롭다고 구하거나, 성계·이식계, 나아가 이촉·이촉을 인연으로 생겨난 여러 수가 만약 즐겁거나 만약 괴롭다고 구하거나, 이계가 만약 나이거나 만약 무아라고 구하거나, 성계·이식계, 나아가 이촉·이촉을 인연으로 생겨난 여러 수가 만약 나이거나 만약 무아라고 구하거나, 이계가 만약 청정하거나 만약 부정하다고 구하거나, 성계·이식계, 나아가 이촉·이촉을 인연으로 생겨난 여러 수가 만약 청정하거나 만약 부정하다고 구하면서 이러한 법들에 의지하여 정진을 행하는 자라면, 나는 얻을 수 있고 비슷한 상의 정진바라밀다를 행하는 것이라고 이름하느니라. 교시가여. 앞에서 말한 것과 같다면, 모두가 얻을 수 있고 비슷한 상의 정진바라밀다를 설한다고 마땅히 알아야 하느니라.

다시 다음으로 교시가여. 선남자와 선여인 등이 있어서 무상정등보리심을 일으킨 자를 위하여 비계가 만약 항상하거나 만약 무상하다고 설하거나, 향계·비식계, 나아가 비촉·비촉을 인연으로 생겨나는 여러 수가 만약 항상하거나 만약 무상하다고 설하거나, 비계가 만약 즐겁거나 만약 괴롭다고 설하거나, 향계·비식계, 나아가 비촉·비촉을 인연으로 생겨난 여러 수가 만약 즐겁거나 만약 괴롭다고 설하거나, 비계가 만약 나이거나 만약 무아라고 설하거나, 향계·비식계, 나아가 비촉·비촉을 인연으로 생겨난 여러 수가 만약 나이거나 만약 무아라고 설하거나, 비계가 만약 청정하거나 만약 부정하다고 설하거나, 향계·비식계, 나아가 비촉·비촉을 인연으로 생겨난 여러 수가 만약 청정하거나 만약 부정하다고 설해야 한다. 만약 이와 같은 법 등에 의지하여 정진을 수행한다면, 이것은 정진바라밀다를 행하는 것이다.

다시 이것의 말을 짓는다면 정진을 행하는 자는 비계가 만약 항상하거나 만약 무상하다고 상응하여 구하거나, 향계·비식계, 나아가 비촉·비촉을 인연으로 생겨난 여러 수가 만약 항상하거나 만약 무상하다고 상응하여 구하거나, 비계가 만약 즐겁거나 만약 괴롭다고 상응하여 구하거나, 향계·비식계, 나아가 비촉·비촉을 인연으로 생겨난 여러 수가 만약 즐겁거나 만약 괴롭다고 상응하여 구하거나, 비계가 만약 나이거나 만약 무아라고 상응하여 구하거나, 향계·비식계, 나아가 비촉·비촉을 인연으로 생겨난 여러 수가 만약 나이거나 만약 무아라고 상응하여 구하거나, 비계가 만약 청정하거나 만약 부정하다고 상응하여 구하거나, 향계·비식계, 나아가 비촉·비촉을 인연으로 생겨난 여러 수가 만약 청정하거나 만약 부정하다고 상응하여 구해야 한다. 만약 이러한 법 등을 능히 구하면서 정진을 수행한다면 이것은 정진바라밀다를 행하는 것이다.

교시가여. 만약 선남자와 선여인 등이 이와 같이 비계가 만약 항상하거나 만약 무상하다고 구하거나, 향계·비식계, 나아가 비촉·비촉을 인연으로 생겨난 여러 수가 만약 항상하거나 만약 무상하다고 구하거나, 비계가 만약 즐겁거나 만약 괴롭다고 구하거나, 향계·비식계, 나아가 비촉·비촉을 인연으로 생겨난 여러 수가 만약 즐겁거나 만약 괴롭다고 구하거나, 비계가 만약 나이거나 만약 무아라고 구하거나, 향계·비식계, 나아가 비촉·비촉을 인연으로 생겨난 여러 수가 만약 나이거나 만약 무아라고 구하거나, 비계가 만약 청정하거나 만약 부정하다고 구하거나, 향계·비식계, 나아가 비촉·비촉을 인연으로 생겨난 여러 수가 만약 청정하거나 만약 부정하다고 구하면서 이러한 법들에 의지하여 정진을 행하는 자라면, 나는 얻을 수 있고 비슷한 상의 정진바라밀다를 행하는 것이라고 이름하느니라. 교시가여. 앞에서 말한 것과 같다면, 모두가 얻을 수 있고 비슷한 상의 정진바라밀다를 설한다고 마땅히 알아야 하느니라.

다시 다음으로 교시가여. 선남자와 선여인 등이 있어서 무상정등보리심을 일으킨 자를 위하여 설계가 만약 항상하거나 만약 무상하다고 설하거나, 미계·설식계, 나아가 설촉·설촉을 인연으로 생겨나는 여러 수가 만약 항상하거나 만약 무상하다고 설하거나, 설계가 만약 즐겁거나 만약 괴롭다고 설하거나, 미계·설식계, 나아가 설촉·설촉을 인연으로 생겨난 여러 수가 만약 즐겁거나 만약 괴롭다고 설하거나, 설계가 만약 나이거나 만약 무아라고 설하거나, 미계·설식계, 나아가 설촉·설촉을 인연으로 생겨난 여러 수가 만약 나이거나 만약 무아라고 설하거나, 설계가 만약 청정하거나 만약 부정하다고 설하거나, 미계·설식계, 나아가 설촉·설촉을 인연으로 생겨난 여러 수가 만약 청정하거나 만약 부정하다고 설해야 한다. 만약 이와 같은 법 등에 의지하여 정진을 수행한다면, 이것은 정진바라밀다를 행하는 것이다.

다시 이것의 말을 짓는다면 정진을 행하는 자는 설계가 만약 항상하거나 만약 무상하다고 상응하여 구하거나, 미계·설식계, 나아가 설촉·설촉을 인연으로 생겨난 여러 수가 만약 항상하거나 만약 무상하다고 상응하여 구하거나, 설계가 만약 즐겁거나 만약 괴롭다고 상응하여 구하거나, 미계·설식계, 나아가 설촉·설촉을 인연으로 생겨난 여러 수가 만약 즐겁거나 만약 괴롭다고 상응하여 구하거나, 설계가 만약 나이거나 만약 무아라고 상응하여 구하거나, 미계·설식계, 나아가 설촉·설촉을 인연으로 생겨난 여러 수가 만약 나이거나 만약 무아라고 상응하여 구하거나, 설계가 만약 청정하거나 만약 부정하다고 상응하여 구하거나, 미계·설식계, 나아가 설촉·설촉을 인연으로 생겨난 여러 수가 만약 청정하거나 만약 부정하다고 상응하여 구해야 한다. 만약 이러한 법 등을 능히 구하면서 정진을 수행한다면 이것은 정진바라밀다를 행하는 것이다.

교시가여. 만약 선남자와 선여인 등이 이와 같이 설계가 만약 항상하거나 만약 무상하다고 구하거나, 미계·설식계, 나아가 설촉·설촉을 인연으로 생겨난 여러 수가 만약 항상하거나 만약 무상하다고 구하거나, 설계가 만약 즐겁거나 만약 괴롭다고 구하거나, 미계·설식계, 나아가 설촉·설촉을 인연으로 생겨난 여러 수가 만약 즐겁거나 만약 괴롭다고 구하거나, 설계가 만약 나이거나 만약 무아라고 구하거나, 미계·설식계, 나아가 설촉·설촉을 인연으로 생겨난 여러 수가 만약 나이거나 만약 무아라고 구하거나, 설계가 만약 청정하거나 만약 부정하다고 구하거나, 미계·설식계, 나아가 설촉·설촉을 인연으로 생겨난 여러 수가 만약 청정하거나 만약 부정하다고 구하면서 이러한 법들에 의지하여 정진을 행하는 자라면, 나는 얻을 수 있고 비슷한 상의 정진바라밀다를 행하는 것이라고 이름하느니라. 교시가여. 앞에서 말한 것과 같다면, 모두가 얻을 수 있고 비슷한 상의 정진바라밀다를 설한다고 마땅히 알아야 하느니라.

다시 다음으로 교시가여. 선남자와 선여인 등이 있어서 무상정등보리

심을 일으킨 자를 위하여 신계가 만약 항상하거나 만약 무상하다고 설하거
나, 촉계·신식계, 나아가 신촉·신촉을 인연으로 생겨나는 여러 수가 만약
항상하거나 만약 무상하다고 설하거나, 신계가 만약 즐겁거나 만약 괴롭
다고 설하거나, 촉계·신식계, 나아가 신촉·신촉을 인연으로 생겨난 여러
수가 만약 즐겁거나 만약 괴롭다고 설하거나, 신계가 만약 나이거나
만약 무아라고 설하거나, 촉계·신식계, 나아가 신촉·신촉을 인연으로
생겨난 여러 수가 만약 나이거나 만약 무아라고 설하거나, 신계가 만약
청정하거나 만약 부정하다고 설하거나, 촉계·신식계, 나아가 신촉·신촉
을 인연으로 생겨난 여러 수가 만약 청정하거나 만약 부정하다고 설해야
한다. 만약 이와 같은 법 등에 의지하여 정진을 수행한다면, 이것은
정진바라밀다를 행하는 것이다.

　다시 이것의 말을 짓는다면 정진을 행하는 자는 신계가 만약 항상하거나
만약 무상하다고 상응하여 구하거나, 촉계·신식계, 나아가 신촉·신촉을
인연으로 생겨난 여러 수가 만약 항상하거나 만약 무상하다고 상응하여
구하거나, 신계가 만약 즐겁거나 만약 괴롭다고 상응하여 구하거나, 촉계·
신식계, 나아가 신촉·신촉을 인연으로 생겨난 여러 수가 만약 즐겁거나
만약 괴롭다고 상응하여 구하거나, 신계가 만약 나이거나 만약 무아라고
상응하여 구하거나, 촉계·신식계, 나아가 신촉·신촉을 인연으로 생겨난
여러 수가 만약 나이거나 만약 무아라고 상응하여 구하거나, 신계가
만약 청정하거나 만약 부정하다고 상응하여 구하거나, 촉계·신식계, 나아
가 신촉·신촉을 인연으로 생겨난 여러 수가 만약 청정하거나 만약 부정하
다고 상응하여 구해야 한다. 만약 이러한 법 등을 능히 구하면서 정진을
수행한다면 이것은 정진바라밀다를 행하는 것이다.

　교시가여. 만약 선남자와 선여인 등이 이와 같이 신계가 만약 항상하거
나 만약 무상하다고 구하거나, 촉계·신식계, 나아가 신촉·신촉을 인연으
로 생겨난 여러 수가 만약 항상하거나 만약 무상하다고 구하거나, 신계가
만약 즐겁거나 만약 괴롭다고 구하거나, 촉계·신식계, 나아가 신촉·신촉
을 인연으로 생겨난 여러 수가 만약 즐겁거나 만약 괴롭다고 구하거나,

신계가 만약 나이거나 만약 무아라고 구하거나, 촉계·신식계, 나아가
신촉·신촉을 인연으로 생겨난 여러 수가 만약 나이거나 만약 무아라고
구하거나, 신계가 만약 청정하거나 만약 부정하다고 구하거나, 촉계·신식
계, 나아가 신촉·신촉을 인연으로 생겨난 여러 수가 만약 청정하거나
만약 부정하다고 구하면서 이러한 법들에 의지하여 정진을 행하는 자라면,
나는 얻을 수 있고 비슷한 상의 정진바라밀다를 행하는 것이라고 이름하느
니라. 교시가여. 앞에서 말한 것과 같다면, 모두가 얻을 수 있고 비슷한
상의 정진바라밀다를 설한다고 마땅히 알아야 하느니라.

다시 다음으로 교시가여. 선남자와 선여인 등이 있어서 무상정등보리
심을 일으킨 자를 위하여 의계가 만약 항상하거나 만약 무상하다고 설하거
나, 법계·의식계, 나아가 의촉·의촉을 인연으로 생겨나는 여러 수가 만약
항상하거나 만약 무상하다고 설하거나, 의계가 만약 즐겁거나 만약 괴롭
다고 설하거나, 법계·의식계, 나아가 의촉·의촉을 인연으로 생겨난 여러
수가 만약 즐겁거나 만약 괴롭다고 설하거나, 의계가 만약 나이거나
만약 무아라고 설하거나, 법계·의식계, 나아가 의촉·의촉을 인연으로
생겨난 여러 수가 만약 나이거나 만약 무아라고 설하거나, 의계가 만약
청정하거나 만약 부정하다고 설하거나, 법계·의식계, 나아가 의촉·의촉
을 인연으로 생겨난 여러 수가 만약 청정하거나 만약 부정하다고 설해야
한다. 만약 이와 같은 법 등에 의지하여 정진을 수행한다면, 이것은
정진바라밀다를 행하는 것이다.

다시 이것의 말을 짓는다면 정진을 행하는 자는 의계가 만약 항상하거나
만약 무상하다고 상응하여 구하거나, 법계·의식계, 나아가 의촉·의촉을
인연으로 생겨난 여러 수가 만약 항상하거나 만약 무상하다고 상응하여
구하거나, 의계가 만약 즐겁거나 만약 괴롭다고 상응하여 구하거나, 법계·
의식계, 나아가 의촉·의촉을 인연으로 생겨난 여러 수가 만약 즐겁거나
만약 괴롭다고 상응하여 구하거나, 의계가 만약 나이거나 만약 무아라고
상응하여 구하거나, 법계·의식계, 나아가 의촉·의촉을 인연으로 생겨난
여러 수가 만약 나이거나 만약 무아라고 상응하여 구하거나, 의계가

만약 청정하거나 만약 부정하다고 상응하여 구하거나, 법계·의식계, 나아가 의촉·의촉을 인연으로 생겨난 여러 수가 만약 청정하거나 만약 부정하다고 상응하여 구해야 한다. 만약 이러한 법 등을 능히 구하면서 정진을 수행한다면 이것은 정진바라밀다를 행하는 것이다.

교시가여. 만약 선남자와 선여인 등이 이와 같이 의계가 만약 항상하거나 만약 무상하다고 구하거나, 법계·의식계, 나아가 의촉·의촉을 인연으로 생겨난 여러 수가 만약 항상하거나 만약 무상하다고 구하거나, 의계가 만약 즐겁거나 만약 괴롭다고 구하거나, 법계·의식계, 나아가 의촉·의촉을 인연으로 생겨난 여러 수가 만약 즐겁거나 만약 괴롭다고 구하거나, 의계가 만약 나이거나 만약 무아라고 구하거나, 법계·의식계, 나아가 의촉·의촉을 인연으로 생겨난 여러 수가 만약 나이거나 만약 무아라고 구하거나, 의계가 만약 청정하거나 만약 부정하다고 구하거나, 법계·의식계, 나아가 의촉·의촉을 인연으로 생겨난 여러 수가 만약 청정하거나 만약 부정하다고 구하면서 이러한 법들에 의지하여 정진을 행하는 자라면, 나는 얻을 수 있고 비슷한 상의 정진바라밀다를 행하는 것이라고 이름하느니라. 교시가여. 앞에서 말한 것과 같다면, 모두가 얻을 수 있고 비슷한 상의 정진바라밀다를 설한다고 마땅히 알아야 하느니라.

다시 다음으로 교시가여. 선남자와 선여인 등이 있어서 무상정등보리심을 일으킨 자를 위하여 지계가 만약 항상하거나 만약 무상하다고 설하거나, 수·화·풍·공·식계가 만약 항상하거나 만약 무상하다고 설하거나, 지계가 만약 즐겁거나 만약 괴롭다고 설하거나, 수·화·풍·공·식계가 만약 즐겁거나 만약 괴롭다고 설하거나, 지계가 만약 나이거나 만약 무아라고 설하거나, 수·화·풍·공·식계가 만약 나이거나 만약 무아라고 설하거나, 지계가 만약 청정하거나 만약 부정하다고 설하거나, 수·화·풍·공·식계가 만약 청정하거나 만약 부정하다고 설해야 한다. 만약 이와 같은 법 등에 의지하여 정진을 수행한다면, 이것은 정진바라밀다를 행하는 것이다.

다시 이것의 말을 짓는다면 정진을 행하는 자는 지계가 만약 항상하거나 만약 무상하다고 상응하여 구하거나, 수·화·풍·공·식계가 만약 항상하거나 만약 무상하다고 상응하여 구하거나, 지계가 만약 즐겁거나 만약 괴롭다고 상응하여 구하거나, 수·화·풍·공·식계가 만약 즐겁거나 만약 괴롭다고 상응하여 구하거나, 지계가 만약 나이거나 만약 무아라고 상응하여 구하거나, 수·화·풍·공·식계가 만약 나이거나 만약 무아라고 상응하여 구하거나, 지계가 만약 청정하거나 만약 부정하다고 상응하여 구하거나, 수·화·풍·공·식계가 만약 청정하거나 만약 부정하다고 상응하여 구해야 한다. 만약 이러한 법 등을 능히 구하면서 정진을 수행한다면 이것은 정진바라밀다를 행하는 것이다.

교시가여. 만약 선남자와 선여인 등이 이와 같이 지계가 만약 항상하거나 만약 무상하다고 구하거나, 수·화·풍·공·식계가 만약 항상하거나 만약 무상하다고 구하거나, 지계가 만약 즐겁거나 만약 괴롭다고 구하거나, 수·화·풍·공·식계가 만약 즐겁거나 만약 괴롭다고 구하거나, 지계가 만약 나이거나 만약 무아라고 구하거나, 수·화·풍·공·식계가 만약 나이거나 만약 무아라고 구하거나, 지계가 만약 청정하거나 만약 부정하다고 구하거나, 수·화·풍·공·식계가 만약 청정하거나 만약 부정하다고 구하면서 이러한 법들에 의지하여 정진을 행하는 자라면, 나는 얻을 수 있고 비슷한 상의 정진바라밀다를 행하는 것이라고 이름하느니라. 교시가여. 앞에서 말한 것과 같다면, 모두가 얻을 수 있고 비슷한 상의 정진바라밀다를 설한다고 마땅히 알아야 하느니라.

다시 다음으로 교시가여. 선남자와 선여인 등이 있어서 무상정등보리심을 일으킨 자를 위하여 무명이 만약 항상하거나 만약 무상하다고 설하거나, 행·식·명색·육처·촉·수·애·취·유·생·노사의 수탄고우뇌가 만약 항상하거나 만약 무상하다고 설하거나, 무명이 만약 즐겁거나 만약 괴롭다고 설하거나, 행·식·명색·육처·촉·수·애·취·유·생·노사의 수탄고우뇌가 만약 즐겁거나 만약 괴롭다고 설하거나, 무명이 만약 나이거나 만약 무아라고 설하거나, 행·식·명색·육처·촉·수·애·취·유·생·노사의 수탄고우뇌가 만약 나이거나 만약 무아라고 설하거나, 무명이 만약 청정하거

나 만약 부정하다고 설하거나, 행·식·명색·육처·촉·수·애·취·유·생·노
사의 수탄고우뇌가 만약 청정하거나 만약 부정하다고 설해야 한다. 만약
이와 같은 법 등에 의지하여 정진을 수행한다면, 이것은 정진바라밀다를
행하는 것이다.

　다시 이것의 말을 짓는다면 정진을 행하는 자는 무명이 만약 항상하거나
만약 무상하다고 상응하여 구하거나, 행, 나아가 노사의 수탄고우뇌가
만약 항상하거나 만약 무상하다고 상응하여 구하거나, 무명이 만약 즐겁
거나 만약 괴롭다고 상응하여 구하거나, 행, 나아가 노사의 수탄고우뇌가
만약 즐겁거나 만약 괴롭다고 상응하여 구하거나, 무명이 만약 나이거나
만약 무아라고 상응하여 구하거나, 행, 나아가 노사의 수탄고우뇌가 만약
나이거나 만약 무아라고 상응하여 구하거나, 무명이 만약 청정하거나
만약 부정하다고 상응하여 구하거나, 행, 나아가 노사의 수탄고우뇌가
만약 청정하거나 만약 부정하다고 상응하여 구해야 한다. 만약 이러한
법 등을 능히 구하면서 정진을 수행한다면 이것은 정진바라밀다를 행하는
것이다.

　교시가여. 만약 선남자와 선여인 등이 이와 같이 무명이 만약 항상하거
나 만약 무상하다고 구하거나, 행, 나아가 노사의 수탄고우뇌가 만약
항상하거나 만약 무상하다고 구하거나, 무명이 만약 즐겁거나 만약 괴롭
다고 구하거나, 행, 나아가 노사의 수탄고우뇌가 만약 즐겁거나 만약
괴롭다고 구하거나, 무명이 만약 나이거나 만약 무아라고 구하거나, 행,
나아가 노사의 수탄고우뇌가 만약 나이거나 만약 무아라고 구하거나,
무명이 만약 청정하거나 만약 부정하다고 구하거나, 행, 나아가 노사의
수탄고우뇌가 만약 청정하거나 만약 부정하다고 구하면서 이러한 법들에
의지하여 정진을 행하는 자라면, 나는 얻을 수 있고 비슷한 상의 정진바라
밀다를 행하는 것이라고 이름하느니라. 교시가여. 앞에서 말한 것과
같다면, 모두가 얻을 수 있고 비슷한 상의 정진바라밀다를 설한다고
마땅히 알아야 하느니라."

마하반야바라밀다경 제140권

30. 교량공덕품(校量功悳品)(38)

"다시 다음으로 교시가여. 선남자와 선여인 등이 있어서 무상정등보리심을 일으킨 자를 위하여 보시바라밀다가 만약 항상하거나 만약 무상하다고 설하거나, 정계·안인·정진·정려·반야바라밀다가 만약 항상하거나 만약 무상하다고 설하거나, 보시바라밀다가 만약 즐겁거나 만약 괴롭다고 설하거나, 정계·안인·정진·정려·반야바라밀다가 만약 즐겁거나 만약 괴롭다고 설하거나, 보시바라밀다가 만약 나이거나 만약 무아라고 설하거나, 정계·안인·정진·정려·반야바라밀다가 만약 나이거나 만약 무아라고 설하거나, 보시바라밀다가 만약 청정하거나 만약 부정하다고 설하거나, 정계·안인·정진·정려·반야바라밀다가 만약 청정하거나 만약 부정하다고 설해야 한다. 만약 이와 같은 법 등에 의지하여 정진을 수행한다면, 이것은 정진바라밀다를 행하는 것이다.

다시 이것의 말을 짓는다면 정진을 행하는 자는 보시바라밀다가 만약 항상하거나 만약 무상하다고 상응하여 구하거나, 정계, 나아가 반야바라밀다가 만약 항상하거나 만약 무상하다고 상응하여 구하거나, 보시바라밀다가 만약 즐겁거나 만약 괴롭다고 상응하여 구하거나, 정계, 나아가 반야바라밀다가 만약 즐겁거나 만약 괴롭다고 상응하여 구하거나, 보시바라밀다가 만약 나이거나 만약 무아라고 상응하여 구하거나, 정계, 나아가 반야바라밀다가 만약 나이거나 만약 무아라고 상응하여 구하거나, 보시바라밀다가 만약 청정하거나 만약 부정하다고 상응하여 구하거나, 정계,

나아가 반야바라밀다가 만약 청정하거나 만약 부정하다고 상응하여 구해야 한다. 만약 이러한 법 등을 능히 구하면서 정진을 수행한다면 이것은 정진바라밀다를 행하는 것이다.

교시가여. 만약 선남자와 선여인 등이 이와 같이 보시바라밀다가 만약 항상하거나 만약 무상하다고 구하거나, 정계, 나아가 반야바라밀다가 만약 항상하거나 만약 무상하다고 구하거나, 보시바라밀다가 만약 즐겁거나 만약 괴롭다고 구하거나, 정계, 나아가 반야바라밀다가 만약 즐겁거나 만약 괴롭다고 구하거나, 보시바라밀다가 만약 나이거나 만약 무아라고 구하거나, 정계, 나아가 반야바라밀다가 만약 나이거나 만약 무아라고 구하거나, 보시바라밀다가 만약 청정하거나 만약 부정하다고 구하거나, 정계, 나아가 반야바라밀다가 만약 청정하거나 만약 부정하다고 구하면서 이러한 법들에 의지하여 정진을 행하는 자라면, 나는 얻을 수 있고 비슷한 상의 정진바라밀다를 행하는 것이라고 이름하느니라. 교시가여. 앞에서 말한 것과 같다면, 모두가 얻을 수 있고 비슷한 상의 정진바라밀다를 설한다고 마땅히 알아야 하느니라.

다시 다음으로 교시가여. 선남자와 선여인 등이 있어서 무상정등보리심을 일으킨 자를 위하여 내공이 만약 항상하거나 만약 무상하다고 설하거나, 외공·내외공·공공·대공·승의공·유위공·무위공·필경공·무제공·산공·무변이공·본성공·자상공·공상공·일체법공·불가득공·무성공·자성공·무성자성공이 만약 항상하거나 만약 무상하다고 설하거나, 내공이 만약 즐겁거나 만약 괴롭다고 설하거나, 외공·내외공·공공·대공·승의공·유위공·무위공·필경공·무제공·산공·무변이공·본성공·자상공·공상공·일체법공·불가득공·무성공·자성공·무성자성공이 만약 즐겁거나 만약 괴롭다고 설하거나, 내공이 만약 나이거나 만약 무아라고 설하거나, 외공·내외공·공공·대공·승의공·유위공·무위공·필경공·무제공·산공·무변이공·본성공·자상공·공상공·일체법공·불가득공·무성공·자성공·무성자성공이 만약 나이거나 만약 무아라고 설하거나, 내공이 만약 청정하거나 만약 부정하다고 설하거나, 외공·내외공·공공·대공·승의공·유위공·

무위공·필경공·무제공·산공·무변이공·본성공·자상공·공상공·일체법공·불가득공·무성공·자성공·무성자성공이 만약 청정하거나 만약 부정하다고 설해야 한다. 만약 이와 같은 법 등에 의지하여 정진을 수행한다면, 이것은 정진바라밀다를 행하는 것이다.

다시 이것의 말을 짓는다면 정진을 행하는 자는 내공이 만약 항상하거나 만약 무상하다고 상응하여 구하거나, 외공, 나아가 무성자성공이 만약 항상하거나 만약 무상하다고 상응하여 구하거나, 내공이 만약 즐겁거나 만약 괴롭다고 상응하여 구하거나, 외공, 나아가 무성자성공이 만약 즐겁거나 만약 괴롭다고 상응하여 구하거나, 내공이 만약 나이거나 만약 무아라고 상응하여 구하거나, 외공, 나아가 무성자성공이 만약 나이거나 만약 무아라고 상응하여 구하거나, 내공이 만약 청정하거나 만약 부정하다고 상응하여 구하거나, 외공, 나아가 무성자성공이 만약 청정하거나 만약 부정하다고 상응하여 구해야 한다. 만약 이러한 법 등을 능히 구하면서 정진을 수행한다면 이것은 정진바라밀다를 행하는 것이다.

교시가여. 만약 선남자와 선여인 등이 이와 같이 내공이 만약 항상하거나 만약 무상하다고 구하거나, 외공, 나아가 무성자성공이 만약 항상하거나 만약 무상하다고 구하거나, 내공이 만약 즐겁거나 만약 괴롭다고 구하거나, 외공, 나아가 무성자성공이 만약 즐겁거나 만약 괴롭다고 구하거나, 내공이 만약 나이거나 만약 무아라고 구하거나, 외공, 나아가 무성자성공이 만약 나이거나 만약 무아라고 구하거나, 내공이 만약 청정하거나 만약 부정하다고 구하거나, 외공, 나아가 무성자성공이 만약 청정하거나 만약 부정하다고 구하면서 이러한 법들에 의지하여 정진을 행하는 자라면, 나는 얻을 수 있고 비슷한 상의 정진바라밀다를 행하는 것이라고 이름하느니라. 교시가여. 앞에서 말한 것과 같다면, 모두가 얻을 수 있고 비슷한 상의 정진바라밀다를 설한다고 마땅히 알아야 하느니라.

다시 다음으로 교시가여. 선남자와 선여인 등이 있어서 무상정등보리심을 일으킨 자를 위하여 진여가 만약 항상하거나 만약 무상하다고 설하거나, 법계·법성·불허망성·불변이성·평등성·이생성·법정·법주·실제·허공계·부사의계가 만약 항상하거나 만약 무상하다고 설하거나, 진여가 만약 즐겁거나 만약 괴롭다고 설하거나, 법계·법성·불허망성·불변이성·평등성·이생성·법정·법주·실제·허공계·부사의계가 만약 즐겁거나 만약 괴롭다고 설하거나, 진여가 만약 나이거나 만약 무아라고 설하거나, 법계·법성·불허망성·불변이성·평등성·이생성·법정·법주·실제·허공계·부사의계가 만약 나이거나 만약 무아라고 설하거나, 진여가 만약 청정하거나 만약 부정하다고 설하거나, 법계·법성·불허망성·불변이성·평등성·이생성·법정·법주·실제·허공계·부사의계가 만약 청정하거나 만약 부정하다고 설해야 한다. 만약 이와 같은 법 등에 의지하여 정진을 수행한다면, 이것은 정진바라밀다를 행하는 것이다.

다시 이것의 말을 짓는다면 정진을 행하는 자는 진여가 만약 항상하거나 만약 무상하다고 상응하여 구하거나, 법계, 나아가 부사의계가 만약 항상하거나 만약 무상하다고 상응하여 구하거나, 진여가 만약 즐겁거나 만약 괴롭다고 상응하여 구하거나, 법계, 나아가 부사의계가 만약 즐겁거나 만약 괴롭다고 상응하여 구하거나, 진여가 만약 나이거나 만약 무아라고 상응하여 구하거나, 법계, 나아가 부사의계가 만약 나이거나 만약 무아라고 상응하여 구하거나, 진여가 만약 청정하거나 만약 부정하다고 상응하여 구하거나, 법계, 나아가 부사의계가 만약 청정하거나 만약 부정하다고 상응하여 구해야 한다. 만약 이러한 법 등을 능히 구하면서 정진을 수행한다면 이것은 정진바라밀다를 행하는 것이다.

교시가여. 만약 선남자와 선여인 등이 이와 같이 진여가 만약 항상하거나 만약 무상하다고 구하거나, 법계, 나아가 부사의계가 만약 항상하거나 만약 무상하다고 구하거나, 진여가 만약 즐겁거나 만약 괴롭다고 구하거나, 법계, 나아가 부사의계가 만약 즐겁거나 만약 괴롭다고 구하거나, 진여가 만약 나이거나 만약 무아라고 구하거나, 법계, 나아가 부사의계가 만약 나이거나 만약 무아라고 구하거나, 진여가 만약 청정하거나 만약 부정하다고 구하거나, 법계, 나아가 부사의계가 만약 청정하거나 만약 부정하다고 구하면서 이러한 법들에 의지하여 정진을 행하는 자라면,

나는 얻을 수 있고 비슷한 상의 정진바라밀다를 행하는 것이라고 이름하느니라. 교시가여. 앞에서 말한 것과 같다면, 모두가 얻을 수 있고 비슷한 상의 정진바라밀다를 설한다고 마땅히 알아야 하느니라.

다시 다음으로 교시가여. 선남자와 선여인 등이 있어서 무상정등보리심을 일으킨 자를 위하여 고성제가 만약 항상하거나 만약 무상하다고 설하거나, 집·멸·도성제가 만약 항상하거나 만약 무상하다고 설하거나, 고성제가 만약 즐겁거나 만약 괴롭다고 설하거나, 집·멸·도성제가 만약 즐겁거나 만약 괴롭다고 설하거나, 고성제가 만약 나이거나 만약 무아라고 설하거나, 집·멸·도성제가 만약 나이거나 만약 무아라고 설하거나, 고성제가 만약 청정하거나 만약 부정하다고 설하거나, 집·멸·도성제가 만약 청정하거나 만약 부정하다고 설해야 한다. 만약 이와 같은 법 등에 의지하여 정진을 수행한다면, 이것은 정진바라밀다를 행하는 것이다.

다시 이것의 말을 짓는다면 정진을 행하는 자는 고성제가 만약 항상하거나 만약 무상하다고 상응하여 구하거나, 집·멸·도성제가 만약 항상하거나 만약 무상하다고 상응하여 구하거나, 고성제가 만약 즐겁거나 만약 괴롭다고 상응하여 구하거나, 집·멸·도성제가 만약 즐겁거나 만약 괴롭다고 상응하여 구하거나, 고성제가 만약 나이거나 만약 무아라고 상응하여 구하거나, 집·멸·도성제가 만약 나이거나 만약 무아라고 상응하여 구하거나, 고성제가 만약 청정하거나 만약 부정하다고 상응하여 구하거나, 집·멸·도성제가 만약 청정하거나 만약 부정하다고 상응하여 구해야 한다. 만약 이러한 법 등을 능히 구하면서 정진을 수행한다면 이것은 정진바라밀다를 행하는 것이다.

교시가여. 만약 선남자와 선여인 등이 이와 같이 고성제가 만약 항상하거나 만약 무상하다고 구하거나, 집·멸·도성제가 만약 항상하거나 만약 무상하다고 구하거나, 고성제가 만약 즐겁거나 만약 괴롭다고 구하거나, 집·멸·도성제가 만약 즐겁거나 만약 괴롭다고 구하거나, 고성제가 만약 나이거나 만약 무아라고 구하거나, 집·멸·도성제가 만약 나이거나 만약 무아라고 구하거나, 고성제가 만약 청정하거나 만약 부정하다고 구하거나, 집·멸·도성제가 만약 청정하거나 만약 부정하다고 구하면서 이러한 법들에 의지하여 정진을 행하는 자라면, 나는 얻을 수 있고 비슷한 상의 정진바라밀다를 행하는 것이라고 이름하느니라. 교시가여. 앞에서 말한 것과 같다면, 모두가 얻을 수 있고 비슷한 상의 정진바라밀다를 설한다고 마땅히 알아야 하느니라.

다시 다음으로 교시가여. 선남자와 선여인 등이 있어서 무상정등보리심을 일으킨 자를 위하여 4정려가 만약 항상하거나 만약 무상하다고 설하거나, 4무량·4무색정이 만약 항상하거나 만약 무상하다고 설하거나, 4정려가 만약 즐겁거나 만약 괴롭다고 설하거나, 4무량·4무색정이 만약 즐겁거나 만약 괴롭다고 설하거나, 4정려가 만약 나이거나 만약 무아라고 설하거나, 4무량·4무색정이 만약 나이거나 만약 무아라고 설하거나, 4정려가 만약 청정하거나 만약 부정하다고 설하거나, 4무량·4무색정이 만약 청정하거나 만약 부정하다고 설해야 한다. 만약 이와 같은 법 등에 의지하여 정진을 수행한다면, 이것은 정진바라밀다를 행하는 것이다.

다시 이것의 말을 짓는다면 정진을 행하는 자는 4정려가 만약 항상하거나 만약 무상하다고 상응하여 구하거나, 4무량·4무색정이 만약 항상하거나 만약 무상하다고 상응하여 구하거나, 4정려가 만약 즐겁거나 만약 괴롭다고 상응하여 구하거나, 4무량·4무색정이 만약 즐겁거나 만약 괴롭다고 상응하여 구하거나, 4정려가 만약 나이거나 만약 무아라고 상응하여 구하거나, 4무량·4무색정이 만약 나이거나 만약 무아라고 상응하여 구하거나, 4정려가 만약 청정하거나 만약 부정하다고 상응하여 구하거나, 4무량·4무색정이 만약 청정하거나 만약 부정하다고 상응하여 구해야 한다. 만약 이러한 법 등을 능히 구하면서 정진을 수행한다면 이것은 정진바라밀다를 행하는 것이다.

교시가여. 만약 선남자와 선여인 등이 이와 같이 4정려가 만약 항상하거나 만약 무상하다고 구하거나, 4무량·4무색정이 만약 항상하거나 만약 무상하다고 구하거나, 4정려가 만약 즐겁거나 만약 괴롭다고 구하거나, 4무량·4무색정이 만약 즐겁거나 만약 괴롭다고 구하거나, 4정려가 만약 나이거나 만약 무아라고 구하거나, 4무량·4무색정이 만약 나이거나 만약 무아라고 구하거나, 4정려가 만약 청정하거나 만약 부정하다고 구하거나, 4무량·4무색정이 만약 청정하거나 만약 부정하다고 구하면서 이러한 법들에 의지하여 정진을 행하는 자라면, 나는 얻을 수 있고 비슷한 상의 정진바라밀다를 행하는 것이라고 이름하느니라. 교시가여. 앞에서 말한 것과 같다면, 모두가 얻을 수 있고 비슷한 상의 정진바라밀다를 설한다고 마땅히 알아야 하느니라.

다시 다음으로 교시가여. 선남자와 선여인 등이 있어서 무상정등보리심을 일으킨 자를 위하여 8해탈이 만약 항상하거나 만약 무상하다고 설하거나, 8승처·9차제정·10변처가 만약 항상하거나 만약 무상하다고 설하거나, 8해탈이 만약 즐겁거나 만약 괴롭다고 설하거나, 8승처·9차제정·10변처가 만약 즐겁거나 만약 괴롭다고 설하거나, 8해탈이 만약 나이거나 만약 무아라고 설하거나, 8승처·9차제정·10변처가 만약 나이거나 만약 무아라고 설하거나, 8해탈이 만약 청정하거나 만약 부정하다고 설하거나, 8승처·9차제정·10변처가 만약 청정하거나 만약 부정하다고 설해야 한다. 만약 이와 같은 법 등에 의지하여 정진을 수행한다면, 이것은 정진바라밀다를 행하는 것이다.

다시 이것의 말을 짓는다면 정진을 행하는 자는 8해탈이 만약 항상하거나 만약 무상하다고 상응하여 구하거나, 8승처·9차제정·10변처가 만약 항상하거나 만약 무상하다고 상응하여 구하거나, 8해탈이 만약 즐겁거나 만약 괴롭다고 상응하여 구하거나, 8승처·9차제정·10변처가 만약 즐겁거나 만약 괴롭다고 상응하여 구하거나, 8해탈이 만약 나이거나 만약 무아라고 상응하여 구하거나, 8승처·9차제정·10변처가 만약 나이거나 만약 무아라고 상응하여 구하거나, 8해탈이 만약 청정하거나 만약 부정하다고 상응하여 구하거나, 8승처·9차제정·10변처가 만약 청정하거나 만약 부정하다고 상응하여 구해야 한다. 만약 이러한 법 등을 능히 구하면서 정진을 수행한다면 이것은 정진바라밀다를 행하는 것이다.

교시가여. 만약 선남자와 선여인 등이 이와 같이 8해탈이 만약 항상하거나 만약 무상하다고 구하거나, 8승처·9차제정·10변처가 만약 항상하거나 만약 무상하다고 구하거나, 8해탈이 만약 즐겁거나 만약 괴롭다고 구하거나, 8승처·9차제정·10변처가 만약 즐겁거나 만약 괴롭다고 구하거나, 8해탈이 만약 나이거나 만약 무아라고 구하거나, 8승처·9차제정·10변처가 만약 나이거나 만약 무아라고 구하거나, 8해탈이 만약 청정하거나 만약 부정하다고 구하거나, 8승처·9차제정·10변처가 만약 청정하거나 만약 부정하다고 구하면서 이러한 법들에 의지하여 정진을 행하는 자라면, 나는 얻을 수 있고 비슷한 상의 정진바라밀다를 행하는 것이라고 이름하느니라. 교시가여. 앞에서 말한 것과 같다면, 모두가 얻을 수 있고 비슷한 상의 정진바라밀다를 설한다고 마땅히 알아야 하느니라.

다시 다음으로 교시가여. 선남자와 선여인 등이 있어서 무상정등보리심을 일으킨 자를 위하여 4념주가 만약 항상하거나 만약 무상하다고 설하거나, 4정단·4신족·5근·5력·7등각지·8성도지가 만약 항상하거나 만약 무상하다고 설하거나, 4념주가 만약 즐겁거나 만약 괴롭다고 설하거나, 4정단·4신족·5근·5력·7등각지·8성도지가 만약 즐겁거나 만약 괴롭다고 설하거나, 4념주가 만약 나이거나 만약 무아라고 설하거나, 4정단·4신족·5근·5력·7등각지·8성도지가 만약 나이거나 만약 무아라고 설하거나, 4념주가 만약 청정하거나 만약 부정하다고 설하거나, 4정단·4신족·5근·5력·7등각지·8성도지가 만약 청정하거나 만약 부정하다고 설해야 한다. 만약 이와 같은 법 등에 의지하여 정진을 수행한다면, 이것은 정진바라밀다를 행하는 것이다.

다시 이것의 말을 짓는다면 정진을 행하는 자는 4념주가 만약 항상하거나 만약 무상하다고 상응하여 구하거나, 4정단, 나아가 8성도지가 만약 항상하거나 만약 무상하다고 상응하여 구하거나, 4념주가 만약 즐겁거나 만약 괴롭다고 상응하여 구하거나, 4정단, 나아가 8성도지가 만약 즐겁거나 만약 괴롭다고 상응하여 구하거나, 4념주가 만약 나이거나 만약 무아라고 상응하여 구하거나, 4정단, 나아가 8성도지가 만약 나이거나 만약 무아라고 상응하여 구하거나, 4념주가 만약 청정하거나 만약 부정하다고 상응하여 구하거나, 4정단, 나아가 8성도지가 만약 청정하거나 만약 부정하다고 상응하여 구해야 한다. 만약 이러한 법 등을 능히 구하면서 정진을 수행한다면 이것은 정진바라밀다를 행하는 것이다.

교시가여. 만약 선남자와 선여인 등이 이와 같이 4념주가 만약 항상하거나 만약 무상하다고 구하거나, 4정단, 나아가 8성도지가 만약 항상하거나 만약 무상하다고 구하거나, 4념주가 만약 즐겁거나 만약 괴롭다고 구하거나, 4정단, 나아가 8성도지가 만약 즐겁거나 만약 괴롭다고 구하거나, 4념주가 만약 나이거나 만약 무아라고 구하거나, 4정단, 나아가 8성도지가 만약 나이거나 만약 무아라고 구하거나, 4념주가 만약 청정하거나 만약 부정하다고 구하거나, 4정단, 나아가 8성도지가 만약 청정하거나 만약 부정하다고 구하면서 이러한 법들에 의지하여 정진을 행하는 자라면, 나는 얻을 수 있고 비슷한 상의 정진바라밀다를 행하는 것이라고 이름하느니라. 교시가여. 앞에서 말한 것과 같다면, 모두가 얻을 수 있고 비슷한 상의 정진바라밀다를 설한다고 마땅히 알아야 하느니라.

다시 다음으로 교시가여. 선남자와 선여인 등이 있어서 무상정등보리심을 일으킨 자를 위하여 공해탈문이 만약 항상하거나 만약 무상하다고 설하거나, 무상·무원해탈문이 만약 항상하거나 만약 무상하다고 설하거나, 공해탈문이 만약 즐겁거나 만약 괴롭다고 설하거나, 무상·무원해탈문이 만약 즐겁거나 만약 괴롭다고 설하거나, 공해탈문이 만약 나이거나 만약 무아라고 설하거나, 무상·무원해탈문이 만약 나이거나 만약 무아라고 설하거나, 공해탈문이 만약 청정하거나 만약 부정하다고 설하거나, 무상·무원해탈문이 만약 청정하거나 만약 부정하다고 설해야 한다. 만약 이와 같은 법 등에 의지하여 정진을 수행한다면, 이것은 정진바라밀다를 행하는 것이다.

다시 이것의 말을 짓는다면 정진을 행하는 자는 공해탈문이 만약 항상하거나 만약 무상하다고 상응하여 구하거나, 무상·무원해탈문이 만약 항상하거나 만약 무상하다고 상응하여 구하거나, 공해탈문이 만약 즐겁거나 만약 괴롭다고 상응하여 구하거나, 무상·무원해탈문이 만약 즐겁거나 만약 괴롭다고 상응하여 구하거나, 공해탈문이 만약 나이거나 만약 무아라고 상응하여 구하거나, 무상·무원해탈문이 만약 나이거나 만약 무아라고 상응하여 구하거나, 공해탈문이 만약 청정하거나 만약 부정하다고 상응하여 구하거나, 무상·무원해탈문이 만약 청정하거나 만약 부정하다고 상응하여 구해야 한다. 만약 이러한 법 등을 능히 구하면서 정진을 수행한다면 이것은 정진바라밀다를 행하는 것이다.

교시가여. 만약 선남자와 선여인 등이 이와 같이 공해탈문이 만약 항상하거나 만약 무상하다고 구하거나, 무상·무원해탈문이 만약 항상하거나 만약 무상하다고 구하거나, 공해탈문이 만약 즐겁거나 만약 괴롭다고 구하거나, 무상·무원해탈문이 만약 즐겁거나 만약 괴롭다고 구하거나, 공해탈문이 만약 나이거나 만약 무아라고 구하거나, 무상·무원해탈문이 만약 나이거나 만약 무아라고 구하거나, 공해탈문이 만약 청정하거나 만약 부정하다고 구하거나, 무상·무원해탈문이 만약 청정하거나 만약 부정하다고 구하면서 이러한 법들에 의지하여 정진을 행하는 자라면, 나는 얻을 수 있고 비슷한 상의 정진바라밀다를 행하는 것이라고 이름하느니라. 교시가여. 앞에서 말한 것과 같다면, 모두가 얻을 수 있고 비슷한 상의 정진바라밀다를 설한다고 마땅히 알아야 하느니라.

다시 다음으로 교시가여. 선남자와 선여인 등이 있어서 무상정등보리심을 일으킨 자를 위하여 5안이 만약 항상하거나 만약 무상하다고 설하거나, 6신통이 만약 항상하거나 만약 무상하다고 설하거나, 5안이 만약 즐겁거나 만약 괴롭다고 설하거나, 6신통이 만약 즐겁거나 만약 괴롭다고 설하거나, 5안이 만약 나이거나 만약 무아라고 설하거나, 6신통이 만약 나이거나 만약 무아라고 설하거나, 5안이 만약 청정하거나 만약 부정하다고 설하거나, 6신통이 만약 청정하거나 만약 부정하다고 설해야 한다. 만약 이와 같은 법 등에 의지하여 정진을 수행한다면, 이것은 정진바라밀다를 행하는 것이다.

다시 이것의 말을 짓는다면 정진을 행하는 자는 5안이 만약 항상하거나 만약 무상하다고 상응하여 구하거나, 6신통이 만약 항상하거나 만약 무상하다고 상응하여 구하거나, 5안이 만약 즐겁거나 만약 괴롭다고 상응하여 구하거나, 6신통이 만약 즐겁거나 만약 괴롭다고 상응하여 구하거나, 5안이 만약 나이거나 만약 무아라고 상응하여 구하거나, 6신통이 만약 나이거나 만약 무아라고 상응하여 구하거나, 5안이 만약 청정하거나 만약 부정하다고 상응하여 구하거나, 6신통이 만약 청정하거나 만약 부정하다고 상응하여 구해야 한다. 만약 이러한 법 등을 능히 구하면서 정진을 수행한다면 이것은 정진바라밀다를 행하는 것이다.

교시가여. 만약 선남자와 선여인 등이 이와 같이 5안이 만약 항상하거나 만약 무상하다고 구하거나, 6신통이 만약 항상하거나 만약 무상하다고 구하거나, 5안이 만약 즐겁거나 만약 괴롭다고 구하거나, 6신통이 만약 즐겁거나 만약 괴롭다고 구하거나, 5안이 만약 나이거나 만약 무아라고 구하거나, 6신통이 만약 나이거나 만약 무아라고 구하거나, 5안이 만약 청정하거나 만약 부정하다고 구하거나, 6신통이 만약 청정하거나 만약 부정하다고 구하면서 이러한 법들에 의지하여 정진을 행하는 자라면, 나는 얻을 수 있고 비슷한 상의 정진바라밀다를 행하는 것이라고 이름하느니라. 교시가여. 앞에서 말한 것과 같다면, 모두가 얻을 수 있고 비슷한 상의 정진바라밀다를 설한다고 마땅히 알아야 하느니라.

다시 다음으로 교시가여. 선남자와 선여인 등이 있어서 무상정등보리심을 일으킨 자를 위하여 여래의 10력이 만약 항상하거나 만약 무상하다고 설하거나, 4무소외·4무애해·대자·대비·대희·대사·18불불공법이 만약 항상하거나 만약 무상하다고 설하거나, 여래의 10력이 만약 즐겁거나 만약 괴롭다고 설하거나, 4무소외·4무애해·대자·대비·대희·대사·18불불공법이 만약 즐겁거나 만약 괴롭다고 설하거나, 여래의 10력이 만약 나이거나 만약 무아라고 설하거나, 4무소외·4무애해·대자·대비·대희·대사·18불불공법이 만약 나이거나 만약 무아라고 설하거나, 여래의 10력이 만약 청정하거나 만약 부정하다고 설하거나, 4무소외·4무애해·대자·대비·대희·대사·18불불공법이 만약 청정하거나 만약 부정하다고 설해야 한다. 만약 이와 같은 법 등에 의지하여 정진을 수행한다면, 이것은 정진바라밀다를 행하는 것이다.

다시 이것의 말을 짓는다면 정진을 행하는 자는 여래의 10력이 만약 항상하거나 만약 무상하다고 상응하여 구하거나, 4무소외, 나아가 18불불공법이 만약 항상하거나 만약 무상하다고 상응하여 구하거나, 여래의 10력이 만약 즐겁거나 만약 괴롭다고 상응하여 구하거나, 4무소외, 나아가 18불불공법이 만약 즐겁거나 만약 괴롭다고 상응하여 구하거나, 여래의 10력이 만약 나이거나 만약 무아라고 상응하여 구하거나, 4무소외, 나아가 18불불공법이 만약 나이거나 만약 무아라고 상응하여 구하거나, 여래의 10력이 만약 청정하거나 만약 부정하다고 상응하여 구하거나, 4무소외, 나아가 18불불공법이 만약 청정하거나 만약 부정하다고 상응하여 구해야 한다. 만약 이러한 법 등을 능히 구하면서 정진을 수행한다면 이것은 정진바라밀다를 행하는 것이다.

교시가여. 만약 선남자와 선여인 등이 이와 같이 여래의 10력이 만약 항상하거나 만약 무상하다고 구하거나, 4무소외, 나아가 18불불공법이 만약 항상하거나 만약 무상하다고 구하거나, 여래의 10력이 만약 즐겁거나 만약 괴롭다고 구하거나, 4무소외, 나아가 18불불공법이 만약 즐겁거나 만약 괴롭다고 구하거나, 여래의 10력이 만약 나이거나 만약 무아라고 구하거나, 4무소외, 나아가 18불불공법이 만약 나이거나 만약 무아라고 구하거나, 여래의 10력이 만약 청정하거나 만약 부정하다고 구하거나, 4무소외, 나아가 18불불공법이 만약 청정하거나 만약 부정하다고 구하면서 이러한 법들에 의지하여 정진을 행하는 자라면, 나는 얻을 수 있고 비슷한 상의 정진바라밀다를 행하는 것이라고 이름하느니라. 교시가여. 앞에서 말한 것과 같다면, 모두가 얻을 수 있고 비슷한 상의 정진바라밀다를 설한다고 마땅히 알아야 하느니라.

다시 다음으로 교시가여. 선남자와 선여인 등이 있어서 무상정등보리심을 일으킨 자를 위하여 무망실법이 만약 항상하거나 만약 무상하다고 설하거나, 항주사성이 만약 항상하거나 만약 무상하다고 설하거나, 무망실법이 만약 즐겁거나 만약 괴롭다고 설하거나, 항주사성이 만약 즐겁거

나 만약 괴롭다고 설하거나, 무망실법이 만약 나이거나 만약 무아라고
설하거나, 항주사성이 만약 나이거나 만약 무아라고 설하거나, 무망실법
이 만약 청정하거나 만약 부정하다고 설하거나, 항주사성이 만약 청정하
거나 만약 부정하다고 설해야 한다. 만약 이와 같은 법 등에 의지하여
정진을 수행한다면, 이것은 정진바라밀다를 행하는 것이다.

다시 이것의 말을 짓는다면 정진을 행하는 자는 무망실법이 만약
항상하거나 만약 무상하다고 상응하여 구하거나, 항주사성이 만약 항상하
거나 만약 무상하다고 상응하여 구하거나, 무망실법이 만약 즐겁거나
만약 괴롭다고 상응하여 구하거나, 항주사성이 만약 즐겁거나 만약 괴롭
다고 상응하여 구하거나, 무망실법이 만약 나이거나 만약 무아라고 상응
하여 구하거나, 항주사성이 만약 나이거나 만약 무아라고 상응하여 구하
거나, 무망실법이 만약 청정하거나 만약 부정하다고 상응하여 구하거나,
항주사성이 만약 청정하거나 만약 부정하다고 상응하여 구해야 한다.
만약 이러한 법 등을 능히 구하면서 정진을 수행한다면 이것은 정진바라밀
다를 행하는 것이다.

교시가여. 만약 선남자와 선여인 등이 이와 같이 무망실법이 만약
항상하거나 만약 무상하다고 구하거나, 항주사성이 만약 항상하거나
만약 무상하다고 구하거나, 무망실법이 만약 즐겁거나 만약 괴롭다고
구하거나, 항주사성이 만약 즐겁거나 만약 괴롭다고 구하거나, 무망실법
이 만약 나이거나 만약 무아라고 구하거나, 항주사성이 만약 나이거나
만약 무아라고 구하거나, 무망실법이 만약 청정하거나 만약 부정하다고
구하거나, 항주사성이 만약 청정하거나 만약 부정하다고 구하면서 이러한
법들에 의지하여 정진을 행하는 자라면, 나는 얻을 수 있고 비슷한 상의
정진바라밀다를 행하는 것이라고 이름하느니라. 교시가여. 앞에서 말한
것과 같다면, 모두가 얻을 수 있고 비슷한 상의 정진바라밀다를 설한다고
마땅히 알아야 하느니라.

다시 다음으로 교시가여. 선남자와 선여인 등이 있어서 무상정등보리
심을 일으킨 자를 위하여 일체지가 만약 항상하거나 만약 무상하다고

설하거나, 도상지·일체상지가 만약 항상하거나 만약 무상하다고 설하거나, 일체지가 만약 즐겁거나 만약 괴롭다고 설하거나, 도상지·일체상지가 만약 즐겁거나 만약 괴롭다고 설하거나, 일체지가 만약 나이거나 만약 무아라고 설하거나, 도상지·일체상지가 만약 나이거나 만약 무아라고 설하거나, 일체지가 만약 청정하거나 만약 부정하다고 설하거나, 도상지·일체상지가 만약 청정하거나 만약 부정하다고 설해야 한다. 만약 이와 같은 법 등에 의지하여 정진을 수행한다면, 이것은 정진바라밀다를 행하는 것이다.

다시 이것의 말을 짓는다면 정진을 행하는 자는 일체지가 만약 항상하거나 만약 무상하다고 상응하여 구하거나, 도상지·일체상지가 만약 항상하거나 만약 무상하다고 상응하여 구하거나, 일체지가 만약 즐겁거나 만약 괴롭다고 상응하여 구하거나, 도상지·일체상지가 만약 즐겁거나 만약 괴롭다고 상응하여 구하거나, 일체지가 만약 나이거나 만약 무아라고 상응하여 구하거나, 도상지·일체상지가 만약 나이거나 만약 무아라고 상응하여 구하거나, 일체지가 만약 청정하거나 만약 부정하다고 상응하여 구하거나, 도상지·일체상지가 만약 청정하거나 만약 부정하다고 상응하여 구해야 한다. 만약 이러한 법 등을 능히 구하면서 정진을 수행한다면 이것은 정진바라밀다를 행하는 것이다.

교시가여. 만약 선남자와 선여인 등이 이와 같이 일체지가 만약 항상하거나 만약 무상하다고 구하거나, 도상지·일체상지가 만약 항상하거나 만약 무상하다고 구하거나, 일체지가 만약 즐겁거나 만약 괴롭다고 구하거나, 도상지·일체상지가 만약 즐겁거나 만약 괴롭다고 구하거나, 일체지가 만약 나이거나 만약 무아라고 구하거나, 도상지·일체상지가 만약 나이거나 만약 무아라고 구하거나, 일체지가 만약 청정하거나 만약 부정하다고 구하거나, 도상지·일체상지가 만약 청정하거나 만약 부정하다고 구하면서 이러한 법들에 의지하여 정진을 행하는 자라면, 나는 얻을 수 있고 비슷한 상의 정진바라밀다를 행하는 것이라고 이름하느니라. 교시가여. 앞에서 말한 것과 같다면, 모두가 얻을 수 있고 비슷한 상의 정진바라밀다를 설한다고 마땅히 알아야 하느니라.

다시 다음으로 교시가여. 선남자와 선여인 등이 있어서 무상정등보리심을 일으킨 자를 위하여 일체의 다라니문이 만약 항상하거나 만약 무상하다고 설하거나, 일체의 삼마지문이 만약 항상하거나 만약 무상하다고 설하거나, 일체의 다라니문이 만약 즐겁거나 만약 괴롭다고 설하거나, 일체의 삼마지문이 만약 즐겁거나 만약 괴롭다고 설하거나, 일체의 다라니문이 만약 나이거나 만약 무아라고 설하거나, 일체의 삼마지문이 만약 나이거나 만약 무아라고 설하거나, 일체의 다라니문이 만약 청정하거나 만약 부정하다고 설하거나, 일체의 삼마지문이 만약 청정하거나 만약 부정하다고 설해야 한다. 만약 이와 같은 법 등에 의지하여 정진을 수행한다면, 이것은 정진바라밀다를 행하는 것이다.

다시 이것의 말을 짓는다면 정진을 행하는 자는 일체의 다라니문이 만약 항상하거나 만약 무상하다고 상응하여 구하거나, 일체의 삼마지문이 만약 항상하거나 만약 무상하다고 상응하여 구하거나, 일체의 다라니문이 만약 즐겁거나 만약 괴롭다고 상응하여 구하거나, 일체의 삼마지문이 만약 즐겁거나 만약 괴롭다고 상응하여 구하거나, 일체의 다라니문이 만약 나이거나 만약 무아라고 상응하여 구하거나, 일체의 삼마지문이 만약 나이거나 만약 무아라고 상응하여 구하거나, 일체의 다라니문이 만약 청정하거나 만약 부정하다고 상응하여 구하거나, 일체의 삼마지문이 만약 청정하거나 만약 부정하다고 상응하여 구해야 한다. 만약 이러한 법 등을 능히 구하면서 정진을 수행한다면 이것은 정진바라밀다를 행하는 것이다.

교시가여. 만약 선남자와 선여인 등이 이와 같이 일체의 다라니문이 만약 항상하거나 만약 무상하다고 구하거나, 일체의 삼마지문이 만약 항상하거나 만약 무상하다고 구하거나, 일체의 다라니문이 만약 즐겁거나 만약 괴롭다고 구하거나, 일체의 삼마지문이 만약 즐겁거나 만약 괴롭다고 구하거나, 일체의 다라니문이 만약 나이거나 만약 무아라고 구하거나, 일체의 삼마지문이 만약 나이거나 만약 무아라고 구하거나, 일체의 다라니문이 만약 청정하거나 만약 부정하다고 구하거나, 일체의 삼마지문이 만약 청정하거나 만약 부정하다고 구하면서 이러한 법들에 의지하여 정진을 행하는 자라면, 나는 얻을 수 있고 비슷한 상의 정진바라밀다를 행하는 것이라고 이름하느니라. 교시가여. 앞에서 말한 것과 같다면, 모두가 얻을 수 있고 비슷한 상의 정진바라밀다를 설한다고 마땅히 알아야 하느니라.

다시 다음으로 교시가여. 선남자와 선여인 등이 있어서 무상정등보리심을 일으킨 자를 위하여 예류향·예류과가 만약 항상하거나 만약 무상하다고 설하거나, 일래향·일래과·불환향·불환과·아라한향·아라한과가 만약 항상하거나 만약 무상하다고 설하거나, 예류향·예류과가 만약 즐겁거나 만약 괴롭다고 설하거나, 일래향·일래과·불환향·불환과·아라한향·아라한과가 만약 즐겁거나 만약 괴롭다고 설하거나, 예류향·예류과가 만약 나이거나 만약 무아라고 설하거나, 일래향·일래과·불환향·불환과·아라한향·아라한과가 만약 나이거나 만약 무아라고 설하거나, 예류향·예류과가 만약 청정하거나 만약 부정하다고 설하거나, 일래향·일래과·불환향·불환과·아라한향·아라한과가 만약 청정하거나 만약 부정하다고 설해야 한다. 만약 이와 같은 법 등에 의지하여 정진을 수행한다면, 이것은 정진바라밀다를 행하는 것이다.

다시 이것의 말을 짓는다면 정진을 행하는 자는 예류향·예류과가 만약 항상하거나 만약 무상하다고 상응하여 구하거나, 일래향·일래과·불환향·불환과·아라한향·아라한과가 만약 항상하거나 만약 무상하다고 상응하여 구하거나, 예류향·예류과가 만약 즐겁거나 만약 괴롭다고 상응하여 구하거나, 일래향·일래과·불환향·불환과·아라한향·아라한과가 만약 즐겁거나 만약 괴롭다고 상응하여 구하거나, 예류향·예류과가 만약 나이거나 만약 무아라고 상응하여 구하거나, 일래향·일래과·불환향·불환과·아라한향·아라한과가 만약 나이거나 만약 무아라고 상응하여 구하거나, 예류향·예류과가 만약 청정하거나 만약 부정하다고 상응하여 구하거나, 일래향·일래과·불환향·불환과·아라한향·아라한과가 만약 청정하거나 만약 부정하다고 상응하여 구해야 한다. 만약 이러한 법 등을 능히 구하면서 정진을 수행한다면 이것은 정진바라밀다를 행하는 것이다.

교시가여. 만약 선남자와 선여인 등이 이와 같이 예류향·예류과가 만약 항상하거나 만약 무상하다고 구하거나, 일래향·일래과·불환향·불환과·아라한향·아라한과가 만약 항상하거나 만약 무상하다고 구하거나, 예류향·예류과가 만약 즐겁거나 만약 괴롭다고 구하거나, 일래향·일래과·불환향·불환과·아라한향·아라한과가 만약 즐겁거나 만약 괴롭다고 구하거나, 예류향·예류과가 만약 나이거나 만약 무아라고 구하거나, 일래향·일래과·불환향·불환과·아라한향·아라한과가 만약 나이거나 만약 무아라고 구하거나, 예류향·예류과가 만약 청정하거나 만약 부정하다고 구하거나, 일래향·일래과·불환향·불환과·아라한향·아라한과가 만약 청정하거나 만약 부정하다고 구하면서 이러한 법들에 의지하여 정진을 행하는 자라면, 나는 얻을 수 있고 비슷한 상의 정진바라밀다를 행하는 것이라고 이름하느니라. 교시가여. 앞에서 말한 것과 같다면, 모두가 얻을 수 있고 비슷한 상의 정진바라밀다를 설한다고 마땅히 알아야 하느니라.

다시 다음으로 교시가여. 선남자와 선여인 등이 있어서 무상정등보리심을 일으킨 자를 위하여 독각의 보리가 만약 항상하거나 만약 무상하다고 설하거나, 독각의 보리가 만약 즐겁거나 만약 괴롭다고 설하거나, 독각의 보리가 만약 나이거나 만약 무아라고 설하거나, 독각의 보리가 만약 청정하거나 만약 부정하다고 설해야 한다. 만약 이와 같은 법 등에 의지하여 정진을 수행한다면, 이것은 정진바라밀다를 행하는 것이다.

다시 이것의 말을 짓는다면 정진을 행하는 자는 독각의 보리가 만약 항상하거나 만약 무상하다고 상응하여 구하거나, 독각의 보리가 만약 즐겁거나 만약 괴롭다고 상응하여 구하거나, 독각의 보리가 만약 나이거나 만약 무아라고 상응하여 구하거나, 독각의 보리가 만약 청정하거나 만약 부정하다고 상응하여 구해야 한다. 만약 이러한 법 등을 능히 구하면서 정진을 수행한다면 이것은 정진바라밀다를 행하는 것이다.

교시가여. 만약 선남자와 선여인 등이 이와 같이 독각의 보리가 만약 항상하거나 만약 무상하다고 구하거나, 독각의 보리가 만약 즐겁거나 만약 괴롭다고 구하거나, 독각의 보리가 만약 나이거나 만약 무아라고 구하거나, 독각의 보리가 만약 청정하거나 만약 부정하다고 구하면서 이러한 법들에 의지하여 정진을 행하는 자라면, 나는 얻을 수 있고 비슷한 상의 정진바라밀다를 행하는 것이라고 이름하느니라. 교시가여. 앞에서 말한 것과 같다면, 모두가 얻을 수 있고 비슷한 상의 정진바라밀다를 설한다고 마땅히 알아야 하느니라.

다시 다음으로 교시가여. 선남자와 선여인 등이 있어서 무상정등보리심을 일으킨 자를 위하여 일체의 보살마하살의 행이 만약 항상하거나 만약 무상하다고 설하거나, 일체의 보살마하살의 행이 만약 즐겁거나 만약 괴롭다고 설하거나, 일체의 보살마하살의 행이 만약 나이거나 만약 무아라고 설하거나, 일체의 보살마하살의 행이 만약 청정하거나 만약 부정하다고 설해야 한다. 만약 이와 같은 법 등에 의지하여 정진을 수행한다면, 이것은 정진바라밀다를 행하는 것이다.

다시 이것의 말을 짓는다면 정진을 행하는 자는 일체의 보살마하살의 행이 만약 항상하거나 만약 무상하다고 상응하여 구하거나, 일체의 보살마하살의 행이 만약 즐겁거나 만약 괴롭다고 상응하여 구하거나, 일체의 보살마하살의 행이 만약 나이거나 만약 무아라고 상응하여 구하거나, 일체의 보살마하살의 행이 만약 청정하거나 만약 부정하다고 상응하여 구해야 한다. 만약 이러한 법 등을 능히 구하면서 정진을 수행하고 있다면 이것은 정진바라밀다를 행하는 것이다.

교시가여. 만약 선남자와 선여인 등이 이와 같이 일체의 보살마하살의 행이 만약 항상하거나 만약 무상하다고 구하거나, 일체의 보살마하살의 행이 만약 즐겁거나 만약 괴롭다고 구하거나, 일체의 보살마하살의 행이 만약 나이거나 만약 무아라고 구하거나, 일체의 보살마하살의 행이 만약 청정하거나 만약 부정하다고 구하면서 이러한 법들에 의지하여 정진을 행하는 자라면, 나는 얻을 수 있고 비슷한 상의 정진바라밀다를 행하는 것이라고 이름하느니라. 교시가여. 앞에서 말한 것과 같다면, 모두가 얻을 수 있고 비슷한 상의 정진바라밀다를 설한다고 마땅히 알아야 하느니라.

다시 다음으로 교시가여. 선남자와 선여인 등이 있어서 무상정등보리 심을 일으킨 자를 위하여 제불의 무상정등보리가 만약 항상하거나 만약 무상하다고 설하거나, 제불의 무상정등보리가 만약 즐겁거나 만약 괴롭다고 설하거나, 제불의 무상정등보리가 만약 나이거나 만약 무아라고 설하거나, 제불의 무상정등보리가 만약 청정하거나 만약 부정하다고 설해야 한다. 만약 이와 같은 법 등에 의지하여 정진을 수행한다면, 이것은 정진바라밀다를 행하는 것이다.

다시 이것의 말을 짓는다면 정진을 행하는 자는 제불의 무상정등보리가 만약 항상하거나 만약 무상하다고 상응하여 구하거나, 제불의 무상정등보리가 만약 즐겁거나 만약 괴롭다고 상응하여 구하거나, 제불의 무상정등보리가 만약 나이거나 만약 무아라고 상응하여 구하거나, 제불의 무상정등보리가 만약 청정하거나 만약 부정하다고 상응하여 구해야 한다. 만약 이러한 법 등을 능히 구하면서 정진을 수행하고 있다면 이것은 정진바라밀다를 행하는 것이다.

교시가여. 만약 선남자와 선여인 등이 이와 같이 무상정등보리가 만약 항상하거나 만약 무상하다고 구하거나, 무상정등보리가 만약 즐겁거나 만약 괴롭다고 구하거나, 무상정등보리가 만약 나이거나 만약 무아라고 구하거나, 무상정등보리가 만약 청정하거나 만약 부정하다고 구하면서 이러한 법들에 의지하여 정진을 행하는 자라면, 나는 얻을 수 있고 비슷한 상의 정진바라밀다를 행하는 것이라고 이름하느니라. 교시가여. 앞에서 말한 것과 같다면, 모두가 얻을 수 있고 비슷한 상의 정진바라밀다를 설한다고 마땅히 알아야 하느니라."

마하반야바라밀다경 제141권

30. 교량공덕품(校量功悳品)(39)

그때 천제석이 다시 세존께 아뢰어 말하였다.

"세존이시여. 무엇을 선남자와 선여인 등이 얻을 수 있는 것으로 안인바라밀다를 설한다면, 비슷한 상의 안인바라밀다를 설한다고 이름합니까?"

세존께서 말씀하셨다.

"교시가여. 선남자와 선여인 등이 있어서 무상정등보리심을 일으킨 자를 위하여 색이 만약 항상하거나 만약 무상하다고 설하거나, 수·상·행·식이 만약 항상하거나 만약 무상하다고 설하거나, 색이 만약 즐겁거나 만약 괴롭다고 설하거나, 수·상·행·식이 만약 즐겁거나 만약 괴롭다고 설하거나, 색이 만약 나이거나 만약 무아라고 설하거나, 수·상·행·식이 만약 나이거나 만약 무아라고 설하거나, 색이 만약 청정하거나 만약 부정하다고 설하거나, 수·상·행·식이 만약 청정하거나 만약 부정하다고 설해야 한다. 만약 이와 같은 법 등에 의지하여 안인을 수행한다면, 이것은 안인바라밀다를 행하는 것이다.

다시 이것의 말을 짓는다면 안인을 행하는 자는 색이 만약 항상하거나 만약 무상하다고 상응하여 구하거나, 수·상·행·식이 만약 항상하거나 만약 무상하다고 상응하여 구하거나, 색이 만약 즐겁거나 만약 괴롭다고 상응하여 구하거나, 수·상·행·식이 만약 즐겁거나 만약 괴롭다고 상응하여 구하거나, 색이 만약 나이거나 만약 무아라고 상응하여 구하거나, 수·상·행·식이 만약 나이거나 만약 무아라고 상응하여 구하거나, 색이 만약 청정하거나 만약 부정하다고 상응하여 구하거나, 수·상·행·식이 만약 청정하거나 만약 부정하다고 상응하여 구해야 한다. 만약 이러한 법 등을 능히 구하면서 안인을 수행한다면 이것은 안인바라밀다를 행하는 것이다.

교시가여. 만약 선남자와 선여인 등이 이와 같이 색이 만약 항상하거나 만약 무상하다고 구하거나, 수·상·행·식이 만약 항상하거나 만약 무상하다고 구하거나, 색이 만약 즐겁거나 만약 괴롭다고 구하거나, 수·상·행·식이 만약 즐겁거나 만약 괴롭다고 구하거나, 색이 만약 나이거나 만약 무아라고 구하거나, 수·상·행·식이 만약 나이거나 만약 무아라고 구하거나, 색이 만약 청정하거나 만약 부정하다고 구하거나, 수·상·행·식이 만약 청정하거나 만약 부정하다고 구하면서 이러한 법들에 의지하여 안인을 행하는 자라면, 나는 얻을 수 있고 비슷한 상의 안인바라밀다를 행하는 것이라고 이름하느니라. 교시가여. 앞에서 말한 것과 같다면, 모두가 얻을 수 있고 비슷한 상의 안인바라밀다를 설한다고 마땅히 알아야 하느니라.

다시 다음으로 교시가여. 선남자와 선여인 등이 있어서 무상정등보리심을 일으킨 자를 위하여 안처가 만약 항상하거나 만약 무상하다고 설하거나, 이·비·설·신·의처가 만약 항상하거나 만약 무상하다고 설하거나, 안처가 만약 즐겁거나 만약 괴롭다고 설하거나, 이·비·설·신·의처가 만약 즐겁거나 만약 괴롭다고 설하거나, 안처가 만약 나이거나 만약 무아라고 설하거나, 이·비·설·신·의처가 만약 나이거나 만약 무아라고 설하거나, 안처가 만약 청정하거나 만약 부정하다고 설하거나, 이·비·설·신·의처가 만약 청정하거나 만약 부정하다고 설해야 한다. 만약 이와 같은 법 등에 의지하여 안인을 수행한다면, 이것은 안인바라밀다를 행하는 것이다.

다시 이것의 말을 짓는다면 안인을 행하는 자는 안처가 만약 항상하거나 만약 무상하다고 상응하여 구하거나, 이·비·설·신·의처가 만약 항상하거나 만약 무상하다고 상응하여 구하거나, 안처가 만약 즐겁거나 만약 괴롭다고 상응하여 구하거나, 이·비·설·신·의처가 만약 즐겁거나 만약 괴롭다고 상응하여 구하거나, 안처가 만약 나이거나 만약 무아라고 상응하여 구하거나, 이·비·설·신·의처가 만약 나이거나 만약 무아라고 상응하여 구하거나, 안처가 만약 청정하거나 만약 부정하다고 상응하여 구하거나, 이·비·설·신·의처가 만약 청정하거나 만약 부정하다고 상응하여 구해야 한다. 만약 이러한 법 등을 능히 구하면서 안인을 수행한다면 이것은 안인바라밀다를 행하는 것이다.

교시가여. 만약 선남자와 선여인 등이 이와 같이 안처가 만약 항상하거나 만약 무상하다고 구하거나, 이·비·설·신·의처가 만약 항상하거나 만약 무상하다고 구하거나, 안처가 만약 즐겁거나 만약 괴롭다고 구하거나, 이·비·설·신·의처가 만약 즐겁거나 만약 괴롭다고 구하거나, 안처가 만약 나이거나 만약 무아라고 구하거나, 이·비·설·신·의처가 만약 나이거나 만약 무아라고 구하거나, 안처가 만약 청정하거나 만약 부정하다고 구하거나, 이·비·설·신·의처가 만약 청정하거나 만약 부정하다고 구하면서 이러한 법들에 의지하여 안인을 행하는 자라면, 나는 얻을 수 있고 비슷한 상의 안인바라밀다를 행하는 것이라고 이름하느니라. 교시가여. 앞에서 말한 것과 같다면, 모두가 얻을 수 있고 비슷한 상의 안인바라밀다를 설한다고 마땅히 알아야 하느니라.

다시 다음으로 교시가여. 선남자와 선여인 등이 있어서 무상정등보리심을 일으킨 자를 위하여 색처가 만약 항상하거나 만약 무상하다고 설하거나, 성·향·미·촉·법처가 만약 항상하거나 만약 무상하다고 설하거나, 색처가 만약 즐겁거나 만약 괴롭다고 설하거나, 성·향·미·촉·법처가 만약 즐겁거나 만약 괴롭다고 설하거나, 색처가 만약 나이거나 만약 무아라고 설하거나, 이·비·설·신·의처가 만약 나이거나 만약 무아라고 설하거나, 색처가 만약 청정하거나 만약 부정하다고 설하거나, 성·향·미·촉·법처가 만약 청정하거나 만약 부정하다고 설해야 한다. 만약 이와 같은 법 등에 의지하여 안인을 수행한다면, 이것은 안인바라밀다를 행하는 것이다.

　다시 이것의 말을 짓는다면 안인을 행하는 자는 색처가 만약 항상하거나 만약 무상하다고 상응하여 구하거나, 성·향·미·촉·법처가 만약 항상하거나 만약 무상하다고 상응하여 구하거나, 색처가 만약 즐겁거나 만약 괴롭다고 상응하여 구하거나, 성·향·미·촉·법처가 만약 즐겁거나 만약 괴롭다고 상응하여 구하거나, 색처가 만약 나이거나 만약 무아라고 상응하여 구하거나, 성·향·미·촉·법처가 만약 나이거나 만약 무아라고 상응하여 구하거나, 색처가 만약 청정하거나 만약 부정하다고 상응하여 구하거나, 성·향·미·촉·법처가 만약 청정하거나 만약 부정하다고 상응하여 구해야 한다. 만약 이러한 법 등을 능히 구하면서 안인을 수행한다면 이것은 안인바라밀다를 행하는 것이다.

　교시가여. 만약 선남자와 선여인 등이 이와 같이 색처가 만약 항상하거나 만약 무상하다고 구하거나, 성·향·미·촉·법처가 만약 항상하거나 만약 무상하다고 구하거나, 색처가 만약 즐겁거나 만약 괴롭다고 구하거나, 성·향·미·촉·법처가 만약 즐겁거나 만약 괴롭다고 구하거나, 색처가 만약 나이거나 만약 무아라고 구하거나, 성·향·미·촉·법처가 만약 나이거나 만약 무아라고 구하거나, 색처가 만약 청정하거나 만약 부정하다고 구하거나, 성·향·미·촉·법처가 만약 청정하거나 만약 부정하다고 구하면서 이러한 법들에 의지하여 안인을 행하는 자라면, 나는 얻을 수 있고 비슷한 상의 안인바라밀다를 행하는 것이라고 이름하느니라. 교시가여. 앞에서 말한 것과 같다면, 모두가 얻을 수 있고 비슷한 상의 안인바라밀다를 설한다고 마땅히 알아야 하느니라.

　다시 다음으로 교시가여. 선남자와 선여인 등이 있어서 무상정등보리심을 일으킨 자를 위하여 안계가 만약 항상하거나 만약 무상하다고 설하거나, 색계·안식계, 나아가 안촉·안촉을 인연으로 생겨나는 여러 수가 만약 항상하거나 만약 무상하다고 설하거나, 안계가 만약 즐겁거나 만약 괴롭다고 설하거나, 색계·안식계, 나아가 안촉·안촉을 인연으로 생겨난 여러 수가 만약 즐겁거나 만약 괴롭다고 설하거나, 안계가 만약 나이거나 만약 무아라고 설하거나, 색계·안식계, 나아가 안촉·안촉을 인연으로 생겨난 여러 수가 만약 나이거나 만약 무아라고 설하거나, 안계가 만약 청정하거나 만약 부정하다고 설하거나, 색계·안식계, 나아가 안촉·안촉을 인연으로 생겨난 여러 수가 만약 청정하거나 만약 부정하다고 설해야 한다. 만약 이와 같은 법 등에 의지하여 안인을 수행한다면, 이것은 안인바라밀다를 행하는 것이다.

다시 이것의 말을 짓는다면 안인을 행하는 자는 안계가 만약 항상하거나 만약 무상하다고 상응하여 구하거나, 색계·안식계, 나아가 안촉·안촉을 인연으로 생겨난 여러 수가 만약 항상하거나 만약 무상하다고 상응하여 구하거나, 안계가 만약 즐겁거나 만약 괴롭다고 상응하여 구하거나, 색계· 안식계, 나아가 안촉·안촉을 인연으로 생겨난 여러 수가 만약 즐겁거나 만약 괴롭다고 상응하여 구하거나, 안계가 만약 나이거나 만약 무아라고 상응하여 구하거나, 색계·안식계, 나아가 안촉·안촉을 인연으로 생겨난 여러 수가 만약 나이거나 만약 무아라고 상응하여 구하거나, 안계가 만약 청정하거나 만약 부정하다고 상응하여 구하거나, 색계·안식계, 나아 가 안촉·안촉을 인연으로 생겨난 여러 수가 만약 청정하거나 만약 부정하 다고 상응하여 구해야 한다. 만약 이러한 법 등을 능히 구하면서 안인을 수행한다면 이것은 안인바라밀다를 행하는 것이다.

교시가여. 만약 선남자와 선여인 등이 이와 같이 안계가 만약 항상하거 나 만약 무상하다고 구하거나, 색계·안식계, 나아가 안촉·안촉을 인연으 로 생겨난 여러 수가 만약 항상하거나 만약 무상하다고 구하거나, 안계가 만약 즐겁거나 만약 괴롭다고 구하거나, 색계·안식계, 나아가 안촉·안촉 을 인연으로 생겨난 여러 수가 만약 즐겁거나 만약 괴롭다고 구하거나, 안계가 만약 나이거나 만약 무아라고 구하거나, 색계·안식계, 나아가 안촉·안촉을 인연으로 생겨난 여러 수가 만약 나이거나 만약 무아라고 구하거나, 안계가 만약 청정하거나 만약 부정하다고 구하거나, 색계·안식 계, 나아가 안촉·안촉을 인연으로 생겨난 여러 수가 만약 청정하거나 만약 부정하다고 구하면서 이러한 법들에 의지하여 안인을 행하는 자라면, 나는 얻을 수 있고 비슷한 상의 안인바라밀다를 행하는 것이라고 이름하느니라. 교시가여. 앞에서 말한 것과 같다면, 모두가 얻을 수 있고 비슷한 상의 안인바라밀다를 설한다고 마땅히 알아야 하느니라.

다시 다음으로 교시가여. 선남자와 선여인 등이 있어서 무상정등보리심을 일으킨 자를 위하여 이계가 만약 항상하거나 만약 무상하다고 설하거나, 성계·이식계, 나아가 이촉·이촉을 인연으로 생겨나는 여러 수가 만약 항상하거나 만약 무상하다고 설하거나, 이계가 만약 즐겁거나 만약 괴롭다고 설하거나, 성계·이식계, 나아가 이촉·이촉을 인연으로 생겨난 여러 수가 만약 즐겁거나 만약 괴롭다고 설하거나, 이계가 만약 나이거나 만약 무아라고 설하거나, 성계·이식계, 나아가 이촉·이촉을 인연으로 생겨난 여러 수가 만약 나이거나 만약 무아라고 설하거나, 이계가 만약 청정하거나 만약 부정하다고 설하거나, 성계·이식계, 나아가 이촉·이촉을 인연으로 생겨난 여러 수가 만약 청정하거나 만약 부정하다고 설해야 한다. 만약 이와 같은 법 등에 의지하여 안인을 수행한다면, 이것은 안인바라밀다를 행하는 것이다.

다시 이것의 말을 짓는다면 안인을 행하는 자는 이계가 만약 항상하거나 만약 무상하다고 상응하여 구하거나, 성계·이식계, 나아가 이촉·이촉을 인연으로 생겨난 여러 수가 만약 항상하거나 만약 무상하다고 상응하여 구하거나, 이계가 만약 즐겁거나 만약 괴롭다고 상응하여 구하거나, 성계·이식계, 나아가 이촉·이촉을 인연으로 생겨난 여러 수가 만약 즐겁거나 만약 괴롭다고 상응하여 구하거나, 이계가 만약 나이거나 만약 무아라고 상응하여 구하거나, 성계·이식계, 나아가 이촉·이촉을 인연으로 생겨난 여러 수가 만약 나이거나 만약 무아라고 상응하여 구하거나, 이계가 만약 청정하거나 만약 부정하다고 상응하여 구하거나, 성계·이식계, 나아가 이촉·이촉을 인연으로 생겨난 여러 수가 만약 청정하거나 만약 부정하다고 상응하여 구해야 한다. 만약 이러한 법 등을 능히 구하면서 안인을 수행한다면 이것은 안인바라밀다를 행하는 것이다.

교시가여. 만약 선남자와 선여인 등이 이와 같이 이계가 만약 항상하거나 만약 무상하다고 구하거나, 성계·이식계, 나아가 이촉·이촉을 인연으로 생겨난 여러 수가 만약 항상하거나 만약 무상하다고 구하거나, 이계가 만약 즐겁거나 만약 괴롭다고 구하거나, 성계·이식계, 나아가 이촉·이촉을 인연으로 생겨난 여러 수가 만약 즐겁거나 만약 괴롭다고 구하거나, 이계가 만약 나이거나 만약 무아라고 구하거나, 성계·이식계, 나아가 이촉·이촉을 인연으로 생겨난 여러 수가 만약 나이거나 만약 무아라고 구하거나, 이계가 만약 청정하거나 만약 부정하다고 구하거나, 성계·이식계, 나아가 이촉·이촉을 인연으로 생겨난 여러 수가 만약 청정하거나 만약 부정하다고 구하면서 이러한 법들에 의지하여 안인을 행하는 자라면, 나는 얻을 수 있고 비슷한 상의 안인바라밀다를 행하는 것이라고 이름하느니라. 교시가여. 앞에서 말한 것과 같다면, 모두가 얻을 수 있고 비슷한 상의 안인바라밀다를 설한다고 마땅히 알아야 하느니라.

다시 다음으로 교시가여. 선남자와 선여인 등이 있어서 무상정등보리심을 일으킨 자를 위하여 비계가 만약 항상하거나 만약 무상하다고 설하거나, 향계·비식계, 나아가 비촉·비촉을 인연으로 생겨나는 여러 수가 만약 항상하거나 만약 무상하다고 설하거나, 비계가 만약 즐겁거나 만약 괴롭다고 설하거나, 향계·비식계, 나아가 비촉·비촉을 인연으로 생겨난 여러 수가 만약 즐겁거나 만약 괴롭다고 설하거나, 비계가 만약 나이거나 만약 무아라고 설하거나, 향계·비식계, 나아가 비촉·비촉을 인연으로 생겨난 여러 수가 만약 나이거나 만약 무아라고 설하거나, 비계가 만약 청정하거나 만약 부정하다고 설하거나, 향계·비식계, 나아가 비촉·비촉을 인연으로 생겨난 여러 수가 만약 청정하거나 만약 부정하다고 설해야 한다. 만약 이와 같은 법 등에 의지하여 안인을 수행한다면, 이것은 안인바라밀다를 행하는 것이다.

다시 이것의 말을 짓는다면 안인을 행하는 자는 비계가 만약 항상하거나 만약 무상하다고 상응하여 구하거나, 향계·비식계, 나아가 비촉·비촉을 인연으로 생겨난 여러 수가 만약 항상하거나 만약 무상하다고 상응하여 구하거나, 비계가 만약 즐겁거나 만약 괴롭다고 상응하여 구하거나, 향계·비식계, 나아가 비촉·비촉을 인연으로 생겨난 여러 수가 만약 즐겁거나 만약 괴롭다고 상응하여 구하거나, 비계가 만약 나이거나 만약 무아라고 상응하여 구하거나, 향계·비식계, 나아가 비촉·비촉을 인연으로 생겨난 여러 수가 만약 나이거나 만약 무아라고 상응하여 구하거나, 비계가 만약 청정하거나 만약 부정하다고 상응하여 구하거나, 향계·비식계, 나아가 비촉·비촉을 인연으로 생겨난 여러 수가 만약 청정하거나 만약 부정하다고 상응하여 구해야 한다. 만약 이러한 법 등을 능히 구하면서 안인을 수행한다면 이것은 안인바라밀다를 행하는 것이다.

교시가여. 만약 선남자와 선여인 등이 이와 같이 비계가 만약 항상하거나 만약 무상하다고 구하거나, 향계·비식계, 나아가 비촉·비촉을 인연으로 생겨난 여러 수가 만약 항상하거나 만약 무상하다고 구하거나, 비계가 만약 즐겁거나 만약 괴롭다고 구하거나, 향계·비식계, 나아가 비촉·비촉을 인연으로 생겨난 여러 수가 만약 즐겁거나 만약 괴롭다고 구하거나, 비계가 만약 나이거나 만약 무아라고 구하거나, 향계·비식계, 나아가 비촉·비촉을 인연으로 생겨난 여러 수가 만약 나이거나 만약 무아라고 구하거나, 비계가 만약 청정하거나 만약 부정하다고 구하거나, 향계·비식계, 나아가 비촉·비촉을 인연으로 생겨난 여러 수가 만약 청정하거나 만약 부정하다고 구하면서 이러한 법들에 의지하여 안인을 행하는 자라면, 나는 얻을 수 있고 비슷한 상의 안인바라밀다를 행하는 것이라고 이름하느니라. 교시가여. 앞에서 말한 것과 같다면, 모두가 얻을 수 있고 비슷한 상의 안인바라밀다를 설한다고 마땅히 알아야 하느니라.

다시 다음으로 교시가여. 선남자와 선여인 등이 있어서 무상정등보리심을 일으킨 자를 위하여 설계가 만약 항상하거나 만약 무상하다고 설하거나, 미계·설식계, 나아가 설촉·설촉을 인연으로 생겨나는 여러 수가 만약 항상하거나 만약 무상하다고 설하거나, 설계가 만약 즐겁거나 만약 괴롭다고 설하거나, 미계·설식계, 나아가 설촉·설촉을 인연으로 생겨난 여러 수가 만약 즐겁거나 만약 괴롭다고 설하거나, 설계가 만약 나이거나 만약 무아라고 설하거나, 미계·설식계, 나아가 설촉·설촉을 인연으로 생겨난 여러 수가 만약 나이거나 만약 무아라고 설하거나, 설계가 만약 청정하거나 만약 부정하다고 설하거나, 미계·설식계, 나아가 설촉·설촉을 인연으로 생겨난 여러 수가 만약 청정하거나 만약 부정하다고 설해야한다. 만약 이와 같은 법 등에 의지하여 안인을 수행한다면, 이것은 안인바라밀다를 행하는 것이다.

다시 이것의 말을 짓는다면 안인을 행하는 자는 설계가 만약 항상하거나 만약 무상하다고 상응하여 구하거나, 미계·설식계, 나아가 설촉·설촉을 인연으로 생겨난 여러 수가 만약 항상하거나 만약 무상하다고 상응하여 구하거나, 설계가 만약 즐겁거나 만약 괴롭다고 상응하여 구하거나, 미계·설식계, 나아가 설촉·설촉을 인연으로 생겨난 여러 수가 만약 즐겁거나 만약 괴롭다고 상응하여 구하거나, 설계가 만약 나이거나 만약 무아라고 상응하여 구하거나, 미계·설식계, 나아가 설촉·설촉을 인연으로 생겨난 여러 수가 만약 나이거나 만약 무아라고 상응하여 구하거나, 설계가 만약 청정하거나 만약 부정하다고 상응하여 구하거나, 미계·설식계, 나아가 설촉·설촉을 인연으로 생겨난 여러 수가 만약 청정하거나 만약 부정하다고 상응하여 구해야 한다. 만약 이러한 법 등을 능히 구하면서 안인을 수행한다면 이것은 안인바라밀다를 행하는 것이다.

교시가여. 만약 선남자와 선여인 등이 이와 같이 설계가 만약 항상하거나 만약 무상하다고 구하거나, 미계·설식계, 나아가 설촉·설촉을 인연으로 생겨난 여러 수가 만약 항상하거나 만약 무상하다고 구하거나, 설계가 만약 즐겁거나 만약 괴롭다고 구하거나, 미계·설식계, 나아가 설촉·설촉을 인연으로 생겨난 여러 수가 만약 즐겁거나 만약 괴롭다고 구하거나, 설계가 만약 나이거나 만약 무아라고 구하거나, 미계·설식계, 나아가 설촉·설촉을 인연으로 생겨난 여러 수가 만약 나이거나 만약 무아라고 구하거나, 설계가 만약 청정하거나 만약 부정하다고 구하거나, 미계·설식계, 나아가 설촉·설촉을 인연으로 생겨난 여러 수가 만약 청정하거나 만약 부정하다고 구하면서 이러한 법들에 의지하여 안인을 행하는 자라면, 나는 얻을 수 있고 비슷한 상의 안인바라밀다를 행하는 것이라고 이름하느니라. 교시가여. 앞에서 말한 것과 같다면, 모두가 얻을 수 있고 비슷한 상의 안인바라밀다를 설한다고 마땅히 알아야 하느니라.

다시 다음으로 교시가여. 선남자와 선여인 등이 있어서 무상정등보리심을 일으킨 자를 위하여 신계가 만약 항상하거나 만약 무상하다고 설하거나, 촉계·신식계, 나아가 신촉·신촉을 인연으로 생겨나는 여러 수가 만약 항상하거나 만약 무상하다고 설하거나, 신계가 만약 즐겁거나 만약 괴롭다고 설하거나, 촉계·신식계, 나아가 신촉·신촉을 인연으로 생겨난 여러 수가 만약 즐겁거나 만약 괴롭다고 설하거나, 신계가 만약 나이거나 만약 무아라고 설하거나, 촉계·신식계, 나아가 신촉·신촉을 인연으로 생겨난 여러 수가 만약 나이거나 만약 무아라고 설하거나, 신계가 만약 청정하거나 만약 부정하다고 설하거나, 촉계·신식계, 나아가 신촉·신촉을 인연으로 생겨난 여러 수가 만약 청정하거나 만약 부정하다고 설해야 한다. 만약 이와 같은 법 등에 의지하여 안인을 수행한다면, 이것은 안인바라밀다를 행하는 것이다.

다시 이것의 말을 짓는다면 안인을 행하는 자는 신계가 만약 항상하거나 만약 무상하다고 상응하여 구하거나, 촉계·신식계, 나아가 신촉·신촉을 인연으로 생겨난 여러 수가 만약 항상하거나 만약 무상하다고 상응하여 구하거나, 신계가 만약 즐겁거나 만약 괴롭다고 상응하여 구하거나, 촉계·신식계, 나아가 신촉·신촉을 인연으로 생겨난 여러 수가 만약 즐겁거나 만약 괴롭다고 상응하여 구하거나, 신계가 만약 나이거나 만약 무아라고 상응하여 구하거나, 촉계·신식계, 나아가 신촉·신촉을 인연으로 생겨난 여러 수가 만약 나이거나 만약 무아라고 상응하여 구하거나, 신계가 만약 청정하거나 만약 부정하다고 상응하여 구하거나, 촉계·신식계, 나아가 신촉·신촉을 인연으로 생겨난 여러 수가 만약 청정하거나 만약 부정하다고 상응하여 구해야 한다. 만약 이러한 법 등을 능히 구하면서 안인을 수행한다면 이것은 안인바라밀다를 행하는 것이다.

교시가여. 만약 선남자와 선여인 등이 이와 같이 신계가 만약 항상하거나 만약 무상하다고 구하거나, 촉계·신식계, 나아가 신촉·신촉을 인연으로 생겨난 여러 수가 만약 항상하거나 만약 무상하다고 구하거나, 신계가

만약 즐겁거나 만약 괴롭다고 구하거나, 촉계·신식계, 나아가 신촉·신촉
을 인연으로 생겨난 여러 수가 만약 즐겁거나 만약 괴롭다고 구하거나,
신계가 만약 나이거나 만약 무아라고 구하거나, 촉계·신식계, 나아가
신촉·신촉을 인연으로 생겨난 여러 수가 만약 나이거나 만약 무아라고
구하거나, 신계가 만약 청정하거나 만약 부정하다고 구하거나, 촉계·신식
계, 나아가 신촉·신촉을 인연으로 생겨난 여러 수가 만약 청정하거나
만약 부정하다고 구하면서 이러한 법들에 의지하여 안인을 행하는 자라면,
나는 얻을 수 있고 비슷한 상의 안인바라밀다를 행하는 것이라고 이름하느
니라. 교시가여. 앞에서 말한 것과 같다면, 모두가 얻을 수 있고 비슷한
상의 안인바라밀다를 설한다고 마땅히 알아야 하느니라.

　다시 다음으로 교시가여. 선남자와 선여인 등이 있어서 무상정등보리
심을 일으킨 자를 위하여 의계가 만약 항상하거나 만약 무상하다고 설하거
나, 법계·의식계, 나아가 의촉·의촉을 인연으로 생겨나는 여러 수가 만약
항상하거나 만약 무상하다고 설하거나, 의계가 만약 즐겁거나 만약 괴롭
다고 설하거나, 법계·의식계, 나아가 의촉·의촉을 인연으로 생겨난 여러
수가 만약 즐겁거나 만약 괴롭다고 설하거나, 의계가 만약 나이거나
만약 무아라고 설하거나, 법계·의식계, 나아가 의촉·의촉을 인연으로
생겨난 여러 수가 만약 나이거나 만약 무아라고 설하거나, 의계가 만약
청정하거나 만약 부정하다고 설하거나, 법계·의식계, 나아가 의촉·의촉
을 인연으로 생겨난 여러 수가 만약 청정하거나 만약 부정하다고 설해야
한다. 만약 이와 같은 법 등에 의지하여 안인을 수행한다면, 이것은
안인바라밀다를 행하는 것이다.

　다시 이것의 말을 짓는다면 안인을 행하는 자는 의계가 만약 항상하거나
만약 무상하다고 상응하여 구하거나, 법계·의식계, 나아가 의촉·의촉을
인연으로 생겨난 여러 수가 만약 항상하거나 만약 무상하다고 상응하여
구하거나, 의계가 만약 즐겁거나 만약 괴롭다고 상응하여 구하거나, 법계·
의식계, 나아가 의촉·의촉을 인연으로 생겨난 여러 수가 만약 즐겁거나
만약 괴롭다고 상응하여 구하거나, 의계가 만약 나이거나 만약 무아라고

상응하여 구하거나, 법계·의식계, 나아가 의촉·의촉을 인연으로 생겨난 여러 수가 만약 나이거나 만약 무아라고 상응하여 구하거나, 의계가 만약 청정하거나 만약 부정하다고 상응하여 구하거나, 법계·의식계, 나아가 의촉·의촉을 인연으로 생겨난 여러 수가 만약 청정하거나 만약 부정하다고 상응하여 구해야 한다. 만약 이러한 법 등을 능히 구하면서 안인을 수행한다면 이것은 안인바라밀다를 행하는 것이다.

교시가여. 만약 선남자와 선여인 등이 이와 같이 의계가 만약 항상하거나 만약 무상하다고 구하거나, 법계·의식계, 나아가 의촉·의촉을 인연으로 생겨난 여러 수가 만약 항상하거나 만약 무상하다고 구하거나, 의계가 만약 즐겁거나 만약 괴롭다고 구하거나, 법계·의식계, 나아가 의촉·의촉을 인연으로 생겨난 여러 수가 만약 즐겁거나 만약 괴롭다고 구하거나, 의계가 만약 나이거나 만약 무아라고 구하거나, 법계·의식계, 나아가 의촉·의촉을 인연으로 생겨난 여러 수가 만약 나이거나 만약 무아라고 구하거나, 의계가 만약 청정하거나 만약 부정하다고 구하거나, 법계·의식계, 나아가 의촉·의촉을 인연으로 생겨난 여러 수가 만약 청정하거나 만약 부정하다고 구하면서 이러한 법들에 의지하여 안인을 행하는 자라면, 나는 얻을 수 있고 비슷한 상의 안인바라밀다를 행하는 것이라고 이름하느니라. 교시가여. 앞에서 말한 것과 같다면, 모두가 얻을 수 있고 비슷한 상의 안인바라밀다를 설한다고 마땅히 알아야 하느니라.

다시 다음으로 교시가여. 선남자와 선여인 등이 있어서 무상정등보리심을 일으킨 자를 위하여 지계가 만약 항상하거나 만약 무상하다고 설하거나, 수·화·풍·공·식계가 만약 항상하거나 만약 무상하다고 설하거나, 지계가 만약 즐겁거나 만약 괴롭다고 설하거나, 수·화·풍·공·식계가 만약 즐겁거나 만약 괴롭다고 설하거나, 지계가 만약 나이거나 만약 무아라고 설하거나, 수·화·풍·공·식계가 만약 나이거나 만약 무아라고 설하거나, 지계가 만약 청정하거나 만약 부정하다고 설하거나, 수·화·풍·공·식계가 만약 청정하거나 만약 부정하다고 설해야 한다. 만약 이와 같은 법 등에 의지하여 안인을 수행한다면, 이것은 안인바라밀다를 행하는 것이다.

다시 이것의 말을 짓는다면 안인을 행하는 자는 지계가 만약 항상하거나 만약 무상하다고 상응하여 구하거나, 수·화·풍·공·식계가 만약 항상하거나 만약 무상하다고 상응하여 구하거나, 지계가 만약 즐겁거나 만약 괴롭다고 상응하여 구하거나, 수·화·풍·공·식계가 만약 즐겁거나 만약 괴롭다고 상응하여 구하거나, 지계가 만약 나이거나 만약 무아라고 상응하여 구하거나, 수·화·풍·공·식계가 만약 나이거나 만약 무아라고 상응하여 구하거나, 지계가 만약 청정하거나 만약 부정하다고 상응하여 구하거나, 수·화·풍·공·식계가 만약 청정하거나 만약 부정하다고 상응하여 구해야 한다. 만약 이러한 법 등을 능히 구하면서 안인을 수행한다면 이것은 안인바라밀다를 행하는 것이다.

교시가여. 만약 선남자와 선여인 등이 이와 같이 지계가 만약 항상하거나 만약 무상하다고 구하거나, 수·화·풍·공·식계가 만약 항상하거나 만약 무상하다고 구하거나, 지계가 만약 즐겁거나 만약 괴롭다고 구하거나, 수·화·풍·공·식계가 만약 즐겁거나 만약 괴롭다고 구하거나, 지계가 만약 나이거나 만약 무아라고 구하거나, 수·화·풍·공·식계가 만약 나이거나 만약 무아라고 구하거나, 지계가 만약 청정하거나 만약 부정하다고 구하거나, 수·화·풍·공·식계가 만약 청정하거나 만약 부정하다고 구하면서 이러한 법들에 의지하여 안인을 행하는 자라면, 나는 얻을 수 있고 비슷한 상의 안인바라밀다를 행하는 것이라고 이름하느니라. 교시가여. 앞에서 말한 것과 같다면, 모두가 얻을 수 있고 비슷한 상의 안인바라밀다를 설한다고 마땅히 알아야 하느니라.

다시 다음으로 교시가여. 선남자와 선여인 등이 있어서 무상정등보리심을 일으킨 자를 위하여 무명이 만약 항상하거나 만약 무상하다고 설하거나, 행·식·명색·육처·촉·수·애·취·유·생·노사의 수탄고우뇌가 만약 항상하거나 만약 무상하다고 설하거나, 무명이 만약 즐겁거나 만약 괴롭다고 설하거나, 행·식·명색·육처·촉·수·애·취·유·생·노사의 수탄고우뇌가 만약 즐겁거나 만약 괴롭다고 설하거나, 무명이 만약 나이거나 만약 무아라고 설하거나, 행·식·명색·육처·촉·수·애·취·유·생·노사의 수탄고우뇌가 만약 나이거나 만약 무아라고 설하거나, 무명이 만약 청정하거나 만약 부정하다고 설하거나, 행·식·명색·육처·촉·수·애·취·유·생·노사의 수탄고우뇌가 만약 청정하거나 만약 부정하다고 설해야 한다. 만약 이와 같은 법 등에 의지하여 안인을 수행한다면, 이것은 안인바라밀다를 행하는 것이다.

다시 이것의 말을 짓는다면 안인을 행하는 자는 무명이 만약 항상하거나 만약 무상하다고 상응하여 구하거나, 행, 나아가 노사의 수탄고우뇌가 만약 항상하거나 만약 무상하다고 상응하여 구하거나, 무명이 만약 즐겁거나 만약 괴롭다고 상응하여 구하거나, 행, 나아가 노사의 수탄고우뇌가 만약 즐겁거나 만약 괴롭다고 상응하여 구하거나, 무명이 만약 나이거나 만약 무아라고 상응하여 구하거나, 행, 나아가 노사의 수탄고우뇌가 만약 나이거나 만약 무아라고 상응하여 구하거나, 무명이 만약 청정하거나 만약 부정하다고 상응하여 구하거나, 행, 나아가 노사의 수탄고우뇌가 만약 청정하거나 만약 부정하다고 상응하여 구해야 한다. 만약 이러한 법 등을 능히 구하면서 안인을 수행한다면 이것은 안인바라밀다를 행하는 것이다.

교시가여. 만약 선남자와 선여인 등이 이와 같이 무명이 만약 항상하거나 만약 무상하다고 구하거나, 행, 나아가 노사의 수탄고우뇌가 만약 항상하거나 만약 무상하다고 구하거나, 무명이 만약 즐겁거나 만약 괴롭다고 구하거나, 행, 나아가 노사의 수탄고우뇌가 만약 즐겁거나 만약 괴롭다고 구하거나, 무명이 만약 나이거나 만약 무아라고 구하거나, 행, 나아가 노사의 수탄고우뇌가 만약 나이거나 만약 무아라고 구하거나, 무명이 만약 청정하거나 만약 부정하다고 구하거나, 행, 나아가 노사의 수탄고우뇌가 만약 청정하거나 만약 부정하다고 구하면서 이러한 법들에 의지하여 안인을 행하는 자라면, 나는 얻을 수 있고 비슷한 상의 안인바라밀다를 행하는 것이라고 이름하느니라. 교시가여. 앞에서 말한 것과 같다면, 모두가 얻을 수 있고 비슷한 상의 안인바라밀다를 설한다고 마땅히 알아야 하느니라.

다시 다음으로 교시가여. 선남자와 선여인 등이 있어서 무상정등보리심을 일으킨 자를 위하여 보시바라밀다가 만약 항상하거나 만약 무상하다고 설하거나, 정계·안인·정진·정려·반야바라밀다가 만약 항상하거나 만약 무상하다고 설하거나, 보시바라밀다가 만약 즐겁거나 만약 괴롭다고 설하거나, 정계·안인·정진·정려·반야바라밀다가 만약 즐겁거나 만약 괴롭다고 설하거나, 보시바라밀다가 만약 나이거나 만약 무아라고 설하거나, 정계·안인·정진·정려·반야바라밀다가 만약 나이거나 만약 무아라고 설하거나, 보시바라밀다가 만약 청정하거나 만약 부정하다고 설하거나, 정계·안인·정진·정려·반야바라밀다가 만약 청정하거나 만약 부정하다고 설해야 한다. 만약 이와 같은 법 등에 의지하여 안인을 수행한다면, 이것은 안인바라밀다를 행하는 것이다.

다시 이것의 말을 짓는다면 안인을 행하는 자는 보시바라밀다가 만약 항상하거나 만약 무상하다고 상응하여 구하거나, 정계, 나아가 반야바라밀다가 만약 항상하거나 만약 무상하다고 상응하여 구하거나, 보시바라밀다가 만약 즐겁거나 만약 괴롭다고 상응하여 구하거나, 정계, 나아가 반야바라밀다가 만약 즐겁거나 만약 괴롭다고 상응하여 구하거나, 보시바라밀다가 만약 나이거나 만약 무아라고 상응하여 구하거나, 정계, 나아가 반야바라밀다가 만약 나이거나 만약 무아라고 상응하여 구하거나, 보시바라밀다가 만약 청정하거나 만약 부정하다고 상응하여 구하거나, 정계, 나아가 반야바라밀다가 만약 청정하거나 만약 부정하다고 상응하여 구해야 한다. 만약 이러한 법 등을 능히 구하면서 안인을 수행한다면 이것은 안인바라밀다를 행하는 것이다.

교시가여. 만약 선남자와 선여인 등이 이와 같이 보시바라밀다가 만약 항상하거나 만약 무상하다고 구하거나, 정계, 나아가 반야바라밀다가 만약 항상하거나 만약 무상하다고 구하거나, 보시바라밀다가 만약 즐겁거나 만약 괴롭다고 구하거나, 정계, 나아가 반야바라밀다가 만약 즐겁거나 만약 괴롭다고 구하거나, 보시바라밀다가 만약 나이거나 만약 무아라고 구하거나, 정계, 나아가 반야바라밀다가 만약 나이거나 만약 무아라고 구하거나, 보시바라밀다가 만약 청정하거나 만약 부정하다고 구하거나, 정계, 나아가 반야바라밀다가 만약 청정하거나 만약 부정하다고 구하면서 이러한 법들에 의지하여 안인을 행하는 자라면, 나는 얻을 수 있고 비슷한 상의 안인바라밀다를 행하는 것이라고 이름하느니라. 교시가여. 앞에서 말한 것과 같다면, 모두가 얻을 수 있고 비슷한 상의 안인바라밀다를 설한다고 마땅히 알아야 하느니라.

다시 다음으로 교시가여. 선남자와 선여인 등이 있어서 무상정등보리심을 일으킨 자를 위하여 내공이 만약 항상하거나 만약 무상하다고 설하거나, 외공·내외공·공공·대공·승의공·유위공·무위공·필경공·무제공·산공·무변이공·본성공·자상공·공상공·일체법공·불가득공·무성공·자성공·무성자성공이 만약 항상하거나 만약 무상하다고 설하거나, 내공이 만약 즐겁거나 만약 괴롭다고 설하거나, 외공·내외공·공공·대공·승의공·유위공·무위공·필경공·무제공·산공·무변이공·본성공·자상공·공상공·일체법공·불가득공·무성공·자성공·무성자성공이 만약 즐겁거나 만약 괴롭다고 설하거나, 내공이 만약 나이거나 만약 무아라고 설하거나, 외공·내외공·공공·대공·승의공·유위공·무위공·필경공·무제공·산공·무변이공·본성공·자상공·공상공·일체법공·불가득공·무성공·자성공·무성자성공이 만약 나이거나 만약 무아라고 설하거나, 내공이 만약 청정하거나 만약 부정하다고 설하거나, 외공·내외공·공공·대공·승의공·유위공·무위공·필경공·무제공·산공·무변이공·본성공·자상공·공상공·일체법공·불가득공·무성공·자성공·무성자성공이 만약 청정하거나 만약 부정하다고 설해야 한다. 만약 이와 같은 법 등에 의지하여 안인을 수행한다면, 이것은 안인바라밀다를 행하는 것이다.

다시 이것의 말을 짓는다면 안인을 행하는 자는 내공이 만약 항상하거나 만약 무상하다고 상응하여 구하거나, 외공, 나아가 무성자성공이 만약 항상하거나 만약 무상하다고 상응하여 구하거나, 내공이 만약 즐겁거나 만약 괴롭다고 상응하여 구하거나, 외공, 나아가 무성자성공이 만약 즐겁거나 만약 괴롭다고 상응하여 구하거나, 내공이 만약 나이거나 만약 무아라고 상응하여 구하거나, 외공, 나아가 무성자성공이 만약 나이거나 만약 무아라고 상응하여 구하거나, 내공이 만약 청정하거나 만약 부정하다고 상응하여 구하거나, 외공, 나아가 무성자성공이 만약 청정하거나 만약 부정하다고 상응하여 구해야 한다. 만약 이러한 법 등을 능히 구하면서 안인을 수행한다면 이것은 안인바라밀다를 행하는 것이다.

교시가여. 만약 선남자와 선여인 등이 이와 같이 내공이 만약 항상하거나 만약 무상하다고 구하거나, 외공, 나아가 무성자성공이 만약 항상하거나 만약 무상하다고 구하거나, 내공이 만약 즐겁거나 만약 괴롭다고 구하거나, 외공, 나아가 무성자성공이 만약 즐겁거나 만약 괴롭다고 구하거나, 내공이 만약 나이거나 만약 무아라고 구하거나, 외공, 나아가 무성자성공이 만약 나이거나 만약 무아라고 구하거나, 내공이 만약 청정하거나 만약 부정하다고 구하거나, 외공, 나아가 무성자성공이 만약 청정하거나 만약 부정하다고 구하면서 이러한 법들에 의지하여 안인을 행하는 자라면, 나는 얻을 수 있고 비슷한 상의 안인바라밀다를 행하는 것이라고 이름하느니라. 교시가여. 앞에서 말한 것과 같다면, 모두가 얻을 수 있고 비슷한 상의 안인바라밀다를 설한다고 마땅히 알아야 하느니라.

다시 다음으로 교시가여. 선남자와 선여인 등이 있어서 무상정등보리심을 일으킨 자를 위하여 진여가 만약 항상하거나 만약 무상하다고 설하거나, 법계·법성·불허망성·불변이성·평등성·이생성·법정·법주·실제·허공계·부사의계가 만약 항상하거나 만약 무상하다고 설하거나, 진여가 만약 즐겁거나 만약 괴롭다고 설하거나, 법계·법성·불허망성·불변이성·평등성·이생성·법정·법주·실제·허공계·부사의계가 만약 즐겁거나 만약 괴롭다고 설하거나, 진여가 만약 나이거나 만약 무아라고 설하거나, 법계·법성·불허망성·불변이성·평등성·이생성·법정·법주·실제·허공계·부사의계가 만약 나이거나 만약 무아라고 설하거나, 진여가 만약 청정하거나 만약 부정하다고 설하거나, 법계·법성·불허망성·불변이성·평등성·이생성·법정·법주·실제·허공계·부사의계가 만약 청정하거나 만약 부정하다고 설해야 한다. 만약 이와 같은 법 등에 의지하여 안인을 수행한다면, 이것은 안인바라밀다를 행하는 것이다.

다시 이것의 말을 짓는다면 안인을 행하는 자는 진여가 만약 항상하거나 만약 무상하다고 상응하여 구하거나, 법계, 나아가 부사의계가 만약 항상하거나 만약 무상하다고 상응하여 구하거나, 진여가 만약 즐겁거나 만약 괴롭다고 상응하여 구하거나, 법계, 나아가 부사의계가 만약 즐겁거나 만약 괴롭다고 상응하여 구하거나, 진여가 만약 나이거나 만약 무아라고 상응하여 구하거나, 법계, 나아가 부사의계가 만약 나이거나 만약 무아라고 상응하여 구하거나, 진여가 만약 청정하거나 만약 부정하다고 상응하여 구하거나, 법계, 나아가 부사의계가 만약 청정하거나 만약 부정하다고 상응하여 구해야 한다. 만약 이러한 법 등을 능히 구하면서 안인을 수행한다면 이것은 안인바라밀다를 행하는 것이다.

교시가여. 만약 선남자와 선여인 등이 이와 같이 진여가 만약 항상하거나 만약 무상하다고 구하거나, 법계, 나아가 부사의계가 만약 항상하거나 만약 무상하다고 구하거나, 진여가 만약 즐겁거나 만약 괴롭다고 구하거나, 법계, 나아가 부사의계가 만약 즐겁거나 만약 괴롭다고 구하거나, 진여가 만약 나이거나 만약 무아라고 구하거나, 법계, 나아가 부사의계가 만약 나이거나 만약 무아라고 구하거나, 진여가 만약 청정하거나 만약 부정하다고 구하거나, 법계, 나아가 부사의계가 만약 청정하거나 만약 부정하다고 구하면서 이러한 법들에 의지하여 안인을 행하는 자라면, 나는 얻을 수 있고 비슷한 상의 안인바라밀다를 행하는 것이라고 이름하느니라. 교시가여. 앞에서 말한 것과 같다면, 모두가 얻을 수 있고 비슷한 상의 안인바라밀다를 설한다고 마땅히 알아야 하느니라.

다시 다음으로 교시가여. 선남자와 선여인 등이 있어서 무상정등보리심을 일으킨 자를 위하여 고성제가 만약 항상하거나 만약 무상하다고 설하거나, 집·멸·도성제가 만약 항상하거나 만약 무상하다고 설하거나, 고성제가 만약 즐겁거나 만약 괴롭다고 설하거나, 집·멸·도성제가 만약 즐겁거나 만약 괴롭다고 설하거나, 고성제가 만약 나이거나 만약 무아라고 설하거나, 집·멸·도성제가 만약 나이거나 만약 무아라고 설하거나, 고성제가 만약 청정하거나 만약 부정하다고 설하거나, 집·멸·도성제가 만약 청정하거나 만약 부정하다고 설해야 한다. 만약 이와 같은 법 등에 의지하여 안인을 수행한다면, 이것은 안인바라밀다를 행하는 것이다.

다시 이것의 말을 짓는다면 안인을 행하는 자는 고성제가 만약 항상하거나 만약 무상하다고 상응하여 구하거나, 집·멸·도성제가 만약 항상하거나 만약 무상하다고 상응하여 구하거나, 고성제가 만약 즐겁거나 만약 괴롭다고 상응하여 구하거나, 집·멸·도성제가 만약 즐겁거나 만약 괴롭다고 상응하여 구하거나, 고성제가 만약 나이거나 만약 무아라고 상응하여 구하거나, 집·멸·도성제가 만약 나이거나 만약 무아라고 상응하여 구하거나, 고성제가 만약 청정하거나 만약 부정하다고 상응하여 구하거나, 집·멸·도성제가 만약 청정하거나 만약 부정하다고 상응하여 구해야 한다. 만약 이러한 법 등을 능히 구하면서 안인을 수행한다면 이것은 안인바라밀다를 행하는 것이다.

교시가여. 만약 선남자와 선여인 등이 이와 같이 고성제가 만약 항상하거나 만약 무상하다고 구하거나, 집·멸·도성제가 만약 항상하거나 만약 무상하다고 구하거나, 고성제가 만약 즐겁거나 만약 괴롭다고 구하거나, 집·멸·도성제가 만약 즐겁거나 만약 괴롭다고 구하거나, 고성제가 만약 나이거나 만약 무아라고 구하거나, 집·멸·도성제가 만약 나이거나 만약 무아라고 구하거나, 고성제가 만약 청정하거나 만약 부정하다고 구하거나, 집·멸·도성제가 만약 청정하거나 만약 부정하다고 구하면서 이러한 법들에 의지하여 안인을 행하는 자라면, 나는 얻을 수 있고 비슷한 상의 안인바라밀다를 행하는 것이라고 이름하느니라. 교시가여. 앞에서 말한 것과 같다면, 모두가 얻을 수 있고 비슷한 상의 안인바라밀다를 설한다고 마땅히 알아야 하느니라.

다시 다음으로 교시가여. 선남자와 선여인 등이 있어서 무상정등보리심을 일으킨 자를 위하여 4정려가 만약 항상하거나 만약 무상하다고 설하거나, 4무량·4무색정이 만약 항상하거나 만약 무상하다고 설하거나,

4정려가 만약 즐겁거나 만약 괴롭다고 설하거나, 4무량·4무색정이 만약 즐겁거나 만약 괴롭다고 설하거나, 4정려가 만약 나이거나 만약 무아라고 설하거나, 4무량·4무색정이 만약 나이거나 만약 무아라고 설하거나, 4정려가 만약 청정하거나 만약 부정하다고 설하거나, 4무량·4무색정이 만약 청정하거나 만약 부정하다고 설해야 한다. 만약 이와 같은 법 등에 의지하여 안인을 수행한다면, 이것은 안인바라밀다를 행하는 것이다.

다시 이것의 말을 짓는다면 안인을 행하는 자는 4정려가 만약 항상하거나 만약 무상하다고 상응하여 구하거나, 4무량·4무색정이 만약 항상하거나 만약 무상하다고 상응하여 구하거나, 4정려가 만약 즐겁거나 만약 괴롭다고 상응하여 구하거나, 4무량·4무색정이 만약 즐겁거나 만약 괴롭다고 상응하여 구하거나, 4정려가 만약 나이거나 만약 무아라고 상응하여 구하거나, 4무량·4무색정이 만약 나이거나 만약 무아라고 상응하여 구하거나, 4정려가 만약 청정하거나 만약 부정하다고 상응하여 구하거나, 4무량·4무색정이 만약 청정하거나 만약 부정하다고 상응하여 구해야 한다. 만약 이러한 법 등을 능히 구하면서 안인을 수행한다면 이것은 안인바라밀다를 행하는 것이다.

교시가여. 만약 선남자와 선여인 등이 이와 같이 4정려가 만약 항상하거나 만약 무상하다고 구하거나, 4무량·4무색정이 만약 항상하거나 만약 무상하다고 구하거나, 4정려가 만약 즐겁거나 만약 괴롭다고 구하거나, 4무량·4무색정이 만약 즐겁거나 만약 괴롭다고 구하거나, 4정려가 만약 나이거나 만약 무아라고 구하거나, 4무량·4무색정이 만약 나이거나 만약 무아라고 구하거나, 4정려가 만약 청정하거나 만약 부정하다고 구하거나, 4무량·4무색정이 만약 청정하거나 만약 부정하다고 구하면서 이러한 법들에 의지하여 안인을 행하는 자라면, 나는 얻을 수 있고 비슷한 상의 안인바라밀다를 행하는 것이라고 이름하느니라. 교시가여. 앞에서 말한 것과 같다면, 모두가 얻을 수 있고 비슷한 상의 안인바라밀다를 설한다고 마땅히 알아야 하느니라.”

마하반야바라밀다경 제142권

30. 교량공덕품(校量功悳品)(40)

　"다시 다음으로 교시가여. 선남자와 선여인 등이 있어서 무상정등보리심을 일으킨 자를 위하여 8해탈이 만약 항상하거나 만약 무상하다고 설하거나, 8승처·9차제정·10변처가 만약 항상하거나 만약 무상하다고 설하거나, 8해탈이 만약 즐겁거나 만약 괴롭다고 설하거나, 8승처·9차제정·10변처가 만약 즐겁거나 만약 괴롭다고 설하거나, 8해탈이 만약 나이거나 만약 무아라고 설하거나, 8승처·9차제정·10변처가 만약 나이거나 만약 무아라고 설하거나, 8해탈이 만약 청정하거나 만약 부정하다고 설하거나, 8승처·9차제정·10변처가 만약 청정하거나 만약 부정하다고 설해야 한다. 만약 이와 같은 법 등에 의지하여 안인을 수행한다면, 이것은 안인바라밀다를 행하는 것이다.

　다시 이것의 말을 짓는다면 안인을 행하는 자는 8해탈이 만약 항상하거나 만약 무상하다고 상응하여 구하거나, 8승처·9차제정·10변처가 만약 항상하거나 만약 무상하다고 상응하여 구하거나, 8해탈이 만약 즐겁거나 만약 괴롭다고 상응하여 구하거나, 8승처·9차제정·10변처가 만약 즐겁거나 만약 괴롭다고 상응하여 구하거나, 8해탈이 만약 나이거나 만약 무아라고 상응하여 구하거나, 8승처·9차제정·10변처가 만약 나이거나 만약 무아라고 상응하여 구하거나, 8해탈이 만약 청정하거나 만약 부정하다고 상응하여 구하거나, 8승처·9차제정·10변처가 만약 청정하거나 만약 부정하다고 상응하여 구해야 한다. 만약 이러한 법 등을 능히 구하면서 안인을 수행한다면 이것은 안인바라밀다를 행하는 것이다.

교시가여. 만약 선남자와 선여인 등이 이와 같이 8해탈이 만약 항상하거나 만약 무상하다고 구하거나, 8승처·9차제정·10변처가 만약 항상하거나 만약 무상하다고 구하거나, 8해탈이 만약 즐겁거나 만약 괴롭다고 구하거나, 8승처·9차제정·10변처가 만약 즐겁거나 만약 괴롭다고 구하거나, 8해탈이 만약 나이거나 만약 무아라고 구하거나, 8승처·9차제정·10변처가 만약 나이거나 만약 무아라고 구하거나, 8해탈이 만약 청정하거나 만약 부정하다고 구하거나, 8승처·9차제정·10변처가 만약 청정하거나 만약 부정하다고 구하면서 이러한 법들에 의지하여 안인을 행하는 자라면, 나는 얻을 수 있고 비슷한 상의 안인바라밀다를 행하는 것이라고 이름하느니라. 교시가여. 앞에서 말한 것과 같다면, 모두가 얻을 수 있고 비슷한 상의 안인바라밀다를 설한다고 마땅히 알아야 하느니라.

다시 다음으로 교시가여. 선남자와 선여인 등이 있어서 무상정등보리심을 일으킨 자를 위하여 4념주가 만약 항상하거나 만약 무상하다고 설하거나, 4정단·4신족·5근·5력·7등각지·8성도지가 만약 항상하거나 만약 무상하다고 설하거나, 4념주가 만약 즐겁거나 만약 괴롭다고 설하거나, 4정단·4신족·5근·5력·7등각지·8성도지가 만약 즐겁거나 만약 괴롭다고 설하거나, 4념주가 만약 나이거나 만약 무아라고 설하거나, 4정단·4신족·5근·5력·7등각지·8성도지가 만약 나이거나 만약 무아라고 설하거나, 4념주가 만약 청정하거나 만약 부정하다고 설하거나, 4정단·4신족·5근·5력·7등각지·8성도지가 만약 청정하거나 만약 부정하다고 설해야 한다. 만약 이와 같은 법 등에 의지하여 안인을 수행한다면, 이것은 안인바라밀다를 행하는 것이다.

다시 이것의 말을 짓는다면 안인을 행하는 자는 4념주가 만약 항상하거나 만약 무상하다고 상응하여 구하거나, 4정단, 나아가 8성도지가 만약 항상하거나 만약 무상하다고 상응하여 구하거나, 4념주가 만약 즐겁거나 만약 괴롭다고 상응하여 구하거나, 4정단, 나아가 8성도지가 만약 즐겁거나 만약 괴롭다고 상응하여 구하거나, 4념주가 만약 나이거나 만약 무아라고 상응하여 구하거나, 4정단, 나아가 8성도지가 만약 나이거나 만약 무아라고 상응하여 구하거나, 4념주가 만약 청정하거나 만약 부정하다고 상응하여 구하거나, 4정단, 나아가 8성도지가 만약 청정하거나 만약 부정하다고 상응하여 구해야 한다. 만약 이러한 법 등을 능히 구하면서 안인을 수행한다면 이것은 안인바라밀다를 행하는 것이다.

교시가여. 만약 선남자와 선여인 등이 이와 같이 4념주가 만약 항상하거나 만약 무상하다고 구하거나, 4정단, 나아가 8성도지가 만약 항상하거나 만약 무상하다고 구하거나, 4념주가 만약 즐겁거나 만약 괴롭다고 구하거나, 4정단, 나아가 8성도지가 만약 즐겁거나 만약 괴롭다고 구하거나, 4념주가 만약 나이거나 만약 무아라고 구하거나, 4정단, 나아가 8성도지가 만약 나이거나 만약 무아라고 구하거나, 4념주가 만약 청정하거나 만약 부정하다고 구하거나, 4정단, 나아가 8성도지가 만약 청정하거나 만약 부정하다고 구하면서 이러한 법들에 의지하여 안인을 행하는 자라면, 나는 얻을 수 있고 비슷한 상의 안인바라밀다를 행하는 것이라고 이름하느니라. 교시가여. 앞에서 말한 것과 같다면, 모두가 얻을 수 있고 비슷한 상의 안인바라밀다를 설한다고 마땅히 알아야 하느니라.

다시 다음으로 교시가여. 선남자와 선여인 등이 있어서 무상정등보리심을 일으킨 자를 위하여 공해탈문이 만약 항상하거나 만약 무상하다고 설하거나, 무상·무원해탈문이 만약 항상하거나 만약 무상하다고 설하거나, 공해탈문이 만약 즐겁거나 만약 괴롭다고 설하거나, 무상·무원해탈문이 만약 즐겁거나 만약 괴롭다고 설하거나, 공해탈문이 만약 나이거나 만약 무아라고 설하거나, 무상·무원해탈문이 만약 나이거나 만약 무아라고 설하거나, 공해탈문이 만약 청정하거나 만약 부정하다고 설하거나, 무상·무원해탈문이 만약 청정하거나 만약 부정하다고 설해야 한다. 만약 이와 같은 법 등에 의지하여 안인을 수행한다면, 이것은 안인바라밀다를 행하는 것이다.

다시 이것의 말을 짓는다면 안인을 행하는 자는 공해탈문이 만약 항상하거나 만약 무상하다고 상응하여 구하거나, 무상·무원해탈문이 만약 항상하거나 만약 무상하다고 상응하여 구하거나, 공해탈문이 만약 즐겁거나 만약 괴롭다고 상응하여 구하거나, 무상·무원해탈문이 만약 즐겁거나 만약 괴롭다고 상응하여 구하거나, 공해탈문이 만약 나이거나 만약 무아라고 상응하여 구하거나, 무상·무원해탈문이 만약 나이거나 만약 무아라고 상응하여 구하거나, 공해탈문이 만약 청정하거나 만약 부정하다고 상응하여 구하거나, 무상·무원해탈문이 만약 청정하거나 만약 부정하다고 상응하여 구해야 한다. 만약 이러한 법 등을 능히 구하면서 안인을 수행한다면 이것은 안인바라밀다를 행하는 것이다.

교시가여. 만약 선남자와 선여인 등이 이와 같이 공해탈문이 만약 항상하거나 만약 무상하다고 구하거나, 무상·무원해탈문이 만약 항상하거나 만약 무상하다고 구하거나, 공해탈문이 만약 즐겁거나 만약 괴롭다고 구하거나, 무상·무원해탈문이 만약 즐겁거나 만약 괴롭다고 구하거나, 공해탈문이 만약 나이거나 만약 무아라고 구하거나, 무상·무원해탈문이 만약 나이거나 만약 무아라고 구하거나, 공해탈문이 만약 청정하거나 만약 부정하다고 구하거나, 무상·무원해탈문이 만약 청정하거나 만약 부정하다고 구하면서 이러한 법들에 의지하여 안인을 행하는 자라면, 나는 얻을 수 있고 비슷한 상의 안인바라밀다를 행하는 것이라고 이름하느니라. 교시가여. 앞에서 말한 것과 같다면, 모두가 얻을 수 있고 비슷한 상의 안인바라밀다를 설한다고 마땅히 알아야 하느니라.

다시 다음으로 교시가여. 선남자와 선여인 등이 있어서 무상정등보리심을 일으킨 자를 위하여 5안이 만약 항상하거나 만약 무상하다고 설하거나, 6신통이 만약 항상하거나 만약 무상하다고 설하거나, 5안이 만약 즐겁거나 만약 괴롭다고 설하거나, 6신통이 만약 즐겁거나 만약 괴롭다고 설하거나, 5안이 만약 나이거나 만약 무아라고 설하거나, 6신통이 만약 나이거나 만약 무아라고 설하거나, 5안이 만약 청정하거나 만약 부정하다고 설하거나, 6신통이 만약 청정하거나 만약 부정하다고 설해야 한다. 만약 이와 같은 법 등에 의지하여 안인을 수행한다면, 이것은 안인바라밀다를 행하는 것이다.

다시 이것의 말을 짓는다면 안인을 행하는 자는 5안이 만약 항상하거나 만약 무상하다고 상응하여 구하거나, 6신통이 만약 항상하거나 만약 무상하다고 상응하여 구하거나, 5안이 만약 즐겁거나 만약 괴롭다고 상응하여 구하거나, 6신통이 만약 즐겁거나 만약 괴롭다고 상응하여 구하거나, 5안이 만약 나이거나 만약 무아라고 상응하여 구하거나, 6신통이 만약 나이거나 만약 무아라고 상응하여 구하거나, 5안이 만약 청정하거나 만약 부정하다고 상응하여 구하거나, 6신통이 만약 청정하거나 만약 부정하다고 상응하여 구해야 한다. 만약 이러한 법 등을 능히 구하면서 안인을 수행한다면 이것은 안인바라밀다를 행하는 것이다.

교시가여. 만약 선남자와 선여인 등이 이와 같이 5안이 만약 항상하거나 만약 무상하다고 구하거나, 6신통이 만약 항상하거나 만약 무상하다고 구하거나, 5안이 만약 즐겁거나 만약 괴롭다고 구하거나, 6신통이 만약 즐겁거나 만약 괴롭다고 구하거나, 5안이 만약 나이거나 만약 무아라고 구하거나, 6신통이 만약 나이거나 만약 무아라고 구하거나, 5안이 만약 청정하거나 만약 부정하다고 구하거나, 6신통이 만약 청정하거나 만약 부정하다고 구하면서 이러한 법들에 의지하여 안인을 행하는 자라면, 나는 얻을 수 있고 비슷한 상의 안인바라밀다를 행하는 것이라고 이름하느니라. 교시가여. 앞에서 말한 것과 같다면, 모두가 얻을 수 있고 비슷한 상의 안인바라밀다를 설한다고 마땅히 알아야 하느니라.

다시 다음으로 교시가여. 선남자와 선여인 등이 있어서 무상정등보리심을 일으킨 자를 위하여 여래의 10력이 만약 항상하거나 만약 무상하다고 설하거나, 4무소외·4무애해·대자·대비·대희·대사·18불불공법이 만약 항상하거나 만약 무상하다고 설하거나, 여래의 10력이 만약 즐겁거나 만약 괴롭다고 설하거나, 4무소외·4무애해·대자·대비·대희·대사·18불불공법이 만약 즐겁거나 만약 괴롭다고 설하거나, 여래의 10력이 만약 나이거나 만약 무아라고 설하거나, 4무소외·4무애해·대자·대비·대희·대사·18불불공법이 만약 나이거나 만약 무아라고 설하거나, 여래의 10력이 만약 청정하거나 만약 부정하다고 설하거나, 4무소외·4무애해·대자·대

비·대희·대사·18불불공법이 만약 청정하거나 만약 부정하다고 설해야
한다. 만약 이와 같은 법 등에 의지하여 안인을 수행한다면, 이것은
안인바라밀다를 행하는 것이다.

다시 이것의 말을 짓는다면 안인을 행하는 자는 여래의 10력이 만약
항상하거나 만약 무상하다고 상응하여 구하거나, 4무소외, 나아가 18불불
공법이 만약 항상하거나 만약 무상하다고 상응하여 구하거나, 여래의
10력이 만약 즐겁거나 만약 괴롭다고 상응하여 구하거나, 4무소외, 나아가
18불불공법이 만약 즐겁거나 만약 괴롭다고 상응하여 구하거나, 여래의
10력이 만약 나이거나 만약 무아라고 상응하여 구하거나, 4무소외, 나아가
18불불공법이 만약 나이거나 만약 무아라고 상응하여 구하거나, 여래의
10력이 만약 청정하거나 만약 부정하다고 상응하여 구하거나, 4무소외,
나아가 18불불공법이 만약 청정하거나 만약 부정하다고 상응하여 구해야
한다. 만약 이러한 법 등을 능히 구하면서 안인을 수행한다면 이것은
안인바라밀다를 행하는 것이다.

교시가여. 만약 선남자와 선여인 등이 이와 같이 여래의 10력이 만약
항상하거나 만약 무상하다고 구하거나, 4무소외, 나아가 18불불공법이
만약 항상하거나 만약 무상하다고 구하거나, 여래의 10력이 만약 즐겁거
나 만약 괴롭다고 구하거나, 4무소외, 나아가 18불불공법이 만약 즐겁거나
만약 괴롭다고 구하거나, 여래의 10력이 만약 나이거나 만약 무아라고
구하거나, 4무소외, 나아가 18불불공법이 만약 나이거나 만약 무아라고
구하거나, 여래의 10력이 만약 청정하거나 만약 부정하다고 구하거나,
4무소외, 나아가 18불불공법이 만약 청정하거나 만약 부정하다고 구하면
서 이러한 법들에 의지하여 안인을 행하는 자라면, 나는 얻을 수 있고
비슷한 상의 안인바라밀다를 행하는 것이라고 이름하느니라. 교시가여.
앞에서 말한 것과 같다면, 모두가 얻을 수 있고 비슷한 상의 안인바라밀다
를 설한다고 마땅히 알아야 하느니라.

다시 다음으로 교시가여. 선남자와 선여인 등이 있어서 무상정등보리
심을 일으킨 자를 위하여 무망실법이 만약 항상하거나 만약 무상하다고

설하거나, 항주사성이 만약 항상하거나 만약 무상하다고 설하거나, 무망
실법이 만약 즐겁거나 만약 괴롭다고 설하거나, 항주사성이 만약 즐겁거
나 만약 괴롭다고 설하거나, 무망실법이 만약 나이거나 만약 무아라고
설하거나, 항주사성이 만약 나이거나 만약 무아라고 설하거나, 무망실법
이 만약 청정하거나 만약 부정하다고 설하거나, 항주사성이 만약 청정하
거나 만약 부정하다고 설해야 한다. 만약 이와 같은 법 등에 의지하여
안인을 수행한다면, 이것은 안인바라밀다를 행하는 것이다.

다시 이것의 말을 짓는다면 안인을 행하는 자는 무망실법이 만약
항상하거나 만약 무상하다고 상응하여 구하거나, 항주사성이 만약 항상하
거나 만약 무상하다고 상응하여 구하거나, 무망실법이 만약 즐겁거나
만약 괴롭다고 상응하여 구하거나, 항주사성이 만약 즐겁거나 만약 괴롭
다고 상응하여 구하거나, 무망실법이 만약 나이거나 만약 무아라고 상응
하여 구하거나, 항주사성이 만약 나이거나 만약 무아라고 상응하여 구하
거나, 무망실법이 만약 청정하거나 만약 부정하다고 상응하여 구하거나,
항주사성이 만약 청정하거나 만약 부정하다고 상응하여 구해야 한다.
만약 이러한 법 등을 능히 구하면서 안인을 수행한다면 이것은 안인바라밀
다를 행하는 것이다.

교시가여. 만약 선남자와 선여인 등이 이와 같이 무망실법이 만약
항상하거나 만약 무상하다고 구하거나, 항주사성이 만약 항상하거나
만약 무상하다고 구하거나, 무망실법이 만약 즐겁거나 만약 괴롭다고
구하거나, 항주사성이 만약 즐겁거나 만약 괴롭다고 구하거나, 무망실법
이 만약 나이거나 만약 무아라고 구하거나, 항주사성이 만약 나이거나
만약 무아라고 구하거나, 무망실법이 만약 청정하거나 만약 부정하다고
구하거나, 항주사성이 만약 청정하거나 만약 부정하다고 구하면서 이러한
법들에 의지하여 안인을 행하는 자라면, 나는 얻을 수 있고 비슷한 상의
안인바라밀다를 행하는 것이라고 이름하느니라. 교시가여. 앞에서 말한
것과 같다면, 모두가 얻을 수 있고 비슷한 상의 안인바라밀다를 설한다고
마땅히 알아야 하느니라.

다시 다음으로 교시가여. 선남자와 선여인 등이 있어서 무상정등보리
심을 일으킨 자를 위하여 일체지가 만약 항상하거나 만약 무상하다고
설하거나, 도상지·일체상지가 만약 항상하거나 만약 무상하다고 설하거
나, 일체지가 만약 즐겁거나 만약 괴롭다고 설하거나, 도상지·일체상지가
만약 즐겁거나 만약 괴롭다고 설하거나, 일체지가 만약 나이거나 만약
무아라고 설하거나, 도상지·일체상지가 만약 나이거나 만약 무아라고
설하거나, 일체지가 만약 청정하거나 만약 부정하다고 설하거나, 도상지·
일체상지가 만약 청정하거나 만약 부정하다고 설해야 한다. 만약 이와
같은 법 등에 의지하여 안인을 수행한다면, 이것은 안인바라밀다를 행하
는 것이다.

다시 이것의 말을 짓는다면 안인을 행하는 자는 일체지가 만약 항상하거
나 만약 무상하다고 상응하여 구하거나, 도상지·일체상지가 만약 항상하
거나 만약 무상하다고 상응하여 구하거나, 일체지가 만약 즐겁거나 만약
괴롭다고 상응하여 구하거나, 도상지·일체상지가 만약 즐겁거나 만약
괴롭다고 상응하여 구하거나, 일체지가 만약 나이거나 만약 무아라고
상응하여 구하거나, 도상지·일체상지가 만약 나이거나 만약 무아라고
상응하여 구하거나, 일체지가 만약 청정하거나 만약 부정하다고 상응하여
구하거나, 도상지·일체상지가 만약 청정하거나 만약 부정하다고 상응하
여 구해야 한다. 만약 이러한 법 등을 능히 구하면서 안인을 수행한다면
이것은 안인바라밀다를 행하는 것이다.

교시가여. 만약 선남자와 선여인 등이 이와 같이 일체지가 만약 항상하
거나 만약 무상하다고 구하거나, 도상지·일체상지가 만약 항상하거나
만약 무상하다고 구하거나, 일체지가 만약 즐겁거나 만약 괴롭다고 구하
거나, 도상지·일체상지가 만약 즐겁거나 만약 괴롭다고 구하거나, 일체지
가 만약 나이거나 만약 무아라고 구하거나, 도상지·일체상지가 만약
나이거나 만약 무아라고 구하거나, 일체지가 만약 청정하거나 만약 부정
하다고 구하거나, 도상지·일체상지가 만약 청정하거나 만약 부정하다고
구하면서 이러한 법들에 의지하여 안인을 행하는 자라면, 나는 얻을

수 있고 비슷한 상의 안인바라밀다를 행하는 것이라고 이름하느니라. 교시가여. 앞에서 말한 것과 같다면, 모두가 얻을 수 있고 비슷한 상의 안인바라밀다를 설한다고 마땅히 알아야 하느니라.

다시 다음으로 교시가여. 선남자와 선여인 등이 있어서 무상정등보리 심을 일으킨 자를 위하여 일체의 다라니문이 만약 항상하거나 만약 무상하 다고 설하거나, 일체의 삼마지문이 만약 항상하거나 만약 무상하다고 설하거나, 일체의 다라니문이 만약 즐겁거나 만약 괴롭다고 설하거나, 일체의 삼마지문이 만약 즐겁거나 만약 괴롭다고 설하거나, 일체의 다라 니문이 만약 나이거나 만약 무아라고 설하거나, 일체의 삼마지문이 만약 나이거나 만약 무아라고 설하거나, 일체의 다라니문이 만약 청정하거나 만약 부정하다고 설하거나, 일체의 삼마지문이 만약 청정하거나 만약 부정하다고 설해야 한다. 만약 이와 같은 법 등에 의지하여 안인을 수행한 다면, 이것은 안인바라밀다를 행하는 것이다.

다시 이것의 말을 짓는다면 안인을 행하는 자는 일체의 다라니문이 만약 항상하거나 만약 무상하다고 상응하여 구하거나, 일체의 삼마지문이 만약 항상하거나 만약 무상하다고 상응하여 구하거나, 일체의 다라니문이 만약 즐겁거나 만약 괴롭다고 상응하여 구하거나, 일체의 삼마지문이 만약 즐겁거나 만약 괴롭다고 상응하여 구하거나, 일체의 다라니문이 만약 나이거나 만약 무아라고 상응하여 구하거나, 일체의 삼마지문이 만약 나이거나 만약 무아라고 상응하여 구하거나, 일체의 다라니문이 만약 청정하거나 만약 부정하다고 상응하여 구하거나, 일체의 삼마지문이 만약 청정하거나 만약 부정하다고 상응하여 구해야 한다. 만약 이러한 법 등을 능히 구하면서 안인을 수행한다면 이것은 안인바라밀다를 행하는 것이다.

교시가여. 만약 선남자와 선여인 등이 이와 같이 일체의 다라니문이 만약 항상하거나 만약 무상하다고 구하거나, 일체의 삼마지문이 만약 항상하거나 만약 무상하다고 구하거나, 일체의 다라니문이 만약 즐겁거나 만약 괴롭다고 구하거나, 일체의 삼마지문이 만약 즐겁거나 만약 괴롭다고 구하거나, 일체의 다라니문이 만약 나이거나 만약 무아라고 구하거나, 일체의 삼마지문이 만약 나이거나 만약 무아라고 구하거나, 일체의 다라니문이 만약 청정하거나 만약 부정하다고 구하거나, 일체의 삼마지문이 만약 청정하거나 만약 부정하다고 구하면서 이러한 법들에 의지하여 안인을 행하는 자라면, 나는 얻을 수 있고 비슷한 상의 안인바라밀다를 행하는 것이라고 이름하느니라. 교시가여. 앞에서 말한 것과 같다면, 모두가 얻을 수 있고 비슷한 상의 안인바라밀다를 설한다고 마땅히 알아야 하느니라.

다시 다음으로 교시가여. 선남자와 선여인 등이 있어서 무상정등보리심을 일으킨 자를 위하여 예류향·예류과가 만약 항상하거나 만약 무상하다고 설하거나, 일래향·일래과·불환향·불환과·아라한향·아라한과가 만약 항상하거나 만약 무상하다고 설하거나, 예류향·예류과가 만약 즐겁거나 만약 괴롭다고 설하거나, 일래향·일래과·불환향·불환과·아라한향·아라한과가 만약 즐겁거나 만약 괴롭다고 설하거나, 예류향·예류과가 만약 나이거나 만약 무아라고 설하거나, 일래향·일래과·불환향·불환과·아라한향·아라한과가 만약 나이거나 만약 무아라고 설하거나, 예류향·예류과가 만약 청정하거나 만약 부정하다고 설하거나, 일래향·일래과·불환향·불환과·아라한향·아라한과가 만약 청정하거나 만약 부정하다고 설해야 한다. 만약 이와 같은 법 등에 의지하여 안인을 수행한다면, 이것은 안인바라밀다를 행하는 것이다.

다시 이것의 말을 짓는다면 안인을 행하는 자는 예류향·예류과가 만약 항상하거나 만약 무상하다고 상응하여 구하거나, 일래향·일래과·불환향·불환과·아라한향·아라한과가 만약 항상하거나 만약 무상하다고 상응하여 구하거나, 예류향·예류과가 만약 즐겁거나 만약 괴롭다고 상응하여 구하거나, 일래향·일래과·불환향·불환과·아라한향·아라한과가 만약 즐겁거나 만약 괴롭다고 상응하여 구하거나, 예류향·예류과가 만약 나이거나 만약 무아라고 상응하여 구하거나, 일래향·일래과·불환향·불환과·아라한향·아라한과가 만약 나이거나 만약 무아라고 상응하여 구하거나,

예류향·예류과가 만약 청정하거나 만약 부정하다고 상응하여 구하거나, 일래향·일래과·불환향·불환과·아라한향·아라한과가 만약 청정하거나 만약 부정하다고 상응하여 구해야 한다. 만약 이러한 법 등을 능히 구하면서 안인을 수행한다면 이것은 안인바라밀다를 행하는 것이다.

교시가여. 만약 선남자와 선여인 등이 이와 같이 예류향·예류과가 만약 항상하거나 만약 무상하다고 구하거나, 일래향·일래과·불환향·불환과·아라한향·아라한과가 만약 항상하거나 만약 무상하다고 구하거나, 예류향·예류과가 만약 즐겁거나 만약 괴롭다고 구하거나, 일래향·일래과·불환향·불환과·아라한향·아라한과가 만약 즐겁거나 만약 괴롭다고 구하거나, 예류향·예류과가 만약 나이거나 만약 무아라고 구하거나, 일래향·일래과·불환향·불환과·아라한향·아라한과가 만약 나이거나 만약 무아라고 구하거나, 예류향·예류과가 만약 청정하거나 만약 부정하다고 구하거나, 일래향·일래과·불환향·불환과·아라한향·아라한과가 만약 청정하거나 만약 부정하다고 구하면서 이러한 법들에 의지하여 안인을 행하는 자라면, 나는 얻을 수 있고 비슷한 상의 안인바라밀다를 행하는 것이라고 이름하느니라. 교시가여. 앞에서 말한 것과 같다면, 모두가 얻을 수 있고 비슷한 상의 안인바라밀다를 설한다고 마땅히 알아야 하느니라.

다시 다음으로 교시가여. 선남자와 선여인 등이 있어서 무상정등보리심을 일으킨 자를 위하여 독각의 보리가 만약 항상하거나 만약 무상하다고 설하거나, 독각의 보리가 만약 즐겁거나 만약 괴롭다고 설하거나, 독각의 보리가 만약 나이거나 만약 무아라고 설하거나, 독각의 보리가 만약 청정하거나 만약 부정하다고 설해야 한다. 만약 이와 같은 법 등에 의지하여 안인을 수행한다면, 이것은 안인바라밀다를 행하는 것이다.

다시 이것의 말을 짓는다면 안인을 행하는 자는 독각의 보리가 만약 항상하거나 만약 무상하다고 상응하여 구하거나, 독각의 보리가 만약 즐겁거나 만약 괴롭다고 상응하여 구하거나, 독각의 보리가 만약 나이거나 만약 무아라고 상응하여 구하거나, 독각의 보리가 만약 청정하거나 만약 부정하다고 상응하여 구해야 한다. 만약 이러한 법 등을 능히 구하면서 안인을 수행한다면 이것은 안인바라밀다를 행하는 것이다.

교시가여. 만약 선남자와 선여인 등이 이와 같이 독각의 보리가 만약 항상하거나 만약 무상하다고 구하거나, 독각의 보리가 만약 즐겁거나 만약 괴롭다고 구하거나, 독각의 보리가 만약 나이거나 만약 무아라고 구하거나, 독각의 보리가 만약 청정하거나 만약 부정하다고 구하면서 이러한 법들에 의지하여 안인을 행하는 자라면, 나는 얻을 수 있고 비슷한 상의 안인바라밀다를 행하는 것이라고 이름하느니라. 교시가여. 앞에서 말한 것과 같다면, 모두가 얻을 수 있고 비슷한 상의 안인바라밀다를 설한다고 마땅히 알아야 하느니라.

다시 다음으로 교시가여. 선남자와 선여인 등이 있어서 무상정등보리심을 일으킨 자를 위하여 일체의 보살마하살의 행이 만약 항상하거나 만약 무상하다고 설하거나, 일체의 보살마하살의 행이 만약 즐겁거나 만약 괴롭다고 설하거나, 일체의 보살마하살의 행이 만약 나이거나 만약 무아라고 설하거나, 일체의 보살마하살의 행이 만약 청정하거나 만약 부정하다고 설해야 한다. 만약 이와 같은 법 등에 의지하여 안인을 수행한다면, 이것은 안인바라밀다를 행하는 것이다.

다시 이것의 말을 짓는다면 안인을 행하는 자는 일체의 보살마하살의 행이 만약 항상하거나 만약 무상하다고 상응하여 구하거나, 일체의 보살마하살의 행이 만약 즐겁거나 만약 괴롭다고 상응하여 구하거나, 일체의 보살마하살의 행이 만약 나이거나 만약 무아라고 상응하여 구하거나, 일체의 보살마하살의 행이 만약 청정하거나 만약 부정하다고 상응하여 구해야 한다. 만약 이러한 법 등을 능히 구하면서 안인을 수행하고 있다면 이것은 안인바라밀다를 행하는 것이다.

교시가여. 만약 선남자와 선여인 등이 이와 같이 일체의 보살마하살의 행이 만약 항상하거나 만약 무상하다고 구하거나, 일체의 보살마하살의 행이 만약 즐겁거나 만약 괴롭다고 구하거나, 일체의 보살마하살의 행이 만약 나이거나 만약 무아라고 구하거나, 일체의 보살마하살의 행이 만약 청정하거나 만약 부정하다고 구하면서 이러한 법들에 의지하여 안인을 행하는 자라면, 나는 얻을 수 있고 비슷한 상의 안인바라밀다를 행하는 것이라고 이름하느니라. 교시가여. 앞에서 말한 것과 같다면, 모두가 얻을 수 있고 비슷한 상의 안인바라밀다를 설한다고 마땅히 알아야 하느니라.

다시 다음으로 교시가여. 선남자와 선여인 등이 있어서 무상정등보리심을 일으킨 자를 위하여 제불의 무상정등보리가 만약 항상하거나 만약 무상하다고 설하거나, 제불의 무상정등보리가 만약 즐겁거나 만약 괴롭다고 설하거나, 제불의 무상정등보리가 만약 나이거나 만약 무아라고 설하거나, 제불의 무상정등보리가 만약 청정하거나 만약 부정하다고 설해야 한다. 만약 이와 같은 법 등에 의지하여 안인을 수행한다면, 이것은 안인바라밀다를 행하는 것이다.

다시 이것의 말을 짓는다면 안인을 행하는 자는 제불의 무상정등보리가 만약 항상하거나 만약 무상하다고 상응하여 구하거나, 제불의 무상정등보리가 만약 즐겁거나 만약 괴롭다고 상응하여 구하거나, 제불의 무상정등보리가 만약 나이거나 만약 무아라고 상응하여 구하거나, 제불의 무상정등보리가 만약 청정하거나 만약 부정하다고 상응하여 구해야 한다. 만약 이러한 법 등을 능히 구하면서 안인을 수행하고 있다면 이것은 안인바라밀다를 행하는 것이다.

교시가여. 만약 선남자와 선여인 등이 이와 같이 제불의 무상정등보리가 만약 항상하거나 만약 무상하다고 구하거나, 제불의 무상정등보리가 만약 즐겁거나 만약 괴롭다고 구하거나, 제불의 무상정등보리가 만약 나이거나 만약 무아라고 구하거나, 제불의 무상정등보리가 만약 청정하거나 만약 부정하다고 구하면서 이러한 법들에 의지하여 안인을 행하는 자라면, 나는 얻을 수 있고 비슷한 상의 안인바라밀다를 행하는 것이라고 이름하느니라. 교시가여. 앞에서 말한 것과 같다면, 모두가 얻을 수 있고 비슷한 상의 안인바라밀다를 설한다고 마땅히 알아야 하느니라.”

그때 천제석이 다시 세존께 아뢰어 말하였다.

“세존이시여. 무엇을 선남자와 선여인 등이 얻을 수 있는 것으로 정계바라밀다를 설한다면 비슷한 상의 정계바라밀다를 설한다고 이름합니까?"

세존께서 말씀하셨다.

"교시가여. 선남자와 선여인 등이 있어서 무상정등보리심을 일으킨 자를 위하여 색이 만약 항상하거나 만약 무상하다고 설하거나, 수·상·행·식이 만약 항상하거나 만약 무상하다고 설하거나, 색이 만약 즐겁거나 만약 괴롭다고 설하거나, 수·상·행·식이 만약 즐겁거나 만약 괴롭다고 설하거나, 색이 만약 나이거나 만약 무아라고 설하거나, 수·상·행·식이 만약 나이거나 만약 무아라고 설하거나, 색이 만약 청정하거나 만약 부정하다고 설하거나, 수·상·행·식이 만약 청정하거나 만약 부정하다고 설해야 한다. 만약 이와 같은 법 등에 의지하여 정계를 수행한다면, 이것은 정계바라밀다를 행하는 것이다.

다시 이것의 말을 짓는다면 정계를 행하는 자는 색이 만약 항상하거나 만약 무상하다고 상응하여 구하거나, 수·상·행·식이 만약 항상하거나 만약 무상하다고 상응하여 구하거나, 색이 만약 즐겁거나 만약 괴롭다고 상응하여 구하거나, 수·상·행·식이 만약 즐겁거나 만약 괴롭다고 상응하여 구하거나, 색이 만약 나이거나 만약 무아라고 상응하여 구하거나, 수·상·행·식이 만약 나이거나 만약 무아라고 상응하여 구하거나, 색이 만약 청정하거나 만약 부정하다고 상응하여 구하거나, 수·상·행·식이 만약 청정하거나 만약 부정하다고 상응하여 구해야 한다. 만약 이러한 법 등을 능히 구하면서 정계를 수행한다면 이것은 정계바라밀다를 행하는 것이다.

교시가여. 만약 선남자와 선여인 등이 이와 같이 색이 만약 항상하거나 만약 무상하다고 구하거나, 수·상·행·식이 만약 항상하거나 만약 무상하다고 구하거나, 색이 만약 즐겁거나 만약 괴롭다고 구하거나, 수·상·행·식이 만약 즐겁거나 만약 괴롭다고 구하거나, 색이 만약 나이거나 만약 무아라고 구하거나, 수·상·행·식이 만약 나이거나 만약 무아라고 구하거나, 색이 만약 청정하거나 만약 부정하다고 구하거나, 수·상·행·식이 만약 청정하거나 만약 부정하다고 구하면서 이러한 법들에 의지하여 정계를 행하는 자라면, 나는 얻을 수 있고 비슷한 상의 정계바라밀다를 행하는 것이라고 이름하느니라. 교시가여. 앞에서 말한 것과 같다면, 모두가 얻을 수 있고 비슷한 상의 정계바라밀다를 설한다고 마땅히 알아야 하느니라.

다시 다음으로 교시가여. 선남자와 선여인 등이 있어서 무상정등보리심을 일으킨 자를 위하여 안처가 만약 항상하거나 만약 무상하다고 설하거나, 이·비·설·신·의처가 만약 항상하거나 만약 무상하다고 설하거나, 안처가 만약 즐겁거나 만약 괴롭다고 설하거나, 이·비·설·신·의처가 만약 즐겁거나 만약 괴롭다고 설하거나, 안처가 만약 나이거나 만약 무아라고 설하거나, 이·비·설·신·의처가 만약 나이거나 만약 무아라고 설하거나, 안처가 만약 청정하거나 만약 부정하다고 설하거나, 이·비·설·신·의처가 만약 청정하거나 만약 부정하다고 설해야 한다. 만약 이와 같은 법 등에 의지하여 정계를 수행한다면, 이것은 정계바라밀다를 행하는 것이다.

다시 이것의 말을 짓는다면 정계를 행하는 자는 안처가 만약 항상하거나 만약 무상하다고 상응하여 구하거나, 이·비·설·신·의처가 만약 항상하거나 만약 무상하다고 상응하여 구하거나, 안처가 만약 즐겁거나 만약 괴롭다고 상응하여 구하거나, 이·비·설·신·의처가 만약 즐겁거나 만약 괴롭다고 상응하여 구하거나, 안처가 만약 나이거나 만약 무아라고 상응하여 구하거나, 이·비·설·신·의처가 만약 나이거나 만약 무아라고 상응하여 구하거나, 안처가 만약 청정하거나 만약 부정하다고 상응하여 구하거나, 이·비·설·신·의처가 만약 청정하거나 만약 부정하다고 상응하여 구해야 한다. 만약 이러한 법 등을 능히 구하면서 정계를 수행한다면 이것은 정계바라밀다를 행하는 것이다.

교시가여. 만약 선남자와 선여인 등이 이와 같이 안처가 만약 항상하거나 만약 무상하다고 구하거나, 이·비·설·신·의처가 만약 항상하거나 만약 무상하다고 구하거나, 안처가 만약 즐겁거나 만약 괴롭다고 구하거나, 이·비·설·신·의처가 만약 즐겁거나 만약 괴롭다고 구하거나, 안처가 만약 나이거나 만약 무아라고 구하거나, 이·비·설·신·의처가 만약 나이거나 만약 무아라고 구하거나, 안처가 만약 청정하거나 만약 부정하다고 구하거나, 이·비·설·신·의처가 만약 청정하거나 만약 부정하다고 구하면서 이러한 법들에 의지하여 정계를 행하는 자라면, 나는 얻을 수 있고 비슷한 상의 정계바라밀다를 행하는 것이라고 이름하느니라. 교시가여. 앞에서 말한 것과 같다면, 모두가 얻을 수 있고 비슷한 상의 정계바라밀다를 설한다고 마땅히 알아야 하느니라.

다시 다음으로 교시가여. 선남자와 선여인 등이 있어서 무상정등보리심을 일으킨 자를 위하여 색처가 만약 항상하거나 만약 무상하다고 설하거나, 성·향·미·촉·법처가 만약 항상하거나 만약 무상하다고 설하거나, 색처가 만약 즐겁거나 만약 괴롭다고 설하거나, 성·향·미·촉·법처가 만약 즐겁거나 만약 괴롭다고 설하거나, 색처가 만약 나이거나 만약 무아라고 설하거나, 성·향·미·촉·법처가 만약 나이거나 만약 무아라고 설하거나, 색처가 만약 청정하거나 만약 부정하다고 설하거나, 성·향·미·촉·법처가 만약 청정하거나 만약 부정하다고 설해야 한다. 만약 이와 같은 법 등에 의지하여 정계를 수행한다면, 이것은 정계바라밀다를 행하는 것이다.

다시 이것의 말을 짓는다면 정계를 행하는 자는 색처가 만약 항상하거나 만약 무상하다고 상응하여 구하거나, 성·향·미·촉·법처가 만약 항상하거나 만약 무상하다고 상응하여 구하거나, 색처가 만약 즐겁거나 만약 괴롭다고 상응하여 구하거나, 성·향·미·촉·법처가 만약 즐겁거나 만약 괴롭다고 상응하여 구하거나, 색처가 만약 나이거나 만약 무아라고 상응하여 구하거나, 성·향·미·촉·법처가 만약 나이거나 만약 무아라고 상응하여 구하거나, 색처가 만약 청정하거나 만약 부정하다고 상응하여 구하거나, 성·향·미·촉·법처가 만약 청정하거나 만약 부정하다고 상응하여 구해야 한다. 만약 이러한 법 등을 능히 구하면서 정계를 수행한다면 이것은 정계바라밀다를 행하는 것이다.

교시가여. 만약 선남자와 선여인 등이 이와 같이 색처가 만약 항상하거나 만약 무상하다고 구하거나, 성·향·미·촉·법처가 만약 항상하거나 만약 무상하다고 구하거나, 색처가 만약 즐겁거나 만약 괴롭다고 구하거나, 성·향·미·촉·법처가 만약 즐겁거나 만약 괴롭다고 구하거나, 색처가 만약 나이거나 만약 무아라고 구하거나, 성·향·미·촉·법처가 만약 나이거나 만약 무아라고 구하거나, 색처가 만약 청정하거나 만약 부정하다고 구하거나, 성·향·미·촉·법처가 만약 청정하거나 만약 부정하다고 구하면서 이러한 법들에 의지하여 정계를 행하는 자라면, 나는 얻을 수 있고 비슷한 상의 정계바라밀다를 행하는 것이라고 이름하느니라. 교시가여. 앞에서 말한 것과 같다면, 모두가 얻을 수 있고 비슷한 상의 정계바라밀다를 설한다고 마땅히 알아야 하느니라.

다시 다음으로 교시가여. 선남자와 선여인 등이 있어서 무상정등보리심을 일으킨 자를 위하여 안계가 만약 항상하거나 만약 무상하다고 설하거나, 색계·안식계, 나아가 안촉·안촉을 인연으로 생겨나는 여러 수가 만약 항상하거나 만약 무상하다고 설하거나, 안계가 만약 즐겁거나 만약 괴롭다고 설하거나, 색계·안식계, 나아가 안촉·안촉을 인연으로 생겨난 여러 수가 만약 즐겁거나 만약 괴롭다고 설하거나, 안계가 만약 나이거나 만약 무아라고 설하거나, 색계·안식계, 나아가 안촉·안촉을 인연으로 생겨난 여러 수가 만약 나이거나 만약 무아라고 설하거나, 안계가 만약 청정하거나 만약 부정하다고 설하거나, 색계·안식계, 나아가 안촉·안촉을 인연으로 생겨난 여러 수가 만약 청정하거나 만약 부정하다고 설해야 한다. 만약 이와 같은 법 등에 의지하여 정계를 수행한다면, 이것은 정계바라밀다를 행하는 것이다.

다시 이것의 말을 짓는다면 정계를 행하는 자는 안계가 만약 항상하거나 만약 무상하다고 상응하여 구하거나, 색계·안식계, 나아가 안촉·안촉을 인연으로 생겨난 여러 수가 만약 항상하거나 만약 무상하다고 상응하여 구하거나, 안계가 만약 즐겁거나 만약 괴롭다고 상응하여 구하거나, 색계·안식계, 나아가 안촉·안촉을 인연으로 생겨난 여러 수가 만약 즐겁거나 만약 괴롭다고 상응하여 구하거나, 안계가 만약 나이거나 만약 무아라고

상응하여 구하거나, 색계·안식계, 나아가 안촉·안촉을 인연으로 생겨난
여러 수가 만약 나이거나 만약 무아라고 상응하여 구하거나, 안계가
만약 청정하거나 만약 부정하다고 상응하여 구하거나, 색계·안식계, 나아
가 안촉·안촉을 인연으로 생겨난 여러 수가 만약 청정하거나 만약 부정하
다고 상응하여 구해야 한다. 만약 이러한 법 등을 능히 구하면서 정계를
수행한다면 이것은 정계바라밀다를 행하는 것이다.

교시가여. 만약 선남자와 선여인 등이 이와 같이 안계가 만약 항상하거
나 만약 무상하다고 구하거나, 색계·안식계, 나아가 안촉·안촉을 인연으
로 생겨난 여러 수가 만약 항상하거나 만약 무상하다고 구하거나, 안계가
만약 즐겁거나 만약 괴롭다고 구하거나, 색계·안식계, 나아가 안촉·안촉
을 인연으로 생겨난 여러 수가 만약 즐겁거나 만약 괴롭다고 구하거나,
안계가 만약 나이거나 만약 무아라고 구하거나, 색계·안식계, 나아가
안촉·안촉을 인연으로 생겨난 여러 수가 만약 나이거나 만약 무아라고
구하거나, 안계가 만약 청정하거나 만약 부정하다고 구하거나, 색계·안식
계, 나아가 안촉·안촉을 인연으로 생겨난 여러 수가 만약 청정하거나
만약 부정하다고 구하면서 이러한 법들에 의지하여 정계를 행하는 자라면,
나는 얻을 수 있고 비슷한 상의 정계바라밀다를 행하는 것이라고 이름하느
니라. 교시가여. 앞에서 말한 것과 같다면, 모두가 얻을 수 있고 비슷한
상의 정계바라밀다를 설한다고 마땅히 알아야 하느니라.

다시 다음으로 교시가여. 선남자와 선여인 등이 있어서 무상정등보리
심을 일으킨 자를 위하여 이계가 만약 항상하거나 만약 무상하다고 설하거
나, 성계·이식계, 나아가 이촉·이촉을 인연으로 생겨나는 여러 수가 만약
항상하거나 만약 무상하다고 설하거나, 이계가 만약 즐겁거나 만약 괴롭
다고 설하거나, 성계·이식계, 나아가 이촉·이촉을 인연으로 생겨난 여러
수가 만약 즐겁거나 만약 괴롭다고 설하거나, 이계가 만약 나이거나
만약 무아라고 설하거나, 성계·이식계, 나아가 이촉·이촉을 인연으로
생겨난 여러 수가 만약 나이거나 만약 무아라고 설하거나, 이계가 만약
청정하거나 만약 부정하다고 설하거나, 성계·이식계, 나아가 이촉·이촉

을 인연으로 생겨난 여러 수가 만약 청정하거나 만약 부정하다고 설해야 한다. 만약 이와 같은 법 등에 의지하여 정계를 수행한다면, 이것은 정계바라밀다를 행하는 것이다.

다시 이것의 말을 짓는다면 정계를 행하는 자는 이계가 만약 항상하거나 만약 무상하다고 상응하여 구하거나, 성계·이식계, 나아가 이촉·이촉을 인연으로 생겨난 여러 수가 만약 항상하거나 만약 무상하다고 상응하여 구하거나, 이계가 만약 즐겁거나 만약 괴롭다고 상응하여 구하거나, 성계· 이식계, 나아가 이촉·이촉을 인연으로 생겨난 여러 수가 만약 즐겁거나 만약 괴롭다고 상응하여 구하거나, 이계가 만약 나이거나 만약 무아라고 상응하여 구하거나, 성계·이식계, 나아가 이촉·이촉을 인연으로 생겨난 여러 수가 만약 나이거나 만약 무아라고 상응하여 구하거나, 이계가 만약 청정하거나 만약 부정하다고 상응하여 구하거나, 성계·이식계, 나아 가 이촉·이촉을 인연으로 생겨난 여러 수가 만약 청정하거나 만약 부정하다고 상응하여 구해야 한다. 만약 이러한 법 등을 능히 구하면서 정계를 수행한다면 이것은 정계바라밀다를 행하는 것이다.

교시가여. 만약 선남자와 선여인 등이 이와 같이 이계가 만약 항상하거나 만약 무상하다고 구하거나, 성계·이식계, 나아가 이촉·이촉을 인연으로 생겨난 여러 수가 만약 항상하거나 만약 무상하다고 구하거나, 이계가 만약 즐겁거나 만약 괴롭다고 구하거나, 성계·이식계, 나아가 이촉·이촉을 인연으로 생겨난 여러 수가 만약 즐겁거나 만약 괴롭다고 구하거나, 이계가 만약 나이거나 만약 무아라고 구하거나, 성계·이식계, 나아가 이촉·이촉을 인연으로 생겨난 여러 수가 만약 나이거나 만약 무아라고 구하거나, 이계가 만약 청정하거나 만약 부정하다고 구하거나, 성계·이식 계, 나아가 이촉·이촉을 인연으로 생겨난 여러 수가 만약 청정하거나 만약 부정하다고 구하면서 이러한 법들에 의지하여 정계를 행하는 자라면, 나는 얻을 수 있고 비슷한 상의 정계바라밀다를 행하는 것이라고 이름하느니라. 교시가여. 앞에서 말한 것과 같다면, 모두가 얻을 수 있고 비슷한 상의 정계바라밀다를 설한다고 마땅히 알아야 하느니라.

　다시 다음으로 교시가여. 선남자와 선여인 등이 있어서 무상정등보리심을 일으킨 자를 위하여 비계가 만약 항상하거나 만약 무상하다고 설하거나, 향계·비식계, 나아가 비촉·비촉을 인연으로 생겨나는 여러 수가 만약 항상하거나 만약 무상하다고 설하거나, 비계가 만약 즐겁거나 만약 괴롭다고 설하거나, 향계·비식계, 나아가 비촉·비촉을 인연으로 생겨난 여러 수가 만약 즐겁거나 만약 괴롭다고 설하거나, 비계가 만약 나이거나 만약 무아라고 설하거나, 향계·비식계, 나아가 비촉·비촉을 인연으로 생겨난 여러 수가 만약 나이거나 만약 무아라고 설하거나, 비계가 만약 청정하거나 만약 부정하다고 설하거나, 향계·비식계, 나아가 비촉·비촉을 인연으로 생겨난 여러 수가 만약 청정하거나 만약 부정하다고 설해야 한다. 만약 이와 같은 법 등에 의지하여 정계를 수행한다면, 이것은 정계바라밀다를 행하는 것이다.

　다시 이것의 말을 짓는다면 정계를 행하는 자는 비계가 만약 항상하거나 만약 무상하다고 상응하여 구하거나, 향계·비식계, 나아가 비촉·비촉을 인연으로 생겨난 여러 수가 만약 항상하거나 만약 무상하다고 상응하여 구하거나, 비계가 만약 즐겁거나 만약 괴롭다고 상응하여 구하거나, 향계·비식계, 나아가 비촉·비촉을 인연으로 생겨난 여러 수가 만약 즐겁거나 만약 괴롭다고 상응하여 구하거나, 비계가 만약 나이거나 만약 무아라고 상응하여 구하거나, 향계·비식계, 나아가 비촉·비촉을 인연으로 생겨난 여러 수가 만약 나이거나 만약 무아라고 상응하여 구하거나, 비계가 만약 청정하거나 만약 부정하다고 상응하여 구하거나, 향계·비식계, 나아가 비촉·비촉을 인연으로 생겨난 여러 수가 만약 청정하거나 만약 부정하다고 상응하여 구해야 한다. 만약 이러한 법 등을 능히 구하면서 정계를 수행한다면 이것은 정계바라밀다를 행하는 것이다.

　교시가여. 만약 선남자와 선여인 등이 이와 같이 비계가 만약 항상하거나 만약 무상하다고 구하거나, 향계·비식계, 나아가 비촉·비촉을 인연으로 생겨난 여러 수가 만약 항상하거나 만약 무상하다고 구하거나, 비계가 만약 즐겁거나 만약 괴롭다고 구하거나, 향계·비식계, 나아가 비촉·비촉을 인연으로 생겨난 여러 수가 만약 즐겁거나 만약 괴롭다고 구하거나, 비계가 만약 나이거나 만약 무아라고 구하거나, 향계·비식계, 나아가 비촉·비촉을 인연으로 생겨난 여러 수가 만약 나이거나 만약 무아라고 구하거나, 비계가 만약 청정하거나 만약 부정하다고 구하거나, 향계·비식계, 나아가 비촉·비촉을 인연으로 생겨난 여러 수가 만약 청정하거나 만약 부정하다고 구하면서 이러한 법들에 의지하여 정계를 행하는 자라면, 나는 얻을 수 있고 비슷한 상의 정계바라밀다를 행하는 것이라고 이름하느니라. 교시가여. 앞에서 말한 것과 같다면, 모두가 얻을 수 있고 비슷한 상의 정계바라밀다를 설한다고 마땅히 알아야 하느니라.

다시 다음으로 교시가여. 선남자와 선여인 등이 있어서 무상정등보리심을 일으킨 자를 위하여 설계가 만약 항상하거나 만약 무상하다고 설하거나, 미계·설식계, 나아가 설촉·설촉을 인연으로 생겨나는 여러 수가 만약 항상하거나 만약 무상하다고 설하거나, 설계가 만약 즐겁거나 만약 괴롭다고 설하거나, 미계·설식계, 나아가 설촉·설촉을 인연으로 생겨난 여러 수가 만약 즐겁거나 만약 괴롭다고 설하거나, 설계가 만약 나이거나 만약 무아라고 설하거나, 미계·설식계, 나아가 설촉·설촉을 인연으로 생겨난 여러 수가 만약 나이거나 만약 무아라고 설하거나, 설계가 만약 청정하거나 만약 부정하다고 설하거나, 미계·설식계, 나아가 설촉·설촉을 인연으로 생겨난 여러 수가 만약 청정하거나 만약 부정하다고 설해야 한다. 만약 이와 같은 법 등에 의지하여 정계를 수행한다면, 이것은 정계바라밀다를 행하는 것이다.

다시 이것의 말을 짓는다면 정계를 행하는 자는 설계가 만약 항상하거나 만약 무상하다고 상응하여 구하거나, 미계·설식계, 나아가 설촉·설촉을 인연으로 생겨난 여러 수가 만약 항상하거나 만약 무상하다고 상응하여 구하거나, 설계가 만약 즐겁거나 만약 괴롭다고 상응하여 구하거나, 미계·설식계, 나아가 설촉·설촉을 인연으로 생겨난 여러 수가 만약 즐겁거나 만약 괴롭다고 상응하여 구하거나, 설계가 만약 나이거나 만약 무아라고 상응하여 구하거나, 미계·설식계, 나아가 설촉·설촉을 인연으로 생겨난 여러 수가 만약 나이거나 만약 무아라고 상응하여 구하거나, 설계가 만약 청정하거나 만약 부정하다고 상응하여 구하거나, 미계·설식계, 나아가 설촉·설촉을 인연으로 생겨난 여러 수가 만약 청정하거나 만약 부정하다고 상응하여 구해야 한다. 만약 이러한 법 등을 능히 구하면서 정계를 수행한다면 이것은 정계바라밀다를 행하는 것이다.

교시가여. 만약 선남자와 선여인 등이 이와 같이 설계가 만약 항상하거나 만약 무상하다고 구하거나, 미계·설식계, 나아가 설촉·설촉을 인연으로 생겨난 여러 수가 만약 항상하거나 만약 무상하다고 구하거나, 설계가 만약 즐겁거나 만약 괴롭다고 구하거나, 미계·설식계, 나아가 설촉·설촉을 인연으로 생겨난 여러 수가 만약 즐겁거나 만약 괴롭다고 구하거나, 설계가 만약 나이거나 만약 무아라고 구하거나, 미계·설식계, 나아가 설촉·설촉을 인연으로 생겨난 여러 수가 만약 나이거나 만약 무아라고 구하거나, 설계가 만약 청정하거나 만약 부정하다고 구하거나, 미계·설식계, 나아가 설촉·설촉을 인연으로 생겨난 여러 수가 만약 청정하거나 만약 부정하다고 구하면서 이러한 법들에 의지하여 정계를 행하는 자라면, 나는 얻을 수 있고 비슷한 상의 정계바라밀다를 행하는 것이라고 이름하느니라. 교시가여. 앞에서 말한 것과 같다면, 모두가 얻을 수 있고 비슷한 상의 정계바라밀다를 설한다고 마땅히 알아야 하느니라."

마하반야바라밀다경 제143권

30. 교량공덕품(校量功悳品)(41)

"다시 다음으로 교시가여. 선남자와 선여인 등이 있어서 무상정등보리심을 일으킨 자를 위하여 신계가 만약 항상하거나 만약 무상하다고 설하거나, 촉계·신식계, 나아가 신촉·신촉을 인연으로 생겨나는 여러 수가 만약 항상하거나 만약 무상하다고 설하거나, 신계가 만약 즐겁거나 만약 괴롭다고 설하거나, 촉계·신식계, 나아가 신촉·신촉을 인연으로 생겨난 여러 수가 만약 즐겁거나 만약 괴롭다고 설하거나, 신계가 만약 나이거나 만약 무아라고 설하거나, 촉계·신식계, 나아가 신촉·신촉을 인연으로 생겨난 여러 수가 만약 나이거나 만약 무아라고 설하거나, 신계가 만약 청정하거나 만약 부정하다고 설하거나, 촉계·신식계, 나아가 신촉·신촉을 인연으로 생겨난 여러 수가 만약 청정하거나 만약 부정하다고 설해야 한다. 만약 이와 같은 법 등에 의지하여 정계를 수행한다면, 이것은 정계바라밀다를 행하는 것이다.

다시 이것의 말을 짓는다면 정계를 행하는 자는 신계가 만약 항상하거나 만약 무상하다고 상응하여 구하거나, 촉계·신식계, 나아가 신촉·신촉을 인연으로 생겨난 여러 수가 만약 항상하거나 만약 무상하다고 상응하여 구하거나, 신계가 만약 즐겁거나 만약 괴롭다고 상응하여 구하거나, 촉계·신식계, 나아가 신촉·신촉을 인연으로 생겨난 여러 수가 만약 즐겁거나 만약 괴롭다고 상응하여 구하거나, 신계가 만약 나이거나 만약 무아라고 상응하여 구하거나, 촉계·신식계, 나아가 신촉·신촉을 인연으로 생겨난 여러 수가 만약 나이거나 만약 무아라고 상응하여 구하거나, 신계가 만약 청정하거나 만약 부정하다고 상응하여 구하거나, 촉계·신식계, 나아가 신촉·신촉을 인연으로 생겨난 여러 수가 만약 청정하거나 만약 부정하다고 상응하여 구해야 한다. 만약 이러한 법 등을 능히 구하면서 정계를 수행한다면 이것은 정계바라밀다를 행하는 것이다.

교시가여. 만약 선남자와 선여인 등이 이와 같이 신계가 만약 항상하거나 만약 무상하다고 구하거나, 촉계·신식계, 나아가 신촉·신촉을 인연으로 생겨난 여러 수가 만약 항상하거나 만약 무상하다고 구하거나, 신계가 만약 즐겁거나 만약 괴롭다고 구하거나, 촉계·신식계, 나아가 신촉·신촉을 인연으로 생겨난 여러 수가 만약 즐겁거나 만약 괴롭다고 구하거나, 신계가 만약 나이거나 만약 무아라고 구하거나, 촉계·신식계, 나아가 신촉·신촉을 인연으로 생겨난 여러 수가 만약 나이거나 만약 무아라고 구하거나, 신계가 만약 청정하거나 만약 부정하다고 구하거나, 촉계·신식계, 나아가 신촉·신촉을 인연으로 생겨난 여러 수가 만약 청정하거나 만약 부정하다고 구하면서 이러한 법들에 의지하여 정계를 행하는 자라면, 나는 얻을 수 있고 비슷한 상의 정계바라밀다를 행하는 것이라고 이름하느니라. 교시가여. 앞에서 말한 것과 같다면, 모두가 얻을 수 있고 비슷한 상의 정계바라밀다를 설한다고 마땅히 알아야 하느니라.

다시 다음으로 교시가여. 선남자와 선여인 등이 있어서 무상정등보리심을 일으킨 자를 위하여 의계가 만약 항상하거나 만약 무상하다고 설하거나, 법계·의식계, 나아가 의촉·의촉을 인연으로 생겨나는 여러 수가 만약 항상하거나 만약 무상하다고 설하거나, 의계가 만약 즐겁거나 만약 괴롭다고 설하거나, 법계·의식계, 나아가 의촉·의촉을 인연으로 생겨난 여러 수가 만약 즐겁거나 만약 괴롭다고 설하거나, 의계가 만약 나이거나 만약 무아라고 설하거나, 법계·의식계, 나아가 의촉·의촉을 인연으로 생겨난 여러 수가 만약 나이거나 만약 무아라고 설하거나, 의계가 만약 청정하거나 만약 부정하다고 설하거나, 법계·의식계, 나아가 의촉·의촉을 인연으로 생겨난 여러 수가 만약 청정하거나 만약 부정하다고 설해야 한다. 만약 이와 같은 법 등에 의지하여 정계를 수행한다면, 이것은 정계바라밀다를 행하는 것이다.

다시 이것의 말을 짓는다면 정계를 행하는 자는 의계가 만약 항상하거나 만약 무상하다고 상응하여 구하거나, 법계·의식계, 나아가 의촉·의촉을 인연으로 생겨난 여러 수가 만약 항상하거나 만약 무상하다고 상응하여 구하거나, 의계가 만약 즐겁거나 만약 괴롭다고 상응하여 구하거나, 법계· 의식계, 나아가 의촉·의촉을 인연으로 생겨난 여러 수가 만약 즐겁거나 만약 괴롭다고 상응하여 구하거나, 의계가 만약 나이거나 만약 무아라고 상응하여 구하거나, 법계·의식계, 나아가 의촉·의촉을 인연으로 생겨난 여러 수가 만약 나이거나 만약 무아라고 상응하여 구하거나, 의계가 만약 청정하거나 만약 부정하다고 상응하여 구하거나, 법계·의식계, 나아 가 의촉·의촉을 인연으로 생겨난 여러 수가 만약 청정하거나 만약 부정하 다고 상응하여 구해야 한다. 만약 이러한 법 등을 능히 구하면서 정계를 수행한다면 이것은 정계바라밀다를 행하는 것이다.

교시가여. 만약 선남자와 선여인 등이 이와 같이 의계가 만약 항상하거 나 만약 무상하다고 구하거나, 법계·의식계, 나아가 의촉·의촉을 인연으 로 생겨난 여러 수가 만약 항상하거나 만약 무상하다고 구하거나, 의계가 만약 즐겁거나 만약 괴롭다고 구하거나, 법계·의식계, 나아가 의촉·의촉 을 인연으로 생겨난 여러 수가 만약 즐겁거나 만약 괴롭다고 구하거나, 의계가 만약 나이거나 만약 무아라고 구하거나, 법계·의식계, 나아가 의촉·의촉을 인연으로 생겨난 여러 수가 만약 나이거나 만약 무아라고 구하거나, 의계가 만약 청정하거나 만약 부정하다고 구하거나, 법계·의식 계, 나아가 의촉·의촉을 인연으로 생겨난 여러 수가 만약 청정하거나 만약 부정하다고 구하면서 이러한 법들에 의지하여 정계를 행하는 자라면, 나는 얻을 수 있고 비슷한 상의 정계바라밀다를 행하는 것이라고 이름하느 니라. 교시가여. 앞에서 말한 것과 같다면, 모두가 얻을 수 있고 비슷한 상의 정계바라밀다를 설한다고 마땅히 알아야 하느니라.

다시 다음으로 교시가여. 선남자와 선여인 등이 있어서 무상정등보리

심을 일으킨 자를 위하여 지계가 만약 항상하거나 만약 무상하다고 설하거나, 수·화·풍·공·식계가 만약 항상하거나 만약 무상하다고 설하거나, 지계가 만약 즐겁거나 만약 괴롭다고 설하거나, 수·화·풍·공·식계가 만약 즐겁거나 만약 괴롭다고 설하거나, 지계가 만약 나이거나 만약 무아라고 설하거나, 수·화·풍·공·식계가 만약 나이거나 만약 무아라고 설하거나, 지계가 만약 청정하거나 만약 부정하다고 설하거나, 수·화·풍·공·식계가 만약 청정하거나 만약 부정하다고 설해야 한다. 만약 이와 같은 법 등에 의지하여 정계를 수행한다면, 이것은 정계바라밀다를 행하는 것이다.

다시 이것의 말을 짓는다면 정계를 행하는 자는 지계가 만약 항상하거나 만약 무상하다고 상응하여 구하거나, 수·화·풍·공·식계가 만약 항상하거나 만약 무상하다고 상응하여 구하거나, 지계가 만약 즐겁거나 만약 괴롭다고 상응하여 구하거나, 수·화·풍·공·식계가 만약 즐겁거나 만약 괴롭다고 상응하여 구하거나, 지계가 만약 나이거나 만약 무아라고 상응하여 구하거나, 수·화·풍·공·식계가 만약 나이거나 만약 무아라고 상응하여 구하거나, 지계가 만약 청정하거나 만약 부정하다고 상응하여 구하거나, 수·화·풍·공·식계가 만약 청정하거나 만약 부정하다고 상응하여 구해야 한다. 만약 이러한 법 등을 능히 구하면서 정계를 수행한다면 이것은 정계바라밀다를 행하는 것이다.

교시가여. 만약 선남자와 선여인 등이 이와 같이 지계가 만약 항상하거나 만약 무상하다고 구하거나, 수·화·풍·공·식계가 만약 항상하거나 만약 무상하다고 구하거나, 지계가 만약 즐겁거나 만약 괴롭다고 구하거나, 수·화·풍·공·식계가 만약 즐겁거나 만약 괴롭다고 구하거나, 지계가 만약 나이거나 만약 무아라고 구하거나, 수·화·풍·공·식계가 만약 나이거나 만약 무아라고 구하거나, 지계가 만약 청정하거나 만약 부정하다고 구하거나, 수·화·풍·공·식계가 만약 청정하거나 만약 부정하다고 구하면서 이러한 법들에 의지하여 정계를 행하는 자라면, 나는 얻을 수 있고 비슷한 상의 정계바라밀다를 행하는 것이라고 이름하느니라. 교시가여.

앞에서 말한 것과 같다면, 모두가 얻을 수 있고 비슷한 상의 정계바라밀다를 설한다고 마땅히 알아야 하느니라.

다시 다음으로 교시가여. 선남자와 선여인 등이 있어서 무상정등보리심을 일으킨 자를 위하여 무명이 만약 항상하거나 만약 무상하다고 설하거나, 행·식·명색·육처·촉·수·애·취·유·생·노사의 수탄고우뇌가 만약 항상하거나 만약 무상하다고 설하거나, 무명이 만약 즐겁거나 만약 괴롭다고 설하거나, 행·식·명색·육처·촉·수·애·취·유·생·노사의 수탄고우뇌가 만약 즐겁거나 만약 괴롭다고 설하거나, 무명이 만약 나이거나 만약 무아라고 설하거나, 행·식·명색·육처·촉·수·애·취·유·생·노사의 수탄고우뇌가 만약 나이거나 만약 무아라고 설하거나, 무명이 만약 청정하거나 만약 부정하다고 설하거나, 행·식·명색·육처·촉·수·애·취·유·생·노사의 수탄고우뇌가 만약 청정하거나 만약 부정하다고 설해야 한다. 만약 이와 같은 법 등에 의지하여 정계를 수행한다면, 이것은 정계바라밀다를 행하는 것이다.

다시 이것의 말을 짓는다면 정계를 행하는 자는 무명이 만약 항상하거나 만약 무상하다고 상응하여 구하거나, 행, 나아가 노사의 수탄고우뇌가 만약 항상하거나 만약 무상하다고 상응하여 구하거나, 무명이 만약 즐겁거나 만약 괴롭다고 상응하여 구하거나, 행, 나아가 노사의 수탄고우뇌가 만약 즐겁거나 만약 괴롭다고 상응하여 구하거나, 무명이 만약 나이거나 만약 무아라고 상응하여 구하거나, 행, 나아가 노사의 수탄고우뇌가 만약 나이거나 만약 무아라고 상응하여 구하거나, 무명이 만약 청정하거나 만약 부정하다고 상응하여 구하거나, 행, 나아가 노사의 수탄고우뇌가 만약 청정하거나 만약 부정하다고 상응하여 구해야 한다. 만약 이러한 법 등을 능히 구하면서 정계를 수행한다면 이것은 정계바라밀다를 행하는 것이다.

교시가여. 만약 선남자와 선여인 등이 이와 같이 무명이 만약 항상하거나 만약 무상하다고 구하거나, 행, 나아가 노사의 수탄고우뇌가 만약 항상하거나 만약 무상하다고 구하거나, 무명이 만약 즐겁거나 만약 괴롭다고 구하거나, 행, 나아가 노사의 수탄고우뇌가 만약 즐겁거나 만약 괴롭다고 구하거나, 무명이 만약 나이거나 만약 무아라고 구하거나, 행, 나아가 노사의 수탄고우뇌가 만약 나이거나 만약 무아라고 구하거나, 무명이 만약 청정하거나 만약 부정하다고 구하거나, 행, 나아가 노사의 수탄고우뇌가 만약 청정하거나 만약 부정하다고 구하면서 이러한 법들에 의지하여 정계를 행하는 자라면, 나는 얻을 수 있고 비슷한 상의 정계바라밀다를 행하는 것이라고 이름하느니라. 교시가여. 앞에서 말한 것과 같다면, 모두가 얻을 수 있고 비슷한 상의 정계바라밀다를 설한다고 마땅히 알아야 하느니라.

다시 다음으로 교시가여. 선남자와 선여인 등이 있어서 무상정등보리심을 일으킨 자를 위하여 보시바라밀다가 만약 항상하거나 만약 무상하다고 설하거나, 정계·안인·정진·정려·반야바라밀다가 만약 항상하거나 만약 무상하다고 설하거나, 보시바라밀다가 만약 즐겁거나 만약 괴롭다고 설하거나, 정계·안인·정진·정려·반야바라밀다가 만약 즐겁거나 만약 괴롭다고 설하거나, 보시바라밀다가 만약 나이거나 만약 무아라고 설하거나, 정계·안인·정진·정려·반야바라밀다가 만약 나이거나 만약 무아라고 설하거나, 보시바라밀다가 만약 청정하거나 만약 부정하다고 설하거나, 정계·안인·정진·정려·반야바라밀다가 만약 청정하거나 만약 부정하다고 설해야 한다. 만약 이와 같은 법 등에 의지하여 정계를 수행한다면, 이것은 정계바라밀다를 행하는 것이다.

다시 이것의 말을 짓는다면 정계를 행하는 자는 보시바라밀다가 만약 항상하거나 만약 무상하다고 상응하여 구하거나, 정계, 나아가 반야바라밀다가 만약 항상하거나 만약 무상하다고 상응하여 구하거나, 보시바라밀다가 만약 즐겁거나 만약 괴롭다고 상응하여 구하거나, 정계, 나아가 반야바라밀다가 만약 즐겁거나 만약 괴롭다고 상응하여 구하거나, 보시바라밀다가 만약 나이거나 만약 무아라고 상응하여 구하거나, 정계, 나아가 반야바라밀다가 만약 나이거나 만약 무아라고 상응하여 구하거나, 보시바라밀다가 만약 청정하거나 만약 부정하다고 상응하여 구하거나, 정계,

나아가 반야바라밀다가 만약 청정하거나 만약 부정하다고 상응하여 구해야 한다. 만약 이러한 법 등을 능히 구하면서 정계를 수행한다면 이것은 정계바라밀다를 행하는 것이다.

교시가여. 만약 선남자와 선여인 등이 이와 같이 보시바라밀다가 만약 항상하거나 만약 무상하다고 구하거나, 정계, 나아가 반야바라밀다가 만약 항상하거나 만약 무상하다고 구하거나, 보시바라밀다가 만약 즐겁거나 만약 괴롭다고 구하거나, 정계, 나아가 반야바라밀다가 만약 즐겁거나 만약 괴롭다고 구하거나, 보시바라밀다가 만약 나이거나 만약 무아라고 구하거나, 정계, 나아가 반야바라밀다가 만약 나이거나 만약 무아라고 구하거나, 보시바라밀다가 만약 청정하거나 만약 부정하다고 구하거나, 정계, 나아가 반야바라밀다가 만약 청정하거나 만약 부정하다고 구하면서 이러한 법들에 의지하여 정계를 행하는 자라면, 나는 얻을 수 있고 비슷한 상의 정계바라밀다를 행하는 것이라고 이름하느니라. 교시가여. 앞에서 말한 것과 같다면, 모두가 얻을 수 있고 비슷한 상의 정계바라밀다를 설한다고 마땅히 알아야 하느니라.

다시 다음으로 교시가여. 선남자와 선여인 등이 있어서 무상정등보리심을 일으킨 자를 위하여 내공이 만약 항상하거나 만약 무상하다고 설하거나, 외공·내외공·공공·대공·승의공·유위공·무위공·필경공·무제공·산공·무변이공·본성공·자상공·공상공·일체법공·불가득공·무성공·자성공·무성자성공이 만약 항상하거나 만약 무상하다고 설하거나, 내공이 만약 즐겁거나 만약 괴롭다고 설하거나, 외공·내외공·공공·대공·승의공·유위공·무위공·필경공·무제공·산공·무변이공·본성공·자상공·공상공·일체법공·불가득공·무성공·자성공·무성자성공이 만약 즐겁거나 만약 괴롭다고 설하거나, 내공이 만약 나이거나 만약 무아라고 설하거나, 외공·내외공·공공·대공·승의공·유위공·무위공·필경공·무제공·산공·무변이공·본성공·자상공·공상공·일체법공·불가득공·무성공·자성공·무성자성공이 만약 나이거나 만약 무아라고 설하거나, 내공이 만약 청정하거나 만약 부정하다고 설하거나, 외공·내외공·공공·대공·승의공·유위공·

무위공·필경공·무제공·산공·무변이공·본성공·자상공·공상공·일체법공·불가득공·무성공·자성공·무성자성공이 만약 청정하거나 만약 부정하다고 설해야 한다. 만약 이와 같은 법 등에 의지하여 정계를 수행한다면, 이것은 정계바라밀다를 행하는 것이다.

다시 이것의 말을 짓는다면 정계를 행하는 자는 내공이 만약 항상하거나 만약 무상하다고 상응하여 구하거나, 외공, 나아가 무성자성공이 만약 항상하거나 만약 무상하다고 상응하여 구하거나, 내공이 만약 즐겁거나 만약 괴롭다고 상응하여 구하거나, 외공, 나아가 무성자성공이 만약 즐겁거나 만약 괴롭다고 상응하여 구하거나, 내공이 만약 나이거나 만약 무아라고 상응하여 구하거나, 외공, 나아가 무성자성공이 만약 나이거나 만약 무아라고 상응하여 구하거나, 내공이 만약 청정하거나 만약 부정하다고 상응하여 구하거나, 외공, 나아가 무성자성공이 만약 청정하거나 만약 부정하다고 상응하여 구해야 한다. 만약 이러한 법 등을 능히 구하면서 정계를 수행한다면 이것은 정계바라밀다를 행하는 것이다.

교시가여. 만약 선남자와 선여인 등이 이와 같이 내공이 만약 항상하거나 만약 무상하다고 구하거나, 외공, 나아가 무성자성공이 만약 항상하거나 만약 무상하다고 구하거나, 내공이 만약 즐겁거나 만약 괴롭다고 구하거나, 외공, 나아가 무성자성공이 만약 즐겁거나 만약 괴롭다고 구하거나, 내공이 만약 나이거나 만약 무아라고 구하거나, 외공, 나아가 무성자성공이 만약 나이거나 만약 무아라고 구하거나, 내공이 만약 청정하거나 만약 부정하다고 구하거나, 외공, 나아가 무성자성공이 만약 청정하거나 만약 부정하다고 구하면서 이러한 법들에 의지하여 정계를 행하는 자라면, 나는 얻을 수 있고 비슷한 상의 정계바라밀다를 행하는 것이라고 이름하느니라. 교시가여. 앞에서 말한 것과 같다면, 모두가 얻을 수 있고 비슷한 상의 정계바라밀다를 설한다고 마땅히 알아야 하느니라.

다시 다음으로 교시가여. 선남자와 선여인 등이 있어서 무상정등보리심을 일으킨 자를 위하여 진여가 만약 항상하거나 만약 무상하다고 설하거나, 법계·법성·불허망성·불변이성·평등성·이생성·법정·법주·실제·허공계·부사의계가 만약 항상하거나 만약 무상하다고 설하거나, 진여가 만약 즐겁거나 만약 괴롭다고 설하거나, 법계·법성·불허망성·불변이성·평등성·이생성·법정·법주·실제·허공계·부사의계가 만약 즐겁거나 만약 괴롭다고 설하거나, 진여가 만약 나이거나 만약 무아라고 설하거나, 법계·법성·불허망성·불변이성·평등성·이생성·법정·법주·실제·허공계·부사의계가 만약 나이거나 만약 무아라고 설하거나, 진여가 만약 청정하거나 만약 부정하다고 설하거나, 법계·법성·불허망성·불변이성·평등성·이생성·법정·법주·실제·허공계·부사의계가 만약 청정하거나 만약 부정하다고 설해야 한다. 만약 이와 같은 법 등에 의지하여 정계를 수행한다면, 이것은 정계바라밀다를 행하는 것이다.

다시 이것의 말을 짓는다면 정계를 행하는 자는 진여가 만약 항상하거나 만약 무상하다고 상응하여 구하거나, 법계, 나아가 부사의계가 만약 항상하거나 만약 무상하다고 상응하여 구하거나, 진여가 만약 즐겁거나 만약 괴롭다고 상응하여 구하거나, 법계, 나아가 부사의계가 만약 즐겁거나 만약 괴롭다고 상응하여 구하거나, 진여가 만약 나이거나 만약 무아라고 상응하여 구하거나, 법계, 나아가 부사의계가 만약 나이거나 만약 무아라고 상응하여 구하거나, 진여가 만약 청정하거나 만약 부정하다고 상응하여 구하거나, 법계, 나아가 부사의계가 만약 청정하거나 만약 부정하다고 상응하여 구해야 한다. 만약 이러한 법 등을 능히 구하면서 정계를 수행한다면 이것은 정계바라밀다를 행하는 것이다.

교시가여. 만약 선남자와 선여인 등이 이와 같이 진여가 만약 항상하거나 만약 무상하다고 구하거나, 법계, 나아가 부사의계가 만약 항상하거나 만약 무상하다고 구하거나, 진여가 만약 즐겁거나 만약 괴롭다고 구하거나, 법계, 나아가 부사의계가 만약 즐겁거나 만약 괴롭다고 구하거나, 진여가 만약 나이거나 만약 무아라고 구하거나, 법계, 나아가 부사의계가 만약 나이거나 만약 무아라고 구하거나, 진여가 만약 청정하거나 만약 부정하다고 구하거나, 법계, 나아가 부사의계가 만약 청정하거나 만약 부정하다고 구하면서 이러한 법들에 의지하여 정계를 행하는 자라면,

나는 얻을 수 있고 비슷한 상의 정계바라밀다를 행하는 것이라고 이름하느니라. 교시가여. 앞에서 말한 것과 같다면, 모두가 얻을 수 있고 비슷한 상의 정계바라밀다를 설한다고 마땅히 알아야 하느니라.

다시 다음으로 교시가여. 선남자와 선여인 등이 있어서 무상정등보리심을 일으킨 자를 위하여 고성제가 만약 항상하거나 만약 무상하다고 설하거나, 집·멸·도성제가 만약 항상하거나 만약 무상하다고 설하거나, 고성제가 만약 즐겁거나 만약 괴롭다고 설하거나, 집·멸·도성제가 만약 즐겁거나 만약 괴롭다고 설하거나, 고성제가 만약 나이거나 만약 무아라고 설하거나, 집·멸·도성제가 만약 나이거나 만약 무아라고 설하거나, 고성제가 만약 청정하거나 만약 부정하다고 설하거나, 집·멸·도성제가 만약 청정하거나 만약 부정하다고 설해야 한다. 만약 이와 같은 법 등에 의지하여 정계를 수행한다면, 이것은 정계바라밀다를 행하는 것이다.

다시 이것의 말을 짓는다면 정계를 행하는 자는 고성제가 만약 항상하거나 만약 무상하다고 상응하여 구하거나, 집·멸·도성제가 만약 항상하거나 만약 무상하다고 상응하여 구하거나, 고성제가 만약 즐겁거나 만약 괴롭다고 상응하여 구하거나, 집·멸·도성제가 만약 즐겁거나 만약 괴롭다고 상응하여 구하거나, 고성제가 만약 나이거나 만약 무아라고 상응하여 구하거나, 집·멸·도성제가 만약 나이거나 만약 무아라고 상응하여 구하거나, 고성제가 만약 청정하거나 만약 부정하다고 상응하여 구하거나, 집·멸·도성제가 만약 청정하거나 만약 부정하다고 상응하여 구해야 한다. 만약 이러한 법 등을 능히 구하면서 정계를 수행한다면 이것은 정계바라밀다를 행하는 것이다.

교시가여. 만약 선남자와 선여인 등이 이와 같이 고성제가 만약 항상하거나 만약 무상하다고 구하거나, 집·멸·도성제가 만약 항상하거나 만약 무상하다고 구하거나, 고성제가 만약 즐겁거나 만약 괴롭다고 구하거나, 집·멸·도성제가 만약 즐겁거나 만약 괴롭다고 구하거나, 고성제가 만약 나이거나 만약 무아라고 구하거나, 집·멸·도성제가 만약 나이거나 만약 무아라고 구하거나, 고성제가 만약 청정하거나 만약 부정하다고 구하거나, 집·멸·도성제가 만약 청정하거나 만약 부정하다고 구하면서 이러한 법들에 의지하여 정계를 행하는 자라면, 나는 얻을 수 있고 비슷한 상의 정계바라밀다를 행하는 것이라고 이름하느니라. 교시가여. 앞에서 말한 것과 같다면, 모두가 얻을 수 있고 비슷한 상의 정계바라밀다를 설한다고 마땅히 알아야 하느니라.

다시 다음으로 교시가여. 선남자와 선여인 등이 있어서 무상정등보리심을 일으킨 자를 위하여 4정려가 만약 항상하거나 만약 무상하다고 설하거나, 4무량·4무색정이 만약 항상하거나 만약 무상하다고 설하거나, 4정려가 만약 즐겁거나 만약 괴롭다고 설하거나, 4무량·4무색정이 만약 즐겁거나 만약 괴롭다고 설하거나, 4정려가 만약 나이거나 만약 무아라고 설하거나, 4무량·4무색정이 만약 나이거나 만약 무아라고 설하거나, 4정려가 만약 청정하거나 만약 부정하다고 설하거나, 4무량·4무색정이 만약 청정하거나 만약 부정하다고 설해야 한다. 만약 이와 같은 법 등에 의지하여 정계를 수행한다면, 이것은 정계바라밀다를 행하는 것이다.

다시 이것의 말을 짓는다면 정계를 행하는 자는 4정려가 만약 항상하거나 만약 무상하다고 상응하여 구하거나, 4무량·4무색정이 만약 항상하거나 만약 무상하다고 상응하여 구하거나, 4정려가 만약 즐겁거나 만약 괴롭다고 상응하여 구하거나, 4무량·4무색정이 만약 즐겁거나 만약 괴롭다고 상응하여 구하거나, 4정려가 만약 나이거나 만약 무아라고 상응하여 구하거나, 4무량·4무색정이 만약 나이거나 만약 무아라고 상응하여 구하거나, 4정려가 만약 청정하거나 만약 부정하다고 상응하여 구하거나, 4무량·4무색정이 만약 청정하거나 만약 부정하다고 상응하여 구해야 한다. 만약 이러한 법 등을 능히 구하면서 정계를 수행한다면 이것은 정계바라밀다를 행하는 것이다.

교시가여. 만약 선남자와 선여인 등이 이와 같이 4정려가 만약 항상하거나 만약 무상하다고 구하거나, 4무량·4무색정이 만약 항상하거나 만약 무상하다고 구하거나, 4정려가 만약 즐겁거나 만약 괴롭다고 구하거나, 4무량·4무색정이 만약 즐겁거나 만약 괴롭다고 구하거나, 4정려가 만약 나이거나 만약 무아라고 구하거나, 4무량·4무색정이 만약 나이거나 만약 무아라고 구하거나, 4정려가 만약 청정하거나 만약 부정하다고 구하거나, 4무량·4무색정이 만약 청정하거나 만약 부정하다고 구하면서 이러한 법들에 의지하여 정계를 행하는 자라면, 나는 얻을 수 있고 비슷한 상의 정계바라밀다를 행하는 것이라고 이름하느니라. 교시가여. 앞에서 말한 것과 같다면, 모두가 얻을 수 있고 비슷한 상의 정계바라밀다를 설한다고 마땅히 알아야 하느니라.

다시 다음으로 교시가여. 선남자와 선여인 등이 있어서 무상정등보리심을 일으킨 자를 위하여 8해탈이 만약 항상하거나 만약 무상하다고 설하거나, 8승처·9차제정·10변처가 만약 항상하거나 만약 무상하다고 설하거나, 8해탈이 만약 즐겁거나 만약 괴롭다고 설하거나, 8승처·9차제정·10변처가 만약 즐겁거나 만약 괴롭다고 설하거나, 8해탈이 만약 나이거나 만약 무아라고 설하거나, 8승처·9차제정·10변처가 만약 나이거나 만약 무아라고 설하거나, 8해탈이 만약 청정하거나 만약 부정하다고 설하거나, 8승처·9차제정·10변처가 만약 청정하거나 만약 부정하다고 설해야 한다. 만약 이와 같은 법 등에 의지하여 정계를 수행한다면, 이것은 정계바라밀다를 행하는 것이다.

다시 이것의 말을 짓는다면 정계를 행하는 자는 8해탈이 만약 항상하거나 만약 무상하다고 상응하여 구하거나, 8승처·9차제정·10변처가 만약 항상하거나 만약 무상하다고 상응하여 구하거나, 8해탈이 만약 즐겁거나 만약 괴롭다고 상응하여 구하거나, 8승처·9차제정·10변처가 만약 즐겁거나 만약 괴롭다고 상응하여 구하거나, 8해탈이 만약 나이거나 만약 무아라고 상응하여 구하거나, 8승처·9차제정·10변처가 만약 나이거나 만약 무아라고 상응하여 구하거나, 8해탈이 만약 청정하거나 만약 부정하다고 상응하여 구하거나, 8승처·9차제정·10변처가 만약 청정하거나 만약 부정하다고 상응하여 구해야 한다. 만약 이러한 법 등을 능히 구하면서 정계를 수행한다면 이것은 정계바라밀다를 행하는 것이다.

교시가여. 만약 선남자와 선여인 등이 이와 같이 8해탈이 만약 항상하거나 만약 무상하다고 구하거나, 8승처·9차제정·10변처가 만약 항상하거나 만약 무상하다고 구하거나, 8해탈이 만약 즐겁거나 만약 괴롭다고 구하거나, 8승처·9차제정·10변처가 만약 즐겁거나 만약 괴롭다고 구하거나, 8해탈이 만약 나이거나 만약 무아라고 구하거나, 8승처·9차제정·10변처가 만약 나이거나 만약 무아라고 구하거나, 8해탈이 만약 청정하거나 만약 부정하다고 구하거나, 8승처·9차제정·10변처가 만약 청정하거나 만약 부정하다고 구하면서 이러한 법들에 의지하여 정계를 행하는 자라면, 나는 얻을 수 있고 비슷한 상의 정계바라밀다를 행하는 것이라고 이름하느니라. 교시가여. 앞에서 말한 것과 같다면, 모두가 얻을 수 있고 비슷한 상의 정계바라밀다를 설한다고 마땅히 알아야 하느니라.

다시 다음으로 교시가여. 선남자와 선여인 등이 있어서 무상정등보리심을 일으킨 자를 위하여 4념주가 만약 항상하거나 만약 무상하다고 설하거나, 4정단·4신족·5근·5력·7등각지·8성도지가 만약 항상하거나 만약 무상하다고 설하거나, 4념주가 만약 즐겁거나 만약 괴롭다고 설하거나, 4정단·4신족·5근·5력·7등각지·8성도지가 만약 즐겁거나 만약 괴롭다고 설하거나, 4념주가 만약 나이거나 만약 무아라고 설하거나, 4정단·4신족·5근·5력·7등각지·8성도지가 만약 나이거나 만약 무아라고 설하거나, 4념주가 만약 청정하거나 만약 부정하다고 설하거나, 4정단·4신족·5근·5력·7등각지·8성도지가 만약 청정하거나 만약 부정하다고 설해야 한다. 만약 이와 같은 법 등에 의지하여 정계를 수행한다면, 이것은 정계바라밀다를 행하는 것이다.

다시 이것의 말을 짓는다면 정계를 행하는 자는 4념주가 만약 항상하거나 만약 무상하다고 상응하여 구하거나, 4정단, 나아가 8성도지가 만약 항상하거나 만약 무상하다고 상응하여 구하거나, 4념주가 만약 즐겁거나 만약 괴롭다고 상응하여 구하거나, 4정단, 나아가 8성도지가 만약 즐겁거나 만약 괴롭다고 상응하여 구하거나, 4념주가 만약 나이거나 만약 무아라고 상응하여 구하거나, 4정단, 나아가 8성도지가 만약 나이거나 만약 무아라고 상응하여 구하거나, 4념주가 만약 청정하거나 만약 부정하다고 상응하여 구하거나, 4정단, 나아가 8성도지가 만약 청정하거나 만약 부정하다고 상응하여 구해야 한다. 만약 이러한 법 등을 능히 구하면서 정계를 수행한다면 이것은 정계바라밀다를 행하는 것이다.

교시가여. 만약 선남자와 선여인 등이 이와 같이 4념주가 만약 항상하거나 만약 무상하다고 구하거나, 4정단, 나아가 8성도지가 만약 항상하거나 만약 무상하다고 구하거나, 4념주가 만약 즐겁거나 만약 괴롭다고 구하거나, 4정단, 나아가 8성도지가 만약 즐겁거나 만약 괴롭다고 구하거나, 4념주가 만약 나이거나 만약 무아라고 구하거나, 4정단, 나아가 8성도지가 만약 나이거나 만약 무아라고 구하거나, 4념주가 만약 청정하거나 만약 부정하다고 구하거나, 4정단, 나아가 8성도지가 만약 청정하거나 만약 부정하다고 구하면서 이러한 법들에 의지하여 정계를 행하는 자라면, 나는 얻을 수 있고 비슷한 상의 정계바라밀다를 행하는 것이라고 이름하느니라. 교시가여. 앞에서 말한 것과 같다면, 모두가 얻을 수 있고 비슷한 상의 정계바라밀다를 설한다고 마땅히 알아야 하느니라.

다시 다음으로 교시가여. 선남자와 선여인 등이 있어서 무상정등보리심을 일으킨 자를 위하여 공해탈문이 만약 항상하거나 만약 무상하다고 설하거나, 무상·무원해탈문이 만약 항상하거나 만약 무상하다고 설하거나, 공해탈문이 만약 즐겁거나 만약 괴롭다고 설하거나, 무상·무원해탈문이 만약 즐겁거나 만약 괴롭다고 설하거나, 공해탈문이 만약 나이거나 만약 무아라고 설하거나, 무상·무원해탈문이 만약 나이거나 만약 무아라고 설하거나, 공해탈문이 만약 청정하거나 만약 부정하다고 설하거나, 무상·무원해탈문이 만약 청정하거나 만약 부정하다고 설해야 한다. 만약 이와 같은 법 등에 의지하여 정계를 수행한다면, 이것은 정계바라밀다를 행하는 것이다.

다시 이것의 말을 짓는다면 정계를 행하는 자는 공해탈문이 만약 항상하거나 만약 무상하다고 상응하여 구하거나, 무상·무원해탈문이 만약 항상하거나 만약 무상하다고 상응하여 구하거나, 공해탈문이 만약 즐겁거나 만약 괴롭다고 상응하여 구하거나, 무상·무원해탈문이 만약 즐겁거나 만약 괴롭다고 상응하여 구하거나, 공해탈문이 만약 나이거나 만약 무아라고 상응하여 구하거나, 무상·무원해탈문이 만약 나이거나 만약 무아라고 상응하여 구하거나, 공해탈문이 만약 청정하거나 만약 부정하다고 상응하여 구하거나, 무상·무원해탈문이 만약 청정하거나 만약 부정하다고 상응하여 구해야 한다. 만약 이러한 법 등을 능히 구하면서 정계를 수행한다면 이것은 정계바라밀다를 행하는 것이다.

교시가여. 만약 선남자와 선여인 등이 이와 같이 공해탈문이 만약 항상하거나 만약 무상하다고 구하거나, 무상·무원해탈문이 만약 항상하거나 만약 무상하다고 구하거나, 공해탈문이 만약 즐겁거나 만약 괴롭다고 구하거나, 무상·무원해탈문이 만약 즐겁거나 만약 괴롭다고 구하거나, 공해탈문이 만약 나이거나 만약 무아라고 구하거나, 무상·무원해탈문이 만약 나이거나 만약 무아라고 구하거나, 공해탈문이 만약 청정하거나 만약 부정하다고 구하거나, 무상·무원해탈문이 만약 청정하거나 만약 부정하다고 구하면서 이러한 법들에 의지하여 정계를 행하는 자라면, 나는 얻을 수 있고 비슷한 상의 정계바라밀다를 행하는 것이라고 이름하느니라. 교시가여. 앞에서 말한 것과 같다면, 모두가 얻을 수 있고 비슷한 상의 정계바라밀다를 설한다고 마땅히 알아야 하느니라.

다시 다음으로 교시가여. 선남자와 선여인 등이 있어서 무상정등보리심을 일으킨 자를 위하여 5안이 만약 항상하거나 만약 무상하다고 설하거나, 6신통이 만약 항상하거나 만약 무상하다고 설하거나, 5안이 만약 즐겁거나 만약 괴롭다고 설하거나, 6신통이 만약 즐겁거나 만약 괴롭다고 설하거나, 5안이 만약 나이거나 만약 무아라고 설하거나, 6신통이 만약 나이거나 만약 무아라고 설하거나, 5안이 만약 청정하거나 만약 부정하다고 설하거나, 6신통이 만약 청정하거나 만약 부정하다고 설해야 한다. 만약 이와 같은 법 등에 의지하여 정계를 수행한다면, 이것은 정계바라밀다를 행하는 것이다.

다시 이것의 말을 짓는다면 정계를 행하는 자는 5안이 만약 항상하거나 만약 무상하다고 상응하여 구하거나, 6신통이 만약 항상하거나 만약 무상하다고 상응하여 구하거나, 5안이 만약 즐겁거나 만약 괴롭다고 상응하여 구하거나, 6신통이 만약 즐겁거나 만약 괴롭다고 상응하여 구하거나, 5안이 만약 나이거나 만약 무아라고 상응하여 구하거나, 6신통이 만약 나이거나 만약 무아라고 상응하여 구하거나, 5안이 만약 청정하거나 만약 부정하다고 상응하여 구하거나, 6신통이 만약 청정하거나 만약 부정하다고 상응하여 구해야 한다. 만약 이러한 법 등을 능히 구하면서 정계를 수행한다면 이것은 정계바라밀다를 행하는 것이다.

교시가여. 만약 선남자와 선여인 등이 이와 같이 5안이 만약 항상하거나 만약 무상하다고 구하거나, 6신통이 만약 항상하거나 만약 무상하다고 구하거나, 5안이 만약 즐겁거나 만약 괴롭다고 구하거나, 6신통이 만약 즐겁거나 만약 괴롭다고 구하거나, 5안이 만약 나이거나 만약 무아라고 구하거나, 6신통이 만약 나이거나 만약 무아라고 구하거나, 5안이 만약 청정하거나 만약 부정하다고 구하거나, 6신통이 만약 청정하거나 만약 부정하다고 구하면서 이러한 법들에 의지하여 정계를 행하는 자라면, 나는 얻을 수 있고 비슷한 상의 정계바라밀다를 행하는 것이라고 이름하느니라. 교시가여. 앞에서 말한 것과 같다면, 모두가 얻을 수 있고 비슷한 상의 정계바라밀다를 설한다고 마땅히 알아야 하느니라.

다시 다음으로 교시가여. 선남자와 선여인 등이 있어서 무상정등보리심을 일으킨 자를 위하여 여래의 10력이 만약 항상하거나 만약 무상하다고 설하거나, 4무소외·4무애해·대자·대비·대희·대사·18불불공법이 만약 항상하거나 만약 무상하다고 설하거나, 여래의 10력이 만약 즐겁거나 만약 괴롭다고 설하거나, 4무소외·4무애해·대자·대비·대희·대사·18불불공법이 만약 즐겁거나 만약 괴롭다고 설하거나, 여래의 10력이 만약 나이거나 만약 무아라고 설하거나, 4무소외·4무애해·대자·대비·대희·대사·18불불공법이 만약 나이거나 만약 무아라고 설하거나, 여래의 10력이 만약 청정하거나 만약 부정하다고 설하거나, 4무소외·4무애해·대자·대비·대희·대사·18불불공법이 만약 청정하거나 만약 부정하다고 설해야 한다. 만약 이와 같은 법 등에 의지하여 정계를 수행한다면, 이것은 정계바라밀다를 행하는 것이다.

다시 이것의 말을 짓는다면 정계를 행하는 자는 여래의 10력이 만약 항상하거나 만약 무상하다고 상응하여 구하거나, 4무소외, 나아가 18불불 공법이 만약 항상하거나 만약 무상하다고 상응하여 구하거나, 여래의 10력이 만약 즐겁거나 만약 괴롭다고 상응하여 구하거나, 4무소외, 나아가 18불불공법이 만약 즐겁거나 만약 괴롭다고 상응하여 구하거나, 여래의 10력이 만약 나이거나 만약 무아라고 상응하여 구하거나, 4무소외, 나아가 18불불공법이 만약 나이거나 만약 무아라고 상응하여 구하거나, 여래의 10력이 만약 청정하거나 만약 부정하다고 상응하여 구하거나, 4무소외, 나아가 18불불공법이 만약 청정하거나 만약 부정하다고 상응하여 구해야 한다. 만약 이러한 법 등을 능히 구하면서 정계를 수행한다면 이것은 정계바라밀다를 행하는 것이다.

교시가여. 만약 선남자와 선여인 등이 이와 같이 여래의 10력이 만약 항상하거나 만약 무상하다고 구하거나, 4무소외, 나아가 18불불공법이 만약 항상하거나 만약 무상하다고 구하거나, 여래의 10력이 만약 즐겁거나 만약 괴롭다고 구하거나, 4무소외, 나아가 18불불공법이 만약 즐겁거나 만약 괴롭다고 구하거나, 여래의 10력이 만약 나이거나 만약 무아라고 구하거나, 4무소외, 나아가 18불불공법이 만약 나이거나 만약 무아라고 구하거나, 여래의 10력이 만약 청정하거나 만약 부정하다고 구하거나, 4무소외, 나아가 18불불공법이 만약 청정하거나 만약 부정하다고 구하면 서 이러한 법들에 의지하여 정계를 행하는 자라면, 나는 얻을 수 있고 비슷한 상의 정계바라밀다를 행하는 것이라고 이름하느니라. 교시가여. 앞에서 말한 것과 같다면, 모두가 얻을 수 있고 비슷한 상의 정계바라밀다 를 설한다고 마땅히 알아야 하느니라.

다시 다음으로 교시가여. 선남자와 선여인 등이 있어서 무상정등보리 심을 일으킨 자를 위하여 무망실법이 만약 항상하거나 만약 무상하다고 설하거나, 항주사성이 만약 항상하거나 만약 무상하다고 설하거나, 무망 실법이 만약 즐겁거나 만약 괴롭다고 설하거나, 항주사성이 만약 즐겁거나 만약 괴롭다고 설하거나, 무망실법이 만약 나이거나 만약 무아라고 설하거나, 항주사성이 만약 나이거나 만약 무아라고 설하거나, 무망실법이 만약 청정하거나 만약 부정하다고 설하거나, 항주사성이 만약 청정하거나 만약 부정하다고 설해야 한다. 만약 이와 같은 법 등에 의지하여 정계를 수행한다면, 이것은 정계바라밀다를 행하는 것이다.

다시 이것의 말을 짓는다면 정계를 행하는 자는 무망실법이 만약 항상하거나 만약 무상하다고 상응하여 구하거나, 항주사성이 만약 항상하거나 만약 무상하다고 상응하여 구하거나, 무망실법이 만약 즐겁거나 만약 괴롭다고 상응하여 구하거나, 항주사성이 만약 즐겁거나 만약 괴롭다고 상응하여 구하거나, 무망실법이 만약 나이거나 만약 무아라고 상응하여 구하거나, 항주사성이 만약 나이거나 만약 무아라고 상응하여 구하거나, 무망실법이 만약 청정하거나 만약 부정하다고 상응하여 구하거나, 항주사성이 만약 청정하거나 만약 부정하다고 상응하여 구해야 한다. 만약 이러한 법 등을 능히 구하면서 정계를 수행한다면 이것은 정계바라밀다를 행하는 것이다.

교시가여. 만약 선남자와 선여인 등이 이와 같이 무망실법이 만약 항상하거나 만약 무상하다고 구하거나, 항주사성이 만약 항상하거나 만약 무상하다고 구하거나, 무망실법이 만약 즐겁거나 만약 괴롭다고 구하거나, 항주사성이 만약 즐겁거나 만약 괴롭다고 구하거나, 무망실법이 만약 나이거나 만약 무아라고 구하거나, 항주사성이 만약 나이거나 만약 무아라고 구하거나, 무망실법이 만약 청정하거나 만약 부정하다고 구하거나, 항주사성이 만약 청정하거나 만약 부정하다고 구하면서 이러한 법들에 의지하여 정계를 행하는 자라면, 나는 얻을 수 있고 비슷한 상의 정계바라밀다를 행하는 것이라고 이름하느니라. 교시가여. 앞에서 말한 것과 같다면, 모두가 얻을 수 있고 비슷한 상의 정계바라밀다를 설한다고 마땅히 알아야 하느니라.

다시 다음으로 교시가여. 선남자와 선여인 등이 있어서 무상정등보리심을 일으킨 자를 위하여 일체지가 만약 항상하거나 만약 무상하다고 설하거나, 도상지·일체상지가 만약 항상하거나 만약 무상하다고 설하거나, 일체지가 만약 즐겁거나 만약 괴롭다고 설하거나, 도상지·일체상지가 만약 즐겁거나 만약 괴롭다고 설하거나, 일체지가 만약 나이거나 만약 무아라고 설하거나, 도상지·일체상지가 만약 나이거나 만약 무아라고 설하거나, 일체지가 만약 청정하거나 만약 부정하다고 설하거나, 도상지· 일체상지가 만약 청정하거나 만약 부정하다고 설해야 한다. 만약 이와 같은 법 등에 의지하여 정계를 수행한다면, 이것은 정계바라밀다를 행하는 것이다.

다시 이것의 말을 짓는다면 정계를 행하는 자는 일체지가 만약 항상하거나 만약 무상하다고 상응하여 구하거나, 도상지·일체상지가 만약 항상하거나 만약 무상하다고 상응하여 구하거나, 일체지가 만약 즐겁거나 만약 괴롭다고 상응하여 구하거나, 도상지·일체상지가 만약 즐겁거나 만약 괴롭다고 상응하여 구하거나, 일체지가 만약 나이거나 만약 무아라고 상응하여 구하거나, 도상지·일체상지가 만약 나이거나 만약 무아라고 상응하여 구하거나, 일체지가 만약 청정하거나 만약 부정하다고 상응하여 구하거나, 도상지·일체상지가 만약 청정하거나 만약 부정하다고 상응하여 구해야 한다. 만약 이러한 법 등을 능히 구하면서 정계를 수행한다면 이것은 정계바라밀다를 행하는 것이다.

교시가여. 만약 선남자와 선여인 등이 이와 같이 일체지가 만약 항상하거나 만약 무상하다고 구하거나, 도상지·일체상지가 만약 항상하거나 만약 무상하다고 구하거나, 일체지가 만약 즐겁거나 만약 괴롭다고 구하거나, 도상지·일체상지가 만약 즐겁거나 만약 괴롭다고 구하거나, 일체지가 만약 나이거나 만약 무아라고 구하거나, 도상지·일체상지가 만약 나이거나 만약 무아라고 구하거나, 일체지가 만약 청정하거나 만약 부정하다고 구하거나, 도상지·일체상지가 만약 청정하거나 만약 부정하다고 구하면서 이러한 법들에 의지하여 정계를 행하는 자라면, 나는 얻을 수 있고 비슷한 상의 정계바라밀다를 행하는 것이라고 이름하느니라. 교시가여. 앞에서 말한 것과 같다면, 모두가 얻을 수 있고 비슷한 상의 정계바라밀다를 설한다고 마땅히 알아야 하느니라.

다시 다음으로 교시가여. 선남자와 선여인 등이 있어서 무상정등보리심을 일으킨 자를 위하여 일체의 다라니문이 만약 항상하거나 만약 무상하다고 설하거나, 일체의 삼마지문이 만약 항상하거나 만약 무상하다고 설하거나, 일체의 다라니문이 만약 즐겁거나 만약 괴롭다고 설하거나, 일체의 삼마지문이 만약 즐겁거나 만약 괴롭다고 설하거나, 일체의 다라니문이 만약 나이거나 만약 무아라고 설하거나, 일체의 삼마지문이 만약 나이거나 만약 무아라고 설하거나, 일체의 다라니문이 만약 청정하거나 만약 부정하다고 설하거나, 일체의 삼마지문이 만약 청정하거나 만약 부정하다고 설해야 한다. 만약 이와 같은 법 등에 의지하여 정계를 수행한다면, 이것은 정계바라밀다를 행하는 것이다.

다시 이것의 말을 짓는다면 정계를 행하는 자는 일체의 다라니문이 만약 항상하거나 만약 무상하다고 상응하여 구하거나, 일체의 삼마지문이 만약 항상하거나 만약 무상하다고 상응하여 구하거나, 일체의 다라니문이 만약 즐겁거나 만약 괴롭다고 상응하여 구하거나, 일체의 삼마지문이 만약 즐겁거나 만약 괴롭다고 상응하여 구하거나, 일체의 다라니문이 만약 나이거나 만약 무아라고 상응하여 구하거나, 일체의 삼마지문이 만약 나이거나 만약 무아라고 상응하여 구하거나, 일체의 다라니문이 만약 청정하거나 만약 부정하다고 상응하여 구하거나, 일체의 삼마지문이 만약 청정하거나 만약 부정하다고 상응하여 구해야 한다. 만약 이러한 법 등을 능히 구하면서 정계를 수행한다면 이것은 정계바라밀다를 행하는 것이다.

교시가여. 만약 선남자와 선여인 등이 이와 같이 일체의 다라니문이 만약 항상하거나 만약 무상하다고 구하거나, 일체의 삼마지문이 만약 항상하거나 만약 무상하다고 구하거나, 일체의 다라니문이 만약 즐겁거나 만약 괴롭다고 구하거나, 일체의 삼마지문이 만약 즐겁거나 만약 괴롭다고 구하거나, 일체의 다라니문이 만약 나이거나 만약 무아라고 구하거나, 일체의 삼마지문이 만약 나이거나 만약 무아라고 구하거나, 일체의 다라니문이 만약 청정하거나 만약 부정하다고 구하거나, 일체의 삼마지문이 만약 청정하거나 만약 부정하다고 구하면서 이러한 법들에 의지하여 정계를 행하는 자라면, 나는 얻을 수 있고 비슷한 상의 정계바라밀다를 행하는 것이라고 이름하느니라. 교시가여. 앞에서 말한 것과 같다면, 모두가 얻을 수 있고 비슷한 상의 정계바라밀다를 설한다고 마땅히 알아야 하느니라."

마하반야바라밀다경 제144권

30. 교량공덕품(校量功悳品)(42)

"다시 다음으로 교시가여. 선남자와 선여인 등이 있어서 무상정등보리심을 일으킨 자를 위하여 예류향·예류과가 만약 항상하거나 만약 무상하다고 설하거나, 일래향·일래과·불환향·불환과·아라한향·아라한과가 만약 항상하거나 만약 무상하다고 설하거나, 예류향·예류과가 만약 즐겁거나 만약 괴롭다고 설하거나, 일래향·일래과·불환향·불환과·아라한향·아라한과가 만약 즐겁거나 만약 괴롭다고 설하거나, 예류향·예류과가 만약 나이거나 만약 무아라고 설하거나, 일래향·일래과·불환향·불환과·아라한향·아라한과가 만약 나이거나 만약 무아라고 설하거나, 예류향·예류과가 만약 청정하거나 만약 부정하다고 설하거나, 일래향·일래과·불환향·불환과·아라한향·아라한과가 만약 청정하거나 만약 부정하다고 설해야 한다. 만약 이와 같은 법 등에 의지하여 정계를 수행한다면, 이것은 정계바라밀다를 행하는 것이다.

다시 이것의 말을 짓는다면 정계를 행하는 자는 예류향·예류과가 만약 항상하거나 만약 무상하다고 상응하여 구하거나, 일래향·일래과·불환향·불환과·아라한향·아라한과가 만약 항상하거나 만약 무상하다고 상응하여 구하거나, 예류향·예류과가 만약 즐겁거나 만약 괴롭다고 상응하여 구하거나, 일래향·일래과·불환향·불환과·아라한향·아라한과가 만약 즐겁거나 만약 괴롭다고 상응하여 구하거나, 예류향·예류과가 만약 나이거나 만약 무아라고 상응하여 구하거나, 일래향·일래과·불환향·불환과·아

라한향·아라한과가 만약 나이거나 만약 무아라고 상응하여 구하거나,
예류향·예류과가 만약 청정하거나 만약 부정하다고 상응하여 구하거나,
일래향·일래과·불환향·불환과·아라한향·아라한과가 만약 청정하거나
만약 부정하다고 상응하여 구해야 한다. 만약 이러한 법 등을 능히 구하면
서 정계를 수행한다면 이것은 정계바라밀다를 행하는 것이다.

교시가여. 만약 선남자와 선여인 등이 이와 같이 예류향·예류과가
만약 항상하거나 만약 무상하다고 구하거나, 일래향·일래과·불환향·불
환과·아라한향·아라한과가 만약 항상하거나 만약 무상하다고 구하거나,
예류향·예류과가 만약 즐겁거나 만약 괴롭다고 구하거나, 일래향·일래과
·불환향·불환과·아라한향·아라한과가 만약 즐겁거나 만약 괴롭다고 구
하거나, 예류향·예류과가 만약 나이거나 만약 무아라고 구하거나, 일래향
·일래과·불환향·불환과·아라한향·아라한과가 만약 나이거나 만약 무아
라고 구하거나, 예류향·예류과가 만약 청정하거나 만약 부정하다고 구하
거나, 일래향·일래과·불환향·불환과·아라한향·아라한과가 만약 청정하
거나 만약 부정하다고 구하면서 이러한 법들에 의지하여 정계를 행하는
자라면, 나는 얻을 수 있고 비슷한 상의 정계바라밀다를 행하는 것이라고
이름하느니라. 교시가여. 앞에서 말한 것과 같다면, 모두가 얻을 수 있고
비슷한 상의 정계바라밀다를 설한다고 마땅히 알아야 하느니라.

다시 다음으로 교시가여. 선남자와 선여인 등이 있어서 무상정등보리
심을 일으킨 자를 위하여 독각의 보리가 만약 항상하거나 만약 무상하다고
설거나, 독각의 보리가 만약 즐겁거나 만약 괴롭다고 설거나, 독각의
보리가 만약 나이거나 만약 무아라고 설거나, 독각의 보리가 만약
청정하거나 만약 부정하다고 설해야 한다. 만약 이와 같은 법 등에 의지하
여 정계를 수행한다면, 이것은 정계바라밀다를 행하는 것이다.

다시 이것의 말을 짓는다면 정계를 행하는 자는 독각의 보리가 만약
항상하거나 만약 무상하다고 상응하여 구하거나, 독각의 보리가 만약
즐겁거나 만약 괴롭다고 상응하여 구하거나, 독각의 보리가 만약 나이거
나 만약 무아라고 상응하여 구하거나, 독각의 보리가 만약 청정하거나

만약 부정하다고 상응하여 구해야 한다. 만약 이러한 법 등을 능히 구하면서 정계를 수행한다면 이것은 정계바라밀다를 행하는 것이다.

교시가여. 만약 선남자와 선여인 등이 이와 같이 독각의 보리가 만약 항상하거나 만약 무상하다고 구하거나, 독각의 보리가 만약 즐겁거나 만약 괴롭다고 구하거나, 독각의 보리가 만약 나이거나 만약 무아라고 구하거나, 독각의 보리가 만약 청정하거나 만약 부정하다고 구하면서 이러한 법들에 의지하여 정계를 행하는 자라면, 나는 얻을 수 있고 비슷한 상의 정계바라밀다를 행하는 것이라고 이름하느니라. 교시가여. 앞에서 말한 것과 같다면, 모두가 얻을 수 있고 비슷한 상의 정계바라밀다를 설한다고 마땅히 알아야 하느니라.

다시 다음으로 교시가여. 선남자와 선여인 등이 있어서 무상정등보리심을 일으킨 자를 위하여 일체의 보살마하살의 행이 만약 항상하거나 만약 무상하다고 설하거나, 일체의 보살마하살의 행이 만약 즐겁거나 만약 괴롭다고 설하거나, 일체의 보살마하살의 행이 만약 나이거나 만약 무아라고 설하거나, 일체의 보살마하살의 행이 만약 청정하거나 만약 부정하다고 설해야 한다. 만약 이와 같은 법 등에 의지하여 정계를 수행한다면, 이것은 정계바라밀다를 행하는 것이다.

다시 이것의 말을 짓는다면 정계를 행하는 자는 일체의 보살마하살의 행이 만약 항상하거나 만약 무상하다고 상응하여 구하거나, 일체의 보살마하살의 행이 만약 즐겁거나 만약 괴롭다고 상응하여 구하거나, 일체의 보살마하살의 행이 만약 나이거나 만약 무아라고 상응하여 구하거나, 일체의 보살마하살의 행이 만약 청정하거나 만약 부정하다고 상응하여 구해야 한다. 만약 이러한 법 등을 능히 구하면서 정계를 수행하고 있다면 이것은 정계바라밀다를 행하는 것이다.

교시가여. 만약 선남자와 선여인 등이 이와 같이 일체의 보살마하살의 행이 만약 항상하거나 만약 무상하다고 구하거나, 일체의 보살마하살의 행이 만약 즐겁거나 만약 괴롭다고 구하거나, 일체의 보살마하살의 행이 만약 나이거나 만약 무아라고 구하거나, 일체의 보살마하살의 행이 만약 청정하거나 만약 부정하다고 구하면서 이러한 법들에 의지하여 정계를 행하는 자라면, 나는 얻을 수 있고 비슷한 상의 정계바라밀다를 행하는 것이라고 이름하느니라. 교시가여. 앞에서 말한 것과 같다면, 모두가 얻을 수 있고 비슷한 상의 정계바라밀다를 설한다고 마땅히 알아야 하느니라.

다시 다음으로 교시가여. 선남자와 선여인 등이 있어서 무상정등보리심을 일으킨 자를 위하여 제불의 무상정등보리가 만약 항상하거나 만약 무상하다고 설하거나, 제불의 무상정등보리가 만약 즐겁거나 만약 괴롭다고 설하거나, 제불의 무상정등보리가 만약 나이거나 만약 무아라고 설하거나, 제불의 무상정등보리가 만약 청정하거나 만약 부정하다고 설해야 한다. 만약 이와 같은 법 등에 의지하여 정계를 수행한다면, 이것은 정계바라밀다를 행하는 것이다.

다시 이것의 말을 짓는다면 정계를 행하는 자는 제불의 무상정등보리가 만약 항상하거나 만약 무상하다고 상응하여 구하거나, 제불의 무상정등보리가 만약 즐겁거나 만약 괴롭다고 상응하여 구하거나, 제불의 무상정등보리가 만약 나이거나 만약 무아라고 상응하여 구하거나, 제불의 무상정등보리가 만약 청정하거나 만약 부정하다고 상응하여 구해야 한다. 만약 이러한 법 등을 능히 구하면서 정계를 수행하고 있다면 이것은 정계바라밀다를 행하는 것이다.

교시가여. 만약 선남자와 선여인 등이 이와 같이 제불의 무상정등보리가 만약 항상하거나 만약 무상하다고 구하거나, 제불의 무상정등보리가 만약 즐겁거나 만약 괴롭다고 구하거나, 제불의 무상정등보리가 만약 나이거나 만약 무아라고 구하거나, 제불의 무상정등보리가 만약 청정하거나 만약 부정하다고 구하면서 이러한 법들에 의지하여 정계를 행하는 자라면, 나는 얻을 수 있고 비슷한 상의 정계바라밀다를 행하는 것이라고 이름하느니라. 교시가여. 앞에서 말한 것과 같다면, 모두가 얻을 수 있고 비슷한 상의 정계바라밀다를 설한다고 마땅히 알아야 하느니라.”

그때 천제석이 다시 세존께 아뢰어 말하였다.

"세존이시여. 무엇을 선남자와 선여인 등이 얻을 수 있는 것으로 보시바라밀다를 설한다면 비슷한 상의 보시바라밀다를 설한다고 이름합니까?"

세존께서 말씀하셨다.

"교시가여. 선남자와 선여인 등이 있어서 무상정등보리심을 일으킨 자를 위하여 색이 만약 항상하거나 만약 무상하다고 설하거나, 수·상·행·식이 만약 항상하거나 만약 무상하다고 설하거나, 색이 만약 즐겁거나 만약 괴롭다고 설하거나, 수·상·행·식이 만약 즐겁거나 만약 괴롭다고 설하거나, 색이 만약 나이거나 만약 무아라고 설하거나, 수·상·행·식이 만약 나이거나 만약 무아라고 설하거나, 색이 만약 청정하거나 만약 부정하다고 설하거나, 수·상·행·식이 만약 청정하거나 만약 부정하다고 설해야 한다. 만약 이와 같은 법 등에 의지하여 보시를 수행한다면, 이것은 보시바라밀다를 행하는 것이다.

다시 이것의 말을 짓는다면 보시를 행하는 자는 색이 만약 항상하거나 만약 무상하다고 상응하여 구하거나, 수·상·행·식이 만약 항상하거나 만약 무상하다고 상응하여 구하거나, 색이 만약 즐겁거나 만약 괴롭다고 상응하여 구하거나, 수·상·행·식이 만약 즐겁거나 만약 괴롭다고 상응하여 구하거나, 색이 만약 나이거나 만약 무아라고 상응하여 구하거나, 수·상·행·식이 만약 나이거나 만약 무아라고 상응하여 구하거나, 색이 만약 청정하거나 만약 부정하다고 상응하여 구하거나, 수·상·행·식이 만약 청정하거나 만약 부정하다고 상응하여 구해야 한다. 만약 이러한 법 등을 능히 구하면서 보시를 수행한다면 이것은 보시바라밀다를 행하는 것이다.

교시가여. 만약 선남자와 선여인 등이 이와 같이 색이 만약 항상하거나 만약 무상하다고 구하거나, 수·상·행·식이 만약 항상하거나 만약 무상하다고 구하거나, 색이 만약 즐겁거나 만약 괴롭다고 구하거나, 수·상·행·식이 만약 즐겁거나 만약 괴롭다고 구하거나, 색이 만약 나이거나 만약 무아라고 구하거나, 수·상·행·식이 만약 나이거나 만약 무아라고 구하거나, 색이 만약 청정하거나 만약 부정하다고 구하거나, 수·상·행·식이 만약 청정하거나 만약 부정하다고 구하면서 이러한 법들에 의지하여 보시를 행하는 자라면, 나는 얻을 수 있고 비슷한 상의 보시바라밀다를 행하는 것이라고 이름하느니라. 교시가여. 앞에서 말한 것과 같다면, 모두가 얻을 수 있고 비슷한 상의 보시바라밀다를 설한다고 마땅히 알아야 하느니라.

다시 다음으로 교시가여. 선남자와 선여인 등이 있어서 무상정등보리심을 일으킨 자를 위하여 안처가 만약 항상하거나 만약 무상하다고 설하거나, 이·비·설·신·의처가 만약 항상하거나 만약 무상하다고 설하거나, 안처가 만약 즐겁거나 만약 괴롭다고 설하거나, 이·비·설·신·의처가 만약 즐겁거나 만약 괴롭다고 설하거나, 안처가 만약 나이거나 만약 무아라고 설하거나, 이·비·설·신·의처가 만약 나이거나 만약 무아라고 설하거나, 안처가 만약 청정하거나 만약 부정하다고 설하거나, 이·비·설·신·의처가 만약 청정하거나 만약 부정하다고 설해야 한다. 만약 이와 같은 법 등에 의지하여 보시를 수행한다면, 이것은 보시바라밀다를 행하는 것이다.

다시 이것의 말을 짓는다면 보시를 행하는 자는 안처가 만약 항상하거나 만약 무상하다고 상응하여 구하거나, 이·비·설·신·의처가 만약 항상하거나 만약 무상하다고 상응하여 구하거나, 안처가 만약 즐겁거나 만약 괴롭다고 상응하여 구하거나, 이·비·설·신·의처가 만약 즐겁거나 만약 괴롭다고 상응하여 구하거나, 안처가 만약 나이거나 만약 무아라고 상응하여 구하거나, 이·비·설·신·의처가 만약 나이거나 만약 무아라고 상응하여 구하거나, 안처가 만약 청정하거나 만약 부정하다고 상응하여 구하거나, 이·비·설·신·의처가 만약 청정하거나 만약 부정하다고 상응하여 구해야 한다. 만약 이러한 법 등을 능히 구하면서 보시를 수행한다면 이것은 보시바라밀다를 행하는 것이다.

교시가여. 만약 선남자와 선여인 등이 이와 같이 안처가 만약 항상하거나 만약 무상하다고 구하거나, 이·비·설·신·의처가 만약 항상하거나 만약 무상하다고 구하거나, 안처가 만약 즐겁거나 만약 괴롭다고 구하거나, 이·비·설·신·의처가 만약 즐겁거나 만약 괴롭다고 구하거나, 안처가 만약 나이거나 만약 무아라고 구하거나, 이·비·설·신·의처가 만약 나이거나 만약 무아라고 구하거나, 안처가 만약 청정하거나 만약 부정하다고 구하거나, 이·비·설·신·의처가 만약 청정하거나 만약 부정하다고 구하면서 이러한 법들에 의지하여 보시를 행하는 자라면, 나는 얻을 수 있고 비슷한 상의 보시바라밀다를 행하는 것이라고 이름하느니라. 교시가여. 앞에서 말한 것과 같다면, 모두가 얻을 수 있고 비슷한 상의 보시바라밀다를 설한다고 마땅히 알아야 하느니라.

다시 다음으로 교시가여. 선남자와 선여인 등이 있어서 무상정등보리심을 일으킨 자를 위하여 색처가 만약 항상하거나 만약 무상하다고 설하거나, 성·향·미·촉·법처가 만약 항상하거나 만약 무상하다고 설하거나, 색처가 만약 즐겁거나 만약 괴롭다고 설하거나, 성·향·미·촉·법처가 만약 즐겁거나 만약 괴롭다고 설하거나, 색처가 만약 나이거나 만약 무아라고 설하거나, 성·향·미·촉·법처가 만약 나이거나 만약 무아라고 설하거나, 색처가 만약 청정하거나 만약 부정하다고 설하거나, 성·향·미·촉·법처가 만약 청정하거나 만약 부정하다고 설해야 한다. 만약 이와 같은 법 등에 의지하여 보시를 수행한다면, 이것은 보시바라밀다를 행하는 것이다.

다시 이것의 말을 짓는다면 보시를 행하는 자는 색처가 만약 항상하거나 만약 무상하다고 상응하여 구하거나, 성·향·미·촉·법처가 만약 항상하거나 만약 무상하다고 상응하여 구하거나, 색처가 만약 즐겁거나 만약 괴롭다고 상응하여 구하거나, 성·향·미·촉·법처가 만약 즐겁거나 만약 괴롭다고 상응하여 구하거나, 색처가 만약 나이거나 만약 무아라고 상응하여 구하거나, 성·향·미·촉·법처가 만약 나이거나 만약 무아라고 상응하여 구하거나, 색처가 만약 청정하거나 만약 부정하다고 상응하여 구하거나, 성·향·미·촉·법처가 만약 청정하거나 만약 부정하다고 상응하여 구해야 한다. 만약 이러한 법 등을 능히 구하면서 보시를 수행한다면 이것은 보시바라밀다를 행하는 것이다.

교시가여. 만약 선남자와 선여인 등이 이와 같이 색처가 만약 항상하거나 만약 무상하다고 구하거나, 성·향·미·촉·법처가 만약 항상하거나 만약 무상하다고 구하거나, 색처가 만약 즐겁거나 만약 괴롭다고 구하거나, 성·향·미·촉·법처가 만약 즐겁거나 만약 괴롭다고 구하거나, 색처가 만약 나이거나 만약 무아라고 구하거나, 성·향·미·촉·법처가 만약 나이거나 만약 무아라고 구하거나, 색처가 만약 청정하거나 만약 부정하다고 구하거나, 성·향·미·촉·법처가 만약 청정하거나 만약 부정하다고 구하면서 이러한 법들에 의지하여 보시를 행하는 자라면, 나는 얻을 수 있고 비슷한 상의 보시바라밀다를 행하는 것이라고 이름하느니라. 교시가여. 앞에서 말한 것과 같다면, 모두가 얻을 수 있고 비슷한 상의 보시바라밀다를 설한다고 마땅히 알아야 하느니라.

다시 다음으로 교시가여. 선남자와 선여인 등이 있어서 무상정등보리심을 일으킨 자를 위하여 안계가 만약 항상하거나 만약 무상하다고 설하거나, 색계·안식계, 나아가 안촉·안촉을 인연으로 생겨나는 여러 수가 만약 항상하거나 만약 무상하다고 설하거나, 안계가 만약 즐겁거나 만약 괴롭다고 설하거나, 색계·안식계, 나아가 안촉·안촉을 인연으로 생겨난 여러 수가 만약 즐겁거나 만약 괴롭다고 설하거나, 안계가 만약 나이거나 만약 무아라고 설하거나, 색계·안식계, 나아가 안촉·안촉을 인연으로 생겨난 여러 수가 만약 나이거나 만약 무아라고 설하거나, 안계가 만약 청정하거나 만약 부정하다고 설하거나, 색계·안식계, 나아가 안촉·안촉을 인연으로 생겨난 여러 수가 만약 청정하거나 만약 부정하다고 설해야 한다. 만약 이와 같은 법 등에 의지하여 보시를 수행한다면, 이것은 보시바라밀다를 행하는 것이다.

다시 이것의 말을 짓는다면 보시를 행하는 자는 안계가 만약 항상하거나 만약 무상하다고 상응하여 구하거나, 색계·안식계, 나아가 안촉·안촉을 인연으로 생겨난 여러 수가 만약 항상하거나 만약 무상하다고 상응하여 구하거나, 안계가 만약 즐겁거나 만약 괴롭다고 상응하여 구하거나, 색계·안식계, 나아가 안촉·안촉을 인연으로 생겨난 여러 수가 만약 즐겁거나

만약 괴롭다고 상응하여 구하거나, 안계가 만약 나이거나 만약 무아라고
상응하여 구하거나, 색계·안식계, 나아가 안촉·안촉을 인연으로 생겨난
여러 수가 만약 나이거나 만약 무아라고 상응하여 구하거나, 안계가
만약 청정하거나 만약 부정하다고 상응하여 구하거나, 색계·안식계, 나아
가 안촉·안촉을 인연으로 생겨난 여러 수가 만약 청정하거나 만약 부정하
다고 상응하여 구해야 한다. 만약 이러한 법 등을 능히 구하면서 보시를
수행한다면 이것은 보시바라밀다를 행하는 것이다.

교시가여. 만약 선남자와 선여인 등이 이와 같이 안계가 만약 항상하거
나 만약 무상하다고 구하거나, 색계·안식계, 나아가 안촉·안촉을 인연으
로 생겨난 여러 수가 만약 항상하거나 만약 무상하다고 구하거나, 안계가
만약 즐겁거나 만약 괴롭다고 구하거나, 색계·안식계, 나아가 안촉·안촉
을 인연으로 생겨난 여러 수가 만약 즐겁거나 만약 괴롭다고 구하거나,
안계가 만약 나이거나 만약 무아라고 구하거나, 색계·안식계, 나아가
안촉·안촉을 인연으로 생겨난 여러 수가 만약 나이거나 만약 무아라고
구하거나, 안계가 만약 청정하거나 만약 부정하다고 구하거나, 색계·안식
계, 나아가 안촉·안촉을 인연으로 생겨난 여러 수가 만약 청정하거나
만약 부정하다고 구하면서 이러한 법들에 의지하여 보시를 행하는 자라면,
나는 얻을 수 있고 비슷한 상의 보시바라밀다를 행하는 것이라고 이름하느
니라. 교시가여. 앞에서 말한 것과 같다면, 모두가 얻을 수 있고 비슷한
상의 보시바라밀다를 설한다고 마땅히 알아야 하느니라.

다시 다음으로 교시가여. 선남자와 선여인 등이 있어서 무상정등보리
심을 일으킨 자를 위하여 이계가 만약 항상하거나 만약 무상하다고 설하거
나, 성계·이식계, 나아가 이촉·이촉을 인연으로 생겨나는 여러 수가 만약
항상하거나 만약 무상하다고 설하거나, 이계가 만약 즐겁거나 만약 괴롭
다고 설하거나, 성계·이식계, 나아가 이촉·이촉을 인연으로 생겨난 여러
수가 만약 즐겁거나 만약 괴롭다고 설하거나, 이계가 만약 나이거나
만약 무아라고 설하거나, 성계·이식계, 나아가 이촉·이촉을 인연으로
생겨난 여러 수가 만약 나이거나 만약 무아라고 설하거나, 이계가 만약

청정하거나 만약 부정하다고 설하거나, 성계·이식계, 나아가 이촉·이촉을 인연으로 생겨난 여러 수가 만약 청정하거나 만약 부정하다고 설해야 한다. 만약 이와 같은 법 등에 의지하여 보시를 수행한다면, 이것은 보시바라밀다를 행하는 것이다.

다시 이것의 말을 짓는다면 보시를 행하는 자는 이계가 만약 항상하거나 만약 무상하다고 상응하여 구하거나, 성계·이식계, 나아가 이촉·이촉을 인연으로 생겨난 여러 수가 만약 항상하거나 만약 무상하다고 상응하여 구하거나, 이계가 만약 즐겁거나 만약 괴롭다고 상응하여 구하거나, 성계·이식계, 나아가 이촉·이촉을 인연으로 생겨난 여러 수가 만약 즐겁거나 만약 괴롭다고 상응하여 구하거나, 이계가 만약 나이거나 만약 무아라고 상응하여 구하거나, 성계·이식계, 나아가 이촉·이촉을 인연으로 생겨난 여러 수가 만약 나이거나 만약 무아라고 상응하여 구하거나, 이계가 만약 청정하거나 만약 부정하다고 상응하여 구하거나, 성계·이식계, 나아가 이촉·이촉을 인연으로 생겨난 여러 수가 만약 청정하거나 만약 부정하다고 상응하여 구해야 한다. 만약 이러한 법 등을 능히 구하면서 보시를 수행한다면 이것은 보시바라밀다를 행하는 것이다.

교시가여. 만약 선남자와 선여인 등이 이와 같이 이계가 만약 항상하거나 만약 무상하다고 구하거나, 성계·이식계, 나아가 이촉·이촉을 인연으로 생겨난 여러 수가 만약 항상하거나 만약 무상하다고 구하거나, 이계가 만약 즐겁거나 만약 괴롭다고 구하거나, 성계·이식계, 나아가 이촉·이촉을 인연으로 생겨난 여러 수가 만약 즐겁거나 만약 괴롭다고 구하거나, 이계가 만약 나이거나 만약 무아라고 구하거나, 성계·이식계, 나아가 이촉·이촉을 인연으로 생겨난 여러 수가 만약 나이거나 만약 무아라고 구하거나, 이계가 만약 청정하거나 만약 부정하다고 구하거나, 성계·이식계, 나아가 이촉·이촉을 인연으로 생겨난 여러 수가 만약 청정하거나 만약 부정하다고 구하면서 이러한 법들에 의지하여 보시를 행하는 자라면, 나는 얻을 수 있고 비슷한 상의 보시바라밀다를 행하는 것이라고 이름하느니라. 교시가여. 앞에서 말한 것과 같다면, 모두가 얻을 수 있고 비슷한

상의 보시바라밀다를 설한다고 마땅히 알아야 하느니라.

다시 다음으로 교시가여. 선남자와 선여인 등이 있어서 무상정등보리심을 일으킨 자를 위하여 비계가 만약 항상하거나 만약 무상하다고 설하거나, 향계·비식계, 나아가 비촉·비촉을 인연으로 생겨나는 여러 수가 만약 항상하거나 만약 무상하다고 설하거나, 비계가 만약 즐겁거나 만약 괴롭다고 설하거나, 향계·비식계, 나아가 비촉·비촉을 인연으로 생겨난 여러 수가 만약 즐겁거나 만약 괴롭다고 설하거나, 비계가 만약 나이거나 만약 무아라고 설하거나, 향계·비식계, 나아가 비촉·비촉을 인연으로 생겨난 여러 수가 만약 나이거나 만약 무아라고 설하거나, 비계가 만약 청정하거나 만약 부정하다고 설하거나, 향계·비식계, 나아가 비촉·비촉을 인연으로 생겨난 여러 수가 만약 청정하거나 만약 부정하다고 설해야 한다. 만약 이와 같은 법 등에 의지하여 보시를 수행한다면, 이것은 보시바라밀다를 행하는 것이다.

다시 이것의 말을 짓는다면 보시를 행하는 자는 비계가 만약 항상하거나 만약 무상하다고 상응하여 구하거나, 향계·비식계, 나아가 비촉·비촉을 인연으로 생겨난 여러 수가 만약 항상하거나 만약 무상하다고 상응하여 구하거나, 비계가 만약 즐겁거나 만약 괴롭다고 상응하여 구하거나, 향계·비식계, 나아가 비촉·비촉을 인연으로 생겨난 여러 수가 만약 즐겁거나 만약 괴롭다고 상응하여 구하거나, 비계가 만약 나이거나 만약 무아라고 상응하여 구하거나, 향계·비식계, 나아가 비촉·비촉을 인연으로 생겨난 여러 수가 만약 나이거나 만약 무아라고 상응하여 구하거나, 비계가 만약 청정하거나 만약 부정하다고 상응하여 구하거나, 향계·비식계, 나아가 비촉·비촉을 인연으로 생겨난 여러 수가 만약 청정하거나 만약 부정하다고 상응하여 구해야 한다. 만약 이러한 법 등을 능히 구하면서 보시를 수행한다면 이것은 보시바라밀다를 행하는 것이다.

교시가여. 만약 선남자와 선여인 등이 이와 같이 비계가 만약 항상하거나 만약 무상하다고 구하거나, 향계·비식계, 나아가 비촉·비촉을 인연으로 생겨난 여러 수가 만약 항상하거나 만약 무상하다고 구하거나, 비계가 만약 즐겁거나 만약 괴롭다고 구하거나, 향계·비식계, 나아가 비촉·비촉을 인연으로 생겨난 여러 수가 만약 즐겁거나 만약 괴롭다고 구하거나, 비계가 만약 나이거나 만약 무아라고 구하거나, 향계·비식계, 나아가 비촉·비촉을 인연으로 생겨난 여러 수가 만약 나이거나 만약 무아라고 구하거나, 비계가 만약 청정하거나 만약 부정하다고 구하거나, 향계·비식계, 나아가 비촉·비촉을 인연으로 생겨난 여러 수가 만약 청정하거나 만약 부정하다고 구하면서 이러한 법들에 의지하여 보시를 행하는 자라면, 나는 얻을 수 있고 비슷한 상의 보시바라밀다를 행하는 것이라고 이름하느니라. 교시가여. 앞에서 말한 것과 같다면, 모두가 얻을 수 있고 비슷한 상의 보시바라밀다를 설한다고 마땅히 알아야 하느니라.

다시 다음으로 교시가여. 선남자와 선여인 등이 있어서 무상정등보리심을 일으킨 자를 위하여 설계가 만약 항상하거나 만약 무상하다고 설하거나, 미계·설식계, 나아가 설촉·설촉을 인연으로 생겨나는 여러 수가 만약 항상하거나 만약 무상하다고 설하거나, 설계가 만약 즐겁거나 만약 괴롭다고 설하거나, 미계·설식계, 나아가 설촉·설촉을 인연으로 생겨난 여러 수가 만약 즐겁거나 만약 괴롭다고 설하거나, 설계가 만약 나이거나 만약 무아라고 설하거나, 미계·설식계, 나아가 설촉·설촉을 인연으로 생겨난 여러 수가 만약 나이거나 만약 무아라고 설하거나, 설계가 만약 청정하거나 만약 부정하다고 설하거나, 미계·설식계, 나아가 설촉·설촉을 인연으로 생겨난 여러 수가 만약 청정하거나 만약 부정하다고 설해야 한다. 만약 이와 같은 법 등에 의지하여 보시를 수행한다면, 이것은 보시바라밀다를 행하는 것이다.

다시 이것의 말을 짓는다면 보시를 행하는 자는 설계가 만약 항상하거나 만약 무상하다고 상응하여 구하거나, 미계·설식계, 나아가 설촉·설촉을 인연으로 생겨난 여러 수가 만약 항상하거나 만약 무상하다고 상응하여 구하거나, 설계가 만약 즐겁거나 만약 괴롭다고 상응하여 구하거나, 미계·설식계, 나아가 설촉·설촉을 인연으로 생겨난 여러 수가 만약 즐겁거나 만약 괴롭다고 상응하여 구하거나, 설계가 만약 나이거나 만약 무아라고 상응하여 구하거나, 미계·설식계, 나아가 설촉·설촉을 인연으로 생겨난 여러 수가 만약 나이거나 만약 무아라고 상응하여 구하거나, 설계가 만약 청정하거나 만약 부정하다고 상응하여 구하거나, 미계·설식계, 나아가 설촉·설촉을 인연으로 생겨난 여러 수가 만약 청정하거나 만약 부정하다고 상응하여 구해야 한다. 만약 이러한 법 등을 능히 구하면서 보시를 수행한다면 이것은 보시바라밀다를 행하는 것이다.

교시가여. 만약 선남자와 선여인 등이 이와 같이 설계가 만약 항상하거나 만약 무상하다고 구하거나, 미계·설식계, 나아가 설촉·설촉을 인연으로 생겨난 여러 수가 만약 항상하거나 만약 무상하다고 구하거나, 설계가 만약 즐겁거나 만약 괴롭다고 구하거나, 미계·설식계, 나아가 설촉·설촉을 인연으로 생겨난 여러 수가 만약 즐겁거나 만약 괴롭다고 구하거나, 설계가 만약 나이거나 만약 무아라고 구하거나, 미계·설식계, 나아가 설촉·설촉을 인연으로 생겨난 여러 수가 만약 나이거나 만약 무아라고 구하거나, 설계가 만약 청정하거나 만약 부정하다고 구하거나, 미계·설식계, 나아가 설촉·설촉을 인연으로 생겨난 여러 수가 만약 청정하거나 만약 부정하다고 구하면서 이러한 법들에 의지하여 보시를 행하는 자라면, 나는 얻을 수 있고 비슷한 상의 보시바라밀다를 행하는 것이라고 이름하느니라. 교시가여. 앞에서 말한 것과 같다면, 모두가 얻을 수 있고 비슷한 상의 보시바라밀다를 설한다고 마땅히 알아야 하느니라.

다시 다음으로 교시가여. 선남자와 선여인 등이 있어서 무상정등보리심을 일으킨 자를 위하여 신계가 만약 항상하거나 만약 무상하다고 설하거나, 촉계·신식계, 나아가 신촉·신촉을 인연으로 생겨나는 여러 수가 만약 항상하거나 만약 무상하다고 설하거나, 신계가 만약 즐겁거나 만약 괴롭다고 설하거나, 촉계·신식계, 나아가 신촉·신촉을 인연으로 생겨난 여러 수가 만약 즐겁거나 만약 괴롭다고 설하거나, 신계가 만약 나이거나 만약 무아라고 설하거나, 촉계·신식계, 나아가 신촉·신촉을 인연으로 생겨난 여러 수가 만약 나이거나 만약 무아라고 설하거나, 신계가 만약 청정하거나 만약 부정하다고 설하거나, 촉계·신식계, 나아가 신촉·신촉을 인연으로 생겨난 여러 수가 만약 청정하거나 만약 부정하다고 설해야 한다. 만약 이와 같은 법 등에 의지하여 보시를 수행한다면, 이것은 보시바라밀다를 행하는 것이다.

다시 이것의 말을 짓는다면 보시를 행하는 자는 신계가 만약 항상하거나 만약 무상하다고 상응하여 구하거나, 촉계·신식계, 나아가 신촉·신촉을 인연으로 생겨난 여러 수가 만약 항상하거나 만약 무상하다고 상응하여 구하거나, 신계가 만약 즐겁거나 만약 괴롭다고 상응하여 구하거나, 촉계·신식계, 나아가 신촉·신촉을 인연으로 생겨난 여러 수가 만약 즐겁거나 만약 괴롭다고 상응하여 구하거나, 신계가 만약 나이거나 만약 무아라고 상응하여 구하거나, 촉계·신식계, 나아가 신촉·신촉을 인연으로 생겨난 여러 수가 만약 나이거나 만약 무아라고 상응하여 구하거나, 신계가 만약 청정하거나 만약 부정하다고 상응하여 구하거나, 촉계·신식계, 나아가 신촉·신촉을 인연으로 생겨난 여러 수가 만약 청정하거나 만약 부정하다고 상응하여 구해야 한다. 만약 이러한 법 등을 능히 구하면서 보시를 수행한다면 이것은 보시바라밀다를 행하는 것이다.

교시가여. 만약 선남자와 선여인 등이 이와 같이 신계가 만약 항상하거나 만약 무상하다고 구하거나, 촉계·신식계, 나아가 신촉·신촉을 인연으로 생겨난 여러 수가 만약 항상하거나 만약 무상하다고 구하거나, 신계가 만약 즐겁거나 만약 괴롭다고 구하거나, 촉계·신식계, 나아가 신촉·신촉을 인연으로 생겨난 여러 수가 만약 즐겁거나 만약 괴롭다고 구하거나, 신계가 만약 나이거나 만약 무아라고 구하거나, 촉계·신식계, 나아가 신촉·신촉을 인연으로 생겨난 여러 수가 만약 나이거나 만약 무아라고 구하거나, 신계가 만약 청정하거나 만약 부정하다고 구하거나, 촉계·신식계, 나아가 신촉·신촉을 인연으로 생겨난 여러 수가 만약 청정하거나 만약 부정하다고 구하면서 이러한 법들에 의지하여 보시를 행하는 자라면, 나는 얻을 수 있고 비슷한 상의 보시바라밀다를 행하는 것이라고 이름하느니라. 교시가여. 앞에서 말한 것과 같다면, 모두가 얻을 수 있고 비슷한 상의 보시바라밀다를 설한다고 마땅히 알아야 하느니라.

다시 다음으로 교시가여. 선남자와 선여인 등이 있어서 무상정등보리심을 일으킨 자를 위하여 의계가 만약 항상하거나 만약 무상하다고 설하거나, 법계·의식계, 나아가 의촉·의촉을 인연으로 생겨나는 여러 수가 만약 항상하거나 만약 무상하다고 설하거나, 의계가 만약 즐겁거나 만약 괴롭다고 설하거나, 법계·의식계, 나아가 의촉·의촉을 인연으로 생겨난 여러 수가 만약 즐겁거나 만약 괴롭다고 설하거나, 의계가 만약 나이거나 만약 무아라고 설하거나, 법계·의식계, 나아가 의촉·의촉을 인연으로 생겨난 여러 수가 만약 나이거나 만약 무아라고 설하거나, 의계가 만약 청정하거나 만약 부정하다고 설하거나, 법계·의식계, 나아가 의촉·의촉을 인연으로 생겨난 여러 수가 만약 청정하거나 만약 부정하다고 설해야 한다. 만약 이와 같은 법 등에 의지하여 보시를 수행한다면, 이것은 보시바라밀다를 행하는 것이다.

다시 이것의 말을 짓는다면 보시를 행하는 자는 의계가 만약 항상하거나 만약 무상하다고 상응하여 구하거나, 법계·의식계, 나아가 의촉·의촉을 인연으로 생겨난 여러 수가 만약 항상하거나 만약 무상하다고 상응하여 구하거나, 의계가 만약 즐겁거나 만약 괴롭다고 상응하여 구하거나, 법계·의식계, 나아가 의촉·의촉을 인연으로 생겨난 여러 수가 만약 즐겁거나 만약 괴롭다고 상응하여 구하거나, 의계가 만약 나이거나 만약 무아라고 상응하여 구하거나, 법계·의식계, 나아가 의촉·의촉을 인연으로 생겨난 여러 수가 만약 나이거나 만약 무아라고 상응하여 구하거나, 의계가 만약 청정하거나 만약 부정하다고 상응하여 구하거나, 법계·의식계, 나아가 의촉·의촉을 인연으로 생겨난 여러 수가 만약 청정하거나 만약 부정하다고 상응하여 구해야 한다. 만약 이러한 법 등을 능히 구하면서 보시를 수행한다면 이것은 보시바라밀다를 행하는 것이다.

교시가여. 만약 선남자와 선여인 등이 이와 같이 의계가 만약 항상하거나 만약 무상하다고 구하거나, 법계·의식계, 나아가 의촉·의촉을 인연으로 생겨난 여러 수가 만약 항상하거나 만약 무상하다고 구하거나, 의계가 만약 즐겁거나 만약 괴롭다고 구하거나, 법계·의식계, 나아가 의촉·의촉을 인연으로 생겨난 여러 수가 만약 즐겁거나 만약 괴롭다고 구하거나, 의계가 만약 나이거나 만약 무아라고 구하거나, 법계·의식계, 나아가 의촉·의촉을 인연으로 생겨난 여러 수가 만약 나이거나 만약 무아라고 구하거나, 의계가 만약 청정하거나 만약 부정하다고 구하거나, 법계·의식계, 나아가 의촉·의촉을 인연으로 생겨난 여러 수가 만약 청정하거나 만약 부정하다고 구하면서 이러한 법들에 의지하여 보시를 행하는 자라면, 나는 얻을 수 있고 비슷한 상의 보시바라밀다를 행하는 것이라고 이름하느니라. 교시가여. 앞에서 말한 것과 같다면, 모두가 얻을 수 있고 비슷한 상의 보시바라밀다를 설한다고 마땅히 알아야 하느니라.

다시 다음으로 교시가여. 선남자와 선여인 등이 있어서 무상정등보리심을 일으킨 자를 위하여 지계가 만약 항상하거나 만약 무상하다고 설하거나, 수·화·풍·공·식계가 만약 항상하거나 만약 무상하다고 설하거나, 지계가 만약 즐겁거나 만약 괴롭다고 설하거나, 수·화·풍·공·식계가 만약 즐겁거나 만약 괴롭다고 설하거나, 지계가 만약 나이거나 만약 무아라고 설하거나, 수·화·풍·공·식계가 만약 나이거나 만약 무아라고 설하거나, 지계가 만약 청정하거나 만약 부정하다고 설하거나, 수·화·풍·공·식계가 만약 청정하거나 만약 부정하다고 설해야 한다. 만약 이와 같은 법 등에 의지하여 보시를 수행한다면, 이것은 보시바라밀다를 행하는 것이다.

다시 이것의 말을 짓는다면 보시를 행하는 자는 지계가 만약 항상하거나 만약 무상하다고 상응하여 구하거나, 수·화·풍·공·식계가 만약 항상하거나 만약 무상하다고 상응하여 구하거나, 지계가 만약 즐겁거나 만약 괴롭다고 상응하여 구하거나, 수·화·풍·공·식계가 만약 즐겁거나 만약 괴롭다고 상응하여 구하거나, 지계가 만약 나이거나 만약 무아라고 상응하여 구하거나, 수·화·풍·공·식계가 만약 나이거나 만약 무아라고 상응하여 구하거나, 지계가 만약 청정하거나 만약 부정하다고 상응하여 구하거나, 수·화·풍·공·식계가 만약 청정하거나 만약 부정하다고 상응하여 구해야 한다. 만약 이러한 법 등을 능히 구하면서 보시를 수행한다면 이것은 보시바라밀다를 행하는 것이다.

교시가여. 만약 선남자와 선여인 등이 이와 같이 지계가 만약 항상하거나 만약 무상하다고 구하거나, 수·화·풍·공·식계가 만약 항상하거나 만약 무상하다고 구하거나, 지계가 만약 즐겁거나 만약 괴롭다고 구하거나, 수·화·풍·공·식계가 만약 즐겁거나 만약 괴롭다고 구하거나, 지계가 만약 나이거나 만약 무아라고 구하거나, 수·화·풍·공·식계가 만약 나이거나 만약 무아라고 구하거나, 지계가 만약 청정하거나 만약 부정하다고 구하거나, 수·화·풍·공·식계가 만약 청정하거나 만약 부정하다고 구하면서 이러한 법들에 의지하여 보시를 행하는 자라면, 나는 얻을 수 있고 비슷한 상의 보시바라밀다를 행하는 것이라고 이름하느니라. 교시가여. 앞에서 말한 것과 같다면, 모두가 얻을 수 있고 비슷한 상의 보시바라밀다를 설한다고 마땅히 알아야 하느니라.

다시 다음으로 교시가여. 선남자와 선여인 등이 있어서 무상정등보리심을 일으킨 자를 위하여 무명이 만약 항상하거나 만약 무상하다고 설하거나, 행·식·명색·육처·촉·수·애·취·유·생·노사의 수탄고우뇌가 만약 항상하거나 만약 무상하다고 설하거나, 무명이 만약 즐겁거나 만약 괴롭다고 설하거나, 행·식·명색·육처·촉·수·애·취·유·생·노사의 수탄고우뇌가 만약 즐겁거나 만약 괴롭다고 설하거나, 무명이 만약 나이거나 만약 무아라고 설하거나, 행·식·명색·육처·촉·수·애·취·유·생·노사의 수탄고우뇌가 만약 나이거나 만약 무아라고 설하거나, 무명이 만약 청정하거나 만약 부정하다고 설하거나, 행·식·명색·육처·촉·수·애·취·유·생·노사의 수탄고우뇌가 만약 청정하거나 만약 부정하다고 설해야 한다. 만약 이와 같은 법 등에 의지하여 보시를 수행한다면, 이것은 보시바라밀다를 행하는 것이다.

다시 이것의 말을 짓는다면 보시를 행하는 자는 무명이 만약 항상하거나 만약 무상하다고 상응하여 구하거나, 행, 나아가 노사의 수탄고우뇌가 만약 항상하거나 만약 무상하다고 상응하여 구하거나, 무명이 만약 즐겁거나 만약 괴롭다고 상응하여 구하거나, 행, 나아가 노사의 수탄고우뇌가 만약 즐겁거나 만약 괴롭다고 상응하여 구하거나, 무명이 만약 나이거나 만약 무아라고 상응하여 구하거나, 행, 나아가 노사의 수탄고우뇌가 만약 나이거나 만약 무아라고 상응하여 구하거나, 무명이 만약 청정하거나 만약 부정하다고 상응하여 구하거나, 행, 나아가 노사의 수탄고우뇌가 만약 청정하거나 만약 부정하다고 상응하여 구해야 한다. 만약 이러한 법 등을 능히 구하면서 보시를 수행한다면 이것은 보시바라밀다를 행하는 것이다.

　　교시가여. 만약 선남자와 선여인 등이 이와 같이 무명이 만약 항상하거나 만약 무상하다고 구하거나, 행, 나아가 노사의 수탄고우뇌가 만약 항상하거나 만약 무상하다고 구하거나, 무명이 만약 즐겁거나 만약 괴롭다고 구하거나, 행, 나아가 노사의 수탄고우뇌가 만약 즐겁거나 만약 괴롭다고 구하거나, 무명이 만약 나이거나 만약 무아라고 구하거나, 행, 나아가 노사의 수탄고우뇌가 만약 나이거나 만약 무아라고 구하거나, 무명이 만약 청정하거나 만약 부정하다고 구하거나, 행, 나아가 노사의 수탄고우뇌가 만약 청정하거나 만약 부정하다고 구하면서 이러한 법들에 의지하여 보시를 행하는 자라면, 나는 얻을 수 있고 비슷한 상의 보시바라밀다를 행하는 것이라고 이름하느니라. 교시가여. 앞에서 말한 것과 같다면, 모두가 얻을 수 있고 비슷한 상의 보시바라밀다를 설한다고 마땅히 알아야 하느니라.

　　다시 다음으로 교시가여. 선남자와 선여인 등이 있어서 무상정등보리심을 일으킨 자를 위하여 보시바라밀다가 만약 항상하거나 만약 무상하다고 설하거나, 정계·안인·정진·정려·반야바라밀다가 만약 항상하거나 만약 무상하다고 설하거나, 보시바라밀다가 만약 즐겁거나 만약 괴롭다고 설하거나, 정계·안인·정진·정려·반야바라밀다가 만약 즐겁거나 만약 괴롭다고 설하거나, 보시바라밀다가 만약 나이거나 만약 무아라고 설하거나, 정계·안인·정진·정려·반야바라밀다가 만약 나이거나 만약 무아라고 설하거나, 보시바라밀다가 만약 청정하거나 만약 부정하다고 설하거나, 정계·안인·정진·정려·반야바라밀다가 만약 청정하거나 만약 부정하다고 설해야 한다. 만약 이와 같은 법 등에 의지하여 보시를 수행한다면, 이것은 보시바라밀다를 행하는 것이다.

다시 이것의 말을 짓는다면 보시를 행하는 자는 보시바라밀다가 만약 항상하거나 만약 무상하다고 상응하여 구하거나, 정계, 나아가 반야바라밀다가 만약 항상하거나 만약 무상하다고 상응하여 구하거나, 보시바라밀다가 만약 즐겁거나 만약 괴롭다고 상응하여 구하거나, 정계, 나아가 반야바라밀다가 만약 즐겁거나 만약 괴롭다고 상응하여 구하거나, 보시바라밀다가 만약 나이거나 만약 무아라고 상응하여 구하거나, 정계, 나아가 반야바라밀다가 만약 나이거나 만약 무아라고 상응하여 구하거나, 보시바라밀다가 만약 청정하거나 만약 부정하다고 상응하여 구하거나, 정계, 나아가 반야바라밀다가 만약 청정하거나 만약 부정하다고 상응하여 구해야 한다. 만약 이러한 법 등을 능히 구하면서 보시를 수행한다면 이것은 보시바라밀다를 행하는 것이다.

교시가여. 만약 선남자와 선여인 등이 이와 같이 보시바라밀다가 만약 항상하거나 만약 무상하다고 구하거나, 정계, 나아가 반야바라밀다가 만약 항상하거나 만약 무상하다고 구하거나, 보시바라밀다가 만약 즐겁거나 만약 괴롭다고 구하거나, 정계, 나아가 반야바라밀다가 만약 즐겁거나 만약 괴롭다고 구하거나, 보시바라밀다가 만약 나이거나 만약 무아라고 구하거나, 정계, 나아가 반야바라밀다가 만약 나이거나 만약 무아라고 구하거나, 보시바라밀다가 만약 청정하거나 만약 부정하다고 구하거나, 정계, 나아가 반야바라밀다가 만약 청정하거나 만약 부정하다고 구하면서 이러한 법들에 의지하여 보시를 행하는 자라면, 나는 얻을 수 있고 비슷한 상의 보시바라밀다를 행하는 것이라고 이름하느니라. 교시가여. 앞에서 말한 것과 같다면, 모두가 얻을 수 있고 비슷한 상의 보시바라밀다를 설한다고 마땅히 알아야 하느니라.

다시 다음으로 교시가여. 선남자와 선여인 등이 있어서 무상정등보리심을 일으킨 자를 위하여 내공이 만약 항상하거나 만약 무상하다고 설하거나, 외공·내외공·공공·대공·승의공·유위공·무위공·필경공·무제공·산공·무변이공·본성공·자상공·공상공·일체법공·불가득공·무성공·자성공·무성자성공이 만약 항상하거나 만약 무상하다고 설하거나, 내공이 만약 즐겁거나 만약 괴롭다고 설하거나, 외공·내외공·공공·대공·승의공·유위공·무위공·필경공·무제공·산공·무변이공·본성공·자상공·공상공·일체법공·불가득공·무성공·자성공·무성자성공이 만약 즐겁거나 만약 괴롭다고 설하거나, 내공이 만약 나이거나 만약 무아라고 설하거나, 외공·내외공·공공·대공·승의공·유위공·무위공·필경공·무제공·산공·무변이공·본성공·자상공·공상공·일체법공·불가득공·무성공·자성공·무성자성공이 만약 나이거나 만약 무아라고 설하거나, 내공이 만약 청정하거나 만약 부정하다고 설하거나, 외공·내외공·공공·대공·승의공·유위공·무위공·필경공·무제공·산공·무변이공·본성공·자상공·공상공·일체법공·불가득공·무성공·자성공·무성자성공이 만약 청정하거나 만약 부정하다고 설해야 한다. 만약 이와 같은 법 등에 의지하여 보시를 수행한다면, 이것은 보시바라밀다를 행하는 것이다.

다시 이것의 말을 짓는다면 보시를 행하는 자는 내공이 만약 항상하거나 만약 무상하다고 상응하여 구하거나, 외공, 나아가 무성자성공이 만약 항상하거나 만약 무상하다고 상응하여 구하거나, 내공이 만약 즐겁거나 만약 괴롭다고 상응하여 구하거나, 외공, 나아가 무성자성공이 만약 즐겁거나 만약 괴롭다고 상응하여 구하거나, 내공이 만약 나이거나 만약 무아라고 상응하여 구하거나, 외공, 나아가 무성자성공이 만약 나이거나 만약 무아라고 상응하여 구하거나, 내공이 만약 청정하거나 만약 부정하다고 상응하여 구하거나, 외공, 나아가 무성자성공이 만약 청정하거나 만약 부정하다고 상응하여 구해야 한다. 만약 이러한 법 등을 능히 구하면서 보시를 수행한다면 이것은 보시바라밀다를 행하는 것이다.

교시가여. 만약 선남자와 선여인 등이 이와 같이 내공이 만약 항상하거나 만약 무상하다고 구하거나, 외공, 나아가 무성자성공이 만약 항상하거나 만약 무상하다고 구하거나, 내공이 만약 즐겁거나 만약 괴롭다고 구하거나, 외공, 나아가 무성자성공이 만약 즐겁거나 만약 괴롭다고 구하거나, 내공이 만약 나이거나 만약 무아라고 구하거나, 외공, 나아가 무성자성공이 만약 나이거나 만약 무아라고 구하거나, 내공이 만약 청정하거나 만약 부정하다고 구하거나, 외공, 나아가 무성자성공이 만약 청정하거나 만약 부정하다고 구하면서 이러한 법들에 의지하여 보시를 행하는 자라면, 나는 얻을 수 있고 비슷한 상의 보시바라밀다를 행하는 것이라고 이름하느니라. 교시가여. 앞에서 말한 것과 같다면, 모두가 얻을 수 있고 비슷한 상의 보시바라밀다를 설한다고 마땅히 알아야 하느니라."

마하반야바라밀다경 제145권

30. 교량공덕품(校量功悳品)(43)

"다시 다음으로 교시가여. 선남자와 선여인 등이 있어서 무상정등보리
심을 일으킨 자를 위하여 진여가 만약 항상하거나 만약 무상하다고 설하거
나, 법계·법성·불허망성·불변이성·평등성·이생성·법정·법주·실제·허
공계·부사의계가 만약 항상하거나 만약 무상하다고 설하거나, 진여가
만약 즐겁거나 만약 괴롭다고 설하거나, 법계·법성·불허망성·불변이성·
평등성·이생성·법정·법주·실제·허공계·부사의계가 만약 즐겁거나 만약
괴롭다고 설하거나, 진여가 만약 나이거나 만약 무아라고 설하거나, 법계·
법성·불허망성·불변이성·평등성·이생성·법정·법주·실제·허공계·부
사의계가 만약 나이거나 만약 무아라고 설하거나, 진여가 만약 청정하거
나 만약 부정하다고 설하거나, 법계·법성·불허망성·불변이성·평등성·이
생성·법정·법주·실제·허공계·부사의계가 만약 청정하거나 만약 부정하
다고 설해야 한다. 만약 이와 같은 법 등에 의지하여 보시를 수행한다면,
이것은 보시바라밀다를 행하는 것이다.

다시 이것의 말을 짓는다면 보시를 행하는 자는 진여가 만약 항상하거나
만약 무상하다고 상응하여 구하거나, 법계, 나아가 부사의계가 만약 항상
하거나 만약 무상하다고 상응하여 구하거나, 진여가 만약 즐겁거나 만약
괴롭다고 상응하여 구하거나, 법계, 나아가 부사의계가 만약 즐겁거나
만약 괴롭다고 상응하여 구하거나, 진여가 만약 나이거나 만약 무아라고
상응하여 구하거나, 법계, 나아가 부사의계가 만약 나이거나 만약 무아라

고 상응하여 구하거나, 진여가 만약 청정하거나 만약 부정하다고 상응하여 구하거나, 법계, 나아가 부사의계가 만약 청정하거나 만약 부정하다고 상응하여 구해야 한다. 만약 이러한 법 등을 능히 구하면서 보시를 수행한다면 이것은 보시바라밀다를 행하는 것이다.

교시가여. 만약 선남자와 선여인 등이 이와 같이 진여가 만약 항상하거나 만약 무상하다고 구하거나, 법계, 나아가 부사의계가 만약 항상하거나 만약 무상하다고 구하거나, 진여가 만약 즐겁거나 만약 괴롭다고 구하거나, 법계, 나아가 부사의계가 만약 즐겁거나 만약 괴롭다고 구하거나, 진여가 만약 나이거나 만약 무아라고 구하거나, 법계, 나아가 부사의계가 만약 나이거나 만약 무아라고 구하거나, 진여가 만약 청정하거나 만약 부정하다고 구하거나, 법계, 나아가 부사의계가 만약 청정하거나 만약 부정하다고 구하면서 이러한 법들에 의지하여 보시를 행하는 자라면, 나는 얻을 수 있고 비슷한 상의 보시바라밀다를 행하는 것이라고 이름하느니라. 교시가여. 앞에서 말한 것과 같다면, 모두가 얻을 수 있고 비슷한 상의 보시바라밀다를 설한다고 마땅히 알아야 하느니라.

다시 다음으로 교시가여. 선남자와 선여인 등이 있어서 무상정등보리심을 일으킨 자를 위하여 고성제가 만약 항상하거나 만약 무상하다고 설하거나, 집·멸·도성제가 만약 항상하거나 만약 무상하다고 설하거나, 고성제가 만약 즐겁거나 만약 괴롭다고 설하거나, 집·멸·도성제가 만약 즐겁거나 만약 괴롭다고 설하거나, 고성제가 만약 나이거나 만약 무아라고 설하거나, 집·멸·도성제가 만약 나이거나 만약 무아라고 설하거나, 고성제가 만약 청정하거나 만약 부정하다고 설하거나, 집·멸·도성제가 만약 청정하거나 만약 부정하다고 설해야 한다. 만약 이와 같은 법 등에 의지하여 보시를 수행한다면, 이것은 보시바라밀다를 행하는 것이다.

다시 이것의 말을 짓는다면 보시를 행하는 자는 고성제가 만약 항상하거나 만약 무상하다고 상응하여 구하거나, 집·멸·도성제가 만약 항상하거나 만약 무상하다고 상응하여 구하거나, 고성제가 만약 즐겁거나 만약 괴롭다고 상응하여 구하거나, 집·멸·도성제가 만약 즐겁거나 만약 괴롭다고 상응하여 구하거나, 고성제가 만약 나이거나 만약 무아라고 상응하여 구하거나, 집·멸·도성제가 만약 나이거나 만약 무아라고 상응하여 구하거나, 고성제가 만약 청정하거나 만약 부정하다고 상응하여 구하거나, 집·멸·도성제가 만약 청정하거나 만약 부정하다고 상응하여 구해야 한다. 만약 이러한 법 등을 능히 구하면서 보시를 수행한다면 이것은 보시바라밀다를 행하는 것이다.

교시가여. 만약 선남자와 선여인 등이 이와 같이 고성제가 만약 항상하거나 만약 무상하다고 구하거나, 집·멸·도성제가 만약 항상하거나 만약 무상하다고 구하거나, 고성제가 만약 즐겁거나 만약 괴롭다고 구하거나, 집·멸·도성제가 만약 즐겁거나 만약 괴롭다고 구하거나, 고성제가 만약 나이거나 만약 무아라고 구하거나, 집·멸·도성제가 만약 나이거나 만약 무아라고 구하거나, 고성제가 만약 청정하거나 만약 부정하다고 구하거나, 집·멸·도성제가 만약 청정하거나 만약 부정하다고 구하면서 이러한 법들에 의지하여 보시를 행하는 자라면, 나는 얻을 수 있고 비슷한 상의 보시바라밀다를 행하는 것이라고 이름하느니라. 교시가여. 앞에서 말한 것과 같다면, 모두가 얻을 수 있고 비슷한 상의 보시바라밀다를 설한다고 마땅히 알아야 하느니라.

다시 다음으로 교시가여. 선남자와 선여인 등이 있어서 무상정등보리심을 일으킨 자를 위하여 4정려가 만약 항상하거나 만약 무상하다고 설하거나, 4무량·4무색정이 만약 항상하거나 만약 무상하다고 설하거나, 4정려가 만약 즐겁거나 만약 괴롭다고 설하거나, 4무량·4무색정이 만약 즐겁거나 만약 괴롭다고 설하거나, 4정려가 만약 나이거나 만약 무아라고 설하거나, 4무량·4무색정이 만약 나이거나 만약 무아라고 설하거나, 4정려가 만약 청정하거나 만약 부정하다고 설하거나, 4무량·4무색정이 만약 청정하거나 만약 부정하다고 설해야 한다. 만약 이와 같은 법 등에 의지하여 보시를 수행한다면, 이것은 보시바라밀다를 행하는 것이다.

다시 이것의 말을 짓는다면 보시를 행하는 자는 4정려가 만약 항상하거나 만약 무상하다고 상응하여 구하거나, 4무량·4무색정이 만약 항상하거나 만약 무상하다고 상응하여 구하거나, 4정려가 만약 즐겁거나 만약 괴롭다고 상응하여 구하거나, 4무량·4무색정이 만약 즐겁거나 만약 괴롭다고 상응하여 구하거나, 4정려가 만약 나이거나 만약 무아라고 상응하여 구하거나, 4무량·4무색정이 만약 나이거나 만약 무아라고 상응하여 구하거나, 4정려가 만약 청정하거나 만약 부정하다고 상응하여 구하거나, 4무량·4무색정이 만약 청정하거나 만약 부정하다고 상응하여 구해야 한다. 만약 이러한 법 등을 능히 구하면서 보시를 수행한다면 이것은 보시바라밀다를 행하는 것이다.

교시가여. 만약 선남자와 선여인 등이 이와 같이 4정려가 만약 항상하거나 만약 무상하다고 구하거나, 4무량·4무색정이 만약 항상하거나 만약 무상하다고 구하거나, 4정려가 만약 즐겁거나 만약 괴롭다고 구하거나, 4무량·4무색정이 만약 즐겁거나 만약 괴롭다고 구하거나, 4정려가 만약 나이거나 만약 무아라고 구하거나, 4무량·4무색정이 만약 나이거나 만약 무아라고 구하거나, 4정려가 만약 청정하거나 만약 부정하다고 구하거나, 4무량·4무색정이 만약 청정하거나 만약 부정하다고 구하면서 이러한 법들에 의지하여 보시를 행하는 자라면, 나는 얻을 수 있고 비슷한 상의 보시바라밀다를 행하는 것이라고 이름하느니라. 교시가여. 앞에서 말한 것과 같다면, 모두가 얻을 수 있고 비슷한 상의 보시바라밀다를 설한다고 마땅히 알아야 하느니라.

다시 다음으로 교시가여. 선남자와 선여인 등이 있어서 무상정등보리심을 일으킨 자를 위하여 8해탈이 만약 항상하거나 만약 무상하다고 설하거나, 8승처·9차제정·10변처가 만약 항상하거나 만약 무상하다고 설하거나, 8해탈이 만약 즐겁거나 만약 괴롭다고 설하거나, 8승처·9차제정·10변처가 만약 즐겁거나 만약 괴롭다고 설하거나, 8해탈이 만약 나이거나 만약 무아라고 설하거나, 8승처·9차제정·10변처가 만약 나이거나 만약 무아라고 설하거나, 8해탈이 만약 청정하거나 만약 부정하다고 설하거나, 8승처·9차제정·10변처가 만약 청정하거나 만약 부정하다고 설해야 한다. 만약 이와 같은 법 등에 의지하여 보시를 수행한다면,

이것은 보시바라밀다를 행하는 것이다.

다시 이것의 말을 짓는다면 보시를 행하는 자는 8해탈이 만약 항상하거나 만약 무상하다고 상응하여 구하거나, 8승처·9차제정·10변처가 만약 항상하거나 만약 무상하다고 상응하여 구하거나, 8해탈이 만약 즐겁거나 만약 괴롭다고 상응하여 구하거나, 8승처·9차제정·10변처가 만약 즐겁거나 만약 괴롭다고 상응하여 구하거나, 8해탈이 만약 나이거나 만약 무아라고 상응하여 구하거나, 8승처·9차제정·10변처가 만약 나이거나 만약 무아라고 상응하여 구하거나, 8해탈이 만약 청정하거나 만약 부정하다고 상응하여 구하거나, 8승처·9차제정·10변처가 만약 청정하거나 만약 부정하다고 상응하여 구해야 한다. 만약 이러한 법 등을 능히 구하면서 보시를 수행한다면 이것은 보시바라밀다를 행하는 것이다.

교시가여. 만약 선남자와 선여인 등이 이와 같이 8해탈이 만약 항상하거나 만약 무상하다고 구하거나, 8승처·9차제정·10변처가 만약 항상하거나 만약 무상하다고 구하거나, 8해탈이 만약 즐겁거나 만약 괴롭다고 구하거나, 8승처·9차제정·10변처가 만약 즐겁거나 만약 괴롭다고 구하거나, 8해탈이 만약 나이거나 만약 무아라고 구하거나, 8승처·9차제정·10변처가 만약 나이거나 만약 무아라고 구하거나, 8해탈이 만약 청정하거나 만약 부정하다고 구하거나, 8승처·9차제정·10변처가 만약 청정하거나 만약 부정하다고 구하면서 이러한 법들에 의지하여 보시를 행하는 자라면, 나는 얻을 수 있고 비슷한 상의 보시바라밀다를 행하는 것이라고 이름하느니라. 교시가여. 앞에서 말한 것과 같다면, 모두가 얻을 수 있고 비슷한 상의 보시바라밀다를 설한다고 마땅히 알아야 하느니라.

다시 다음으로 교시가여. 선남자와 선여인 등이 있어서 무상정등보리심을 일으킨 자를 위하여 4념주가 만약 항상하거나 만약 무상하다고 설하거나, 4정단·4신족·5근·5력·7등각지·8성도지가 만약 항상하거나 만약 무상하다고 설하거나, 4념주가 만약 즐겁거나 만약 괴롭다고 설하거나, 4정단·4신족·5근·5력·7등각지·8성도지가 만약 즐겁거나 만약 괴롭다고 설하거나, 4념주가 만약 나이거나 만약 무아라고 설하거나, 4정단·4

신족·5근·5력·7등각지·8성도지가 만약 나이거나 만약 무아라고 설하거나, 4념주가 만약 청정하거나 만약 부정하다고 설하거나, 4정단·4신족·5근·5력·7등각지·8성도지가 만약 청정하거나 만약 부정하다고 설해야한다. 만약 이와 같은 법 등에 의지하여 보시를 수행한다면, 이것은 보시바라밀다를 행하는 것이다.

다시 이것의 말을 짓는다면 보시를 행하는 자는 4념주가 만약 항상하거나 만약 무상하다고 상응하여 구하거나, 4정단, 나아가 8성도지가 만약 항상하거나 만약 무상하다고 상응하여 구하거나, 4념주가 만약 즐겁거나 만약 괴롭다고 상응하여 구하거나, 4정단, 나아가 8성도지가 만약 즐겁거나 만약 괴롭다고 상응하여 구하거나, 4념주가 만약 나이거나 만약 무아라고 상응하여 구하거나, 4정단, 나아가 8성도지가 만약 나이거나 만약 무아라고 상응하여 구하거나, 4념주가 만약 청정하거나 만약 부정하다고 상응하여 구하거나, 4정단, 나아가 8성도지가 만약 청정하거나 만약 부정하다고 상응하여 구해야 한다. 만약 이러한 법 등을 능히 구하면서 보시를 수행한다면 이것은 보시바라밀다를 행하는 것이다.

교시가여. 만약 선남자와 선여인 등이 이와 같이 4념주가 만약 항상하거나 만약 무상하다고 구하거나, 4정단, 나아가 8성도지가 만약 항상하거나 만약 무상하다고 구하거나, 4념주가 만약 즐겁거나 만약 괴롭다고 구하거나, 4정단, 나아가 8성도지가 만약 즐겁거나 만약 괴롭다고 구하거나, 4념주가 만약 나이거나 만약 무아라고 구하거나, 4정단, 나아가 8성도지가 만약 나이거나 만약 무아라고 구하거나, 4념주가 만약 청정하거나 만약 부정하다고 구하거나, 4정단, 나아가 8성도지가 만약 청정하거나 만약 부정하다고 구하면서 이러한 법들에 의지하여 보시를 행하는 자라면, 나는 얻을 수 있고 비슷한 상의 보시바라밀다를 행하는 것이라고 이름하느니라. 교시가여. 앞에서 말한 것과 같다면, 모두가 얻을 수 있고 비슷한 상의 보시바라밀다를 설한다고 마땅히 알아야 하느니라.

다시 다음으로 교시가여. 선남자와 선여인 등이 있어서 무상정등보리심을 일으킨 자를 위하여 공해탈문이 만약 항상하거나 만약 무상하다고 설하거나, 무상·무원해탈문이 만약 항상하거나 만약 무상하다고 설하거나, 공해탈문이 만약 즐겁거나 만약 괴롭다고 설하거나, 무상·무원해탈문이 만약 즐겁거나 만약 괴롭다고 설하거나, 공해탈문이 만약 나이거나 만약 무아라고 설하거나, 무상·무원해탈문이 만약 나이거나 만약 무아라고 설하거나, 공해탈문이 만약 청정하거나 만약 부정하다고 설하거나, 무상·무원해탈문이 만약 청정하거나 만약 부정하다고 설해야 한다. 만약 이와 같은 법 등에 의지하여 보시를 수행한다면, 이것은 보시바라밀다를 행하는 것이다.

다시 이것의 말을 짓는다면 보시를 행하는 자는 공해탈문이 만약 항상하거나 만약 무상하다고 상응하여 구하거나, 무상·무원해탈문이 만약 항상하거나 만약 무상하다고 상응하여 구하거나, 공해탈문이 만약 즐겁거나 만약 괴롭다고 상응하여 구하거나, 무상·무원해탈문이 만약 즐겁거나 만약 괴롭다고 상응하여 구하거나, 공해탈문이 만약 나이거나 만약 무아라고 상응하여 구하거나, 무상·무원해탈문이 만약 나이거나 만약 무아라고 상응하여 구하거나, 공해탈문이 만약 청정하거나 만약 부정하다고 상응하여 구하거나, 무상·무원해탈문이 만약 청정하거나 만약 부정하다고 상응하여 구해야 한다. 만약 이러한 법 등을 능히 구하면서 보시를 수행한다면 이것은 보시바라밀다를 행하는 것이다.

교시가여. 만약 선남자와 선여인 등이 이와 같이 공해탈문이 만약 항상하거나 만약 무상하다고 구하거나, 무상·무원해탈문이 만약 항상하거나 만약 무상하다고 구하거나, 공해탈문이 만약 즐겁거나 만약 괴롭다고 구하거나, 무상·무원해탈문이 만약 즐겁거나 만약 괴롭다고 구하거나, 공해탈문이 만약 나이거나 만약 무아라고 구하거나, 무상·무원해탈문이 만약 나이거나 만약 무아라고 구하거나, 공해탈문이 만약 청정하거나 만약 부정하다고 구하거나, 무상·무원해탈문이 만약 청정하거나 만약 부정하다고 구하면서 이러한 법들에 의지하여 보시를 행하는 자라면, 나는 얻을 수 있고 비슷한 상의 보시바라밀다를 행하는 것이라고 이름하느니라. 교시가여. 앞에서 말한 것과 같다면, 모두가 얻을 수 있고 비슷한

상의 보시바라밀다를 설한다고 마땅히 알아야 하느니라.

다시 다음으로 교시가여. 선남자와 선여인 등이 있어서 무상정등보리심을 일으킨 자를 위하여 5안이 만약 항상하거나 만약 무상하다고 설하거나, 6신통이 만약 항상하거나 만약 무상하다고 설하거나, 5안이 만약 즐겁거나 만약 괴롭다고 설하거나, 6신통이 만약 즐겁거나 만약 괴롭다고 설하거나, 5안이 만약 나이거나 만약 무아라고 설하거나, 6신통이 만약 나이거나 만약 무아라고 설하거나, 5안이 만약 청정하거나 만약 부정하다고 설하거나, 6신통이 만약 청정하거나 만약 부정하다고 설해야 한다. 만약 이와 같은 법 등에 의지하여 보시를 수행한다면, 이것은 보시바라밀다를 행하는 것이다.

다시 이것의 말을 짓는다면 보시를 행하는 자는 5안이 만약 항상하거나 만약 무상하다고 상응하여 구하거나, 6신통이 만약 항상하거나 만약 무상하다고 상응하여 구하거나, 5안이 만약 즐겁거나 만약 괴롭다고 상응하여 구하거나, 6신통이 만약 즐겁거나 만약 괴롭다고 상응하여 구하거나, 5안이 만약 나이거나 만약 무아라고 상응하여 구하거나, 6신통이 만약 나이거나 만약 무아라고 상응하여 구하거나, 5안이 만약 청정하거나 만약 부정하다고 상응하여 구하거나, 6신통이 만약 청정하거나 만약 부정하다고 상응하여 구해야 한다. 만약 이러한 법 등을 능히 구하면서 보시를 수행한다면 이것은 보시바라밀다를 행하는 것이다.

교시가여. 만약 선남자와 선여인 등이 이와 같이 5안이 만약 항상하거나 만약 무상하다고 구하거나, 6신통이 만약 항상하거나 만약 무상하다고 구하거나, 5안이 만약 즐겁거나 만약 괴롭다고 구하거나, 6신통이 만약 즐겁거나 만약 괴롭다고 구하거나, 5안이 만약 나이거나 만약 무아라고 구하거나, 6신통이 만약 나이거나 만약 무아라고 구하거나, 5안이 만약 청정하거나 만약 부정하다고 구하거나, 6신통이 만약 청정하거나 만약 부정하다고 구하면서 이러한 법들에 의지하여 보시를 행하는 자라면, 나는 얻을 수 있고 비슷한 상의 보시바라밀다를 행하는 것이라고 이름하느니라. 교시가여. 앞에서 말한 것과 같다면, 모두가 얻을 수 있고 비슷한

상의 보시바라밀다를 설한다고 마땅히 알아야 하느니라.

다시 다음으로 교시가여. 선남자와 선여인 등이 있어서 무상정등보리
심을 일으킨 자를 위하여 여래의 10력이 만약 항상하거나 만약 무상하다고
설하거나, 4무소외·4무애해·대자·대비·대희·대사·18불불공법이 만약
항상하거나 만약 무상하다고 설하거나, 여래의 10력이 만약 즐겁거나
만약 괴롭다고 설하거나, 4무소외·4무애해·대자·대비·대희·대사·18불
불공법이 만약 즐겁거나 만약 괴롭다고 설하거나, 여래의 10력이 만약
나이거나 만약 무아라고 설하거나, 4무소외·4무애해·대자·대비·대희·대
사·18불불공법이 만약 나이거나 만약 무아라고 설하거나, 여래의 10력이
만약 청정하거나 만약 부정하다고 설하거나, 4무소외·4무애해·대자·대
비·대희·대사·18불불공법이 만약 청정하거나 만약 부정하다고 설해야
한다. 만약 이와 같은 법 등에 의지하여 보시를 수행한다면, 이것은
보시바라밀다를 행하는 것이다.

다시 이것의 말을 짓는다면 보시를 행하는 자는 여래의 10력이 만약
항상하거나 만약 무상하다고 상응하여 구하거나, 4무소외, 나아가 18불불
공법이 만약 항상하거나 만약 무상하다고 상응하여 구하거나, 여래의
10력이 만약 즐겁거나 만약 괴롭다고 상응하여 구하거나, 4무소외, 나아가
18불불공법이 만약 즐겁거나 만약 괴롭다고 상응하여 구하거나, 여래의
10력이 만약 나이거나 만약 무아라고 상응하여 구하거나, 4무소외, 나아가
18불불공법이 만약 나이거나 만약 무아라고 상응하여 구하거나, 여래의
10력이 만약 청정하거나 만약 부정하다고 상응하여 구하거나, 4무소외,
나아가 18불불공법이 만약 청정하거나 만약 부정하다고 상응하여 구해야
한다. 만약 이러한 법 등을 능히 구하면서 보시를 수행한다면 이것은
보시바라밀다를 행하는 것이다.

교시가여. 만약 선남자와 선여인 등이 이와 같이 여래의 10력이 만약
항상하거나 만약 무상하다고 구하거나, 4무소외, 나아가 18불불공법이
만약 항상하거나 만약 무상하다고 구하거나, 여래의 10력이 만약 즐겁거
나 만약 괴롭다고 구하거나, 4무소외, 나아가 18불불공법이 만약 즐겁거나

만약 괴롭다고 구하거나, 여래의 10력이 만약 나이거나 만약 무아라고 구하거나, 4무소외, 나아가 18불불공법이 만약 나이거나 만약 무아라고 구하거나, 여래의 10력이 만약 청정하거나 만약 부정하다고 구하거나, 4무소외, 나아가 18불불공법이 만약 청정하거나 만약 부정하다고 구하면서 이러한 법들에 의지하여 보시를 행하는 자라면, 나는 얻을 수 있고 비슷한 상의 보시바라밀다를 행하는 것이라고 이름하느니라. 교시가여. 앞에서 말한 것과 같다면, 모두가 얻을 수 있고 비슷한 상의 보시바라밀다를 설한다고 마땅히 알아야 하느니라.

다시 다음으로 교시가여. 선남자와 선여인 등이 있어서 무상정등보리심을 일으킨 자를 위하여 무망실법이 만약 항상하거나 만약 무상하다고 설하거나, 항주사성이 만약 항상하거나 만약 무상하다고 설하거나, 무망실법이 만약 즐겁거나 만약 괴롭다고 설하거나, 항주사성이 만약 즐겁거나 만약 괴롭다고 설하거나, 무망실법이 만약 나이거나 만약 무아라고 설하거나, 항주사성이 만약 나이거나 만약 무아라고 설하거나, 무망실법이 만약 청정하거나 만약 부정하다고 설하거나, 항주사성이 만약 청정하거나 만약 부정하다고 설해야 한다. 만약 이와 같은 법 등에 의지하여 보시를 수행한다면, 이것은 보시바라밀다를 행하는 것이다.

다시 이것의 말을 짓는다면 보시를 행하는 자는 무망실법이 만약 항상하거나 만약 무상하다고 상응하여 구하거나, 항주사성이 만약 항상하거나 만약 무상하다고 상응하여 구하거나, 무망실법이 만약 즐겁거나 만약 괴롭다고 상응하여 구하거나, 항주사성이 만약 즐겁거나 만약 괴롭다고 상응하여 구하거나, 무망실법이 만약 나이거나 만약 무아라고 상응하여 구하거나, 항주사성이 만약 나이거나 만약 무아라고 상응하여 구하거나, 무망실법이 만약 청정하거나 만약 부정하다고 상응하여 구하거나, 항주사성이 만약 청정하거나 만약 부정하다고 상응하여 구해야 한다. 만약 이러한 법 등을 능히 구하면서 보시를 수행한다면 이것은 보시바라밀다를 행하는 것이다.

교시가여. 만약 선남자와 선여인 등이 이와 같이 무망실법이 만약 항상하거나 만약 무상하다고 구하거나, 항주사성이 만약 항상하거나 만약 무상하다고 구하거나, 무망실법이 만약 즐겁거나 만약 괴롭다고 구하거나, 항주사성이 만약 즐겁거나 만약 괴롭다고 구하거나, 무망실법이 만약 나이거나 만약 무아라고 구하거나, 항주사성이 만약 나이거나 만약 무아라고 구하거나, 무망실법이 만약 청정하거나 만약 부정하다고 구하거나, 항주사성이 만약 청정하거나 만약 부정하다고 구하면서 이러한 법들에 의지하여 보시를 행하는 자라면, 나는 얻을 수 있고 비슷한 상의 보시바라밀다를 행하는 것이라고 이름하느니라. 교시가여. 앞에서 말한 것과 같다면, 모두가 얻을 수 있고 비슷한 상의 보시바라밀다를 설한다고 마땅히 알아야 하느니라.

다시 다음으로 교시가여. 선남자와 선여인 등이 있어서 무상정등보리심을 일으킨 자를 위하여 일체지가 만약 항상하거나 만약 무상하다고 설하거나, 도상지·일체상지가 만약 항상하거나 만약 무상하다고 설하거나, 일체지가 만약 즐겁거나 만약 괴롭다고 설하거나, 도상지·일체상지가 만약 즐겁거나 만약 괴롭다고 설하거나, 일체지가 만약 나이거나 만약 무아라고 설하거나, 도상지·일체상지가 만약 나이거나 만약 무아라고 설하거나, 일체지가 만약 청정하거나 만약 부정하다고 설하거나, 도상지·일체상지가 만약 청정하거나 만약 부정하다고 설해야 한다. 만약 이와 같은 법 등에 의지하여 보시를 수행한다면, 이것은 보시바라밀다를 행하는 것이다.

다시 이것의 말을 짓는다면 보시를 행하는 자는 일체지가 만약 항상하거나 만약 무상하다고 상응하여 구하거나, 도상지·일체상지가 만약 항상하거나 만약 무상하다고 상응하여 구하거나, 일체지가 만약 즐겁거나 만약 괴롭다고 상응하여 구하거나, 도상지·일체상지가 만약 즐겁거나 만약 괴롭다고 상응하여 구하거나, 일체지가 만약 나이거나 만약 무아라고 상응하여 구하거나, 도상지·일체상지가 만약 나이거나 만약 무아라고 상응하여 구하거나, 일체지가 만약 청정하거나 만약 부정하다고 상응하여 구하거나, 도상지·일체상지가 만약 청정하거나 만약 부정하다고 상응하여 구해야 한다. 만약 이러한 법 등을 능히 구하면서 보시를 수행한다면 이것은 보시바라밀다를 행하는 것이다.

교시가여. 만약 선남자와 선여인 등이 이와 같이 일체지가 만약 항상하거나 만약 무상하다고 구하거나, 도상지·일체상지가 만약 항상하거나 만약 무상하다고 구하거나, 일체지가 만약 즐겁거나 만약 괴롭다고 구하거나, 도상지·일체상지가 만약 즐겁거나 만약 괴롭다고 구하거나, 일체지가 만약 나이거나 만약 무아라고 구하거나, 도상지·일체상지가 만약 나이거나 만약 무아라고 구하거나, 일체지가 만약 청정하거나 만약 부정하다고 구하거나, 도상지·일체상지가 만약 청정하거나 만약 부정하다고 구하면서 이러한 법들에 의지하여 보시를 행하는 자라면, 나는 얻을 수 있고 비슷한 상의 보시바라밀다를 행하는 것이라고 이름하느니라. 교시가여. 앞에서 말한 것과 같다면, 모두가 얻을 수 있고 비슷한 상의 보시바라밀다를 설한다고 마땅히 알아야 하느니라.

다시 다음으로 교시가여. 선남자와 선여인 등이 있어서 무상정등보리심을 일으킨 자를 위하여 일체의 다라니문이 만약 항상하거나 만약 무상하다고 설하거나, 일체의 삼마지문이 만약 항상하거나 만약 무상하다고 설하거나, 일체의 다라니문이 만약 즐겁거나 만약 괴롭다고 설하거나, 일체의 삼마지문이 만약 즐겁거나 만약 괴롭다고 설하거나, 일체의 다라니문이 만약 나이거나 만약 무아라고 설하거나, 일체의 삼마지문이 만약 나이거나 만약 무아라고 설하거나, 일체의 다라니문이 만약 청정하거나 만약 부정하다고 설하거나, 일체의 삼마지문이 만약 청정하거나 만약 부정하다고 설해야 한다. 만약 이와 같은 법 등에 의지하여 보시를 수행한다면, 이것은 보시바라밀다를 행하는 것이다.

다시 이것의 말을 짓는다면 보시를 행하는 자는 일체의 다라니문이 만약 항상하거나 만약 무상하다고 상응하여 구하거나, 일체의 삼마지문이 만약 항상하거나 만약 무상하다고 상응하여 구하거나, 일체의 다라니문이 만약 즐겁거나 만약 괴롭다고 상응하여 구하거나, 일체의 삼마지문이 만약 즐겁거나 만약 괴롭다고 상응하여 구하거나, 일체의 다라니문이

만약 나이거나 만약 무아라고 상응하여 구하거나, 일체의 삼마지문이
만약 나이거나 만약 무아라고 상응하여 구하거나, 일체의 다라니문이
만약 청정하거나 만약 부정하다고 상응하여 구하거나, 일체의 삼마지문이
만약 청정하거나 만약 부정하다고 상응하여 구해야 한다. 만약 이러한
법 등을 능히 구하면서 보시를 수행한다면 이것은 보시바라밀다를 행하는
것이다.

교시가여. 만약 선남자와 선여인 등이 이와 같이 일체의 다라니문이
만약 항상하거나 만약 무상하다고 구하거나, 일체의 삼마지문이 만약
항상하거나 만약 무상하다고 구하거나, 일체의 다라니문이 만약 즐겁거나
만약 괴롭다고 구하거나, 일체의 삼마지문이 만약 즐겁거나 만약 괴롭다
고 구하거나, 일체의 다라니문이 만약 나이거나 만약 무아라고 구하거나,
일체의 삼마지문이 만약 나이거나 만약 무아라고 구하거나, 일체의 다라
니문이 만약 청정하거나 만약 부정하다고 구하거나, 일체의 삼마지문이
만약 청정하거나 만약 부정하다고 구하면서 이러한 법들에 의지하여
보시를 행하는 자라면, 나는 얻을 수 있고 비슷한 상의 보시바라밀다를
행하는 것이라고 이름하느니라. 교시가여. 앞에서 말한 것과 같다면,
모두가 얻을 수 있고 비슷한 상의 보시바라밀다를 설한다고 마땅히 알아야
하느니라.

다시 다음으로 교시가여. 선남자와 선여인 등이 있어서 무상정등보리
심을 일으킨 자를 위하여 예류향·예류과가 만약 항상하거나 만약 무상하
다고 설하거나, 일래향·일래과·불환향·불환과·아라한향·아라한과가 만
약 항상하거나 만약 무상하다고 설하거나, 예류향·예류과가 만약 즐겁거
나 만약 괴롭다고 설하거나, 일래향·일래과·불환향·불환과·아라한향·아
라한과가 만약 즐겁거나 만약 괴롭다고 설하거나, 예류향·예류과가 만약
나이거나 만약 무아라고 설하거나, 일래향·일래과·불환향·불환과·아라
한향·아라한과가 만약 나이거나 만약 무아라고 설하거나, 예류향·예류과
가 만약 청정하거나 만약 부정하다고 설하거나, 일래향·일래과·불환향·
불환과·아라한향·아라한과가 만약 청정하거나 만약 부정하다고 설해야

한다. 만약 이와 같은 법 등에 의지하여 보시를 수행한다면, 이것은 보시바라밀다를 행하는 것이다.

다시 이것의 말을 짓는다면 보시를 행하는 자는 예류향·예류과가 만약 항상하거나 만약 무상하다고 상응하여 구하거나, 일래향·일래과·불환향·불환과·아라한향·아라한과가 만약 항상하거나 만약 무상하다고 상응하여 구하거나, 예류향·예류과가 만약 즐겁거나 만약 괴롭다고 상응하여 구하거나, 일래향·일래과·불환향·불환과·아라한향·아라한과가 만약 즐겁거나 만약 괴롭다고 상응하여 구하거나, 예류향·예류과가 만약 나이거나 만약 무아라고 상응하여 구하거나, 일래향·일래과·불환향·불환과·아라한향·아라한과가 만약 나이거나 만약 무아라고 상응하여 구하거나, 예류향·예류과가 만약 청정하거나 만약 부정하다고 상응하여 구하거나, 일래향·일래과·불환향·불환과·아라한향·아라한과가 만약 청정하거나 만약 부정하다고 상응하여 구해야 한다. 만약 이러한 법 등을 능히 구하면서 보시를 수행한다면 이것은 보시바라밀다를 행하는 것이다.

교시가여. 만약 선남자와 선여인 등이 이와 같이 예류향·예류과가 만약 항상하거나 만약 무상하다고 구하거나, 일래향·일래과·불환향·불환과·아라한향·아라한과가 만약 항상하거나 만약 무상하다고 구하거나, 예류향·예류과가 만약 즐겁거나 만약 괴롭다고 구하거나, 일래향·일래과·불환향·불환과·아라한향·아라한과가 만약 즐겁거나 만약 괴롭다고 구하거나, 예류향·예류과가 만약 나이거나 만약 무아라고 구하거나, 일래향·일래과·불환향·불환과·아라한향·아라한과가 만약 나이거나 만약 무아라고 구하거나, 예류향·예류과가 만약 청정하거나 만약 부정하다고 구하거나, 일래향·일래과·불환향·불환과·아라한향·아라한과가 만약 청정하거나 만약 부정하다고 구하면서 이러한 법들에 의지하여 보시를 행하는 자라면, 나는 얻을 수 있고 비슷한 상의 보시바라밀다를 행하는 것이라고 이름하느니라. 교시가여. 앞에서 말한 것과 같다면, 모두가 얻을 수 있고 비슷한 상의 보시바라밀다를 설한다고 마땅히 알아야 하느니라.

다시 다음으로 교시가여. 선남자와 선여인 등이 있어서 무상정등보리

심을 일으킨 자를 위하여 독각의 보리가 만약 항상하거나 만약 무상하다고 설하거나, 독각의 보리가 만약 즐겁거나 만약 괴롭다고 설하거나, 독각의 보리가 만약 나이거나 만약 무아라고 설하거나, 독각의 보리가 만약 청정하거나 만약 부정하다고 설해야 한다. 만약 이와 같은 법 등에 의지하여 보시를 수행한다면, 이것은 보시바라밀다를 행하는 것이다.

다시 이것의 말을 짓는다면 보시를 행하는 자는 독각의 보리가 만약 항상하거나 만약 무상하다고 상응하여 구하거나, 독각의 보리가 만약 즐겁거나 만약 괴롭다고 상응하여 구하거나, 독각의 보리가 만약 나이거나 만약 무아라고 상응하여 구하거나, 독각의 보리가 만약 청정하거나 만약 부정하다고 상응하여 구해야 한다. 만약 이러한 법 등을 능히 구하면서 보시를 수행한다면 이것은 보시바라밀다를 행하는 것이다.

교시가여. 만약 선남자와 선여인 등이 이와 같이 독각의 보리가 만약 항상하거나 만약 무상하다고 구하거나, 독각의 보리가 만약 즐겁거나 만약 괴롭다고 구하거나, 독각의 보리가 만약 나이거나 만약 무아라고 구하거나, 독각의 보리가 만약 청정하거나 만약 부정하다고 구하면서 이러한 법들에 의지하여 보시를 행하는 자라면, 나는 얻을 수 있고 비슷한 상의 보시바라밀다를 행하는 것이라고 이름하느니라. 교시가여. 앞에서 말한 것과 같다면, 모두가 얻을 수 있고 비슷한 상의 보시바라밀다를 설한다고 마땅히 알아야 하느니라.

다시 다음으로 교시가여. 선남자와 선여인 등이 있어서 무상정등보리심을 일으킨 자를 위하여 일체의 보살마하살의 행이 만약 항상하거나 만약 무상하다고 설하거나, 일체의 보살마하살의 행이 만약 즐겁거나 만약 괴롭다고 설하거나, 일체의 보살마하살의 행이 만약 나이거나 만약 무아라고 설하거나, 일체의 보살마하살의 행이 만약 청정하거나 만약 부정하다고 설해야 한다. 만약 이와 같은 법 등에 의지하여 보시를 수행한다면, 이것은 보시바라밀다를 행하는 것이다.

다시 이것의 말을 짓는다면 보시를 행하는 자는 일체의 보살마하살의 행이 만약 항상하거나 만약 무상하다고 상응하여 구하거나, 일체의 보살마하살의 행이 만약 즐겁거나 만약 괴롭다고 상응하여 구하거나, 일체의 보살마하살의 행이 만약 나이거나 만약 무아라고 상응하여 구하거나, 일체의 보살마하살의 행이 만약 청정하거나 만약 부정하다고 상응하여 구해야 한다. 만약 이러한 법 등을 능히 구하면서 보시를 수행하고 있다면 이것은 보시바라밀다를 행하는 것이다.

교시가여. 만약 선남자와 선여인 등이 이와 같이 일체의 보살마하살의 행이 만약 항상하거나 만약 무상하다고 구하거나, 일체의 보살마하살의 행이 만약 즐겁거나 만약 괴롭다고 구하거나, 일체의 보살마하살의 행이 만약 나이거나 만약 무아라고 구하거나, 일체의 보살마하살의 행이 만약 청정하거나 만약 부정하다고 구하면서 이러한 법들에 의지하여 보시를 행하는 자라면, 나는 얻을 수 있고 비슷한 상의 보시바라밀다를 행하는 것이라고 이름하느니라. 교시가여. 앞에서 말한 것과 같다면, 모두가 얻을 수 있고 비슷한 상의 보시바라밀다를 설한다고 마땅히 알아야 하느니라.

다시 다음으로 교시가여. 선남자와 선여인 등이 있어서 무상정등보리심을 일으킨 자를 위하여 제불의 무상정등보리가 만약 항상하거나 만약 무상하다고 설하거나, 제불의 무상정등보리가 만약 즐겁거나 만약 괴롭다고 설하거나, 제불의 무상정등보리가 만약 나이거나 만약 무아라고 설하거나, 제불의 무상정등보리가 만약 청정하거나 만약 부정하다고 설해야 한다. 만약 이와 같은 법 등에 의지하여 보시를 수행한다면, 이것은 보시바라밀다를 행하는 것이다.

다시 이것의 말을 짓는다면 보시를 행하는 자는 제불의 무상정등보리가 만약 항상하거나 만약 무상하다고 상응하여 구하거나, 제불의 무상정등보리가 만약 즐겁거나 만약 괴롭다고 상응하여 구하거나, 제불의 무상정등보리가 만약 나이거나 만약 무아라고 상응하여 구하거나, 제불의 무상정등보리가 만약 청정하거나 만약 부정하다고 상응하여 구해야 한다. 만약 이러한 법 등을 능히 구하면서 보시를 수행하고 있다면 이것은 보시바라밀다를 행하는 것이다.

교시가여. 만약 선남자와 선여인 등이 이와 같이 제불의 무상정등보리가 만약 항상하거나 만약 무상하다고 구하거나, 제불의 무상정등보리가 만약 즐겁거나 만약 괴롭다고 구하거나, 제불의 무상정등보리가 만약 나이거나 만약 무아라고 구하거나, 제불의 무상정등보리가 만약 청정하거나 만약 부정하다고 구하면서 이러한 법들에 의지하여 보시를 행하는 자라면, 나는 얻을 수 있고 비슷한 상의 보시바라밀다를 행하는 것이라고 이름하느니라. 교시가여. 앞에서 말한 것과 같다면, 모두가 얻을 수 있고 비슷한 상의 보시바라밀다를 설한다고 마땅히 알아야 하느니라."

"다시 다음으로 교시가여. 선남자와 선여인 등이 있어서 무상정등보리심을 일으킨 자를 위하여 널리 반야바라밀다를 설하면서, '오십시오. 선남자여. 내가 마땅히 가르쳐서 그대가 반야바라밀다를 수행하게 하겠습니다. 만약 나의 가르침에 의지하여 수학하는 자는, 마땅히 빠르게 첫째의 극희지(極喜地), 둘째의 이구지(離垢地), 셋째의 발광지(發光地), 넷째의 염혜지(焰慧地), 다섯째의 극난승지(極難勝地), 여섯째의 현전지(現前地), 일곱째의 원행지(遠行地), 여덟째의 부동지(不動地), 아홉째의 선혜지(善慧地), 열째의 법운지(法雲地)에서 빠르게 머무를 것입니다.'라고 이와 같이 말을 지었다면, 교시가여. 이 선남자와 선여인 등은 유상(有相)으로써 방편으로 삼고, 얻을 수 있는 것으로써 방편으로 삼으며, 시분(時分)[1]으로써 생각하면서 다른 사람에게 반야바라밀다를 수학하게 가르치는 것이니, 이것은 비슷한 상으로 반야바라밀다를 설하는 것이니라.

다시 다음으로 교시가여. 선남자와 선여인 등이 있어서 무상정등보리심을 일으킨 자를 위하여 널리 정려바라밀다를 설하면서, '오십시오. 선남자여. 내가 마땅히 가르쳐서 그대가 정려바라밀다를 수행하게 하겠습니다. 만약 나의 가르침에 의지하여 수학하는 자는, 마땅히 빠르게 첫째의 극희지, 둘째의 이구지, 셋째의 발광지, 넷째의 염혜지, 다섯째의 극난승지, 여섯째의 현전지, 일곱째의 원행지, 여덟째의 부동지, 아홉째의

---

1) 시간을 나타내는 용어로 '무렵', '대체적인 시기' 또는 '시간'을 뜻한다.

선혜지, 열째의 법운지에서 빠르게 머무를 것입니다.'라고 이와 같이 말을 지었다면, 교시가여. 이 선남자와 선여인 등은 유상으로써 방편으로 삼고, 얻을 수 있는 것으로써 방편으로 삼으며, 시분으로써 생각하면서 다른 사람에게 반야바라밀다를 수학하게 가르치는 것이니, 이것은 비슷한 상으로 정려바라밀다를 설하는 것이니라.

다시 다음으로 교시가여. 선남자와 선여인 등이 있어서 무상정등보리심을 일으킨 자를 위하여 널리 정진바라밀다를 설하면서, '오십시오. 선남자여. 내가 마땅히 가르쳐서 그대가 정진바라밀다를 수행하게 하겠습니다. 만약 나의 가르침에 의지하여 수학하는 자는, 마땅히 빠르게 첫째의 극희지, 둘째의 이구지, 셋째의 발광지, 넷째의 염혜지, 다섯째의 극난승지, 여섯째의 현전지, 일곱째의 원행지, 여덟째의 부동지, 아홉째의 선혜지, 열째의 법운지에서 빠르게 머무를 것입니다.'라고 이와 같이 말을 지었다면, 교시가여. 이 선남자와 선여인 등은 유상으로써 방편으로 삼고, 얻을 수 있는 것으로써 방편으로 삼으며, 시분으로써 생각하면서 다른 사람에게 반야바라밀다를 수학하게 가르치는 것이니, 이것은 비슷한 상으로 정진바라밀다를 설하는 것이니라.

다시 다음으로 교시가여. 선남자와 선여인 등이 있어서 무상정등보리심을 일으킨 자를 위하여 널리 안인바라밀다를 설하면서, '오십시오. 선남자여. 내가 마땅히 가르쳐서 그대가 안인바라밀다를 수행하게 하겠습니다. 만약 나의 가르침에 의지하여 수학하는 자는, 마땅히 빠르게 첫째의 극희지, 둘째의 이구지, 셋째의 발광지, 넷째의 염혜지, 다섯째의 극난승지, 여섯째의 현전지, 일곱째의 원행지, 여덟째의 부동지, 아홉째의 선혜지, 열째의 법운지에서 빠르게 머무를 것입니다.'라고 이와 같이 말을 지었다면, 교시가여. 이 선남자와 선여인 등은 유상으로써 방편으로 삼고, 얻을 수 있는 것으로써 방편으로 삼으며, 시분으로써 생각하면서 다른 사람에게 반야바라밀다를 수학하게 가르치는 것이니, 이것은 비슷한 상으로 안인바라밀다를 설하는 것이니라.

다시 다음으로 교시가여. 선남자와 선여인 등이 있어서 무상정등보리

심을 일으킨 자를 위하여 널리 정계바라밀다를 설하면서, '오십시오.
선남자여. 내가 마땅히 가르쳐서 그대가 정계바라밀다를 수행하게 하겠
습니다. 만약 나의 가르침에 의지하여 수학하는 자는, 마땅히 빠르게
첫째의 극희지, 둘째의 이구지, 셋째의 발광지, 넷째의 염혜지, 다섯째의
극난승지, 여섯째의 현전지, 일곱째의 원행지, 여덟째의 부동지, 아홉째의
선혜지, 열째의 법운지에서 빠르게 머무를 것입니다.'라고 이와 같이
말을 지었다면, 교시가여. 이 선남자와 선여인 등은 유상으로써 방편으로
삼고, 얻을 수 있는 것으로써 방편으로 삼으며, 시분으로써 생각하면서
다른 사람에게 반야바라밀다를 수학하게 가르치는 것이니, 이것은 비슷한
상으로 정계바라밀다를 설하는 것이니라.

　다시 다음으로 교시가여. 선남자와 선여인 등이 있어서 무상정등보리
심을 일으킨 자를 위하여 널리 보시바라밀다를 설하면서, '오십시오.
선남자여. 내가 마땅히 가르쳐서 그대가 보시바라밀다를 수행하게 하겠
습니다. 만약 나의 가르침에 의지하여 수학하는 자는, 마땅히 빠르게
첫째의 극희지, 둘째의 이구지, 셋째의 발광지, 넷째의 염혜지, 다섯째의
극난승지, 여섯째의 현전지, 일곱째의 원행지, 여덟째의 부동지, 아홉째의
선혜지, 열째의 법운지에서 빠르게 머무를 것입니다.'라고 이와 같이
말을 지었다면, 교시가여. 이 선남자와 선여인 등은 유상으로써 방편으로
삼고, 얻을 수 있는 것으로써 방편으로 삼으며, 시분으로써 생각하면서
다른 사람에게 반야바라밀다를 수학하게 가르치는 것이니, 이것은 비슷한
상으로 보시바라밀다를 설하는 것이니라.

　다시 다음으로 교시가여. 선남자와 선여인 등이 있어서 무상정등보리
심을 일으킨 자를 위하여 널리 반야바라밀다를 설하거나, 혹은 널리
정려바라밀다를 설하거나, 혹은 널리 정진바라밀다를 설하거나, 혹은
널리 안인바라밀다를 설하거나, 혹은 널리 정계바라밀다를 설하거나,
혹은 널리 보시바라밀다를 설하면서, '오십시오. 선남자여. 내가 마땅히
가르쳐서 그대가 반야, 나아가 보시바라밀다를 수행하게 하겠습니다.
만약 나의 가르침에 의지하여 수학하는 자는, 빠르게 성문지와 독각지를

초월할 것입니다.'라고 이와 같이 말을 지었다면, 교시가여. 이 선남자와
선여인 등은 유상으로써 방편으로 삼고, 얻을 수 있는 것으로써 방편으로
삼으며, 시분으로써 생각하면서 다른 사람에게 반야·정려·정진·안인·정
계·보시바라밀다를 수학하게 가르치는 것이니, 이것은 비슷한 상으로
반야, 나아가 보시바라밀다를 설하는 것이니라.

　다시 다음으로 교시가여. 선남자와 선여인 등이 있어서 무상정등보리
심을 일으킨 자를 위하여 널리 반야바라밀다를 설하거나, 혹은 널리
정려바라밀다를 설하거나, 혹은 널리 정진바라밀다를 설하거나, 혹은
널리 안인바라밀다를 설하거나, 혹은 널리 정계바라밀다를 설하거나,
혹은 널리 보시바라밀다를 설하면서, '오십시오. 선남자여. 내가 마땅히
가르쳐서 그대가 반야, 나아가 보시바라밀다를 수행하게 하겠습니다.
만약 나의 가르침에 의지하여 수학하는 자는 빠르게 보살의 정성이생(正性
離生)에 들어가고, 이미 보살의 정성이생에 들어갔다면 곧 보살의 무생법
인(無生法忍)²⁾을 증득하며, 이미 보살의 무생법인을 증득하였다면 곧
보살의 퇴전하지 않는 신통을 얻고, 이미 보살의 퇴전하지 않는 신통을
증득하였다면 능히 시방의 일체 불국토를 다니면서 한 불국토에서 다른
한 불국토에 이르면서 일체의 여래·응공·정등각들께 공양하고 공경하며
존중하고 찬탄할 것이고, 이것을 이유로 무상정등보리를 빠르게 증득할
것입니다.'라고 이와 같이 말을 지었다면, 교시가여. 이 선남자와 선여인
등은 유상으로써 방편으로 삼고, 얻을 수 있는 것으로써 방편으로 삼으며,
시분으로써 생각하면서 다른 사람에게 반야·정려·정진·안인·정계·보시
바라밀다를 수학하게 가르치는 것이니, 이것은 비슷한 상으로 반야, 나아
가 보시바라밀다를 설하는 것이니라.

---

2) 산스크리트어 anutpattika-dharma-kṣānti의 번역이고, 무생인(無生忍)·무생인법
(無生忍法)·수습무생인(修習無生忍)이라고도 말한다. '무생법(無生法)'은 태어나
지도 않고 소멸하지도 않는 불생불멸인 진여(眞如)의 이치를 뜻하고, '인(忍)'은
인정한다는 뜻이다. 곧 제법의 실상(實相)이 공하여 본래 생겨나거나 소멸함이
없는 적멸(寂滅)한 상태임을 깨닫는 지혜를 가리킨다.

다시 다음으로 교시가여. 선남자와 선여인 등이 있어서 보살의 종성(種性)에 머무르는 자에게 '만약 능히 매우 깊은 반야바라밀다를 듣고서 수지하며 독송하고 정근하면서 수학하며 이치와 같이 사유한다면, 결정적으로 마땅히 무량하고 무수이며 무변한 공덕을 얻을 것이다.'라고 알려 말하였다면, 교시가여. 이 선남자와 선여인 등은 유상으로써 방편으로 삼고, 얻을 수 있는 것으로써 방편으로 삼고서 이와 같이 설하는 것이니, 이것은 비슷한 상으로 반야·정려·정진·안인·정계·보시바라밀다를 설하는 것이니라.

다시 다음으로 교시가여. 선남자와 선여인 등이 있어서 보살의 종성에 머무르는 자에게 '그대는 과거·미래·현재의 일체의 여래·응공·정등각께서 처음 발심하셨고, 나아가 무여열반(無餘涅槃)을 증득하기까지 소유하셨던 선근(善根)을 모두 상응하여 따라서 기뻐하고 일체를 화합하여 집적(集合)해야 하며, 여러 유정을 위하여 무상정등보리에 회향해야 합니다.'라고 알려 말하였다면, 교시가여. 이 선남자와 선여인 등은 유상으로써 방편으로 삼고, 얻을 수 있는 것으로써 방편으로 삼고서 이와 같이 설하는 것이니, 이것은 비슷한 상으로 반야·정려·정진·안인·정계·보시바라밀다를 설하는 것이니라."

마하반야바라밀다경 제146권

30. 교량공덕품(校量功悳品)(44)

이때 천제석이 세존께 아뢰어 말하였다.

"세존이시여. 무엇을 진정(眞正)한 반야·정려·정진·안인·정계·보시바라밀다를 널리 설한다고 이름합니까?"

세존께서 말씀하셨다.

"교시가여. 만약 선남자와 선여인 등이 얻을 수 없는 것으로 반야·정려·정진·안인·정계·보시바라밀다를 설하였고, 이와 같다면 반야·정려·정진·안인·정계·보시바라밀다를 널리 설한다고 이름하느니라."

이때 천제석이 다시 세존께 아뢰어 말하였다.

"세존이시여. 무엇을 선남자와 선여인 등이 얻을 수 없는 것으로 반야바라밀다를 설한다면, 진정한 반야바라밀다를 설한다고 이름합니까?"

세존께서 말씀하셨다.

"교시가여. 만약 선남자와 선여인 등이 무상보리심(無上菩提心)을 일으킨 자를 위하여 반야바라밀다를 널리 설한다면, '그대 선남자여. 반야바라밀다에 상응하여 수습할 것이고, 색이 항상하거나 무상하다고 상응하여 관찰하지 않아야 하며, 수·상·행·식이 항상(常)하거나 무상(無常)하다고 상응하여 관찰하지 않아야 합니다. 왜 그러한가? 색은 색의 자성(自性)이 공하고 수·상·행·식은 수·상·행·식의 자성이 공하더라도, 이 색의 자성은 곧 자성이 아니고 이 수·상·행·식의 자성도 역시 자성이 아닙니다.

만약 자성이 아닌 것이 곧 반야바라밀다라면, 이 반야바라밀다에서는

색을 얻을 수 없고 그것의 항상함과 무상함도 역시 얻을 수 없으며, 수·상·행·식을 모두 얻을 수 없고 그것의 항상함과 무상함도 역시 얻을 수 없습니다. 그 까닭은 무엇인가? 이 가운데에서 오히려 색 등도 얻을 수 없는데, 어찌 하물며 그것의 항상함과 무상함이 있겠습니까? 그대가 만약 이와 같이 능히 반야를 수습한다면 이것이 반야바라밀다를 수습하는 것입니다.'라고 이와 같이 말을 지어야 하느니라.

다시 '그대 선남자여. 반야바라밀다에 상응하여 수습할 것이고, 색이 즐겁(樂)거나 괴롭(苦)다고 상응하여 관찰하지 않아야 하며, 수·상·행·식이 즐겁거나 괴롭다고 상응하여 관찰하지 않아야 합니다. 왜 그러한가? 색은 색의 자성이 공하고 수·상·행·식은 수·상·행·식의 자성이 공하더라도, 이 색의 자성은 곧 자성이 아니고 이 수·상·행·식의 자성도 역시 자성이 아닙니다.

만약 자성이 아닌 것이 곧 반야바라밀다라면, 이 반야바라밀다에서는 색을 얻을 수 없고 그것의 즐거움과 괴로움도 역시 얻을 수 없으며, 수·상·행·식을 모두 얻을 수 없고 그것의 즐거움과 괴로움도 역시 얻을 수 없습니다. 그 까닭은 무엇인가? 이 가운데에서 오히려 색 등도 얻을 수 없는데, 어찌 하물며 그것의 즐거움과 괴로움이 있겠습니까? 그대가 만약 이와 같이 능히 반야를 수습한다면 이것이 반야바라밀다를 수습하는 것입니다.'라고 이와 같이 말을 지어야 하느니라.

다시 '그대 선남자여. 반야바라밀다에 상응하여 수습할 것이고, 색이 나(我)이거나 무아(無我)라고 상응하여 관찰하지 않아야 하며, 수·상·행·식이 나이거나 무아라고 상응하여 관찰하지 않아야 합니다. 왜 그러한가? 색은 색의 자성이 공하고 수·상·행·식은 수·상·행·식의 자성이 공하더라도, 이 색의 자성은 곧 자성이 아니고 이 수·상·행·식의 자성도 역시 자성이 아닙니다.

만약 자성이 아닌 것이 곧 반야바라밀다라면, 이 반야바라밀다에서는 색을 얻을 수 없고 그것의 나와 무아도 역시 얻을 수 없으며, 수·상·행·식을 모두 얻을 수 없고 그것의 나와 무아도 역시 얻을 수 없습니다. 그 까닭은 무엇인가? 이 가운데에서 오히려 색 등도 얻을 수 없는데, 어찌 하물며 그것의 나와 무아가 있겠습니까? 그대가 만약 이와 같이 능히 반야를 수습한다면 이것이 반야바라밀다를 수습하는 것입니다.'라고 이와 같이 말을 지어야 하느니라.

다시 '그대 선남자여. 반야바라밀다에 상응하여 수습할 것이고, 색이 청정(淨)하거나 부정(不淨)하다고 상응하여 관찰하지 않아야 하며, 수·상·행·식이 청정하거나 부정하다고 상응하여 관찰하지 않아야 합니다. 왜 그러한가? 색은 색의 자성이 공하고 수·상·행·식은 수·상·행·식의 자성이 공하더라도, 이 색의 자성은 곧 자성이 아니고 이 수·상·행·식의 자성도 역시 자성이 아닙니다.

만약 자성이 아닌 것이 곧 반야바라밀다라면, 이 반야바라밀다에서는 색을 얻을 수 없고 그것의 청정과 부정도 역시 얻을 수 없으며, 수·상·행·식을 모두 얻을 수 없고 그것의 청정과 부정도 역시 얻을 수 없습니다. 그 까닭은 무엇인가? 이 가운데에서 오히려 색 등도 얻을 수 없는데, 어찌 하물며 그것의 청정과 부정이 있겠습니까? 그대가 만약 이와 같이 능히 반야를 수습한다면 이것이 반야바라밀다를 수습하는 것입니다.'라고 이와 같이 말을 지어야 하느니라.

교시가여. 이 선남자와 선여인 등이 이것 등을 설하였다면 이것이 널리 진정하게 반야바라밀다를 설하는 것이니라.

다시 다음으로 교시가여. 만약 선남자와 선여인 등이 무상보리심을 일으킨 자를 위하여 반야바라밀다를 널리 설한다면, '그대 선남자여. 반야바라밀다에 상응하여 수습할 것이고, 안처가 항상하거나 무상하다고 상응하여 관찰하지 않아야 하며, 이·비·설·신·의처가 항상하거나 무상하다고 상응하여 관찰하지 않아야 합니다. 왜 그러한가? 안처는 안처의 자성이 공하고 이·비·설·신·의처는 이·비·설·신·의처의 자성이 공하더라도, 이 안처의 자성은 곧 자성이 아니고 이·비·설·신·의처의 자성도 역시 자성이 아닙니다.

만약 자성이 아닌 것이 곧 반야바라밀다라면, 이 반야바라밀다에서는

안처를 얻을 수 없고 그것의 항상함과 무상함도 역시 얻을 수 없으며, 이·비·설·신·의처를 모두 얻을 수 없고 그것의 항상함과 무상함도 역시 얻을 수 없습니다. 그 까닭은 무엇인가? 이 가운데에서 오히려 안처 등도 얻을 수 없는데, 어찌 하물며 그것의 항상함과 무상함이 있겠습니까? 그대가 만약 이와 같이 능히 반야를 수습한다면 이것이 반야바라밀다를 수습하는 것입니다.'라고 이와 같이 말을 지어야 하느니라.

다시 '그대 선남자여. 반야바라밀다에 상응하여 수습할 것이고, 안처가 즐겁거나 괴롭다고 상응하여 관찰하지 않아야 하며, 이·비·설·신·의처가 즐겁거나 괴롭다고 상응하여 관찰하지 않아야 합니다. 왜 그러한가? 안처는 안처의 자성이 공하고 이·비·설·신·의처는 이·비·설·신·의처의 자성이 공하더라도, 이 안처의 자성은 곧 자성이 아니고 이·비·설·신·의처 의 자성도 역시 자성이 아닙니다.

만약 자성이 아닌 것이 곧 반야바라밀다라면, 이 반야바라밀다에서는 안처를 얻을 수 없고 그것의 즐거움과 괴로움도 역시 얻을 수 없으며, 이·비·설·신·의처를 모두 얻을 수 없고 그것의 즐거움과 괴로움도 역시 얻을 수 없습니다. 그 까닭은 무엇인가? 이 가운데에서 오히려 안처 등도 얻을 수 없는데, 어찌 하물며 그것의 즐거움과 괴로움이 있겠습니까? 그대가 만약 이와 같이 능히 반야를 수습한다면 이것이 반야바라밀다를 수습하는 것입니다.'라고 이와 같이 말을 지어야 하느니라.

다시 '그대 선남자여. 반야바라밀다에 상응하여 수습할 것이고, 안처가 나이거나 무아라고 상응하여 관찰하지 않아야 하며, 이·비·설·신·의처가 나이거나 무아라고 상응하여 관찰하지 않아야 합니다. 왜 그러한가? 안처는 안처의 자성이 공하고 이·비·설·신·의처는 이·비·설·신·의처의 자성이 공하더라도, 이 안처의 자성은 곧 자성이 아니고 이 이·비·설·신· 의처의 자성도 역시 자성이 아닙니다.

만약 자성이 아닌 것이 곧 반야바라밀다라면, 이 반야바라밀다에서는 안처를 얻을 수 없고 그것의 나와 무아도 역시 얻을 수 없으며, 이·비·설·신 ·의처를 모두 얻을 수 없고 그것의 나와 무아도 역시 얻을 수 없습니다.

그 까닭은 무엇인가? 이 가운데에서 오히려 안처 등도 얻을 수 없는데, 어찌 하물며 그것의 나와 무아가 있겠습니까? 그대가 만약 이와 같이 능히 반야를 수습한다면 이것이 반야바라밀다를 수습하는 것입니다.'라고 이와 같이 말을 지어야 하느니라.

다시 '그대 선남자여. 반야바라밀다에 상응하여 수습할 것이고, 안처가 청정하거나 부정하다고 상응하여 관찰하지 않아야 하며, 이·비·설·신·의처가 청정하거나 부정하다고 상응하여 관찰하지 않아야 합니다. 왜 그러한가? 안처는 안처의 자성이 공하고 이·비·설·신·의처는 이·비·설·신·의처의 자성이 공하더라도, 이 안처의 자성은 곧 자성이 아니고 이 이·비·설·신·의처의 자성도 역시 자성이 아닙니다.

만약 자성이 아닌 것이 곧 반야바라밀다라면, 이 반야바라밀다에서는 안처를 얻을 수 없고 그것의 청정과 부정도 역시 얻을 수 없으며, 이·비·설·신·의처를 모두 얻을 수 없고 그것의 청정과 부정도 역시 얻을 수 없습니다. 그 까닭은 무엇인가? 이 가운데에서 오히려 안처 등도 얻을 수 없는데, 어찌 하물며 그것의 청정과 부정이 있겠습니까? 그대가 만약 이와 같이 능히 반야를 수습한다면 이것이 반야바라밀다를 수습하는 것입니다.'라고 이와 같이 말을 지어야 하느니라.

교시가여. 이 선남자와 선여인 등이 이것 등을 설하였다면 이것이 널리 진정하게 반야바라밀다를 설하는 것이니라.

다시 다음으로 교시가여. 만약 선남자와 선여인 등이 무상보리심을 일으킨 자를 위하여 반야바라밀다를 널리 설한다면, '그대 선남자여. 반야바라밀다에 상응하여 수습할 것이고, 색처가 항상하거나 무상하다고 상응하여 관찰하지 않아야 하며, 성·향·미·촉·법처가 항상하거나 무상하다고 상응하여 관찰하지 않아야 합니다. 왜 그러한가? 색처는 색처의 자성이 공하고 성·향·미·촉·법처는 성·향·미·촉·법처의 자성이 공하더라도, 이 색처의 자성은 곧 자성이 아니고 이 성·향·미·촉·법처의 자성도 역시 자성이 아닙니다.

만약 자성이 아닌 것이 곧 반야바라밀다라면, 이 반야바라밀다에서는

색처를 얻을 수 없고 그것의 항상함과 무상함도 역시 얻을 수 없으며, 성·향·미·촉·법처를 모두 얻을 수 없고 그것의 항상함과 무상함도 역시 얻을 수 없습니다. 그 까닭은 무엇인가? 이 가운데에서 오히려 색처 등도 얻을 수 없는데, 어찌 하물며 그것의 항상함과 무상함이 있겠습니까? 그대가 만약 이와 같이 능히 반야를 수습한다면 이것이 반야바라밀다를 수습하는 것입니다.'라고 이와 같이 말을 지어야 하느니라.

다시 '그대 선남자여. 반야바라밀다에 상응하여 수습할 것이고, 색처가 즐겁거나 괴롭다고 상응하여 관찰하지 않아야 하며, 성·향·미·촉·법처가 즐겁거나 괴롭다고 상응하여 관찰하지 않아야 합니다. 왜 그러한가? 색처는 색처의 자성이 공하고 성·향·미·촉·법처는 성·향·미·촉·법처의 자성이 공하더라도, 이 색처의 자성은 곧 자성이 아니고 이 성·향·미·촉·법처의 자성도 역시 자성이 아닙니다.

만약 자성이 아닌 것이 곧 반야바라밀다라면, 이 반야바라밀다에서는 색처를 얻을 수 없고 그것의 즐거움과 괴로움도 역시 얻을 수 없으며, 성·향·미·촉·법처를 모두 얻을 수 없고 그것의 즐거움과 괴로움도 역시 얻을 수 없습니다. 그 까닭은 무엇인가? 이 가운데에서 오히려 색처 등도 얻을 수 없는데, 어찌 하물며 그것의 즐거움과 괴로움이 있겠습니까? 그대가 만약 이와 같이 능히 반야를 수습한다면 이것이 반야바라밀다를 수습하는 것입니다.'라고 이와 같이 말을 지어야 하느니라.

다시 '그대 선남자여. 반야바라밀다에 상응하여 수습할 것이고, 색처가 나이거나 무아라고 상응하여 관찰하지 않아야 하며, 성·향·미·촉·법처가 나이거나 무아라고 상응하여 관찰하지 않아야 합니다. 왜 그러한가? 색처는 색처의 자성이 공하고 성·향·미·촉·법처는 성·향·미·촉·법처의 자성이 공하더라도, 이 색처의 자성은 곧 자성이 아니고 이 성·향·미·촉·법처의 자성도 역시 자성이 아닙니다.

만약 자성이 아닌 것이 곧 반야바라밀다라면, 이 반야바라밀다에서는 색처를 얻을 수 없고 그것의 나와 무아도 역시 얻을 수 없으며, 성·향·미·촉·법처를 모두 얻을 수 없고 그것의 나와 무아도 역시 얻을 수 없습니다.

그 까닭은 무엇인가? 이 가운데에서 오히려 색처 등도 얻을 수 없는데, 어찌 하물며 그것의 나와 무아가 있겠습니까? 그대가 만약 이와 같이 능히 반야를 수습한다면 이것이 반야바라밀다를 수습하는 것입니다.'라고 이와 같이 말을 지어야 하느니라.

다시 '그대 선남자여. 반야바라밀다에 상응하여 수습할 것이고, 색처가 청정하거나 부정하다고 상응하여 관찰하지 않아야 하며, 성·향·미·촉·법처가 청정하거나 부정하다고 상응하여 관찰하지 않아야 합니다. 왜 그러한가? 색처는 색처의 자성이 공하고 성·향·미·촉·법처는 성·향·미·촉·법처의 자성이 공하더라도, 이 색처의 자성은 곧 자성이 아니고 이 성·향·미·촉·법처의 자성도 역시 자성이 아닙니다.

만약 자성이 아닌 것이 곧 반야바라밀다라면, 이 반야바라밀다에서는 색처를 얻을 수 없고 그것의 청정과 부정도 역시 얻을 수 없으며, 성·향·미·촉·법처를 모두 얻을 수 없고 그것의 청정과 부정도 역시 얻을 수 없습니다. 그 까닭은 무엇인가? 이 가운데에서 오히려 색처 등도 얻을 수 없는데, 어찌 하물며 그것의 청정과 부정이 있겠습니까? 그대가 만약 이와 같이 능히 반야를 수습한다면 이것이 반야바라밀다를 수습하는 것입니다.'라고 이와 같이 말을 지어야 하느니라.

교시가여. 이 선남자와 선여인 등이 이것 등을 설하였다면 이것이 널리 진정하게 반야바라밀다를 설하는 것이니라.

다시 다음으로 교시가여. 만약 선남자와 선여인 등이 무상보리심을 일으킨 자를 위하여 반야바라밀다를 널리 설한다면, '그대 선남자여. 반야바라밀다에 상응하여 수습할 것이고, 안계가 항상하거나 무상하다고 상응하여 관찰하지 않아야 하며, 색계·안식계, …… 나아가 …… 안촉·안촉을 인연으로 생겨난 여러 수가 항상하거나 무상하다고 상응하여 관찰하지 않아야 합니다. 왜 그러한가? 안계는 안계의 자성이 공하고 색계·안식계, 나아가 안촉·안촉을 인연으로 생겨난 여러 수는 색계, 나아가 안촉을 인연으로 생겨난 여러 수의 자성이 공하더라도, 이 안계의 자성은 곧 자성이 아니고 이 색계, 나아가 안촉을 인연으로 생겨난 여러 수의 자성도 역시 자성이 아닙니다.

만약 자성이 아닌 것이 곧 반야바라밀다라면, 이 반야바라밀다에서는 안계를 얻을 수 없고 그것의 항상함과 무상함도 역시 얻을 수 없으며, 색계, 나아가 안촉을 인연으로 생겨난 여러 수를 모두 얻을 수 없고 그것의 항상함과 무상함도 역시 얻을 수 없습니다. 그 까닭은 무엇인가? 이 가운데에서 오히려 안계 등도 얻을 수 없는데, 어찌 하물며 그것의 항상함과 무상함이 있겠습니까? 그대가 만약 이와 같이 능히 반야를 수습한다면 이것이 반야바라밀다를 수습하는 것입니다.'라고 이와 같이 말을 지어야 하느니라.

다시 '그대 선남자여. 반야바라밀다에 상응하여 수습할 것이고, 안계가 즐겁거나 괴롭다고 상응하여 관찰하지 않아야 하며, 색계, 나아가 안촉을 인연으로 생겨난 여러 수가 즐겁거나 괴롭다고 상응하여 관찰하지 않아야 합니다. 왜 그러한가? 안계는 안계의 자성이 공하고 색계, 나아가 안촉을 인연으로 생겨난 여러 수는 색계, 나아가 안촉을 인연으로 생겨난 여러 수의 자성이 공하더라도, 이 안계의 자성은 곧 자성이 아니고 이 색계, 나아가 안촉을 인연으로 생겨난 여러 수의 자성도 역시 자성이 아닙니다.

만약 자성이 아닌 것이 곧 반야바라밀다라면, 이 반야바라밀다에서는 안계를 얻을 수 없고 그것의 즐거움과 괴로움도 역시 얻을 수 없으며, 색계, 나아가 안촉을 인연으로 생겨난 여러 수를 모두 얻을 수 없고 그것의 즐거움과 괴로움도 역시 얻을 수 없습니다. 그 까닭은 무엇인가? 이 가운데에서 오히려 안계 등도 얻을 수 없는데, 어찌 하물며 그것의 즐거움과 괴로움이 있겠습니까? 그대가 만약 이와 같이 능히 반야를 수습한다면 이것이 반야바라밀다를 수습하는 것입니다.'라고 이와 같이 말을 지어야 하느니라.

다시 '그대 선남자여. 반야바라밀다에 상응하여 수습할 것이고, 안계가 나이거나 무아라고 상응하여 관찰하지 않아야 하며, 색계, 나아가 안촉을 인연으로 생겨난 여러 수가 나이거나 무아라고 상응하여 관찰하지 않아야 합니다. 왜 그러한가? 안계는 안계의 자성이 공하고 색계, 나아가 안촉을 인연으로 생겨난 여러 수는 색계, 나아가 안촉을 인연으로 생겨난 여러 수의 자성이 공하더라도, 이 안계의 자성은 곧 자성이 아니고 이 색계, 나아가 안촉을 인연으로 생겨난 여러 수의 자성도 역시 자성이 아닙니다.

만약 자성이 아닌 것이 곧 반야바라밀다라면, 이 반야바라밀다에서는 안계를 얻을 수 없고 그것의 나와 무아도 역시 얻을 수 없으며, 색계, 나아가 안촉을 인연으로 생겨난 여러 수를 모두 얻을 수 없고 그것의 나와 무아도 역시 얻을 수 없습니다. 그 까닭은 무엇인가? 이 가운데에서 오히려 안계 등도 얻을 수 없는데, 어찌 하물며 그것의 나와 무아가 있겠습니까? 그대가 만약 이와 같이 능히 반야를 수습한다면 이것이 반야바라밀다를 수습하는 것입니다.'라고 이와 같이 말을 지어야 하느니라.

다시 '그대 선남자여. 반야바라밀다에 상응하여 수습할 것이고, 안계가 청정하거나 부정하다고 상응하여 관찰하지 않아야 하며, 색계, 나아가 안촉을 인연으로 생겨난 여러 수가 청정하거나 부정하다고 상응하여 관찰하지 않아야 합니다. 왜 그러한가? 안계는 안계의 자성이 공하고 색계, 나아가 안촉을 인연으로 생겨난 여러 수는 색계, 나아가 안촉을 인연으로 생겨난 여러 수의 자성이 공하더라도, 이 안계의 자성은 곧 자성이 아니고 이 색계, 나아가 안촉을 인연으로 생겨난 여러 수의 자성도 역시 자성이 아닙니다.

만약 자성이 아닌 것이 곧 반야바라밀다라면, 이 반야바라밀다에서는 안계를 얻을 수 없고 그것의 청정과 부정도 역시 얻을 수 없으며, 색계, 나아가 안촉을 인연으로 생겨난 여러 수를 모두 얻을 수 없고 그것의 청정과 부정도 역시 얻을 수 없습니다. 그 까닭은 무엇인가? 이 가운데에서 오히려 안계 등도 얻을 수 없는데, 어찌 하물며 그것의 청정과 부정이 있겠습니까? 그대가 만약 이와 같이 능히 반야를 수습한다면 이것이 반야바라밀다를 수습하는 것입니다.'라고 이와 같이 말을 지어야 하느니라.

교시가여. 이 선남자와 선여인 등이 이것 등을 설하였다면 이것이 널리 진정하게 반야바라밀다를 설하는 것이니라.

다시 다음으로 교시가여. 만약 선남자와 선여인 등이 무상보리심을

일으킨 자를 위하여 반야바라밀다를 널리 설한다면, '그대 선남자여.
반야바라밀다에 상응하여 수습할 것이고, 이계가 항상하거나 무상하다고
상응하여 관찰하지 않아야 하며, 성계·이식계, …… 나아가 …… 이촉·이촉
을 인연으로 생겨난 여러 수가 항상하거나 무상하다고 상응하여 관찰하지
않아야 합니다. 왜 그러한가? 이계는 이계의 자성이 공하고 성계·이식계,
나아가 이촉·이촉을 인연으로 생겨난 여러 수는 색계, 나아가 안촉을
인연으로 생겨난 여러 수의 자성이 공하더라도, 이 이계의 자성은 곧
자성이 아니고 이 성계, 나아가 이촉을 인연으로 생겨난 여러 수의 자성도
역시 자성이 아닙니다.

　만약 자성이 아닌 것이 곧 반야바라밀다라면, 이 반야바라밀다에서는
이계를 얻을 수 없고 그것의 항상함과 무상함도 역시 얻을 수 없으며,
성계, 나아가 이촉을 인연으로 생겨난 여러 수를 모두 얻을 수 없고
그것의 항상함과 무상함도 역시 얻을 수 없습니다. 그 까닭은 무엇인가?
이 가운데에서 오히려 이계 등도 얻을 수 없는데, 어찌 하물며 그것의
항상함과 무상함이 있겠습니까? 그대가 만약 이와 같이 능히 반야를
수습한다면 이것이 반야바라밀다를 수습하는 것입니다.'라고 이와 같이
말을 지어야 하느니라.

　다시 '그대 선남자여. 반야바라밀다에 상응하여 수습할 것이고, 이계가
즐겁거나 괴롭다고 상응하여 관찰하지 않아야 하며, 성계, 나아가 이촉을
인연으로 생겨난 여러 수가 즐겁거나 괴롭다고 상응하여 관찰하지 않아야
합니다. 왜 그러한가? 이계는 이계의 자성이 공하고 성계, 나아가 이촉을
인연으로 생겨난 여러 수는 성계, 나아가 이촉을 인연으로 생겨난 여러
수의 자성이 공하더라도, 이 이계의 자성은 곧 자성이 아니고 이 성계,
나아가 이촉을 인연으로 생겨난 여러 수의 자성도 역시 자성이 아닙니다.

　만약 자성이 아닌 것이 곧 반야바라밀다라면, 이 반야바라밀다에서는
이계를 얻을 수 없고 그것의 즐거움과 괴로움도 역시 얻을 수 없으며,
성계, 나아가 이촉을 인연으로 생겨난 여러 수를 모두 얻을 수 없고
그것의 즐거움과 괴로움도 역시 얻을 수 없습니다. 그 까닭은 무엇인가?

이 가운데에서 오히려 이계 등도 얻을 수 없는데, 어찌 하물며 그것의 즐거움과 괴로움이 있겠습니까? 그대가 만약 이와 같이 능히 반야를 수습한다면 이것이 반야바라밀다를 수습하는 것입니다.'라고 이와 같이 말을 지어야 하느니라.

다시 '그대 선남자여. 반야바라밀다에 상응하여 수습할 것이고, 이계가 나이거나 무아라고 상응하여 관찰하지 않아야 하며, 성계, 나아가 이촉을 인연으로 생겨난 여러 수가 나이거나 무아라고 상응하여 관찰하지 않아야 합니다. 왜 그러한가? 이계는 이계의 자성이 공하고 성계, 나아가 이촉을 인연으로 생겨난 여러 수는 성계, 나아가 이촉을 인연으로 생겨난 여러 수의 자성이 공하더라도, 이 이계의 자성은 곧 자성이 아니고 이 성계, 나아가 이촉을 인연으로 생겨난 여러 수의 자성도 역시 자성이 아닙니다.

만약 자성이 아닌 것이 곧 반야바라밀다라면, 이 반야바라밀다에서는 이계를 얻을 수 없고 그것의 나와 무아도 역시 얻을 수 없으며, 성계, 나아가 이촉을 인연으로 생겨난 여러 수를 모두 얻을 수 없고 그것의 나와 무아도 역시 얻을 수 없습니다. 그 까닭은 무엇인가? 이 가운데에서 오히려 이계 등도 얻을 수 없는데, 어찌 하물며 그것의 나와 무아가 있겠습니까? 그대가 만약 이와 같이 능히 반야를 수습한다면 이것이 반야바라밀다를 수습하는 것입니다.'라고 이와 같이 말을 지어야 하느니라.

다시 '그대 선남자여. 반야바라밀다에 상응하여 수습할 것이고, 이계가 청정하거나 부정하다고 상응하여 관찰하지 않아야 하며, 성계, 나아가 이촉을 인연으로 생겨난 여러 수가 청정하거나 부정하다고 상응하여 관찰하지 않아야 합니다. 왜 그러한가? 이계는 이계의 자성이 공하고 성계, 나아가 이촉을 인연으로 생겨난 여러 수는 성계, 나아가 이촉을 인연으로 생겨난 여러 수의 자성이 공하더라도, 이 이계의 자성은 곧 자성이 아니고 이 성계, 나아가 이촉을 인연으로 생겨난 여러 수의 자성도 역시 자성이 아닙니다.

만약 자성이 아닌 것이 곧 반야바라밀다라면, 이 반야바라밀다에서는 이계를 얻을 수 없고 그것의 청정과 부정도 역시 얻을 수 없으며, 성계,

나아가 이촉을 인연으로 생겨난 여러 수를 모두 얻을 수 없고 그것의 청정과 부정도 역시 얻을 수 없습니다. 그 까닭은 무엇인가? 이 가운데에서 오히려 이계 등도 얻을 수 없는데, 어찌 하물며 그것의 청정과 부정이 있겠습니까? 그대가 만약 이와 같이 능히 반야를 수습한다면 이것이 반야바라밀다를 수습하는 것입니다.'라고 이와 같이 말을 지어야 하느니라.

교시가여. 이 선남자와 선여인 등이 이것 등을 설하였다면 이것이 널리 진정하게 반야바라밀다를 설하는 것이니라.

다시 다음으로 교시가여. 만약 선남자와 선여인 등이 무상보리심을 일으킨 자를 위하여 반야바라밀다를 널리 설한다면, '그대 선남자여. 반야바라밀다에 상응하여 수습할 것이고, 비계가 항상하거나 무상하다고 상응하여 관찰하지 않아야 하며, 향계·비식계, …… 나아가 …… 비촉·비촉을 인연으로 생겨난 여러 수가 항상하거나 무상하다고 상응하여 관찰하지 않아야 합니다. 왜 그러한가? 비계는 비계의 자성이 공하고 향계·비식계, 나아가 비촉·비촉을 인연으로 생겨난 여러 수는 향계, 나아가 비촉을 인연으로 생겨난 여러 수의 자성이 공하더라도, 이 비계의 자성은 곧 자성이 아니고 이 향계, 나아가 비촉을 인연으로 생겨난 여러 수의 자성도 역시 자성이 아닙니다.

만약 자성이 아닌 것이 곧 반야바라밀다라면, 이 반야바라밀다에서는 비계를 얻을 수 없고 그것의 항상함과 무상함도 역시 얻을 수 없으며, 향계, 나아가 비촉을 인연으로 생겨난 여러 수를 모두 얻을 수 없고 그것의 항상함과 무상함도 역시 얻을 수 없습니다. 그 까닭은 무엇인가? 이 가운데에서 오히려 비계 등도 얻을 수 없는데, 어찌 하물며 그것의 항상함과 무상함이 있겠습니까? 그대가 만약 이와 같이 능히 반야를 수습한다면 이것이 반야바라밀다를 수습하는 것입니다.'라고 이와 같이 말을 지어야 하느니라.

다시 '그대 선남자여. 반야바라밀다에 상응하여 수습할 것이고, 비계가 즐겁거나 괴롭다고 상응하여 관찰하지 않아야 하며, 향계, 나아가 비촉을 인연으로 생겨난 여러 수가 즐겁거나 괴롭다고 상응하여 관찰하지 않아야

합니다. 왜 그러한가? 비계는 비계의 자성이 공하고 향계, 나아가 비촉을
인연으로 생겨난 여러 수는 향계, 나아가 비촉을 인연으로 생겨난 여러
수의 자성이 공하더라도, 이 비계의 자성은 곧 자성이 아니고 이 향계,
나아가 비촉을 인연으로 생겨난 여러 수의 자성도 역시 자성이 아닙니다.

　만약 자성이 아닌 것이 곧 반야바라밀다라면, 이 반야바라밀다에서는
비계를 얻을 수 없고 그것의 즐거움과 괴로움도 역시 얻을 수 없으며,
향계, 나아가 비촉을 인연으로 생겨난 여러 수를 모두 얻을 수 없고
그것의 즐거움과 괴로움도 역시 얻을 수 없습니다. 그 까닭은 무엇인가?
이 가운데에서 오히려 비계 등도 얻을 수 없는데, 어찌 하물며 그것의
즐거움과 괴로움이 있겠습니까? 그대가 만약 이와 같이 능히 반야를
수습한다면 이것이 반야바라밀다를 수습하는 것입니다.'라고 이와 같이
말을 지어야 하느니라.

　다시 '그대 선남자여. 반야바라밀다에 상응하여 수습할 것이고, 비계가
나이거나 무아라고 상응하여 관찰하지 않아야 하며, 향계, 나아가 비촉을
인연으로 생겨난 여러 수가 나이거나 무아라고 상응하여 관찰하지 않아야
합니다. 왜 그러한가? 비계는 비계의 자성이 공하고 향계, 나아가 비촉을
인연으로 생겨난 여러 수는 향계, 나아가 비촉을 인연으로 생겨난 여러
수의 자성이 공하더라도, 이 비계의 자성은 곧 자성이 아니고 이 향계,
나아가 비촉을 인연으로 생겨난 여러 수의 자성도 역시 자성이 아닙니다.

　만약 자성이 아닌 것이 곧 반야바라밀다라면, 이 반야바라밀다에서는
비계를 얻을 수 없고 그것의 나와 무아도 역시 얻을 수 없으며, 향계, 나아가
비촉을 인연으로 생겨난 여러 수를 모두 얻을 수 없고 그것의 나와 무아도
역시 얻을 수 없습니다. 그 까닭은 무엇인가? 이 가운데에서 오히려 비계
등도 얻을 수 없는데, 어찌 하물며 그것의 나와 무아가 있겠습니까?
그대가 만약 이와 같이 능히 반야를 수습한다면 이것이 반야바라밀다를
수습하는 것입니다.'라고 이와 같이 말을 지어야 하느니라.

　다시 '그대 선남자여. 반야바라밀다에 상응하여 수습할 것이고, 비계가
청정하거나 부정하다고 상응하여 관찰하지 않아야 하며, 향계, 나아가

비촉을 인연으로 생겨난 여러 수가 청정하거나 부정하다고 상응하여 관찰하지 않아야 합니다. 왜 그러한가? 비계는 비계의 자성이 공하고 향계, 나아가 비촉을 인연으로 생겨난 여러 수는 향계, 나아가 비촉을 인연으로 생겨난 여러 수의 자성이 공하더라도, 이 비계의 자성은 곧 자성이 아니고 이 향계, 나아가 비촉을 인연으로 생겨난 여러 수의 자성도 역시 자성이 아닙니다.

만약 자성이 아닌 것이 곧 반야바라밀다라면, 이 반야바라밀다에서는 비계를 얻을 수 없고 그것의 청정과 부정도 역시 얻을 수 없으며, 향계, 나아가 비촉을 인연으로 생겨난 여러 수를 모두 얻을 수 없고 그것의 청정과 부정도 역시 얻을 수 없습니다. 그 까닭은 무엇인가? 이 가운데에서 오히려 비계 등도 얻을 수 없는데, 어찌 하물며 그것의 청정과 부정이 있겠습니까? 그대가 만약 이와 같이 능히 반야를 수습한다면 이것이 반야바라밀다를 수습하는 것입니다.'라고 이와 같이 말을 지어야 하느니라.

교시가여. 이 선남자와 선여인 등이 이것 등을 설하였다면 이것이 널리 진정하게 반야바라밀다를 설하는 것이니라.

다시 다음으로 교시가여. 만약 선남자와 선여인 등이 무상보리심을 일으킨 자를 위하여 반야바라밀다를 널리 설한다면, '그대 선남자여. 반야바라밀다에 상응하여 수습할 것이고, 설계가 항상하거나 무상하다고 상응하여 관찰하지 않아야 하며, 미계·설식계, …… 나아가 …… 설촉·설촉을 인연으로 생겨난 여러 수가 항상하거나 무상하다고 상응하여 관찰하지 않아야 합니다. 왜 그러한가? 설계는 설계의 자성이 공하고 미계·설식계, 나아가 설촉·설촉을 인연으로 생겨난 여러 수는 미계, 나아가 설촉을 인연으로 생겨난 여러 수의 자성이 공하더라도, 이 설계의 자성은 곧 자성이 아니고 이 미계, 나아가 설촉을 인연으로 생겨난 여러 수의 자성도 역시 자성이 아닙니다.

만약 자성이 아닌 것이 곧 반야바라밀다라면, 이 반야바라밀다에서는 설계를 얻을 수 없고 그것의 항상함과 무상함도 역시 얻을 수 없으며, 미계, 나아가 설촉을 인연으로 생겨난 여러 수를 모두 얻을 수 없고 그것의 항상함과 무상함도 역시 얻을 수 없습니다. 그 까닭은 무엇인가? 이 가운데에서 오히려 설계 등도 얻을 수 없는데, 어찌 하물며 그것의 항상함과 무상함이 있겠습니까? 그대가 만약 이와 같이 능히 반야를 수습한다면 이것이 반야바라밀다를 수습하는 것입니다.'라고 이와 같이 말을 지어야 하느니라.

다시 '그대 선남자여. 반야바라밀다에 상응하여 수습할 것이고, 설계가 즐겁거나 괴롭다고 상응하여 관찰하지 않아야 하며, 미계, 나아가 설촉을 인연으로 생겨난 여러 수가 즐겁거나 괴롭다고 상응하여 관찰하지 않아야 합니다. 왜 그러한가? 설계는 설계의 자성이 공하고 미계, 나아가 설촉을 인연으로 생겨난 여러 수는 미계, 나아가 설촉을 인연으로 생겨난 여러 수의 자성이 공하더라도, 이 설계의 자성은 곧 자성이 아니고 이 미계, 나아가 설촉을 인연으로 생겨난 여러 수의 자성도 역시 자성이 아닙니다.

만약 자성이 아닌 것이 곧 반야바라밀다라면, 이 반야바라밀다에서는 설계를 얻을 수 없고 그것의 즐거움과 괴로움도 역시 얻을 수 없으며, 미계, 나아가 설촉을 인연으로 생겨난 여러 수를 모두 얻을 수 없고 그것의 즐거움과 괴로움도 역시 얻을 수 없습니다. 그 까닭은 무엇인가? 이 가운데에서 오히려 설계 등도 얻을 수 없는데, 어찌 하물며 그것의 즐거움과 괴로움이 있겠습니까? 그대가 만약 이와 같이 능히 반야를 수습한다면 이것이 반야바라밀다를 수습하는 것입니다.'라고 이와 같이 말을 지어야 하느니라.

다시 '그대 선남자여. 반야바라밀다에 상응하여 수습할 것이고, 설계가 나이거나 무아라고 상응하여 관찰하지 않아야 하며, 미계, 나아가 설촉을 인연으로 생겨난 여러 수가 나이거나 무아라고 상응하여 관찰하지 않아야 합니다. 왜 그러한가? 설계는 설계의 자성이 공하고 미계, 나아가 설촉을 인연으로 생겨난 여러 수는 미계, 나아가 설촉을 인연으로 생겨난 여러 수의 자성이 공하더라도, 이 설계의 자성은 곧 자성이 아니고 이 미계, 나아가 설촉을 인연으로 생겨난 여러 수의 자성도 역시 자성이 아닙니다.

만약 자성이 아닌 것이 곧 반야바라밀다라면, 이 반야바라밀다에서는

설계를 얻을 수 없고 그것의 나와 무아도 역시 얻을 수 없으며, 미계, 나아가 설촉을 인연으로 생겨난 여러 수를 모두 얻을 수 없고 그것의 나와 무아도 역시 얻을 수 없습니다. 그 까닭은 무엇인가? 이 가운데에서 오히려 설계 등도 얻을 수 없는데, 어찌 하물며 그것의 나와 무아가 있겠습니까? 그대가 만약 이와 같이 능히 반야를 수습한다면 이것이 반야바라밀다를 수습하는 것입니다.'라고 이와 같이 말을 지어야 하느니라.

다시 '그대 선남자여. 반야바라밀다에 상응하여 수습할 것이고, 설계가 청정하거나 부정하다고 상응하여 관찰하지 않아야 하며, 미계, 나아가 설촉을 인연으로 생겨난 여러 수가 청정하거나 부정하다고 상응하여 관찰하지 않아야 합니다. 왜 그러한가? 설계는 설계의 자성이 공하고 미계, 나아가 설촉을 인연으로 생겨난 여러 수는 미계, 나아가 설촉을 인연으로 생겨난 여러 수의 자성이 공하더라도, 이 설계의 자성은 곧 자성이 아니고 이 미계, 나아가 설촉을 인연으로 생겨난 여러 수의 자성도 역시 자성이 아닙니다.

만약 자성이 아닌 것이 곧 반야바라밀다라면, 이 반야바라밀다에서는 설계를 얻을 수 없고 그것의 청정과 부정도 역시 얻을 수 없으며, 미계, 나아가 설촉을 인연으로 생겨난 여러 수를 모두 얻을 수 없고 그것의 청정과 부정도 역시 얻을 수 없습니다. 그 까닭은 무엇인가? 이 가운데에서 오히려 설계 등도 얻을 수 없는데, 어찌 하물며 그것의 청정과 부정이 있겠습니까? 그대가 만약 이와 같이 능히 반야를 수습한다면 이것이 반야바라밀다를 수습하는 것입니다.'라고 이와 같이 말을 지어야 하느니라.

교시가여. 이 선남자와 선여인 등이 이것 등을 설하였다면 이것이 널리 진정하게 반야바라밀다를 설하는 것이니라.

다시 다음으로 교시가여. 만약 선남자와 선여인 등이 무상보리심을 일으킨 자를 위하여 반야바라밀다를 널리 설한다면, '그대 선남자여. 반야바라밀다에 상응하여 수습할 것이고, 신계가 항상하거나 무상하다고 상응하여 관찰하지 않아야 하며, 촉계·신식계, …… 나아가 …… 신촉·신촉을 인연으로 생겨난 여러 수가 항상하거나 무상하다고 상응하여 관찰하지

않아야 합니다. 왜 그러한가? 신계는 신계의 자성이 공하고 촉계·신식계,
나아가 신촉·신촉을 인연으로 생겨난 여러 수는 촉계, 나아가 신촉을
인연으로 생겨난 여러 수의 자성이 공하더라도, 이 신계의 자성은 곧
자성이 아니고 이 촉계, 나아가 신촉을 인연으로 생겨난 여러 수의 자성도
역시 자성이 아닙니다.

만약 자성이 아닌 것이 곧 반야바라밀다라면, 이 반야바라밀다에서는
신계를 얻을 수 없고 그것의 항상함과 무상함도 역시 얻을 수 없으며,
촉계, 나아가 신촉을 인연으로 생겨난 여러 수를 모두 얻을 수 없고
그것의 항상함과 무상함도 역시 얻을 수 없습니다. 그 까닭은 무엇인가?
이 가운데에서 오히려 신계 등도 얻을 수 없는데, 어찌 하물며 그것의
항상함과 무상함이 있겠습니까? 그대가 만약 이와 같이 능히 반야를
수습한다면 이것이 반야바라밀다를 수습하는 것입니다.'라고 이와 같이
말을 지어야 하느니라.

다시 '그대 선남자여. 반야바라밀다에 상응하여 수습할 것이고, 신계가
즐겁거나 괴롭다고 상응하여 관찰하지 않아야 하며, 촉계, 나아가 신촉을
인연으로 생겨난 여러 수가 즐겁거나 괴롭다고 상응하여 관찰하지 않아야
합니다. 왜 그러한가? 신계는 신계의 자성이 공하고 촉계, 나아가 신촉을
인연으로 생겨난 여러 수는 촉계, 나아가 신촉을 인연으로 생겨난 여러
수의 자성이 공하더라도, 이 신계의 자성은 곧 자성이 아니고 이 촉계,
나아가 신촉을 인연으로 생겨난 여러 수의 자성도 역시 자성이 아닙니다.

만약 자성이 아닌 것이 곧 반야바라밀다라면, 이 반야바라밀다에서는
신계를 얻을 수 없고 그것의 즐거움과 괴로움도 역시 얻을 수 없으며,
촉계, 나아가 신촉을 인연으로 생겨난 여러 수를 모두 얻을 수 없고
그것의 즐거움과 괴로움도 역시 얻을 수 없습니다. 그 까닭은 무엇인가?
이 가운데에서 오히려 신계 등도 얻을 수 없는데, 어찌 하물며 그것의
즐거움과 괴로움이 있겠습니까? 그대가 만약 이와 같이 능히 반야를
수습한다면 이것이 반야바라밀다를 수습하는 것입니다.'라고 이와 같이
말을 지어야 하느니라.

다시 '그대 선남자여. 반야바라밀다에 상응하여 수습할 것이고, 신계가 나이거나 무아라고 상응하여 관찰하지 않아야 하며, 촉계, 나아가 신촉을 인연으로 생겨난 여러 수가 나이거나 무아라고 상응하여 관찰하지 않아야 합니다. 왜 그러한가? 신계는 신계의 자성이 공하고 촉계, 나아가 신촉을 인연으로 생겨난 여러 수는 촉계, 나아가 신촉을 인연으로 생겨난 여러 수의 자성이 공하더라도, 이 신계의 자성은 곧 자성이 아니고 이 촉계, 나아가 신촉을 인연으로 생겨난 여러 수의 자성도 역시 자성이 아닙니다.

만약 자성이 아닌 것이 곧 반야바라밀다라면, 이 반야바라밀다에서는 신계를 얻을 수 없고 그것의 나와 무아도 역시 얻을 수 없으며, 촉계, 나아가 신촉을 인연으로 생겨난 여러 수를 모두 얻을 수 없고 그것의 나와 무아도 역시 얻을 수 없습니다. 그 까닭은 무엇인가? 이 가운데에서 오히려 신계 등도 얻을 수 없는데, 어찌 하물며 그것의 나와 무아가 있겠습니까? 그대가 만약 이와 같이 능히 반야를 수습한다면 이것이 반야바라밀다를 수습하는 것입니다.'라고 이와 같이 말을 지어야 하느니라.

다시 '그대 선남자여. 반야바라밀다에 상응하여 수습할 것이고, 신계가 청정하거나 부정하다고 상응하여 관찰하지 않아야 하며, 촉계, 나아가 신촉을 인연으로 생겨난 여러 수가 청정하거나 부정하다고 상응하여 관찰하지 않아야 합니다. 왜 그러한가? 신계는 신계의 자성이 공하고 촉계, 나아가 신촉을 인연으로 생겨난 여러 수는 촉계, 나아가 신촉을 인연으로 생겨난 여러 수의 자성이 공하더라도, 이 신계의 자성은 곧 자성이 아니고 이 촉계, 나아가 신촉을 인연으로 생겨난 여러 수의 자성도 역시 자성이 아닙니다.

만약 자성이 아닌 것이 곧 반야바라밀다라면, 이 반야바라밀다에서는 신계를 얻을 수 없고 그것의 청정과 부정도 역시 얻을 수 없으며, 촉계, 나아가 신촉을 인연으로 생겨난 여러 수를 모두 얻을 수 없고 그것의 청정과 부정도 역시 얻을 수 없습니다. 그 까닭은 무엇인가? 이 가운데에서 오히려 신계 등도 얻을 수 없는데, 어찌 하물며 그것의 청정과 부정이 있겠습니까? 그대가 만약 이와 같이 능히 반야를 수습한다면 이것이 반야바라밀다를

수습하는 것입니다.'라고 이와 같이 말을 지어야 하느니라.

교시가여. 이 선남자와 선여인 등이 이것 등을 설하였다면 이것이 널리 진정하게 반야바라밀다를 설하는 것이니라."

마하반야바라밀다경 제147권

30. 교량공덕품(校量功悳品)(45)

"다시 다음으로 교시가여. 만약 선남자와 선여인 등이 무상보리심을 일으킨 자를 위하여 반야바라밀다를 널리 설한다면, '그대 선남자여. 반야바라밀다에 상응하여 수습할 것이고, 의계가 항상하거나 무상하다고 상응하여 관찰하지 않아야 하며, 법계·의식계, …… 나아가 …… 의촉·의촉을 인연으로 생겨난 여러 수가 항상하거나 무상하다고 상응하여 관찰하지 않아야 합니다. 왜 그러한가? 의계는 의계의 자성이 공하고 법계·의식계, 나아가 의촉·의촉을 인연으로 생겨난 여러 수는 법계, 나아가 의촉을 인연으로 생겨난 여러 수의 자성이 공하더라도, 이 의계의 자성은 곧 자성이 아니고 이 법계, 나아가 의촉을 인연으로 생겨난 여러 수의 자성도 역시 자성이 아닙니다.

만약 자성이 아닌 것이 곧 반야바라밀다라면, 이 반야바라밀다에서는 의계를 얻을 수 없고 그것의 항상함과 무상함도 역시 얻을 수 없으며, 법계, 나아가 의촉을 인연으로 생겨난 여러 수를 모두 얻을 수 없고 그것의 항상함과 무상함도 역시 얻을 수 없습니다. 그 까닭은 무엇인가? 이 가운데에서 오히려 의계 등도 얻을 수 없는데, 어찌 하물며 그것의 항상함과 무상함이 있겠습니까? 그대가 만약 이와 같이 능히 반야를 수습한다면 이것이 반야바라밀다를 수습하는 것입니다.'라고 이와 같이 말을 지어야 하느니라.

다시 '그대 선남자여. 반야바라밀다에 상응하여 수습할 것이고, 의계가 즐겁거나 괴롭다고 상응하여 관찰하지 않아야 하며, 법계, 나아가 의촉을 인연으로 생겨난 여러 수가 즐겁거나 괴롭다고 상응하여 관찰하지 않아야 합니다. 왜 그러한가? 의계는 의계의 자성이 공하고 법계, 나아가 의촉을 인연으로 생겨난 여러 수는 법계, 나아가 의촉을 인연으로 생겨난 여러 수의 자성이 공하더라도, 이 의계의 자성은 곧 자성이 아니고 이 법계, 나아가 의촉을 인연으로 생겨난 여러 수의 자성도 역시 자성이 아닙니다.

만약 자성이 아닌 것이 곧 반야바라밀다라면, 이 반야바라밀다에서는 의계를 얻을 수 없고 그것의 즐거움과 괴로움도 역시 얻을 수 없으며, 법계, 나아가 의촉을 인연으로 생겨난 여러 수를 모두 얻을 수 없고 그것의 즐거움과 괴로움도 역시 얻을 수 없습니다. 그 까닭은 무엇인가? 이 가운데에서 오히려 의계 등도 얻을 수 없는데, 어찌 하물며 그것의 즐거움과 괴로움이 있겠습니까? 그대가 만약 이와 같이 능히 반야를 수습한다면 이것이 반야바라밀다를 수습하는 것입니다.'라고 이와 같이 말을 지어야 하느니라.

다시 '그대 선남자여. 반야바라밀다에 상응하여 수습할 것이고, 의계가 나이거나 무아라고 상응하여 관찰하지 않아야 하며, 법계, 나아가 의촉을 인연으로 생겨난 여러 수가 나이거나 무아라고 상응하여 관찰하지 않아야 합니다. 왜 그러한가? 의계는 의계의 자성이 공하고 법계, 나아가 의촉을 인연으로 생겨난 여러 수는 법계, 나아가 의촉을 인연으로 생겨난 여러 수의 자성이 공하더라도, 이 의계의 자성은 곧 자성이 아니고 이 법계, 나아가 의촉을 인연으로 생겨난 여러 수의 자성도 역시 자성이 아닙니다.

만약 자성이 아닌 것이 곧 반야바라밀다라면, 이 반야바라밀다에서는 의계를 얻을 수 없고 그것의 나와 무아도 역시 얻을 수 없으며, 법계, 나아가 의촉을 인연으로 생겨난 여러 수를 모두 얻을 수 없고 그것의 나와 무아도 역시 얻을 수 없습니다. 그 까닭은 무엇인가? 이 가운데에서 오히려 의계 등도 얻을 수 없는데, 어찌 하물며 그것의 나와 무아가 있겠습니까? 그대가 만약 이와 같이 능히 반야를 수습한다면 이것이 반야바라밀다를 수습하는 것입니다.'라고 이와 같이 말을 지어야 하느니라.

다시 '그대 선남자여. 반야바라밀다에 상응하여 수습할 것이고, 의계가 청정하거나 부정하다고 상응하여 관찰하지 않아야 하며, 법계, 나아가 의촉을 인연으로 생겨난 여러 수가 청정하거나 부정하다고 상응하여 관찰하지 않아야 합니다. 왜 그러한가? 의계는 의계의 자성이 공하고 법계, 나아가 의촉을 인연으로 생겨난 여러 수는 법계, 나아가 의촉을 인연으로 생겨난 여러 수의 자성이 공하더라도, 이 의계의 자성은 곧 자성이 아니고 이 법계, 나아가 의촉을 인연으로 생겨난 여러 수의 자성도 역시 자성이 아닙니다.

만약 자성이 아닌 것이 곧 반야바라밀다라면, 이 반야바라밀다에서는 의계를 얻을 수 없고 그것의 청정과 부정도 역시 얻을 수 없으며, 법계, 나아가 의촉을 인연으로 생겨난 여러 수를 모두 얻을 수 없고 그것의 청정과 부정도 역시 얻을 수 없습니다. 그 까닭은 무엇인가? 이 가운데에서 오히려 의계 등도 얻을 수 없는데, 어찌 하물며 그것의 청정과 부정이 있겠습니까? 그대가 만약 이와 같이 능히 반야를 수습한다면 이것이 반야바라밀다를 수습하는 것입니다.'라고 이와 같이 말을 지어야 하느니라.

교시가여. 이 선남자와 선여인 등이 이것 등을 설하였다면 이것이 널리 진정하게 반야바라밀다를 설하는 것이니라.

다시 다음으로 교시가여. 만약 선남자와 선여인 등이 무상보리심을 일으킨 자를 위하여 반야바라밀다를 널리 설한다면, '그대 선남자여. 반야바라밀다에 상응하여 수습할 것이고, 지계가 항상하거나 무상하다고 상응하여 관찰하지 않아야 하며, 수·화·풍·공·식계가 항상하거나 무상하다고 상응하여 관찰하지 않아야 합니다. 왜 그러한가? 지계는 지계의 자성이 공하고 수·화·풍·공·식계는 수·화·풍·공·식계의 자성이 공하더라도, 이 지계의 자성은 곧 자성이 아니고 이 수·화·풍·공·식계의 자성도 역시 자성이 아닙니다.

만약 자성이 아닌 것이 곧 반야바라밀다라면, 이 반야바라밀다에서는 지계를 얻을 수 없고 그것의 항상함과 무상함도 역시 얻을 수 없으며, 수·화·풍·공·식계를 모두 얻을 수 없고 그것의 항상함과 무상함도 역시 얻을 수 없습니다. 그 까닭은 무엇인가? 이 가운데에서 오히려 지계 등도 얻을 수 없는데, 어찌 하물며 그것의 항상함과 무상함이 있겠습니까? 그대가 만약 이와 같이 능히 반야를 수습한다면 이것이 반야바라밀다를 수습하는 것입니다.'라고 이와 같이 말을 지어야 하느니라.

다시 '그대 선남자여. 반야바라밀다에 상응하여 수습할 것이고, 지계가 즐겁거나 괴롭다고 상응하여 관찰하지 않아야 하며, 수·화·풍·공·식계가 즐겁거나 괴롭다고 상응하여 관찰하지 않아야 합니다. 왜 그러한가? 지계는 지계의 자성이 공하고 수·화·풍·공·식계는 수·화·풍·공·식계의 자성이 공하더라도, 이 지계의 자성은 곧 자성이 아니고 이 수·화·풍·공·식계의 자성도 역시 자성이 아닙니다.

만약 자성이 아닌 것이 곧 반야바라밀다라면, 이 반야바라밀다에서는 지계를 얻을 수 없고 그것의 즐거움과 괴로움도 역시 얻을 수 없으며, 수·화·풍·공·식계를 모두 얻을 수 없고 그것의 즐거움과 괴로움도 역시 얻을 수 없습니다. 그 까닭은 무엇인가? 이 가운데에서 오히려 지계 등도 얻을 수 없는데, 어찌 하물며 그것의 즐거움과 괴로움이 있겠습니까? 그대가 만약 이와 같이 능히 반야를 수습한다면 이것이 반야바라밀다를 수습하는 것입니다.'라고 이와 같이 말을 지어야 하느니라.

다시 '그대 선남자여. 반야바라밀다에 상응하여 수습할 것이고, 지계가 나이거나 무아라고 상응하여 관찰하지 않아야 하며, 수·화·풍·공·식계가 나이거나 무아라고 상응하여 관찰하지 않아야 합니다. 왜 그러한가? 지계는 지계의 자성이 공하고 수·화·풍·공·식계는 수·화·풍·공·식계의 자성이 공하더라도, 이 지계의 자성은 곧 자성이 아니고 이 수·화·풍·공·식계의 자성도 역시 자성이 아닙니다.

만약 자성이 아닌 것이 곧 반야바라밀다라면, 이 반야바라밀다에서는 지계를 얻을 수 없고 그것의 나와 무아도 역시 얻을 수 없으며, 수·화·풍·공·식계를 모두 얻을 수 없고 그것의 나와 무아도 역시 얻을 수 없습니다. 그 까닭은 무엇인가? 이 가운데에서 오히려 지계 등도 얻을 수 없는데, 어찌 하물며 그것의 나와 무아가 있겠습니까? 그대가 만약 이와 같이 능히 반야를 수습한다면 이것이 반야바라밀다를 수습하는 것입니다.'라고 이와 같이 말을 지어야 하느니라.

다시 '그대 선남자여. 반야바라밀다에 상응하여 수습할 것이고, 지계가 청정하거나 부정하다고 상응하여 관찰하지 않아야 하며, 수·화·풍·공·식계가 청정하거나 부정하다고 상응하여 관찰하지 않아야 합니다. 왜 그러한가? 지계는 지계의 자성이 공하고 수·화·풍·공·식계는 수·화·풍·공·식계의 자성이 공하더라도, 이 지계의 자성은 곧 자성이 아니고 이 수·화·풍·공·식계의 자성도 역시 자성이 아닙니다.

만약 자성이 아닌 것이 곧 반야바라밀다라면, 이 반야바라밀다에서는 지계를 얻을 수 없고 그것의 청정과 부정도 역시 얻을 수 없으며, 수·화·풍·공·식계를 모두 얻을 수 없고 그것의 청정과 부정도 역시 얻을 수 없습니다. 그 까닭은 무엇인가? 이 가운데에서 오히려 지계 등도 얻을 수 없는데, 어찌 하물며 그것의 청정과 부정이 있겠습니까? 그대가 만약 이와 같이 능히 반야를 수습한다면 이것이 반야바라밀다를 수습하는 것입니다.'라고 이와 같이 말을 지어야 하느니라.

교시가여. 이 선남자와 선여인 등이 이것 등을 설하였다면 이것이 널리 진정하게 반야바라밀다를 설하는 것이니라.

다시 다음으로 교시가여. 만약 선남자와 선여인 등이 무상보리심을 일으킨 자를 위하여 반야바라밀다를 널리 설한다면, '그대 선남자여. 반야바라밀다에 상응하여 수습할 것이고, 무명이 항상하거나 무상하다고 상응하여 관찰하지 않아야 하며, 행·식·명색·육처·촉·수·애·취·유·생·노사의 수탄고우뇌가 항상하거나 무상하다고 상응하여 관찰하지 않아야 합니다. 왜 그러한가? 무명은 무명의 자성이 공하고 행·식·명색·육처·촉·수·애·취·유·생·노사의 수탄고우뇌는 행, 나아가 노사의 수탄고우뇌의 자성이 공하더라도, 이 무명의 자성은 곧 자성이 아니고 이 행, 나아가 노사의 수탄고우뇌의 자성도 역시 자성이 아닙니다.

만약 자성이 아닌 것이 곧 반야바라밀다라면, 이 반야바라밀다에서는 무명을 얻을 수 없고 그것의 항상함과 무상함도 역시 얻을 수 없으며,

행, 나아가 노사의 수탄고우뇌를 모두 얻을 수 없고 그것의 항상함과 무상함도 역시 얻을 수 없습니다. 그 까닭은 무엇인가? 이 가운데에서 오히려 무명 등도 얻을 수 없는데, 어찌 하물며 그것의 항상함과 무상함이 있겠습니까? 그대가 만약 이와 같이 능히 반야를 수습한다면 이것이 반야바라밀다를 수습하는 것입니다.'라고 이와 같이 말을 지어야 하느니라.

다시 '그대 선남자여. 반야바라밀다에 상응하여 수습할 것이고, 무명이 즐겁거나 괴롭다고 상응하여 관찰하지 않아야 하며, 행·식·명색·육처·촉·수·애·취·유·생·노사의 수탄고우뇌가 즐겁거나 괴롭다고 상응하여 관찰하지 않아야 합니다. 왜 그러한가? 무명은 무명의 자성이 공하고 행·식·명색·육처·촉·수·애·취·유·생·노사의 수탄고우뇌는 행, 나아가 노사의 수탄고우뇌의 자성이 공하더라도, 이 무명의 자성은 곧 자성이 아니고 이 행, 나아가 노사의 수탄고우뇌의 자성도 역시 자성이 아닙니다.

만약 자성이 아닌 것이 곧 반야바라밀다라면, 이 반야바라밀다에서는 무명을 얻을 수 없고 그것의 즐거움과 괴로움도 역시 얻을 수 없으며, 행, 나아가 노사의 수탄고우뇌를 모두 얻을 수 없고 그것의 즐거움과 괴로움도 역시 얻을 수 없습니다. 그 까닭은 무엇인가? 이 가운데에서 오히려 무명 등도 얻을 수 없는데, 어찌 하물며 그것의 즐거움과 괴로움이 있겠습니까? 그대가 만약 이와 같이 능히 반야를 수습한다면 이것이 반야바라밀다를 수습하는 것입니다.'라고 이와 같이 말을 지어야 하느니라.

다시 '그대 선남자여. 반야바라밀다에 상응하여 수습할 것이고, 무명이 나이거나 무아라고 상응하여 관찰하지 않아야 하며, 행·식·명색·육처·촉·수·애·취·유·생·노사의 수탄고우뇌가 나이거나 무아라고 상응하여 관찰하지 않아야 합니다. 왜 그러한가? 무명은 무명의 자성이 공하고 행·식·명색·육처·촉·수·애·취·유·생·노사의 수탄고우뇌는 행, 나아가 노사의 수탄고우뇌의 자성이 공하더라도, 이 무명의 자성은 곧 자성이 아니고 이 행, 나아가 노사의 수탄고우뇌의 자성도 역시 자성이 아닙니다.

만약 자성이 아닌 것이 곧 반야바라밀다라면, 이 반야바라밀다에서는 무명을 얻을 수 없고 그것의 나와 무아도 역시 얻을 수 없으며, 행,

나아가 노사의 수탄고우뇌를 모두 얻을 수 없고 그것의 나와 무아도 역시 얻을 수 없습니다. 그 까닭은 무엇인가? 이 가운데에서 오히려 무명 등도 얻을 수 없는데, 어찌 하물며 그것의 나와 무아가 있겠습니까? 그대가 만약 이와 같이 능히 반야를 수습한다면 이것이 반야바라밀다를 수습하는 것입니다.'라고 이와 같이 말을 지어야 하느니라.

다시 '그대 선남자여. 반야바라밀다에 상응하여 수습할 것이고, 무명이 청정하거나 부정하다고 상응하여 관찰하지 않아야 하며, 행·식·명색·육처·촉·수·애·취·유·생·노사의 수탄고우뇌가 청정하거나 부정하다고 상응하여 관찰하지 않아야 합니다. 왜 그러한가? 무명은 무명의 자성이 공하고 행·식·명색·육처·촉·수·애·취·유·생·노사의 수탄고우뇌는 행, 나아가 노사의 수탄고우뇌의 자성이 공하더라도, 이 무명의 자성은 곧 자성이 아니고 이 행, 나아가 노사의 수탄고우뇌의 자성도 역시 자성이 아닙니다.

만약 자성이 아닌 것이 곧 반야바라밀다라면, 이 반야바라밀다에서는 무명을 얻을 수 없고 그것의 청정과 부정도 역시 얻을 수 없으며, 행, 나아가 노사의 수탄고우뇌를 모두 얻을 수 없고 그것의 청정과 부정도 역시 얻을 수 없습니다. 그 까닭은 무엇인가? 이 가운데에서 오히려 무명 등도 얻을 수 없는데, 어찌 하물며 그것의 청정과 부정이 있겠습니까? 그대가 만약 이와 같이 능히 반야를 수습한다면 이것이 반야바라밀다를 수습하는 것입니다.'라고 이와 같이 말을 지어야 하느니라.

교시가여. 이 선남자와 선여인 등이 이것 등을 설하였다면 이것이 널리 진정하게 반야바라밀다를 설하는 것이니라.

다시 다음으로 교시가여. 만약 선남자와 선여인 등이 무상보리심을 일으킨 자를 위하여 반야바라밀다를 널리 설한다면, '그대 선남자여. 반야바라밀다에 상응하여 수습할 것이고, 보시바라밀다가 항상하거나 무상하다고 상응하여 관찰하지 않아야 하며, 정계·안인·정진·정려·반야바라밀다가 항상하거나 무상하다고 상응하여 관찰하지 않아야 합니다. 왜 그러한가? 보시바라밀다는 보시바라밀다의 자성이 공하고 정계·안인·

정진·정려·반야바라밀다는 정계·안인·정진·정려·반야바라밀다의 자성이 공하더라도, 이 보시바라밀다의 자성은 곧 자성이 아니고 이 정계·안인·정진·정려·반야바라밀다의 자성도 역시 자성이 아닙니다.

만약 자성이 아닌 것이 곧 반야바라밀다라면, 이 반야바라밀다에서는 보시바라밀다를 얻을 수 없고 그것의 항상함과 무상함도 역시 얻을 수 없으며, 정계·안인·정진·정려·반야바라밀다를 모두 얻을 수 없고 그것의 항상함과 무상함도 역시 얻을 수 없습니다. 그 까닭은 무엇인가? 이 가운데에서 오히려 보시바라밀다 등도 얻을 수 없는데, 어찌 하물며 그것의 항상함과 무상함이 있겠습니까? 그대가 만약 이와 같이 능히 반야를 수습한다면 이것이 반야바라밀다를 수습하는 것입니다.'라고 이와 같이 말을 지어야 하느니라.

다시 '그대 선남자여. 반야바라밀다에 상응하여 수습할 것이고, 보시바라밀다가 즐겁거나 괴롭다고 상응하여 관찰하지 않아야 하며, 정계·안인·정진·정려·반야바라밀다가 즐겁거나 괴롭다고 상응하여 관찰하지 않아야 합니다. 왜 그러한가? 보시바라밀다는 보시바라밀다의 자성이 공하고 정계·안인·정진·정려·반야바라밀다는 정계·안인·정진·정려·반야바라밀다의 자성이 공하더라도, 이 보시바라밀다의 자성은 곧 자성이 아니고 이 정계·안인·정진·정려·반야바라밀다의 자성도 역시 자성이 아닙니다.

만약 자성이 아닌 것이 곧 반야바라밀다라면, 이 반야바라밀다에서는 보시바라밀다를 얻을 수 없고 그것의 즐거움과 괴로움도 역시 얻을 수 없으며, 정계·안인·정진·정려·반야바라밀다를 모두 얻을 수 없고 그것의 즐거움과 괴로움도 역시 얻을 수 없습니다. 그 까닭은 무엇인가? 이 가운데에서 오히려 보시바라밀다 등도 얻을 수 없는데, 어찌 하물며 그것의 즐거움과 괴로움이 있겠습니까? 그대가 만약 이와 같이 능히 반야를 수습한다면 이것이 반야바라밀다를 수습하는 것입니다.'라고 이와 같이 말을 지어야 하느니라.

다시 '그대 선남자여. 반야바라밀다에 상응하여 수습할 것이고, 보시바라밀다가 나이거나 무아라고 상응하여 관찰하지 않아야 하며, 정계·안인·

정진·정려·반야바라밀다가 나이거나 무아라고 상응하여 관찰하지 않아야 합니다. 왜 그러한가? 보시바라밀다는 보시바라밀다의 자성이 공하고 정계·안인·정진·정려·반야바라밀다는 정계·안인·정진·정려·반야바라밀다의 자성이 공하더라도, 이 보시바라밀다의 자성은 곧 자성이 아니고 이 정계·안인·정진·정려·반야바라밀다의 자성도 역시 자성이 아닙니다.

만약 자성이 아닌 것이 곧 반야바라밀다라면, 이 반야바라밀다에서는 보시바라밀다를 얻을 수 없고 그것의 나와 무아도 역시 얻을 수 없으며, 정계·안인·정진·정려·반야바라밀다를 모두 얻을 수 없고 그것의 나와 무아도 역시 얻을 수 없습니다. 그 까닭은 무엇인가? 이 가운데에서 오히려 보시바라밀다 등도 얻을 수 없는데, 어찌 하물며 그것의 나와 무아가 있겠습니까? 그대가 만약 이와 같이 능히 반야를 수습한다면 이것이 반야바라밀다를 수습하는 것입니다.'라고 이와 같이 말을 지어야 하느니라.

다시 '그대 선남자여. 반야바라밀다에 상응하여 수습할 것이고, 보시바라밀다가 청정하거나 부정하다고 상응하여 관찰하지 않아야 하며, 정계·안인·정진·정려·반야바라밀다가 청정하거나 부정하다고 상응하여 관찰하지 않아야 합니다. 왜 그러한가? 보시바라밀다는 보시바라밀다의 자성이 공하고 정계·안인·정진·정려·반야바라밀다는 정계·안인·정진·정려·반야바라밀다의 자성이 공하더라도, 이 보시바라밀다의 자성은 곧 자성이 아니고 이 정계·안인·정진·정려·반야바라밀다의 자성도 역시 자성이 아닙니다.

만약 자성이 아닌 것이 곧 반야바라밀다라면, 이 반야바라밀다에서는 보시바라밀다를 얻을 수 없고 그것의 청정과 부정도 역시 얻을 수 없으며, 정계·안인·정진·정려·반야바라밀다를 모두 얻을 수 없고 그것의 청정과 부정도 역시 얻을 수 없습니다. 그 까닭은 무엇인가? 이 가운데에서 오히려 보시바라밀다 등도 얻을 수 없는데, 어찌 하물며 그것의 청정과 부정이 있겠습니까? 그대가 만약 이와 같이 능히 반야를 수습한다면 이것이 반야바라밀다를 수습하는 것입니다.'라고 이와 같이 말을 지어야 하느니라.

교시가여. 이 선남자와 선여인 등이 이것 등을 설하였다면 이것이 널리 진정하게 반야바라밀다를 설하는 것이니라.

다시 다음으로 교시가여. 만약 선남자와 선여인 등이 무상보리심을 일으킨 자를 위하여 반야바라밀다를 널리 설한다면, '그대 선남자여. 반야바라밀다에 상응하여 수습할 것이고, 내공이 항상하거나 무상하다고 상응하여 관찰하지 않아야 하며, 외공·내외공·공공·대공·승의공·유위공·무위공·필경공·무제공·산공·무변이공·본성공·자상공·공상공·일체법공·불가득공·무성공·자성공·무성자성공이 항상하거나 무상하다고 상응하여 관찰하지 않아야 합니다. 왜 그러한가? 내공은 내공의 자성이 공하고 외공·내외공·공공·대공·승의공·유위공·무위공·필경공·무제공·산공·무변이공·본성공·자상공·공상공·일체법공·불가득공·무성공·자성공·무성자성공은 외공, 나아가 무성자성공의 자성이 공하더라도, 이 내공의 자성은 곧 자성이 아니고 이 외공, 나아가 무성자성공의 자성도 역시 자성이 아닙니다.

만약 자성이 아닌 것이 곧 반야바라밀다라면, 이 반야바라밀다에서는 내공을 얻을 수 없고 그것의 항상함과 무상함도 역시 얻을 수 없으며, 외공, 나아가 무성자성공을 모두 얻을 수 없고 그것의 항상함과 무상함도 역시 얻을 수 없습니다. 그 까닭은 무엇인가? 이 가운데에서 오히려 내공 등도 얻을 수 없는데, 어찌 하물며 그것의 항상함과 무상함이 있겠습니까? 그대가 만약 이와 같이 능히 반야를 수습한다면 이것이 반야바라밀다를 수습하는 것입니다.'라고 이와 같이 말을 지어야 하느니라.

다시 '그대 선남자여. 반야바라밀다에 상응하여 수습할 것이고, 내공이 즐겁거나 괴롭다고 상응하여 관찰하지 않아야 하며, 외공·내외공·공공·대공·승의공·유위공·무위공·필경공·무제공·산공·무변이공·본성공·자상공·공상공·일체법공·불가득공·무성공·자성공·무성자성공이 즐겁거나 괴롭다고 상응하여 관찰하지 않아야 합니다. 왜 그러한가? 내공은 내공의 자성이 공하고 외공·내외공·공공·대공·승의공·유위공·무위공·

필경공·무제공·산공·무변이공·본성공·자상공·공상공·일체법공·불가
득공·무성공·자성공·무성자성공은 외공, 나아가 무성자성공의 자성이
공하더라도, 이 내공의 자성은 곧 자성이 아니고 이 외공, 나아가 무성자성
공의 자성도 역시 자성이 아닙니다.

만약 자성이 아닌 것이 곧 반야바라밀다라면, 이 반야바라밀다에서는
내공을 얻을 수 없고 그것의 즐거움과 괴로움도 역시 얻을 수 없으며,
외공, 나아가 무성자성공을 모두 얻을 수 없고 그것의 즐거움과 괴로움도
역시 얻을 수 없습니다. 그 까닭은 무엇인가? 이 가운데에서 오히려 내공
등도 얻을 수 없는데, 어찌 하물며 그것의 즐거움과 괴로움이 있겠습니까?
그대가 만약 이와 같이 능히 반야를 수습한다면 이것이 반야바라밀다를
수습하는 것입니다.'라고 이와 같이 말을 지어야 하느니라.

다시 '그대 선남자여. 반야바라밀다에 상응하여 수습할 것이고, 내공이
나이거나 무아라고 상응하여 관찰하지 않아야 하며, 외공·내외공·공공·
대공·승의공·유위공·무위공·필경공·무제공·산공·무변이공·본성공·
자상공·공상공·일체법공·불가득공·무성공·자성공·무성자성공이 나이
거나 무아라고 상응하여 관찰하지 않아야 합니다. 왜 그러한가? 내공은
내공의 자성이 공하고 외공·내외공·공공·대공·승의공·유위공·무위공·
필경공·무제공·산공·무변이공·본성공·자상공·공상공·일체법공·불가
득등·무성공·자성공·무성자성공은 외공, 나아가 무성자성공의 자성이
공하더라도, 이 내공의 자성은 곧 자성이 아니고 이 외공, 나아가 무성자성
공의 자성도 역시 자성이 아닙니다.

만약 자성이 아닌 것이 곧 반야바라밀다라면, 이 반야바라밀다에서는
내공을 얻을 수 없고 그것의 나와 무아도 역시 얻을 수 없으며, 외공,
나아가 무성자성공을 모두 얻을 수 없고 그것의 나와 무아도 역시 얻을
수 없습니다. 그 까닭은 무엇인가? 이 가운데에서 오히려 내공 등도
얻을 수 없는데, 어찌 하물며 그것의 나와 무아가 있겠습니까? 그대가
만약 이와 같이 능히 반야를 수습한다면 이것이 반야바라밀다를 수습하는
것입니다.'라고 이와 같이 말을 지어야 하느니라.

　　다시 '그대 선남자여. 반야바라밀다에 상응하여 수습할 것이고, 내공이 청정하거나 부정하다고 상응하여 관찰하지 않아야 하며, 외공·내외공·공공·대공·승의공·유위공·무위공·필경공·무제공·산공·무변이공·본성공·자상공·공상공·일체법공·불가득공·무성공·자성공·무성자성공이 청정하거나 부정하다고 상응하여 관찰하지 않아야 합니다. 왜 그러한가? 내공은 내공의 자성이 공하고 외공·내외공·공공·대공·승의공·유위공·무위공·필경공·무제공·산공·무변이공·본성공·자상공·공상공·일체법공·불가득공·무성공·자성공·무성자성공은 외공, 나아가 무성자성공의 자성이 공하더라도, 이 내공의 자성은 곧 자성이 아니고 이 외공, 나아가 무성자성공의 자성도 역시 자성이 아닙니다.

　　만약 자성이 아닌 것이 곧 반야바라밀다라면, 이 반야바라밀다에서는 내공을 얻을 수 없고 그것의 청정과 부정도 역시 얻을 수 없으며, 외공, 나아가 무성자성공을 모두 얻을 수 없고 그것의 청정과 부정도 역시 얻을 수 없습니다. 그 까닭은 무엇인가? 이 가운데에서 오히려 내공 등도 얻을 수 없는데, 어찌 하물며 그것의 청정과 부정이 있겠습니까? 그대가 만약 이와 같이 능히 반야를 수습한다면 이것이 반야바라밀다를 수습하는 것입니다.'라고 이와 같이 말을 지어야 하느니라.

　　교시가여. 이 선남자와 선여인 등이 이것 등을 설하였다면 이것이 널리 진정하게 반야바라밀다를 설하는 것이니라.

　　다시 다음으로 교시가여. 만약 선남자와 선여인 등이 무상보리심을 일으킨 자를 위하여 반야바라밀다를 널리 설한다면, '그대 선남자여. 반야바라밀다에 상응하여 수습할 것이고, 진여가 항상하거나 무상하다고 상응하여 관찰하지 않아야 하며, 법계·법성·불허망성·불변이성·평등성·이생성·법정·법주·실제·허공계·부사의계가 항상하거나 무상하다고 상응하여 관찰하지 않아야 합니다. 왜 그러한가? 진여는 진여의 자성이 공하고 법계·법성·불허망성·불변이성·평등성·이생성·법정·법주·실제·허공계·부사의계는 법계, 나아가 부사의계의 자성이 공하더라도, 이 진여의 자성은 곧 자성이 아니고 이 법계, 나아가 부사의계의 자성도 역시 자성이 아닙니다.

만약 자성이 아닌 것이 곧 반야바라밀다라면, 이 반야바라밀다에서는 진여를 얻을 수 없고 그것의 항상함과 무상함도 역시 얻을 수 없으며, 법계, 나아가 부사의계를 모두 얻을 수 없고 그것의 항상함과 무상함도 역시 얻을 수 없습니다. 그 까닭은 무엇인가? 이 가운데에서 오히려 진여 등도 얻을 수 없는데, 어찌 하물며 그것의 항상함과 무상함이 있겠습니까? 그대가 만약 이와 같이 능히 반야를 수습한다면 이것이 반야바라밀다를 수습하는 것입니다.'라고 이와 같이 말을 지어야 하느니라.

다시 '그대 선남자여. 반야바라밀다에 상응하여 수습할 것이고, 진여가 즐겁거나 괴롭다고 상응하여 관찰하지 않아야 하며, 법계·법성·불허망성·불변이성·평등성·이생성·법정·법주·실제·허공계·부사의계가 즐겁거나 괴롭다고 상응하여 관찰하지 않아야 합니다. 왜 그러한가? 진여는 진여의 자성이 공하고 법계·법성·불허망성·불변이성·평등성·이생성·법정·법주·실제·허공계·부사의계는 외공, 나아가 무성자성공의 자성이 공하더라도, 이 진여의 자성은 곧 자성이 아니고 이 법계, 나아가 부사의계의 자성도 역시 자성이 아닙니다.

만약 자성이 아닌 것이 곧 반야바라밀다라면, 이 반야바라밀다에서는 진여를 얻을 수 없고 그것의 즐거움과 괴로움도 역시 얻을 수 없으며, 법계, 나아가 부사의계를 모두 얻을 수 없고 그것의 즐거움과 괴로움도 역시 얻을 수 없습니다. 그 까닭은 무엇인가? 이 가운데에서 오히려 진여 등도 얻을 수 없는데, 어찌 하물며 그것의 즐거움과 괴로움이 있겠습니까? 그대가 만약 이와 같이 능히 반야를 수습한다면 이것이 반야바라밀다를 수습하는 것입니다.'라고 이와 같이 말을 지어야 하느니라.

다시 '그대 선남자여. 반야바라밀다에 상응하여 수습할 것이고, 진여가 나이거나 무아라고 상응하여 관찰하지 않아야 하며, 법계·법성·불허망성·불변이성·평등성·이생성·법정·법주·실제·허공계·부사의계가 나이거나 무아라고 상응하여 관찰하지 않아야 합니다. 왜 그러한가? 진여는 진여의 자성이 공하고 법계·법성·불허망성·불변이성·평등성·이생성·법정·법주·실제·허공계·부사의계는 법계, 나아가 부사의계의 자성이 공하더라도, 이 진여의 자성은 곧 자성이 아니고 이 법계, 나아가 부사의계의 자성도 역시 자성이 아닙니다.

만약 자성이 아닌 것이 곧 반야바라밀다라면, 이 반야바라밀다에서는 진여를 얻을 수 없고 그것의 나와 무아도 역시 얻을 수 없으며, 법계, 나아가 부사의계를 모두 얻을 수 없고 그것의 나와 무아도 역시 얻을 수 없습니다. 그 까닭은 무엇인가? 이 가운데에서 오히려 진여 등도 얻을 수 없는데, 어찌 하물며 그것의 나와 무아가 있겠습니까? 그대가 만약 이와 같이 능히 반야를 수습한다면 이것이 반야바라밀다를 수습하는 것입니다.'라고 이와 같이 말을 지어야 하느니라.

다시 '그대 선남자여. 반야바라밀다에 상응하여 수습할 것이고, 진여가 청정하거나 부정하다고 상응하여 관찰하지 않아야 하며, 법계·법성·불허망성·불변이성·평등성·이생성·법정·법주·실제·허공계·부사의계가 청정하거나 부정하다고 상응하여 관찰하지 않아야 합니다. 왜 그러한가? 진여는 진여의 자성이 공하고 법계·법성·불허망성·불변이성·평등성·이생성·법정·법주·실제·허공계·부사의계는 법계, 나아가 부사의계의 자성이 공하더라도, 이 진여의 자성은 곧 자성이 아니고 이 법계, 나아가 부사의계의 자성도 역시 자성이 아닙니다.

만약 자성이 아닌 것이 곧 반야바라밀다라면, 이 반야바라밀다에서는 진여를 얻을 수 없고 그것의 청정과 부정도 역시 얻을 수 없으며, 법계, 나아가 부사의계를 모두 얻을 수 없고 그것의 청정과 부정도 역시 얻을 수 없습니다. 그 까닭은 무엇인가? 이 가운데에서 오히려 진여 등도 얻을 수 없는데, 어찌 하물며 그것의 청정과 부정이 있겠습니까? 그대가 만약 이와 같이 능히 반야를 수습한다면 이것이 반야바라밀다를 수습하는 것입니다.'라고 이와 같이 말을 지어야 하느니라.

교시가여. 이 선남자와 선여인 등이 이것 등을 설하였다면 이것이 널리 진정하게 반야바라밀다를 설하는 것이니라.

다시 다음으로 교시가여. 만약 선남자와 선여인 등이 무상보리심을

일으킨 자를 위하여 반야바라밀다를 널리 설한다면, '그대 선남자여. 반야바라밀다에 상응하여 수습할 것이고, 고성제가 항상하거나 무상하다고 상응하여 관찰하지 않아야 하며, 집·멸·도성제가 항상하거나 무상하다고 상응하여 관찰하지 않아야 합니다. 왜 그러한가? 고성제는 고성제의 자성이 공하고 집·멸·도성제는 집·멸·도성제의 자성이 공하더라도, 이 고성제의 자성은 곧 자성이 아니고 이 집·멸·도성제의 자성도 역시 자성이 아닙니다.

만약 자성이 아닌 것이 곧 반야바라밀다라면, 이 반야바라밀다에서는 고성제를 얻을 수 없고 그것의 항상함과 무상함도 역시 얻을 수 없으며, 집·멸·도성제를 모두 얻을 수 없고 그것의 항상함과 무상함도 역시 얻을 수 없습니다. 그 까닭은 무엇인가? 이 가운데에서 오히려 고성제 등도 얻을 수 없는데, 어찌 하물며 그것의 항상함과 무상함이 있겠습니까? 그대가 만약 이와 같이 능히 반야를 수습한다면 이것이 반야바라밀다를 수습하는 것입니다.'라고 이와 같이 말을 지어야 하느니라.

다시 '그대 선남자여. 반야바라밀다에 상응하여 수습할 것이고, 고성제가 즐겁거나 괴롭다고 상응하여 관찰하지 않아야 하며, 집·멸·도성제가 즐겁거나 괴롭다고 상응하여 관찰하지 않아야 합니다. 왜 그러한가? 고성제는 고성제의 자성이 공하고 집·멸·도성제는 집·멸·도성제의 자성이 공하더라도, 이 고성제의 자성은 곧 자성이 아니고 이 집·멸·도성제의 자성도 역시 자성이 아닙니다.

만약 자성이 아닌 것이 곧 반야바라밀다라면, 이 반야바라밀다에서는 고성제를 얻을 수 없고 그것의 즐거움과 괴로움도 역시 얻을 수 없으며, 집·멸·도성제를 모두 얻을 수 없고 그것의 즐거움과 괴로움도 역시 얻을 수 없습니다. 그 까닭은 무엇인가? 이 가운데에서 오히려 고성제 등도 얻을 수 없는데, 어찌 하물며 그것의 즐거움과 괴로움이 있겠습니까? 그대가 만약 이와 같이 능히 반야를 수습한다면 이것이 반야바라밀다를 수습하는 것입니다.'라고 이와 같이 말을 지어야 하느니라.

다시 '그대 선남자여. 반야바라밀다에 상응하여 수습할 것이고, 고성제

가 나이거나 무아라고 상응하여 관찰하지 않아야 하며, 집·멸·도성제가
나이거나 무아라고 상응하여 관찰하지 않아야 합니다. 왜 그러한가?
고성제는 고성제의 자성이 공하고 집·멸·도성제는 집·멸·도성제의 자성
이 공하더라도, 이 고성제의 자성은 곧 자성이 아니고 이 집·멸·도성제의
자성도 역시 자성이 아닙니다.

　만약 자성이 아닌 것이 곧 반야바라밀다라면, 이 반야바라밀다에서는
고성제를 얻을 수 없고 그것의 나와 무아도 역시 얻을 수 없으며, 집·멸·도
성제를 모두 얻을 수 없고 그것의 나와 무아도 역시 얻을 수 없습니다.
그 까닭은 무엇인가? 이 가운데에서 오히려 고성제 등도 얻을 수 없는데,
어찌 하물며 그것의 나와 무아가 있겠습니까? 그대가 만약 이와 같이
능히 반야를 수습한다면 이것이 반야바라밀다를 수습하는 것입니다.'라
고 이와 같이 말을 지어야 하느니라.

　다시 '그대 선남자여. 반야바라밀다에 상응하여 수습할 것이고, 고성제
가 청정하거나 부정하다고 상응하여 관찰하지 않아야 하며, 집·멸·도성제
가 청정하거나 부정하다고 상응하여 관찰하지 않아야 합니다. 왜 그러한
가? 고성제는 고성제의 자성이 공하고 집·멸·도성제는 집·멸·도성제의
자성이 공하더라도, 이 고성제의 자성은 곧 자성이 아니고 이 집·멸·도성
제의 자성도 역시 자성이 아닙니다.

　만약 자성이 아닌 것이 곧 반야바라밀다라면, 이 반야바라밀다에서는
고성제를 얻을 수 없고 그것의 청정과 부정도 역시 얻을 수 없으며,
집·멸·도성제를 모두 얻을 수 없고 그것의 청정과 부정도 역시 얻을
수 없습니다. 그 까닭은 무엇인가? 이 가운데에서 오히려 고성제 등도
얻을 수 없는데, 어찌 하물며 그것의 청정과 부정이 있겠습니까? 그대가
만약 이와 같이 능히 반야를 수습한다면 이것이 반야바라밀다를 수습하는
것입니다.'라고 이와 같이 말을 지어야 하느니라.

　교시가여. 이 선남자와 선여인 등이 이것 등을 설하였다면 이것이
널리 진정하게 반야바라밀다를 설하는 것이니라.

　다시 다음으로 교시가여. 만약 선남자와 선여인 등이 무상보리심을

일으킨 자를 위하여 반야바라밀다를 널리 설한다면, '그대 선남자여. 반야바라밀다에 상응하여 수습할 것이고, 4정려가 항상하거나 무상하다고 상응하여 관찰하지 않아야 하며, 4무량·4무색정이 항상하거나 무상하다고 상응하여 관찰하지 않아야 합니다. 왜 그러한가? 4정려는 4정려의 자성이 공하고 4무량·4무색정은 4무량·4무색정의 자성이 공하더라도, 이 4정려의 자성은 곧 자성이 아니고 이 4무량·4무색정의 자성도 역시 자성이 아닙니다.

만약 자성이 아닌 것이 곧 반야바라밀다라면, 이 반야바라밀다에서는 4정려를 얻을 수 없고 그것의 항상함과 무상함도 역시 얻을 수 없으며, 4무량·4무색정을 모두 얻을 수 없고 그것의 항상함과 무상함도 역시 얻을 수 없습니다. 그 까닭은 무엇인가? 이 가운데에서 오히려 4정려 등도 얻을 수 없는데, 어찌 하물며 그것의 항상함과 무상함이 있겠습니까? 그대가 만약 이와 같이 능히 반야를 수습한다면 이것이 반야바라밀다를 수습하는 것입니다.'라고 이와 같이 말을 지어야 하느니라.

다시 '그대 선남자여. 반야바라밀다에 상응하여 수습할 것이고, 4정려가 즐겁거나 괴롭다고 상응하여 관찰하지 않아야 하며, 4무량·4무색정이 즐겁거나 괴롭다고 상응하여 관찰하지 않아야 합니다. 왜 그러한가? 4정려는 4정려의 자성이 공하고 4무량·4무색정은 4무량·4무색정의 자성이 공하더라도, 이 4정려의 자성은 곧 자성이 아니고 이 4무량·4무색정의 자성도 역시 자성이 아닙니다.

만약 자성이 아닌 것이 곧 반야바라밀다라면, 이 반야바라밀다에서는 4정려를 얻을 수 없고 그것의 즐거움과 괴로움도 역시 얻을 수 없으며, 4무량·4무색정을 모두 얻을 수 없고 그것의 즐거움과 괴로움도 역시 얻을 수 없습니다. 그 까닭은 무엇인가? 이 가운데에서 오히려 4정려 등도 얻을 수 없는데, 어찌 하물며 그것의 즐거움과 괴로움이 있겠습니까? 그대가 만약 이와 같이 능히 반야를 수습한다면 이것이 반야바라밀다를 수습하는 것입니다.'라고 이와 같이 말을 지어야 하느니라.

다시 '그대 선남자여. 반야바라밀다에 상응하여 수습할 것이고, 4정려가 나이거나 무아라고 상응하여 관찰하지 않아야 하며, 4무량·4무색정이 나이거나 무아라고 상응하여 관찰하지 않아야 합니다. 왜 그러한가? 4정려는 4정려의 자성이 공하고 4무량·4무색정은 4무량·4무색정의 자성이 공하더라도, 이 4정려의 자성은 곧 자성이 아니고 이 4무량·4무색정의 자성도 역시 자성이 아닙니다.

만약 자성이 아닌 것이 곧 반야바라밀다라면, 이 반야바라밀다에서는 4정려를 얻을 수 없고 그것의 나와 무아도 역시 얻을 수 없으며, 4무량·4무색정을 모두 얻을 수 없고 그것의 나와 무아도 역시 얻을 수 없습니다. 그 까닭은 무엇인가? 이 가운데에서 오히려 4정려 등도 얻을 수 없는데, 어찌 하물며 그것의 나와 무아가 있겠습니까? 그대가 만약 이와 같이 능히 반야를 수습한다면 이것이 반야바라밀다를 수습하는 것입니다.'라고 이와 같이 말을 지어야 하느니라.

다시 '그대 선남자여. 반야바라밀다에 상응하여 수습할 것이고, 4정려가 청정하거나 부정하다고 상응하여 관찰하지 않아야 하며, 4무량·4무색정이 청정하거나 부정하다고 상응하여 관찰하지 않아야 합니다. 왜 그러한가? 4정려는 4정려의 자성이 공하고 4무량·4무색정은 4무량·4무색정의 자성이 공하더라도, 이 4정려의 자성은 곧 자성이 아니고 이 4무량·4무색정의 자성도 역시 자성이 아닙니다.

만약 자성이 아닌 것이 곧 반야바라밀다라면, 이 반야바라밀다에서는 4정려를 얻을 수 없고 그것의 청정과 부정도 역시 얻을 수 없으며, 4무량·4무색정을 모두 얻을 수 없고 그것의 청정과 부정도 역시 얻을 수 없습니다. 그 까닭은 무엇인가? 이 가운데에서 오히려 4정려 등도 얻을 수 없는데, 어찌 하물며 그것의 청정과 부정이 있겠습니까? 그대가 만약 이와 같이 능히 반야를 수습한다면 이것이 반야바라밀다를 수습하는 것입니다.'라고 이와 같이 말을 지어야 하느니라.

교시가여. 이 선남자와 선여인 등이 이것 등을 설하였다면 이것이 널리 진정하게 반야바라밀다를 설하는 것이니라."

마하반야바라밀다경 제148권

30. 교량공덕품(校量功悳品)(46)

"다시 다음으로 교시가여. 만약 선남자와 선여인 등이 무상보리심을 일으킨 자를 위하여 반야바라밀다를 널리 설한다면, '그대 선남자여. 반야바라밀다에 상응하여 수습할 것이고, 8해탈이 항상하거나 무상하다고 상응하여 관찰하지 않아야 하며, 8승처·9차제정·10변처가 항상하거나 무상하다고 상응하여 관찰하지 않아야 합니다. 왜 그러한가? 8해탈은 8해탈의 자성이 공하고 8승처·9차제정·10변처는 8승처·9차제정·10변처의 자성이 공하더라도, 이 8해탈의 자성은 곧 자성이 아니고 이 8승처·9차제정·10변처의 자성도 역시 자성이 아닙니다.

만약 자성이 아닌 것이 곧 반야바라밀다라면, 이 반야바라밀다에서는 8해탈을 얻을 수 없고 그것의 항상함과 무상함도 역시 얻을 수 없으며, 8승처·9차제정·10변처를 모두 얻을 수 없고 그것의 항상함과 무상함도 역시 얻을 수 없습니다. 그 까닭은 무엇인가? 이 가운데에서 오히려 8해탈 등도 얻을 수 없는데, 어찌 하물며 그것의 항상함과 무상함이 있겠습니까? 그대가 만약 이와 같이 능히 반야를 수습한다면 이것이 반야바라밀다를 수습하는 것입니다.'라고 이와 같이 말을 지어야 하느니라.

다시 '그대 선남자여. 반야바라밀다에 상응하여 수습할 것이고, 8해탈이 즐겁거나 괴롭다고 상응하여 관찰하지 않아야 하며, 8승처·9차제정·10변처가 즐겁거나 괴롭다고 상응하여 관찰하지 않아야 합니다. 왜 그러한가? 8해탈은 8해탈의 자성이 공하고 8승처·9차제정·10변처는 8승처·9차제정·10변처의 자성이 공하더라도, 이 8해탈의 자성은 곧 자성이 아니고 이 8승처·9차제정·10변처의 자성도 역시 자성이 아닙니다.

만약 자성이 아닌 것이 곧 반야바라밀다라면, 이 반야바라밀다에서는 8해탈을 얻을 수 없고 그것의 즐거움과 괴로움도 역시 얻을 수 없으며, 8승처·9차제정·10변처를 모두 얻을 수 없고 그것의 즐거움과 괴로움도 역시 얻을 수 없습니다. 그 까닭은 무엇인가? 이 가운데에서 오히려 8해탈 등도 얻을 수 없는데, 어찌 하물며 그것의 즐거움과 괴로움이 있겠습니까? 그대가 만약 이와 같이 능히 반야를 수습한다면 이것이 반야바라밀다를 수습하는 것입니다.'라고 이와 같이 말을 지어야 하느니라.

다시 '그대 선남자여. 반야바라밀다에 상응하여 수습할 것이고, 8해탈이 나이거나 무아라고 상응하여 관찰하지 않아야 하며, 8승처·9차제정·10변처가 나이거나 무아라고 상응하여 관찰하지 않아야 합니다. 왜 그러한가? 8해탈은 8해탈의 자성이 공하고 8승처·9차제정·10변처는 8승처·9차제정·10변처의 자성이 공하더라도, 이 8해탈의 자성은 곧 자성이 아니고 이 8승처·9차제정·10변처의 자성도 역시 자성이 아닙니다.

만약 자성이 아닌 것이 곧 반야바라밀다라면, 이 반야바라밀다에서는 8해탈을 얻을 수 없고 그것의 나와 무아도 역시 얻을 수 없으며, 8승처·9차제정·10변처를 모두 얻을 수 없고 그것의 나와 무아도 역시 얻을 수 없습니다. 그 까닭은 무엇인가? 이 가운데에서 오히려 8해탈 등도 얻을 수 없는데, 어찌 하물며 그것의 나와 무아가 있겠습니까? 그대가 만약 이와 같이 능히 반야를 수습한다면 이것이 반야바라밀다를 수습하는 것입니다.'라고 이와 같이 말을 지어야 하느니라.

다시 '그대 선남자여. 반야바라밀다에 상응하여 수습할 것이고, 8해탈이 청정하거나 부정하다고 상응하여 관찰하지 않아야 하며, 8승처·9차제정·10변처가 청정하거나 부정하다고 상응하여 관찰하지 않아야 합니다. 왜 그러한가? 8해탈은 8해탈의 자성이 공하고 8승처·9차제정·10변처는 8승처·9차제정·10변처의 자성이 공하더라도, 이 8해탈의 자성은 곧 자성이 아니고 이 8승처·9차제정·10변처의 자성도 역시 자성이 아닙니다.

만약 자성이 아닌 것이 곧 반야바라밀다라면, 이 반야바라밀다에서는 8해탈을 얻을 수 없고 그것의 청정과 부정도 역시 얻을 수 없으며, 8승처·9차제정·10변처를 모두 얻을 수 없고 그것의 청정과 부정도 역시 얻을 수 없습니다. 그 까닭은 무엇인가? 이 가운데에서 오히려 8해탈 등도 얻을 수 없는데, 어찌 하물며 그것의 청정과 부정이 있겠습니까? 그대가 만약 이와 같이 능히 반야를 수습한다면 이것이 반야바라밀다를 수습하는 것입니다.'라고 이와 같이 말을 지어야 하느니라.

교시가여. 이 선남자와 선여인 등이 이것 등을 설하였다면 이것이 널리 진정하게 반야바라밀다를 설하는 것이니라.

다시 다음으로 교시가여. 만약 선남자와 선여인 등이 무상보리심을 일으킨 자를 위하여 반야바라밀다를 널리 설한다면, '그대 선남자여. 반야바라밀다에 상응하여 수습할 것이고, 4념주가 항상하거나 무상하다고 상응하여 관찰하지 않아야 하며, 4정단·4신족·5근·5력·7등각지·8성도지가 항상하거나 무상하다고 상응하여 관찰하지 않아야 합니다. 왜 그러한가? 4념주는 4념주의 자성이 공하고 4정단·4신족·5근·5력·7등각지·8성도지는 4정단, 나아가 8성도지의 자성이 공하더라도, 이 4념주의 자성은 곧 자성이 아니고 이 4정단, 나아가 8성도지의 자성도 역시 자성이 아닙니다.

만약 자성이 아닌 것이 곧 반야바라밀다라면, 이 반야바라밀다에서는 4념주를 얻을 수 없고 그것의 항상함과 무상함도 역시 얻을 수 없으며, 4정단, 나아가 8성도지를 모두 얻을 수 없고 그것의 항상함과 무상함도 역시 얻을 수 없습니다. 그 까닭은 무엇인가? 이 가운데에서 오히려 4념주 등도 얻을 수 없는데, 어찌 하물며 그것의 항상함과 무상함이 있겠습니까? 그대가 만약 이와 같이 능히 반야를 수습한다면 이것이 반야바라밀다를 수습하는 것입니다.'라고 이와 같이 말을 지어야 하느니라.

다시 '그대 선남자여. 반야바라밀다에 상응하여 수습할 것이고, 4념주가 즐겁거나 괴롭다고 상응하여 관찰하지 않아야 하며, 4정단·4신족·5근·5력·7등각지·8성도지가 즐겁거나 괴롭다고 상응하여 관찰하지 않아야

합니다. 왜 그러한가? 4념주는 4념주의 자성이 공하고 4정단·4신족·5근·5
력·7등각지·8성도지는 4정단, 나아가 8성도지의 자성이 공하더라도, 이
8해탈의 자성은 곧 자성이 아니고 이 4정단, 나아가 8성도지의 자성도
역시 자성이 아닙니다.

만약 자성이 아닌 것이 곧 반야바라밀다라면, 이 반야바라밀다에서는
4념주를 얻을 수 없고 그것의 즐거움과 괴로움도 역시 얻을 수 없으며,
4정단, 나아가 8성도지를 모두 얻을 수 없고 그것의 즐거움과 괴로움도
역시 얻을 수 없습니다. 그 까닭은 무엇인가? 이 가운데에서 오히려 4념주
등도 얻을 수 없는데, 어찌 하물며 그것의 즐거움과 괴로움이 있겠습니까?
그대가 만약 이와 같이 능히 반야를 수습한다면 이것이 반야바라밀다를
수습하는 것입니다.'라고 이와 같이 말을 지어야 하느니라.

다시 '그대 선남자여. 반야바라밀다에 상응하여 수습할 것이고, 4념주
가 나이거나 무아라고 상응하여 관찰하지 않아야 하며, 4정단·4신족·5근·
5력·7등각지·8성도지가 나이거나 무아라고 상응하여 관찰하지 않아야
합니다. 왜 그러한가? 4념주는 4념주의 자성이 공하고 4정단·4신족·5근·5
력·7등각지·8성도지는 4정단, 나아가 8성도지의 자성이 공하더라도, 이
4념주의 자성은 곧 자성이 아니고 이 4정단, 나아가 8성도지의 자성도
역시 자성이 아닙니다.

만약 자성이 아닌 것이 곧 반야바라밀다라면, 이 반야바라밀다에서는
4념주를 얻을 수 없고 그것의 나와 무아도 역시 얻을 수 없으며, 4정단,
나아가 8성도지를 모두 얻을 수 없고 그것의 나와 무아도 역시 얻을 수
없습니다. 그 까닭은 무엇인가? 이 가운데에서 오히려 4념주 등도 얻을
수 없는데, 어찌 하물며 그것의 나와 무아가 있겠습니까? 그대가 만약
이와 같이 능히 반야를 수습한다면 이것이 반야바라밀다를 수습하는
것입니다.'라고 이와 같이 말을 지어야 하느니라.

다시 '그대 선남자여. 반야바라밀다에 상응하여 수습할 것이고, 4념주
가 청정하거나 부정하다고 상응하여 관찰하지 않아야 하며, 4정단·4신족·
5근·5력·7등각지·8성도지가 청정하거나 부정하다고 상응하여 관찰하지

않아야 합니다. 왜 그러한가? 4념주는 4념주의 자성이 공하고 4정단·4신족·5근·5력·7등각지·8성도지는 4정단, 나아가 8성도지의 자성이 공하더라도, 이 4념주의 자성은 곧 자성이 아니고 이 4정단, 나아가 8성도지의 자성도 역시 자성이 아닙니다.

만약 자성이 아닌 것이 곧 반야바라밀다라면, 이 반야바라밀다에서는 4념주를 얻을 수 없고 그것의 청정과 부정도 역시 얻을 수 없으며, 4정단, 나아가 8성도지를 모두 얻을 수 없고 그것의 청정과 부정도 역시 얻을 수 없습니다. 그 까닭은 무엇인가? 이 가운데에서 오히려 4념주 등도 얻을 수 없는데, 어찌 하물며 그것의 청정과 부정이 있겠습니까? 그대가 만약 이와 같이 능히 반야를 수습한다면 이것이 반야바라밀다를 수습하는 것입니다.'라고 이와 같이 말을 지어야 하느니라.

교시가여. 이 선남자와 선여인 등이 이것 등을 설하였다면 이것이 널리 진정하게 반야바라밀다를 설하는 것이니라.

다시 다음으로 교시가여. 만약 선남자와 선여인 등이 무상보리심을 일으킨 자를 위하여 반야바라밀다를 널리 설한다면, '그대 선남자여. 반야바라밀다에 상응하여 수습할 것이고, 공해탈문이 항상하거나 무상하다고 상응하여 관찰하지 않아야 하며, 무상·무원해탈문이 항상하거나 무상하다고 상응하여 관찰하지 않아야 합니다. 왜 그러한가? 공해탈문은 공해탈문의 자성이 공하고 무상·무원해탈문은 무상·무원해탈문의 자성이 공하더라도, 이 공해탈문의 자성은 곧 자성이 아니고 이 무상·무원해탈문의 자성도 역시 자성이 아닙니다.

만약 자성이 아닌 것이 곧 반야바라밀다라면, 이 반야바라밀다에서는 공해탈문을 얻을 수 없고 그것의 항상함과 무상함도 역시 얻을 수 없으며, 무상·무원해탈문을 모두 얻을 수 없고 그것의 항상함과 무상함도 역시 얻을 수 없습니다. 그 까닭은 무엇인가? 이 가운데에서 오히려 공해탈문 등도 얻을 수 없는데, 어찌 하물며 그것의 항상함과 무상함이 있겠습니까? 그대가 만약 이와 같이 능히 반야를 수습한다면 이것이 반야바라밀다를 수습하는 것입니다.'라고 이와 같이 말을 지어야 하느니라.

다시 '그대 선남자여. 반야바라밀다에 상응하여 수습할 것이고, 공해탈문이 즐겁거나 괴롭다고 상응하여 관찰하지 않아야 하며, 무상·무원해탈문이 즐겁거나 괴롭다고 상응하여 관찰하지 않아야 합니다. 왜 그러한가? 공해탈문은 공해탈문의 자성이 공하고 무상·무원해탈문은 무상·무원해탈문의 자성이 공하더라도, 이 공해탈문의 자성은 곧 자성이 아니고 이 무상·무원해탈문의 자성도 역시 자성이 아닙니다.

만약 자성이 아닌 것이 곧 반야바라밀다라면, 이 반야바라밀다에서는 공해탈문을 얻을 수 없고 그것의 즐거움과 괴로움도 역시 얻을 수 없으며, 무상·무원해탈문을 모두 얻을 수 없고 그것의 즐거움과 괴로움도 역시 얻을 수 없습니다. 그 까닭은 무엇인가? 이 가운데에서 오히려 공해탈문 등도 얻을 수 없는데, 어찌 하물며 그것의 즐거움과 괴로움이 있겠습니까? 그대가 만약 이와 같이 능히 반야를 수습한다면 이것이 반야바라밀다를 수습하는 것입니다.'라고 이와 같이 말을 지어야 하느니라.

다시 '그대 선남자여. 반야바라밀다에 상응하여 수습할 것이고, 공해탈문이 나이거나 무아라고 상응하여 관찰하지 않아야 하며, 무상·무원해탈문이 나이거나 무아라고 상응하여 관찰하지 않아야 합니다. 왜 그러한가? 공해탈문은 공해탈문의 자성이 공하고 무상·무원해탈문은 무상·무원해탈문의 자성이 공하더라도, 이 공해탈문의 자성은 곧 자성이 아니고 이 무상·무원해탈문의 자성도 역시 자성이 아닙니다.

만약 자성이 아닌 것이 곧 반야바라밀다라면, 이 반야바라밀다에서는 공해탈문을 얻을 수 없고 그것의 나와 무아도 역시 얻을 수 없으며, 무상·무원해탈문을 모두 얻을 수 없고 그것의 나와 무아도 역시 얻을 수 없습니다. 그 까닭은 무엇인가? 이 가운데에서 오히려 공해탈문 등도 얻을 수 없는데, 어찌 하물며 그것의 나와 무아가 있겠습니까? 그대가 만약 이와 같이 능히 반야를 수습한다면 이것이 반야바라밀다를 수습하는 것입니다.'라고 이와 같이 말을 지어야 하느니라.

다시 '그대 선남자여. 반야바라밀다에 상응하여 수습할 것이고, 공해탈문이 청정하거나 부정하다고 상응하여 관찰하지 않아야 하며, 무상·무원해탈문이 청정하거나 부정하다고 상응하여 관찰하지 않아야 합니다. 왜 그러한가? 공해탈문은 공해탈문의 자성이 공하고 무상·무원해탈문은 무상·무원해탈문의 자성이 공하더라도, 이 공해탈문의 자성은 곧 자성이 아니고 이 무상·무원해탈문의 자성도 역시 자성이 아닙니다.

만약 자성이 아닌 것이 곧 반야바라밀다라면, 이 반야바라밀다에서는 공해탈문을 얻을 수 없고 그것의 청정과 부정도 역시 얻을 수 없으며, 무상·무원해탈문을 모두 얻을 수 없고 그것의 청정과 부정도 역시 얻을 수 없습니다. 그 까닭은 무엇인가? 이 가운데에서 오히려 공해탈문 등도 얻을 수 없는데, 어찌 하물며 그것의 청정과 부정이 있겠습니까? 그대가 만약 이와 같이 능히 반야를 수습한다면 이것이 반야바라밀다를 수습하는 것입니다.'라고 이와 같이 말을 지어야 하느니라.

교시가여. 이 선남자와 선여인 등이 이것 등을 설하였다면 이것이 널리 진정하게 반야바라밀다를 설하는 것이니라.

다시 다음으로 교시가여. 만약 선남자와 선여인 등이 무상보리심을 일으킨 자를 위하여 반야바라밀다를 널리 설한다면, '그대 선남자여. 반야바라밀다에 상응하여 수습할 것이고, 5안이 항상하거나 무상하다고 상응하여 관찰하지 않아야 하며, 6신통이 항상하거나 무상하다고 상응하여 관찰하지 않아야 합니다. 왜 그러한가? 5안은 5안의 자성이 공하고 6신통은 6신통의 자성이 공하더라도, 이 5안의 자성은 곧 자성이 아니고 이 6신통의 자성도 역시 자성이 아닙니다.

만약 자성이 아닌 것이 곧 반야바라밀다라면, 이 반야바라밀다에서는 5안을 얻을 수 없고 그것의 항상함과 무상함도 역시 얻을 수 없으며, 6신통을 모두 얻을 수 없고 그것의 항상함과 무상함도 역시 얻을 수 없습니다. 그 까닭은 무엇인가? 이 가운데에서 오히려 5안 등도 얻을 수 없는데, 어찌 하물며 그것의 항상함과 무상함이 있겠습니까? 그대가 만약 이와 같이 능히 반야를 수습한다면 이것이 반야바라밀다를 수습하는 것입니다.'라고 이와 같이 말을 지어야 하느니라.

다시 '그대 선남자여. 반야바라밀다에 상응하여 수습할 것이고, 5안이 즐겁거나 괴롭다고 상응하여 관찰하지 않아야 하며, 6신통이 즐겁거나 괴롭다고 상응하여 관찰하지 않아야 합니다. 왜 그러한가? 5안은 5안의 자성이 공하고 6신통은 6신통의 자성이 공하더라도, 이 5안의 자성은 곧 자성이 아니고 이 6신통의 자성도 역시 자성이 아닙니다.

만약 자성이 아닌 것이 곧 반야바라밀다라면, 이 반야바라밀다에서는 5안을 얻을 수 없고 그것의 즐거움과 괴로움도 역시 얻을 수 없으며, 6신통을 모두 얻을 수 없고 그것의 즐거움과 괴로움도 역시 얻을 수 없습니다. 그 까닭은 무엇인가? 이 가운데에서 오히려 5안 등도 얻을 수 없는데, 어찌 하물며 그것의 즐거움과 괴로움이 있겠습니까? 그대가 만약 이와 같이 능히 반야를 수습한다면 이것이 반야바라밀다를 수습하는 것입니다.'라고 이와 같이 말을 지어야 하느니라.

다시 '그대 선남자여. 반야바라밀다에 상응하여 수습할 것이고, 5안이 나이거나 무아라고 상응하여 관찰하지 않아야 하며, 6신통이 나이거나 무아라고 상응하여 관찰하지 않아야 합니다. 왜 그러한가? 5안은 5안의 자성이 공하고 6신통은 6신통의 자성이 공하더라도, 이 5안의 자성은 곧 자성이 아니고 이 6신통의 자성도 역시 자성이 아닙니다.

만약 자성이 아닌 것이 곧 반야바라밀다라면, 이 반야바라밀다에서는 5안을 얻을 수 없고 그것의 나와 무아도 역시 얻을 수 없으며, 6신통을 모두 얻을 수 없고 그것의 나와 무아도 역시 얻을 수 없습니다. 그 까닭은 무엇인가? 이 가운데에서 오히려 5안 등도 얻을 수 없는데, 어찌 하물며 그것의 나와 무아가 있겠습니까? 그대가 만약 이와 같이 능히 반야를 수습한다면 이것이 반야바라밀다를 수습하는 것입니다.'라고 이와 같이 말을 지어야 하느니라.

다시 '그대 선남자여. 반야바라밀다에 상응하여 수습할 것이고, 5안이 청정하거나 부정하다고 상응하여 관찰하지 않아야 하며, 6신통이 청정하거나 부정하다고 상응하여 관찰하지 않아야 합니다. 왜 그러한가? 5안은 5안의 자성이 공하고 6신통은 6신통의 자성이 공하더라도, 이 5안의 자성은 곧 자성이 아니고 이 6신통의 자성도 역시 자성이 아닙니다.

만약 자성이 아닌 것이 곧 반야바라밀다라면, 이 반야바라밀다에서는 5안을 얻을 수 없고 그것의 청정과 부정도 역시 얻을 수 없으며, 6신통을 모두 얻을 수 없고 그것의 청정과 부정도 역시 얻을 수 없습니다. 그 까닭은 무엇인가? 이 가운데에서 오히려 5안 등도 얻을 수 없는데, 어찌 하물며 그것의 청정과 부정이 있겠습니까? 그대가 만약 이와 같이 능히 반야를 수습한다면 이것이 반야바라밀다를 수습하는 것입니다.'라고 이와 같이 말을 지어야 하느니라.

교시가여. 이 선남자와 선여인 등이 이것 등을 설하였다면 이것이 널리 진정하게 반야바라밀다를 설하는 것이니라.

다시 다음으로 교시가여. 만약 선남자와 선여인 등이 무상보리심을 일으킨 자를 위하여 반야바라밀다를 널리 설한다면, '그대 선남자여. 반야바라밀다에 상응하여 수습할 것이고, 여래의 10력이 항상하거나 무상하다고 상응하여 관찰하지 않아야 하며, 4무소외·4무애해·대자·대비·대희·대사·18불불공법이 항상하거나 무상하다고 상응하여 관찰하지 않아야 합니다. 왜 그러한가? 여래의 10력은 여래의 10력의 자성이 공하고 4무소외·4무애해·대자·대비·대희·대사·18불불공법은 4무소외, 나아가 18불불공법의 자성이 공하더라도, 이 여래의 10력의 자성은 곧 자성이 아니고 이 4무소외, 나아가 18불불공법의 자성도 역시 자성이 아닙니다.

만약 자성이 아닌 것이 곧 반야바라밀다라면, 이 반야바라밀다에서는 여래의 10력을 얻을 수 없고 그것의 항상함과 무상함도 역시 얻을 수 없으며, 4무소외, 나아가 18불불공법을 모두 얻을 수 없고 그것의 항상함과 무상함도 역시 얻을 수 없습니다. 그 까닭은 무엇인가? 이 가운데에서 오히려 여래의 10력 등도 얻을 수 없는데, 어찌 하물며 그것의 항상함과 무상함이 있겠습니까? 그대가 만약 이와 같이 능히 반야를 수습한다면 이것이 반야바라밀다를 수습하는 것입니다.'라고 이와 같이 말을 지어야 하느니라.

다시 '그대 선남자여. 반야바라밀다에 상응하여 수습할 것이고, 여래의 10력이 즐겁거나 괴롭다고 상응하여 관찰하지 않아야 하며, 4무소외·4무애해·대자·대비·대희·대사·18불불공법이 즐겁거나 괴롭다고 상응하여 관찰하지 않아야 합니다. 왜 그러한가? 여래의 10력은 여래의 10력의 자성이 공하고 4무소외·4무애해·대자·대비·대희·대사·18불불공법은 4무소외, 나아가 18불불공법의 자성이 공하더라도, 이 여래의 10력의 자성은 곧 자성이 아니고 이 4무소외, 나아가 18불불공법의 자성도 역시 자성이 아닙니다.

만약 자성이 아닌 것이 곧 반야바라밀다라면, 이 반야바라밀다에서는 여래의 10력을 얻을 수 없고 그것의 즐거움과 괴로움도 역시 얻을 수 없으며, 4무소외, 나아가 18불불공법을 모두 얻을 수 없고 그것의 즐거움과 괴로움도 역시 얻을 수 없습니다. 그 까닭은 무엇인가? 이 가운데에서 오히려 여래의 10력 등도 얻을 수 없는데, 어찌 하물며 그것의 즐거움과 괴로움이 있겠습니까? 그대가 만약 이와 같이 능히 반야를 수습한다면 이것이 반야바라밀다를 수습하는 것입니다.'라고 이와 같이 말을 지어야 하느니라.

다시 '그대 선남자여. 반야바라밀다에 상응하여 수습할 것이고, 여래의 10력이 나이거나 무아라고 상응하여 관찰하지 않아야 하며, 4무소외·4무애해·대자·대비·대희·대사·18불불공법이 나이거나 무아라고 상응하여 관찰하지 않아야 합니다. 왜 그러한가? 여래의 10력은 여래의 10력의 자성이 공하고 4무소외·4무애해·대자·대비·대희·대사·18불불공법은 4무소외, 나아가 18불불공법의 자성이 공하더라도, 이 여래의 10력의 자성은 곧 자성이 아니고 이 4무소외, 나아가 18불불공법의 자성도 역시 자성이 아닙니다.

만약 자성이 아닌 것이 곧 반야바라밀다라면, 이 반야바라밀다에서는 여래의 10력을 얻을 수 없고 그것의 나와 무아도 역시 얻을 수 없으며, 4무소외, 나아가 18불불공법을 모두 얻을 수 없고 그것의 나와 무아도 역시 얻을 수 없습니다. 그 까닭은 무엇인가? 이 가운데에서 오히려 여래의 10력 등도 얻을 수 없는데, 어찌 하물며 그것의 나와 무아가 있겠습니까? 그대가 만약 이와 같이 능히 반야를 수습한다면 이것이 반야바라밀다를

수습하는 것입니다.'라고 이와 같이 말을 지어야 하느니라.

다시 '그대 선남자여. 반야바라밀다에 상응하여 수습할 것이고, 여래의 10력이 청정하거나 부정하다고 상응하여 관찰하지 않아야 하며, 4무소외·4무애해·대자·대비·대희·대사·18불불공법이 청정하거나 부정하다고 상응하여 관찰하지 않아야 합니다. 왜 그러한가? 여래의 10력은 여래의 10력의 자성이 공하고 4무소외·4무애해·대자·대비·대희·대사·18불불공법은 4무소외, 나아가 18불불공법의 자성이 공하더라도, 이 여래의 10력의 자성은 곧 자성이 아니고 이 4무소외, 나아가 18불불공법의 자성도 역시 자성이 아닙니다.

만약 자성이 아닌 것이 곧 반야바라밀다라면, 이 반야바라밀다에서는 여래의 10력을 얻을 수 없고 그것의 청정과 부정도 역시 얻을 수 없으며, 4무소외, 나아가 18불불공법을 모두 얻을 수 없고 그것의 청정과 부정도 역시 얻을 수 없습니다. 그 까닭은 무엇인가? 이 가운데에서 오히려 여래의 10력 등도 얻을 수 없는데, 어찌 하물며 그것의 청정과 부정이 있겠습니까? 그대가 만약 이와 같이 능히 반야를 수습한다면 이것이 반야바라밀다를 수습하는 것입니다.'라고 이와 같이 말을 지어야 하느니라.

교시가여. 이 선남자와 선여인 등이 이것 등을 설하였다면 이것이 널리 진정하게 반야바라밀다를 설하는 것이니라.

다시 다음으로 교시가여. 만약 선남자와 선여인 등이 무상보리심을 일으킨 자를 위하여 반야바라밀다를 널리 설한다면, '그대 선남자여. 반야바라밀다에 상응하여 수습할 것이고, 무망실법이 항상하거나 무상하다고 상응하여 관찰하지 않아야 하며, 항주사성이 항상하거나 무상하다고 상응하여 관찰하지 않아야 합니다. 왜 그러한가? 무망실법은 무망실법의 자성이 공하고 항주사성은 항주사성의 자성이 공하더라도, 이 무망실법의 자성은 곧 자성이 아니고 이 항주사성의 자성도 역시 자성이 아닙니다.

만약 자성이 아닌 것이 곧 반야바라밀다라면, 이 반야바라밀다에서는 무망실법을 얻을 수 없고 그것의 항상함과 무상함도 역시 얻을 수 없으며, 항주사성을 모두 얻을 수 없고 그것의 항상함과 무상함도 역시 얻을 수 없습니다. 그 까닭은 무엇인가? 이 가운데에서 오히려 무망실법 등도 얻을 수 없는데, 어찌 하물며 그것의 항상함과 무상함이 있겠습니까? 그대가 만약 이와 같이 능히 반야를 수습한다면 이것이 반야바라밀다를 수습하는 것입니다.'라고 이와 같이 말을 지어야 하느니라.

다시 '그대 선남자여. 반야바라밀다에 상응하여 수습할 것이고, 무망실법이 즐겁거나 괴롭다고 상응하여 관찰하지 않아야 하며, 항주사성이 즐겁거나 괴롭다고 상응하여 관찰하지 않아야 합니다. 왜 그러한가? 무망실법은 무망실법의 자성이 공하고 항주사성은 항주사성의 자성이 공하더라도, 이 무망실법의 자성은 곧 자성이 아니고 이 항주사성의 자성도 역시 자성이 아닙니다.

만약 자성이 아닌 것이 곧 반야바라밀다라면, 이 반야바라밀다에서는 무망실법을 얻을 수 없고 그것의 즐거움과 괴로움도 역시 얻을 수 없으며, 항주사성을 모두 얻을 수 없고 그것의 즐거움과 괴로움도 역시 얻을 수 없습니다. 그 까닭은 무엇인가? 이 가운데에서 오히려 무망실법 등도 얻을 수 없는데, 어찌 하물며 그것의 즐거움과 괴로움이 있겠습니까? 그대가 만약 이와 같이 능히 반야를 수습한다면 이것이 반야바라밀다를 수습하는 것입니다.'라고 이와 같이 말을 지어야 하느니라.

다시 '그대 선남자여. 반야바라밀다에 상응하여 수습할 것이고, 무망실법이 나이거나 무아라고 상응하여 관찰하지 않아야 하며, 항주사성이 나이거나 무아라고 상응하여 관찰하지 않아야 합니다. 왜 그러한가? 무망실법은 무망실법의 자성이 공하고 항주사성은 항주사성의 자성이 공하더라도, 이 무망실법의 자성은 곧 자성이 아니고 이 항주사성의 자성도 역시 자성이 아닙니다.

만약 자성이 아닌 것이 곧 반야바라밀다라면, 이 반야바라밀다에서는 무망실법을 얻을 수 없고 그것의 나와 무아도 역시 얻을 수 없으며, 항주사성을 모두 얻을 수 없고 그것의 나와 무아도 역시 얻을 수 없습니다. 그 까닭은 무엇인가? 이 가운데에서 오히려 무망실법 등도 얻을 수 없는데, 어찌 하물며 그것의 나와 무아가 있겠습니까? 그대가 만약 이와 같이 능히 반야를 수습한다면 이것이 반야바라밀다를 수습하는 것입니다.'라고 이와 같이 말을 지어야 하느니라.

다시 '그대 선남자여. 반야바라밀다에 상응하여 수습할 것이고, 무망실법이 청정하거나 부정하다고 상응하여 관찰하지 않아야 하며, 항주사성이 청정하거나 부정하다고 상응하여 관찰하지 않아야 합니다. 왜 그러한가? 무망실법은 무망실법의 자성이 공하고 항주사성은 항주사성의 자성이 공하더라도, 이 무망실법의 자성은 곧 자성이 아니고 이 항주사성의 자성도 역시 자성이 아닙니다.

만약 자성이 아닌 것이 곧 반야바라밀다라면, 이 반야바라밀다에서는 무망실법을 얻을 수 없고 그것의 청정과 부정도 역시 얻을 수 없으며, 항주사성을 모두 얻을 수 없고 그것의 청정과 부정도 역시 얻을 수 없습니다. 그 까닭은 무엇인가? 이 가운데에서 오히려 무망실법 등도 얻을 수 없는데, 어찌 하물며 그것의 청정과 부정이 있겠습니까? 그대가 만약 이와 같이 능히 반야를 수습한다면 이것이 반야바라밀다를 수습하는 것입니다.'라고 이와 같이 말을 지어야 하느니라.

교시가여. 이 선남자와 선여인 등이 이것 등을 설하였다면 이것이 널리 진정하게 반야바라밀다를 설하는 것이니라.

다시 다음으로 교시가여. 만약 선남자와 선여인 등이 무상보리심을 일으킨 자를 위하여 반야바라밀다를 널리 설한다면, '그대 선남자여. 반야바라밀다에 상응하여 수습할 것이고, 일체지가 항상하거나 무상하다고 상응하여 관찰하지 않아야 하며, 도상지·일체상지가 항상하거나 무상하다고 상응하여 관찰하지 않아야 합니다. 왜 그러한가? 일체지는 일체지의 자성이 공하고 도상지·일체상지는 도상지·일체상지의 자성이 공하더라도, 이 일체지의 자성은 곧 자성이 아니고 이 도상지·일체상지의 자성도 역시 자성이 아닙니다.

만약 자성이 아닌 것이 곧 반야바라밀다라면, 이 반야바라밀다에서는 일체지를 얻을 수 없고 그것의 항상함과 무상함도 역시 얻을 수 없으며, 도상지·일체상지를 모두 얻을 수 없고 그것의 항상함과 무상함도 역시 얻을 수 없습니다. 그 까닭은 무엇인가? 이 가운데에서 오히려 일체지 등도 얻을 수 없는데, 어찌 하물며 그것의 항상함과 무상함이 있겠습니까? 그대가 만약 이와 같이 능히 반야를 수습한다면 이것이 반야바라밀다를 수습하는 것입니다.'라고 이와 같이 말을 지어야 하느니라.

다시 '그대 선남자여. 반야바라밀다에 상응하여 수습할 것이고, 일체지 가 즐겁거나 괴롭다고 상응하여 관찰하지 않아야 하며, 도상지·일체상지 가 즐겁거나 괴롭다고 상응하여 관찰하지 않아야 합니다. 왜 그러한가? 일체지 일체지의 자성이 공하고 도상지·일체상지의 자성이 공하더라도, 이 일체지의 자성은 곧 자성이 아니고 이 도상지·일체상지의 자성도 역시 자성이 아닙니다.

만약 자성이 아닌 것이 곧 반야바라밀다라면, 이 반야바라밀다에서는 일체지를 얻을 수 없고 그것의 즐거움과 괴로움도 역시 얻을 수 없으며, 도상지·일체상지를 모두 얻을 수 없고 그것의 즐거움과 괴로움도 역시 얻을 수 없습니다. 그 까닭은 무엇인가? 이 가운데에서 오히려 일체지 등도 얻을 수 없는데, 어찌 하물며 그것의 즐거움과 괴로움이 있겠습니까? 그대가 만약 이와 같이 능히 반야를 수습한다면 이것이 반야바라밀다를 수습하는 것입니다.'라고 이와 같이 말을 지어야 하느니라.

다시 '그대 선남자여. 반야바라밀다에 상응하여 수습할 것이고, 일체지 가 나이거나 무아라고 상응하여 관찰하지 않아야 하며, 도상지·일체상지 가 나이거나 무아라고 상응하여 관찰하지 않아야 합니다. 왜 그러한가? 일체지는 일체지의 자성이 공하고 도상지·일체상지는 도상지·일체상지 의 자성이 공하더라도, 이 일체지의 자성은 곧 자성이 아니고 이 도상지·일 체상지의 자성도 역시 자성이 아닙니다.

만약 자성이 아닌 것이 곧 반야바라밀다라면, 이 반야바라밀다에서는 일체지를 얻을 수 없고 그것의 나와 무아도 역시 얻을 수 없으며, 도상지·일 체상지를 모두 얻을 수 없고 그것의 나와 무아도 역시 얻을 수 없습니다. 그 까닭은 무엇인가? 이 가운데에서 오히려 일체지 등도 얻을 수 없는데, 어찌 하물며 그것의 나와 무아가 있겠습니까? 그대가 만약 이와 같이 능히 반야를 수습한다면 이것이 반야바라밀다를 수습하는 것입니다.'라고 이와 같이 말을 지어야 하느니라.

다시 '그대 선남자여. 반야바라밀다에 상응하여 수습할 것이고, 일체지가 청정하거나 부정하다고 상응하여 관찰하지 않아야 하며, 도상지·일체상지가 청정하거나 부정하다고 상응하여 관찰하지 않아야 합니다. 왜 그러한가? 일체지는 일체지의 자성이 공하고 도상지·일체상지는 도상지·일체상지의 자성이 공하더라도, 이 일체지의 자성은 곧 자성이 아니고 이 도상지·일체상지의 자성도 역시 자성이 아닙니다.

만약 자성이 아닌 것이 곧 반야바라밀다라면, 이 반야바라밀다에서는 일체지를 얻을 수 없고 그것의 청정과 부정도 역시 얻을 수 없으며, 도상지·일체상지를 모두 얻을 수 없고 그것의 청정과 부정도 역시 얻을 수 없습니다. 그 까닭은 무엇인가? 이 가운데에서 오히려 일체지 등도 얻을 수 없는데, 어찌 하물며 그것의 청정과 부정이 있겠습니까? 그대가 만약 이와 같이 능히 반야를 수습한다면 이것이 반야바라밀다를 수습하는 것입니다.'라고 이와 같이 말을 지어야 하느니라.

교시가여. 이 선남자와 선여인 등이 이것 등을 설하였다면 이것이 널리 진정하게 반야바라밀다를 설하는 것이니라.

다시 다음으로 교시가여. 만약 선남자와 선여인 등이 무상보리심을 일으킨 자를 위하여 반야바라밀다를 널리 설한다면, '그대 선남자여. 반야바라밀다에 상응하여 수습할 것이고, 일체의 다라니문이 항상하거나 무상하다고 상응하여 관찰하지 않아야 하며, 일체의 삼마지문이 항상하거나 무상하다고 상응하여 관찰하지 않아야 합니다. 왜 그러한가? 일체의 다라니문은 일체의 다라니문의 자성이 공하고 일체의 삼마지문은 일체의 삼마지문의 자성이 공하더라도, 이 일체의 다라니문의 자성은 곧 자성이 아니고 이 일체의 삼마지문의 자성도 역시 자성이 아닙니다.

만약 자성이 아닌 것이 곧 반야바라밀다라면, 이 반야바라밀다에서는 일체의 다라니문을 얻을 수 없고 그것의 항상함과 무상함도 역시 얻을 수 없으며, 일체의 삼마지문을 모두 얻을 수 없고 그것의 항상함과 무상함도 역시 얻을 수 없습니다. 그 까닭은 무엇인가? 이 가운데에서 오히려 일체의 다라니문 등도 얻을 수 없는데, 어찌 하물며 그것의 항상함과 무상함이 있겠습니까? 그대가 만약 이와 같이 능히 반야를 수습한다면 이것이 반야바라밀다를 수습하는 것입니다.'라고 이와 같이 말을 지어야 하느니라.

다시 '그대 선남자여. 반야바라밀다에 상응하여 수습할 것이고, 일체의 다라니문이 즐겁거나 괴롭다고 상응하여 관찰하지 않아야 하며, 일체의 삼마지문이 즐겁거나 괴롭다고 상응하여 관찰하지 않아야 합니다. 왜 그러한가? 일체의 다라니문은 일체의 다라니문의 자성이 공하고 일체의 삼마지문은 일체의 삼마지문의 자성이 공하더라도, 이 일체의 다라니문의 자성은 곧 자성이 아니고 이 일체의 삼마지문의 자성도 역시 자성이 아닙니다.

만약 자성이 아닌 것이 곧 반야바라밀다라면, 이 반야바라밀다에서는 일체의 다라니문을 얻을 수 없고 그것의 즐거움과 괴로움도 역시 얻을 수 없으며, 일체의 삼마지문을 모두 얻을 수 없고 그것의 즐거움과 괴로움도 역시 얻을 수 없습니다. 그 까닭은 무엇인가? 이 가운데에서 오히려 일체의 다라니문 등도 얻을 수 없는데, 어찌 하물며 그것의 즐거움과 괴로움이 있겠습니까? 그대가 만약 이와 같이 능히 반야를 수습한다면 이것이 반야바라밀다를 수습하는 것입니다.'라고 이와 같이 말을 지어야 하느니라.

다시 '그대 선남자여. 반야바라밀다에 상응하여 수습할 것이고, 일체의 다라니문이 나이거나 무아라고 상응하여 관찰하지 않아야 하며, 일체의 삼마지문이 나이거나 무아라고 상응하여 관찰하지 않아야 합니다. 왜 그러한가? 일체의 다라니문은 일체의 다라니문의 자성이 공하고 일체의 삼마지문은 일체의 삼마지문의 자성이 공하더라도, 이 일체의 다라니문의 자성은 곧 자성이 아니고 이 일체의 삼마지문의 자성도 역시 자성이 아닙니다.

만약 자성이 아닌 것이 곧 반야바라밀다라면, 이 반야바라밀다에서는 일체의 다라니문을 얻을 수 없고 그것의 나와 무아도 역시 얻을 수 없으며, 일체의 삼마지문을 모두 얻을 수 없고 그것의 나와 무아도 역시 얻을 수 없습니다. 그 까닭은 무엇인가? 이 가운데에서 오히려 일체의 다라니문 등도 얻을 수 없는데, 어찌 하물며 그것의 나와 무아가 있겠습니까? 그대가 만약 이와 같이 능히 반야를 수습한다면 이것이 반야바라밀다를 수습하는 것입니다.'라고 이와 같이 말을 지어야 하느니라.

다시 '그대 선남자여. 반야바라밀다에 상응하여 수습할 것이고, 일체의 다라니문이 청정하거나 부정하다고 상응하여 관찰하지 않아야 하며, 일체의 삼마지문이 청정하거나 부정하다고 상응하여 관찰하지 않아야 합니다. 왜 그러한가? 일체의 다라니문은 일체의 다라니문의 자성이 공하고 일체의 삼마지문은 일체의 삼마지문의 자성이 공하더라도, 이 일체의 다라니문의 자성은 곧 자성이 아니고 이 일체의 삼마지문의 자성도 역시 자성이 아닙니다.

만약 자성이 아닌 것이 곧 반야바라밀다라면, 이 반야바라밀다에서는 일체의 다라니문을 얻을 수 없고 그것의 청정과 부정도 역시 얻을 수 없으며, 일체의 삼마지문을 모두 얻을 수 없고 그것의 청정과 부정도 역시 얻을 수 없습니다. 그 까닭은 무엇인가? 이 가운데에서 오히려 일체의 다라니문 등도 얻을 수 없는데, 어찌 하물며 그것의 청정과 부정이 있겠습니까? 그대가 만약 이와 같이 능히 반야를 수습한다면 이것이 반야바라밀다를 수습하는 것입니다.'라고 이와 같이 말을 지어야 하느니라.

교시가여. 이 선남자와 선여인 등이 이것 등을 설하였다면 이것이 널리 진정하게 반야바라밀다를 설하는 것이니라.

다시 다음으로 교시가여. 만약 선남자와 선여인 등이 무상보리심을 일으킨 자를 위하여 반야바라밀다를 널리 설한다면, '그대 선남자여. 반야바라밀다에 상응하여 수습할 것이고, 예류향·예류과가 항상하거나 무상하다고 상응하여 관찰하지 않아야 하며, 일래향·일래과·불환향·불환과·아라한향·아라한과가 항상하거나 무상하다고 상응하여 관찰하지 않아야 합니다. 왜 그러한가? 예류향·예류과는 예류향·예류과의 자성이 공하고 일래향·일래과·불환향·불환과·아라한향·아라한과는 일래향, 나아가 아라한과의 자성이 공하더라도, 이 예류향·예류과의 자성은 곧 자성이 아니고 이 일래향, 나아가 아라한과의 자성도 역시 자성이 아닙니다.

만약 자성이 아닌 것이 곧 반야바라밀다라면, 이 반야바라밀다에서는 예류향·예류과를 얻을 수 없고 그것의 항상함과 무상함도 역시 얻을 수 없으며, 일래향, 나아가 아라한과를 모두 얻을 수 없고 그것의 항상함과 무상함도 역시 얻을 수 없습니다. 그 까닭은 무엇인가? 이 가운데에서 오히려 예류향·예류과 등도 얻을 수 없는데, 어찌 하물며 그것의 항상함과 무상함이 있겠습니까? 그대가 만약 이와 같이 능히 반야를 수습한다면 이것이 반야바라밀다를 수습하는 것입니다.'라고 이와 같이 말을 지어야 하느니라.

다시 '그대 선남자여. 반야바라밀다에 상응하여 수습할 것이고, 예류향·예류과가 즐겁거나 괴롭다고 상응하여 관찰하지 않아야 하며, 이 일래향·일래과·불환향·불환과·아라한향·아라한과는 즐겁거나 괴롭다고 상응하여 관찰하지 않아야 합니다. 왜 그러한가? 예류향·예류과는 예류향·예류과의 자성이 공하고 일래향·일래과·불환향·불환과·아라한향·아라한과 일래향, 나아가 아라한과의 자성이 공하더라도, 이 예류향·예류과의 자성은 곧 자성이 아니고 이 일래향, 나아가 아라한과의 자성도 역시 자성이 아닙니다.

만약 자성이 아닌 것이 곧 반야바라밀다라면, 이 반야바라밀다에서는 예류향·예류과를 얻을 수 없고 그것의 즐거움과 괴로움도 역시 얻을 수 없으며, 일래향, 나아가 아라한과를 모두 얻을 수 없고 그것의 즐거움과 괴로움도 역시 얻을 수 없습니다. 그 까닭은 무엇인가? 이 가운데에서 오히려 예류향·예류과 등도 얻을 수 없는데, 어찌 하물며 그것의 즐거움과 괴로움이 있겠습니까? 그대가 만약 이와 같이 능히 반야를 수습한다면 이것이 반야바라밀다를 수습하는 것입니다.'라고 이와 같이 말을 지어야 하느니라.

다시 '그대 선남자여. 반야바라밀다에 상응하여 수습할 것이고, 예류향·예류과가 나이거나 무아라고 상응하여 관찰하지 않아야 하며, 일래향·일래과·불환향·불환과·아라한향·아라한과가 나이거나 무아라고 상응하여 관찰하지 않아야 합니다. 왜 그러한가? 예류향·예류과는 예류향·예류과의 자성이 공하고 일래향, 나아가 아라한과는 일래향, 나아가 아라한과의 자성이 공하더라도, 이 예류향·예류과의 자성은 곧 자성이 아니고 이 일래향, 나아가 아라한과의 자성도 역시 자성이 아닙니다.

만약 자성이 아닌 것이 곧 반야바라밀다라면, 이 반야바라밀다에서는 예류향·예류과를 얻을 수 없고 그것의 나와 무아도 역시 얻을 수 없으며, 일래향, 나아가 아라한과를 모두 얻을 수 없고 그것의 나와 무아도 역시 얻을 수 없습니다. 그 까닭은 무엇인가? 이 가운데에서 오히려 예류향·예류과 등도 얻을 수 없는데, 어찌 하물며 그것의 나와 무아가 있겠습니까? 그대가 만약 이와 같이 능히 반야를 수습한다면 이것이 반야바라밀다를 수습하는 것입니다.'라고 이와 같이 말을 지어야 하느니라.

다시 '그대 선남자여. 반야바라밀다에 상응하여 수습할 것이고, 예류향·예류과가 청정하거나 부정하다고 상응하여 관찰하지 않아야 하며, 일래향·일래과·불환향·불환과·아라한향·아라한과가 청정하거나 부정하다고 상응하여 관찰하지 않아야 합니다. 왜 그러한가? 예류향·예류과는 예류향·예류과의 자성이 공하고 일래향, 나아가 아라한과는 일래향, 나아가 아라한과의 자성이 공하더라도, 이 예류향·예류과의 자성은 곧 자성이 아니고 이 일래향, 나아가 아라한과의 자성도 역시 자성이 아닙니다.

만약 자성이 아닌 것이 곧 반야바라밀다라면, 이 반야바라밀다에서는 예류향·예류과를 얻을 수 없고 그것의 청정과 부정도 역시 얻을 수 없으며, 일래향, 나아가 아라한과를 모두 얻을 수 없고 그것의 청정과 부정도 역시 얻을 수 없습니다. 그 까닭은 무엇인가? 이 가운데에서 오히려 예류향·예류과 등도 얻을 수 없는데, 어찌 하물며 그것의 청정과 부정이 있겠습니까? 그대가 만약 이와 같이 능히 반야를 수습한다면 이것이 반야바라밀다를 수습하는 것입니다.'라고 이와 같이 말을 지어야 하느니라.

교시가여. 이 선남자와 선여인 등이 이것 등을 설하였다면 이것이 널리 진정하게 반야바라밀다를 설하는 것이니라."

마하반야바라밀다경 제149권

30. 교량공덕품(校量功悳品)(47)

"다시 다음으로 교시가여. 만약 선남자와 선여인 등이 무상보리심을 일으킨 자를 위하여 반야바라밀다를 널리 설한다면, '그대 선남자여. 반야바라밀다에 상응하여 수습할 것이고, 독각의 보리가 항상하거나 무상하다고 상응하여 관찰하지 않아야 합니다. 왜 그러한가? 독각의 보리는 독각의 보리의 자성이 공하더라도, 이 독각의 보리의 자성은 곧 자성이 아닙니다.

만약 자성이 아닌 것이 곧 반야바라밀다라면, 이 반야바라밀다에서는 독각의 보리를 얻을 수 없고 그것의 항상함과 무상함도 역시 얻을 수 없습니다. 그 까닭은 무엇인가? 이 가운데에서 오히려 독각의 보리 등도 얻을 수 없는데, 어찌 하물며 그것의 항상함과 무상함이 있겠습니까? 그대가 만약 이와 같이 능히 반야를 수습한다면 이것이 반야바라밀다를 수습하는 것입니다.'라고 이와 같이 말을 지어야 하느니라.

다시 '그대 선남자여. 반야바라밀다에 상응하여 수습할 것이고, 독각의 보리가 즐겁거나 괴롭다고 상응하여 관찰하지 않아야 합니다. 왜 그러한가? 독각의 보리는 독각의 보리의 자성이 공하더라도, 이 독각의 보리의 자성은 곧 자성이 아닙니다. 만약 자성이 아닌 것이 곧 반야바라밀다라면, 이 반야바라밀다에서는 독각의 보리를 얻을 수 없고 그것의 즐거움과 괴로움도 역시 얻을 수 없습니다. 그 까닭은 무엇인가? 이 가운데에서 오히려 독각의 보리 등도 얻을 수 없는데, 어찌 하물며 그것의 즐거움과 괴로움이 있겠습니까? 그대가 만약 이와 같이 능히 반야를 수습한다면 이것이 반야바라밀다를 수습하는 것입니다.'라고 이와 같이 말을 지어야 하느니라.

다시 '그대 선남자여. 반야바라밀다에 상응하여 수습할 것이고, 독각의 보리가 나이거나 무아라고 상응하여 관찰하지 않아야 합니다. 왜 그러한가? 독각의 보리는 독각의 보리의 자성이 공하더라도, 이 독각의 보리의 자성은 곧 자성이 아닙니다. 만약 자성이 아닌 것이 곧 반야바라밀다라면, 이 반야바라밀다에서는 독각의 보리를 얻을 수 없고 그것의 나와 무아도 역시 얻을 수 없습니다. 그 까닭은 무엇인가? 이 가운데에서 오히려 독각의 보리 등도 얻을 수 없는데, 어찌 하물며 그것의 나와 무아가 있겠습니까? 그대가 만약 이와 같이 능히 반야를 수습한다면 이것이 반야바라밀다를 수습하는 것입니다.'라고 이와 같이 말을 지어야 하느니라.

다시 '그대 선남자여. 반야바라밀다에 상응하여 수습할 것이고, 독각의 보리가 청정하거나 부정하다고 상응하여 관찰하지 않아야 합니다. 왜 그러한가? 독각의 보리는 독각의 보리의 자성이 공하더라도, 이 독각의 보리의 자성은 곧 자성이 아닙니다. 만약 자성이 아닌 것이 곧 반야바라밀다라면, 이 반야바라밀다에서는 독각의 보리를 얻을 수 없고 그것의 청정과 부정도 역시 얻을 수 없습니다. 그 까닭은 무엇인가? 이 가운데에서 오히려 독각의 보리 등도 얻을 수 없는데, 어찌 하물며 그것의 청정과 부정이 있겠습니까? 그대가 만약 이와 같이 능히 반야를 수습한다면 이것이 반야바라밀다를 수습하는 것입니다.'라고 이와 같이 말을 지어야 하느니라.

교시가여. 이 선남자와 선여인 등이 이것 등을 설하였다면 이것이 널리 진정하게 반야바라밀다를 설하는 것이니라.

다시 다음으로 교시가여. 만약 선남자와 선여인 등이 무상보리심을 일으킨 자를 위하여 반야바라밀다를 널리 설한다면, '그대 선남자여. 반야바라밀다에 상응하여 수습할 것이고, 일체의 보살마하살의 행이 항상하거나 무상하다고 상응하여 관찰하지 않아야 합니다. 왜 그러한가?

일체의 보살마하살의 행은 일체의 보살마하살의 행의 자성이 공하더라도, 이 보살마하살의 행의 자성은 곧 자성이 아닙니다.

만약 자성이 아닌 것이 곧 반야바라밀다라면, 이 반야바라밀다에서는 일체의 보살마하살의 행을 얻을 수 없고 그것의 항상함과 무상함도 역시 얻을 수 없습니다. 그 까닭은 무엇인가? 이 가운데에서 오히려 일체의 보살마하살의 행 등도 얻을 수 없는데, 어찌 하물며 그것의 항상함과 무상함이 있겠습니까? 그대가 만약 이와 같이 능히 반야를 수습한다면 이것이 반야바라밀다를 수습하는 것입니다.'라고 이와 같이 말을 지어야 하느니라.

다시 '그대 선남자여. 반야바라밀다에 상응하여 수습할 것이고, 일체의 보살마하살의 행이 즐겁거나 괴롭다고 상응하여 관찰하지 않아야 합니다. 왜 그러한가? 일체의 보살마하살의 행은 일체의 보살마하살의 행의 자성이 공하더라도, 이 일체의 보살마하살의 행의 자성은 곧 자성이 아닙니다. 만약 자성이 아닌 것이 곧 반야바라밀다라면, 이 반야바라밀다에서는 일체의 보살마하살의 행을 얻을 수 없고 그것의 즐거움과 괴로움도 역시 얻을 수 없습니다. 그 까닭은 무엇인가? 이 가운데에서 오히려 일체의 보살마하살의 행 등도 얻을 수 없는데, 어찌 하물며 그것의 즐거움과 괴로움이 있겠습니까? 그대가 만약 이와 같이 능히 반야를 수습한다면 이것이 반야바라밀다를 수습하는 것입니다.'라고 이와 같이 말을 지어야 하느니라.

다시 '그대 선남자여. 반야바라밀다에 상응하여 수습할 것이고, 일체의 보살마하살의 행이 나이거나 무아라고 상응하여 관찰하지 않아야 합니다. 왜 그러한가? 일체의 보살마하살의 행은 일체의 보살마하살의 행의 자성이 공하더라도, 이 일체의 보살마하살의 행의 자성은 곧 자성이 아닙니다. 만약 자성이 아닌 것이 곧 반야바라밀다라면, 이 반야바라밀다에서는 일체의 보살마하살의 행을 얻을 수 없고 그것의 나와 무아도 역시 얻을 수 없습니다. 그 까닭은 무엇인가? 이 가운데에서 오히려 일체의 보살마하살의 행 등도 얻을 수 없는데, 어찌 하물며 그것의 나와 무아가 있겠습니까? 그대가 만약 이와 같이 능히 반야를 수습한다면 이것이 반야바라밀다를 수습하는 것입니다.'라고 이와 같이 말을 지어야 하느니라.

다시 '그대 선남자여. 반야바라밀다에 상응하여 수습할 것이고, 일체의 보살마하살의 행이 청정하거나 부정하다고 상응하여 관찰하지 않아야 합니다. 왜 그러한가? 일체의 보살마하살의 행은 일체의 보살마하살의 행의 자성이 공하더라도, 이 일체의 보살마하살의 행의 자성은 곧 자성이 아닙니다. 만약 자성이 아닌 것이 곧 반야바라밀다라면, 이 반야바라밀다에서는 일체의 보살마하살의 행을 얻을 수 없고 그것의 청정과 부정도 역시 얻을 수 없습니다. 그 까닭은 무엇인가? 이 가운데에서 오히려 일체의 보살마하살의 행 등도 얻을 수 없는데, 어찌 하물며 그것의 청정과 부정이 있겠습니까? 그대가 만약 이와 같이 능히 반야를 수습한다면 이것이 반야바라밀다를 수습하는 것입니다.'라고 이와 같이 말을 지어야 하느니라.

교시가여. 이 선남자와 선여인 등이 이것 등을 설하였다면 이것이 널리 진정하게 반야바라밀다를 설하는 것이니라.

다시 다음으로 교시가여. 만약 선남자와 선여인 등이 무상보리심을 일으킨 자를 위하여 반야바라밀다를 널리 설한다면, '그대 선남자여. 반야바라밀다에 상응하여 수습할 것이고, 제불의 무상정등보리가 항상하거나 무상하다고 상응하여 관찰하지 않아야 합니다. 왜 그러한가? 제불의 무상정등보리는 제불의 무상정등보리의 자성이 공하더라도, 이 무상정등보리의 자성은 곧 자성이 아닙니다.

만약 자성이 아닌 것이 곧 반야바라밀다라면, 이 반야바라밀다에서는 제불의 무상정등보리를 얻을 수 없고 그것의 항상함과 무상함도 역시 얻을 수 없습니다. 그 까닭은 무엇인가? 이 가운데에서 오히려 제불의 무상정등보리 등도 얻을 수 없는데, 어찌 하물며 그것의 항상함과 무상함이 있겠습니까? 그대가 만약 이와 같이 능히 반야를 수습한다면 이것이 반야바라밀다를 수습하는 것입니다.'라고 이와 같이 말을 지어야 하느니라.

다시 '그대 선남자여. 반야바라밀다에 상응하여 수습할 것이고, 제불의 무상정등보리가 즐겁거나 괴롭다고 상응하여 관찰하지 않아야 합니다. 왜 그러한가? 제불의 무상정등보리는 제불의 무상정등보리의 자성이 공하더라도, 이 제불의 무상정등보리의 자성은 곧 자성이 아닙니다. 만약 자성이 아닌 것이 곧 반야바라밀다라면, 이 반야바라밀다에서는 제불의 무상정등보리를 얻을 수 없고 그것의 즐거움과 괴로움도 역시 얻을 수 없습니다. 그 까닭은 무엇인가? 이 가운데에서 오히려 제불의 무상정등보리 등도 얻을 수 없는데, 어찌 하물며 그것의 즐거움과 괴로움이 있겠습니까? 그대가 만약 이와 같이 능히 반야를 수습한다면 이것이 반야바라밀다를 수습하는 것입니다.'라고 이와 같이 말을 지어야 하느니라.

다시 '그대 선남자여. 반야바라밀다에 상응하여 수습할 것이고, 제불의 무상정등보리가 나이거나 무아라고 상응하여 관찰하지 않아야 합니다. 왜 그러한가? 제불의 무상정등보리는 제불의 무상정등보리의 자성이 공하더라도, 이 제불의 무상정등보리의 자성은 곧 자성이 아닙니다. 만약 자성이 아닌 것이 곧 반야바라밀다라면, 이 반야바라밀다에서는 제불의 무상정등보리를 얻을 수 없고 그것의 나와 무아도 역시 얻을 수 없습니다. 그 까닭은 무엇인가? 이 가운데에서 오히려 제불의 무상정등보리 등도 얻을 수 없는데, 어찌 하물며 그것의 나와 무아가 있겠습니까? 그대가 만약 이와 같이 능히 반야를 수습한다면 이것이 반야바라밀다를 수습하는 것입니다.'라고 이와 같이 말을 지어야 하느니라.

다시 '그대 선남자여. 반야바라밀다에 상응하여 수습할 것이고, 제불의 무상정등보리가 청정하거나 부정하다고 상응하여 관찰하지 않아야 합니다. 왜 그러한가? 제불의 무상정등보리는 제불의 무상정등보리의 자성이 공하더라도, 이 제불의 무상정등보리의 자성은 곧 자성이 아닙니다. 만약 자성이 아닌 것이 곧 반야바라밀다라면, 이 반야바라밀다에서는 제불의 무상정등보리를 얻을 수 없고 그것의 청정과 부정도 역시 얻을 수 없습니다. 그 까닭은 무엇인가? 이 가운데에서 오히려 제불의 무상정등보리 등도 얻을 수 없는데, 어찌 하물며 그것의 청정과 부정이 있겠습니까? 그대가 만약 이와 같이 능히 반야를 수습한다면 이것이 반야바라밀다를 수습하는 것입니다.'라고 이와 같이 말을 지어야 하느니라.

교시가여. 이 선남자와 선여인 등이 이것 등을 설하였다면 이것이 널리 진정하게 반야바라밀다를 설하는 것이니라.”

　　그때 천제석이 다시 세존께 아뢰어 말하였다.
　　“세존이시여. 무엇을 선남자와 선여인 등이 얻을 수 없는 것으로 정려바라밀다를 설한다면, 진정한 정려바라밀다를 설한다고 이름합니까?”
　　세존께서 말씀하셨다.
　　“교시가여. 만약 선남자와 선여인 등이 무상보리심을 일으킨 자를 위하여 정려바라밀다를 널리 설한다면, ‘그대 선남자여. 정려바라밀다에 상응하여 수습할 것이고, 색이 항상하거나 무상하다고 상응하여 관찰하지 않아야 하며, 수·상·행·식이 항상하거나 무상하다고 상응하여 관찰하지 않아야 합니다. 왜 그러한가? 색은 색의 자성이 공하고 수·상·행·식은 수·상·행·식의 자성이 공하더라도, 이 색의 자성은 곧 자성이 아니고 이 수·상·행·식의 자성도 역시 자성이 아닙니다.
　　만약 자성이 아닌 것이 곧 정려바라밀다라면, 이 정려바라밀다에서는 색을 얻을 수 없고 그것의 항상함과 무상함도 역시 얻을 수 없으며, 수·상·행·식을 모두 얻을 수 없고 그것의 항상함과 무상함도 역시 얻을 수 없습니다. 그 까닭은 무엇인가? 이 가운데에서 오히려 색 등도 얻을 수 없는데, 어찌 하물며 그것의 항상함과 무상함이 있겠습니까? 그대가 만약 이와 같이 능히 정려를 수습한다면 이것이 정려바라밀다를 수습하는 것입니다.’라고 이와 같이 말을 지어야 하느니라.
　　다시 ‘그대 선남자여. 정려바라밀다에 상응하여 수습할 것이고, 색이 즐겁거나 괴롭다고 상응하여 관찰하지 않아야 하며, 수·상·행·식이 즐겁거나 괴롭다고 상응하여 관찰하지 않아야 합니다. 왜 그러한가? 색은 색의 자성이 공하고 수·상·행·식은 수·상·행·식의 자성이 공하더라도, 이 색의 자성은 곧 자성이 아니고 이 수·상·행·식의 자성도 역시 자성이 아닙니다.
　　만약 자성이 아닌 것이 곧 정려바라밀다라면, 이 정려바라밀다에서는 색을 얻을 수 없고 그것의 즐거움과 괴로움도 역시 얻을 수 없으며, 수·상·행·식을 모두 얻을 수 없고 그것의 즐거움과 괴로움도 역시 얻을 수 없습니다.

그 까닭은 무엇인가? 이 가운데에서 오히려 색 등도 얻을 수 없는데, 어찌 하물며 그것의 즐거움과 괴로움이 있겠습니까? 그대가 만약 이와 같이 능히 정려를 수습한다면 이것이 정려바라밀다를 수습하는 것입니다.'라고 이와 같이 말을 지어야 하느니라.

다시 '그대 선남자여. 정려바라밀다에 상응하여 수습할 것이고, 색이 나이거나 무아라고 상응하여 관찰하지 않아야 하며, 수·상·행·식이 나이거나 무아라고 상응하여 관찰하지 않아야 합니다. 왜 그러한가? 색은 색의 자성이 공하고 수·상·행·식은 수·상·행·식의 자성이 공하더라도, 이 색의 자성은 곧 자성이 아니고 이 수·상·행·식의 자성도 역시 자성이 아닙니다.

만약 자성이 아닌 것이 곧 정려바라밀다라면, 이 정려바라밀다에서는 색을 얻을 수 없고 그것의 나와 무아도 역시 얻을 수 없으며, 수·상·행·식을 모두 얻을 수 없고 그것의 나와 무아도 역시 얻을 수 없습니다. 그 까닭은 무엇인가? 이 가운데에서 오히려 색 등도 얻을 수 없는데, 어찌 하물며 그것의 나와 무아가 있겠습니까? 그대가 만약 이와 같이 능히 정려를 수습한다면 이것이 정려바라밀다를 수습하는 것입니다.'라고 이와 같이 말을 지어야 하느니라.

다시 '그대 선남자여. 정려바라밀다에 상응하여 수습할 것이고, 색이 청정(淨)하거나 부정(不淨)하다고 상응하여 관찰하지 않아야 하며, 수·상·행·식이 청정하거나 부정하다고 상응하여 관찰하지 않아야 합니다. 왜 그러한가? 색은 색의 자성이 공하고 수·상·행·식은 수·상·행·식의 자성이 공하더라도, 이 색의 자성은 곧 자성이 아니고 이 수·상·행·식의 자성도 역시 자성이 아닙니다.

만약 자성이 아닌 것이 곧 정려바라밀다라면, 이 정려바라밀다에서는 색을 얻을 수 없고 그것의 청정과 부정도 역시 얻을 수 없으며, 수·상·행·식을 모두 얻을 수 없고 그것의 청정과 부정도 역시 얻을 수 없습니다. 그 까닭은 무엇인가? 이 가운데에서 오히려 색 등도 얻을 수 없는데, 어찌 하물며 그것의 청정과 부정이 있겠습니까? 그대가 만약 이와 같이 능히 정려를 수습한다면 이것이 정려바라밀다를 수습하는 것입니다.'라

고 이와 같이 말을 지어야 하느니라.

교시가여. 이 선남자와 선여인 등이 이것 등을 설하였다면 이것이 널리 진정하게 정려바라밀다를 설하는 것이니라.

다시 다음으로 교시가여. 만약 선남자와 선여인 등이 무상보리심을 일으킨 자를 위하여 정려바라밀다를 널리 설한다면, '그대 선남자여. 정려바라밀다에 상응하여 수습할 것이고, 안처가 항상하거나 무상하다고 상응하여 관찰하지 않아야 하며, 이·비·설·신·의처가 항상하거나 무상하다고 상응하여 관찰하지 않아야 합니다. 왜 그러한가? 안처는 안처의 자성이 공하고 이·비·설·신·의처는 이·비·설·신·의처의 자성이 공하더라도, 이 안처의 자성은 곧 자성이 아니고 이·비·설·신·의처의 자성도 역시 자성이 아닙니다.

만약 자성이 아닌 것이 곧 정려바라밀다라면, 이 정려바라밀다에서는 안처를 얻을 수 없고 그것의 항상함과 무상함도 역시 얻을 수 없으며, 이·비·설·신·의처를 모두 얻을 수 없고 그것의 항상함과 무상함도 역시 얻을 수 없습니다. 그 까닭은 무엇인가? 이 가운데에서 오히려 안처 등도 얻을 수 없는데, 어찌 하물며 그것의 항상함과 무상함이 있겠습니까? 그대가 만약 이와 같이 능히 정려를 수습한다면 이것이 정려바라밀다를 수습하는 것입니다.'라고 이와 같이 말을 지어야 하느니라.

다시 '그대 선남자여. 정려바라밀다에 상응하여 수습할 것이고, 안처가 즐겁거나 괴롭다고 상응하여 관찰하지 않아야 하며, 이·비·설·신·의처가 즐겁거나 괴롭다고 상응하여 관찰하지 않아야 합니다. 왜 그러한가? 안처는 안처의 자성이 공하고 이·비·설·신·의처는 이·비·설·신·의처의 자성이 공하더라도, 이 안처의 자성은 곧 자성이 아니고 이 이·비·설·신·의처의 자성도 역시 자성이 아닙니다.

만약 자성이 아닌 것이 곧 정려바라밀다라면, 이 정려바라밀다에서는 안처를 얻을 수 없고 그것의 즐거움과 괴로움도 역시 얻을 수 없으며, 이·비·설·신·의처를 모두 얻을 수 없고 그것의 즐거움과 괴로움도 역시 얻을 수 없습니다. 그 까닭은 무엇인가? 이 가운데에서 오히려 안처 등도 얻을 수 없는데, 어찌 하물며 그것의 즐거움과 괴로움이 있겠습니까? 그대가 만약 이와 같이 능히 정려를 수습한다면 이것이 정려바라밀다를 수습하는 것입니다.'라고 이와 같이 말을 지어야 하느니라.

다시 '그대 선남자여. 정려바라밀다에 상응하여 수습할 것이고, 안처가 나이거나 무아라고 상응하여 관찰하지 않아야 하며, 이·비·설·신·의처가 나이거나 무아라고 상응하여 관찰하지 않아야 합니다. 왜 그러한가? 안처는 안처의 자성이 공하고 이·비·설·신·의처는 이·비·설·신·의처의 자성이 공하더라도, 이 안처의 자성은 곧 자성이 아니고 이 이·비·설·신·의처의 자성도 역시 자성이 아닙니다.

만약 자성이 아닌 것이 곧 정려바라밀다라면, 이 정려바라밀다에서는 안처를 얻을 수 없고 그것의 나와 무아도 역시 얻을 수 없으며, 이·비·설·신·의처를 모두 얻을 수 없고 그것의 나와 무아도 역시 얻을 수 없습니다. 그 까닭은 무엇인가? 이 가운데에서 오히려 안처 등도 얻을 수 없는데, 어찌 하물며 그것의 나와 무아가 있겠습니까? 그대가 만약 이와 같이 능히 정려를 수습한다면 이것이 정려바라밀다를 수습하는 것입니다.'라고 이와 같이 말을 지어야 하느니라.

다시 '그대 선남자여. 정려바라밀다에 상응하여 수습할 것이고, 안처가 청정하거나 부정하다고 상응하여 관찰하지 않아야 하며, 이·비·설·신·의처가 청정하거나 부정하다고 상응하여 관찰하지 않아야 합니다. 왜 그러한가? 안처는 안처의 자성이 공하고 이·비·설·신·의처는 이·비·설·신·의처의 자성이 공하더라도, 이 안처의 자성은 곧 자성이 아니고 이 이·비·설·신·의처의 자성도 역시 자성이 아닙니다.

만약 자성이 아닌 것이 곧 정려바라밀다라면, 이 정려바라밀다에서는 안처를 얻을 수 없고 그것의 청정과 부정도 역시 얻을 수 없으며, 이·비·설·신·의처를 모두 얻을 수 없고 그것의 청정과 부정도 역시 얻을 수 없습니다. 그 까닭은 무엇인가? 이 가운데에서 오히려 안처 등도 얻을 수 없는데, 어찌 하물며 그것의 청정과 부정이 있겠습니까? 그대가 만약 이와 같이 능히 정려를 수습한다면 이것이 정려바라밀다를 수습하는 것입니다.'라

고 이와 같이 말을 지어야 하느니라.

교시가여. 이 선남자와 선여인 등이 이것 등을 설하였다면 이것이 널리 진정하게 정려바라밀다를 설하는 것이니라.

다시 다음으로 교시가여. 만약 선남자와 선여인 등이 무상보리심을 일으킨 자를 위하여 정려바라밀다를 널리 설한다면, '그대 선남자여. 정려바라밀다에 상응하여 수습할 것이고, 색처가 항상하거나 무상하다고 상응하여 관찰하지 않아야 하며, 성·향·미·촉·법처가 항상하거나 무상하다고 상응하여 관찰하지 않아야 합니다. 왜 그러한가? 색처는 색처의 자성이 공하고 성·향·미·촉·법처는 성·향·미·촉·법처의 자성이 공하더라도, 이 색처의 자성은 곧 자성이 아니고 이 성·향·미·촉·법처의 자성도 역시 자성이 아닙니다.

만약 자성이 아닌 것이 곧 정려바라밀다라면, 이 정려바라밀다에서는 색처를 얻을 수 없고 그것의 항상함과 무상함도 역시 얻을 수 없으며, 성·향·미·촉·법처를 모두 얻을 수 없고 그것의 항상함과 무상함도 역시 얻을 수 없습니다. 그 까닭은 무엇인가? 이 가운데에서 오히려 색처 등도 얻을 수 없는데, 어찌 하물며 그것의 항상함과 무상함이 있겠습니까? 그대가 만약 이와 같이 능히 정려를 수습한다면 이것이 정려바라밀다를 수습하는 것입니다.'라고 이와 같이 말을 지어야 하느니라.

다시 '그대 선남자여. 정려바라밀다에 상응하여 수습할 것이고, 색처가 즐겁거나 괴롭다고 상응하여 관찰하지 않아야 하며, 성·향·미·촉·법처가 즐겁거나 괴롭다고 상응하여 관찰하지 않아야 합니다. 왜 그러한가? 색처는 색처의 자성이 공하고 성·향·미·촉·법처는 성·향·미·촉·법처의 자성이 공하더라도, 이 색처의 자성은 곧 자성이 아니고 이 성·향·미·촉·법처의 자성도 역시 자성이 아닙니다.

만약 자성이 아닌 것이 곧 정려바라밀다라면, 이 정려바라밀다에서는 색처를 얻을 수 없고 그것의 즐거움과 괴로움도 역시 얻을 수 없으며, 성·향·미·촉·법처를 모두 얻을 수 없고 그것의 즐거움과 괴로움도 역시 얻을 수 없습니다. 그 까닭은 무엇인가? 이 가운데에서 오히려 색처 등도 얻을 수 없는데, 어찌 하물며 그것의 즐거움과 괴로움이 있겠습니까? 그대가 만약 이와 같이 능히 정려를 수습한다면 이것이 정려바라밀다를 수습하는 것입니다.'라고 이와 같이 말을 지어야 하느니라.

다시 '그대 선남자여. 정려바라밀다에 상응하여 수습할 것이고, 색처가 나이거나 무아라고 상응하여 관찰하지 않아야 하며, 성·향·미·촉·법처가 나이거나 무아라고 상응하여 관찰하지 않아야 합니다. 왜 그러한가? 색처는 색처의 자성이 공하고 성·향·미·촉·법처는 성·향·미·촉·법처의 자성이 공하더라도, 이 색처의 자성은 곧 자성이 아니고 이 성·향·미·촉·법처의 자성도 역시 자성이 아닙니다.

만약 자성이 아닌 것이 곧 정려바라밀다라면, 이 정려바라밀다에서는 색처를 얻을 수 없고 그것의 나와 무아도 역시 얻을 수 없으며, 성·향·미·촉·법처를 모두 얻을 수 없고 그것의 나와 무아도 역시 얻을 수 없습니다. 그 까닭은 무엇인가? 이 가운데에서 오히려 색처 등도 얻을 수 없는데, 어찌 하물며 그것의 나와 무아가 있겠습니까? 그대가 만약 이와 같이 능히 정려를 수습한다면 이것이 정려바라밀다를 수습하는 것입니다.'라고 이와 같이 말을 지어야 하느니라.

다시 '그대 선남자여. 정려바라밀다에 상응하여 수습할 것이고, 색처가 청정하거나 부정하다고 상응하여 관찰하지 않아야 하며, 성·향·미·촉·법처가 청정하거나 부정하다고 상응하여 관찰하지 않아야 합니다. 왜 그러한가? 색처는 색처의 자성이 공하고 성·향·미·촉·법처는 성·향·미·촉·법처의 자성이 공하더라도, 이 색처의 자성은 곧 자성이 아니고 이 성·향·미·촉·법처의 자성도 역시 자성이 아닙니다.

만약 자성이 아닌 것이 곧 정려바라밀다라면, 이 정려바라밀다에서는 색처를 얻을 수 없고 그것의 청정과 부정도 역시 얻을 수 없으며, 성·향·미·촉·법처를 모두 얻을 수 없고 그것의 청정과 부정도 역시 얻을 수 없습니다. 그 까닭은 무엇인가? 이 가운데에서 오히려 색처 등도 얻을 수 없는데, 어찌 하물며 그것의 청정과 부정이 있겠습니까? 그대가 만약 이와 같이 능히 정려를 수습한다면 이것이 정려바라밀다를 수습하는 것입니다.'라

고 이와 같이 말을 지어야 하느니라.

교시가여. 이 선남자와 선여인 등이 이것 등을 설하였다면 이것이 널리 진정하게 정려바라밀다를 설하는 것이니라.

다시 다음으로 교시가여. 만약 선남자와 선여인 등이 무상보리심을 일으킨 자를 위하여 정려바라밀다를 널리 설한다면, '그대 선남자여. 정려바라밀다에 상응하여 수습할 것이고, 안계가 항상하거나 무상하다고 상응하여 관찰하지 않아야 하며, 색계·안식계, 나아가 안촉·안촉을 인연으로 생겨난 여러 수가 항상하거나 무상하다고 상응하여 관찰하지 않아야 합니다. 왜 그러한가? 안계는 안계의 자성이 공하고 색계·안식계, 나아가 안촉·안촉을 인연으로 생겨난 여러 수는 색계, 나아가 안촉을 인연으로 생겨난 여러 수의 자성이 공하더라도, 이 안계의 자성은 곧 자성이 아니고 이 색계, 나아가 안촉을 인연으로 생겨난 여러 수의 자성도 역시 자성이 아닙니다.

만약 자성이 아닌 것이 곧 정려바라밀다라면, 이 정려바라밀다에서는 안계를 얻을 수 없고 그것의 항상함과 무상함도 역시 얻을 수 없으며, 색계, 나아가 안촉을 인연으로 생겨난 여러 수를 모두 얻을 수 없고 그것의 항상함과 무상함도 역시 얻을 수 없습니다. 그 까닭은 무엇인가? 이 가운데에서 오히려 안계 등도 얻을 수 없는데, 어찌 하물며 그것의 항상함과 무상함이 있겠습니까? 그대가 만약 이와 같이 능히 정려를 수습한다면 이것이 정려바라밀다를 수습하는 것입니다.'라고 이와 같이 말을 지어야 하느니라.

다시 '그대 선남자여. 정려바라밀다에 상응하여 수습할 것이고, 안계가 즐겁거나 괴롭다고 상응하여 관찰하지 않아야 하며, 색계, 나아가 안촉을 인연으로 생겨난 여러 수가 즐겁거나 괴롭다고 상응하여 관찰하지 않아야 합니다. 왜 그러한가? 안계는 안계의 자성이 공하고 색계, 나아가 안촉을 인연으로 생겨난 여러 수는 색계, 나아가 안촉을 인연으로 생겨난 여러 수의 자성이 공하더라도, 이 안계의 자성은 곧 자성이 아니고 이 색계, 나아가 안촉을 인연으로 생겨난 여러 수의 자성도 역시 자성이 아닙니다.

만약 자성이 아닌 것이 곧 정려바라밀다라면, 이 정려바라밀다에서는 안계를 얻을 수 없고 그것의 즐거움과 괴로움도 역시 얻을 수 없으며, 색계, 나아가 안촉을 인연으로 생겨난 여러 수를 모두 얻을 수 없고 그것의 즐거움과 괴로움도 역시 얻을 수 없습니다. 그 까닭은 무엇인가? 이 가운데에서 오히려 안계 등도 얻을 수 없는데, 어찌 하물며 그것의 즐거움과 괴로움이 있겠습니까? 그대가 만약 이와 같이 능히 정려를 수습한다면 이것이 정려바라밀다를 수습하는 것입니다.'라고 이와 같이 말을 지어야 하느니라.

다시 '그대 선남자여. 정려바라밀다에 상응하여 수습할 것이고, 안계가 나이거나 무아라고 상응하여 관찰하지 않아야 하며, 색계, 나아가 안촉을 인연으로 생겨난 여러 수가 나이거나 무아라고 상응하여 관찰하지 않아야 합니다. 왜 그러한가? 안계는 안계의 자성이 공하고 색계, 나아가 안촉을 인연으로 생겨난 여러 수는 색계, 나아가 안촉을 인연으로 생겨난 여러 수의 자성이 공하더라도, 이 안계의 자성은 곧 자성이 아니고 이 색계, 나아가 안촉을 인연으로 생겨난 여러 수의 자성도 역시 자성이 아닙니다.

만약 자성이 아닌 것이 곧 정려바라밀다라면, 이 정려바라밀다에서는 안계를 얻을 수 없고 그것의 나와 무아도 역시 얻을 수 없으며, 색계, 나아가 안촉을 인연으로 생겨난 여러 수를 모두 얻을 수 없고 그것의 나와 무아도 역시 얻을 수 없습니다. 그 까닭은 무엇인가? 이 가운데에서 오히려 안계 등도 얻을 수 없는데, 어찌 하물며 그것의 나와 무아가 있겠습니까? 그대가 만약 이와 같이 능히 정려를 수습한다면 이것이 정려바라밀다를 수습하는 것입니다.'라고 이와 같이 말을 지어야 하느니라.

다시 '그대 선남자여. 정려바라밀다에 상응하여 수습할 것이고, 안계가 청정하거나 부정하다고 상응하여 관찰하지 않아야 하며, 색계, 나아가 안촉을 인연으로 생겨난 여러 수가 청정하거나 부정하다고 상응하여 관찰하지 않아야 합니다. 왜 그러한가? 안계는 안계의 자성이 공하고 색계, 나아가 안촉을 인연으로 생겨난 여러 수는 색계, 나아가 안촉을 인연으로 생겨난 여러 수의 자성이 공하더라도, 이 안계의 자성은 곧

자성이 아니고 이 색계, 나아가 안촉을 인연으로 생겨난 여러 수의 자성도
역시 자성이 아닙니다.

만약 자성이 아닌 것이 곧 정려바라밀다라면, 이 정려바라밀다에서는
안계를 얻을 수 없고 그것의 청정과 부정도 역시 얻을 수 없으며, 색계,
나아가 안촉을 인연으로 생겨난 여러 수를 모두 얻을 수 없고 그것의 청정과
부정도 역시 얻을 수 없습니다. 그 까닭은 무엇인가? 이 가운데에서 오히려
안계 등도 얻을 수 없는데, 어찌 하물며 그것의 청정과 부정이 있겠습니까?
그대가 만약 이와 같이 능히 정려를 수습한다면 이것이 정려바라밀다를
수습하는 것입니다.'라고 이와 같이 말을 지어야 하느니라.

교시가여. 이 선남자와 선여인 등이 이것 등을 설하였다면 이것이
널리 진정하게 정려바라밀다를 설하는 것이니라.

다시 다음으로 교시가여. 만약 선남자와 선여인 등이 무상보리심을 일으킨
자를 위하여 정려바라밀다를 널리 설한다면, '그대 선남자여. 정려바라밀다
에 상응하여 수습할 것이고, 이계가 항상하거나 무상하다고 상응하여
관찰하지 않아야 하며, 성계·이식계, 나아가 이촉·이촉을 인연으로 생겨
난 여러 수가 항상하거나 무상하다고 상응하여 관찰하지 않아야 합니다.
왜 그러한가? 이계는 이계의 자성이 공하고 성계·이식계, 나아가 이촉·이촉
을 인연으로 생겨난 여러 수는 성계, 나아가 이촉을 인연으로 생겨난 여러
수의 자성이 공하더라도, 이 이계의 자성은 곧 자성이 아니고 이 성계,
나아가 이촉을 인연으로 생겨난 여러 수의 자성도 역시 자성이 아닙니다.

만약 자성이 아닌 것이 곧 정려바라밀다라면, 이 정려바라밀다에서는
이계를 얻을 수 없고 그것의 항상함과 무상함도 역시 얻을 수 없으며,
성계, 나아가 이촉을 인연으로 생겨난 여러 수를 모두 얻을 수 없고
그것의 항상함과 무상함도 역시 얻을 수 없습니다. 그 까닭은 무엇인가?
이 가운데에서 오히려 이계 등도 얻을 수 없는데, 어찌 하물며 그것의
항상함과 무상함이 있겠습니까? 그대가 만약 이와 같이 능히 정려를
수습한다면 이것이 정려바라밀다를 수습하는 것입니다.'라고 이와 같이
말을 지어야 하느니라.

다시 '그대 선남자여. 정려바라밀다에 상응하여 수습할 것이고, 이계가 즐겁거나 괴롭다고 상응하여 관찰하지 않아야 하며, 성계, 나아가 이촉을 인연으로 생겨난 여러 수가 즐겁거나 괴롭다고 상응하여 관찰하지 않아야 합니다. 왜 그러한가? 이계는 이계의 자성이 공하고 성계, 나아가 이촉을 인연으로 생겨난 여러 수는 성계, 나아가 이촉을 인연으로 생겨난 여러 수의 자성이 공하더라도, 이 이계의 자성은 곧 자성이 아니고 이 성계, 나아가 이촉을 인연으로 생겨난 여러 수의 자성도 역시 자성이 아닙니다.

만약 자성이 아닌 것이 곧 정려바라밀다라면, 이 정려바라밀다에서는 이계를 얻을 수 없고 그것의 즐거움과 괴로움도 역시 얻을 수 없으며, 성계, 나아가 이촉을 인연으로 생겨난 여러 수를 모두 얻을 수 없고 그것의 즐거움과 괴로움도 역시 얻을 수 없습니다. 그 까닭은 무엇인가? 이 가운데에서 오히려 이계 등도 얻을 수 없는데, 어찌 하물며 그것의 즐거움과 괴로움이 있겠습니까? 그대가 만약 이와 같이 능히 정려를 수습한다면 이것이 정려바라밀다를 수습하는 것입니다.'라고 이와 같이 말을 지어야 하느니라.

다시 '그대 선남자여. 정려바라밀다에 상응하여 수습할 것이고, 이계가 나이거나 무아라고 상응하여 관찰하지 않아야 하며, 성계, 나아가 이촉을 인연으로 생겨난 여러 수가 나이거나 무아라고 상응하여 관찰하지 않아야 합니다. 왜 그러한가? 이계는 이계의 자성이 공하고 성계, 나아가 이촉을 인연으로 생겨난 여러 수는 성계, 나아가 이촉을 인연으로 생겨난 여러 수의 자성이 공하더라도, 이 이계의 자성은 곧 자성이 아니고 이 성계, 나아가 이촉을 인연으로 생겨난 여러 수의 자성도 역시 자성이 아닙니다.

만약 자성이 아닌 것이 곧 정려바라밀다라면, 이 정려바라밀다에서는 이계를 얻을 수 없고 그것의 나와 무아도 역시 얻을 수 없으며, 성계, 나아가 이촉을 인연으로 생겨난 여러 수를 모두 얻을 수 없고 그것의 나와 무아도 역시 얻을 수 없습니다. 그 까닭은 무엇인가? 이 가운데에서 오히려 이계 등도 얻을 수 없는데, 어찌 하물며 그것의 나와 무아가 있겠습니까? 그대가 만약 이와 같이 능히 정려를 수습한다면 이것이 정려바라밀다를

수습하는 것입니다.'라고 이와 같이 말을 지어야 하느니라.

다시 '그대 선남자여. 정려바라밀다에 상응하여 수습할 것이고, 이계가 청정하거나 부정하다고 상응하여 관찰하지 않아야 하며, 성계, 나아가 이촉을 인연으로 생겨난 여러 수가 청정하거나 부정하다고 상응하여 관찰하지 않아야 합니다. 왜 그러한가? 이계는 이계의 자성이 공하고 성계, 나아가 이촉을 인연으로 생겨난 여러 수는 성계, 나아가 이촉을 인연으로 생겨난 여러 수의 자성이 공하더라도, 이 이계의 자성은 곧 자성이 아니고 이 성계, 나아가 이촉을 인연으로 생겨난 여러 수의 자성도 역시 자성이 아닙니다.

만약 자성이 아닌 것이 곧 정려바라밀다라면, 이 정려바라밀다에서는 이계를 얻을 수 없고 그것의 청정과 부정도 역시 얻을 수 없으며, 성계, 나아가 이촉을 인연으로 생겨난 여러 수를 모두 얻을 수 없고 그것의 청정과 부정도 역시 얻을 수 없습니다. 그 까닭은 무엇인가? 이 가운데에서 오히려 이계 등도 얻을 수 없는데, 어찌 하물며 그것의 청정과 부정이 있겠습니까? 그대가 만약 이와 같이 능히 정려를 수습한다면 이것이 정려바라밀다를 수습하는 것입니다.'라고 이와 같이 말을 지어야 하느니라.

교시가여. 이 선남자와 선여인 등이 이것 등을 설하였다면 이것이 널리 진정하게 정려바라밀다를 설하는 것이니라.

다시 다음으로 교시가여. 만약 선남자와 선여인 등이 무상보리심을 일으킨 자를 위하여 정려바라밀다를 널리 설한다면, '그대 선남자여. 정려바라밀다에 상응하여 수습할 것이고, 비계가 항상하거나 무상하다고 상응하여 관찰하지 않아야 하며, 향계·비식계, 나아가 비촉·비촉을 인연으로 생겨난 여러 수가 항상하거나 무상하다고 상응하여 관찰하지 않아야 합니다. 왜 그러한가? 비계는 비계의 자성이 공하고 향계·비식계, 나아가 비촉·비촉을 인연으로 생겨난 여러 수는 향계, 나아가 비촉을 인연으로 생겨난 여러 수의 자성이 공하더라도, 이 비계의 자성은 곧 자성이 아니고 이 향계, 나아가 비촉을 인연으로 생겨난 여러 수의 자성도 역시 자성이 아닙니다.

만약 자성이 아닌 것이 곧 정려바라밀다라면, 이 정려바라밀다에서는 비계를 얻을 수 없고 그것의 항상함과 무상함도 역시 얻을 수 없으며, 향계, 나아가 비촉을 인연으로 생겨난 여러 수를 모두 얻을 수 없고 그것의 항상함과 무상함도 역시 얻을 수 없습니다. 그 까닭은 무엇인가? 이 가운데에서 오히려 비계 등도 얻을 수 없는데, 어찌 하물며 그것의 항상함과 무상함이 있겠습니까? 그대가 만약 이와 같이 능히 정려를 수습한다면 이것이 정려바라밀다를 수습하는 것입니다.'라고 이와 같이 말을 지어야 하느니라.

다시 '그대 선남자여. 정려바라밀다에 상응하여 수습할 것이고, 비계가 즐겁거나 괴롭다고 상응하여 관찰하지 않아야 하며, 향계, 나아가 비촉을 인연으로 생겨난 여러 수가 즐겁거나 괴롭다고 상응하여 관찰하지 않아야 합니다. 왜 그러한가? 비계는 비계의 자성이 공하고 향계, 나아가 비촉을 인연으로 생겨난 여러 수는 향계, 나아가 비촉을 인연으로 생겨난 여러 수의 자성이 공하더라도, 이 비계의 자성은 곧 자성이 아니고 이 향계, 나아가 비촉을 인연으로 생겨난 여러 수의 자성도 역시 자성이 아닙니다.

만약 자성이 아닌 것이 곧 정려바라밀다라면, 이 정려바라밀다에서는 비계를 얻을 수 없고 그것의 즐거움과 괴로움도 역시 얻을 수 없으며, 향계, 나아가 비촉을 인연으로 생겨난 여러 수를 모두 얻을 수 없고 그것의 즐거움과 괴로움도 역시 얻을 수 없습니다. 그 까닭은 무엇인가? 이 가운데에서 오히려 비계 등도 얻을 수 없는데, 어찌 하물며 그것의 즐거움과 괴로움이 있겠습니까? 그대가 만약 이와 같이 능히 정려를 수습한다면 이것이 정려바라밀다를 수습하는 것입니다.'라고 이와 같이 말을 지어야 하느니라.

다시 '그대 선남자여. 정려바라밀다에 상응하여 수습할 것이고, 비계가 나이거나 무아라고 상응하여 관찰하지 않아야 하며, 향계, 나아가 비촉을 인연으로 생겨난 여러 수가 나이거나 무아라고 상응하여 관찰하지 않아야 합니다. 왜 그러한가? 비계는 비계의 자성이 공하고 향계, 나아가 비촉을 인연으로 생겨난 여러 수는 향계, 나아가 비촉을 인연으로 생겨난 여러 수의 자성이 공하더라도, 이 비계의 자성은 곧 자성이 아니고 이 향계, 나아가 비촉을 인연으로 생겨난 여러 수의 자성도 역시 자성이 아닙니다.

만약 자성이 아닌 것이 곧 정려바라밀다라면, 이 정려바라밀다에서는 비계를 얻을 수 없고 그것의 나와 무아도 역시 얻을 수 없으며, 향계, 나아가 비촉을 인연으로 생겨난 여러 수를 모두 얻을 수 없고 그것의 나와 무아도 역시 얻을 수 없습니다. 그 까닭은 무엇인가? 이 가운데에서 오히려 비계 등도 얻을 수 없는데, 어찌 하물며 그것의 나와 무아가 있겠습니까? 그대가 만약 이와 같이 능히 정려를 수습한다면 이것이 정려바라밀다를 수습하는 것입니다.'라고 이와 같이 말을 지어야 하느니라.

다시 '그대 선남자여. 정려바라밀다에 상응하여 수습할 것이고, 비계가 청정하거나 부정하다고 상응하여 관찰하지 않아야 하며, 향계, 나아가 비촉을 인연으로 생겨난 여러 수가 청정하거나 부정하다고 상응하여 관찰하지 않아야 합니다. 왜 그러한가? 비계는 비계의 자성이 공하고 향계, 나아가 비촉을 인연으로 생겨난 여러 수는 향계, 나아가 비촉을 인연으로 생겨난 여러 수의 자성이 공하더라도, 이 비계의 자성은 곧 자성이 아니고 이 향계, 나아가 비촉을 인연으로 생겨난 여러 수의 자성도 역시 자성이 아닙니다.

만약 자성이 아닌 것이 곧 정려바라밀다라면, 이 정려바라밀다에서는 비계를 얻을 수 없고 그것의 청정과 부정도 역시 얻을 수 없으며, 향계, 나아가 비촉을 인연으로 생겨난 여러 수를 모두 얻을 수 없고 그것의 청정과 부정도 역시 얻을 수 없습니다. 그 까닭은 무엇인가? 이 가운데에서 오히려 비계 등도 얻을 수 없는데, 어찌 하물며 그것의 청정과 부정이 있겠습니까? 그대가 만약 이와 같이 능히 정려를 수습한다면 이것이 정려바라밀다를 수습하는 것입니다.'라고 이와 같이 말을 지어야 하느니라.

교시가여. 이 선남자와 선여인 등이 이것 등을 설하였다면 이것이 널리 진정하게 정려바라밀다를 설하는 것이니라."

마하반야바라밀다경 제150권

30. 교량공덕품(校量功德品)(48)

"다시 다음으로 교시가여. 만약 선남자와 선여인 등이 무상보리심을 일으킨 자를 위하여 정려바라밀다를 널리 설한다면, '그대 선남자여. 정려바라밀다에 상응하여 수습할 것이고, 설계가 항상하거나 무상하다고 상응하여 관찰하지 않아야 하며, 미계·설식계, 나아가 설촉·설촉을 인연으로 생겨난 여러 수가 항상하거나 무상하다고 상응하여 관찰하지 않아야 합니다. 왜 그러한가? 설계는 설계의 자성이 공하고 미계·설식계, 나아가 설촉·설촉을 인연으로 생겨난 여러 수는 미계, 나아가 설촉을 인연으로 생겨난 여러 수의 자성이 공하더라도, 이 설계의 자성은 곧 자성이 아니고 이 미계, 나아가 설촉을 인연으로 생겨난 여러 수의 자성도 역시 자성이 아닙니다.

만약 자성이 아닌 것이 곧 정려바라밀다라면, 이 정려바라밀다에서는 설계를 얻을 수 없고 그것의 항상함과 무상함도 역시 얻을 수 없으며, 미계, 나아가 설촉을 인연으로 생겨난 여러 수를 모두 얻을 수 없고 그것의 항상함과 무상함도 역시 얻을 수 없습니다. 그 까닭은 무엇인가? 이 가운데에서 오히려 설계 등도 얻을 수 없는데, 어찌 하물며 그것의 항상함과 무상함이 있겠습니까? 그대가 만약 이와 같이 능히 정려를 수습한다면 이것이 정려바라밀다를 수습하는 것입니다.'라고 이와 같이 말을 지어야 하느니라.

다시 '그대 선남자여. 정려바라밀다에 상응하여 수습할 것이고, 설계가 즐겁거나 괴롭다고 상응하여 관찰하지 않아야 하며, 미계, 나아가 설촉을 인연으로 생겨난 여러 수가 즐겁거나 괴롭다고 상응하여 관찰하지 않아야 합니다. 왜 그러한가? 설계는 설계의 자성이 공하고 미계, 나아가 설촉을 인연으로 생겨난 여러 수는 미계, 나아가 설촉을 인연으로 생겨난 여러 수의 자성이 공하더라도, 이 설계의 자성은 곧 자성이 아니고 이 미계, 나아가 설촉을 인연으로 생겨난 여러 수의 자성도 역시 자성이 아닙니다.

만약 자성이 아닌 것이 곧 정려바라밀다라면, 이 정려바라밀다에서는 설계를 얻을 수 없고 그것의 즐거움과 괴로움도 역시 얻을 수 없으며, 미계, 나아가 설촉을 인연으로 생겨난 여러 수를 모두 얻을 수 없고 그것의 즐거움과 괴로움도 역시 얻을 수 없습니다. 그 까닭은 무엇인가? 이 가운데에서 오히려 설계 등도 얻을 수 없는데, 어찌 하물며 그것의 즐거움과 괴로움이 있겠습니까? 그대가 만약 이와 같이 능히 정려를 수습한다면 이것이 정려바라밀다를 수습하는 것입니다.'라고 이와 같이 말을 지어야 하느니라.

다시 '그대 선남자여. 정려바라밀다에 상응하여 수습할 것이고, 설계가 나이거나 무아라고 상응하여 관찰하지 않아야 하며, 미계, 나아가 설촉을 인연으로 생겨난 여러 수가 나이거나 무아라고 상응하여 관찰하지 않아야 합니다. 왜 그러한가? 설계는 설계의 자성이 공하고 미계, 나아가 설촉을 인연으로 생겨난 여러 수는 미계, 나아가 설촉을 인연으로 생겨난 여러 수의 자성이 공하더라도, 이 설계의 자성은 곧 자성이 아니고 이 미계, 나아가 설촉을 인연으로 생겨난 여러 수의 자성도 역시 자성이 아닙니다.

만약 자성이 아닌 것이 곧 정려바라밀다라면, 이 정려바라밀다에서는 설계를 얻을 수 없고 그것의 나와 무아도 역시 얻을 수 없으며, 미계, 나아가 설촉을 인연으로 생겨난 여러 수를 모두 얻을 수 없고 그것의 나와 무아도 역시 얻을 수 없습니다. 그 까닭은 무엇인가? 이 가운데에서 오히려 설계 등도 얻을 수 없는데, 어찌 하물며 그것의 나와 무아가 있겠습니까? 그대가 만약 이와 같이 능히 정려를 수습한다면 이것이 정려바라밀다를 수습하는 것입니다.'라고 이와 같이 말을 지어야 하느니라.

다시 '그대 선남자여. 정려바라밀다에 상응하여 수습할 것이고, 설계가 청정하거나 부정하다고 상응하여 관찰하지 않아야 하며, 미계, 나아가 설촉을 인연으로 생겨난 여러 수가 청정하거나 부정하다고 상응하여 관찰하지 않아야 합니다. 왜 그러한가? 설계는 설계의 자성이 공하고 미계, 나아가 설촉을 인연으로 생겨난 여러 수는 미계, 나아가 설촉을 인연으로 생겨난 여러 수의 자성이 공하더라도, 이 설계의 자성은 곧 자성이 아니고 이 미계, 나아가 설촉을 인연으로 생겨난 여러 수의 자성도 역시 자성이 아닙니다.

만약 자성이 아닌 것이 곧 정려바라밀다라면, 이 정려바라밀다에서는 설계를 얻을 수 없고 그것의 청정과 부정도 역시 얻을 수 없으며, 미계, 나아가 설촉을 인연으로 생겨난 여러 수를 모두 얻을 수 없고 그것의 청정과 부정도 역시 얻을 수 없습니다. 그 까닭은 무엇인가? 이 가운데에서 오히려 설계 등도 얻을 수 없는데, 어찌 하물며 그것의 청정과 부정이 있겠습니까? 그대가 만약 이와 같이 능히 정려를 수습한다면 이것이 정려바라밀다를 수습하는 것입니다.'라고 이와 같이 말을 지어야 하느니라.

교시가여. 이 선남자와 선여인 등이 이것 등을 설하였다면 이것이 널리 진정하게 정려바라밀다를 설하는 것이니라.

다시 다음으로 교시가여. 만약 선남자와 선여인 등이 무상보리심을 일으킨 자를 위하여 정려바라밀다를 널리 설한다면, '그대 선남자여. 정려바라밀다에 상응하여 수습할 것이고, 신계가 항상하거나 무상하다고 상응하여 관찰하지 않아야 하며, 촉계·신식계, 나아가 신촉·신촉을 인연으로 생겨난 여러 수가 항상하거나 무상하다고 상응하여 관찰하지 않아야 합니다. 왜 그러한가? 신계는 신계의 자성이 공하고 촉계·신식계, 나아가 신촉·신촉을 인연으로 생겨난 여러 수는 촉계, 나아가 신촉을 인연으로 생겨난 여러 수의 자성이 공하더라도, 이 신계의 자성은 곧 자성이 아니고 이 촉계, 나아가 신촉을 인연으로 생겨난 여러 수의 자성도 역시 자성이 아닙니다.

만약 자성이 아닌 것이 곧 정려바라밀다라면, 이 정려바라밀다에서는 신계를 얻을 수 없고 그것의 항상함과 무상함도 역시 얻을 수 없으며, 촉계, 나아가 신촉을 인연으로 생겨난 여러 수를 모두 얻을 수 없고 그것의 항상함과 무상함도 역시 얻을 수 없습니다. 그 까닭은 무엇인가? 이 가운데에서 오히려 신계 등도 얻을 수 없는데, 어찌 하물며 그것의 항상함과 무상함이 있겠습니까? 그대가 만약 이와 같이 능히 정려를 수습한다면 이것이 정려바라밀다를 수습하는 것입니다.'라고 이와 같이 말을 지어야 하느니라.

다시 '그대 선남자여. 정려바라밀다에 상응하여 수습할 것이고, 신계가 즐겁거나 괴롭다고 상응하여 관찰하지 않아야 하며, 촉계, 나아가 신촉을 인연으로 생겨난 여러 수가 즐겁거나 괴롭다고 상응하여 관찰하지 않아야 합니다. 왜 그러한가? 신계는 신계의 자성이 공하고 촉계, 나아가 신촉을 인연으로 생겨난 여러 수는 촉계, 나아가 신촉을 인연으로 생겨난 여러 수의 자성이 공하더라도, 이 신계의 자성은 곧 자성이 아니고 이 촉계, 나아가 신촉을 인연으로 생겨난 여러 수의 자성도 역시 자성이 아닙니다.

만약 자성이 아닌 것이 곧 정려바라밀다라면, 이 정려바라밀다에서는 신계를 얻을 수 없고 그것의 즐거움과 괴로움도 역시 얻을 수 없으며, 촉계, 나아가 신촉을 인연으로 생겨난 여러 수를 모두 얻을 수 없고 그것의 즐거움과 괴로움도 역시 얻을 수 없습니다. 그 까닭은 무엇인가? 이 가운데에서 오히려 신계 등도 얻을 수 없는데, 어찌 하물며 그것의 즐거움과 괴로움이 있겠습니까? 그대가 만약 이와 같이 능히 정려를 수습한다면 이것이 정려바라밀다를 수습하는 것입니다.'라고 이와 같이 말을 지어야 하느니라.

다시 '그대 선남자여. 정려바라밀다에 상응하여 수습할 것이고, 신계가 나이거나 무아라고 상응하여 관찰하지 않아야 하며, 촉계, 나아가 신촉을 인연으로 생겨난 여러 수가 나이거나 무아라고 상응하여 관찰하지 않아야 합니다. 왜 그러한가? 신계는 신계의 자성이 공하고 촉계, 나아가 신촉을 인연으로 생겨난 여러 수는 촉계, 나아가 신촉을 인연으로 생겨난 여러 수의 자성이 공하더라도, 이 신계의 자성은 곧 자성이 아니고 이 촉계,

나아가 신촉을 인연으로 생겨난 여러 수의 자성도 역시 자성이 아닙니다.

만약 자성이 아닌 것이 곧 정려바라밀다라면, 이 정려바라밀다에서는 신계를 얻을 수 없고 그것의 나와 무아도 역시 얻을 수 없으며, 촉계, 나아가 신촉을 인연으로 생겨난 여러 수를 모두 얻을 수 없고 그것의 나와 무아도 역시 얻을 수 없습니다. 그 까닭은 무엇인가? 이 가운데에서 오히려 신계 등도 얻을 수 없는데, 어찌 하물며 그것의 나와 무아가 있겠습니까? 그대가 만약 이와 같이 능히 정려를 수습한다면 이것이 정려바라밀다를 수습하는 것입니다.'라고 이와 같이 말을 지어야 하느니라.

다시 '그대 선남자여. 정려바라밀다에 상응하여 수습할 것이고, 신계가 청정하거나 부정하다고 상응하여 관찰하지 않아야 하며, 촉계, 나아가 신촉을 인연으로 생겨난 여러 수가 청정하거나 부정하다고 상응하여 관찰하지 않아야 합니다. 왜 그러한가? 신계는 신계의 자성이 공하고 촉계, 나아가 신촉을 인연으로 생겨난 여러 수는 촉계, 나아가 신촉을 인연으로 생겨난 여러 수의 자성이 공하더라도, 이 신계의 자성은 곧 자성이 아니고 이 촉계, 나아가 신촉을 인연으로 생겨난 여러 수의 자성도 역시 자성이 아닙니다.

만약 자성이 아닌 것이 곧 정려바라밀다라면, 이 정려바라밀다에서는 신계를 얻을 수 없고 그것의 청정과 부정도 역시 얻을 수 없으며, 촉계, 나아가 신촉을 인연으로 생겨난 여러 수를 모두 얻을 수 없고 그것의 청정과 부정도 역시 얻을 수 없습니다. 그 까닭은 무엇인가? 이 가운데에서 오히려 신계 등도 얻을 수 없는데, 어찌 하물며 그것의 청정과 부정이 있겠습니까? 그대가 만약 이와 같이 능히 정려를 수습한다면 이것이 정려바라밀다를 수습하는 것입니다.'라고 이와 같이 말을 지어야 하느니라.

교시가여. 이 선남자와 선여인 등이 이것 등을 설하였다면 이것이 널리 진정하게 정려바라밀다를 설하는 것이니라."

다시 다음으로 교시가여. 만약 선남자와 선여인 등이 무상보리심을 일으킨 자를 위하여 정려바라밀다를 널리 설한다면, '그대 선남자여. 정려바라밀다에 상응하여 수습할 것이고, 의계가 항상하거나 무상하다고 상응하여 관찰하지 않아야 하며, 법계·의식계, 나아가 의촉·의촉을 인연으로 생겨난 여러 수가 항상하거나 무상하다고 상응하여 관찰하지 않아야 합니다. 왜 그러한가? 의계는 의계의 자성이 공하고 법계, 나아가 의촉을 인연으로 생겨난 여러 수는 법계, 나아가 의촉을 인연으로 생겨난 여러 수의 자성이 공하더라도, 이 의계의 자성은 곧 자성이 아니고 이 법계, 나아가 의촉을 인연으로 생겨난 여러 수의 자성도 역시 자성이 아닙니다.

만약 자성이 아닌 것이 곧 정려바라밀다라면, 이 정려바라밀다에서는 의계를 얻을 수 없고 그것의 항상함과 무상함도 역시 얻을 수 없으며, 법계, 나아가 의촉을 인연으로 생겨난 여러 수를 모두 얻을 수 없고 그것의 항상함과 무상함도 역시 얻을 수 없습니다. 그 까닭은 무엇인가? 이 가운데에서 오히려 의계 등도 얻을 수 없는데, 어찌 하물며 그것의 항상함과 무상함이 있겠습니까? 그대가 만약 이와 같이 능히 정려를 수습한다면 이것이 정려바라밀다를 수습하는 것입니다.'라고 이와 같이 말을 지어야 하느니라.

다시 '그대 선남자여. 정려바라밀다에 상응하여 수습할 것이고, 의계가 즐겁거나 괴롭다고 상응하여 관찰하지 않아야 하며, 법계, 나아가 의촉을 인연으로 생겨난 여러 수가 즐겁거나 괴롭다고 상응하여 관찰하지 않아야 합니다. 왜 그러한가? 의계는 의계의 자성이 공하고 법계, 나아가 의촉을 인연으로 생겨난 여러 수는 법계, 나아가 의촉을 인연으로 생겨난 여러 수의 자성이 공하더라도, 이 의계의 자성은 곧 자성이 아니고 이 법계, 나아가 의촉을 인연으로 생겨난 여러 수의 자성도 역시 자성이 아닙니다.

만약 자성이 아닌 것이 곧 정려바라밀다라면, 이 정려바라밀다에서는 의계를 얻을 수 없고 그것의 즐거움과 괴로움도 역시 얻을 수 없으며, 법계, 나아가 의촉을 인연으로 생겨난 여러 수를 모두 얻을 수 없고 그것의 즐거움과 괴로움도 역시 얻을 수 없습니다. 그 까닭은 무엇인가? 이 가운데에서 오히려 의계 등도 얻을 수 없는데, 어찌 하물며 그것의 즐거움과 괴로움이 있겠습니까? 그대가 만약 이와 같이 능히 정려를 수습한다면 이것이 정려바라밀다를 수습하는 것입니다.'라고 이와 같이

말을 지어야 하느니라.

다시 '그대 선남자여. 정려바라밀다에 상응하여 수습할 것이고, 의계가 나이거나 무아라고 상응하여 관찰하지 않아야 하며, 법계, 나아가 의촉을 인연으로 생겨난 여러 수가 나이거나 무아라고 상응하여 관찰하지 않아야 합니다. 왜 그러한가? 의계는 의계의 자성이 공하고 법계, 나아가 의촉을 인연으로 생겨난 여러 수는 법계, 나아가 의촉을 인연으로 생겨난 여러 수의 자성이 공하더라도, 이 의계의 자성은 곧 자성이 아니고 이 법계, 나아가 의촉을 인연으로 생겨난 여러 수의 자성도 역시 자성이 아닙니다.

만약 자성이 아닌 것이 곧 정려바라밀다라면, 이 정려바라밀다에서는 의계를 얻을 수 없고 그것의 나와 무아도 역시 얻을 수 없으며, 법계, 나아가 의촉을 인연으로 생겨난 여러 수를 모두 얻을 수 없고 그것의 나와 무아도 역시 얻을 수 없습니다. 그 까닭은 무엇인가? 이 가운데에서 오히려 의계 등도 얻을 수 없는데, 어찌 하물며 그것의 나와 무아가 있겠습니까? 그대가 만약 이와 같이 능히 정려를 수습한다면 이것이 정려바라밀다를 수습하는 것입니다.'라고 이와 같이 말을 지어야 하느니라.

다시 '그대 선남자여. 정려바라밀다에 상응하여 수습할 것이고, 의계가 청정하거나 부정하다고 상응하여 관찰하지 않아야 하며, 법계, 나아가 의촉을 인연으로 생겨난 여러 수가 청정하거나 부정하다고 상응하여 관찰하지 않아야 합니다. 왜 그러한가? 의계는 의계의 자성이 공하고 법계, 나아가 의촉을 인연으로 생겨난 여러 수는 법계, 나아가 의촉을 인연으로 생겨난 여러 수의 자성이 공하더라도, 이 의계의 자성은 곧 자성이 아니고 이 법계, 나아가 의촉을 인연으로 생겨난 여러 수의 자성도 역시 자성이 아닙니다.

만약 자성이 아닌 것이 곧 정려바라밀다라면, 이 정려바라밀다에서는 의계를 얻을 수 없고 그것의 청정과 부정도 역시 얻을 수 없으며, 법계, 나아가 의촉을 인연으로 생겨난 여러 수를 모두 얻을 수 없고 그것의 청정과 부정도 역시 얻을 수 없습니다. 그 까닭은 무엇인가? 이 가운데에서 오히려 의계 등도 얻을 수 없는데, 어찌 하물며 그것의 청정과 부정이 있겠습니까?

그대가 만약 이와 같이 능히 정려를 수습한다면 이것이 정려바라밀다를 수습하는 것입니다.'라고 이와 같이 말을 지어야 하느니라.

교시가여. 이 선남자와 선여인 등이 이것 등을 설하였다면 이것이 널리 진정하게 정려바라밀다를 설하는 것이니라.

다시 다음으로 교시가여. 만약 선남자와 선여인 등이 무상보리심을 일으킨 자를 위하여 정려바라밀다를 널리 설한다면, '그대 선남자여. 정려바라밀다에 상응하여 수습할 것이고, 지계가 항상하거나 무상하다고 상응하여 관찰하지 않아야 하며, 수·화·풍·공·식계가 항상하거나 무상하다고 상응하여 관찰하지 않아야 합니다. 왜 그러한가? 지계는 지계의 자성이 공하고 수·화·풍·공·식계는 수·화·풍·공·식계의 자성이 공하더라도, 이 지계의 자성은 곧 자성이 아니고 이 수·화·풍·공·식계의 자성도 역시 자성이 아닙니다.

만약 자성이 아닌 것이 곧 정려바라밀다라면, 이 정려바라밀다에서는 지계를 얻을 수 없고 그것의 항상함과 무상함도 역시 얻을 수 없으며, 수·화·풍·공·식계를 모두 얻을 수 없고 그것의 항상함과 무상함도 역시 얻을 수 없습니다. 그 까닭은 무엇인가? 이 가운데에서 오히려 지계 등도 얻을 수 없는데, 어찌 하물며 그것의 항상함과 무상함이 있겠습니까? 그대가 만약 이와 같이 능히 정려를 수습한다면 이것이 정려바라밀다를 수습하는 것입니다.'라고 이와 같이 말을 지어야 하느니라.

다시 '그대 선남자여. 정려바라밀다에 상응하여 수습할 것이고, 지계가 즐겁거나 괴롭다고 상응하여 관찰하지 않아야 하며, 수·화·풍·공·식계가 즐겁거나 괴롭다고 상응하여 관찰하지 않아야 합니다. 왜 그러한가? 지계는 지계의 자성이 공하고 수·화·풍·공·식계는 수·화·풍·공·식계의 자성이 공하더라도, 이 지계의 자성은 곧 자성이 아니고 이 수·화·풍·공·식계의 자성도 역시 자성이 아닙니다.

만약 자성이 아닌 것이 곧 정려바라밀다라면, 이 정려바라밀다에서는 지계를 얻을 수 없고 그것의 즐거움과 괴로움도 역시 얻을 수 없으며, 수·화·풍·공·식계를 모두 얻을 수 없고 그것의 즐거움과 괴로움도 역시 얻을 수 없습니다. 그 까닭은 무엇인가? 이 가운데에서 오히려 지계 등도 얻을 수 없는데, 어찌 하물며 그것의 즐거움과 괴로움이 있겠습니까? 그대가 만약 이와 같이 능히 정려를 수습한다면 이것이 정려바라밀다를 수습하는 것입니다.'라고 이와 같이 말을 지어야 하느니라.

다시 '그대 선남자여. 정려바라밀다에 상응하여 수습할 것이고, 지계가 나이거나 무아라고 상응하여 관찰하지 않아야 하며, 수·화·풍·공·식계가 나이거나 무아라고 상응하여 관찰하지 않아야 합니다. 왜 그러한가? 지계는 지계의 자성이 공하고 수·화·풍·공·식계는 수·화·풍·공·식계의 자성이 공하더라도, 이 지계의 자성은 곧 자성이 아니고 이 수·화·풍·공·식계의 자성도 역시 자성이 아닙니다.

만약 자성이 아닌 것이 곧 정려바라밀다라면, 이 정려바라밀다에서는 지계를 얻을 수 없고 그것의 나와 무아도 역시 얻을 수 없으며, 수·화·풍·공·식계를 모두 얻을 수 없고 그것의 나와 무아도 역시 얻을 수 없습니다. 그 까닭은 무엇인가? 이 가운데에서 오히려 지계 등도 얻을 수 없는데, 어찌 하물며 그것의 나와 무아가 있겠습니까? 그대가 만약 이와 같이 능히 정려를 수습한다면 이것이 정려바라밀다를 수습하는 것입니다.'라고 이와 같이 말을 지어야 하느니라.

다시 '그대 선남자여. 정려바라밀다에 상응하여 수습할 것이고, 지계가 청정하거나 부정하다고 상응하여 관찰하지 않아야 하며, 수·화·풍·공·식계가 청정하거나 부정하다고 상응하여 관찰하지 않아야 합니다. 왜 그러한가? 지계는 지계의 자성이 공하고 수·화·풍·공·식계는 수·화·풍·공·식계의 자성이 공하더라도, 이 지계의 자성은 곧 자성이 아니고 이 수·화·풍·공·식계의 자성도 역시 자성이 아닙니다.

만약 자성이 아닌 것이 곧 정려바라밀다라면, 이 정려바라밀다에서는 지계를 얻을 수 없고 그것의 청정과 부정도 역시 얻을 수 없으며, 수·화·풍·공·식계를 모두 얻을 수 없고 그것의 청정과 부정도 역시 얻을 수 없습니다. 그 까닭은 무엇인가? 이 가운데에서 오히려 지계 등도 얻을 수 없는데, 어찌 하물며 그것의 청정과 부정이 있겠습니까? 그대가 만약 이와 같이 능히 정려를 수습한다면 이것이 정려바라밀다를 수습하는 것입니다.'라고 이와 같이 말을 지어야 하느니라.

교시가여. 이 선남자와 선여인 등이 이것 등을 설하였다면 이것이 널리 진정하게 정려바라밀다를 설하는 것이니라.

다시 다음으로 교시가여. 만약 선남자와 선여인 등이 무상보리심을 일으킨 자를 위하여 정려바라밀다를 널리 설한다면, '그대 선남자여. 정려바라밀다에 상응하여 수습할 것이고, 무명이 항상하거나 무상하다고 상응하여 관찰하지 않아야 하며, 행·식·명색·육처·촉·수·애·취·유·생·노사의 수탄고우뇌가 항상하거나 무상하다고 상응하여 관찰하지 않아야 합니다. 왜 그러한가? 무명은 무명의 자성이 공하고 행·식·명색·육처·촉·수·애·취·유·생·노사의 수탄고우뇌는 행, 나아가 노사의 수탄고우뇌의 자성이 공하더라도, 이 무명의 자성은 곧 자성이 아니고 이 행, 나아가 노사의 수탄고우뇌의 자성도 역시 자성이 아닙니다.

만약 자성이 아닌 것이 곧 정려바라밀다라면, 이 정려바라밀다에서는 무명을 얻을 수 없고 그것의 항상함과 무상함도 역시 얻을 수 없으며, 행, 나아가 노사의 수탄고우뇌를 모두 얻을 수 없고 그것의 항상함과 무상함도 역시 얻을 수 없습니다. 그 까닭은 무엇인가? 이 가운데에서 오히려 무명 등도 얻을 수 없는데, 어찌 하물며 그것의 항상함과 무상함이 있겠습니까? 그대가 만약 이와 같이 능히 정려를 수습한다면 이것이 정려바라밀다를 수습하는 것입니다.'라고 이와 같이 말을 지어야 하느니라.

다시 '그대 선남자여. 정려바라밀다에 상응하여 수습할 것이고, 무명이 즐겁거나 괴롭다고 상응하여 관찰하지 않아야 하며, 행·식·명색·육처·촉·수·애·취·유·생·노사의 수탄고우뇌가 즐겁거나 괴롭다고 상응하여 관찰하지 않아야 합니다. 왜 그러한가? 무명은 무명의 자성이 공하고 행·식·명색·육처·촉·수·애·취·유·생·노사의 수탄고우뇌는 행, 나아가 노사의 수탄고우뇌의 자성이 공하더라도, 이 무명의 자성은 곧 자성이 아니고 이 행, 나아가 노사의 수탄고우뇌의 자성도 역시 자성이 아닙니다.

만약 자성이 아닌 것이 곧 정려바라밀다라면, 이 정려바라밀다에서는 무명을 얻을 수 없고 그것의 즐거움과 괴로움도 역시 얻을 수 없으며, 행, 나아가 노사의 수탄고우뇌를 모두 얻을 수 없고 그것의 즐거움과 괴로움도 역시 얻을 수 없습니다. 그 까닭은 무엇인가? 이 가운데에서 오히려 무명 등도 얻을 수 없는데, 어찌 하물며 그것의 즐거움과 괴로움이 있겠습니까? 그대가 만약 이와 같이 능히 정려를 수습한다면 이것이 정려바라밀다를 수습하는 것입니다.'라고 이와 같이 말을 지어야 하느니라.

다시 '그대 선남자여. 정려바라밀다에 상응하여 수습할 것이고, 무명이 나이거나 무아라고 상응하여 관찰하지 않아야 하며, 행·식·명색·육처·촉·수·애·취·유·생·노사의 수탄고우뇌가 나이거나 무아라고 상응하여 관찰하지 않아야 합니다. 왜 그러한가? 무명은 무명의 자성이 공하고 행·식·명색·육처·촉·수·애·취·유·생·노사의 수탄고우뇌는 행, 나아가 노사의 수탄고우뇌의 자성이 공하더라도, 이 무명의 자성은 곧 자성이 아니고 이 행, 나아가 노사의 수탄고우뇌의 자성도 역시 자성이 아닙니다.

만약 자성이 아닌 것이 곧 정려바라밀다라면, 이 정려바라밀다에서는 무명을 얻을 수 없고 그것의 나와 무아도 역시 얻을 수 없으며, 행, 나아가 노사의 수탄고우뇌를 모두 얻을 수 없고 그것의 나와 무아도 역시 얻을 수 없습니다. 그 까닭은 무엇인가? 이 가운데에서 오히려 무명 등도 얻을 수 없는데, 어찌 하물며 그것의 나와 무아가 있겠습니까? 그대가 만약 이와 같이 능히 정려를 수습한다면 이것이 정려바라밀다를 수습하는 것입니다.'라고 이와 같이 말을 지어야 하느니라.

다시 '그대 선남자여. 정려바라밀다에 상응하여 수습할 것이고, 무명이 청정하거나 부정하다고 상응하여 관찰하지 않아야 하며, 행·식·명색·육처·촉·수·애·취·유·생·노사의 수탄고우뇌가 청정하거나 부정하다고 상응하여 관찰하지 않아야 합니다. 왜 그러한가? 무명은 무명의 자성이 공하고 행·식·명색·육처·촉·수·애·취·유·생·노사의 수탄고우뇌는 행, 나아가 노사의 수탄고우뇌의 자성이 공하더라도, 이 무명의 자성은 곧 자성이 아니고 이 행, 나아가 노사의 수탄고우뇌의 자성도 역시 자성이 아닙니다.

만약 자성이 아닌 것이 곧 정려바라밀다라면, 이 정려바라밀다에서는 무명을 얻을 수 없고 그것의 청정과 부정도 역시 얻을 수 없으며, 행, 나아가 노사의 수탄고우뇌를 모두 얻을 수 없고 그것의 청정과 부정도 역시 얻을 수 없습니다. 그 까닭은 무엇인가? 이 가운데에서 오히려 무명 등도 얻을 수 없는데, 어찌 하물며 그것의 청정과 부정이 있겠습니까? 그대가 만약 이와 같이 능히 정려를 수습한다면 이것이 정려바라밀다를 수습하는 것입니다.'라고 이와 같이 말을 지어야 하느니라.

교시가여. 이 선남자와 선여인 등이 이것 등을 설하였다면 이것이 널리 진정하게 정려바라밀다를 설하는 것이니라.

다시 다음으로 교시가여. 만약 선남자와 선여인 등이 무상보리심을 일으킨 자를 위하여 정려바라밀다를 널리 설한다면, '그대 선남자여. 정려바라밀다에 상응하여 수습할 것이고, 보시바라밀다가 항상하거나 무상하다고 상응하여 관찰하지 않아야 하며, 정계·안인·정진·정려·반야바라밀다가 항상하거나 무상하다고 상응하여 관찰하지 않아야 합니다. 왜 그러한가? 보시바라밀다는 보시바라밀다의 자성이 공하고 정계·안인·정진·정려·반야바라밀다는 정계·안인·정진·정려·반야바라밀다의 자성이 공하더라도, 이 보시바라밀다의 자성은 곧 자성이 아니고 이 정계·안인·정진·정려·반야바라밀다의 자성도 역시 자성이 아닙니다.

만약 자성이 아닌 것이 곧 정려바라밀다라면, 이 정려바라밀다에서는 보시바라밀다를 얻을 수 없고 그것의 항상함과 무상함도 역시 얻을 수 없으며, 정계·안인·정진·정려·반야바라밀다를 모두 얻을 수 없고 그것의 항상함과 무상함도 역시 얻을 수 없습니다. 그 까닭은 무엇인가? 이 가운데에서 오히려 보시바라밀다 등도 얻을 수 없는데, 어찌 하물며 그것의 항상함과 무상함이 있겠습니까? 그대가 만약 이와 같이 능히 정려를 수습한다면 이것이 정려바라밀다를 수습하는 것입니다.'라고 이와 같이 말을 지어야 하느니라.

다시 '그대 선남자여. 정려바라밀다에 상응하여 수습할 것이고, 보시바라밀다가 즐겁거나 괴롭다고 상응하여 관찰하지 않아야 하며, 정계·안인·

정진·정려·반야바라밀다가 즐겁거나 괴롭다고 상응하여 관찰하지 않아야 합니다. 왜 그러한가? 보시바라밀다는 보시바라밀다의 자성이 공하고 정계·안인·정진·정려·반야바라밀다는 정계·안인·정진·정려·반야바라밀다의 자성이 공하더라도, 이 보시바라밀다의 자성은 곧 자성이 아니고 이 정계·안인·정진·정려·반야바라밀다의 자성도 역시 자성이 아닙니다.

만약 자성이 아닌 것이 곧 정려바라밀다라면, 이 정려바라밀다에서는 보시바라밀다를 얻을 수 없고 그것의 즐거움과 괴로움도 역시 얻을 수 없으며, 정계·안인·정진·정려·반야바라밀다를 모두 얻을 수 없고 그것의 즐거움과 괴로움도 역시 얻을 수 없습니다. 그 까닭은 무엇인가? 이 가운데에서 오히려 보시바라밀다 등도 얻을 수 없는데, 어찌 하물며 그것의 즐거움과 괴로움이 있겠습니까? 그대가 만약 이와 같이 능히 정려를 수습한다면 이것이 정려바라밀다를 수습하는 것입니다.'라고 이와 같이 말을 지어야 하느니라.

다시 '그대 선남자여. 정려바라밀다에 상응하여 수습할 것이고, 보시바라밀다가 나이거나 무아라고 상응하여 관찰하지 않아야 하며, 정계·안인·정진·정려·반야바라밀다가 나이거나 무아라고 상응하여 관찰하지 않아야 합니다. 왜 그러한가? 보시바라밀다는 보시바라밀다의 자성이 공하고 정계·안인·정진·정려·반야바라밀다는 정계·안인·정진·정려·반야바라밀다의 자성이 공하더라도, 이 보시바라밀다의 자성은 곧 자성이 아니고 이 정계·안인·정진·정려·반야바라밀다의 자성도 역시 자성이 아닙니다.

만약 자성이 아닌 것이 곧 정려바라밀다라면, 이 정려바라밀다에서는 보시바라밀다를 얻을 수 없고 그것의 나와 무아도 역시 얻을 수 없으며, 정계·안인·정진·정려·반야바라밀다를 모두 얻을 수 없고 그것의 나와 무아도 역시 얻을 수 없습니다. 그 까닭은 무엇인가? 이 가운데에서 오히려 보시바라밀다 등도 얻을 수 없는데, 어찌 하물며 그것의 나와 무아가 있겠습니까? 그대가 만약 이와 같이 능히 정려를 수습한다면 이것이 정려바라밀다를 수습하는 것입니다.'라고 이와 같이 말을 지어야 하느니라.

다시 '그대 선남자여. 정려바라밀다에 상응하여 수습할 것이고, 보시바
라밀다가 청정하거나 부정하다고 상응하여 관찰하지 않아야 하며, 정계·
안인·정진·정려·반야바라밀다가 청정하거나 부정하다고 상응하여 관찰
하지 않아야 합니다. 왜 그러한가? 보시바라밀다는 보시바라밀다의 자성
이 공하고 정계·안인·정진·정려·반야바라밀다는 정계·안인·정진·정려·
반야바라밀다의 자성이 공하더라도, 이 보시바라밀다의 자성은 곧 자성이
아니고 이 정계·안인·정진·정려·반야바라밀다의 자성도 역시 자성이
아닙니다.

만약 자성이 아닌 것이 곧 정려바라밀다라면, 이 정려바라밀다에서는
보시바라밀다를 얻을 수 없고 그것의 청정과 부정도 역시 얻을 수 없으며,
정계·안인·정진·정려·반야바라밀다를 모두 얻을 수 없고 그것의 청정과
부정도 역시 얻을 수 없습니다. 그 까닭은 무엇인가? 이 가운데에서
오히려 보시바라밀다 등도 얻을 수 없는데, 어찌 하물며 그것의 청정과
부정이 있겠습니까? 그대가 만약 이와 같이 능히 정려를 수습한다면
이것이 정려바라밀다를 수습하는 것입니다.'라고 이와 같이 말을 지어야
하느니라.

교시가여. 이 선남자와 선여인 등이 이것 등을 설하였다면 이것이
널리 진정하게 정려바라밀다를 설하는 것이니라.

다시 다음으로 교시가여. 만약 선남자와 선여인 등이 무상보리심을
일으킨 자를 위하여 정려바라밀다를 널리 설한다면, '그대 선남자여.
정려바라밀다에 상응하여 수습할 것이고, 내공이 항상하거나 무상하다고
상응하여 관찰하지 않아야 하며, 외공·내외공·공공·대공·승의공·유위공
·무위공·필경공·무제공·산공·무변이공·본성공·자상공·공상공·일체
법공·불가득공·무성공·자성공·무성자성공이 항상하거나 무상하다고
상응하여 관찰하지 않아야 합니다. 왜 그러한가? 내공은 내공의 자성이
공하고 외공·내외공·공공·대공·승의공·유위공·무위공·필경공·무제공
·산공·무변이공·본성공·자상공·공상공·일체법공·불가득공·무성공·
자성공·무성자성공은 외공, 나아가 무성자성공의 자성이 공하더라도,

이 내공의 자성은 곧 자성이 아니고 이 외공, 나아가 무성자성공의 자성도 역시 자성이 아닙니다.

만약 자성이 아닌 것이 곧 정려바라밀다라면, 이 정려바라밀다에서는 내공을 얻을 수 없고 그것의 항상함과 무상함도 역시 얻을 수 없으며, 외공, 나아가 무성자성공을 모두 얻을 수 없고 그것의 항상함과 무상함도 역시 얻을 수 없습니다. 그 까닭은 무엇인가? 이 가운데에서 오히려 내공 등도 얻을 수 없는데, 어찌 하물며 그것의 항상함과 무상함이 있겠습니까? 그대가 만약 이와 같이 능히 정려를 수습한다면 이것이 정려바라밀다를 수습하는 것입니다.'라고 이와 같이 말을 지어야 하느니라.

다시 '그대 선남자여. 정려바라밀다에 상응하여 수습할 것이고, 내공이 즐겁거나 괴롭다고 상응하여 관찰하지 않아야 하며, 외공·내외공·공공·대공·승의공·유위공·무위공·필경공·무제공·산공·무변이공·본성공·자상공·공상공·일체법공·불가득공·무성공·자성공·무성자성공이 즐겁거나 괴롭다고 상응하여 관찰하지 않아야 합니다. 왜 그러한가? 내공은 내공의 자성이 공하고 외공, 나아가 무성자성공은 외공, 나아가 무성자성공의 자성이 공하더라도, 이 내공의 자성은 곧 자성이 아니고 이 외공, 나아가 무성자성공의 자성도 역시 자성이 아닙니다.

만약 자성이 아닌 것이 곧 정려바라밀다라면, 이 정려바라밀다에서는 내공을 얻을 수 없고 그것의 즐거움과 괴로움도 역시 얻을 수 없으며, 외공, 나아가 무성자성공을 모두 얻을 수 없고 그것의 즐거움과 괴로움도 역시 얻을 수 없습니다. 그 까닭은 무엇인가? 이 가운데에서 오히려 내공 등도 얻을 수 없는데, 어찌 하물며 그것의 즐거움과 괴로움이 있겠습니까? 그대가 만약 이와 같이 능히 정려를 수습한다면 이것이 정려바라밀다를 수습하는 것입니다.'라고 이와 같이 말을 지어야 하느니라.

다시 '그대 선남자여. 정려바라밀다에 상응하여 수습할 것이고, 내공이 나이거나 무아라고 상응하여 관찰하지 않아야 하며, 외공·내외공·공공·대공·승의공·유위공·무위공·필경공·무제공·산공·무변이공·본성공·자상공·공상공·일체법공·불가득공·무성공·자성공·무성자성공이 나이거나 무아라고 상응하여 관찰하지 않아야 합니다. 왜 그러한가? 내공은 내공의 자성이 공하고 외공, 나아가 무성자성공은 외공, 나아가 무성자성공의 자성이 공하더라도, 이 내공의 자성은 곧 자성이 아니고 이 외공, 나아가 무성자성공의 자성도 역시 자성이 아닙니다.

만약 자성이 아닌 것이 곧 정려바라밀다라면, 이 정려바라밀다에서는 내공을 얻을 수 없고 그것의 나와 무아도 역시 얻을 수 없으며, 외공, 나아가 무성자성공을 모두 얻을 수 없고 그것의 나와 무아도 역시 얻을 수 없습니다. 그 까닭은 무엇인가? 이 가운데에서 오히려 내공 등도 얻을 수 없는데, 어찌 하물며 그것의 나와 무아가 있겠습니까? 그대가 만약 이와 같이 능히 정려를 수습한다면 이것이 정려바라밀다를 수습하는 것입니다.'라고 이와 같이 말을 지어야 하느니라.

다시 '그대 선남자여. 정려바라밀다에 상응하여 수습할 것이고, 내공이 청정하거나 부정하다고 상응하여 관찰하지 않아야 하며, 외공·내외공·공공·대공·승의공·유위공·무위공·필경공·무제공·산공·무변이공·본성공·자상공·공상공·일체법공·불가득공·무성공·자성공·무성자성공이 청정하거나 부정하다고 상응하여 관찰하지 않아야 합니다. 왜 그러한가? 내공은 내공의 자성이 공하고 외공, 나아가 무성자성공은 외공, 나아가 무성자성공의 자성이 공하더라도, 이 내공의 자성은 곧 자성이 아니고 이 외공, 나아가 무성자성공의 자성도 역시 자성이 아닙니다.

만약 자성이 아닌 것이 곧 정려바라밀다라면, 이 정려바라밀다에서는 내공을 얻을 수 없고 그것의 청정과 부정도 역시 얻을 수 없으며, 외공, 나아가 무성자성공을 모두 얻을 수 없고 그것의 청정과 부정도 역시 얻을 수 없습니다. 그 까닭은 무엇인가? 이 가운데에서 오히려 내공 등도 얻을 수 없는데, 어찌 하물며 그것의 청정과 부정이 있겠습니까? 그대가 만약 이와 같이 능히 정려를 수습한다면 이것이 정려바라밀다를 수습하는 것입니다.'라고 이와 같이 말을 지어야 하느니라.

교시가여. 이 선남자와 선여인 등이 이것 등을 설하였다면 이것이 널리 진정하게 정려바라밀다를 설하는 것이니라.

　다시 다음으로 교시가여. 만약 선남자와 선여인 등이 무상보리심을 일으킨 자를 위하여 정려바라밀다를 널리 설한다면, '그대 선남자여. 정려바라밀다에 상응하여 수습할 것이고, 진여가 항상하거나 무상하다고 상응하여 관찰하지 않아야 하며, 법계·법성·불허망성·불변이성·평등성·이생성·법정·법주·실제·허공계·부사의계가 항상하거나 무상하다고 상응하여 관찰하지 않아야 합니다. 왜 그러한가? 진여는 진여의 자성이 공하고 법계·법성·불허망성·불변이성·평등성·이생성·법정·법주·실제·허공계·부사의계는 법계, 나아가 부사의계의 자성이 공하더라도, 이 진여의 자성은 곧 자성이 아니고 이 법계, 나아가 부사의계의 자성도 역시 자성이 아닙니다.

　만약 자성이 아닌 것이 곧 정려바라밀다라면, 이 정려바라밀다에서는 진여를 얻을 수 없고 그것의 항상함과 무상함도 역시 얻을 수 없으며, 법계, 나아가 부사의계를 모두 얻을 수 없고 그것의 항상함과 무상함도 역시 얻을 수 없습니다. 그 까닭은 무엇인가? 이 가운데에서 오히려 진여 등도 얻을 수 없는데, 어찌 하물며 그것의 항상함과 무상함이 있겠습니까? 그대가 만약 이와 같이 능히 정려를 수습한다면 이것이 정려바라밀다를 수습하는 것입니다.'라고 이와 같이 말을 지어야 하느니라.

　다시 '그대 선남자여. 정려바라밀다에 상응하여 수습할 것이고, 진여가 즐겁거나 괴롭다고 상응하여 관찰하지 않아야 하며, 법계·법성·불허망성·불변이성·평등성·이생성·법정·법주·실제·허공계·부사의계가 즐겁거나 괴롭다고 상응하여 관찰하지 않아야 합니다. 왜 그러한가? 진여는 진여의 자성이 공하고 법계, 나아가 부사의계는 법계, 나아가 부사의계의 자성이 공하더라도, 이 진여의 자성은 곧 자성이 아니고 이 법계, 나아가 부사의계의 자성도 역시 자성이 아닙니다.

　만약 자성이 아닌 것이 곧 정려바라밀다라면, 이 정려바라밀다에서는 진여를 얻을 수 없고 그것의 즐거움과 괴로움도 역시 얻을 수 없으며, 법계, 나아가 부사의계를 모두 얻을 수 없고 그것의 즐거움과 괴로움도 역시 얻을 수 없습니다. 그 까닭은 무엇인가? 이 가운데에서 오히려 진여 등도 얻을 수 없는데, 어찌 하물며 그것의 즐거움과 괴로움이 있겠습니까? 그대가 만약 이와 같이 능히 정려를 수습한다면 이것이 정려바라밀다를 수습하는 것입니다.'라고 이와 같이 말을 지어야 하느니라.

다시 '그대 선남자여. 정려바라밀다에 상응하여 수습할 것이고, 진여가 나이거나 무아라고 상응하여 관찰하지 않아야 하며, 법계·법성·불허망성·불변이성·평등성·이생성·법정·법주·실제·허공계·부사의계가 나이거나 무아라고 상응하여 관찰하지 않아야 합니다. 왜 그러한가? 진여는 진여의 자성이 공하고 법계, 나아가 부사의계는 법계, 나아가 부사의계의 자성이 공하더라도, 이 진여의 자성은 곧 자성이 아니고 이 법계, 나아가 부사의계의 자성도 역시 자성이 아닙니다.

만약 자성이 아닌 것이 곧 정려바라밀다라면, 이 정려바라밀다에서는 진여를 얻을 수 없고 그것의 나와 무아도 역시 얻을 수 없으며, 법계, 나아가 부사의계를 모두 얻을 수 없고 그것의 나와 무아도 역시 얻을 수 없습니다. 그 까닭은 무엇인가? 이 가운데에서 오히려 진여 등도 얻을 수 없는데, 어찌 하물며 그것의 나와 무아가 있겠습니까? 그대가 만약 이와 같이 능히 정려를 수습한다면 이것이 정려바라밀다를 수습하는 것입니다.'라고 이와 같이 말을 지어야 하느니라.

다시 '그대 선남자여. 정려바라밀다에 상응하여 수습할 것이고, 진여가 청정하거나 부정하다고 상응하여 관찰하지 않아야 하며, 법계·법성·불허망성·불변이성·평등성·이생성·법정·법주·실제·허공계·부사의계가 청정하거나 부정하다고 상응하여 관찰하지 않아야 합니다. 왜 그러한가? 진여는 진여의 자성이 공하고 법계, 나아가 부사의계는 법계, 나아가 부사의계의 자성이 공하더라도, 이 진여의 자성은 곧 자성이 아니고 이 법계, 나아가 부사의계의 자성도 역시 자성이 아닙니다.

만약 자성이 아닌 것이 곧 정려바라밀다라면, 이 정려바라밀다에서는 진여를 얻을 수 없고 그것의 청정과 부정도 역시 얻을 수 없으며, 법계, 나아가 부사의계를 모두 얻을 수 없고 그것의 청정과 부정도 역시 얻을 수 없습니다. 그 까닭은 무엇인가? 이 가운데에서 오히려 진여 등도 얻을 수 없는데, 어찌 하물며 그것의 청정과 부정이 있겠습니까? 그대가 만약 이와 같이 능히 정려를 수습한다면 이것이 정려바라밀다를 수습하는 것입니다.'라고 이와 같이 말을 지어야 하느니라.

교시가여. 이 선남자와 선여인 등이 이것 등을 설하였다면 이것이 널리 진정하게 정려바라밀다를 설하는 것이니라.

漢譯 | 현장(玄奘)

중국 당나라 사문으로 하남성(河南省) 낙양(洛陽) 구씨현(緱氏縣)에서 출생하였고, 속성은 진씨(陳氏), 이름은 위(褘)이다. 10세에 낙양 정토사(淨土寺)에 귀의하였고, 경(經)·율(律)·논(論) 삼장(三藏)에 밝아서 삼장법사라고 불린다. 627년 인도로 구법을 떠나서 나란다사(那爛陀寺)에 들어가 계현(戒賢)에게 수학하였다. 641년 520질 657부(部)에 달하는 불경들을 가지고 귀국길에 올라 645년 정월 장안으로 돌아왔으며, 인도 여행기인 『대당서역기(大唐西域記)』 12권을 저술하였다. 번역한 삼장으로는 경장인 『대반야바라밀다경(大般若波羅蜜多經)』 600권, 율장인 『보살계본(菩薩戒本)』 2권, 논장인 『유가사지론(瑜伽師地論)』 100권, 『아비달마대비바사론(阿毘達磨大毘婆沙論)』 200권 등이 있다. 번역한 경전은 76부 1,347권에 이르는 매우 중요한 대승불교 경전들이 상당수 포함되어 있으며, 문장과 단어에 충실하여 문장의 우아함은 부족하더라도 어휘의 정확도는 매우 진전되었다. 구마라집 등의 구역(舊譯)과 차별을 보여주고 있어 신역(新譯)이라 불리고 있다.

國譯 | 釋 普雲(宋法燁)

대한불교조계종 제2교구본사 용주사에서 출가하였고, 문학박사이다. 현재 대한불교조계종 교육아사리(계율)이고, 죽림불교문화연구원에서 연구와 번역을 병행하고 있다.

논저 | 논문으로 「통합종단 이후 불교의례의 변천과 향후 과제」 등 다수. 저술로 『신편 승가의범』, 『승가의궤』가 있으며, 번역서로 『마하반야바라밀다경』(1·2·3·4), 『팔리율』(Ⅰ·Ⅱ·Ⅲ·Ⅳ·Ⅴ), 『마하승기율』(상·중·하), 『십송율』(상·중·하), 『보살계본소』, 『근본설일체유부비나야』(상·하), 『근본설일체유부비나야약사』, 『근본설일체유부비나야파승사』, 『근본설일체유부비나야잡사』(상·하), 『근본설일체유부필추니비나야』, 『근본설일체유부백일갈마 외』, 『안락집』 등이 있다.

마하반야바라밀다경 5 摩訶般若波羅蜜多經 5

三藏法師 玄奘 漢譯 | 釋 普雲 國譯

2024년 7월 30일 초판 1쇄 발행

펴낸이 · 오일주
펴낸곳 · 도서출판 혜안
등록번호 · 제22-471호
등록일자 · 1993년 7월 30일

주   소 · ⑩ 04052 서울시 마포구 와우산로 35길3(서교동) 102호
전   화 · 3141-3711~2 / 팩시밀리 · 3141-3710
E-Mail · hyeanpub@daum.net

ISBN 978-89-8494-725-2 03220

값 42,000 원